Show me!
# SHOSEI

夢へ一歩、踏み出す私に。

見学会の予約はコチラから

**要予約** ✦ 学校見学会 ✦

7月**27**日（土）・8月**3**日（土）
いずれも**10:00〜12:00**
（受付9:15〜）本校にて

【見学会の内容】
①学校説明
②校舎・施設見学
③授業体験
④部活動体験・見学 など

7月1日（月）9:00より予約受付を開始

---

**入試説明会** ｜ 11月**30**日（土）／12月**7**日（土）・**14**日（土）

予約については定員になりしだい締め切ります。詳細はホームページをご覧ください。日程などの急な変更の場合はホームページ・入試情報LINEでお知らせします。

# 三田松聖高等学校

幼稚園教諭、保育士になろう！
**高大連携**
『保育探究』類型
が総合コースにあります。

〒669-1342 兵庫県三田市四ツ辻1430　TEL.079-568-1001（代）FAX.079-568-1995

学校法人 **湊川相野学園**
三田松聖高等学校　湊川短期大学

附属　西舞子幼稚園・神陵台幼稚園・北摂第一幼稚園・北摂中央幼稚園
北摂学園幼稚園・キッズポート保育園・ぷるとこども園

入試情報LINE

公式インスタ

# UENOMIYA

u + you

上宮学園中学校

**入試説明会** 対象／児童・保護者

| 第1回 | 第2回 |
|---|---|
| **9/7** (土) | **10/5** (土) |
| 14:00-16:00 | 14:00-16:00 |

| 第3回 文化の日 | 第4回 勤労感謝の日 |
|---|---|
| **11/3** (日) | **11/23** (土) |
| 10:00-12:00 | 10:00-12:00 |

**校内見学会** 対象／児童・保護者

| 第1回 | 第2回 |
|---|---|
| **6/15** (土) | **9/21** (土) |
| 10:30-12:30 | 10:30-12:30 |

**プレテスト** 対象／小学校6年生

| 第1回 文化の日 | 第2回 勤労感謝の日 |
|---|---|
| **11/3** (日) | **11/23** (土) |
| 9:00-12:00 | 9:00-12:00 |

U + you

上宮高等学校

**入試説明会** 対象／生徒・保護者

| 第1回 | 第2回 |
|---|---|
| **9/28** (土) | **10/19** (土) |
| 14:30-16:30 | 14:30-16:30 |

| 第3回 | 第4回 |
|---|---|
| **11/16** (土) | **12/14** (土) |
| 14:30-16:30 | 14:30-16:30 |

※すべてのイベントにおいて事前のご予約が必要です。 ※ご予約の詳細につきましてはホームページをご覧く
※本校に駐車場はございません。ご来校の際は公共交通機関をご利用ください。

学校法人 上宮学園

# 上宮学園中学校・上宮高等学校

〒543-0037 大阪市天王寺区上之宮町9番36号　TEL:06-6771-5701(代表)　FAX:06-6771-4678　https://www.uenomiya.ed.jp/

# お詫びと訂正

『私立高校へ行こう 2025 関西版（2024 年 6 月 1 日発行）』におきまして本文中に誤りがありましたので、下記の通り訂正いたします。読者の皆様ならびに、関係者の皆さまにご迷惑をお掛けしましたことをお詫び申し上げます。

2024 年 6 月 14 日

株式会社大阪朝日広告社

**高校受験の基礎知識 8 ページの「入学試験について」**

**本文左ブロック 1 行目**

【誤】2024 年度の関西圏の高校入試は 1 月 27 日の和歌山県私立から始まり、2 月 1・2 日の滋賀県私立

【正】2025 年度の関西圏の高校入試は 2 月 1 日の和歌山県私立から始まり、2 月 3・4 日の滋賀県私立

**本文左ブロック 6 行目**

【誤】1 次入試の合格発表から公立入試（2023 年度、京都府前期 2 月 16・17 日、京都府中期・滋賀県 3 月 8 日、大阪府・兵庫県・奈良県・和歌山県 3 月 10 日・11 日など）までの間に私立の 1.5 次入試が行われます。実施しない学校もあります。

【正】1 次入試の合格発表から公立入試（2024 年度、京都府前期 2 月 15・16 日、京都府中期・滋賀県 3 月 6・7 日、大阪府・兵庫県・奈良県・和歌山県 3 月 11 日〜13 日など）までの間に公立の推薦選抜・特色選抜・大阪府の特別選抜、または実施する学校よっては私立の 1.5 次入試が行われます。

**高校受験の基礎知識 9 ページの「公立高校の授業料無償化と私立高校生への支援制度」**

**本文左ブロック 7 行目**

【誤】関西圏でもっとも手厚いのは大阪府で、年収 590 万円未満（目安）の世帯まで、60 万円を上限に授業料が実質無償となっています。2 人以上の子どもを扶養する世帯については「多子世帯」に該当し、より手厚い補助がなされます。大学生、短大生、高専生なども人数に含め、大学等への進学をめざすいわゆる浪人生についても卒業後 1 年間に限り人数に含めます。

支援制度を利用するには条件がありますので各府県の就学支援金制度をご確認ください。

※無償化には所得制限（およそ年収 910 万円程度）があります。

※大阪府は 2025 年度より段階的に所得制限を撤廃する方針を発表。

【正】関西圏でもっとも手厚いのは大阪府です。2024 年度に導入された新制度では、来年度新入生は高校 2 年次から世帯所得の制限なく、すべての世帯で子どもの人数にもよらず、授業料の保護者負担がなくなります。26 年度には全学年で授業料完全無償化が実現します。府外の私立高校についても一部府内からの生徒が多い学校について適用されています。

**（参考）自治体による私立高校無償化の取り組み　※全日制高校の場合**

**■大阪府**

【誤】大阪府

【正】大阪府（25 年度の高校 1 年、2 年次より無償化）

【誤】年収 590 万円〜910 万円（目安）の世帯：授業料自己負担 481,200 円※多子世帯（2 人）

【正】年収 800 万円〜910 万円（目安）の世帯：授業料自己負担 481,200 円※多子世帯（2 人）

**■兵庫県**

【誤】年収 590 万円未満（目安）の世帯：国の制度と併せて年額 408,000 円を軽減

【正】年収 590 万円未満（目安）の世帯：国の制度と併せて年額 440,000 円を軽減

＊2025 年度版の高校受験の基礎知識は「私立中学・高校へ行こう」WEB サイトでも 7 月 1 日より公開しますので右記 QR コードを読み取りご覧ください。

私立中学・高校へ行こう
WEB サイトはこちら

# 大阪学芸高等学校

国際科
- ダブルディプロマ
- グローバル
- 1年留学

普通科
- 選抜特進
- 特進 I類・II類
- 特進看護
- 進学
- 特技

| 特別説明会 | 7/23 (火) | ダブルディプロマ、1年留学、グローバル、特技(地域活動)、特進看護コース対象 |
| --- | --- | --- |

| 入試説明会 オープンスクール | 9/14 (土) | 10/19 (土) | 11/3 (日祝) | 11/23 (土祝) |
| --- | --- | --- | --- | --- |

| 個別相談会 | 12/1 (日) | 12/8 (日) |
| --- | --- | --- |

## 大阪学芸高等学校
OSAKA GAKUGEI SENIOR HIGH SCHOOL

〒558-0003 大阪市住吉区長居 1-4-15 [長居公園近く]
TEL：06-6693-6301　FAX：06-6693-5173

説明会等は変更する場合があります。
最新情報はホームページでご確認ください。

大阪学芸高校　検索

# OSAKA KUN-EI JOGAKUIN

## SENIOR HIGH SCHOOL

育つのは、熱中力。

変化し続ける社会において
大切なのはなんでしょう?

知識をただ詰め込むだけ…
目の前のことにただ対応するだけ…
それでは、「自分らしく生きる」ことは難しい。

何かに熱中する「熱中力」。
目標を決め、それに向かって努力し、やり遂げるチカラ。
これが「自分らしく生きる」ことにつながると
薫英は考えています。

---

### オープンキャンパス

6.8[土]　7.27[土]　8.25[日]　9.28[土]　10.27[日]

### 入試説明会

11.9[土]　11.24[日]　12.15[日]

### 留学フェア

7.15[月・祝]　10.27[日]

### 個別相談会 要予約

11.30[土]　12.7[土]　12.14[土]　12.21[土]

### お申し込みは
### こちらから

※平日(12月26日まで可)をご希望の方は別途、お電話にてお申し込みください。

---

## 大阪薫英女学院高等学校

〒566-8501 大阪府摂津市正雀 1-4-1
TEL:(06)6381-5381　FAX:(06)6381-5382
企画広報部直通電話:(06)6381-0335

# 大阪成蹊女子高等学校
## OSAKA SEIKEI GIRLS' HIGH SCHOOL

大阪府内の女子校で
★入学者数★
第1位
13年連続

# OPEN SCHOOL

2024年度　オープンスクール

| クラブ体験Day |
| --- |
| 8/5月・10/5土 |
| 文化祭 |
| 9/14土・9/15日 |

6/15土　8/24土　9/21土

10/26土　11/16土　12/7土　12/21土

内容　学校説明、コース説明、施設・クラブ見学など

事前申込み制
詳しくはHPをご覧ください

幼児教育コース
スポーツコース
音楽コース
美術科 アート・イラスト・アニメーションコース

総合キャリアコース
特進コース
英語コース
看護医療進学コース

美術科以外はすべて普通科

「大阪成蹊女子高等学校」公式 Instagram

阪急京都線「相川駅」
歩5分（約300m）

Osaka Metro 今里筋線「井高野駅」……… スクールバス5分

JR 京都線「吹田駅」……… スクールバス7分
（阪急京都線「相川駅」まで）

無料

〒533-0007
大阪市東淀川区相川3丁目10-62
TEL 06-6829-2514（募集広報企画室）

▼普通科▼ 成蹊 普通科 🔍
▼美術科▼ 成蹊 美術科 🔍

ひとつ上の自分へ

18歳になった自分を、想像できますか。

そこには、どんな姿が見えますか。

今、思い描いている目標を叶えている人もいれば、

きっとまだ、想像がつかない人もいることでしょう。

どんな未来が待っているかなんて、

誰にもわかりません。

でも、ただ一つ、間違いなく言えることがあります。

それは、未来のきみは、きみが思っている以上の

大きな可能性を秘めているということ。

大阪青凌には、その可能性を

思い切り伸ばせる学びと環境があります。

さぁ、きみも、ここから。

会いにいこう。ひとつ上の自分へ。

## オープンスクール 　対象：中学3年生 ## 入試説明会 　対象：中学3年生

| 第1回 | 8/3 ㈯ | 第2回 | 9/22 ㈰ |
| --- | --- | --- | --- |
| | 10:00〜12:00 | | 10:00〜12:00 |
| | 申込開始 7/1㈪ | | 申込開始 9/2㈪ |

| 第1回 | 10/26 ㈯ | 第2回 | 12/7 ㈯ | 第3回 | 12/14 ㈯ |
| --- | --- | --- | --- | --- | --- |
| | 14:00〜16:00 | | 14:00〜16:00 | | 14:00〜16:00 |
| | 申込開始 10/1㈫ | | 申込開始 11/1㈮ | | 申込開始 11/11㈪ |

※申込開始時間は全日程とも午前7:00です。 ※上記日程は変更になる可能性がございます。

学校法人 浪商学園
## 大阪青凌高等学校

〒618-8502　大阪府三島郡島本町若山台1丁目1番1号
TEL075-754-7754　https://www.osakaseiryo.jp

本物にふれる、3年間

## ▶ 体験学習
要予約 [中学生対象]

**第1回**
# 7/27 土

**第2回**
# 9/21 土

## ▶ 体験入部
要予約 [中学生対象]

# 9/21 土

天候や天災その他理由により、
延期または中止する場合がございます。
予めご了承ください。
※時は予定です。最新の情報はHPをご覧ください。
予約はホームページで受付予定です。

## ▶ 入試説明会
要予約 [中学生・保護者対象]

**第1回**
# 10/19 土

**第2回**
# 11/16 土

**第3回**
# 11/17 日

**第4回**
# 12/7 土

### 1年 / 2・3年

**普通科**

進学総合コース
大学見学会や説明会などを通して、自分の将来に向けたイメージづくりを支援します。
→ アドバンスコース（選抜）
進学総合コース
→ ゲーム＆メディアコース

健康スポーツコース

**工学科**

工学理数コース（特進）

工学連携コース
情報（プログラミング）やモノづくりの授業を通じて工学の基礎知識を身につけ、興味・関心を見つけていきます。
→ ロボット機械コース
→ IoT情報通信コース
→ 医療電子コース
→ デジタルゲーム開発コース

つなぐ知 かなえる技
https://www.dentsu.ed.jp/
# 大阪電気通信大学高等学校
全日制｜普通科／工学科

〒570-0039 大阪府守口市橋波西之町1丁目5番18号　TEL:06-6992-6261(代)　FAX:06-6991-4117

■ 京阪電車『守口市駅』より徒歩10分
　『西三荘駅』より徒歩6分

■ Osaka Metro谷町線『守口駅』より徒歩10分

■ 大阪モノレール『門真市駅』より徒歩16分

やりたい、を見つけよう。
なりたい、をかなえよう。

**EVENT SCHEDULE** 2024

**スペシャルオープンスクール**
**8.24**（土）
9:00 - 15:00

**オープンスクール**
**9.14**（土） **10.19**（土） **11.3**（日・祝）
9:00 - 12:00

**入試説明会**
**11.23**（土・祝） **12.1**（日）・**7**（土）
9:30 - 12:00

**個別相談会**
**12.13**（金）・**14**（土）・**16**（月）・**18**（水）・**21**（土）
17:00 - 19:00  10:00 - 12:00  17:00 - 19:00  17:00 - 19:00  10:00 - 12:00

## 大阪緑涼高等学校
OSAKA RYOKURYO HIGH SCHOOL

系列大学　大阪商業大学・大学院　神戸芸術工科大学・大学院

| 普通科 | 文理ハイレベルコース／総合進学コース／保育系進学コース |
| 調理製菓科 | 調理師コース／製菓衛生師コース |

〒583-8558 大阪府藤井寺市春日丘3-8-1　TEL：072-955-0718

やさしく かしこく うつくしく

| オープンキャンパス | 入試説明会 | | | 過去問題解説会 | 個別相談会 |
|---|---|---|---|---|---|
| **8/31**[土]<br>14:30〜16:00 | **9/21**[土]<br>14:30〜15:30 | **10/19**[土]<br>14:30〜15:30 | **11/16**[土]<br>14:30〜15:30 | **12/7**[土]<br>14:30〜16:00 | **12/15**[日]<br>9:30〜12:00 |

※会場は全て本校です

高校3か年女子教育　プレミアム文理コース　アドバンス文理コース

# 大谷高等学校

〒545-0041 大阪市阿倍野区共立通2-8-4 Tel:06-6661-8400 Fax:06-6652-1744 詳しくはHPをご覧ください ▷ https://www.osk-ohtani.ed.jp

夢と志
Dreams & Wills

**体験入学** 保育進学コース（女子のみ）
**7/27** 土

**体験入学**
**10/20** 日 **11/17** 日

**学校・入試説明会**
**8/25** 日 **11/3** 日祝 **12/7** 土 **12/15** 日

要予約
申込はこちら!

🏛 学校法人 玉手山学園

# 関西福祉科学大学高等学校

〒582-0026 大阪府柏原市旭ヶ丘3丁目11番1号　TEL.072-976-1112　FAX.072-977-5397　E-mail:hs-koho@tamateyama.ac.jp

**併設校**　関西福祉科学大学／関西女子短期大学／
認定こども園 関西女子短期大学附属幼稚園

**アクセス**　■ 近鉄大阪線「河内国分駅」徒歩約12分
■ 近鉄南大阪線「古市駅」スクールバス約20分
■ JR大和路線「高井田駅」スクールバス約10分

学校ホームページ　学校紹介PV

# 自分の未来を描く場所。

近大泉州

## オープンスクール 要申込

**第1回「近大泉州を体験しよう!」**
**9/7** (土) 13:40～16:00
説明会 ＋ 授業体験 ＋ 校内見学 ＋ 食堂体験

**第2回「近大泉州を知りつくそう!」**
**10/26** (土) 13:40～16:00
学校紹介 ＋ クラブ体験・見学会 ＋ 食堂体験

## 学校説明会 要申込

**第1回「志望校の選び方」**
**6/15** (土) 10:00～12:00
学校説明 ＋ 特別テーマ説明 ＋ 授業見学 ＋ 個別相談

**第2回「系列大学への進学について」**
**9/21** (土) 10:00～12:00
学校説明 ＋ 特別テーマ説明 ＋ 授業見学 ＋ 個別相談

**第3回「本校の入試制度について」**
**11/16** (土) 10:00～12:00
学校説明 ＋ 特別テーマ説明 ＋ 授業見学 ＋ 個別相談

## 入試ポイント説明会 要申込

**第1回**
**11/30** (土) 10:00～12:30
学校説明 ＋ 入試対策講座 ＋ 個別相談

**第2回**
**12/7** (土) 14:00～16:30
学校説明 ＋ 入試解説 ＋ クラブ見学 ＋ 個別相談

**和歌山会場**
**12/14** (土) 10:00～11:00
学校説明 ＋ 個別相談

★その他にもさまざまなイベントがあります!

学校法人 泉州学園
# 近畿大学泉州高等学校
KINDAI SENSYU HIGH SCHOOL

〒596-0105 大阪府岸和田市内畑町3558
TEL:072-479-1231(代) FAX:072-479-1960
E-mail:info@kindai-sensyu.ed.Jp

イベント情報はこちら　近大泉州 公式LINE

# KOKOKU HIGH SCHOOL

新コース始動！スーパーアドバンス
ナレッジサイエンスクラス　ダ・ヴィンチクラス

まもなく創立100周年

日本一校
男子
過去最多 国公立大学124名
京都大学 7年連続現役合格
有名私立大学合格者多数‼

夢を叶える
今年も5名 Jリーガー誕生⚽

過去最多 関関同立近275名

授業料無償化に向けた
新特待生制度スタート

校舎がオシャレでキレイ☆

大好評‼君の得意が生かせる
新興國型5教科入試

興國の今、公開中！
WEB CHECK!
kokoku.ed.jp

たのしい‼ おもしろい‼ みんなきてねー‼
興國サイコー‼

## 令和7年度 入試学校説明会・個別相談会・オープンスクール

| 個別相談会＆学校見学 | KOKOKU夏祭 / 体験フェスティバル | 学校説明会＆個別相談会 | アドバンスコース特化型説明会 |
|---|---|---|---|
| 6.15土 7.20土 9.21土 | KOKOKU夏祭 8.17土 10:00〜／同時開催 セレッソ大阪＆FC.KOKOKUサッカースクール／KOKOKU体験フェスティバル 11.16土 13:00〜 | 10.19土 12.7土 各日 13:00〜 | 11.2土 13:00〜 |
| 各日 13:00〜16:00 いつでもお好きな時間にお越しください！ | | | 新登場‼ 公立中学校から有名大学を目指す君に！ |

ONLY ONE
KOKOKU HIGH SCHOOL since 1926

学校法人 興國学園
# 興國高等学校

〒543-0045 大阪市天王寺区寺田町1丁目4番26号 TEL:06-6779-8151

# Imagine Your Goals!
### Konko Osaka

あなたのゴールを想像しよう。

## 2025年度入試【保護者・生徒対象】

### オープンスクール［要申込］

**8/17**㊏
[9:30〜11:30]

**10/12**㊏
[14:00〜16:00]

### 学校説明会［要申込］

**11/2**㊏
[13:00〜]

**11/16**㊏
[13:00〜]

**12/7**㊏
[13:00〜]

**12/14**㊏
[13:00〜]

イベントの
お申し込みは
こちらから

※上記日程以外でもご希望の方には校内見学や部活動見学、受験相談など個別に対応いたします。（要事前予約）

学校法人　関西金光学園

# 金光大阪高等学校

TEL：072-669-5211
https://www.kohs.ed.jp/

〒569-0002　高槻市東上牧一丁目3番1号
阪急京都線 上牧駅下車（徒歩4分）（準急・普通停車）

金光大阪　検索

受験情報を発信しています！

本校公式
Instagramはこちら

本校公式
LINEはこちら

# 入試説明会

保護者・生徒対象

Shitennoji 2025

## 四天王寺高等学校 へ行けばわかる！

本校のことをもっと知るために、学校説明会や入試説明会に参加しませんか？

いずれも事前申込制

保護者・生徒対象　**学校説明会**
### 2024.7.14 SUN
※ 10:00～　本校にて

保護者・生徒対象　**入試説明会**
### 2024.10.19 SAT
※ 13:00～　本校にて

保護者・生徒対象　**入試説明会**
### 2024.11. 2 SAT
※ 14:00～　本校にて

保護者
生徒対象　**最終入試説明会**
### 2024.12.14 SAT
※ 14:00～　本校にて

**学校行事も
見学可能！**

女性保護者 対象　**体育祭見学**
### 2024.6.19 WED
詳細は、5月中旬 本校 HP をご覧ください。

中1～3女子・
女性保護者 対象　**文化祭見学**
### 2024.9.14,15
SAT　SUN
詳細は、7月中旬 本校 HP をご覧ください。

今後の状況により、中止や内容変更が発生する可能性があります。

## 四天王寺高等学校 Shitennoji Senior High School

〒543-0051　大阪市天王寺区四天王寺 1-11-73　Tel:06-6772-6201　Fax:06-6773-4113

# 安心、尊敬、信頼される 次世代のリーダーへ

2024年度 国公立大学合格者数
東京大学5名(現役5名) 京都大学35名(現役23名)
など総計195名(現役135名)
うち医学部医学科31名(現役23名)
※上記外、防衛医科大学校医学科1名(現役1名)合格

## 高等学校入試説明会

１０月２６日(土) 対象：中学生とその保護者 ご案内・お申込み ９月下旬

１２月 ７日(土) 対象：中学３年生とその保護者 ご案内・お申込み １１月上旬

## 文化芸術の日

９月 ７日(土) 対象：中学生とその保護者 ご案内・お申込み ７月下旬

いずれもホームページから事前申込が必要です

# 清風南海高等学校

〒592-0014 大阪府高石市綾園５丁目７番６４号
TEL.(072)261-7761 FAX.(072)265-1762

清風南海学園ホームページ
https://www.seifunankai.ac.jp/

はばたけ、知性。

知・情・意

高い知性と豊かな情操

**2025年度入試 イベントスケジュール**

| 第1回学校説明会 | 第1回オープンスクール SHOIN SUMMER FESTA 2024（中高合同OS） | 第2回オープンスクール コース体験会 | 第2回学校説明会 | 入試対策講座 | 学校見学会 | ミニ学校説明会 | 少人数限定！ミニ学校見学会 |
|---|---|---|---|---|---|---|---|
| **7/20**土 | **8/24**土 | **10/19**土 | **11/10**日 | **12/1**日 | **12/14**土 | **12/21**土 | **毎週土曜日** |
| 10:00~12:00 | 10:00~15:00 ※お好きな時間にご来校いただけます | 10:00~13:00 | 10:00~12:00 | 14:00~16:30 | ①10:00~ ②11:00~ | 10:00~12:00 | 詳細は樟蔭HPをご覧ください |

高い知性と豊かな情操　**国際文理コース ／ 身体表現コース ／ 総合コース**

※総合コースは2年次より「総合進学」「看護系進学」「児童教育」「フードスタディ」の4コースになります。

強化クラブ
- 新体操　● ダンス　● バトントワリング
- ポンポンチア　● ソフトテニス　● 体操
- バスケットボール

各種SNSもチェック！

学校法人　樟蔭学園
もっと輝く私になれる

# 樟蔭高等学校 しょういん

〒577-8550 東大阪市菱屋西4-2-26　TEL:06-6723-8185　FAX:06-6723-8881　https://www.osaka-shoin.ac.jp/hs
近鉄奈良線「河内小阪駅」下車（西へ約400m）　JRおおさか東線「JR河内永和駅」下車（東へ約400m）

各イベントのお申し込みはHPにて

樟蔭高等学校 公式ホームページ

LINE　入試情報をお届け

facebook

X

Instagram　樟蔭でのスクールライフを覗いてみませんか？

さあ、
常翔気流に乗ろう

入試イベント

オープンスクール
**8.24** sat

入試説明会
第1回
**10.5** sat

第2回
**11.2** sat

第3回
**12.7** sat

 常翔学園高等学校
〒535-8585 大阪市旭区大宮5丁目16番1号

学園内大学

大阪工業大学 ｜ 摂南大学 ｜ 広島国際大学

# 宣真! ゼンシン! Be Next!

ここから、次なる私へ。

SENSHIN GAKUEN

**要予約 オープンスクール2024**

7/13土 8/3土 9/7土 10/26土 11/23土 12/14土 10:00〜13:00

| 入試説明会 | 準2級・3級対象 英検対策講座 | 出張入試相談会 なびげーと☆キャラバン |
|---|---|---|
| 要予約 10:00〜12:00 | 要予約 14:00〜16:00 | 当日参加OK 14:00〜16:00 |

入試のポイントを押さえよう！

**11.2土**

コース・エリアの体験もできます！

| | |
|---|---|
| 7.6土 | 9.14土 |
| 9.21土 | 11.9土 |

英検®に合格するためのコツを教えします！

| in茨木 6.22土 茨木市民総合センター 101号室 | in川西 6.29土 アステ市民プラザ マルチスペース2 |
| in伊丹 7.6土 東リいたみホール 3F 大会議室 | in宝塚 10.12土 ソリオ1 ソリオカルチャー 307音楽室 |

宣真高校がお近くに出張します！気軽に「宣真高校」を体験してみよう！

※各種気象警報発表のため、日程や内容の変更、中止の場合は、当日の午前8:00までに本校のホームページでお知らせします。

**多彩な4コース** 総合コース｜アニメ・アートコース｜保育系進学コース｜看護医療/特進コース

# 宣真高等学校

イベント詳細・参加のお申し込みはこちら
右記QRコードを読み、フォームからお申し込みください。

〒563-0038 大阪府池田市荘園2丁目3番12号 TEL.072-760-3020(入試広報部 直通) / 阪急宝塚線「石橋阪大前」駅より徒歩 約10分

英語 が 使 え る と 、 世界 は 広 が る 。 近 く な る 。

## 大学進学率 **83**%
※海外の大学・短大を含む

卒業生の**5割程度**が

# 関関同立
# 関外・京外
クラスに進学！

本校は、従来より外国語系、国際系大学にめっぽう強い進学実績を誇っています。充実した進路指導を実施し、関関同立・関西外大・京都外大レベルへの進学を目指します。もちろん、海外留学や専門学校進学など、本人の希望を尊重しています！

※進学希望者133名の数字。就職・ワーキングホリデーなどの希望者11名を除く。

[本校卒業生の進路内訳（直近3年間：133名）]

- 進学準備 3%
- 留学 12%
- 専門学校・大学校 11%
- 短大 8%
- その他4年制大学 17%
- 京都外大・関西外大クラス 19%
- 関関同立クラス 30%

---

## 英語偏差値 **50** >>> **70**

平均的な学力から偏差値70超えを実現！

入学時には平均的な英語力の生徒が卒業時には進研模試の偏差値が70を超えることは本校では珍しくありません。外国人教員が多く、国際的な教育環境、少人数クラスによる参加型授業で生徒の学力は大きく向上しています。英検・TOEICの成果がこのことを証明しています。

### 英検
圧倒的な英検合格率！

英検1級、準1級、2級に卒業生の **83**%が合格！

**1年修了時**

- 1級 1%
- 準1級 4%
- 2級 37%
- 準2級 42%
- 11%
- 5%
- （中央）42%

**卒業時**

- 1級 2%
- 準1級 21%
- 2級 60%
- 準2級 12%
- 4% / 1%
- （中央）83%

□1級 ■準1級 ■2級 ■準2級 ■3級 □未受験

※2022年度データ

### TOEIC
生徒の3割以上が **600**点超えを実現！

大卒新入社員平均を大きく上回る実績

TOEIC スコアの生徒比率（本校卒業時）※未受験者を除く

| | 990点 | 900点 | 800点 | 700点 | 600点 | 500点 |
|---|---|---|---|---|---|---|
| 900点以上 | 2% | | | | | |
| 800点以上 | | 11% | | | | |
| 700点以上 | | | 23% | | | |
| 600点以上 | | | | 35% | | |
| 500点以上 | | | | | | 60% |

大卒新入社員（平均）500点程度

※2015年度〜2019年度卒業生データ

---

「**生きた英語力**」を身につけて国際舞台で活躍できる人を育成

## 英語で学ぶ、社会・理科
[アメリカ・イギリスの教科書を使用]

### 関関同立・関西外大を目指す進路指導
もちろん、生徒個人の希望も尊重しております。
【2021〜2023年度卒業生の実績】（多くの卒業生は留学できる大学を選択）

大阪大1、国際教養大3、都留文科大1、国際基督教大1、上智大1、明治大1、青山学院大1、中央大1、法政大1、同志社大3、関西学院大13、立命館大9、関西大3、立命館アジア太平洋大1、関西外大7、京都外大10、京都産業大1、近畿大1、甲南大2、龍谷大1、同志社女子大1、京都女子大1、武蔵野大1、大阪女学院大3、桃山学院大6、愛知大1、大阪学院大などその他の大学13、関西外大短期大学などの短大10、海外留学16、専門学校14、浪人5

【合格実績ではなく、進学希望の卒業生133名の進学実績（進学準備者7名を除く）】

### 学力を伸ばす教育の特徴

**POINT 01** 英語ネイティブ教員の授業が多い
全授業の4割（英語、地理、公民、サイエンスなど）

**POINT 02** 実践的英語力を養成
外国人教員と日本人教員のコンビネーション指導

**POINT 03** 少人数クラス・アクティブ・ラーニング
英語は15名、その他の教科は20名程度の少人数授業

就学支援金・高校授業料無償化（大阪府）対象校
ホームステイ・長期留学（希望制）

*Toward the Global stage*

# K.I.H.S.
## KANSAI INTERNATIONAL HIGH SCHOOL
ひろがる未来！「実践英語」の実力校

高卒資格取得可

---

# 関西インターナショナルハイスクール
学校法人 天王寺学館 関西外語専門学校 国際高等課程
Since 1989

TEL.06-6621-8108 FAX.06-6621-1880
URL https://www.kihs.jp

本を読め 友と交われ 汗をかけ

Hands and hearts are trained to serve
both man below and God above.

学校説明会

第1回 9月21日(土)

第2回 10月26日(土)

第3回 11月16日(土)

いずれも9:30〜

関西学院大学継続

# 啓明学院高等学校

〒654-0131 神戸市須磨区横尾9丁目5番1
TEL 078-741-1501　FAX 078-741-1512
ホームページ　https://www.keimei.ed.jp

学校法人 成徳学園

# 神戸龍谷高等学校

質の高い学びと探究型学習を主体的に
## 龍谷総合コース

幅広く深い学びで多彩な進路を実現
## 特進文理Sコース

世界基準のグローバルシチズンを育成
## 特進グローバル文系コース

将来を見据えた理数・英語教育を実践
## 特進グローバル理系コース

# Kobe Ryukoku
## High school 2025

# Event
## Information

要申込

**オープンハイスクール**
8/24㊏　10:00～12:00
　　　　13:00～15:00

**学校説明会**
10/27㊐　11/17㊐
10:00～12:00　10:00～12:00

**特進グローバル文系オープンスクール**
11/2㊏　11/16㊏
9:30～11:30　9:30～11:30

**学校見学会（個別対応）**
11/9㊏　11/30㊏
9:30～15:00　9:30～15:00

**入試説明会**
12/14㊏
9:30～11:30　13:30～15:30

お申し込みはこちらから

Tel.078-241-0076
https://lsg.mescius.com/koberyukoku_h/app
※駐車場はございませんので、お車での来校はご遠慮ください。

学校法人 成徳学園

# 神戸龍谷中学校高等学校

【本 学 舎】〒651-0052 兵庫県神戸市中央区中島通 5-3-1　TEL:078-241-0076 FAX:078-241-5546
【青谷学舎】〒651-0051 兵庫県神戸市中央区神仙寺通 1-3-8 TEL:078-241-6417 FAX:078-241-6386

https://www.koberyukoku.ed.jp/　神戸龍谷　Q検索
日々ホームページを更新しています。最新情報はこちらからご覧ください。

# SHINKO GAKUEN HIGH SCHOOL

## 神港学園は2024年、創立100周年を迎えます。

### オープンハイスクール

**7/27**㊏ **9/8**㊐ **10/5**㊏ **11/2**㊏

10:00〜(受付9:30〜)

●前年度入試問題配布 ●学校紹介 ●施設見学
●質問コーナー など
◉希望者を対象に、部活動体験と模擬授業を実施

### 入試説明会 (令和6年度志願者・保護者対象)

**11/24**㊐ **12/14**㊏

10:00〜(受付9:30〜)

●前年度入試問題配布 ●学校紹介 ●入試問題解説 ●施設見学
●質問コーナー など
◉希望者を対象に、模擬授業を実施

※いずれもホームページより、開催日の3日前までに予約してください。

特進コース【男女共学】　進学コース【男女共学】　総合進学コース【男女共学】　トップアスリートコース【男女共学】

 神港学園 高等学校

〒650-0003 兵庫県神戸市中央区山本通4丁目19−20　TEL.078-241-3135　FAX.078-232-1570　神港学園 検索

選抜特進コース・特進コース・進学コース

# 報徳学園
# 高等学校
### SINCE 1911

## 高校公開行事（保護者・生徒対象）

高校オープンスクール①
（授業体験編）
**7/20**（土）14：00〜16：00
場所：本校 大谷記念講堂

高校オープンスクール②
（クラブ編）
**9/7**（土）14：00〜16：00
場所：本校 大谷記念講堂

高校オープンスクール③
（学校紹介編）
**10/12**（土）10：00〜12：00
場所：本校 大谷記念講堂

学園祭
（個別相談会）
**10/27**（日）10：00〜12：00
場所：本校

第1回学校説明会
（入試問題解説編）（中学3年生対象）
**11/2**（土）10：00〜12：00
場所：本校 大谷記念講堂

第2回学校説明会
（入試問題解説編）（中学3年生対象）
**11/24**（日）選抜特進・特進 10：00〜12：00
　　　　　　　　 進　学　　　 14：00〜16：00
場所：本校 大谷記念講堂

Instagram

HOTOKU_JHS

報徳学園中高等学校の
公式Instagramです。

https://www.hotoku.ac.jp　〒663-8003 西宮市上大市5丁目28-19　TEL：0798-51-3021（代）　FAX：0798-53-6332E-mail： nyushi@hotoku.ac.jp

# 基礎から始めて難関大へ！

*Kobe Seminar*

**大学受験予備校＋高等専修学校・通信制高校**

学校法人
# 神戸セミナー

〒650－0011
神戸市中央区下山手通8丁目4－26
電話：(078) 341－1897

電話受付時間：平日9：30～18：00　土9：30～17：00

## 神戸セミナーの4つの方針

※新規入学者オリエンテーション「校長講話」より

| 方針①　元気度を上げる | 方針②　快適度を上げる | 方針③　現状把握 | 方針④　内発的動機 |
|---|---|---|---|
|  |  |  将来 |  |
| 笑顔と元気を上昇させることが最優先。 | 学習が「快適」と感じてニコニコすいすいできることを目指します。 | 今の自分が方針①と②がどんな状況かを意識して方針を立てます。 | 強制されることはありません。考えて行動する癖をつけていただきます。 |

できることから始めればいいんだよ。

## 神戸セミナーの6つの特長

### 個人別対応
時間割、使用教材、行事参加の方法など、ご本人の状況に配慮して決めていきます。

### 5週間ごとの見直し
授業のレベルがあっていること、負担が多すぎないことが大切です。時間割は5週間ごとに見直し、修正を行います。

### 定期的な確認
時間割の見直しは学力のみではなくメンタル面でも「良い変化が起きているか」を確認しながら行います。

### カウンセリング
3週間ごとに定期的な面談の時間があります。元気が上昇する、学習が快適である、無理をしていないかなどを確認し良い変化を目指します。

### 元気になるイベント
スポーツ系、ハイキング、グループワークなど様々なイベントを通じて人間関係を作り、行事への参加が楽しくなるよう配慮します。

### 基礎から難関大
神戸セミナーはもともと、基礎から難関大を目指す人のための大学受験予備校です。中学で不登校だった人が国公立、関関同立などの大学に進学できる実績とノウハウがあります。

 大谷中学高等学校
OTANI JUNIOR AND SENIOR HIGH SCHOOL

*to be human*

## 大谷中学校　JUNIOR HIGH SCHOOL

| | | |
|---|---|---|
| 6 / 1 ㊏ 9:30　学校説明会I | 10/ 26 ㊏ 9:00　学校説明会Ⅲ　谷験テストI | |
| 7 / 6 ㊏ 9:30　オープンキャンパスI | 11/ 2 ㊏ 14:00　オープンキャンパス(小5以下対象) | |
| 8 / 24 ㊏ 9:30　オープンキャンパスⅡ | 12/ 7 ㊏ 9:00　入試説明会　谷験テストⅡ | |
| 9 / 28 ㊏ 9:30　学校説明会Ⅱ | 3 / 20 ㊍㊗ 9:30　オープンキャンパス(小学生対象) | |

## 大谷高等学校　SENIOR HIGH SCHOOL

| | |
|---|---|
| 6 / 29 ㊏ 9:30　学校説明会I | 10/ 5 ㊏ 9:30　学校説明会Ⅱ |
| 7 / 27 ㊏ ―　オープンキャンパスI クラブオープンI | 11/ 2 ㊏ 9:30　学校説明会Ⅲ |
| 9 / 7 ㊏ 9:00　学園祭見学（ミニ説明会） | 12/ 7 ㊏ 14:00　入試説明会 |
| 9 / 21 ㊏ ―　オープンキャンパスⅡ クラブオープンⅡ | |

※すべての説明会・オープンキャンパスでWEB申込が必要です。　※今後の社会情勢により、WEB上でのイベントなどは変更する可能性があります。最新情報はWEBページをご確認ください。

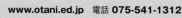

**www.otani.ed.jp**　電話 **075-541-1312**

〒605-0965　京都市東山区今熊野池田町12　R奈良線・京阪本線「東福寺」駅 徒歩5分、市バス「今熊野」バス停 徒歩3分

# SEIKA

## EVENTS

※日程等が変更になる場合がありますので
ホームページにてご確認ください。

・美術ワークショップ（デッサン／キャラクターデザイン）
**5/25**（土）　9:00-12:00　予約制

・幼児教育／パティシエ／吹奏楽ワークショップ
**5/25**（土）　10:00-12:00　予約制

・オープンキャンパス①
**7/28**（日）　午前の部 9:30〜　午後の部13:30〜　予約制

・夏期デッサン特別講習会
**8/24**（土）　9:00-12:30　予約制

・オープンキャンパス②
**9/21**（土）　午前の部 9:30〜　午後の部13:30〜　予約制

普通科
▶ 進学Aコース
- 幼児教育選択
- 吹奏楽選択
- スポーツ選択
- パティシエ選択
- 看護・医療系選択

進学Bコース
- 第1選択
- 第2選択

遊学コース

美術科
- 絵画領域
- 立体造形領域
- デザイン・映像領域
- マンガ・イラスト領域

## 京都精華学園高等学校

〒606-8305 京都市左京区吉田河原町5-1（川端一条角）
京阪電車「出町柳」駅下車 4番出口より南へ徒歩5分
TEL. 075(771)4181 FAX. 075(761)5238

Kyoto **M**eitoku High School 2025

DESIGN YOUR FUTURE

未来はつくるからオモシロイ

参加型

オープンキャンパス【10:00～】(HP申込・当日参加可)

| 6/22 SAT | 7/13 SAT | 8/24 SAT | 9/14 SAT | 10/12 SAT | 11/9 SAT | 12/7 SAT |
|---|---|---|---|---|---|---|

参加型

学園祭

9/28 SAT

見学相談会型

見学相談ツアー【17:00～】(HP申込・当日参加可)

| 7/5 FRI | 10/21 MON | 10/28 MON | 11/22 FRI | 11/28 THU |
|---|---|---|---|---|

相談会型

個別入試相談会(要電話予約)

平日開催

| 12/14 SAT | 12/16 MON → 20 FRI |
|---|---|

 京都明徳高等学校

〒610-1111 京都市西京区大枝東長町 3-8
TEL:075-331-3361 FAX:075-331-8088
https://www.meitoku.ac.jp

# 花園高等学校

HANAZONO SENIOR HIGH SCHOOL

## OPEN CAMPUS
オープンキャンパス

**6/22**土　**8/24**土　**12/7**土

### 高校入試説明会
**9/21**土　**10/26**土　**11/23**土祝

### 高校入試相談会
**12/15**日　**12/21**土

イベントにご参加の際は
必ず事前にホームページ
で実施の有無をご確認
ください。

学校法人 花園学園
花園高等学校
〒616-8034
京都市右京区花園木辻北町1番地
TEL 075-463-5221
HP https://www.kyoto-hanazono-h.ed.jp

オープンキャンパス
**7/6**（土）
10:00～12:00

入試説明会に伴う
運動クラブ体験会
**7月下旬～8月**
7月上旬にご案内いたします

オープンキャンパス
withオープンセミナー
**10/19**（土）
10:00～12:00

入試説明会・個別相談会
**11/10**（日）
10:00～12:00

入試説明会・個別相談会
**11/23**（祝土）
13:30～15:30

◆7～8月に、ミニオープン
キャンパス開催予定

個別相談会
**12/7**（土）
9:30～12:30

イベントの詳細・
申込はHPから▼

 東山高等学校

キリスト教「愛の教育」と「平和の実現」

*St.Agnes' Senior High School*

# 平安女学院

## アグネス進学(AS)コース

2年・3年時に設置されている20単位を超える選択科目で、それぞれの目標に対応できる力を身につけ、一人ひとりの進路を実現します。豊富な指定校推薦枠、併設大学への「特別推薦制度」や、自由に進路選択ができる「特別奨学生制度」、併設大学への進学希望者には「高大連携奨学生制度」などで、夢の実現を応援します。

## 幼児教育進学(CS)コース

3年間で20日間の幼稚園・保育園実習を実施します。全学年希望者参加の海外実習奨学金制度を利用して現地で実習もできます。併設大学の子ども教育学部等への推薦入学が可能です。

## 立命館進学(RS)コース

立命館大学・立命館アジア太平洋大学(APU)との高・大一貫教育により、国際性・自立性・行動力を培い、次世代の国際社会を担うリーダーを育成します。立命館大学の定める基準を満たした全員を立命館大学文系学部・APUへ推薦します。

## ミルトスコース<単位制>

自分自身の立てた目標を達成するために、自分の学習に対する意欲や学習方法を、自ら選ぶことで効果的に学習を進めます。教員はそれぞれの分野で豊富な経験と知識を持ったナビゲーターとしてサポートするなど、万全なサポート体制を整えます。

### 年間を通して、学校について知ってもらえるさまざまなイベントを開催!

| | | | | |
|---|---|---|---|---|
| オープンスクール | 6/15(土) | 8/24(土) | 9/21(土) | |
| 高等学校説明会 | 10/12(土) | 11/2(土) | 11/16(土) | |
| 個別相談会 | 7/6(土) | 7/13(土) | 7/20(土) | 7/27(土) |
| 入試相談会 | 11/23(土・祝) | 12/7(土) | 12/14(土) | 12/21(土) |

全ての行事で個別入試相談を実施します

お申し込み・詳しい内容はHPからどうぞ!

※行事の開催については変更の可能性もあるため、本校のHPを事前にご確認ください。

# ✳ 平安女学院中学校高等学校
since 1875 St.Agnes'

〒602-8013 京都市上京区下立売通烏丸西入五町目町172-2 地下鉄「丸太町駅」下車徒歩約3分
●入学センター TEL 075-414-8101 E-mail stagnes-hj@heian.ac.jp URL https://jh.heian.ac.jp/

学校見学会（WEB予約）　8月　3日（土）

　　①9:00〜10:30　②11:00〜12:30　③14:00〜15:30

オープンキャンパス（WEB予約）

　　6月22日（土）　10:00〜15:30

　　10月19日（土）　11:30〜15:30

入試説明会（WEB予約）

　高校　10月19日（土）　10:00〜11:30

　　　　12月　7日（土）　14:00〜16:00

　中学　10月26日（土）　10:00〜12:00

体育祭　　9月22日（日）

　　　　　向島グラウンド　　9:00〜16:00

文化祭　10月　4日（金）・5日（土）

　　　　　本校　　9:00〜15:00

※現在の予定です。

※詳細はHP等でご確認ください。

# 洛 南 高 等 学 校
# 洛南高等学校附属中学校

〒601-8478京都市南区東寺町559

高校 075-681-6511

中学 075-672-2661

http://www.rakunan-h.ed.jp

## 学校見学・個別相談会 完全予約制

開催時間　9:30 - 16:00　土曜日開催日は以下のとおりです。

令和6年　**7/27**(土)　**9/14**(土)　**10/19**(土)　**12/7**(土)

令和7年　**1/18**(土)　**3/15**(土)　**平日、随時開催しています！**
下記のお電話により各会場へお申し込みください

学校法人奈良岡村学園　通信制課程　普通科

 # 日本教育学院高等学校

日本教育学院高等学校 | 検索　https://www.nkg-h.ed.jp/

| 奈良本校 ☎0745-80-2255 | 〒633-2141 奈良県宇陀市 大宇陀上片岡194番地の6 |
| 橿原校 ☎0744-55-2980 | 〒634-0804 奈良県橿原市 内膳町2丁目5番21号 |

# 智辯学園 中学校・高等学校

## 感謝の心と堅い絆
### そして未来へ

### [2025年度入試]

入試説明会〈10:00〜〉

**10/12** ㊏
■本学園（高校入試）

オープンスクール・進学相談会〈12:45〜〉

**11/17** ㊐
■本学園（中学入試/高校入試）

進学相談会〈13:30〜〉

**12/ 1** ㊐
■橿原市・ミグランス（高校入試）

### 2024年4月、新コース始動！

Ⅰ 国公立大学進学コース　　Ⅱ 未来探究コース

夏 秋 **個別見学会** 開催
※日時等はホームページでご確認ください

---

**智辯学園** 中学校・高等学校　〒637-0037 奈良県五條市野原中4丁目1-51 TEL.0747-22-3191（代）
URL https://www.chiben.ac.jp/gojo/

通学には学園直通バスが利用できます

詳細・申込みについては本校ホームページをご覧ください！

詳しくはこちら▶

# 智辯学園奈良カレッジ

中学部・高等部　Chiben Gakuen Nara College
Junior & Senior High School

20周年記念図書館がいよいよ開館！

## 新たな学びが
## ここから始まる

---

## 令和6年度 イベント情報

| 入試説明会 | 7.20 土 午前 | 9.28 土 午前 | 11.2 土 午前 |
|---|---|---|---|

| 文化発表会 | 9.21 土 午前 |
|---|---|

| 中学入試プレテスト | 10.19 土 |
|---|---|

| 中学入試直前対策講座 | 11.16 土 |
|---|---|

※オープンキャンパスも同時に開催します。

記載のイベントは本校で開催いたします。詳細はホームページを御覧下さい。

---

## 智辯学園奈良カレッジ
中学部・高等部

〒639-0253 奈良県香芝市田尻265
TEL.0745-79-1111　奈良カレッジ 検索

Webサイト　Instagram

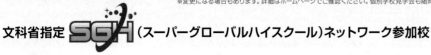

# スイスイ、イキイキ、カシマの通信

★ 良心的な学費 ★ 通学定期の利用可 ★ 全国に広がる学習等支援施設 ★ 通信制でも週1〜5通学可

## 学びたい分野を選べる!

### 充実のオプション15レクチャー

**アニメ・マンガ・ゲーム**
プロのアニメーター・マンガ家・ゲーム制作に必要な、作画の基礎、豊かな表現力を学びます。

**ダンス・芸能・声優**
「自己表現を通して人に感動を与える」ことを学び、タレントやダンサー・声優を目指します。

**大学進学**
それぞれの目標に合わせた、プロ講師の受験指導で志望校合格を目指します。

**eスポーツ**
スポーツの世界と同様、日々の練習や戦略を練る思考力や集中力を身につけます。

**ネイル・メイク・美容**
多彩な分野に対応するメイクやネイリスト・美容の技術を学びます。

**音楽**
音楽の基礎から実践的なテクニックまで、プロの指導を受け音楽中心の高校生活を実現します。

**製菓・製パン**
プロの講師からお菓子作りや製パンの基礎を学び、将来パティシエやブーランジェ(パン職人)などを目指します。

**ファッション・デザイン・アート**
服飾・手芸・ジュエリーなど、ファッションについての知識と技術を学びます。

**インフルエンサー**
SNS配信の仕方まで現役インフルエンサーが直接指導するから初心者も安心。

**保育・福祉**
卒業後に保育士や福祉のエキスパートを目指すために、専門技術を学びます。

**IT**
パソコンや情報処理に関する技術を、プロの講師から学びます。

**スポーツ**
サッカー・テニス…学習のサポートを受けながら、好きなスポーツに専念できます。

**ペット**
プロに必要な知識・技術を身に付け、トリマーやトレーナーを目指します。

**スキルアップ**
就職にも役立つ資格の取得やスキルアップを目指す生徒を支援します。

**海外留学**
アメリカ・カナダ・オーストラリア・ハワイ…。「新しい環境で自分を成長させたい」そんなグローバルな夢を実現します。

---

― 広域通信制・単位制 ― 学校見学/入学相談/転・編入 随時受付中

◆ 提携学習等支援施設ネットワーク ※学習拠点は各校によって異なります。

**関東(首都圏)** 東京／西葛西・蓮根・大塚・御嶽山・荏原・国立・荻窪・新宿・池袋・渋谷・代々木・原宿・高田馬場・目黒・品川・飯田橋・水道橋・秋葉原・御徒町・両国・日暮里・赤羽・北千住・西新井・金町・木場・表参道・自由が丘・西蒲田・蒲田・池上・練馬・幡ヶ谷・中野・吉祥寺・日無・国分寺・千歳烏山・下北沢・調布・狛江・立川町田・八王子・拝島・麻布十番・東京・錦糸町・浅草・江北西日暮里・経堂・多摩センター・昭島・�・府中・鵜の木 神奈川／横浜・厚木・藤沢・溝の口・川崎・日吉・青葉台・戸塚・能見台・港南台・磯子・二俣川・中山・新横浜・相模原・橋本・逗子・横須賀中央・久里浜・小田原・平塚・稲田堤・由比ガ浜・大和・山北・大船・新百合ケ丘・鶴見・根岸・上大岡・鎌倉・都筑ふれあいの丘・武蔵小杉・中田 埼玉／志木・所沢・草加・川口・南越谷・南浦和・川越・大宮・春日部・上尾・蓮田・鴻巣・行田・熊谷・深谷・加須・浦和・千葉／市川・浦安・船橋・津田沼・印西・新鎌ケ谷・我孫子・流山・野田・下総中山・成田・銚子・茂原・柏・東金・八千代台 茨城／鹿島・水戸・土浦・つくば・下館・古河・常総・守谷・龍ケ崎・石岡・日立・取手・荒川沖 群馬／高崎・伊勢崎・太田・館林・前橋 栃木／宇都宮・栃木・小山・足利・那須・鹿沼

**北海道・東北** 北海道／札幌・函館・旭川・帯広・釧路・月寒中央・新川 青森／青森・本八戸・白銀 秋田／秋田・横手・新屋 岩手／盛岡・花巻・北上・水沢・一関・久慈・宮古・釜石・大船渡・二戸・遠野 宮城／仙台・石巻・古川・山形／山形・鶴岡 福島／福島・いわき・白河・会津若松・郡山

**東海・北陸・甲信越** 愛知／名古屋・鶴舞・本郷・高蔵寺・春日井・大府・金山・一宮・犬山・岡崎・豊橋・豊田・刈谷・東岡崎・今池・千種・知立 静岡／沼津・静岡・浜松・三島・新富士・焼津・熱海・片浜 岐阜／岐阜・大垣・各務原・多治見・高山・恵那・可児 富山／富山・石川／金沢・小松 福井／福井・敦賀 長野／松本・佐久・上田・飯田・長野・岡谷・諏訪 新潟／長岡・上越・佐渡・青山 山梨／富士吉田・甲府

**近畿** 大阪／梅田・天王寺・京橋・堺・東大阪・枚方・豊中・岸和田・阿倍野・新大阪・なんば・高槻・堺筋本町・松原・四条畷・西大橋・千里中央・茨木・布施鳳 京都／京都・四条・伏見桃山・舞鶴・桃はし・宇治・亀岡・福知山・丸田町・丹波橋・西院・長岡天神 滋賀／大津・彦根・草津・長浜 兵庫／神戸・三宮・姫路・尼崎・西宮・丹波・加東・土山・西明石・滝野・芦屋 奈良／奈良・葛城・橿原・香芝・富雄 三重／四日市・津・桑名 和歌山／和歌山

**中国・四国** 広島／広島・福山・東広島・呉・安佐南・向洋・廿日市・横川 鳥取／鳥取・米子 島根／松江・出雲 岡山／岡山・倉敷・津山 山口／岩国・宇部・周南・防府・下関・徳島／徳島・香川／高松・松山・新居浜 高知／高知

**九州・沖縄** 福岡／天神・博多・小倉・久留米・大牟田・薬院 鹿児島／鹿児島・鹿屋・薩摩川内・国分・指宿・奄美 佐賀／佐賀・唐津 長崎／長崎・佐世保・諫早 大分／大分・別府・佐伯 宮崎／宮崎・都城・延岡 沖縄／那覇・沖縄・うるま・石垣・西表・久米島・宮古島・与那国・渡嘉敷・浦添・座間味・北中城

---

**鹿島学園高等学校**
本校：〒314-0042 茨城県鹿嶋市田野辺141-9
鹿島学園専用入学相談室TEL029-846-3212/050-3379-2235

**鹿島朝日高等学校**
本校：〒709-2136 岡山県岡山市北区御津紙工2590
入学相談室TEL086-726-0120/03-6709-9886

**鹿島山北高等学校**
本校：〒258-0201 神奈川県足柄上郡山北町中川921-87
入学相談室TEL0465-78-3900/050-3655-0278

資料請求、お問合せ、見学・個別相談のご予約はホームページよりどうぞ

## https://www.kg-school.net

詳しくはWebで [ カシマ 通信 ] 検索

# 寮のある高等学校

学生寮のイメージとして、「規則やルールが厳しい」「先輩との上下関係が不安」「寮長さんが怖いかも」などが思われがちですが、現在では規則正しい生活は守りつつ、自由度の高い生活が主流になっております。今回は意外と知らない寮のある学校での生活を紹介していきます。是非高校選びの一つとして検討してみてはいかがですか。

※詳細は各学校のホームページよりご確認ください

## 高等学校の寮について

　寮制の学校は、指定のコースの生徒やクラブ生、通学が困難な生徒といった一部の生徒が入寮する併設制と、クラスメイトと学校生活だけでなく、衣食住を過ごす全寮制の2種類に分けられます。

　部屋のスタイルも各学校それぞれで、一つの部屋に少人数の生徒で過ごす相部屋はもちろん、プライベートな生活が過ごしやすい個室、大人数で過ごす大部屋で生活する学校もあります。思春期真っ只中の子供たちに合わせた寮生活を送れるように、学年によって部屋のスタイルを変更する学校もあります。ベッド、机といった家具は備え付けられているので、引っ越しもスムーズに行うことができます。

　食事は朝・昼・晩の1日3食が提供される学校が多く、栄養バランスが考えられた食事をとることができます。また、アレルギー食を取り除いた特別食も用意されているので、アレルギーを持った生徒でも安心です。また、夜食の提供のある学校もあります。

　外出や外泊は事前に申請すれば可能です。生活で必要なものは購買部で揃うので、大半の寮生は散髪や通院の時に申請をしています。現金の使用に関しても、最近はキャッシュレスシステム導入の寮もあります。

## 寮制教育の特徴

　多くの寮のある学校は、寮は時間が決められた中でどのように行動するか、人との良好な関係を築いていくために何をすべきかを考える点から「第2の学校」「もう一つの家」と考えられています。

　寮制教育は大きく「自主自立」「コミュニケーション能力向上」「協調性・リーダーシップの構築」の3点を中心に組み込まれています。

### ○自主自立が基本

　寮では決まった時間に起床、就寝、勉強をします。毎日繰り返すことで自然と自分自身で時間管理ができるようになっていきます。

　また、多くの寮では、洗濯、掃除といった身の回りのことも自身でやらなければならないため、自立心や生活力の向上だけでなく、親にやってもらっていた有難さを実感することができます。寮での生活は「自分のことは自分でやる」ができるようになります。

### ○コミュニケーション能力向上、協調性の構築

　寮では寮父母、寮のスタッフや学年が異なる生徒たちと過ごします。

　通常では関わることができない幅広い年代と接点を作ることができます。入寮する前は上手くコミュニケーションが取れなかった生徒も、寮生活を通してたくさん友人が作れるようになります。

　そのような環境の中には、自分と異なる価値観を持つ人も多くいます。考えの違いで衝突することも多々あります。通常ならその人と距離を取ることができますが、共同生活を続けていくにはそうはいきません。衝突して終わりではなく、どうしたら自分の意見を理解してくれるのか、あるいは互いの妥協点を探していくのかなどを悩みながら、協調性を身に着けていきます。

　互いを思いやり、交流を深めていくことで互いに大きく成長し、真の友情関係を構築できるのが寮生活ならではの醍醐味ではないでしょうか。

### ○自己解決能力を高めリーダーシップの向上させる

　寮の運営も生徒が主体で行っていきます。寮生活を快適に過ごすのも不自由なものにするのも自分次第になっていきます。寮生やスタッフが議論をかわしながら様々な行事の企画・実行していきます。

　また、寮生には役割を割り当てられ、どのようにして寮生たちを率いていくかを常に考えていくことで、限られた寮生ではなく寮生みんながリーダーシップのとれる人間に成長できる様に工夫がされています。

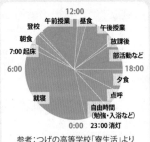

参考：つげの高等学校「寮生活」より
https://tsugeno.ac.jp/live/

## 寮のある高等学校へ入学するために

　寮生活には「高校生から家を出るにはまだ早すぎる、ホームシックになるのでは」との声をよく挙げられます。

　しかし、子供はいずれか親元を離れ、独り立ちする日が必ず訪れます。寮生活がきっかけでその日が早まっただけにすぎません。寮も少しでも寮生活に馴染んでもらうために寮行事を充実しています。ホームシックは時間が解決してくれます。

　子供自身も寮生活を通じていかに自分が親に支えてもらったか、有難さに気づきます。思春期真っ只中で素直になれないこともあると思いますが、家族との距離を置くことで良好な親子関係を築けるかもしれません。

　高校からの寮生活を成功させるには、情報収集が大変重要となります。学校案内やホームページの情報だけでなく、実際に学校見学の際に、寮見学をさせてもらい、寮の管理者と面談や寮生に聞き取りしたり、学校によっては体験入寮など、直接保護者の方が肌で感じ、我が子にあっているかを判断することが重要となります。

　「可愛い子には旅をさせよ」の心で、寮のある学校も是非志望校の選択肢のひとつに入れてみてはいかがでしょうか。

# 寮のある学校特集

## ～寮生活を通して身につける協調性や自立心～

寮生活は勉強やクラブ活動などの時間を最大に限確保できるだけでなく、規律ある生活の中において自分自身で考えて行動することで自立心を高めたり、共同生活の中で他者と協力し合うことで協調性を養うことができます。そんな勉強だけでなく社会経験が積める「寮生活」を送ることができる学校を紹介します。

※具体的な寮生活における教育方針やその他情報については各校のホームページよりご確認ください。

---

# 制服紹介 SCHOOL UNIFORM

## 大阪国際高等学校

住所：大阪府守口市松下町1−28
電話：06-6992-5931

## 城南学園高等学校

住所：大阪市東住吉区照ケ丘矢田2丁目14−10
電話：06-6702-9784

# 神戸龍谷高等学校

住所：【本学舎】神戸市中央区中島通5-3-1 　【青谷学舎】神戸市中央区神仙寺通1-3-8
電話：【本学舎】078-241-0076 　【青谷学舎】078-241-6417

# 神港学園高等学校

住所：神戸市中央区山本通4丁目19−20
電話：078-241-3135

# 星翔高等学校

Technology
Sports
Study

各種イベント情報は随時更新する予定ですので、本校ホームページをご確認ください

### クラブ体験見学会
第1回 **8.24** ㊏
第2回 **8.25** ㊐

### オープンスクール
第1回 **10.12** ㊏
第2回 **11.17** ㊐

### 学校説明会
星翔高等学校
第1回 **9.15** ㊐
第2回 **10.12** ㊏
第3回 **11.17** ㊐
第4回 **12.1** ㊐

### 入試説明会
摂津市民文化ホール
第1回 **12.14** ㊏
第2回 **12.22** ㊐

### 出張説明相談会
大阪府 大阪市内 摂津市 茨木市 吹田市
豊中市 寝屋川市 守口市
兵庫県 尼崎市 宝塚市

### 個別相談会
星翔高等学校
**12.16** ㊊ ▷ **20** ㊎

学校HP

公式 Instagram

星翔高校 検索

〒566-0022 大阪府摂津市三島3丁目5番36号　TEL:06-6381-0220(代)　FAX:06-6383-4822　https://www.osaka-seisho.ed.jp

# 私立高校へ行こう 2025

## INDEX

## 特集企画

## 学校インフォメーション

# 君たちがこれから向かう未来

将来みなさんが社会に出ていく頃、世界の在り方は大きく変化しています。それに合わせて高校での学びも変わります。

このコーナーでは、教育改革の前提となった、今までとこれからの世界の変化をみなさんにお伝えします。この変化の先には想像もつかない未来が待っているかもしれません。そして、その未来は他でもない、みなさんの未来なのです。

- ● 与えられた課題をこなすだけの人は価値を失いつつある
- ● SDGs——世界の誰もが地球規模の問題の当事者
- ● 自然な会話ができるAIが登場
- ● AIとロボットは人間の未来を切り開く便利な道具にもなる

## お父さん　お母さんが中学生だったころ

みなさんのお父さん、お母さんがみなさんぐらいの年齢だったころ、どんな世界だったか知っていますか。

アメリカとソ連（現在のロシアを中心とした共産主義国家の連邦）が対立していて、一歩間違えば核戦争が起こる恐れこそありましたが、世の中の変化はもっとゆっくりしていて、現在のように、中学生が大人になる短い年月で社会の「常識」が変わるとは予想もつきませんでした。

たとえば、当時の日本には次のような「常識」がありました。

**「正解がある課題をより正確に、より速く解決する人が優秀である」**

なぜ、これが「常識」であったのかというと、世の中がゆっくりにしか変化しないときには、完全に新しい課題、新しい状況というのは稀であり、ほとんどの解決すべき課題には前例、つまり正解があったからです。

特に当時の日本の場合、経済的に豊かになるために、欧米先進国というお手本がありました。彼らが作った製品や取り入れた制度を真似ることで日本も豊かになることができたのです。

中学校・高校でも既存の問題を解く能力こそが鍛えるべき学力でした。そして、既に解のある問題をより正確に、より速く解ける人が、より難易度の高い大学に合格しました。企業もそのような人を社員に欲しいと考えました。

## 急激な変化の時代

しかし、かつての「常識」はこの20年～30年の間に大きく揺らぎました。

世界に変化をもたらした第一波は、アメリカと対立していたソ連が崩壊し、世界が一つの市場に統一されたことです。

市場が広がったことで世界は全体としてはかつてより豊かになりました。しかし、その反面、食料やエネルギー、資源、地球温暖化など、解決すべき地球規模の難題がたくさん出てきます。

地球規模の問題は、多くが前例のない問題です。このような問題を前にして、かつての「常識」での優秀な人たちは、答えを出すのに苦労しています。

前例のない事態に対して、一部のエリートたちが解決策を考えて、一般市民はそれに従う、というかつてのようなやり方では限界に来ているのです。

その最大の例が、国連が定めるSDGsです。

SDGsとは「持続可能な開発目標（グローバルゴールズとも）」のことです。2030年までに達成する17の大きな目標と、その目標を実現するための具体的な169個のターゲットが掲げられています。

SDGsは、地球上に住む全ての人が目指すべきものとされています。つまり、地球上の誰もが自らの問題として考え、行動しなければ地球規模の問題は解決しないという考え方に基づいています。

みなさんが社会に出ていく将来、与えられた課題を解決するだけの仕事は、どんどん価値が下がり、後述するAIの高度化と相まって、人間を必要としない仕事へと変化していくでしょう。

与えられた課題を正確に解決するだけの人は、もはや企業にとって貴重な人ではなくなっているのです。

## GPT-4登場の衝撃

2023年3月、アメリカのAI開発会社OpenAI社がGPT-4という名前のAIを発表しました。このGPT-4の性能には世界中が驚きました。激震が走ったと言っても良いでしょう。

GPT-4は、とても自然な文章で受け答えができます。以下の出力は一つ前のバージョンであるGPT-3.5を使った例ですが、参考のため掲載します。

文章作成に適するように多少の設定を施してはいますが、右記[AI]の文章はGPT-3.5が出力したものを全く手を加えずコピーしたものです。この程度の仕事であれば、今やAIで十分可能になっているのです。しかも、これは一つ前のバージョンで、最新のGPT-4はより自然な文章を出力できるだけではなく、アメリカの司法試験で上位10パーセントの成績や、アメリカの大学入学共通テスト「SAT」で読解710/800点・数学700/800点（SATは各500点が平均点になるよう作られる。アイビーリーグ合格者は合計1500点が目安とされる）を取るなど、大半の人間よりも優れたパフォーマンスを示しています。

[人間による入力]
「AIを使いこなすために重要なスキル」を200文字に要約して作成

[AI]が作成した文章
AIを使いこなすために必要なスキルとして、専門的なAI技術に関する知識、クリティカルシンキング能力、問題解決能力や創造性、グローバルな視野やコミュニケーション能力が挙げられます。AIはツールであり、人間が最終的な判断を下すため、創造的なアプローチや客観的な評価能力も重要です。また、グローバルな環境での仕事も増えているため、異なる文化や価値観を理解し、コミュニケーション能力も求められます。

https://chat.openai.com/

## なくなることはなかったとはいえ

　GPT-4のようなAIの高度化が進めば、与えられた課題を解決するような仕事は、いずれコンピューターとロボットが担うようになると予測されています。しかもそれは、それほど遠い未来の話ではありません。

　2013年にオックスフォード大学のマイケル・オズボーン准教授が「雇用の未来」という論文の中で「10年後になくなる仕事」の確率を予想しました。

　その予想によると、高い確率でコンピューターに取って代わられるのは、簿記や会計担当者、レジ係、一般事務員、タクシー・地下鉄の運転手、となっていました。

　オズボーン准教授の予想から10年経った2023年現在、これらの仕事が全てコンピューターに代替されているわけではありません。ただ、GPT-4の威力を見せられると、技術的には今すぐにでも可能ではないかと思えてきます。スーパーのレジは自動化の方向にあり、自動車の自動運転もレベル4（特定条件下でドライバー不要）まで実用化しています。そして、一般事務員の仕事をGPT-4やその後継バージョンが代替していく未来もそれほど遠くないように思えます。

　当然、ここに挙げた仕事だけの問題ではありません。AIは私たちの社会そのものを大きく変えます。古い常識で将来の仕事を考えていては、その仕事は10年後、なくなっているかもしれないのです。

## コンピューターが引き起こした世界の変化

　仕事がなくなるという話にあまり現実味を感じられないかもしれません。では、歴史を振り返ってみましょう。みなさんのお父さん、お母さんが中学生だったころ、まだコンピューターを家庭用に持っている人は少数でした。インターネットの利用となると、一部の政府機関や研究機関に限られていました。

　時代が大きく動き出したのはおよそ30年前の1995年。ウィンドウズ95が発売され、一般の家庭にもインターネットの利用が普及しました。

　また、約15年前の2007年、スマートフォンが発売され、人々は外出先や移動中でも手軽にインターネットに接続できるようになりました。

　みなさんにとって、スマートフォンとインターネットはあって当たり前のものではないでしょうか。それがなかった時代、みなさんのお父さん、お母さんは一体どんな生活を送っていたのか想像できるでしょうか？

　コンピューターとインターネットの普及以前、情報の検索といえば図書館に行くことでした。ホテルや飛行機の予約には電話をかけるか、旅行代理店に頼んで予約してもらいました。銀行でお金を振り込むためには、窓口かATMまで出向く必要がありました。友人と待ち合わせるのには、あらかじめ時間と場所を決めて、直前でキャンセルがあっても知らせる手段がなく、ずっと待っているしかありませんでした。

　そして、最も大きな変化が、個人が世界に向けて情報を発信する手段はほぼ無かったということです。世界に情報を発信できるのはマスメディアだけでした。

　しかし、コンピューター、インターネット、スマートフォンが普及したことで、社会は大きく変化しました。その影響は、ほとんどすべてといっていい分野に及んでいます。みなさんのお父さん、お母さんが中学生だったころには存在していた仕事が、いくつかコンピューターのソフトウェアによって取って代わられました。

### 第4次産業革命

それでも、これまでの変化は、近々起きると予測されている第4次産業革命の大きさと比べると、ほんの小波に過ぎません。

第4次産業革命とは、汎用人工知能（汎用AI）、IoT（モノのインターネット）、3Dプリンタによって引き起こされる産業革命のことです。

汎用AIは、これまで人間だけが得意としてきた、多様な分野にまたがる知的労働を行えるAIのことです。GPT-4のような自然な文章を生成するAIがこの原型となるでしょう。

IoTは世界中にあるモノ同士がインターネットでつながって情報をやり取りし、自立的に機能する技術のことです。

3Dプリンタは、設計図さえあれば、さまざまな製品を出力することができます。近年、3Dプリンタで作った家や車が話題になっています。

これらの技術がどのような未来をもたらすのか、少し想像を広げてみましょう。

——未来のオフィス。社員たちは談笑したり、お茶を飲んで寛いでいたりしています。実は彼らは最も重要な「何を作りたいのか、それによって社会をどう変えたいのかを考える」仕事に従事しているのです。この話し合いには汎用AIも加わっていて、技術的・法律的問題についてアドバイスをします。アイデアが煮詰まると社員は汎用AIに試作品を作るよう命じます。3Dプリンタで瞬時に出力された試作品を試して修正を加えた後、最終的なデータが工場に送られます。工場にある大量の3Dプリンタが完成品をプリントし、IoTで制御されたデリバリーロボットが必要とされる場所まで自立的に運びます。

10年後、20年後には人工知能は当然今より「賢く」なっていると予測されます。人間と同程度に「賢い」汎用AIが実現すれば、この夢物語が夢ではなくなるかもしれません。

未来学者のレイ・カーツワイル氏は、これまでのコンピューターの発展速度を根拠として、2045年頃に1000ドルで買えるコンピューターの計算能力が全世界の人間の脳の総計を上回ると予測しています。2045年といえば、みなさんは30歳代後半。ちょうど働き盛りの頃にそんな未来が実現するかもしれないのです

## 学びの先に自由な未来がある

ここまで見てきたように、これからの社会では「正解のある課題をより正確に、より速く解決する」能力は、価値が下がっていきます。

しかし、みなさんの未来が暗いかというと、そんなことはありません。

人間並みに賢く、正確に素早く命令を実行してくれるAIが1000ドルで手に入り、設計図さえあればどんなモノでも作り出してくれる3Dプリンタが手元にあるのです。

この2つはまさに未来の道具です。未来の道具を使ってどんな社会を作るのか、どんな生き方を選ぶのか、それはみなさんの手の中にあります。

ピンとこないかもしれません。ただ、20年前、個人が書いた記事を世界中の人に読んでもらったり、個人が撮った映像を世界中に向けて発信したりすることは、同じように夢物語でした。それと同じことが20年後、みなさんの未来で実現していてもおかしくないのです。

みなさんの未来は、まさに創造力とアイデアにかかっています。高校、大学、そしてその先で、世界の可能性を広げるための学びに取り組んでください。

# 高校受験の基礎知識

**高校受験は多くの中学生が通過する人生の大きな節目です。**
**ところが、仕組みについては漠然としか知らないという受験生も多いのではないでしょうか。**
**多様な進路の選択肢がある上に、進路の中でもっとも一般的な高校にたくさんの種別があるからです。**
**このコーナーでは、そんな中学校卒業以後の進路についての基礎知識をおさらいします。**

## 中学卒業後の進路

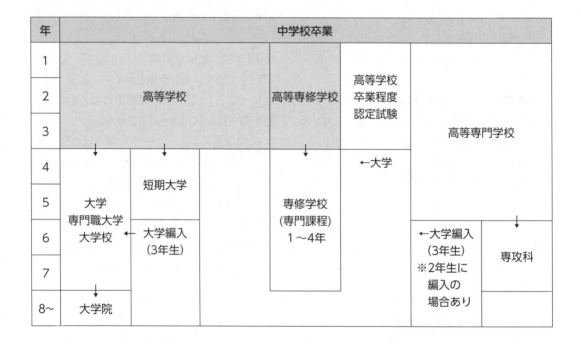

| 年 | 中学校卒業 | | | | |
|---|---|---|---|---|---|
| 1 | 高等学校 | | 高等専修学校 | 高等学校卒業程度認定試験 | 高等専門学校 |
| 2 | | | | | |
| 3 | | | | | |
| 4 | ↓ 大学 専門職大学 大学校 | 短期大学 | ↓ 専修学校（専門課程）1～4年 | ←大学 | |
| 5 | | | | | |
| 6 | | ←大学編入（3年生） | | | ←大学編入（3年生）※2年生に編入の場合あり / 専攻科 ↓ |
| 7 | | | | | |
| 8～ | 大学院 | | | | |

　小学校・中学校までと、それ以降の進路の大きな違いは、学ぶ内容がおおよそ全員共通の義務教育に対して、中学校卒業以降は、進路も多様にわかれ、学ぶ内容も学校や学科ごとに異なるところです。

　何を学ぶのかは、将来の夢やどのような能力を身につけたいのかという、みなさんの判断に委ねられているのです。大学や専修学校の専門課程（以下、専門学校）に進学して、より高度な学びを目指すのであれば、高等学校を選ぶのが一般的です。しかし、大学進学のルートはそれだけではありません。高等専門学校（以下、高専）を卒業すると短期大学修了と同じ準学士となり、大学3年次（2年次）への編入試験を受験する資格が得られます。

　また、高校に進学しなくても、あるいは途中で退学したとしても「高等学校卒業程度認定試験」（旧大検）を受験し、一定の成績をクリアすれば、高校卒業と同じ学力があると認められ、大学受験の資格が得られます。

## 国民の大半が進学する「準義務教育」

　日本では、中学校を卒業した人のほとんどが高校・高専に進学しています。

　約97パーセントとほとんど全員とも言える高い進学率のため「準義務教育」と呼ばれることもあります。

　実際、先進国の中には高校を義務教育にしている国もあるほどです。

　そのため、日本でも国公立高校の授業料無償化や私立高校の授業料支援などが充実され、基本的に国民が受けるべき教育という位置づけになっています。

## さまざまな高等学校の種類

### ■公立・私立・国立・株式会社立

　高校には、府や県や市が設置している公立高校、学校法人などが設置する私立高校、国が設置主体である国立の他、株式会社が設置して運営する高校もあります。

　公立高校は、一般に通学区域が定められていて、他府県の高校は原則として受験できません。国立高校も通学区域が定められていますが、こちらは府県を跨いで通学区域が指定されている場合もあります。

　私立高校は、教育への理念を持った私人が設立した学校で、各校独自の教育目標を持っています。通学区域の制限はなく、自由に出願することができます。ただし、他府県の私立高校に通学する場合は、自治体による授業料支援が制限される場合があるので、注意が必要です。

### ■学年制・単位制

　高校は中学校と違い、一定の成績を満たさなければ卒業が認められません。「高校卒業」を認める方法には、大きく分けて「学年制」と「単位制」の2つの制度があります。

　学年制では、学年ごとに決められたカリキュラムを修了することで次の学年に進級し、それを3年分繰り返すことで卒業が認められる方法です。

　単位制は、学年にはこだわらず、74単位以上（各校が定める）の「単位」を取得すれば卒業が認められる方法です。1単位は、50分×35回の授業に相当します（多くの場合、単位の認定には試験やレポートも課されます）。

### ■全日制・多部制・通信制

　高校は、授業の開始時刻や通学の仕方によって「全日制」「多部制（定時制）」「通信制」にわけられます。

　全日制は、中学校までとほぼ同様に、朝に授業が始まり、夕方に授業やクラブ活動を終える学校のことで、多くの学校はこの種別に入ります。

　多部制は、一日をいくつかの「部」に分けて授業の時間とする学校です。3年間での卒業を目指す3修制では1日6時間授業、4年間での卒業を目指す4修制では1日4時間授業など、個人の事情に合わせた通学スタイルが選べます。

　通信制は、名前の通り、自宅に居ながら授業を受ける学校のことです。通学することが全くないわけではなく「スクーリング」と呼ばれる面接指導ではもちろん、行事などで登校することもあり、新しい形のスクールライフとして近年学校数も増加し、生徒数も増えています。

### ■専門学科

　高校には、さまざまな専門学科が設けられていて、それぞれで学ぶ内容に特徴があります。

　普通科は、基本的に進学のための学習内容となっています。

商業科・工業科・看護科などの専門学科は、それぞれの専門的な職業に必要とされる内容を学ぶことになります。職業的専門学科だからといって大学などへの進学ができないわけではありません。

国際科や英語科、理数科などの学科は、大学への進学を想定しつつ、それぞれの分野に特化したより高度な学びを行う専門学科です。

混同しやすいのが「総合学科」と「普通科総合選択制」です。前者は専門学科の一つで、普通教育と専門教育の両方を総合的に行う学校のことで、後者は普通科でありながら選択科目を充実させた学校という種別になります。目指している教育内容はよく似ていますが、総合学科と普通科総合選択制では入試日程や通学区域が異なるなど、入試での扱いが違う場合もあります。よく注意してください。

■高等専門学校

高等専門学校（高専）は5年制の学校で、主に工学・技術・商船系の専門教育を行います。

4年目からは、大学レベルの高度な授業となります。むしろ、教養的な内容である大学1・2年生よりも専門的な授業のこともあります。高専を卒業すると、短期大学卒業と同様の「準学士」が授与されます。

■専修学校（高等課程）

専修学校（高等課程）は、高等専修学校ともよばれ、仕事に役立つ実践的な職業訓練・技術と社会で必要な教養を習得できるのが大きな特徴です。将来何をしたいのかが決まっていて、早く社会に出たい生徒には高等専修学校も進路選択の一つになります。

## 入学試験について

■入試日程

2024年度の関西圏の高校入試は、1月27日の和歌山県私立から始まり、2月1・2日の滋賀県私立、2月6日奈良県私立、2月10日の大阪府・兵庫県・京都府の私立で1次入試が実施されます。

1次入試の合格発表から公立入試（2023年度、京都府前期2月16・17日、京都府中期・滋賀県3月8日、大阪府・兵庫県・奈良県・和歌山県3月10日・11日など）までの間に私立の1.5次入試が行われます。実施しない学校もあります。

公立の合格発表後に、私立の2次入試が行われます。こちらも実施しない学校もあります。

**(表)関西圏　高校入試スケジュールのイメージ**

| 1月下旬〜2月上旬 | 私立（和歌山県・滋賀県・奈良県） |
|---|---|
| 2月10日ごろ | 私立（大阪府・兵庫県・京都府） |
| 2月半ば | 公立推薦・特色,特別(大阪府)、前期(京都府) |
| （公立入試まで） | 私立1.5次入試 |
| 2月後半〜3月前半 | 公立高校一般入試・京都府中期 |
| （公立合格発表後） | 私立2次 |

■専願と併願

多くの私立高校では、専願か併願かを明らかにして出願することが求められます。

専願とは、合格すれば必ず入学することを約束して受験することです。

併願とは、合格してもそれを保留して、公立高校入試の結果を待ってから入学を決めることができる受験の仕方です。

公立高校を第一志望として私立高校を受験する場合には併願を選ぶことになります。

ほとんどの場合、専願の受験生は併願より合格ラインを低く設定され、有利に判定されます。そのため、併願で受験する場合には、合格するためにより高い得点が必要となります。

■推薦

多くの学校で推薦による選抜を実施しています。出願資格は、専願受験者であること、学校ごとに決められた基準をクリアしていること、そして中学校からの推薦があることです。

学校ごとの基準には、中学校の評定（内申）が指定されることが多く、クラブ活動の実績や生徒会活動などの課外での活動が見られることもあります。

# 公立高校の授業料無償化と私立高校生への支援制度

国公立の高校は授業料（年額約12万円）が実質無償化されています。私立高校にも公立無償化に加算金を加えた補助がなされています（所得に応じて最大年額約40万円）。また、多くの私立高校を擁する自治体は独自の支援制度を設けています。

関西圏でもっとも手厚いのは大阪府で、年収590万円未満（目安）の世帯まで、60万円を上限に授業料が実質無償となっています。2人以上の子どもを扶養する世帯については「多子世帯」に該当し、より手厚い補助がなされます。大学生、短大生、高専生なども人数に含め、大学等への進学をめざすいわゆる浪人生についても卒業後1年間に限り人数に含めます。

支援制度を利用するには条件がありますので各府県の就学支援金制度をご確認ください。

※無償化には所得制限（およそ年収910万円程度）があります。
※大阪府は2025年度より段階的に所得制限を撤廃する方針を発表。

**（参考）自治体による私立高校無償化の取り組み　※全日制高校の場合**

**■大阪府**
年収590万円未満（目安）の世帯：授業料実質無償
年収590万円〜800万円（目安）の世帯：授業料自己負担200,000円
年収590万円〜910万円（目安）の世帯：授業料自己負担481,200円
※多子世帯(2人)
年収590万円未満（目安）の世帯：授業料実質無償
年収590万円〜年収800万円（目安）の世帯：授業料自己負担100,000円
年収800万円〜910万円（目安）の世帯：授業料自己負担300,000円
※多子世帯(3人以上)
年収800万円未満（目安）の世帯：授業料実質無償
年収800万円〜910万円（目安）の世帯：授業料自己負担100,000円

**■兵庫県**
年収590万円未満（目安）の世帯：国の制度と併せて年額408,000円を軽減
年収590万円〜730万円（目安）の世帯：国の制度と併せて218,800円を軽減
年収730万円〜910万円（目安）の世帯：国の制度と併せて168,800円を軽減
※京都府内の高校は県内の1/2、大阪府・滋賀県・奈良県・和歌山県の高校は1/4を補助

**■京都府**
年収590万円未満（目安）の世帯：国の制度と併せて年額650,000円を支援
（生活保護世帯は上限980,000円まで支援）
年収590万円〜910万円（目安）の世帯：国の制度と併せて年額198,800円を支援
※兵庫県の高校に通学にする場合も一部補助あり

**■滋賀県**
年収590万円未満（目安）の世帯：国の制度396,000円を支給
年収590万円〜910万円（目安）の世帯：国の制度と併せて178,200円を補助

**■奈良県**
年収270万円未満（目安）の世帯：国の制度と併せて570,000円を補助
年収270万円〜380万円（目安）の世帯：国の制度と併せて483,000円を補助
年収380万円〜590万円（目安）の世帯：国の制度396,000円を補助
年収590万円〜910万円（目安）の世帯：国の制度118,800円を補助
※奈良県私立高等学校等専攻科修学支援金制度もあり

**■和歌山県**
年収590万円未満（目安）の世帯：国の制度396,000円を支給
年収590万円〜910万円（目安）の世帯：国の制度118,800円を支給

※授業料が支給額を下回る場合は授業料が上限額となります

**受験コラム**

# 大学入試の基礎知識
# 「今の大学入試制度」

## 高大接続改革からはじまった大学入試改革

　高大接続改革とは、高校・大学入試・大学の 3 つが一体となった教育改革です。2012 年 8 月に中央教育審議会で諮問され、2015 年 1 月に実行プランが発表されました。
「学力の 3 要素（1. 知識・技能、2. 思考力・判断力・表現力、3. 主体性を持って多様な人々と協働して学ぶ態度）」を育成・評価するため、高校・大学入試・大学が三位一体となって高大接続改革に取り組むことになりました。

　大学入試に関しては、大学入学者選抜試験でも多面的・総合的に評価を行うため、二つの大きな改革がありました。一つは、大学入学者選抜実施要項（入試区分）の見直しです。もう一つは、「大学入試センター試験」に変わる「大学入学共通テスト」の実施です。

## 多様な入試制度

　入学者の選抜（入試区分）には、「一般選抜」、「学校推薦型選抜」、「総合型選抜」、「特別選抜（社会人選抜、帰国子女選抜など）」に分けられます。

　特に私立大学の選抜は多様化が進み、一般選抜では、複数教科選抜や、アラカルト判定で合否判定する方式や大学共通テスト利用選抜・併用選抜などがあります。

　学校推薦型選抜においても指定校推薦、公募制推薦のほかにさまざまな推薦方式が行われています。

　国公立大学でも、推薦入試及び総合型選抜による入学者の定員を拡大しており、現在では、京都大学、大阪大学を含め、ほとんどの国公立大学が学校推薦型選抜を実施しています。

　**入試区分については、多面的・総合的な評価の観点からの改善を図りつつ、各々の入学者選抜としての特性をより明確にする観点から、次のように変更する。**
- **「一般入試」⇒「一般選抜」**
- **「推薦入試」⇒「学校推薦型選抜」**
- **「ＡＯ入試」⇒「総合型選抜」**

「平成 33 年度大学入学者選抜実施要項の見直しに係る予告」より抜粋

一般選抜は、調査書の内容，学力検査，小論文，入学志願者本人の記載する資料等により，入学志願者の能力・意欲・適性等を多面的・総合的に評価・判定する入試方法。

　総合型選抜は、詳細な書類審査と時間をかけた丁寧な面接等の組み合わせによって，入学志願者の能力・適性や学習に対する意欲，目的意識等を総合的に評価・判定する入試方法。

　学校推薦型選抜は、出身高等学校長の推薦に基づき，調査書を主な資料としつつ，以下の点に留意して評価・判定する入試方法。

　その他特別選抜として、社会人選抜や帰国子女選抜などを対象に特別枠を設ける入試方法。

「令和5年度大学入学者選抜実施要項」文部科学省より抜粋

　入試区分ごとの大学入学者数は下記のようになっており、一般選抜での入学者数は国公立大学で 70 〜 80％ですが、私立大学では 40％、短大では 1 割程度となっており、学校推薦型や総合型選抜など早期に進路を決定しています。

入試区分別大学入学者数（2023 年度入試）

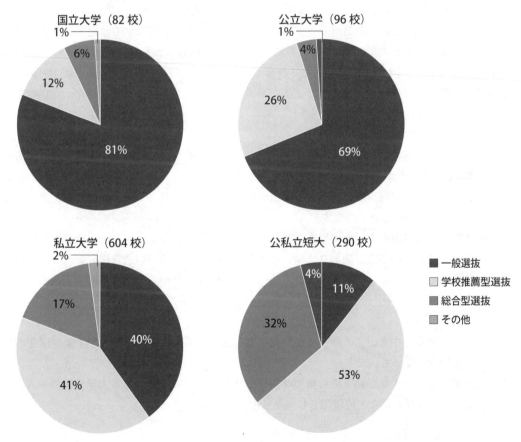

国立大学（82 校）
1%　6%　12%　81%

公立大学（96 校）
1%　4%　26%　69%

私立大学（604 校）
2%　17%　40%　41%

公私立短大（290 校）
4%　11%　32%　53%

凡例：
■ 一般選抜
□ 学校推薦型選抜
■ 総合型選抜
■ その他

「令和5年度国公私立大学入学者選抜実施状況」<br>文部科学省より編集室作成

## 基本の3つの選抜方式

　大学の入試は、「一般選抜」と「学校推薦型選抜」と「総合型選抜」の3つの方式に分けられます。

　一般選抜は、国公立の場合、1月に行われる大学入学共通テストと、2〜3月に大学が個別に実施する個別学力検査（2次試験）の合計得点で合否が判定されるのが一般的です。私立は、2月以降に実施される（1月下旬も）主として学力テストの得点によって合否が決まる入試です。大学によっては、調査書や小論文などを含めて総合的に判定するケースもありますが、基本的にはいかにテストで高い得点を取るかで合否が決まります。

　学校推薦型選抜は、通っている高校の校長先生の推薦を受けて出願する選抜です。指定校制と公募制の2タイプに分けられます。
　「指定校制」は、大学側が高校を個別に指定して募集するタイプの選抜方式で、指定された高校の生徒のみが出願できます。「公募制」は、高校の指定がなく、どの高校の生徒でも出願可能で、入学希望者を一般の受験生から広く公募するタイプの選抜方式です。
　国立大学では基本的に公募制のみが実施されますが、一部の公立大学では指定校推薦を実施しています。私立大学では多くの大学が公募制と指定校制の両方を導入しています。
　選考は11月から12月にかけて実施されます。学校長の推薦書を提出することが不可欠で、出願条件として「評定 4.0 以上」など、高校3年間に履修した全科目の評定平均が一定以上であることが条件となります。

　総合型選抜は、各大学・学部が求めるアドミッション・ポリシーに沿って人物を評価する入試です。書類選考を経て小論文・学力検査や面接などが課されますが、さらにグループディスカッションや自己プレゼン、模擬講義のレポート提出や出願前のエントリーシート提出など、さまざまな選考方法や課題を設けられています。
　一般選抜が学力試験重視、学校推薦型選抜が高校の成績重視なのに対し、総合型選抜はその大学に入学することへの意欲が問われます。そのため、大学側も長めの選考期間を設け、複数回の面接を実施する大学もあります。選考のスタートも概ね 10 月からと学校推薦型選抜よりも早めです。

　大学入学者全体の中で、この学校推薦型選抜と、総合型選抜に合格して入学する受験生の割合は年々増加傾向となっています。
　高校を選ぶ場合、大学進路実績も重要な項目ですが、指定校推薦のある大学・学部や人数、また併設大学への入学基準などの情報もしっかり把握しましょう。

## 大学入学共通テスト

　2021年度入試からスタートした「大学入学共通テスト（共通テスト）」は、約30年にわたり実施されてきた「大学入試センター試験」の後継で2023年度大学入試では、国立82校, 公立94校, 私立535校の計711大学が利用し約51.3万人が受験しました。

　出題傾向はセンター試験と比べ、知識の理解の質を問う問題や、思考力、判断力、表現力を発揮して解くことが求められる問題が重視されています。

　さらに、2025年度入試において、共通テストの出題教科・科目、試験時間等の変更が行われます。

　2025年1月から、「情報」が出題科目として追加されます。共通テストは、現状の「国語」「地理歴史」「公民」「数学」「理科」「外国語」の6教科30科目から、「情報」を加えた7教科21科目に再編される予定です。

　国立大学では、2024年度以降の一般選抜において一次試験として、これまでの「5教科7科目」に新教科「情報」を加えた「6教科8科目」を原則課す方針が示されました。

　私立大学でも、一般選抜と別日程で共通テストの結果を利用した入試を行うことがほとんどです。共通テストの利用法としては、"共通テスト利用方式"と"共通テスト併用方式"という大きなふたつの柱があります。

　一般選抜での入試の場合、7教科をしっかり理解していることが重要となります。また、学校推薦型選抜で共通テストを利用する大学もあるので注意が必要です。

※「大学入学共通テスト」独立行政法人大学入試センター　https://www.dnc.ac.jp/kyotsu/

　まだまだ今後、様変わりが想定される大学受験対策には、最新の大学情報や入試情報の入手が必要となります。まさに高校の進路指導力が試される場でもあります。志望校選択には、単に大学合格実績だけではない、4年後を見据えた高校選択も非常に重要な課題となります。

**2025年度大学入学共通テスト出題科目の出題方法一覧（7教科21科目）**

| 出題教科 | 出題科目 | 出題方法（出題範囲, 出題科目選択の方法等） | 試験時間（配点） |
|---|---|---|---|
| 国　語 | 『国語』 | 「現代の国語」「言語文化」を出題範囲とし近代以降の文章が3問110点,古典が2問90点（古文・漢文各45点）を出題 | 90分（200点） |
| 地理歴史 | 『地理総合,地理探究』<br>『歴史総合,日本史探究』<br>『歴史総合,世界史探究』<br>『地理総合／歴史総合／公共』 | 地理歴史、公民の6科目のうちから最大2科目を選択し解答<br>・「地理総合／歴史総合／公共」は、「地理総合」「歴史総合」「公共」の3つを出題範囲といずれか2つを選択解答（配点は各50点）<br>・2科目を選択する場合,以下の組合せを選択することはできない<br>・「公共,倫理」と「公共,政治・経済」の組合せを選択することはできない<br>・「地理総合／歴史総合／公共」は、選択解答するものと同一名称を含む科目を選択することはできない | 1科目選択　60分（100点）<br><br>2科目選択　130分（200点）<br>（うち解答時間120分） |
| 公　民 | 『公共,倫理』<br>『公共,政治・経済』 | | |
| 数　学 | ①『数学I,数学A』<br>　『数学I』 | 数学①の2科目のうちから1科目を選択し解答<br>・「数学A」については、図形の性質,場合の数と確率の2項目に対応した出題とし全てを解答 | 70分（100点） |
| | ②『数学II,数学B,数学C』 | ・「数学B」「数学C」については,数列・統計的な推測（数学B）,ベクトル・平面上の曲線と複素数平面（数学C）の4項目のうち3項目の問題を選択解答 | 70分（100点） |
| 理　科 | 『物理基礎／化学基礎／<br>　生物基礎／地学基礎』<br>『物理』<br>『化学』<br>『生物』<br>『地学』 | 理科5科目のうちから最大2科目を選択し解答<br>・「物理基礎／化学基礎／生物基礎／地学基礎」は「物理基礎」「化学基礎」「生物基礎」「地学基礎」の4つを出題範囲といずれか2つを選択解答（配点は各50点） | 1科目選択　60分（100点）<br><br>2科目選択　130分（200点）<br>（うち解答時間120分） |
| 外国語 | 『英語』<br>『ドイツ語』<br>『フランス語』<br>『中国語』<br>『韓国語』 | 外国語の5科目のうちから1科目を選択し解答<br>・「英語」は「英語コミュニケーションI」「英語コミュニケーションII」「論理・表現I」を出題範囲とし【リーディング】【リスニング】を出題<br>・その他の科目については「英語」に準じる出題範囲とし【筆記】を出題 | 『英語』<br>【リーディング】80分（100点）<br>【リスニング】60分（100点）（うち解答時間30分）<br>『ドイツ語』『フランス語』『中国語』『韓国語』<br>【筆記】80分（200点） |
| 情　報 | 『情報I』 | | 60分（100点） |

大学入試センター「大学入学共通テスト出題教科・科目の出題方法等」より編集室作成

# 本書の使い方

> 本書を正しく活用していただくために、必ずこちらをご覧ください。

## ①インフォメーションアイコン

学校の特徴、施設、教育情報の形態をアイコンでわかりやすく表示しています。

## ②基本情報

住所やWebサイト等の基本情報から校長名・併設校情報を掲載しています。

## ③教育方針・特色

各学校の教育方針やコースごとの特色です。

## ④スクールライフ

登校時間や施設、クラブ活動についてなど、学校生活に関する情報です。

## ⑤学校PR

受験生の皆さんに知ってほしい、学校独自の取り組みやPRを紹介します。

## ⑥募集要項

2024年度実施済の生徒募集要項です。

2025年度募集要項ではありませんのでご注意ください。

## ⑦入試結果

2024年度実施済の入試データです。

## ⑧アクセス

交通機関と徒歩で、最寄駅やバスを利用する方法を掲載しています。

## ⑨費用

原則として現年度の実績を掲載しています。

## ⑩進学実績

2024年3月の卒業者数と3月末集計の大学合格者数を掲載しています。

## ※① インフォメーション・アイコン

基本情報のアイコンのほか、学校独自のPR情報のアイコンがあります。
学校によってPR情報は異なります。アイコンの内容は以下のとおりです。

### 基本情報

 ● 制服
制服の有無

● 通学方法
自転車通学可・スクールバスの有無
公共交通機関の3パターン

### PR情報

**教育**

● 学内予備校　　● 情操教育（キリスト教）　　● ICT教育

● 長期休暇講習　　● SGH/SSH
アイコン内は夏・春・冬　　スーパーグローバルハイ
スクール・スーパーサイエ
ンスハイスクール指定校　　探求授業 ● 探求授業

● 習熟度別授業　　● 海外研修　　● 留学制度

**施設**

● プール　　● 学生寮　　● 自習スペース　　● 図書館
アイコン内は　　※一部の場合も含む　　　　　　　　　蔵書数 アイコン内は蔵書数
屋内・屋外　　　　　　　　　　　　　　　　　　　30000冊

● 人工芝・天然芝　　● バリアフリー　　● 食堂　　● カフェテリア
グラウンド　　エレベーター

**生活**

● 昼食（給食）　　● スマホ持込可　　● カウンセラー
給食あり　　　アイコン内は条件

**入試**

● プレテスト　　● 帰国生入試　　● 特待生制度

**キャリア・国際**

● 海外姉妹校　　● 高大連携　　● ネイティブ教員　　● 英語イマージョン

## ※⑥⑦ 募集要項・入試結果について

応募者数・受験者数・合格者数・競争率を学科（コース）別、専願／併願別で掲載しています。回し合格、第二志望合格者数は各学校の方式に従って第一志望または第二志望合格者数の横の（　）内に表示しますが、学校によっては合格者数に含まれているケースもあります。詳細は各学校にお問い合わせください。

### 注意点

- データは各都道府県や中高連の発行物、新聞等に掲載された情報、各学校へのアンケート取材や公式ホームページのデータに基づいて編集しています。
- 2024年（令和6年）のデータが未公表の場合は、前年度のものを掲載しています。
- 学校によって項目の内容や名称が異なることがあります。

# 学校インフォメーション

## 大阪

# 兵庫県

# 京都府

## 滋賀県

**共学校**

## 奈良県

**共学校**

**女子校**

## 和歌山県

**共学校**

**女子校**

## その他の県

**共学校**

# アサンプション国際高等学校

## 学校インフォメーション

 制服
 通学 自転車通学可 スクールバス
 キリスト教 宗教教育
 ICT教育
 長期休暇講習 夏・冬
 海外研修
 留学制度
 自習スペース
 食堂
 スマホ持ち込み 条件付
 帰国生入試
 ネイティブ教員 ABC
 英語イマージョン Math
 海外姉妹校

**所在地** 〒562-8543 大阪府箕面市如意谷1丁目13番23号

| | |
|---|---|
| 電話 | 072-721-3080 |
| 創立 | 1954年 |
| 校長 | 丹澤 直己 |
| 生徒数 | 男 165人 女 216人 |
| 併設校 | アサンプション国際幼稚園・小学校・中学校 |
| WEB | https://www.assumption.ed.jp/ |

**アクセス**
北大阪急行箕面萱野駅より徒歩約17分
阪急箕面線箕面駅より徒歩約15分
阪急北千里駅、大阪モノレール彩都西駅より
スクールバスあり　自転車通学可

## 教育方針・特色

フランス・パリに本部をおく「聖母被昇天修道会」を母体として、「世界に貢献する人の育成」を目指して、キリスト教的価値観に基づいた教育を行っている。姉妹校は世界30ヵ国以上に広がっており、研修生の相互受け入れなど、そのネットワークを生かした盛んな国際交流が行われている。

知識の量を問う伝統的な教育から転換し、豊かな学びを実現。ネイティブ教員が数学や理科などの授業を英語を使って行う「英語イマージョン教育（イングリッシュコース）」、生徒が自ら課題を発見し主体的に学ぶ「PBL（課題解決型授業）」、情報リテラシーを育む「ICT教育」の3つを組み合わせ、どんな状況でも自分で考えて課題を解決できる、未来を託せる若者を育てたいと考えている。2023年からスーペリアコース（国公立進学）を新設。協定校である関西学院大学には、全学部にわたって推薦枠があるほか、上智大学や関西大学など、多くの大学に指定校推薦枠がある。また、アメリカ・カナダ・オーストラリア・マレーシア・韓国の大学と独自の協定を結び、海外大学協定校への進学も可能。

## スクールライフ

| | |
|---|---|
| 登校時間 | 8:20 |
| 週登校日 | 5日制 |
| 学期制 | 3学期 |
| 制服 | あり（夏・冬） |
| 昼食 | 食堂あり 弁当持参 |
| 学校行事 | 体育祭・学院祭（10月） |
| 修学旅行 | 12月 北海道／マレーシア・シンガポールの選択 |
| 環境・施設 | フューチャールーム・図書館・談話コーナー・和室・食堂・体育館・メディアルーム・人工芝グランド・聖堂 |
| クラブ活動 | 【運動部】テニス、バスケットボール、陸上競技、剣道、バレーボール、サッカー<br>【文化部】写真、放送、美術、茶道、書道、クッキング、国際交流、軽音楽、演劇、自然科学、フランス語、ダンス他 |
| 強化クラブ | 男子サッカー部 |

## 2024年度 募集要項

○募集人数　普通科：男女120名（スーペリアコース、イングリッシュコース、アカデミックコースⅠ類、アカデミックコースⅡ類）
　※内部進学、帰国生含む
○願書受付　1/22（月）～1/29（月）Web登録後（12/18～）書類提出、窓口または郵送（必着）
　※アカデミックコースⅡ類は男子サッカー部入部者の推薦受験（専願のみ）事前に体験会への参加が必要
○選抜日時　2/10（土）
○合格発表　2/11（日）16:00Web
○入学手続　専願:2/17（土）まで　併願:3/19（火）午後まで
○選抜方法　スーペリアコース：国・数・英（リスニング10分含む）（各50分各100点）
　イングリッシュコース：国・数（各50分各50点）・英（リスニング10分含む）（50分150点）・英インタビュー（10分50点）
　アカデミックコース：国・数・英（リスニング10分含む）（各50分各100点）
　※英語外部資格検定試験取得者は取得成績に応じて点数に換算 英語は当日の得点と比較して高い方を採用 英語インタビューは換算点数の方を得点とし、当日の英語インタビューを免除（出願時要申告）
○受験料　20,000円
○提出書類　入学志願書・個人報告書（調査書）
○追加募集　1.5次:2/17　2次:―
◆転・編入　受け入れあり（要相談）
◆帰国生　帰国生入試（専・併）あり

## 2024年度 入試結果

**スーペリア**

| | 専願 | 併願 |
|---|---|---|
| 応募者数 | 6 | 15 |
| 受験者数 | 6 | 15 |
| 合格者数 | 5 | 14 |
| 実質倍率 | 1.20 | 1.07 |
| 合格最低点 | 213/300 | |

**イングリッシュ**

| | 専願 | 併願 |
|---|---|---|
| 応募者数 | 45 | 22 |
| 受験者数 | 45 | 22 |
| 合格者数 | 41 | 22 |
| 実質倍率 | 1.10 | 1.00 |
| 合格最低点 | 205/300 | |

**アカデミックⅠ類**

| | 専願 | 併願 |
|---|---|---|
| 応募者数 | 56 | 57 |
| 受験者数 | 56 | 57 |
| 合格者数 | 60 | 58 |
| 実質倍率 | ― | ― |
| 合格最低点 | 167/300 | |

**アカデミックⅡ類**

| | 専願 |
|---|---|
| 応募者数 | 8 |
| 受験者数 | 8 |
| 合格者数 | 8 |
| 実質倍率 | 1.00 |
| 合格最低点 | 160/300 |

※回し合格含む
※1.5次・内部進学含む

## 費用

《入学手続き時》
| | |
|---|---|
| ○入学金 | 220,000円 |
| ○施設設備維持費 | 60,000円 |

《入学後》
| | |
|---|---|
| ○授業料 | 564,000円 |
| ○教育充実費 | 36,000円 |
| ○学年費 | 108,000円 |
| ○父母の会会費 | 15,000円 |
| ○旅行等積立金 （スーペリア・イングリッシュ） | 162,000円 |
| （アカデミック） | 100,800円 |

※その他入学までの納入費用　約200,000円

## 奨学金・特待制度

特になし

## 独自の留学制度

ターム留学（1学期間・希望者）
フィリピン研修（14日間・希望者）
フランス研修（14日間・希望者）
コリブリ交換留学（3週間・希望者）

## 合格実績

2024年の進学状況（卒業者数101名）
私立大学合格136名
関西学院大16、関西大8、立命館大1、近畿大22、甲南大1、龍谷大1、慶應義塾大1、上智大6、摂南大7、追手門学院大7、京都外国語大3、京都女子大1、神戸女学院大5、甲南女子大7、白百合女子大1、立命館アジア太平洋大2、びわこ成蹊スポーツ大1、他。

## 学校PR

知識の量だけでなく、それをどう使うか、いかに世界に役立てるかを根拠にした学習を進めます。イングリッシュコースでは、イマージョン教育を進め、アカデミックコースでも合計週8時間以上の英語・英会話およびフランス語を取り入れています。

# アナン学園高等学校

## 学校インフォメーション

 制服　 自転車通学可 通学　 ICT教育　 自習スペース　 蔵書数 40,000冊 図書館　 届出 スマホ持ち込み　 カウンセラー

**アクセス**
近鉄奈良線八戸ノ里駅下車徒歩15分

**所在地**　〒578-0944　東大阪市若江西新町3丁目1番8号

| | |
|---|---|
| 電話 | 06-6723-5511 |
| 創立 | 1936年 |
| 校長 | 大槻 伸裕 |

| | |
|---|---|
| 生徒数 | 男 74人 女 174人 |
| 併設校 | なし |
| WEB | https://www.anangakuen.ed.jp/ |

## 教育方針・特色

資格取得教育に特化した「看護科」「調理科」の2学科。看護科は、本科（3年）、専攻科（2年）の5年一貫教育。1年生から看護専門科目を学び、病院実習を行い、知識・技術だけでなく態度や豊かな感受性も加わった総合的な学習を積み重ねながら、5年後の看護師国家試験合格をめざす。

調理科は、専門調理師、管理栄養士、大学講師など、現場経験の豊富な教員や特別講師などを招き、充実したカリキュラムや施設のもと、座学に加えて校内外における実習で基礎から応用まで学び、総合的実践力を養います。また、礼儀やマナー教育も重要視し、卒業後は即戦力として活躍する調理師の育成を目指します。

## スクールライフ

| | |
|---|---|
| 登校時間 | 8:30 |
| 週登校日 | 6日制 |
| 学期制 | 3学期 |
| 制服 | あり（夏・冬） |
| 昼食 | 食堂あり 弁当予約制（無料） |
| 学校行事 | 9月体育祭、10月文化祭、11月燈火式（看護科） |
| 修学旅行 | 5月（調理科3年） 6月（看護科2年） |
| 環境・施設 | マルチメディア教室・情報教育室・図書室 |
| クラブ活動 | 運動クラブ：硬式テニス、バスケットボール、ソフトテニス、バドミントン 文化クラブ：美術、ダンス、軽音楽、写真、茶道 |
| 強化クラブ | 特になし |

## 2024年度募集要項

| | |
|---|---|
| ○募集人数 | 看護科（5年一貫）：男女専願40名 調理科：男女専願30名 |
| ○願書受付 | 1/22(月)～1/29(月) 窓口出願 |
| ○選抜日時 | 2/10(土) |
| ○合格発表 | 2/11(日)郵送 |
| ○入学手続 | 2/13(火)～2/16(金) |
| ○選抜方法 | 国・数・英（各45分各100点）・面接 |
| ○受験料 | 20,000円 |
| ○提出書類 | 入学志願書・個人報告書（調査書） |
| ○追加募集 | 1.5次：2/17 2次：— |
| ◆転・編入 | 受け入れなし |
| ◆帰国生 | 特別対応なし |

## 2024年度入試結果

| 看護科 | 専願 |
|---|---|
| 応募者数 | 34 |
| 受験者数 | 34 |
| 合格者数 | 29 |
| 実質倍率 | 1.17 |
| 合格最点 | 非公表 |

| 調理科 | 専願 |
|---|---|
| 応募者数 | 32 |
| 受験者数 | 32 |
| 合格者数 | 30 |
| 実質倍率 | 1.07 |
| 合格最点 | 非公表 |

## 費用

**《入学手続き時》**

| | |
|---|---|
| ○入学金 | 200,000円 |

**《入学後》**

| | |
|---|---|
| ○授業料 | 600,000円 |
| ○諸会費・その他 | （看護科）約203,000円 （調理科）約259,000円 |
| ○制服・制定品 | （看護科）約166,000円 （調理科）約193,000円 |
| ○教科書・副読本 | （看護科）44,000円 （調理科）27,000円 |
| ○ノートパソコン | （3年分割）72,000円 |

## 奨学金・特待制度

特になし

## 独自の留学制度

特になし

## 合格実績

2024年の進学状況（卒業者数66名）
私立大学合格
桃山学院大、畿央大、帝塚山大、大阪樟蔭女子大、羽衣国際大、他。

## 学校PR

看護科は、正規の授業以外に看護師国家試験の合格をめざす対策講座や、模擬試験などの年間プログラムを設定。調理科は、さまざまな資格取得をサポートします。

・専門調理師（校内実施「技術考査」試験合格により専門調理師の学科試験免除）

・食育インストラクター　・ふぐ処理登録者　・野菜ソムリエ

# あべの翔学高等学校

## 学校インフォメーション

 制服　 通学 自転車通学可　 長期休暇講習 夏・冬・春　 海外研修　 自習スペース　 図書館 蔵書数 18,000冊　 人工芝グラウンド

 食堂　 カフェテリア　 スマホ持ち込み 条件付　 カウンセラー　 特待生制度　ネイティブ教員 ABC

| | | |
|---|---|---|
| **所在地** | 〒545-0002 | 大阪市阿倍野区天王寺町南2-8-19 |

| | |
|---|---|
| 電話 | 06-6719-2801 |
| 創立 | 1929年 |
| 校長 | 藤原 重雄 |

| | |
|---|---|
| 生徒数 | 男 468人　女 327人 |
| 併設校 | なし |
| WEB | https://abeno-shogaku.ed.jp/ |

## 教育方針・特色

進学を重視した指導力に力を注ぐ。建学の精神『人徳を経とし実務を緯とする』と基礎学力の修得を基本に、幅広い知識、深い理解力、柔軟な判断力、豊かなコミュニケーション能力など総合的な学習力を身につけ、自身と責任感をもって活躍できる人材の育成をめざす。

**アクセス**
近鉄南大阪線河堀口駅下車すぐ
JR阪和線美章園駅下車徒歩8分
JR環状線寺田町、駅下車徒歩9分

## スクールライフ

| | |
|---|---|
| 登校時間 | 8:30 |
| 週登校日 | 5日制(第1・3・5土曜日は午前授業あり、特進Ⅰ類は毎週土曜午前授業) |
| 学期制 | 3学期 |
| 制服 | あり(夏・冬) |
| 昼食 | 食堂あり 弁当持参可 |
| 学校行事 | 球技大会5月・海外語学研修(希望者)8月・体育祭9月・文化祭11月 |
| 修学旅行 | 2年生7月　北海道 |
| 環境・施設 | 人工芝グランド・トレーニングルーム・メディアルーム・カフェテリア・人工芝テニスコート |
| クラブ活動 | 【運動部】軟式野球(男子)・サッカー(男子)・バドミントン(男女)・男子バスケットボール・女子バスケットボール・ソフトテニス(男女)・硬式テニス(男女)・バレーボール(女子)・陸上競技(男女)・ソフトボール(女子)・卓球(男女)・チアダンス(女子)<br>【文化部】吹奏楽・軽音楽・ダンス・ギター・囲碁将棋・写真・映画文芸研究・茶道部・美術・ESS・パソコン・漫画研究・ヒューマニティ |
| 強化クラブ | 軟式野球部(男子)、吹奏楽部 |

## 費用

**《入学手続き時》**

| | |
|---|---|
| ○入学金 | 200,000円 |
| ○制服・制定品・教科書等 | 約180,000円 |

**《入学後》**(年額)

| | |
|---|---|
| ○授業料 | 600,000円 |
| ○学年諸費 | 70,000～145,000円 |
| ○諸会費 | 25,300円 |
| ○修学旅行積立 | 130,000円 |

## 奨学金・特待制度

成績優秀者への奨学金制度や、クラブ奨学金制度、本校関係者への優遇制度あり。

## 独自の留学制度

| | |
|---|---|
| 留学先 | オーストラリア |
| 学年 | 1年 |
| 内容 | 語学研修 |
| 費用 | 未定 |

※希望者のみ、社会情勢によっては中止になる場合もある。

## 2024年度 募集要項

○募集人数　普通科:男女300名(特進Ⅰ類25名、特進Ⅱ類35名、普通進学240名)
○願書受付　1/22(月)～1/31(水)
web登録後(12/11～)書類提出、窓口または郵送(消印有効)
○選抜日時　2/10(土)、2/11(日・祝)面接
○合格発表　2/12(月)郵送、web出願の方はweb照会可
○入学手続　専願:2/15(木)まで　併願:3/19(火)まで
○選抜方法　国・数・英(各50分各100点)・面接(専願)
英検準2級以上30点、3級20点、4級10点の加点
○受験料　20,500円(合否通知送料含む)
○提出書類　入学志願書・個人報告書(調査書)
○追加募集　1.5次:2/17　2次: ―
◆転・編入　特になし
◆帰国生　特別対応なし

## 2024年度 入試結果

| 特進Ⅰ類コース | 専願 | 併願 | 特進Ⅱ類コース | 専願 | 併願 |
|---|---|---|---|---|---|
| 応募者数 | | | 応募者数 | | |
| 受験者数 | 8 | 39 | 受験者数 | 34 | 125 |
| 合格者数 | 8 | 35 | 合格者数 | 30 | 103 |
| 実質倍率 | 1.00 | 1.11 | 実質倍率 | 1.13 | 1.21 |
| 合格最低点 | ― | ― | 合格最低点 | ― | ― |

| 普通進学コース | 専願 | 併願 |
|---|---|---|
| 応募者数 | ― | ― |
| 受験者数 | 288 | 741 |
| 合格者数 | 284 | 737 |
| 実質倍率 | 1.01 | 1.01 |
| 合格最低点 | ― | ― |

※回し合格(専4・併26)含まない

## 合格実績

**2024年の進学状況(卒業者数199名)**
私立大学合格
京都産業大、近畿大、摂南大、神戸学院大、追手門学院大、桃山学院大、京都女子大、大和大、大阪体育大、日本体育大、畿央大、阪南大、大阪経済法科大、桃山学院教育大、中京学院大、他。

## 学校PR

本校は創立95周年を迎える伝統ある学校です。一人一台のiPadや電子黒板・プロジェクターを使用した授業など、充実したICT教育を行っています。また、2023年度制服をリニューアルしました!豊富なアイテムから、気分に合わせてコーディネート♪自分らしさを表現できます。
コースは3コース制で、特別なカリキュラムで難関大学をめざす「特進Ⅰ類」、文系の有名私立大学をめざす「特進Ⅱ類」、2年次から5つの専攻(看護医療・幼児教育・情報・総合・スポーツ)に分かれる「普通進学」を設置。それぞれの目標にそった学力を積み上げていきます。部活動も活発で、SSC(スクールスポーツセンター)を導入し、部活動を通じて"未来を創る、明るくたくましい人材"の育成をめざしています。通学に便利な立地(天王寺駅から徒歩12分!)も本校の特徴です。

共学校

# 上宮高等学校

## 学校インフォメーション

 制服
 通学 自転車通学可
 学内予備校
 宗教教育 仏教
 長期休暇講習 夏
 海外研修
 プール 屋内

 自習スペース
 図書館 蔵書数 55,000冊
 食堂
 カウンセラー
 帰国生入試
 特待生制度
 高大連携 高 大

| 所在地 | 〒543-0037 大阪市天王寺区上之宮町9番36号 | | |
|---|---|---|---|
| 電話 | 06-6771-5701 | 生徒数 | 男 1161人 女 708人 |
| 創立 | 1890年 | 併設校 | 上宮学園中学校、上宮太子高等学校 |
| 校長 | 水谷 善仁 | WEB | https://www.uenomiya.ed.jp/ |

## 教育方針・特色

法然上人(浄土宗の祖)の教えの下、仏教精神に基づく人間性豊かな社会人の育成を教育理念の柱としている。校訓「正思明行」を掲げ、学順として「一に掃除、二に勤行、三に学問」を定め、宗教情操を養う教育を実践している。

## スクールライフ

| | |
|---|---|
| 登校時間 | 8:25 |
| 週登校日 | 6日制(第2土曜日は休業) |
| 学期制 | 3学期 |
| 制服 | あり(夏・冬) |
| 昼食 | 購買・食堂あり 弁当持参可 |
| 学校行事 | 体育大会(6月)・文化祭(10月) |
| 修学旅行 | 2年生11月 オーストラリア |
| 環境・施設 | 図書館・食堂・講堂・柔道場・剣道場・弓道場・卓球場・テニスコート・グラウンド(人工芝) |
| クラブ活動 | 【運動部】柔道・山岳・陸上競技・水泳・卓球・ソフトテニス・バレーボール・バスケットボール・フェンシング・弓道・ストリートダンス・クリケット・ゴルフ・バドミントン<br>【文化部】美術・音楽・ものつくり・写真・新聞・映画研究・鉄道研究・E.S.S.・リバティクラブ・書道・書道パフォーマンス・生物園芸・吹奏楽・放送・囲碁将棋 |
| 強化クラブ | 特になし |

## 2024年度 募集要項

- ○募集人数 普通科(外部募集):男女480名(パワーコース40名、英数コース120名、プレップコース320名)
- ○願書受付 1/22(月)～1/29(月)
  web登録後(12/4～)書類提出、窓口または郵送(消印有効)
- ○選抜日 2/10(土)
- ○合格発表 2/12(月・祝)18:00web
- ○入学手続 専願:2/17(土) 併願:3/22(金)
- ○選抜方法 国・数・英(リスニング含む)・理・社(各50分各100点)
  ※英語は英検準2級以上で「みなし得点」制度を導入、当日の得点と比較して高い方を採用
- ○受験料 20,000円
- ○提出書類 入学志願書・個人報告書(調査書)
- ○追加募集 1.5次:― 2次:―
- ◆転・編入 特になし
- ◆帰国生 帰国子女入試あり

## 2024年度 入試結果

| パワーコース | 専願 | 併願 | 英数コース | 専願 | 併願 |
|---|---|---|---|---|---|
| 応募者数 | ― | ― | 応募者数 | ― | ― |
| 受験者数 | 36 | 603 | 受験者数 | 88 | 372 |
| 合格者数 | 12 | 249 | 合格者数 | 47 | 288 |
| 実質倍率 | 3.00 | 2.42 | 実質倍率 | 1.87 | 1.29 |
| 合格最低点 | 350/500 | 370/500 | 合格最低点 | 311/500 | 320/500 |

※スライド合格(英数 専14・併 255、プレップ 専10・併95)含まない

※スライド合格(プレップ 専39・併83)含まない

| プレップコース | 専願 | 併願 |
|---|---|---|
| 応募者数 | ― | ― |
| 受験者数 | 310 | 433 |
| 合格者数 | 287 | 411 |
| 実質倍率 | 1.08 | 1.05 |
| 合格最低点 | 255/500 | 280/500 |

## 学校PR

法然上人(浄土宗の祖)の仏教精神に基づく人間性豊かな社会人の育成を教育理念の柱としている。校訓に「正思明行」をかかげ、学順として「一に掃除、二に勤行、三に学問」を定め、宗教情操を養う教育を実践している。創立以来、普通科のみの男子校であったが、2011年度より全コースにおいて男女共学校として生まれ変わった。130年の歴史と伝統をしっかりと受け継ぎながらも、男女が互いに協力しあうことで学びの環境を活性化させ、時代の社会で活躍する魅力ある人材を育成する。

### アクセス

近鉄大阪線・奈良線・難波線大阪上本町駅より南へ徒歩6分
Osaka Metro谷町線・千日前線谷町九丁目駅より南東へ徒歩10分
JR大阪環状線桃谷駅より北西へ徒歩12分
大阪シティバス上本町八丁目停留所より東へ徒歩2分

## 費用

《入学手続き時》

| | |
|---|---|
| ○入学金 | 220,000円 |
| ○授業料(1期) | 212,000円 |
| ○教育拡充費 | 20,000円 |

《入学後》

| | |
|---|---|
| ○授業料(2・3期分) | 424,000円 |
| ○教育拡充費(2・3期分) | 40,000円 |
| ○学年諸経費 | 110,000円 |
| ○修学旅行積立金 | 180,000円 |

※制服・制定鞄について、約70,000円の費用がかかります。

## 奨学金・特待制度

成績優秀者に対する奨学金、特待生制度あり。

## 独自の留学制度

| 留学先 | カナダ、イギリス、オーストラリア、フィリピン・セブ島 |
|---|---|
| 学年 | 制限なし |
| 内容 | 短期留学 |
| 費用 | 未定 |

## 合格実績

2024年の進学状況(卒業者数646名)
国・公立大学合格30(2)名
神戸大1、大阪公立大5、神戸市外国語大2(1)、京都府立大2、和歌山大4、兵庫県立大1、大阪教育大3、奈良教育大1、奈良県立大2(1)、他。

私立大学合格824(34)名
関西学院大20(1)、関西大61、同志社大21(1)、立命館大16(2)、京都産業大32(1)、近畿大119(8)、甲南大18(1)、龍谷大70(2)、佛教大9、早稲田大1、東京理科大1、明治大1、日本大1、大阪医科薬科大2、関西医科大1、兵庫医科大3(1)、大阪歯科大2、摂南大58(7)、神戸学院大9(1)、追手門学院大31(1)、桃山学院大26、京都外国語大3、関西外国語大19、大阪経済大30(3)、大阪工業大30(2)、京都女子大4、同志社女子大18、神戸女学院大10、武庫川女子大27、他。

省庁大学校合格3名
防衛大2、航空保安大1。
※( )内は既卒生内数

# 上宮太子高等学校

## 学校インフォメーション

 制服
 通学（自転車通学可／スクールバス）
 仏教 宗教教育
 ICT教育
 長期休暇講習（夏・冬・春）
 探究授業
 習熟度別授業

 海外研修
 自習スペース
 図書館（蔵書数 15,000冊）
 食堂
 スマホ持ち込み（条件付）　カウンセラー　特待生制度

**所在地** 〒583-0995　大阪府南河内郡太子町太子1053

| | |
|---|---|
| 電話 | 0721-98-3611 |
| 創立 | 1988年 |
| 校長 | 丸山 佳秀 |

| | |
|---|---|
| 生徒数 | 男 332人 女 181人 |
| 併設校 | 上宮学園中学校・上宮高等学校 |
| WEB | https://www.uenomiya-taishi.ed.jp/ |

## 教育方針・特色

法然上人の教えを基盤とする仏教精神による全人教育をめざす。「正思明行」を校訓とし《学順》を 1に掃除 2に勤行 3に学問 として、知・徳・体のバランスのとれた、「全人教育の中での英才育成」を教育目標としている。

## スクールライフ

| | |
|---|---|
| 登校時間 | 8:30 |
| 週登校日 | 6日制 |
| 学期制 | 3学期 |
| 制服 | あり（夏・冬） |
| 昼食 | 食堂・購買あり 弁当持参可 |
| 学校行事 | 体育大会（5月）・文化祭（9月）・芸術鑑賞会（10月）・修学旅行（12月） |
| 修学旅行 | 2年生12月 4泊5日 北海道、東京 |
| 環境・施設 | 図書室（紀伊國屋書店運営サポート）・全教室プロジェクターとWi-Fi完備・ICT環境・野球グラウンド・グラウンド照明・食堂・約20000坪のキャンパス |
| クラブ活動 | 【運動部】男子バスケットボール部・女子バスケットボール部・バレーボール部・サッカー部・ラグビー部・陸上競技部・硬式テニス部・卓球部・硬式野球部・バドミントン部・剣道部<br>【文化部】書道部・写真部・吹奏楽／コーラス部・総合探究部・G.S.C.・軽音楽部・ダンス部・家庭科部・ボランティア部・インターアクトクラブ |
| 強化クラブ | 特になし |

## 2024年度 募集要項

○募集人数 男女約175名（特進Ⅰ類コース約35名・特進Ⅱ類コース約35名、総合進学コース約105名）
○願書受付 1/22（月）～1/29（月）
　web登録後（12/1～）書類提出、
　窓口（16:00まで）または郵送（消印有効）
○選抜日時 2/10（土）
○合格発表 2/12（月・祝）19:00web
○入学手続 専願2/24（土）14:00・併願3/21（木）13:00
○選抜方法 国・数・英・理・社（各50分各100点）
　総合進学コース専願は3科（国数英/国英社/数英理）その他は5科
　※英語は英検3級以上で「みなし得点」制度を導入し、当日の得点と比較して高い方を採用
○受験料 20,000円
○提出書類 入学志願書・個人報告書（調査書）
○追加募集 1.5次:2/19　2次: ―
◆転・編入 1学期末まで
◆帰国生 特別対応なし

## 2024年度 入試結果

| 特進Ⅰ類（国公立大学）コース | | |
|---|---|---|
| | 専願 | 併願 |
| 応募者数 | 17 | 181 |
| 受験者数 | 17 | 174 |
| 合格者数 | 15 | 125 |
| 実質倍率 | 1.13 | 1.39 |
| 合格最低点 | 290/500<br>(合否ライン) | 311/500<br>(合否ライン) |

| 特進Ⅱ類（難関私立大学）コース | | |
|---|---|---|
| | 専願 | 併願 |
| 応募者数 | 30 | 121 |
| 受験者数 | 30 | 118 |
| 合格者数 | 29 | 104 |
| 実質倍率 | 1.03 | 1.13 |
| 合格最低点 | 263/500<br>(合否ライン) | 283/500<br>(合否ライン) |

※回し合格（併11）含まない

| 総合進学（有名私立大学）コース | | |
|---|---|---|
| | 専願 | 併願 |
| 応募者数 | 112 | 109 |
| 受験者数 | 112 | 106 |
| 合格者数 | 112 | 106 |
| 実質倍率 | 1.00 | 1.00 |
| 合格最低点 | 203/400<br>(合否ライン) | 219/500<br>(合否ライン) |

※回し合格（専3・併34）含まない

**アクセス**
近鉄長野線喜志駅、近鉄大阪線河内国分駅、近鉄南大阪線上ノ太子駅、南海高野線金剛駅よりスクールバス

## 費用

《入学手続き時》
| | |
|---|---|
| ○入学金 | 220,000円 |
| ○制服・制定品等 | 約100,000円 |
| ○授業料（1期分） | 212,000円 |
| ○教育拡充費（1期分） | 20,000円 |

《入学後》
| | |
|---|---|
| ○授業料（2・3期分） | 424,000円 |
| ○教育拡充費（2・3期分） | 40,000円 |
| ○諸経費 | 約160,000円 |
| ○修学旅行積立金<br>（1・2年次に積立て） | 約160,000円 |

## 奨学金・特待制度

奨学金、特待生制度あり

## 独自の留学制度

・カナダ語学研修 1・2年生対象
・オーストラリア語学研修 1・2年生対象

## 合格実績

2024年の進学状況（卒業者数148名）
国・公立大学合格17(17)名
大阪大1(1)、北海道大1(1)、大阪公立大1(1)、和歌山大2(2)、大阪教育大1(1)、奈良県立大1(1)、信州大1(1)、香川大1(1)、徳島大1(1)、高知大1(1)、大分大2(2)、他。
私立大学合格381(380)名
関西学院大3(3)、関西大11(10)、同志社大3(3)、近畿大63(63)、龍谷大25(25)、佛教大2(2)、日本大2(2)、駒澤大1(1)、摂南大28(28)、追手門学院大47(47)、桃山学院大16(16)、京都外国語大2(2)、関西外国語大18(18)、大阪経済大4(4)、大阪工業大12(12)、京都女子大3(3)、同志社女子大1(1)、武庫川女子大4(4)、大阪産業大28(28)、阪南大23(23)、大阪経済法科大13(13)、大阪電気通信大10(10)、畿央大10(10)、帝塚山大7(7)、帝塚山学院大6(6)、関西医療大4(4)、四天王寺大4(4)、他。
省庁大学校合格1(1)名
水産大1(1)。
専門学校合格4(4)名
※（ ）内は現役合格内数

## 学校PR

約20,000坪の自然豊かな広大キャンパスにおいて、先生と生徒の距離が近いアットホームな学校です。在校生アンケートでは、同級生だけでなく各クラブや学校行事で関わる先輩・後輩の仲が良いので、「居心地の良い学校である」という回答が多くありました。ぜひオープンキャンパスや説明会に参加して、上宮太子の雰囲気を感じてください。夢に向かって歩む、みなさんを応援します！

※2025年度共学移行

# ヴェリタス城星学園高等学校

## 学校インフォメーション

 制服
 自転車通学可 通学
 キリスト教 宗教教育
 ICT教育
 探究授業
 習熟度別授業
 留学制度

 屋内プール
 図書館
 売店
 高大連携
ネイティブ教員

**所在地** 〒540-0004 大阪市中央区玉造2-23-26

| | |
|---|---|
| 電話 | 06-6941-5977 |
| 創立 | 1962年 |
| 校長 | 古屋 路子 |

| | |
|---|---|
| 生徒数 | 女 115人 |
| 併設校 | 城星学園幼稚園・城星学園小学校・サンタマリアスイミングスクール |
| WEB | https://www.veritas.josei.ed.jp/ |

## 教育方針・特色

自主的に学ぶ力を育む「学びの森」プロジェクトでは、一人ひとりの生徒が自分の興味を深め、「得意」を伸ばし、未来を切りひらいていけるよう、多彩で柔軟な教育プログラムを取り揃えており、生徒がそれぞれの興味・関心に合わせて好きな講座を選択できる。

「Assistenza(アシステンツァ)」(イタリア語。「ともに生きる」を意味する。)というメソッドを通じて、希望と喜びを 生徒一人ひとりのなかに育む。

## スクールライフ

| | |
|---|---|
| 登校時間 | 8:20 |
| 週登校日 | 5日制(土曜日に行事等あり) |
| 学期制 | 2学期 |
| 制服 | あり(夏・冬) |
| 昼食 | 弁当販売・キッチンカー・スクールコンビニあり |
| 学校行事 | 体育祭(5月)・聖母祭(5月)・聖歌合唱コンクール(1月)・レシテーションコンテスト・スピーチコンテスト(10月)・城星フェスタ(11月)・クリスマス会(12月) |
| 修学旅行 | 2年生11月 |
| 環境・施設 | 図書室・コンピューター室・小聖堂・講堂・エデュケーショナルラウンジ・室内温水プール |
| クラブ活動 | ◆運動部門 男子バスケットボール、水泳、バドミントン、ダンス、剣道、<br>◆文化部門 聖歌隊、漫画研究、家庭科研究、美術、写真、理科、ESS、ウィンド＆ポップスミュージック、ラウラサークル(ボランティア) |
| 強化クラブ | 男子バスケットボール、水泳部 |

## 2024年度 募集要項

- ○募集人数 普通科:女子75名(Vivaceコース25名、Allegroコース50名) ※内部進学含む
- ○願書受付 1/22(月)〜2/2(金) web登録後(12/1〜)書類提出、窓口または郵送(消印有効)
- ○選抜日時 2/10(土)
- ○合格発表 2/12(月・祝)郵送
- ○入学手続 専願:2/13(火) 併願:3/19(火) いずれも14:00〜15:00
- ○選抜方法 国・数・英(リスニング10分含む)(各50分各100点)・面接(グループ) ※英検・漢検・数検取得者は準2級以上10点、3級5点加点あり J方式入試:作文・面接
- ○受験料 20,000円
- ○提出書類 入学志願書・個人報告書(調査書)
- ○追加募集 1.5次:2/15 2次:—
- ◆転・編入 受け入れあり(要相談)
- ◆帰国生 特別対応なし

## 2024年度 入試結果

Vivace(ヴィヴァーチェ)コース

| | 専願 | 併願 |
|---|---|---|
| 応募者数 | 14 | 8 |
| 受験者数 | 14 | 5 |
| 合格者数 | 14 | 5 |
| 実質倍率 | 1.00 | 1.00 |
| 合格最低点 | 152/300 | 166/300 |

※回し合格(専2)含まない

Allegro(アレグロ)コース

| | 自己推薦 | 専願 | 併願 |
|---|---|---|---|
| 応募者数 | 0 | 20 | 7 |
| 受験者数 | 0 | 20 | 7 |
| 合格者数 | — | 20 | 7 |
| 実質倍率 | — | 1.00 | 1.00 |
| 合格最低点 | — | 106/300 | 109/300 |

## 学校PR

2025年春より共学校となります。1962年設立以来、一人ひとりに与えられている恵みを大切にしながら、生徒それぞれのタレントを伸ばす教育をおこなっています。週5日制・2学期制のもと、ワクワクに満ちた「学びの森」プロジェクトを軸として、主体的・積極的に学び、結果にとらわれずさまざまなことにチャレンジできる元気な人の育成をめざします。

**アクセス**
JR環状線森ノ宮駅または玉造駅から徒歩10分
大阪メトロ中央線森ノ宮駅から徒歩10分
大阪メトロ長堀鶴見緑地線玉造駅から徒歩6分

## 費用

《入学手続き時》

| | |
|---|---|
| ○入学金 | 220,000円 |
| ○施設設備費 | 50,000円 |
| ○後援会入会金 | 10,000円 |

《入学後》

| | |
|---|---|
| ○授業料 | 570,000円 |
| ○教育充実費 | 30,000円 |
| ○教材費 | Allegro 100,000円<br>Vivace 100,000円 |
| ○積立金(卒業旅行、宿泊研修、卒業経費等) | Allegro 250,000円<br>Vivace 250,000円 |
| ○後援会費 | 7,200円 |
| ○制服・体操服等 | 約120,000円 |

## 奨学金・特待制度

奨学金、特待生制度
運動部特別推薦制度 あり

## 独自の留学制度

- ・短期留学制度(1〜2週間程度)アイルランド
- ・中期留学制度(1タームまたは3ヶ月)アメリカ・ニュージーランド・アイルランド・フィリピン
- ・長期留学制度(10ヶ月〜1年程度)アメリカ・アイルランド・ニュージーランド・オーストラリア

## 合格実績

2024年の進学状況(卒業者数51名)
私立大学合格
関西学院大4、関西大4、近畿大14、甲南大1、上智大1、京都外国語大2、京都女子大1、同志社女子大4、神戸女学院大5、武庫川女子大3、北里大(獣医)1、大阪芸術大1、モナッシュ大(マレーシア)1、他。

※すべて現役延べ数

# 英真学園高等学校

## 学校インフォメーション

 制服
 通学 自転車通学可
 ICT教育
 長期休暇講習 夏・冬・春
 探究授業
 海外研修
 自習スペース
 図書館
 バリアフリー
 スマホ持ち込み 条件付
 カウンセラー
 特待生制度
 ネイティブ教員

**所在地** 〒532-0023 大阪市淀川区十三東5丁目4番38号

| | |
|---|---|
| 電話 | 06-6303-2181 |
| 創立 | 1927年 |
| 校長 | 吉田 進彦 |

| | |
|---|---|
| 生徒数 | 男 417人 女 187人 |
| 併設校 | ― |
| WEB | https://eishingakuen.ac.jp/ |

**アクセス**
阪急京都線十三駅東口下車徒歩5分

## 教育方針・特色

2000年に共学校となり、特進コース、マンガ・イラストコース、総合コースの3つがある。国際化が進む大阪・UMEDA近くで、多彩なカリキュラムを通して生徒の可能性を引き出す。

## スクールライフ

| | |
|---|---|
| 登校時間 | 8:40 |
| 週登校日 | 5日制 |
| 学期制 | 3学期 |
| 制服 | あり |
| 昼食 | 弁当持参、食堂あり |
| 学校行事 | 学園祭(6月)、体育祭(9月) |
| 修学旅行 | 2年生12月 3泊4日 久米島(沖縄県)−文理特進 石垣島(沖縄県)−情報・総合〔昨年度実績〕 |
| 環境・施設 | 図書室、MMR(マルチメディアルーム)、ICT環境、武道場、コモンスペース |
| クラブ活動 | アルティメット部、バドミントン部、弓道部、剣道部、柔道部、ダンス部、硬式野球部、サッカー部、写真部 など |
| 強化クラブ | 剣道(男女)、硬式野球、サッカー、柔道、バドミントン(男女) |

## 2024年度 募集要項

- 募集人数 普通科:男女300名
  (文理特進コース50名、情報進学コース60名、総合進学コース190名)
- 願書受付 1/22(月)〜1/29(月)
  窓口出願または郵送(必着)※Web登録あり
- 選抜日時 2/10(土)
- 合格発表 2/13(火)(2/12郵送)
- 入学手続 専願:2/20(火)まで
  併願:公立高校合格発表日17:00まで
- 選抜方法 国・数・英(各50分)・理・社(各40分)
- 受験料 20,000円
- 提出書類 入学志願書・個人報告書(調査書)
- 追加募集 1.5次:2/16 2次: ―
- ◆転・編入 受け入れあり(要相談)
- ◆帰国生 特別対応なし

## 2024年度 入試結果

| 文理特進コース | 専願 | 併願 | 情報進学コース | 専願 | 併願 |
|---|---|---|---|---|---|
| 応募者数 | 26 | 49 | 応募者数 | 45 | 64 |
| 受験者数 | 26 | 49 | 受験者数 | 45 | 64 |
| 合格者数 | 26 | 48 | 合格者数 | 31 | 61 |
| 実質倍率 | 1.00 | 1.02 | 実質倍率 | 1.45 | 1.05 |
| 合格最低点 | ― | ― | 合格最低点 | ― | ― |

| 総合進学コース | 専願 | 併願 |
|---|---|---|
| 応募者数 | 104 | 291 |
| 受験者数 | 104 | 291 |
| 合格者数 | 118 | 293 |
| 実質倍率 | ― | ― |
| 合格最低点 | ― | ― |

※回し合格含む

## 費用

《入学手続き時》
| | |
|---|---|
| ○入学金 | 200,000円 |

《入学後》
| | |
|---|---|
| ○授業料 | 576,000円 |
| ○PTA会費 | 9,600円 |
| ○生徒会費 | 3,000円 |
| ○同窓会費 | 1,000円 |
| ○教育旅行積立金 | 84,000円 |
| ○諸経費(預かり金) | 71,400円 |
| ○進学合宿費 (文理特進のみ) | 27,000円 |

指定品は、制服、靴、鞄、体操服など:約115,000円、教科書代:約15,000円、その他(タブレット代98,450円)

## 奨学金・特待制度

奨学金、特待生制度あり

## 独自の留学制度

| | |
|---|---|
| 留学先 | オーストラリア |
| 学年 | 全学年 |
| 内容 | 2週間の語学研修 |
| 費用 | 約30万円 |

## 合格実績

2024年の進学状況(卒業者数227名)
私立大学合格
京都産業大4、近畿大4、龍谷大1、神戸学院大5、追手門学院大15、桃山学院大1、大阪経済大6、大和大2、大阪芸術大1、大阪電気通信大9、大阪学院大17、大手前大20、大阪経済法科大16、大阪産業大5、大阪国際大1、他。

## 学校PR

すべてのコースが一新されます。特にマンガ・イラストコースではプロデビューを目指したカリキュラムが充実しています。

# 追手門学院高等学校

## 学校インフォメーション

 制服　 通学 自転車通学可　 ICT教育　 海外研修　 留学制度　 自習スペース　 人工芝グラウンド

 バリアフリー　 食堂　 スマホ持ち込み 条件付　 カウンセラー　 高大連携 高-大

**所在地**　〒567-0013　大阪府茨木市太田東芝町1-1

| | |
|---|---|
| 電話 | 072-697-8185 |
| 創立 | 1950年 |
| 校長 | 木内 淳詞 |

| | |
|---|---|
| 生徒数 | 男 719人 女 631人 |
| 併設校 | 追手門学院中学校・追手門学院大学 |
| WEB | https://www.otemon-jh.ed.jp/ |

追手門学院高

**アクセス**
JR東海道線総持寺駅より徒歩約15分
阪急京都線総持寺駅より徒歩約25分
近鉄バス追手門学院中・高前すぐ
追大総持寺キャンパス前
(イオンタウン茨木太田前)すぐ

## 教育方針・特色

学院教育理念『独立自彊・社会有為』の人材育成を実践している男女共学の進学校。
主体性、社会性を身につけ、社会に貢献できる『高い志』を持った生徒の育成を目指しています。また、新大学入試制度にも対応できるように、学習カリキュラムはもちろん、学びを支える施設も刷新しました。

## スクールライフ

| | |
|---|---|
| 登校時間 | 8:40 |
| 週登校日 | 5日制 |
| 学期制 | 3学期 |
| 制服 | あり(夏・冬) |
| 昼食 | 弁当、食堂、キッチンカー |
| 学校行事 | 文化祭(7月)・体育祭(9月) |
| 修学旅行 | 2年 日本国内 |
| 環境・施設 | 全館Wi-Fi、人工芝グラウンド、 |
| クラブ活動 | アメリカンフットボール部、女子ラグビー部、女子サッカー部、男子サッカー部、陸上競技部、ダンス部、男子バスケットボール部、女子バスケットボール部、女子バレーボール部、男子バレーボール部、硬式野球部、剣道部、水球部、女子硬式テニス部、バドミントン部(男女)、男子硬式テニス部、女子硬式テニス部、吹奏楽部、演劇部、華道・茶道部、軽音楽部、サイエンス部、囲碁将棋部等、創作部、クッキング部 |
| 強化クラブ | アメリカンフットボール部、女子サッカー部、女子ラグビー部 |

## 2024年度 募集要項

| | |
|---|---|
| ○募集人数 | 普通科:男女350名(創造コース35名、特選SSコース40名、I類コース120名、II類コース120名、II類スポーツコース専願35名)※内部進学含む |
| ○願書受付 | 1/22(月)〜1/29(月)web登録後(12/19〜)書類提出、窓口または郵送(必着) |
| ○選抜日時 | 2/10(土) |
| ○合格発表 | 2/13(火)郵送、web |
| ○入学手続 | 専願:2/15(木)15:00まで 併願:3/19(火)15:00まで |
| ○選抜方法 | SS・I類・II類:国・数・英(リスニング含む)・理・社(各50分各100点)創造コース:国・数・英(リスニング含む)(各50分各100点)創造コースTW入試:グループワークと発表・振り返り(90分300点)※英語資格取得者は取得成績に応じて当日の得点と比較して高い方を採用 |
| ○受験料 | 20,000円 |
| ○提出書類 | 入学志願書・個人報告書(調査書) |
| ○追加募集 | 1.5次:—　2次:— |
| ◆転・編入 | 特になし |
| ◆帰国生 | II類コースの査定において配慮(要相談) |

## 2024年度 入試結果

| 創造コース | 専願 | 併願 | 特選SS | 専願 | 併願 |
|---|---|---|---|---|---|
| 応募者数 | 32 | 13 | 応募者数 | 25 | 381 |
| 受験者数 | 32 | 13 | 受験者数 | 25 | 381 |
| 合格者数 | 27 | 11 | 合格者数 | 4 | 85 |
| 実質倍率 | 1.19 | 1.18 | 実質倍率 | 6.25 | 4.48 |
| 合格最低点 | 387/600 | 420/600 | 合格最低点 | 375/500 | 400/500 |

| I類 | 専願 | 併願 | II類 | 専願 | 併願 |
|---|---|---|---|---|---|
| 応募者数 | 69 | 508 | 応募者数 | 109 | 159 |
| 受験者数 | 69 | 507 | 受験者数 | 109 | 159 |
| 合格者数 | 36 | 324 | 合格者数 | 101 | 159 |
| 実質倍率 | 1.92 | 1.56 | 実質倍率 | 1.08 | 1.00 |
| 合格最低点 | 325/500 | 350/500 | 合格最低点 | 285/500 | 310/500 |

※第2志望合格(専13・併222)含まない
※第2・3志望合格(専44・併259)含まない

## 費用

《入学手続き時》
| | |
|---|---|
| ○入学金 | 240,000円 |
| ○学年費 | 30,000円 |
| ○制服代 | 130,000円 |

《入学後》
| | |
|---|---|
| ○授業料 | 537,000円 |
| ○施設協力金 | 60,000円 |
| ○諸会費等 | 63,600円 |
| ○学年費 | 60,000円 |

※PC端末必須、旅行積立金は別途徴収

## 奨学金・特待制度

特になし

## 独自の留学制度

| | |
|---|---|
| 留学先 | オーストラリア・ニュージーランド等 |
| 学年 | 高1・高2 |
| 内容 | 短期・中期・長期 |

## 合格実績

2024年の進学状況(卒業者数322名)
追手門学院大学合格109名

国・公立大学合格32(26)名
京都大4(4)、大阪大2(0)、神戸大1(1)、大阪公立大5(4)、国際教養大1(1)、京都工芸繊維大1(1)、奈良女子大1(1)、神戸市外国語大1(1)、京都府立大1(1)、岡山大1(0)、滋賀大4(3)、三重大1(1)、兵庫県立大2(2)、他。

他の私立大学合格992(968)名
関西学院大41(40)、関西大73(72)、同志社大25(23)、立命館大47(44)、京都産業大53(52)、近畿大276(273)、甲南大14(14)、龍谷大73(70)、佛教大6(6)、早稲田大1(1)、慶應義塾大1(1)、上智大1(1)、立教大1(1)、中央大1(1)、大阪医科薬科大5(5)、関西医科大4(4)、京都薬科大2(2)、神戸薬科大1(1)、摂南大50(48)、京都外国語大8(8)、関西外国語大33(33)、京都女子大4(4)、同志社女子大16(16)、武庫川女子大12(12)、甲南女子大7(7)、大和大95(95)、他。

省庁大学校合格25(24)名
防衛医科大4(3)、防衛大21(21)。

※( )内は現役合格内数

## 学校PR

2019年に校地移転しました。本校には図書館という概念がなく、1階から4階までの各フロア中央に学習テーマに応じた本や映像を配置し、学びの場として整備しています。すぐ近くには「Teacher Station」を設けて、先生がいつも生徒のそばで学びをコーディネート、ファシリテートしています。また、授業では生徒が主体となって学び合い、「個別・協働・プロジェクト型」の3つの学びとリフレクション(振り返り)で授業を展開しています。

# 追手門学院大手前高等学校

## 学校インフォメーション

 制服　 通学 公共機関　 ICT教育　 探究授業　 海外研修　 留学制度　 自習スペース

 図書館　 カフェテリア　 スマホ持ち込み　 カウンセラー　 特待生制度　 高大連携　 ネイティブ教員

**所在地** 〒540-0008　大阪市中央区大手前1-3-20

| | |
|---|---|
| 電話 | 06-6942-2235 |
| 創立 | 1888年 |
| 校長 | 濵田 賢治 |

| | |
|---|---|
| 生徒数 | 男365人 女323人 |
| 併設校 | こども園・幼稚園・小学校・中学校・大学・大学院 |
| WEB | https://www.otemon-js.ed.jp/ |

## 教育方針・特色

これからの未来社会を生きるために必要な力として、本校では「探究力」を育んでもらう教育を展開。追手門大手前のグローバルサイエンス教育は、基礎・基本を大切にしつつ、新教育に対応した「3つの学び」と、礼儀・礼節を育む「志の教育」により、新教育課程の目的である「生きる力」と「学ぶ力」を育てます。

## スクールライフ

| | |
|---|---|
| 登校時間 | 8:30 |
| 週登校日 | 6日制 |
| 学期制 | 3学期 |
| 制服 | あり(夏・冬) |
| 昼食 | カフェテリアあり 弁当持参可 |
| 学校行事 | 文化祭(9月)・体育祭(10月) |
| 修学旅行 | 2年生6月 4泊 海外or国内 選択(今年度予定) |
| 環境・施設 | 1人1台のiPad、学校全域WiFi開通、カフェテリア、土日祝日開催自習室、電子図書館など |
| クラブ活動 | スキー部・チアダンス部・卓球部・サッカー部・バスケットボール部・バレーボール部・陸上競技部・剣道部・ロボットサイエンス部・吹奏楽部・演劇部・物理化学部・美術部・SDGs Lab |
| 強化クラブ | 特になし |

## 2024年度 募集要項

○募集人数　普通科(外部募集):男女約145名(スーパー選抜(SS)コース1クラス、グローバルアカデミー(GA)コース・グローバルサイエンス(GS)コース1クラス、特進コース4クラス)
○願書受付　1/22(月)〜1/31(水)web登録後(12/23〜)書類提出、窓口または郵送(29日必着)
○選抜日時　2/10(土)
○合格発表　2/12(月・祝)10:00web、郵送
○入学手続　専願:2/24(土)10:00まで
　　　　　　併願:3/19(火)12:30まで
○選抜方法　国・数・英(リスニング含む)・理・社(各45分各100点)・面接(GA・GSコース専願のみ、英語質問あり)
　　※英語資格取得者は取得成績に応じて当日の得点と比較して高い方を採用
○受験料　20,000円
○提出書類　入学志願書・個人報告書(調査書)
○追加募集　1.5次:2/19　2次:—
◆転・編入　受け入れあり(要相談)
◆帰国生　特別対応あり

## 2024年度 入試結果

**SSコース**

| | 専願 | 併願 |
|---|---|---|
| 応募者数 | 31 | 54 |
| 受験者数 | 31 | 54 |
| 合格者数 | 19 | 35 |
| 実質倍率 | 1.63 | 1.54 |
| 合格最低点 | 303/500 | 330/500 |

※内部進学含まない

**GAコース**

| | 専願 | 併願 |
|---|---|---|
| 応募者数 | 11 | 21 |
| 受験者数 | 11 | 21 |
| 合格者数 | 11 | 20 |
| 実質倍率 | 1.00 | 1.05 |
| 合格最低点 | 278/500 | 285/500 |

※内部進学含まない

**GSコース**

| | 専願 | 併願 |
|---|---|---|
| 応募者数 | 13 | 22 |
| 受験者数 | 13 | 22 |
| 合格者数 | 11 | 19 |
| 実質倍率 | 1.18 | 1.16 |
| 合格最低点 | 276/500 | 276/500 |

**特進コース**

| | 専願 | 併願 |
|---|---|---|
| 応募者数 | 49 | 127 |
| 受験者数 | 49 | 127 |
| 合格者数 | 61(14) | 150(23) |
| 実質倍率 | — | — |
| 合格最低点 | 245/500 | 265/500 |

※内部進学含まない
※( )内回し合格内数

## 学校PR

都会の中の決して大きくない学校ですが、その分1人ひとりを大切に丁寧に教育します。本校の授業は「個別最適」な授業なので、自分にとって一番ベストな方法を自ら選ぶことができます。週4回の「追手門モジュール」では、担任や教科担当者と頻繁に個別の面談を実施して、しっかりと進路や日々の学習をサポートします。さらに、自習室、土日や祝日、長期休暇中も開催。教室運営のスタッフや大学生のチューターもいつもいるので、わからないところや、勉強の仕方などもアドバイスできます。

**アクセス**
京阪本線天満橋駅下車東へ徒歩5分
大阪メトロ谷町線天満橋駅下車東へ徒歩5分
JR東西線大阪城北詰駅下車西へ徒歩10分

## 費用

**《入学手続き時》**

| | |
|---|---|
| ○入学金 | 250,000円 |
| ○学習費 | 30,000円 |
| ○本校指定品購入代金 | 約170,000円 |
| ○「春休み課題」費用 | 約3,000円 |
| ○タブレット購入費用 | 130,000円程度 |

**《入学後》**

| | |
|---|---|
| ○授業料 | 609,000円 |
| ○施設協力金 | 60,000円 |
| ○教育振興会費 | 18,000円 |
| ○PTA特別積立金 | 30,000円 |
| ○生徒会費 | 4,200円 |
| ○旅行積立金 | 300,000円 |
| ○学習費(2・3学期) | 60,000円 |

## 奨学金・特待制度

特待S:入学金全額+授業料及び施設協力金全額 免除
特待A:入学金全額+授業料及び施設協力金半額 免除
特待B:入学金全額免除

## 独自の留学制度

| | |
|---|---|
| 留学先 | 英語圏の全ての高等教育機関 |
| 学年 | 1or2 |
| 内容 | 各学校ごとによる |
| 費用 | 各学校ごとによる |

## 合格実績

2024年の進学状況(卒業者数278名)
追手門学院大学合格92名

**国・公立大学合格**
神戸大2(1)、大阪公立大1、和歌山大1、京都教育大1、奈良教育大1、他。

**他の私立大学合格**
関西学院大12、関西大20(1)、同志社大4、立命館大16、京都産業大17(8)、近畿大74(薬(2)含む)、甲南大7、龍谷大31(1)、兵庫医科大1(薬(1)含む)、大阪歯科大3(歯(1)含む)、摂南大24(薬(4)含む)、神戸学院大11(1)(薬(1)含む)、桃山学院大3、京都外国語大16、関西外国語大45、京都女子大7(1)、同志社女子大4、武庫川女子大14(薬(1)含む)、他。

**省庁大学校合格**
防衛大6。
※( )内は既卒生内数

# 大阪高等学校

## 学校インフォメーション

 制服
 自転車通学可 通学
 夏 長期休暇講習
 探究授業 探究授業
 海外研修
 屋外プール プール
 自習スペース

 蔵書数38,000冊 図書館
 カフェテリア
 可 スマホ持ち込み
 カウンセラー
 特待生制度
 高大連携
 ネイティブ教員

**所在地** 〒533-0007 大阪市東淀川区相川2-18-51

| | |
|---|---|
| 電話 | 06-6340-3031(代) |
| 創立 | 1927年 |
| 校長 | 岩本 信久 |

| | |
|---|---|
| 生徒数 | 男 1160人 女 741人 |
| 併設校 | なし |
| WEB | http://osakashs.ed.jp/ |

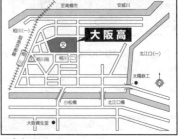

**アクセス**
阪急京都線相川駅下車徒歩1分
JR京都線吹田駅下車徒歩15分
大阪メトロ今里筋線井高野駅下車徒歩12分

## 教育方針・特色

建学以来、実社会で活躍する骨太な人材を育成すべく、知育・徳育・体育のバランスがとれた全人教育に取り組んでいます。「主体的に行動する"オモロイ"18歳の育成」を教育目標として掲げ、一人ひとりの生徒に責任を持つ教育を追及しています。

・共に語る「総合進学コース」
多くの友人や先生、外部の人達との対話を通して自分の可能性を育てるコース。選択授業やコラゼミなど多様な学びの機会がある。難関・中堅私立大進学を目指す。基礎からの着実なステップアップをはかり、より幅広い学力の獲得を目指す。
・共に挑む「文理特進コース」
学習とクラブ活動の両立で自分の可能性に挑む力を育むコース。国公立大・難関私大進学を目指し、一人ひとりの個性と志望にあわせた、確実な実力を身につけることを目指す。
・共に創る「探究コース」
好きなことについて、様々な人と対話し、新しい価値を創造する力を育むコース。総合選抜入試を中心に、大学・専門学校をはじめ、国内外を問わず多様な進路実現を目指す。

## スクールライフ

| | |
|---|---|
| 登校時間 | 8:45 |
| 週登校日 | 6日制 |
| 学期制 | 3学期 |
| 制服 | あり(夏・冬) |
| 昼食 | 食堂あり 弁当持参可 |
| 学校行事 | 球技大会(5月)、文化祭(9月)、体育祭(10月)、など |
| 修学旅行 | 2年3月 異文化交流研修(探究)(予定) 奄美大島・北海道・韓国の選択制(総合文理)(予定) |
| 環境・施設 | カフェテリア・記念講堂・新体育館 |
| クラブ活動 | 【運動部】バスケットボール部(男女)・陸上競技部(男女)・硬式野球部(男)・軟式野球部(男女)・サッカー部(男)・ラグビー部(男)・ソフトテニス部(男女)・バレーボール部(男女)・バドミントン部(女)・卓球部(男女)・日本拳法部(男女)・水泳部(男)・アーチェリー部(男女)
【文化部】和太鼓部(男女)・フォークソング部(男女)・ダンス部(男女)・吹奏楽部(男女)・演劇部(男女)・書道部(男女)・パソコン部(男女)・文芸部(男女)・映画部(男女)・写真部(男女)・コミックイラスト研究部(男女)・美術部(男女)・科学探究部(男女)・将棋部・経済経営サークル同好会(男女)・ダーツ同好会・ゴルフ同好会・地震研究サークル |
| 強化クラブ | 特になし |

## 2024年度 募集要項

| | |
|---|---|
| ○募集人数 | 普通科:男女550名(文理特進コース120名、総合進学コース360名、探究コース70名) |
| ○願書受付 | 1/22(月)～1/29(月)15:00 web登録後(12/19～)書類提出、窓口または郵送(必着) |
| ○選抜日時 | 2/10(土)、2/11(日・祝) |
| ○合格発表 | 2/12(月・祝)郵送 |
| ○入学手続 | 専願:2/24(土)、2/25(日)9:00～15:00 併願:3/19(火)10:00～15:00 |
| ○選抜方法 | 国・数・英・理・社(各40分各100点)・作文(40分) |
| ○受験料 | 20,000円 |
| ○提出書類 | 入学志願書・個人報告書(調査書)・志望理由書(探究コースを第1志望にした受験生のみ) |
| ○追加募集 | 1.5次: 2次: |
| ◆転・編入 | 特になし |
| ◆帰国生 | 特になし |

## 2024年度 入試結果

| 文理特進 | 専願 | 併願 | 総合進学 | 専願 | 併願 |
|---|---|---|---|---|---|
| 応募者数 | 81 | 306 | 応募者数 | 345 | 980 |
| 受験者数 | 81 | 306 | 受験者数 | 344 | 980 |
| 合格者数 | 65 | 274 | 合格者数 | 344 | 1008 |
| 実質倍率 | 1.25 | 1.12 | 実質倍率 | — | — |
| 合格最低点 | — | — | 合格最低点 | — | — |
| | | | ※回し合格含む | | |

| 探究 | 専願 | 併願 |
|---|---|---|
| 応募者数 | 26 | 43 |
| 受験者数 | 26 | 43 |
| 合格者数 | 25 | 43 |
| 実質倍率 | 1.04 | 1.00 |
| 合格最低点 | — | — |

## 費用

**《入学手続き時》**

| | |
|---|---|
| ○入学金 | 200,000円 |
| ○授業料および諸費用(1期分) | 342,000円 |

**《入学後》**

| | |
|---|---|
| ○授業料(2・3期分) | 353,500円 |
| ○諸費用(2期分) | |

| | |
|---|---|
| 文理特進 | 93,250円 |
| 総合 | 83,250円 |
| 探究 | 238,250円 |

| | |
|---|---|
| ○制定品費用・教科書費用 男子 | 約160,000円 |
| 女子 | 約150,000円 |

## 奨学金・特待制度

深川奨学金

## 独自の留学制度

特になし

## 合格実績

2024年の進学状況(卒業者数684名)
国・公立大学合格
滋賀大1、滋賀県立大1、京都府立大1、高知工科大1

私立大学合格
関西大13、関西学院大8、同志社大4、立命館大2、京都産業大21、近畿大15、甲南大3、龍谷大12、大和大16、京都女子大1、同志社女子大2、武庫川女子大1、大阪工業大12、佛教大8、大阪経済大17、関西外国語大5、京都外国語大8、摂南大41、追手門学院大52、桃山学院大37、神戸学院大12、他。

## 学校PR

「主体的に行動する"オモロイ"18歳」にチャレンジしませんか?
正解が用意されていない問いについて仲間と協働して考え抜き、行動することによって見える新しい世界を共に見ましょう!!

# 大阪偕星学園高等学校

## 学校インフォメーション

 制服  自転車通学可 通学  学内予備校  ICT教育  長期休暇講習 夏・冬・春  探究授業  留学制度

 学生寮  自習スペース  図書館 蔵書数 10,000冊  人工芝グラウンド  スマホ持ち込み 条件付  特待生制度  奨学生制度

**所在地** 〒544-0021　大阪市生野区勝山南2-6-38

| | |
|---|---|
| 電話 | 06-6716-0113（入試広報室 直通） |
| 創立 | 1929年 |
| 校長 | 根本 秀二 |
| 生徒数 | 男 569人 女 297人 |
| 併設校 | なし |
| WEB | https://www.osaka-kaisei.ac.jp/ |

**アクセス**
JR環状線桃谷駅・寺田町駅下車徒歩10分
大阪シティバス勝山北1丁目下車徒歩1分

## 教育方針・特色

本校の教育方針は、①可能性を伸ばす高校教育、②付加価値の高い学習指導、③面倒見の良い学校教育の実践である。そして幅広い個性や進路に応えるために4つのコースを設置している。
特進コースは関関同立大・近大などの難関私立大学への現役合格を目指す。
文理進学コースは私立大学文系学部への現役合格を目指す。クラブ活動も可能。
進路探究コースは大学・専門学校への進学や就職など自分に合った進路実現の可能性を広げる。
スポーツコースは充実した環境の中で文武両道を目指す。

## スクールライフ

| | |
|---|---|
| 登校時間 | 8:30 |
| 週登校日 | 5日制　土曜日には学校行事やイベントを行うことがある。 |
| 学期制 | 3学期 |
| 制服 | あり（夏・冬） |
| 昼食 | 購買・食堂あり 弁当持参可 |
| 学校行事 | 体育祭（6月）・文化祭（9月） |
| 修学旅行 | 2年生12月 3泊4日 九州（2025年度 海外） |
| 環境・施設 | 人工芝の中庭、喜志グラウンド（野球部専用）、図書室、KAISEI success Gym（トレーニングジム）、男子学生寮、E-Square（校内留学体験スペース）、柔剣道場、校内Wi-Fi環境完備 |
| クラブ活動 | 運動系は女子ダンス、バスケットボール、自転車競技、空手道、卓球、陸上競技、硬式テニス、剣道などがある。文化系では軽音楽、書道、写真、科学、PC情報、音楽、ESS、かるた、アニメ、鉄道研究などのクラブ・同好会が活動している。令和4度からキムチ部が発足。 |
| 強化クラブ | 硬式野球、男子サッカー、女子サッカー、男子ハンドボール、女子ソフトボール、柔道、バドミントン、女子バレーボール |

## 2024年度 募集要項

○募集人数　普通科：男女320名（特進コース50名、文理進学コース50名、進路探究コース130名、スポーツコース専願90名）
○願書受付　1/22（月）〜1/29（月）16:00
　　web登録後（12/14〜）書類提出、窓口または郵送（必着）
　　※スポーツコースは指定クラブの推薦が必要
○選抜日時　2/10（土）、2/11（日・祝）面接
○合格発表　2/12（月・祝）郵送
○入学手続　専願：2/16（金）まで　併願：3/19（火）まで
○選抜方法　特進コース：国・数・英・理・社（各50分各100点）・面接（専願のみ）
　　文理進学・進路探究・スポーツコース：国・数・英（各50分100点）・面接（専願のみ）
　　※英検2級40点、準2級30点、3級20点の加点あり
○受験料　20,500円（結果通知手数料含む）
○提出書類　入学志願書・個人報告書（調査書）
○追加募集　1.5次：―　2次：―
◆転・編入　特になし
◆帰国生　特になし

## 2024年度 入試結果

| 特進コース | 専願 | 併願 |
|---|---|---|
| 応募者数 | 33 | 48 |
| 受験者数 | 33 | 48 |
| 合格者数 | 29 | 41 |
| 実質倍率 | 1.14 | 1.17 |
| 合格最低点 | 270/500 | 285/500 |

| 文理進学コース | 専願 | 併願 |
|---|---|---|
| 応募者数 | 74 | 104 |
| 受験者数 | 74 | 104 |
| 合格者数 | 69 | 96 |
| 実質倍率 | 1.07 | 1.08 |
| 合格最低点 | 145/300 | 155/300 |

※文理進学合格（専2・併6）・進路探究合格（専2）含まない
※進路探究合格（専5・併8）含まない

| 進路探究コース | 専願 | 併願 | スポーツコース | 専願 |
|---|---|---|---|---|
| 応募者数 | 166 | 346 | 応募者数 | 80 |
| 受験者数 | 166 | 346 | 受験者数 | 80 |
| 合格者数 | 166 | 342 | 合格者数 | 80 |
| 実質倍率 | 1.00 | 1.01 | 実質倍率 | 1.00 |
| 合格最低点 | 80/300 | 90/300 | 合格最低点 | ― |

## 費用

**《入学手続き時》**

| | | |
|---|---|---|
| ○入学金 | | 200,000円 |
| ○入学時納付金（入学金込み） | 特進コース | 612,300円 |
| | 文理進学コース | 589,800円 |
| | 進路探究コース | 586,800円 |
| | スポーツコース | 582,300円 |

**《入学後》**

| | | |
|---|---|---|
| ○授業料 | （年額） | 580,000円 |
| ○修学旅行積立金 | | 220,000円 |
| | ※入学時に一部納入済 | |

## 奨学金・特待制度

奨学金、特待生制度あり

## 独自の留学制度

長期海外留学プログラム
カナダ・ニュージーランド・オーストラリア 1年 語学学校・現地校
短期海外留学プログラム
カナダ 1・2年 語学学校
ニュージーランド・オーストラリア 1・2年 語学学校・現地校

## 合格実績

**2024年の進学状況（卒業者数273名）**
**国・公立大学合格**
滋賀大1（1）、兵庫県立大2（1）、千葉大1、釧路公立大1（1）、北見工業大1（1）、都留文科大1（1）、他。

**私立大学合格**
関西学院大2（1）、関西大21（16）、同志社大7（1）、立命館大2（2）、京都産業大10（10）、近畿大70（64）、甲南大1（1）、龍谷大2（1）、摂南大41（40）、神戸学院大5（5）、追手門学院大8（8）、桃山学院大41（36）、他。

※（ ）内は現役合格内数

## 学校PR

大阪偕星学園は90年を超える歴史と伝統があり、多くの卒業生が多方面で活躍している。豊富な指定校推薦枠もあり大学・専門学校・就職など幅広い進路希望に応えている。生徒それぞれの目的に応じたコースがあり、面倒見の良い学校教育を実践している。19の運動系クラブと18の文化系クラブ・同好会などがありクラブ活動も盛ん。

# 大阪学院大学高等学校

## 学校インフォメーション

 制服　 通学（自転車通学可）　 ICT教育　 探究授業　 留学制度　 自習スペース　 蔵書数 1,190,000冊 図書館

 人工芝グラウンド　 食堂　 スマホ持ち込み（条件付）　 カウンセラー　 特待生制度　 高大連携

**所在地　〒564-0011　大阪府吹田市岸部南二丁目6番1号**

| | |
|---|---|
| 電話 | 06-6381-6661 |
| 創立 | 1959年 |
| 校長 | 角田 聡 |

| | |
|---|---|
| 生徒数 | 男 1,095人 女 604人 |
| 併設校 | 大阪学院大学、大阪学院大学短期大学部、関西経理専門学校、関西医科専門学校 |
| WEB | https://www.ogu-h.ed.jp/ |

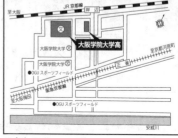

**アクセス**
JR京都線岸辺駅下車徒歩2分
阪急京都線正雀駅下車徒歩7分

## 教育方針・特色

校訓である「明朗・努力・誠実」をもとに、新校舎を活用した新たな学びの中で、生徒たちの豊かな個性を伸ばし、社会に貢献できる実践的な人材の育成に取り組みます。

## スクールライフ

| | |
|---|---|
| 登校時間 | 8:40 |
| 週登校日 | 6日制 |
| 学期制 | 3学期 |
| 制服 | あり |
| 昼食 | 購買・食堂あり 弁当持参可 |
| 学校行事 | 4月：校外学習 7月：体育大会 9月：スタディツアーズ（国際コースのみ） 9月・1月・2月：球技大会（学年別） 10月：文化祭 11月：芸術鑑賞 12月：ホノルルマラソン研修（希望者） 3月：修学旅行 |
| 修学旅行 | 2年生3月 4泊5日 北海道・沖縄（どちらかを選択） |
| 環境・施設 | 全教室にWi-Fi完備、スカイコート（4階屋上スペース）、FLS（Flexible Learning Space）、キッチンスタジオ、音楽スタジオ、メディアセンター、スポーツフィールド、大阪学院大学の施設も利用できる。 |
| クラブ活動 | 全国レベルのゴルフ・サッカー・テニス・弓道・バスケットボール・チアリーダー・日本拳法部のほか、硬式野球・アメリカンフットボール・剣道・ダンス・バレーボール・ハンドボール・卓球・陸上競技部も活躍しています。文化系クラブも文化祭などの発表の場に向けて、日々の活動に励んでいます。（体育系17クラブ/文化系10クラブ） |
| 強化クラブ | 硬式野球（男子）、サッカー（男子）、バスケットボール（男子）、ゴルフ（男女）、テニス（女子）、バレーボール（女子）、剣道（男子・女子） |

## 費用

**《入学手続き時》**

| | |
|---|---|
| ○入学金 | 240,000円 |
| ○校納金（第1期分） | 295,800円 |

**《入学後》**　（年額）594,000円

| | |
|---|---|
| ○授業料 | 396,000円 |
| ○後援会費 | 5,600円 |
| ○生徒会費 | 4,000円 |
| ○卒業諸費積立金（修学旅行費等） | 56,000円 |
| ○iPad使用料 | 24,000円 |
| ○教材実費 | 20,000円 |

※上記は普通コースの校納金になります
入学後費用について
特進コースは教材実費：60,000円
国際・スポーツ科学コースは教材実費：70,000円
国際コースは卒業諸費積立金
（短期海外語学研修費用等）：136,000円となります。

## 2024年度 募集要項

| | |
|---|---|
| ○募集人数 | 普通科：男女400名（普通コース、特進コース、国際コース、スポーツ科学コース）※推薦入試（スポーツ・一芸一能）は学校へ問い合わせ |
| ○願書受付 | 1/22（月）〜1/30（火）9:00〜15:00 Web登録後（12/18〜）書類提出、窓口または郵送 |
| ○選抜日時 | 2/10（土）11（日・祝）専願者面接 |
| ○合格発表 | 2/13（火）（12（月・祝）郵送 |
| ○入学手続 | 専願：2/23（金・祝）9:00〜15:00 併願：3/20（水・祝）9:00〜12:00 |
| ○選抜方法 | 国・数・英（各50分各100点）・理・社（各40分各100点）・面接（推薦・専願）漢検または英検 3級10点、準2級以上30点の加点あり |
| ○受験料 | 20,400円（結果通知郵送料含む） |
| ○提出書類 | 入学志願書・個人報告書（調査書） |
| ○追加募集 | 1.5次：— 2次：— |
| ▶転・編入 | 受け入れなし |
| ▶帰国生 | 特別対応なし |

## 2024年度 入試結果

| 普通コース | 専願・一芸一能推薦 | 併願 |
|---|---|---|
| 応募者数 | 343 | 500 |
| 受験者数 | 343 | 500 |
| 合格者数 | 327 | 498 |
| 実質倍率 | 1.05 | 1.00 |
| 合格最低点 | 210/500 | 230/500 |

| 特進コース | 専願・推薦（一芸一能・スポーツ） | 併願 |
|---|---|---|
| 応募者数 | 114 | 340 |
| 受験者数 | 114 | 339 |
| 合格者数 | 57 | 202 |
| 実質倍率 | 2.00 | 1.68 |
| 合格最低点 | 330/500 | 349/500 |

※回し合格（専57・併136）含まない

| 国際コース | 専願 | 併願 |
|---|---|---|
| 応募者数 | 42 | 59 |
| 受験者数 | 42 | 59 |
| 合格者数 | 33 | 44 |
| 実質倍率 | 1.27 | 1.34 |
| 合格最低点 | 314/500 | 333/500 |

※回し合格（専8・併14）含まない

| スポーツ科学コース | 専願・推薦（一芸一能・スポーツ） | 併願 |
|---|---|---|
| 応募者数 | 102 | 9 |
| 受験者数 | 102 | 9 |
| 合格者数 | 101 | 9 |
| 実質倍率 | 1.01 | 1.00 |
| 合格最低点 | 210/500 | 230/500 |

## 奨学金・特待制度

入学後、家庭の経済事情が急変した者に対して救済する制度のほか、優れたスポーツ能力を有する者に対して授業料を減免する奨学金制度があります。

## 独自の留学制度

| | |
|---|---|
| 留学先 | カナダ |
| 学年 | 2年 |
| 内容 | 12日間／1年間のホームステイ |
| 費用 | 約37万円 ／ 約370万円 |

## 合格実績

2024年の進学状況（卒業者数444名）
大阪学院大学169名

他の私立大学合格
関西学院大3、関西大6、立命館大1、京都産業大8、近畿大24、甲南大3、龍谷大1、佛教大3、摂南大24、神戸学院大6、追手門学院大26、桃山学院大10、京都外国語大8、関西外国語大7、大阪経済大7、大阪工業大5、京都女子大1、武庫川女子大2、他。

※すべて現役数

## 学校PR

2020年に大阪学院大学に隣接した新校舎に移転し、大学と連携した新たな学びを創造することで、変化の激しい現代社会に立ち向かう「生きる力」を伸ばしていきます。
生徒1人につき1台配付されるiPadを使って自らの学習を深めるとともに、「探究学習」においてはコミュニケーションを円滑にするためのツールとして使用することで、生徒どうしの協働意識を高めています。
きめ細かい指導で、生徒一人ひとりをサポートし、自己の可能性を広げることを意識した教育を展開しています。

# 大阪学芸高等学校

## 学校インフォメーション

 制服
 通学（自転車通学可）
 ICT教育
 長期休暇講習（夏・冬）
 習熟度別授業
 海外研修
 留学制度

 図書館（蔵書数 25,000冊）
 食堂
 スマホ持ち込み（条件付）
 カウンセラー
 特待生制度
 高大連携
 ネイティブ教員

**所在地** 〒558-0003　大阪市住吉区長居1-4-15

| | |
|---|---|
| 電話 | 06-6693-6301 |
| 創立 | 1903年 |
| 校長 | 森松 浩毅 |

| | |
|---|---|
| 生徒数 | 男 787人 女 1019人 |
| 併設校 | 大阪学芸高等学校附属中学校 |
| WEB | https://www.osakagakugei.ac.jp/senior/ |

## 教育方針・特色

「自学自習」を教育の柱とし、生徒自身が今何をしなければならないかを常に考える習慣を身につけ、学校行事やクラブ活動を通しての体験で「人間力」を高める教育を行っています。【特技】スポーツや文化・芸能、その他で各自の特技を生かしながら、進路を切り拓く。【選抜特進】週40時間の授業と講習で、国公立・難関私立大学への進学を目指す。【特進コース（I類・II類）】2年次より希望進路に合わせて文系・理系に分かれ、学習を深める。【特進看護】将来の国家試験合格の基礎学力を身につける。【進学】基礎学力がしっかり身につくカリキュラム。[ダブルディプロマ] 2つの学校に同時に在籍し、カナダと日本の卒業資格を得る。[グローバル]学内最多の英語授業時間を確保し、実践的に英語力を伸ばす。[1年留学]本校独自の1年間の留学体験（カナダ、ニュージーランド）。帰国後は伸長した英語力で進路獲得。

## スクールライフ

| | |
|---|---|
| 登校時間 | 8:40 |
| 週登校日 | 6日制　※週5日制は変則実施（月1回） |
| 学期制 | 3学期 |
| 制服 | あり（夏・冬） |
| 昼食 | 食堂・コンビニあり　弁当持参可 |
| 学校行事 | 体育祭（6月）・文化祭（9月） |
| 修学旅行 | 2年生5月　イタリア・オーストラリア・シンガポール・北海道・東京など |
| 環境・施設 | ICT環境・サイエンスラボ・人工芝・ホール・図書館・作法室・ダンス室・管理自習室・学内コンビ・食堂・外部にグラウンド（ナイター設備あり） |
| クラブ活動 | アメリカンフットボール部（男子）・空手道部・剣道部・硬式野球部（男子）・サッカー部・陸上競技部（中長距離）・硬式テニス部・バスケットボール部・バレーボール部・ソフトテニス部・クラシックギター部・コーラス部・写真部・書道部・吹奏楽部・パソコン部・美術部・放送部・11同好会 |
| 強化クラブ | 空手道部（男女）、サッカー部（女子）、吹奏楽部（男女）、バレーボール部（女子）、硬式野球部（男子）、陸上競技部（中長距離・男女） |

## 2024年度 募集要項

- **募集人数**：普通科：男女520名（特技コース専願60名、選抜特進コース60名、特進コースI類・II類200名・特進看護コース40名、進学コース160名）
  国際科：男女80名（ダブルディプロマコース20名、グローバルコース・1年留学コース計60名）
  ※内部進学含む
  ※ダブルディプロマコースのみ帰国生若干名
- **願書受付**：1/22（月）～1/29（月）web登録後（1/12～）書類提出、窓口または郵送（必着）
  ※ダブルディプロマ、グローバル、1年留学、特技コースはweb出願不可
  ※ダブルディプロマコースは英検準2級程度必要
- **選抜日時**：2/10（土）、2/11（日・祝）英語・面接（ダブルディプロマBCのみ）
- **合格発表**：2/13（火）郵送、web出願者は7:30より合否閲覧可
- **入学手続**：合格発表時に通知
- **選抜方法**：ダブルディプロマ：国・数・理・社（各50分各100点）・英（リスニング含む）（55分100点）・BC英語（BC州の入試問題60～80分100点）・BC面接（BC教員による面接）
  特進コース：国・数（各50分100点）・英（リスニング含む）（55分100点）・特技実績
  上記以外のコース：国・数・理・社（各50分各100点）・英（リスニング含む）（55分100点）
  ※英検取得者は級に応じて英語得点に読み替えし、当日の英語得点と比較して高い得点で判定（出願時申請必要）。英検準1級以上100点、2級90点、準2級75点。英検以外の資格を活用する場合は別途相談。
- **受験料**：20,000円
- **提出書類**：入学志願書・個人報告書（調査書）
- 1.5次:2/16　2次:―
- ▶転・編入：欠員のある場合受け入れあり（要相談）
- ▶帰国生：ダブルディプロマコースのみ若干名（要相談）

## 2024年度 入試結果

### 選抜特進 / 特進コース（I類／II類）

| | 選抜特進 専願 | 選抜特進 併願 | 特進コース（I類／II類） 専願 | 特進コース（I類／II類） 併願 |
|---|---|---|---|---|
| 応募者数 | 21 | 174 | 68/71 | 373/219 |
| 受験者数 | 21 | 174 | 68/71 | 372/219 |
| 合格者数 | 13 | 141 | 52/60 | 347/211 |
| 競争率 | 1.62 | 1.23 | 1.31/1.17 | 1.07/1.04 |
| 合格最低点 | ― | ― | ― | ― |

※回し合格（I：専4・併30、II：専13・併26）含まない

### 特進看護／進学 / 特技

| | 特進看護／進学 専願 | 特進看護／進学 併願 | 特技 専願 |
|---|---|---|---|
| 応募者数 | 21/123 | 25/194 | 72 |
| 受験者数 | 21/123 | 25/193 | 72 |
| 合格者数 | 19/119 | 23/112 | 72 |
| 競争率 | 1.11/1.03 | 1.09/1.01 | 1.00 |
| 合格最低点 | ― | ― | ― |

※回し合格（進学：専24・併12）含まない

### ダブルディプロマ / グローバル／1年留学

| | ダブルディプロマ 専願 | ダブルディプロマ 併願 | グローバル／1年留学 専願 | グローバル／1年留学 併願 |
|---|---|---|---|---|
| 応募者数 | 25 | 11 | 35/55 | 71/18 |
| 受験者数 | 25 | 11 | 35/55 | 71/18 |
| 合格者数 | 19 | 7 | 32/52 | 71/18 |
| 競争率 | 1.32 | 1.57 | 1.09/1.06 | 1.00/1.00 |
| 合格最低点 | ― | ― | ― | ― |

※回し合格（専6・併4）含まない
※回し合格（G：専4・併2、留：専2・併2）含まない

## 学校PR

2学科、8つのコースが設定されているため、皆さんの可能性をより広く実現してもらえると思います。クラブ活動も運動部（同好会含む）14、文化部（同好会含む）18あり、盛んです。きっと充実した3年間を過ごしてもらえると確信しています。

### アクセス
JR阪和線鶴ヶ丘下車徒歩8分
JR阪和線長居駅下車徒歩6分
大阪メトロ御堂筋線長居駅下車徒歩7分
大阪メトロ御堂筋線西田辺駅下車徒歩10分

## 費用

《入学手続き時》

| | |
|---|---|
| ○入学金 | 230,000円 |
| ○教科書・制服・タブレット等 | 約244,000円 |

《入学後》

| | |
|---|---|
| ○授業料 | 538,000円 |
| ○教育充実費 | 36,000円 |
| ○修学旅行積立金 | 260,000円 |
| ○その他諸経費 | 68,070円 |
| ○ダブルディプロマコース授業料 | 838,000円 |

## 奨学金・特待制度

奨学金制度：入試成績優秀者対象
特待生制度：①両親、祖父母、兄姉が卒業生の場合、入学金半額免除②兄弟姉妹が在校生の場合、入学金全額と1人分の授業料の半額免除③2人の兄弟姉妹が同一年度の同一学年に入学した場合、1人分の入学金全額と授業料半額を免除④他府県からの入学者には、入学金全額免除

## 独自の留学制度

| | |
|---|---|
| 留学先 | カナダ・ニュージーランド |
| 学年 | 1学年3学期～2学年2学期 |
| 内容 | 1年間のホームステイ |
| 費用 | 約3,700,000円 |

## 合格実績

**2024年の進学状況（卒業者数620名）**
国・公立大学合格
北海道大1、大阪公立大1、神戸市外国語大1、滋賀大1、和歌山大3、大阪教育大1、奈良教育大1、奈良県立大1、他。

私立大学合格
関西学院大32(6)、関西大94(5)、同志社大9、立命館大12(3)、京都産業大22(2)、近畿大275(19)、甲南大12、龍谷大67(6)、早稲田大1、法政大2、日本大3、摂南大116、神戸学院大6、追手門学院大139(3)、桃山学院大60(1)、京都外国語大10、関西外国語大50、大阪経済大38(1)、大阪工業大79、京都女子大6、同志社女子大7、神戸女学院大8、武庫川女子大17、他。

※（ ）内は既卒生内数

# 大阪暁光高等学校

## 学校インフォメーション

 制服
 通学（自転車通学可／スクールバス）
 宗教教育（仏教）
 ICT教育
 長期休暇講習（夏・冬）
 留学制度
 自習スペース
 図書館（蔵書数10,000冊）
 食堂
 スマホ持ち込み（届出）
 カウンセラー
 高大連携（高大）
 ネイティブ教員

**所在地** 〒586-8577　河内長野市楠町西1090

| | |
|---|---|
| 電話 | 0721-53-5281 |
| 創立 | 1950年 |
| 校長 | 谷山 全 |

| | |
|---|---|
| 生徒数 | 男189人 女722人 |
| 併設校 | 大阪千代田短期大学・認定こども園・同短期大学付属幼稚園 |
| WEB | https://www.osakagyoko.ed.jp/ |

## 教育方針・特色

「学校の主人公は生徒！」これは、私たちが最も大切にしていることです。授業がわかり、学んだり考えたりすることが面白いと思える学校、行事や生徒会、クラブ活動で、一人ひとりが思いっきり個性を伸ばすことができる学校、無理に「キャラ」を演ずることなく自然体でいられる学校、そして、「なりたい自分」を見つけ"対人援助職"をはじめ「夢」の実現に向けて頑張れる学校、大阪暁光は、そんな学校づくりをめざしています。「授業や勉強がわからないことを生徒のせいにしない」は、本校教員の合言葉。どうすれば生徒の意欲を引き出すことができるか、私たちはいつも悩んでいます。受験生のみなさん、「学び合い支え合うこと」を大切にする校風の中で一緒に成長していきませんか。みなさんのやる気を引き出せるよう全力でサポートします。

## スクールライフ

| | |
|---|---|
| 登校時間 | 8:45 |
| 週登校日 | 5日制 |
| 学期制 | 3学期 |
| 制服 | あり（夏・合・冬） |
| 昼食 | 食堂 購買 弁当持参可 |
| 学校行事 | 合同花まつり4月・体育大会・青葉まつり6月・文化祭9月・球技大会11月 |
| 修学旅行 | 2年 沖縄 |
| 環境・施設 | 総合館・トレーニングルーム・看護専攻科棟 |
| クラブ活動 | 【運動部】ダンス部・空手道部・男子バスケットボール部・女子バスケットボール部・バドミントン部・男子バレー部・女子バレー部・陸上部・アルティメット部・フットサル部<br>【文化部】吹奏楽部・茶道部・軽音楽部・美術部・平和ゼミナール・ボランティア部・ESS・FTC（Free The Children）・イラスト部・ボードゲーム部 |
| 強化クラブ | 特になし |

## 2024年度 募集要項

- ○募集人数　普通科：男女210名（教育探究コース35名、幼児教育コース70名・進学総合コース105名）看護科：男女専願70名
- ○願書受付　1/22（月）〜1/31（水）窓口出願または郵送（消印有効）
- ○選抜日時　2/10（土）9:00　看護科は午後　2/11（日・祝）9:00　面接（普通科専願）
- ○合格発表　2/12（月・祝）郵送
- ○入学手続　専願：2/17（土）併願：公立高校合格発表日 午後予定
- ○選抜方法　普通科：国・数・英・面接（専願）看護科：国・数・英・面接
- ○受験料　20,000円
- ○提出書類　入学志願書・個人報告書（調査書）
- ○追加募集　1.5次：2/17　2次：—
- ▶転・編入　出身中学校を通じて事前に連絡
- ▶帰国生　特になし

## 2024年度 入試結果

| 教育探究コース | 専願 | 併願 |
|---|---|---|
| 応募者数 | 14 | 13 |
| 受験者数 | 14 | 13 |
| 合格者数 | 13 | 13 |
| 実質倍率 | 1.08 | 1.00 |
| 合格最低点 | 135/300 | 139/300 |

※回し合格（専1）含まない

| 幼児教育コース | 専願 | 併願 |
|---|---|---|
| 応募者数 | 55 | 51 |
| 受験者数 | 55 | 51 |
| 合格者数 | 53 | 51 |
| 実質倍率 | 1.04 | 1.00 |
| 合格最低点 | 90/300 | 107/300 |

※回し合格（専2）含まない

| 進学総合コース | 専願 | 併願 |
|---|---|---|
| 応募者数 | 112 | 225 |
| 受験者数 | 112 | 225 |
| 合格者数 | 102 | 224 |
| 実質倍率 | 1.10 | 1.00 |
| 合格最低点 | 83/300 | 92/300 |

| 看護 | 専願 |
|---|---|
| 応募者数 | 85 |
| 受験者数 | 85 |
| 合格者数 | 72 |
| 実質倍率 | 1.18 |
| 合格最低点 | 154/300 |

※回し合格（他コース10）含まない

## アクセス
南海高野線千代田駅下車徒歩8分
近鉄長野線汐の宮駅下車徒歩20分

## 費用

《入学手続き時》 ※普通科の例
| | |
|---|---|
| ○入学金 | 200,000円 |
| ○入学手続時諸費用（制服・体操服等） | |
| 普通科 | 約160,000円 |
| 看護科 | 約250,000円 |

《入学後》
| | |
|---|---|
| ○授業料 | 570,000円 |
| ○教育充実費 | 30,000円 |
| ○旅行積立金 | 60,000円 |
| ○諸会費・教材費 | 38,000円 |

## 奨学金・特待制度

家庭の経済事情に大きな変化があったとき
※一定の成績基準を持つ受験生、HP参照

## 独自の留学制度

特になし

## 合格実績

2024年の進学状況（卒業者数275名）
大阪千代田短期大学内部進学53名

私立大学進学52名
関西学院大1（既卒）、近畿大1、青山学院大1（既卒）、追手門学院大2、桃山学院大3、大阪経済大1、大阪大谷大9、大阪学院大1、大阪商業大1、大阪女学院大1、大阪成蹊大1、大阪総合保育大2、大阪電気通信大4、関西福祉科学大3、高野山大3、四天王寺大3、大成学院大5、帝塚山学院大6、阪南大2、大和大1、他。

その他の短期大学進学16名

看護専攻科進級60名

## 学校PR

みなさんは自分の中に大きな可能性があることに気付いているでしょうか？　保護者の皆様はいかがですか？　私たちは、生徒一人ひとりに限りない可能性があることに確信を持っています。それは「3年間でこんなに変われるなんて思ってもみなかった！」という言葉を残して巣立っていった卒業生を数え切れないほど知っているからです。

# 大阪国際高等学校

## 学校インフォメーション

 制服
 自転車通学可 通学
 ICT教育
 海外研修
 留学制度
 自習スペース
 蔵書数 15,000冊 図書館

 人工芝グラウンド
 食堂
 条件付 スマホ持ち込み
 カウンセラー 帰国生入試 特待生制度 ネイティブ教員

**所在地** 〒570-8787 守口市松下町1番28号

| | |
|---|---|
| 電話 | 06-6992-5931 |
| 創立 | 2022年 |
| 校長 | 清水 隆 |

| | |
|---|---|
| 生徒数 | 男 415人 女 620人 |
| 併設校 | 大阪国際中学校、大阪国際大学、同短期大学部、大阪国際大和田幼稚園 |
| WEB | https://www.kokusai-h.oiu.ed.jp/ |

### アクセス
京阪電車守口市駅から800m
京阪電車土居駅から600m
大阪メトロ今里筋線清水駅から1,000m
大阪メトロ谷町線太子橋今市駅から1,200m
大阪シティバス86系統滝井停留所から600m

## 教育方針・特色

新入生を対象に「スタートプログラム」を展開し、人間が学ぶ上で大事なこと、各教科を学ぶ意味などを教えます。また正課授業として「小笠原流礼法」を導入、社会で役立つ礼儀作法やマナー、思いやりのこころを育みます。コースはⅠ類・Ⅱ類に分かれ、Ⅰ類「スーパー文理探究コース」では進路別、習熟度別クラス編成によるきめ細かい指導を、「国際バカロレア（IB）コース」では自分の考えを正しく英語で伝えることができる力を培います。Ⅱ類「総合探究コース」では参加体験型の授業が多く、学力と個性をバランスよく伸ばし、併設大学への内部進学を視野に、あたらしい進路の扉をひらきます。「幼児保育進学コース」は併設短大と連携し、実質5年間一貫の教育で、幼児保育に関するさまざまな技術と知識を学ぶことができます。

## スクールライフ

| | |
|---|---|
| 登校時間 | 8:25 |
| 週登校日 | 5日制 |
| 学期制 | 3学期 |
| 制服 | あり |
| 昼食 | 購買・食堂あり 弁当持参可 |
| 学校行事 | 体育祭(6月)・文化祭(9月) |
| 修学旅行 | 2年生7月 5泊6日、4泊5日 ドイツ・オーストラリア・北海道から選択 |
| 環境・施設 | 校舎全体が図書館・グローバルコモンズ・講堂・ICT環境・人工芝グラウンド・体育館(バスケットボールのコート2面が取れる)・テニスコート(4面) |
| クラブ活動 | 【運動部】女子バレーボール部、女子ラクロス部、陸上競技部、剣道部、バスケットボール部、硬式テニス部、女子ソフトテニス部、卓球部、バドミントン部、サッカー部、男子硬式野球部、水泳部、ダンス部<br>【文化部】吹奏楽部、軽音楽部、演劇部、書道部、茶道部、華道部、Cooking部、美術部、生物部、囲碁部、放送部、コンピュータ部、クイズ研究部、漫画研究部、映画制作研究部、インターアクトクラブ、文芸同好会、カルタ同好会 |
| 強化クラブ | 女子バレーボール部、男子硬式テニス部、女子ラクロス部、吹奏楽部 |

## 2024年度 募集要項

○募集人数 Ⅰ類：国際バカロレア25名、スーパー文理探究α・スーパー文理探究β計140名
Ⅱ類：総合探究・幼児保育進学計140名
○願書受付 1/22(月)～1/29(月)
web登録後(12/15～)書類提出、窓口または郵送31必着
○選抜日時 2/10(土)
○合格発表 2/13(火)郵送
○入学手続 専願：2/22(木)10:00～14:00
併願：3/19(火)10:00～14:00
○選抜方法 国際バカロレア：小論文（英語）（60分100点）・数学（日本語）（30分50点）・面接（英語・日本語）（15分50点）・英グループディスカッション（30分50点）
スーパー文理探究：国・数・英（リスニング含む）・理（各50分各100点）
総合探究：国・数・英（リスニング含む）・理・社（各50分各100点）5教科のうち、高得点の3教科を合計した300点満点で判定
幼児保育進学：国・数・英（リスニング含む）（各50分各100点）
※Ⅰ類のみ英検・漢検・数検資格、大会出場による加点あり
※Ⅱ類のみ珠算・暗算検定1級以上で5点の加点あり
○受験料 25,000円/1出願
○提出書類 入学志願書・個人報告書（調査書）・志望理由書（国際バカロレアコース）
○追加募集 1.5次：2/16
▶転・編入 特になし
▶帰国生 国際バカロレア

## 2024年度 入試結果

### Ⅰ類国際バカロレアコース

| | 専願 | 併願 |
|---|---|---|
| 応募者数 | 7 | 4 |
| 受験者数 | 7 | 4 |
| 合格者数 | 7 | 4 |
| 実質倍率 | 1.00 | 1.00 |
| 合格最低点 | 116/250 | 139/250 |

### Ⅰ類スーパー文理探究コース（プログラムα・β）

| | 専願 | 併願 |
|---|---|---|
| 応募者数 | 98 | 409 |
| 受験者数 | 98 | 409 |
| 合格者数 | 95 | 407 |
| 実質倍率 | 1.03 | 1.00 |
| 合格最低点 | α329-β235/500 | α335-β275/500 |

※合格者専（α15-β 0)、併(α135-β272)

### Ⅱ類総合探究コース

| | 専願 | 併願 |
|---|---|---|
| 応募者数 | 92 | 202 |
| 受験者数 | 92 | 202 |
| 合格者数 | 89 | 197 |
| 実質倍率 | 1.03 | 1.03 |
| 合格最低点 | 100/300 | 130/300 |

### Ⅱ類幼児保育進学コース

| | 専願 | 併願 |
|---|---|---|
| 応募者数 | 12 | 12 |
| 受験者数 | 12 | 12 |
| 合格者数 | 12 | 12 |
| 実質倍率 | 1.00 | 1 |
| 合格最低点 | 91/300 | 106/300 |

※第二志望合格（専2・併3）含まない

## 費用

**《入学手続き時》**
| | |
|---|---|
| ○入学金 | 250,000円 |

**《入学後》**
| | | |
|---|---|---|
| ○授業料 | （年額） | 564,000円 |
| ○教育充実費 | | 86,000円 |
| ○諸費 | | 100,000円 |
| ○PTA会費 | | 24,000円 |

備考 国際バカロレアコースでは、バカロレアコース費用480,000円を別途徴収
※昨年度実績のため、変更の可能性があります。

## 奨学金・特待制度

◇特A奨学生：スーパー文理探究専願併願それぞれ上位3%以内、Ⅱ類専願のみ各コース第1志望者のうち1位の受験生が対象）・入学金免除、授業料、施設設備費以外の諸費用から3年間で最大100万円を奨学金として充当（または、授業料および施設設備費を全額免除）。
◇特B奨学生：スーパー文理探究専願併願それぞれ上位3%～7%以内、Ⅱ類専願のみ各コース第1志望者のうち2、3位の受験生が対象）・入学金免除、授業料、施設設備費以外の諸費用から2年間で最大70万円を奨学金として充当。

## 独自の留学制度

◇ニュージーランド、オーストラリア長期留学
◇ニュージーランド短期留学
◇オーストラリア短期留学　など
高1,高2対象　海外の文化・に触れ、国際的な視野を養う。

## 合格実績

**2024年の進学状況（卒業者数259名）**
大阪国際大学合格23名

国・公立大学合格70名
東京工業大1、大阪大5、神戸大4、大阪公立大20、京都工芸繊維大3、奈良女子大1、金沢大1、広島大1、滋賀大1、三重大1、和歌山大1、山口大1、兵庫県立大5、京都教育大1、大阪教育大5、奈良教育大2、滋賀県立大2、奈良県立大1、他。

他の私立大学合格825名
関西学院大43、関西大108、同志社大50、立命館大58、京都産業大19、近畿大271、龍谷大34、法政大2、日本大1、東洋大3、大阪医科薬科大1、大阪歯科大1、神戸薬科大2、摂南大32、神戸学院大2、追手門学院大18、京都外国語大6、関西外国語大9、大阪経済大3、大阪工業大22、京都女子大16、同志社女子大6、神戸女学院大1、武庫川女子大3、他。
※合格者数は延べ人数、既卒生分も含む

## 学校PR

「世界へ私たちの輝きを。」をキャッチフレーズに、国際感覚や創造力・表現力をみがき、個性豊かで、将来社会に貢献できる人を育てます。英語の授業だけではなく、さまざまな海外研修プログラムの実施に加え、日常的に世界との交流ができる環境を用意、「国際バカロレアコース」を設置し「国際学園」の名にふさわしい教育を展開します。

# 大阪金剛インターナショナル高等学校

## 学校インフォメーション

制服　通学　ICT教育　習熟度別授業　海外研修　留学制度　昼食

スマホ持ち込み　カウンセラー　特待生制度　ネイティブ教員　海外姉妹校

**所在地**　〒559-0034　大阪市住之江区南港北2-6-10

| | |
|---|---|
| 電話 | 06-4703-1780 |
| 創立 | 1946年 |
| 校長 | 姜 信哲 |

生徒数　男 29人 女 50人
併設校　大阪金剛インターナショナル小学校、中学校
WEB　http://www.kongogakuen.ed.jp/

## 教育方針・特色

韓国系国際学校として、国際社会に適応できる資質を備え、多文化共生社会を先導することができる人材を育成する。自国の歴史・文化を理解することで各自のアイデンティティを確立し、互いの違いを尊重し合うことの大切さを理解することで国際人としての意識を構築するように教育する。

## スクールライフ

| | |
|---|---|
| 登校時間 | 8:30 |
| 週登校日 | 6日制　隔週土曜休 |
| 学期制 | 3学期 |
| 制服 | あり(夏・冬) |
| 昼食 | 給食 |
| 学校行事 | 体育大会5月・韓国語学研修・ニュージーランド短期留学8月・文化祭9月・K-POPダンスフェス11月・修学旅行12月・スキー実習1月・短期留学(2年次・2学期) |
| 修学旅行 | 2年生10月(特進のみ) |
| 環境・施設 | コンピューター室・図書室・テコンドー道場・オープンスペース・理科室・家庭科室・音楽室・体育館・テニスコート |
| クラブ活動 | 【運動部】テコンドー部・テニス部・バスケットボール部・ダンス部【文化部】サムルノリ・舞踊部・美術部・軽音部 |
| 強化クラブ | テコンドー部・テニス部 |

## 2024年度 募集要項

○募集人数　普通科:男女40名
○願書受付　A日程:1/22(月)〜2/5(月)web登録後書類提出、窓口または郵送
○選抜日時　A日程:2/10(土)、2/11(日・祝)面接
○合格発表　A日程:2/12(月・祝)web、郵送
○入学手続　専願:2/17(土)　併願:3/22(金)
○選抜方法　国語(日本語)または韓国語・数・英(リスニング含む)・面接
○受験料　20,000円
○提出書類　入学志願書・個人報告書(調査書)・志望理由書
○追加募集　1.5次:2/19　2次:3/21
◆転・編入　受け入れあり(要相談)
◆帰国生　特別対応あり

## 2024年度 入試結果

| | 専願 | 併願 |
|---|---|---|
| 応募者数 | | |
| 受験者数 | | |
| 合格者数 | 非公表 | |
| 実質倍率 | | |
| 合格最低点 | | |

## 費用

《入学手続き時》

| | |
|---|---|
| | (男子)455,600円 |
| | (女子)453,100円 |
| ○入学金 | 200,000円 |
| ○年間授業料 | 500,000円 |

《入学時》

| | | |
|---|---|---|
| ○学校管理維持費 | | 20,000円 |
| ○預り金 | | 150,000円 |
| ○校友会入会費 | | 10,000円 |
| ○道着 | (男子) | 4,000円 |
| 　シューズ | (女子) | 1,500円 |

※生徒会・PTA会費別途

## 奨学金・特待制度

金剛学園特別奨学金
スポーツ奨励奨学金制度

## 独自の留学制度

特になし

## 合格実績

2024年の進学状況(卒業者数21名)
私立大学合格
東京理科大、関西学院大、同志社大、近畿大、大和大、関西外国語大、大手前大、羽衣国際大、他。

韓国および海外の大学
高麗大1、延世大1、成均館大3、漢陽大5、梨花女子大1、慶熙大2、韓国外国語大1、韓国海洋大2、NY州立大1、他。

**アクセス**
大阪メトロ中央線コスモスクエア駅下車徒歩10分、ニュートラム トレードセンタ前駅下車徒歩5分

## 学校PR

本校は日本の私立学校であると同時に、韓国の在外学校でもあります。独自のカリキュラム構成により、在学中に韓国語も習得できます。海外との国際交流も盛んで、ソウルへ3か月短期留学も実施しています。夏休み冬休みを利用した海外語学研修(英語・韓国語)や校内でのスピーキングルームや街頭英語インタビューなどを利用すれば、短期間で語学を習得できます。また、在学中に介護職員初任者研修の資格を取得でき、充実した学校生活を送ることができます。

# 大阪産業大学附属高等学校

## 学校インフォメーション

 制服
 通学 自転車通学可
 海外研修
 留学制度
 プール 屋外
 自習スペース
 図書館 蔵書数 26,000冊

 人工芝グラウンド
 食堂
 スマホ持ち込み 条件付
 カウンセラー
 特待生制度
 高大連携 高・大
 ネイティブ教員 ABC

| 所在地 | 〒536-0001 | 大阪市城東区古市1-20-26 |
|---|---|---|

| 電話 | 06-6939-1491 | 生徒数 | 男 1405人 女 464人 |
|---|---|---|---|
| 創立 | 1928年 | 併設校 | 大阪産業大学 大阪桐蔭高等学校 大阪桐蔭中学校 |
| 校長 | 平岡 伸一郎 | WEB | https://www.osaka-sandai.ed.jp/ |

## 教育方針・特色

建学の精神「偉大なる平凡人たれ」に基づき、「自主性を尊重する。世界へ羽ばたく。『わからない』で終わらせない。意欲を引き出す。健やかな体を育成する。こころを育てる。創造性を高める。可能性を見出す。」という教育をめざしています。

## スクールライフ

| 登校時間 | 8:45 |
|---|---|
| 週登校日 | 6日制 |
| 学期制 | 3学期 |
| 制服 | あり(夏・冬) |
| 昼食 | 購買・食堂あり 弁当持参可 |
| 学校行事 | 校外学習(5月)・芸術鑑賞(6月) 体育祭(10月)・文化祭(9月) |
| 修学旅行 | (普通科)2年生12月 2泊3日 沖縄方面予定 (国際科)2年生4月 4泊6日 アメリカ予定 |
| 環境・施設 | 図書館・ICT環境・人工芝グラウンド |
| クラブ活動 | 硬式野球部、柔道部、ウエイトリフティング部、バレーボール部、テニス部、サッカー部、アメリカンフットボール部、ラグビー部、少林寺拳法部、チアリーディング部、軟式野球部、ソフトボール部、陸上競技部、剣道部、卓球部、バスケットボール部、ソフトテニス部、空手道部、自転車競技部、バドミントン部、ゴルフ部、水泳部(競泳・水球)、女子ダンス部、男子ダンス部、鉄道研究部、放送部、E.S.S、軽音楽部、吹奏楽部、ボランティア活動部、イレーション・コンピュータ研究部、演劇部、書道部、茶華道部、美術部、中国語研究部、科学部、クイズ探究部 |
| 強化クラブ | 硬式野球部、柔道部、ウエイトリフティング部、バレーボール部、テニス部、サッカー部、アメリカンフットボール部、ラグビー部 |

## 2024年度 募集要項

○募集人数 普通科(外部募集):男女480名(特進コースⅠ男女80名、特進コースⅡ男女80名、進学コース男女240名、スポーツコース男子専願80名)
国際科(外部募集):男女80名(グローバルコース)

○願書受付 1/22(月)～1/30(火)
web登録後(12/18～)窓口出願平日9:00～16:00、または郵送1/31(水)必着

○選抜日時 2/10(土)

○合格発表 2/12(月・祝)郵送、web

○入学手続 専願:2/16(金) 併願:3/19(火)16:00

○選抜方法 国・数・英・理・社(各45分各100点)
グローバルコースの判定において英検3級以上取得者に点数保障あり

○受験料 20,510円

○提出書類 入学志願書・個人報告書(調査書)

○追加募集 1.5次:2/15 2次:-

◆転・編入 受け入れなし

◆帰国生 特別対応なし

## 2024年度 入試結果

| 特進コースⅠ | 専願 | 併願 | 特進コースⅡ | 専願 | 併願 |
|---|---|---|---|---|---|
| 応募者数 | 48 | 226 | 応募者数 | 56 | 226 |
| 受験者数 | 48 | 223 | 受験者数 | 56 | 225 |
| 合格者数 | 42 | 205 | 合格者数 | 56 | 236 |
| 実質倍率 | 1.14 | 1.09 | 実質倍率 | 1.00 | — |
| 合格最低点 | — | — | 合格最低点 | — | — |

※回し合格含む

| 進学コース | 専願 | 併願 | スポーツコース | 専願 |
|---|---|---|---|---|
| 応募者数 | 338 | 720 | 応募者数 | 90 |
| 受験者数 | 338 | 712 | 受験者数 | 90 |
| 合格者数 | 354 | 719 | 合格者数 | 80 |
| 実質倍率 | — | — | 実質倍率 | 1.13 |
| 合格最低点 | — | — | 合格最低点 | — |

※回し合格含む

| 国際(グローバルコース) | 専願 | 併願 |
|---|---|---|
| 応募者数 | 46 | 76 |
| 受験者数 | 46 | 76 |
| 合格者数 | 46 | 76 |
| 実質倍率 | 1.00 | 1.00 |
| 合格最低点 | — | — |

※1次・1.5次計

## 学校PR

国公立大学や難関私立大学へ。附属高等学校という利点を活かして、学校行事やクラブ活動にも積極的に参加しながら、大阪産業大学への進学。高校3年間を好きなスポーツに打ち込みたい。国際化社会にふさわしいグローバルな人間になりたい。あなたの目標に合わせて、5つのコースを用意しました。

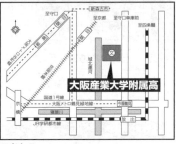

アクセス
大阪メトロ長堀鶴見緑地線今福鶴見駅、
大阪メトロ今里筋線新森古市駅下車徒歩7分
京阪本線関目駅下車徒歩15分
JRおおさか東線・JR野江駅下車徒歩20分

## 費用

《入学手続き時》
○入学金 200,000円
○積立金 80,000円
○教科書・制服等 150,000円

《入学後》
○授業料(1～3学期分) 540,000円
○入会金・会費等 49,000円
○積立金(普通科特進) 170,000円
○積立金(普通科進学スポーツ) 160,000円
○積立金(国際科) 240,000円
○修学旅行積立金(普通科) 159,000円
○修学旅行積立金(国際科) 223,000円

## 奨学金・特待制度

アカデミックサポート要項、グローバルコース(G)合格者特待制度、クラブ推薦特別奨学生、授業料減免制度、一般奨学生、交通遺児等奨学金、後援会生徒育英金、高畑なぎさ奨学金、特待コースⅠ特待制度、兄姉在籍入学金減免制度

## 独自の留学制度

| 留学先 | アメリカ オレゴン州 |
|---|---|
| 内容 | ①3ヶ月留学 ②1年留学 |
| 学年 | ①2年生対象 ②2～3年生対象 |
| 費用 | ①160～180万円 ②370～395万円 |

## 合格実績

2024年の進学状況(卒業者数604名)
大阪産業大学238名

国・公立大学合格
京都工芸繊維大1、和歌山大1、兵庫県立大1、大阪教育大3、奈良教育大1、滋賀県立大1、兵庫教育大1、奈良県立大1、島根大2、香川大1、福知山公立大1、広島市立大1、愛知県立大1。

他の私立大学合格
関西学院大32、関西大23、同志社大3、立命館大13、京都産業大37、近畿大65、甲南大2、龍谷大56、佛教大12、摂南大163、神戸学院大9、追手門学院大46、桃山学院大36、関西外国語大24、大阪経済大14、大阪工業大8、他。

# 大阪商業大学高等学校

## 学校インフォメーション

 制服
 自転車通学可 通学
 ICT教育
 夏・冬・春 長期休暇講習
 習熟度別授業
 留学制度
 蔵書数 20,000冊 図書館

 人工芝グラウンド
 食堂
 条件付 スマホ持ち込み
 カウンセラー
 特待生制度
 高大連携
 ネイティブ教員

**所在地** 〒577-8505 東大阪市御厨栄町4-1-10

| | |
|---|---|
| 電話 | 06-6781-3050 |
| 創立 | 1928年 |
| 校長 | 小守 良昌 |

| | |
|---|---|
| 生徒数 | 男729人 女423人 |
| 併設校 | 大阪商業大学・神戸芸術工科大学 大阪商業大学堺高校・大阪緑涼高校 |
| WEB | https://www.daishodai-h.ed.jp/ |

**アクセス**
近鉄奈良線八戸ノ里駅下車北へ徒歩4分
近鉄奈良線河内小阪駅下車北東へ徒歩8分
JR学研都市線徳庵駅・鴻池新田駅より
バス商業大学前下車徒歩2分

## 教育方針・特色

建学の精神「世に役立つ人物の養成」に則り、知・徳・体の調和のとれた人格の形成を目指し、平和な社会の進歩と発展に役立つ誠実な人間の育成を教育理念に掲げ、しっかりとした基礎学力と、正しい市民道徳を身につけさせることを基本としている。
具体的には「思いやりと礼節」「基礎的な実学」「柔軟な思考力」「楽しい生き方」の4点を教育の基本として、「一人ひとりの生徒を大切にする」教育を進めている。

## スクールライフ

| | |
|---|---|
| 登校時間 | 8:30 |
| 週登校日 | 6日制 |
| 学期制 | 3学期 |
| 制服 | あり(夏・冬) |
| 昼食 | 食堂あり 弁当持参可 |
| 学校行事 | 文化祭9月・体育祭10月 |
| 修学旅行 | 2年生12月 3泊4日 国内(コース別実施) |
| 環境・施設 | 視聴覚室・コンピュータ室・調理室・書道教室・芸術実習室・物理実験室・多目的ホール燦・カウンセリングルーム・図書室・トレーニングルーム・体育館・剣道場・人工芝グラウンド |
| クラブ活動 | 【スポーツクラブ】サッカー部・バレーボール部・硬式野球部・軟式野球部・ラグビー部・ボクシング部・剣道部・男子バスケットボール部・女子バスケットボール部・柔道部・陸上競技部・テニス部・ワンダーフォーゲル部・ダンス部・卓球部・空手道部・フットサル同好会・バドミントン同好会・パワーリフティング同好会 【カルチャークラブ】吹奏楽部・美術部・簿記会計部・囲碁・将棋部・家庭科部・書道部・放送部・漫画研究部・コンピューター研究部・ヒューマンライツ研究部・軽音楽部 |
| 強化クラブ | 特になし |

## 2024年度 募集要項

○募集人数 普通科:男女325名(グローバル商大コース160名,文理進学コース60名,スポーツ専修コース70名,デザイン美術コース35名)
○願書受付 1/22(月)〜1/29(月) web登録後(12/18〜)窓口出願または郵送(消印有効)
○選抜日時 2/10(土)
○合格発表 2/12(月・祝)郵送
○入学手続 専願:2/13(火)〜2/16(金) 併願:3/21(木)
○選抜方法 国・数・英・理・社(文理進学コース5科,他のコースは国数英3科)・デッサン実技(デザイン美術コース)・面接(専願)
○受験料 20,000円
○提出書類 入学志願書・個人報告書(調査書)・競技に関する報告書(スポーツ専修コース併願志願者のみ)
○追加募集 1.5次:2/16 2次:—
◆転・編入 受け入れなし
◆帰国生 特別対応なし

## 2024年度 入試結果

| グローバル商大コース | 専願 | 併願 |
|---|---|---|
| 応募者数 | 204 | 513 |
| 受験者数 | 204 | 498 |
| 合格者数 | 201 | 497 |
| 実質倍率 | 1.01 | 1.01 |
| 合格最低点 | 115/300 | 130/300 |

| 文理進学コース | 専願 | 併願 |
|---|---|---|
| 応募者数 | 7 | 86 |
| 受験者数 | 7 | 78 |
| 合格者数 | 5 | 77 |
| 実質倍率 | 1.40 | 1.01 |
| 合格最低点 | 235/500 | 265/500 |

※グローバル商大合格(専2・併1)含まない

| スポーツ専修コース | 専願 | 併願 |
|---|---|---|
| 応募者数 | 95 | 10 |
| 受験者数 | 95 | 9 |
| 合格者数 | 95 | 9 |
| 実質倍率 | 1.00 | 1.00 |
| 合格最低点 | 非公表 | 130/300 |

| デザイン美術コース | 専願 | 併願 |
|---|---|---|
| 応募者数 | 14 | 43 |
| 受験者数 | 14 | 43 |
| 合格者数 | 14 | 42 |
| 実質倍率 | 1.00 | 1.02 |
| 合格最低点 | 180/400 | 200/400 |

## 費用

《入学手続き時》
○入学金 200,000円
○入学時諸費用 233,000〜265,000円
※各コースにより費用がことなる

《入学後》
○授業料 600,000円
(2024年度実績)

※その他諸経費、修学旅行用積立金別途必要

## 奨学金・特待制度

谷岡特別奨学金
入学試験成績特待生制度(給付)
中学校在籍時成績特待生制度(給付)
他

## 独自の留学制度

特になし

## 合格実績

2024年の進学状況(卒業者数333名)
大阪商業大学55名
神戸芸術工科大学4名

国・公立大学合格4名
大阪教育大1、奈良教育大1、尾道市立大1、福山市立大1。

他の私立大学合格254名
関西大3、立命館大1、京都産業大1、近畿大38、龍谷大9、日本大1、摂南大14、神戸学院大1、追手門学院大13、桃山学院大25、京都外国語大2、関西外国語大13、大阪経済大8、大阪工業大5、京都女子大2、神戸女学院大2、武庫川女子大3、大阪学院大5、大阪経済法科大7、大阪芸術大7、大阪樟蔭女子大6、大阪電気通信大9、阪南大6、大和大11、他。

短期大学合格34名

専門学校合格44名

就職13名

## 学校PR

本校は全コース普通科ですが、社会で役立つ資格取得を重視したカリキュラムを多く準備しています。グローバル商大コースは、1、2年次に全員で全商簿記検定3級、2級を目指して商業科目を履修します。2年次以降は選択科目として、より高いレベルの商業、英語、情報などの資格取得に取り組みます。スポーツ専修コースでも、2年次から選択で商業と英語の検定に挑戦します。文理進学コースでは英語検定、デザイン美術コースは色彩検定と、それぞれのコースの特色にあった検定の対策をしています。中学校まではどちらかといえば勉強が苦手だった生徒が、自分の特技を発見して、それ以降の進路に活かしています。

# 大阪商業大学堺高等学校

## 学校インフォメーション

 制服
 自転車通学可 通学
 学内予備校
 ICT教育
 夏・冬・春 長期休暇講習
 自習スペース
 食堂

 スマホ持ち込み
 カウンセラー
 特待生制度
 ネイティブ教員

**所在地** 〒599-8261　堺市中区堀上町358

| | | | |
|---|---|---|---|
| 電話 | 072-278-2252 | 生徒数 | 男 634人 女 289人 |
| 創立 | 1968年 | 併設校 | 大阪商業大学、神戸芸術工科大学 |
| 校長 | 好永 保宣 | WEB | https://www.shodaisakai.ac.jp/ |

## 教育方針・特色

『世に役立つ人物の養成』を建学の理念とし、「誠実」で「不撓不屈」の精神を有する人物を育成する。
本校での3年間を通し、学力や身体の成長だけでなく、社会で生きていく中で大切な「心」の成長を重視している。

## スクールライフ

| | |
|---|---|
| 登校時間 | 8:25 |
| 週登校日 | 6日制 |
| 学期制 | 3学期 |
| 制服 | あり(夏・冬) |
| 昼食 | 食堂あり 弁当持参可 |
| 学校行事 | 体育祭6月・文化祭9月・収穫感謝祭11月 |
| 修学旅行 | 2年生10月 3泊4日 北海道 |
| 環境・施設 | グラウンド・トレーニングルーム(体育館棟)・視聴覚教室・体育館・武道場・芸術教室・多目的武道場 |
| クラブ活動 | ◆運動系：男子ハンドボール部・女子ハンドボール部・男子バレーボール部・女子バレーボール部・硬式野球部・剣道部・柔道部・日本拳法部・女子バドミントン部・男子テニス部・女子テニス部・男子バスケットボール部・女子バスケットボール部・空手道部・ウエイトリフティング部・女子ダンス部・陸上競技部　◆文科系：簿記会計部・写真部・軽音楽部・新聞部・放送部・美術部・E.S.S部・囲碁将棋部・書道部・郷土研究部・舞台芸術部・家庭科部・理科部 |
| 強化クラブ | 硬式野球(男子)、サッカー(男子)、ハンドボール(男女)、バレーボール(女子)、バドミントン(女子)、柔道(男女)、日本拳法(男女) |

## 2024年度 募集要項

| | |
|---|---|
| ○募集人数 | 普通科：男女375名(特進エキスパートコース30名、特進アドバンスコース70名、進学グローバルコース175名、スポーツコース(スポーツ推薦のみ)100名) |
| ○願書受付 | 1/22(月)～1/30(火) web登録後書類提出、窓口または郵送(消印有効) |
| ○選抜日時 | 2/10(土)8:50 2/11(日・祝)専願面接 |
| ○合格発表 | 2/13(火)郵送 |
| ○入学手続 | 専願:2/22(木)17:00まで 併願:3/20(水)9:00まで |
| ○選抜方法 | 国・数・英・理・社(各50分)・面接(専願) |
| ○受験料 | 20,000円 |
| ○提出書類 | 入学志願書・個人報告書(調査書) |
| ○追加募集 | 1.5次:2/17　2次: |
| ◆転・編入 | なし |
| ◆帰国生 | 特別対応なし |

## 2024年度 入試結果

### 特進エキスパートコース

| | 専願 | 併願 |
|---|---|---|
| 応募者数 | 7 | 55 |
| 受験者数 | 7 | 55 |
| 合格者数 | 5 | 17 |
| 合格最低点 | 300/500 | 330/500 |

### 特進アドバンスコース

| | 専願 | 併願 |
|---|---|---|
| 応募者数 | 52 | 301 |
| 受験者数 | 52 | 301 |
| 合格者数 | 38 | 254 |
| 合格最低点 | 220/500 | 250/500 |

※回し合格(専1・併31)

### 進学グローバルコース

| | 専願 | 併願 |
|---|---|---|
| 応募者数 | 147 | 477 |
| 受験者数 | 147 | 476 |
| 合格者数 | 146 | 471 |
| 合格最低点 | 170/500 | 200/500 |

※回し合格(専15・併54)

### スポーツコース

| | 専願 |
|---|---|
| 応募者数 | 112 |
| 受験者数 | 112 |
| 合格者数 | 112 |
| 合格最低点 | 非公表 |

## 学校PR

「商大堺」=「明るく楽しい学校」です。「明るく楽しい」と感じるためには、自分だけでなく周囲の人も「明るく楽しい」と感じることが必要です。商大堺高校では、土に触れ農作物をつくる中で、命の大切さを実感し、他者への思いやりの「心」を育んでいます。この他者を思いやる「心」を持つことで、全員が「明るく楽しい学校」と感じられると思います。

**アクセス**
JR阪和線津久野駅バス8分八田寺公園前
または堀上下車
泉北高速鉄道深井駅下車西へ徒歩15分

## 費用

**《入学手続き時》**

| | |
|---|---|
| | 200,000円 |
| ○保護者会入会金 | 5,000円 |
| ○学年費 | 45,000円 |
| ○オリエンテーション参加費 | 45,000円 |
| ○学校指定用品(制服・体操服等) | |
| | (男子)105,700円 |
| | (女子)109,400円 |

※別途、タブレット(学校指定)の購入が必要

**《入学後》**

| | |
|---|---|
| ○授業料 | 600,000円 |
| ○生徒会費 | 8,000円 |
| ○保護者会費 | 14,000円 |
| ○積立金:修学旅行費 1年次 | 100,000円 |
| 2年次 | 60,000円 |
| アルバム代 3年次 | 19,000円 |
| 同窓会入会金 3年次 | 5,000円 |

## 奨学金・特待制度

成績優秀者特待生制度

## 独自の留学制度

特になし

## 合格実績

2024年の進学状況(卒業者数381名)
大阪商業大学65名

国・公立大学合格
和歌山大学1。

他の私立大学合格250名
関西学院大2、関西大3、立命館大1、京都産業大2、近畿大7、龍谷大2、中央大2、摂南大5、追手門学院大3、桃山学院大26、京都外国語大2、関西外国語大3、大阪経済大4、大阪工業大4、四天王寺大18、阪南大11、帝塚山学院大10、他。

# 大阪信愛学院高等学校

## 学校インフォメーション

制服　　自転車通学可 通学　　学内予備校　キリスト教 宗教教育　長期休暇講習　屋内プール　自習スペース

エレベーター　食堂　カウンセラー　特待生制度　奨学生制度　高大連携　ネイティブ教員

**所在地　〒536-8585　大阪市城東区古市2-7-30**

| | |
|---|---|
| 電話 | 06-6939-4391 |
| 創立 | 1884年 |
| 校長 | 南 登章生 |

| | |
|---|---|
| 生徒数 | 男 190人 女 510人 |
| 併設校 | 大阪信愛学院保・幼・小学校、<br>大阪信愛学院中学校・大阪信愛学院大学 |
| WEB | https://high.osaka-shinai.ed.jp/ |

## 教育方針・特色

信愛教育
建学の精神「キリストに信頼し、愛の実践に生きる」に基づき、一人ひとりが主体性を確立し、それぞれの可能性を最大限に伸ばして自己形成を図ると供に、人間としての豊かな心をもって、社会の建設に貢献する人間を育成する。

## スクールライフ

| | |
|---|---|
| 登校時間 | 8:20 |
| 週登校日 | 6日制　第二土曜休み |
| 学期制 | 3学期 |
| 制服 | あり |
| 昼食 | 食堂あり |
| 学校行事 | 聖母祭5月・6月・体育大会・文化祭9月・クリスマス祭12月 |
| 修学旅行 | 2年生12月　3泊4日　沖縄 |
| 環境・施設 | 信和庵・マリアンホール・学院ホール |
| クラブ活動 | 【運動部】体操競技・ソフトボール・バレーボール・ゴルフ・バスケットボール・陸上競技・バドミントン・創作ダンス・水泳・剣道・卓球<br>【文化部】コーラス・ハンドベル・書道・文芸・吹奏楽・美術・英語・食物・放送・イラストコミック・環境・軽音楽・華道・茶道・写真・ソロプチミストS |
| 強化クラブ | 特になし |

## 2024年度 募集要項

- ○募集人数　普通科：男女約240名(特進コース約60名、総合進学コース・看護医療コース約180名)※内部進学含む
- ○願書受付　1/22(月)〜1/31(水) 16:00 web登録後(12/1〜)書類提出、窓口または郵送(必着)
- ○選抜日時　2/10(土)
- ○合格発表　2/12(月・祝)web、郵送
- ○入学手続　専願:2/21(水)　併願:3/19(火)16:30
- ○選抜方法　国・数(各50分)・英(60分リスニング含む)・理・社(各40分)各100点・面接　5科型か3科型(国数英)のいずれかを出願時に選択　※英語検定3級以上取得者は級に応じて点数換算し、当日の英語得点と比較して高い方を採用
- ○受験料　20,000円
- ○提出書類　入学志願書・個人報告書(調査書)・実用英語技能検定の合格証明書(英語見なし得点制度利用者)
- ○追加募集　1.5次:2/19　2次:—
- ◆転・編入　受け入れあり(要相談)
- ◆帰国生　帰国生入試の詳細は事前問い合わせ

## 2024年度 入試結果

| 特進 | 専願 | 併願 | 総合進学 | 専願 | 併願 |
|---|---|---|---|---|---|
| 応募者数 | 75 | 145 | 応募者数 | 120 | 94 |
| 受験者数 | 75 | 145 | 受験者数 | 120 | 91 |
| 合格者数 | 60 | 129 | 合格者数 | 118 | 91 |
| 実質倍率 | 1.25 | 1.12 | 実質倍率 | 1.02 | 1.00 |
| 合格最低点 | — | — | 合格最低点 | — | — |

※回し合格(専16、併15)含まない

| 看護医療 | 専願 | 併願 |
|---|---|---|
| 応募者数 | 25 | 19 |
| 受験者数 | 25 | 18 |
| 合格者数 | 23 | 18 |
| 実質倍率 | 1.09 | 1.00 |
| 合格最低点 | — | — |

※回し合格(専1、併1)含まない

## 学校PR

新しい信愛から無限の可能性が広がる
137年の女子教育の歴史から大きく進化させ、2022年度より共学化しました。生きる力を育み、一人ひとりがそれぞれの可能性を最大限に伸ばして、新しい時代を創っていく人を育てます。

**アクセス**
京阪本線関目駅下車東へ徒歩約15分
大阪メトロ谷町線関目高殿駅下車徒歩約20分
大阪メトロ鶴見緑地線今福鶴見下車徒歩約15分
大阪メトロ今里筋線新森古市下車徒歩約5分

## 費用

《入学手続き時》
| | |
|---|---|
| ○入学金 | 200,000円 |
| ○教育会入会金 | 15,000円 |
| ○教科書・参考書代 | 20,426〜21,977円 |
| ○制服代(オプション除く)・代引き | 55,100〜63,200円 |
| ○諸規定品 | 41,200〜44,400円 |

《入学後》
| | |
|---|---|
| ○授業料(10回分納) | 594,000円 |
| ○学年諸費預かり金(3回分納) | 90,000円 |
| ○校内予備校費(7月納入英数ともに年間20回分) ※特進コースのみ | 19,500円 |
| ○修学旅行費(12回まで分納可) | 150,000円 |
| ○その他 | 109,230円 |

## 奨学金・特待制度

学業成績特別奨学生
かがやき奨学生
特別活動奨学生(専願)

## 独自の留学制度

各種留学プログラムあり(希望者のみ)

## 合格実績

2024年の進学状況(卒業者数96名)
大阪信愛学院大学13名

国・公立大学合格者5名
宮崎大1、高知大1、大阪教育大1、奈良女子大1、奈良県立大1。

他の私立大学合格者81名
関西学院大1、関西大4、同志社大4、立命館大3、近畿大8、龍谷大3、朝日大1、大阪歯科大2、同志社女子大8、京都女子大3、神戸女学院大4、武庫川女子大4、甲南女子大2、大阪樟蔭女子大2、京都ノートルダム女子大2、関西外国語大5、大阪国際大1、帝塚山大6、他。

短期大学合格者4名

# 大阪青凌高等学校

## 学校インフォメーション

 制服
 自転車通学可 通学
 ICT教育
 探究授業
 海外研修
 自習スペース
 蔵書数 25,000冊 図書館

 食堂
 条件付 スマホ持ち込み
 カウンセラー
 特待生制度
 ネイティブ教員

**所在地** 〒618-8502 大阪府三島郡島本町若山台1-1-1

| | |
|---|---|
| 電話 075-754-7754 | 生徒数 男 549人 女 376人 |
| 創立 1983年 | 併設校 大阪青凌中学校、大阪体育大学 |
| 校長 向 忠彦 | WEB https://www.osakaseiryo.jp/ |

**アクセス**
JR京都線　島本駅より徒歩約10分
阪急京都線　水無瀬駅より徒歩約15分

## 教育方針・特色

「ひとつ上の自分へ」を目標に、ひとり一人に向き合ったていねいな指導で学力を、様々な探求学習を通じて社会を生き抜く力＝人間力を養います。またICTを活用し、より綿密かつ効率的な指導を実現しています。

## スクールライフ

| | |
|---|---|
| 登校時間 | 9:00 |
| 週登校日 | 6日制　土曜日は午前授業 |
| 学期制 | 3学期 |
| 制服 | あり（夏・冬） |
| 昼食 | パン屋・食堂あり 弁当持参可 |
| 学校行事 | 体育祭（5月）・文化祭（9月） |
| 修学旅行 | 2年生10月　4泊5日　北海道、沖縄、オーストラリアから選択 |
| 環境・施設 | 図書館、単焦点プロジェクター、テニスコート、弓道場、自習室など |
| クラブ活動 | ダンス部、剣道部、弓道部、硬式野球部、バドミントン部、サッカー部、陸上競技部、バスケットボール部、硬式テニス部、書道美術部、吹奏楽部、卓球同好会、Seiryo Creative Club |
| 強化クラブ | 特になし |

## 2024年度 募集要項

○募集人数 普通科：男女280名（特進Sコース40名、特進コース80名、進学コース160名）
　※内部進学含む
○願書受付 1/22（月）～1/29（月）
　（受付時間：9:00～16:30、土日は除く）
　web登録後書類提出、窓口または郵送
○選抜日時 2/10（土）
○合格発表 2/12（月・祝）web
○入学手続 専願：2/16（金）18:00まで
　併願：3/19（火）18:00まで
○選抜方法 国・数・英・理・社（各50分各100点）
　※英語はリスニング実施（配点20点）
　国数英合計÷3×5と5科合計の高い方の得点を優先
　※英検準2級以上取得者は、当日の試験と置き換えあり（年度第2回受検分まで）
○受験料 20,000円
○提出書類 入学志願書・個人報告書（調査書）・英検取得級の証明書コピー（準2級以上）
○追加募集 1.5次： —　2次： —
◆転・編入 受け入れあり（要相談）
◆帰国生 事前にご相談ください

## 2024年度 入試結果

| | 特進Sコース 専願 | 併願 | | 特進コース 専願 | 併願 |
|---|---|---|---|---|---|
| 応募者数 | 70 | 256 | 応募者数 | 112 | 385 |
| 受験者数 | 70 | 255 | 受験者数 | 112 | 385 |
| 合格者数 | 35 | 120 | 合格者数 | 65 | 283 |
| 実質倍率 | 2.00 | 2.13 | 実質倍率 | — | — |
| 合格最低点 | 348/500 （合格基準点） | 369/500 （合格基準点） | 合格最低点 | 313/500 （合格基準点） | 328/500 （合格基準点） |

※回し合格含む

| | 進学コース 専願 | 併願 |
|---|---|---|
| 応募者数 | 75 | 140 |
| 受験者数 | 75 | 140 |
| 合格者数 | 153 | 376 |
| 実質倍率 | — | — |
| 合格最低点 | 237/500 （合格基準点） | 267/500 （合格基準点） |

※回し合格含む

## 費用

**《入学手続き時》**
| | |
|---|---|
| ○入学金 | 200,000円 |
| ○制定品 | 約70,000円 |
| ○個人ロッカー代 | 10,890円 |
| ○タブレット関係費 | 15,010円 |
| ○各会入会金 | 15,000円 |
| ○宿泊行事費・4月学年費 | 32,500円 |

**《入学後》**
| | |
|---|---|
| ○授業料 | （年額）600,000円 |
| ○生徒会費 | 6,000円 |
| ○保護者会費 | 2,000円 |
| ○教育後援会費 | 10,000円 |
| ○学年費 | 35,000円 |
| ○タブレット関係費 | 56,400円 |

※別途、修学旅行費用

## 奨学金・特待制度

Ⅰ種奨学生　100万円給付（1年目40万円・2年目30万円・3年目30万円）
Ⅱ種奨学生　60万円給付（1年目20万円・2年目20万円・3年目20万円）
Ⅲ種奨学生　入学金全額免除

・特進Sコースまたは特進コースに合格し成績基準を満たした生徒。
・専願、併願の別は問いませんが、専願の方が適用判定基準は低くなります。

## 独自の留学制度

特になし

## 合格実績

**2024年の進学状況（卒業者数291名）**
**国・公立大学合格31（28）名**
大阪大1（1）、神戸大2（2）、大阪公立大2（1）、滋賀大1（1）、和歌山大1（1）、兵庫県立大2（2）、京都教育大1（1）、大阪教育大1（1）、滋賀県立大1（1）、滋賀医科大1（1）、他。

**私立大学合格1457（1395）名**
関西学院大19（12）、関西大33（32）、同志社大8（4）、立命館大50（41）、京都産業大103（101）、近畿大216（205）、甲南大2（2）、龍谷大125（106）、佛教大65（65）、大阪医科薬科大2（2）、関西医科大2（2）、大阪歯科大2（2）、神戸薬科大2（2）、摂南大120（117）、神戸学院大224（24）、追手門学院大107（107）、桃山学院大20（18）、京都外国語大9（9）、関西外国語大38（38）、大阪経済大6（6）、大阪工業大18（17）、京都女子大15（15）、同志社女子大9（9）、神戸女学院大2（2）、武庫川女子大8（8）、他。
現役合格率93.4%　※（ ）内は現役内数

## 学校PR

探究プログラムでは、授業で得た知識を活用・応用する中で、実社会で求められる思考力、プレゼンテーション能力をはじめとした表現力を養います。ICTを活用し、始業前と終業後の時間を自らスケジュールを組んで行動することで、自己管理能力や計画性を身につけることができます。教員との面談を頻繁に実施することで、学習面や生活面をサポートします。

# 大阪体育大学浪商高等学校

## 学校インフォメーション

 制服　 自転車通学可 通学　 ICT教育　 長期休暇講習　 習熟度別授業　 海外研修　 屋内 プール

 蔵書数 20,000冊 図書館　人工芝グラウンド　 条件付 スマホ持ち込み　 カウンセラー　 特待生制度　高大連携　ネイティブ教員

### 所在地　〒590-0459　大阪府泉南郡熊取町朝代台1番1号

| | |
|---|---|
| 電話 072-453-7001 | 生徒数 男 496人 女 247人 |
| 創立 1921年 | 併設校 大阪体育大学浪商中学校、大阪体育大学 |
| 校長 工藤 哲士 | WEB https://www.ouhs-school.jp |

## 教育方針・特色

建学の精神である「不断の努力により、智・徳・体を修め、社会に奉仕する」人材の育成を土台に、学業・スポーツを通して、調和のとれた人格形成と豊かな人間性をの育成を目指します。

## スクールライフ

| | |
|---|---|
| 登校時間 | 8:45 |
| 週登校日 | 6日制 |
| 学期制 | 3学期 |
| 制服 | あり(夏・冬、女子生徒のスラックス仕様もあり) |
| 昼食 | 食堂・購買あり　弁当持参可 |
| 学校行事 | 体育祭(9月15日)、文化祭(9月22日) |
| 修学旅行 | 2年生10月 3泊4日 進学・未来型領域(北海道方面) スポーツ科学領域(沖縄方面)<br>※本来は海外だがコロナ関係で国内に変更 |
| 環境・施設 | 陸上競技場(全天候型400mトラックの第三種公認競技場)、サッカー競技場(人工芝)、室内プール(25m×10コースの温水プール)、テニスコート(オムニコート、ナイター設備有)、野球場(両翼90m、センター120m、ナイター設備有、雨天練習場完備)、体育館(柔道場、トレーニングルーム、多目的練習場等を備えた体育館です。)、図書館、PCルーム、ATルーム(専属のアスレティックトレーナーが常駐) |
| クラブ活動 | 男女硬式野球部、水泳部、男子ハンドボール部、陸上競技部、男女バスケットボール部、男女サッカー部、体操部、男女バレーボール部、レスリング部、男女硬式テニス部、軽音楽部、美術部、放送部、吹奏楽部、アニメ同好会、韓国語同好会　女子サッカー部は、今年から募集。 |

## 2024年度 募集要項

- ○募集人数：普通科：男女265名(進学アドバンスコース25名、進学グローバルコース30名、探究キャリアコース70名、進学スポーツコース70名、探究スポーツコース(スポーツ推薦・専願)70名)
  ※内部進学含む
- ○願書受付：本校会場入試:窓口1/22(月)~1/30(火)16:00 郵送1/22(月)~1/29(月)必着
  和歌山会場入試:窓口1/29(金)~1/27(土)12:00 郵送1/19(金)~1/26(金)必着
  web登録後(12/18~)書類提出、窓口または郵送
  ※大阪の公立中学生は本校受験のみ
- ○選抜日時：本校会場入試:2/10(土)、2/11(日・祝)専願面接 和歌山会場入試:1/31(水)アバローム紀の国(和歌山市)
- ○合格発表：本校会場入試:2/12(月・祝)郵送 和歌山会場入試:2/3(土)午後郵送
- ○入学手続：専願:2/16(金) 15:00まで 併願:各府県の公立高校合格発表日15:00まで
- ○選抜方法：本校会場入試:国・数・英(リスニング含む)・理・社(各50分各100点)・面接(専願) 和歌山会場入試:国・数・英(リスニング含む)(各50分各100点)・面接(専願)
  ※英検3級以上取得者は、当日の試験と置き換えに可。
- ○受験料：20,500円
- ○提出書類：入学志願書・個人報告書(調査書)・英語資格申請用紙(3級以上)
- ○追加募集：1.5次:(A)2/16、(B)2/19　2次:
- ◆転・編入：受け入れあり(要相談)
- ◆帰国生：特別対応なし

## 2024年度 入試結果

### 進学アドバンスコース

| | 専願 | 併願 |
|---|---|---|
| 応募者数 | 6 | 111 |
| 受験者数 | 5 | 106 |
| 合格者数 | 3 | 69(8) |
| 実質倍率 | 1.67 | — |
| 合格最低点 | — | — |

### 進学グローバルコース

| | 専願 | 併願 |
|---|---|---|
| 応募者数 | 12 | 71 |
| 受験者数 | 12 | 69 |
| 合格者数 | 14(3) | 108(53) |
| 実質倍率 | — | — |
| 合格最低点 | — | — |

### 探究キャリアコース

| | 専願 | 併願 |
|---|---|---|
| 応募者数 | 49 | 319 |
| 受験者数 | 49 | 319 |
| 合格者数 | 55(1) | 316(34) |
| 実質倍率 | — | — |
| 合格最低点 | — | — |

### 進学スポーツコース

| | 専願 | 併願 |
|---|---|---|
| 応募者数 | 98 | 27 |
| 受験者数 | 98 | 27 |
| 合格者数 | 73(1) | 17 |
| 実質倍率 | — | 1.59 |
| 合格最低点 | — | — |

### 探究スポーツコース

| | スポーツ推薦 |
|---|---|
| 応募者数 | 83 |
| 受験者数 | 83 |
| 合格者数 | 102(20) |
| 実質倍率 | — |
| 合格最低点 | — |

※( )回し合格内数

## 学校PR

大阪体育大学浪商高等学校は、大阪体育大学と併設されているため、スポーツ関連施設などの設備面や、大学の先生が監修したスポーツ科学の授業や専属のアスレティックトレーナーの配置など、非常に恵まれた環境にあります。また、多様な5つのコースを設置し、スポーツだけでなく生徒それぞれの進路を大切にする学校に生まれ変わりました。進路に応じた2つの領域があり、『進学・未来型探究領域』では「進学アドバンスコース」「進学グローバルコース」「探究キャリアコース」を、『スポーツ科学領域』では「進学スポーツコース」「探究スポーツコース」の全5コースがあります。浪商高校で自分のやりたいことを見つけ、その夢に向かって挑戦する力を身につけてください。

### アクセス
JR阪和線熊取駅下車バス15分
南海本線泉佐野駅下車バス30分
JR和歌山線粉河駅下車バス35分

## 費用

《入学手続き時》
- ○入学時納付金　　(入学金を含む)317,750円
- ○制服等制定品費　　(男子)108,650円
  　　　　　　　　　(女子)113,900円

《入学後》
- ○授業料　　(年額)600,000円
- ○生徒会費　　10,000円
- ○教育後援会費　　60,000円
- ○iPad(通信費)　　16,000円

※宿泊行事(スキー実習、修学旅行)については旅行会社に直接支払い。

## 奨学金・特待制度

成績特待生制度、スポーツ特待生制度があります。

## 独自の留学制度

特になし

## 合格実績

2024年の進学状況(卒業者数237名)
大阪体育大学46名

国公立大学合格2名
愛知県立大1、高知県立大1。

他の私立大学合格193名
関西学院大2、関西大7、京都産業大2、近畿大1、龍谷大4、佛教大2、早稲田大1、青山学院大1、中央大1、日本大2、摂南大13、追手門学院大8、桃山学院大23、京都外国語大2、関西外国語大11、大阪経済大7、大阪工業大1、他。

# 大阪つくば開成高等学校

## 学校インフォメーション

 標準服　 公共機関 通学　 夏・冬 長期休暇講習　 探究授業　 習熟度別授業　 留学制度　 自習スペース

 図書館　 バリアフリー　 カフェテリア　 スマホ持ち込み 可　 カウンセラー

**所在地** 〒530-0043　大阪市北区天満2-2-16

| | | | |
|---|---|---|---|
| 電話 | 06-6352-0020 | 生徒数 | 男 459人 女 724人 |
| 創立 | 2020年 | 併設校 | なし |
| 校長 | 白井 孝雄 | WEB | http://otk.ed.jp/ |

**アクセス**
京阪・大阪メトロ谷町線　天満橋駅18番出口から徒歩4分
JR東西線大阪天満橋駅、大阪メトロ堺筋線南森町駅8番出口から徒歩9分

## 教育方針・特色

高等学校卒業に必要な基礎学力を身に付けるとともに、自らの適性や進路を考える機会ともなる「芸術・調理・IT」などの多様な学習機会を提供することによって、豊かで充実した高校生活を送ることができるよう支援する。登校日数は、個々人の体調や目的に合わせて、年4、5日から毎日でも通え、「クラス制・フレックス制」や「土曜日選択制」、「夏冬集中受講制」の4つの登校スタイルがある。学校行事や体育実技は多くのプログラムの中から選択受講することができる。また生徒会活動やクラブ活動、課外活動などを奨励し、自主性、主体性を培える環境と友人を作る機会を多く提供できるよう努めている。

## スクールライフ

| | |
|---|---|
| 登校時間 | 9：20（1限目開始時間）午後からの登校可 |
| 週登校日 | 平日・土曜日に授業を開講。週2～3が平均 |
| 学期制 | 2学期 |
| 制服 | 標準服あり |
| 昼食 | 持参可・空き教室の利用可 |
| 学校行事 | 生徒交流会（随時実施）・校外学習・文化祭・修学旅行など、たくさんの行事を実施。体育の実技として、体育館・スポーツジム・スケート・ボウリング・球技大会などを実施。 |
| 修学旅行 | 毎年実施予定　行先は生徒会決定　1・2年生の参加も可 |
| 環境・施設 | 普通教室以外に、PC教室・芸術教室・調理実習室・美容実習室・Lカフェ（図書室）・パフォーマンスルーム・ミュージック教室がある。教室が空いている場合は、生徒たちが自由に使える。 |
| クラブ活動 | 「イラスト部」「文芸部」「軽音部」「演劇部」「写真部」「鉄道研究部」「剣道部」「調理部」「パティシエ部」「合唱部」「ドッヂビー部」「カフェ部」「日本文化部」「コスプレ部」「美術部」が現在活動をしている。5人集まれば新しいクラブを立ち上げることができる。 |

## 2024年度 募集要項

○募集人数　500名
○願書受付　1次：1/22（月）～2/6（火）
　　　　　　2次：2/26（月）～3/25（月）
○選抜日時　1次：2/10（土）筆記・面接、2/13（火）筆記
　　　　　　2/14（水）面接
　　　　　　2次：3/28（水）筆記・面接
○合格発表　試験終了後約5日以内に本人宛に郵送
　　　　　　合格通知に期日指定
○入学手続　書類審査・面接・学科試験（国語・数学）
○選抜方法　書類審査・面接・学科試験（国語・数学）
○受験料　　10,000円
○提出書類　入学志願書・個人報告書（調査書）・受験の動機
○追加募集　1.5次：—　　2次：—
◆転・編入　随時受け入れ（要相談）
◆帰国生　　特になし

## 課外活動の実績

在校生が立命館大学などの学生らと一緒に、不登校生のための居場所をつくるボランティア活動をしています。詳しくはこちら。

起立性調節障害に悩みながらもこの活動をしている生徒たちが、読売テレビに取り上げられました。

本校での様々な活動や経験を、総合型選抜などの推薦入試に生かしている生徒もたくさんいます。

## 費用

| | |
|---|---|
| ○入学金（入学時のみ） | 50,000円 |
| ○授業料（1単位） | 12,000円 |
| ○施設設備費 | 120,000円 |
| ○教育充実費 | 60,000円 |

履修登録単位数により学費は異なる。
専門コース選択者は別途、1単位5万円の特別講座費が必要。
※2024年度の学費

## 奨学金・特待制度

国の高等学校等就学支援金の対象校
大阪府の私立高等学校等授業料支援補助金制度の推進校

## 独自の留学制度

カナダ単位認定留学プログラム（2週間～1年間）があります。大阪つくば開成高校に在籍したまま留学が可能。英語の集中授業はもとより、ホストファミリーや地域との交流を大切にしたプログラムです。

## 合格実績

**2024年の進学状況（卒業者数297名）**
**私立大学合格**
同志社大、立命館大、関西大、関西学院大、東京理科大、立教大、龍谷大、近畿大、京都産業大、甲南大、大和大、関西外国語大、追手門学院大、大阪大谷大、大阪学院大、大阪経済大、大阪経済法科大、大阪芸術大、大阪国際大、大阪産業大、大阪樟蔭女子大、大阪商業大、大阪信愛学院大、大阪成蹊大、大阪電気通信大、大阪人間科学大、大谷大、大手前大、関西福祉科学大、京都医療科学大、京都外国語大、京都女子大、京都精華大、京都先端科学大、京都橘大、神戸国際大、神戸松蔭大、嵯峨美術大、四条畷学園大、四天王寺大、摂南大、帝塚山学院大、帝塚山大、同志社女子大、奈良大、梅花女子大、阪南大、佛教大、武庫川女子大、桃山学院教育大、桃山学院大、芦屋大、明治学院大、松本歯科大、芝浦工業大、名古屋芸術大、国際ファッション専門職大。

短期大学5校

専門学校70校

就職18社

## 学校PR

「クラス制」は週3日程度、毎回同じメンバーで授業を受けるので友達作りがしやすく、「フレックス制」は自分で登校する時間を選択できるので、アルバイトやボランティア活動などとの両立にも便利です。少人数での学習を希望する人には「土曜日選択制」「夏冬集中受講制」があり、年度途中でも登校スタイルを変更できます。希望者のみ選択できるデジタルイラスト、調理、美容、IT、ミュージック、ダンスなどが学べる9つの専門コースは、卒業単位として認定。公認心理師・臨床心理士3名によるカウンセリングを実施。起立性調節障害等の生徒も安心して学べます。行事やクラブ活動は生徒たちの意見が反映される教育方針で、友達作りを支援します。担任、体育実技も自分で選べ、一人ひとりに合った学校生活が送れます。本校は、生徒・保護者の皆さんがつくる学校です。

# 大阪電気通信大学高等学校

## 学校インフォメーション

 制服
 自転車通学可 通学
 ICT教育
 長期休暇講習
 習熟度別授業
 自習スペース
 蔵書数 25,000冊 図書館

 食堂
 条件付 スマホ持ち込み
 カウンセラー
 特待生制度
高大連携

**所在地** 〒570-0039 大阪府守口市橋波西之町1-5-18

| | |
|---|---|
| 電話 | 06-6992-6261 |
| 創立 | 1941年 |
| 校長 | 麻野 克己 |
| 生徒数 | 男1028人 女51人 |
| 併設校 | 大阪電気通信大学 |
| WEB | https://www.dentsu.ed.jp/ |

**アクセス**
京阪本線守口市駅下車徒歩10分
京阪本線西三荘駅下車徒歩6分
大阪メトロ谷町線守口駅下車徒歩10分
大阪モノレール門真市駅下車徒歩16分

## 教育方針・特色

本校は1年生では普通科に進学総合・健康スポーツ、工学科に工学理数・工学連携の4つのコースがあります。2年生になるとさらに、普通科はアドバンス・進学総合・ゲーム&メディア・健康スポーツ、工学科は工学理数・ロボット機械・IoT情報通信・医療電子・デジタルゲーム開発の各コースへと分かれ、併設の大阪電気通信大学への接続をイメージしたコース編成になります。
生徒一人ひとりが本校の教育を通して、「学びに向かう力」や他者との共同・協調性を高め、「知・徳・体」のバランスのとれた生き方を確立させていきます。

## スクールライフ

| | |
|---|---|
| 登校時間 | 8:30 |
| 週登校日 | 6日制 原則として第2・第4土曜が休み |
| 学期制 | 3学期 |
| 制服 | あり |
| 昼食 | 食堂あり 弁当持参可 |
| 学校行事 | スポーツ大会(6月) 文化祭(9月) 体育祭(10月) 芸術鑑賞会(1月) |
| 修学旅行 | 2年生12月 4泊5日 北海道 |
| 環境・施設 | 図書室・ICT環境・トレーニングルーム・パソコン実習室・IoT実習室 |
| クラブ活動 | バレーボール・バスケットボール・野球・サッカー・ラグビー・柔道・剣道・卓球・テニス・バドミントン・陸上・eスポーツ・音楽・軽音楽・写真・マンガ研究・囲碁将棋・科学・ボランティアパル・メカトロニクス・情報処理・電子工作・かるた道 他に同好会あり |
| 強化クラブ | あり |

## 2024年度 募集要項

| | |
|---|---|
| ○募集人数 | 普通科:男女160名(総合進学コース120名、健康スポーツコース40名) 工学科:男女160名(工学理数コース40名、工学連携コース120名) |
| ○願書受付 | 1/22(月)～1/29(月) 郵送出願のみ(必着) |
| ○選抜日時 | 2/10(土) |
| ○合格発表 | 2/12(月・祝)郵送 |
| ○入学手続 | 専願:2/29(月)まで 併願:3/19(火)まで |
| ○選抜方法 | 国・数・英(各50分) |
| ○受験料 | 20,000円 |
| ○提出書類 | 入学志願書・個人報告書(調査書) |
| ○追加募集 | 1.5次:2/21 2次: ― |

◆転・編入 要相談
◆帰国生 特別対応なし

## 2024年度 入試結果

**進学総合コース**

| | 専願 | 併願 |
|---|---|---|
| 応募者数 | ― | ― |
| 受験者数 | 134 | 273 |
| 合格者数 | 145(12) | 293(21) |
| 実質倍率 | ― | ― |
| 合格最低点 | 75/300 | 83/300 |

※( )回し合格内数

**健康スポーツコース**

| | 専願 | 併願 |
|---|---|---|
| 応募者数 | ― | ― |
| 受験者数 | 46 | 39 |
| 合格者数 | 34 | 18 |
| 実質倍率 | 1.35 | 2.17 |
| 合格最低点 | 132/300 | 140/300 |

**工学理数コース**

| | 専願 | 併願 |
|---|---|---|
| 応募者数 | ― | ― |
| 受験者数 | 19 | 44 |
| 合格者数 | 17 | 40 |
| 実質倍率 | 1.12 | 1.10 |
| 合格最低点 | 145/300 | 162/300 |

**工学連携コース**

| | 専願 | 併願 |
|---|---|---|
| 応募者数 | ― | ― |
| 受験者数 | 106 | 165 |
| 合格者数 | 107(1) | 165(3) |
| 実質倍率 | ― | ― |
| 合格最低点 | 99/300 | 101/300 |

※( )回し合格内数

## 費用

**《入学手続き時》**

| | | |
|---|---|---|
| ○入学金 | | 200,000円 |
| ○諸費 | 普通科 約 | 95,700円 |
| | 工学科 約 | 110,600円 |

**《入学後》**

| | |
|---|---|
| ○授業料(分納可) | 600,000円 |
| ○制服関係 | 男子 59,100円～ |
| | 女子 57,600円～ |
| ○体操服関係 | 45,797円～ |
| ○教科書関係 | 約 30,000円 |
| ○iPad | 57,200円～ |
| ○修学旅行積立、クラブ費等 | 約140,000円 |

## 奨学金・特待制度

特待生制度あり

## 独自の留学制度

特になし

## 合格実績

2024年の進学状況(卒業者数374名)
大阪電気通信大学合格者207名

その他の私立大学合格
同志社大1、京都産業大3、近畿大7、龍谷大1、摂南大10、追手門学院大8、大阪経済大2、大阪工業大13、他。

## 学校PR

本校には併設に大阪電気通信大学があり、今日まで強い連携を図りながら、ICTを強みに最先端のテクノロジーに対応できる人材育成に努めています。
2023年度卒業生のうち、大阪電気通信大学への進学率は51.6%(4年制大学への進学率は75.1%)になっています。

# 大阪桐蔭高等学校

## 学校インフォメーション

 制服
 通学（自転車通学可／スクールバス）
 ICT教育
 自習スペース
 図書館（蔵書数 50,000冊）
 人工芝グラウンド
 バリアフリー
 食堂
 カウンセラー
 特待生制度
 ネイティブ教員

**所在地** 〒574-0013 大東市中垣内3丁目1番1号

| | |
|---|---|
| 電話 | 072-870-1001 |
| 創立 | 1983年 |
| 校長 | 今田 悟 |
| 生徒数 | 男 1046人 女 769人 |
| 併設校 | 大阪桐蔭中学校 |
| WEB | https://www.osakatoin.ed.jp/ |

## 教育方針・特色

大阪桐蔭の門をくぐる生徒には、夢や期待で終わらせず、もっと具体的で明確な目標としてさらなる高みを目指してほしいと考えています。目標を達成するためになすべきことは何か、いまの自分には何が足りないのか。自分自身の現状を把握し、日々地道に努力していくことが、目標を実現するための唯一の方法です。本校が大切にしているのは、高い目標に自らを導くまでのプロセスです。「偉大なる平凡人たれ」という本校の建学の精神も、そのことを表しています。

## スクールライフ

| | |
|---|---|
| 登校時間 | 8:45 |
| 週登校日 | 6日制 |
| 学期制 | 3学期 |
| 制服 | あり |
| 昼食 | 食堂あり 弁当持参可 |
| 学校行事 | 高1夏季研修／体育祭／文化祭 |
| 修学旅行 | 2年生・北海道 |
| 環境・施設 | 図書室・食堂・作法室・桐蔭アリーナ・シンフォニックホール |
| クラブ活動 | 硬式野球部・ラグビー部・ゴルフ部・卓球部・男子サッカー部・女子サッカー部・女子バスケットボール部・男子バスケットボール部・陸上競技部・吹奏楽部・バレエ部・リズムダンス部・フラッグフットボール部・女子チアリーダー部・バドミントン部・山岳部・ソフトボール部・器械体操部・バレーボール部・少林寺拳法部・テニス部・剣道部 |
| 強化クラブ | 硬式野球（男子）・ラグビー（男子）・卓球（男子）・ゴルフ（男女）・サッカー（男女）・バスケットボール（男女）・陸上競技（男女）・バレエ（男女）・吹奏楽（男女）※以上、Ⅲ類（体育・芸術コース）のクラブとなります。 |

## アクセス
JR学研都市線野崎駅南へ徒歩13分
JR学研都市線住道駅大阪産業大学前シャトルバス
近鉄けいはんな線新石切駅から近鉄バス
近鉄奈良線東花園駅からもバスあり

## 2024年度 募集要項

- **募集人数** 普通科（外部募集）：男女450名（Ⅰ類190名、Ⅱ類80名、Ⅲ類（体育・芸術コース）180名）
- **願書受付** 1/22（月）～2/8（木）16:00 Web登録後（12/18～）窓口出願
  ※入試当日出願も可、要事前連絡
  郵送出願：1/22（月）～1/30（火）消印有効
- **選抜日時** 2/10（土）9:00
- **合格発表** 2/11（日・祝）郵送
- **入学手続** 専願：2/17（土）まで 併願：3/19（火）まで
- **選抜方法** 国・数・理・社（各50分100点）・英（60分100点リスニング含む）
  ※英語、数学は外部機関が判定したスコア等を点数に換算し、当日の得点と比較して高い方を採用（出願時に外部検定証明書を提出）
- **受験料** 20,510円
- **提出書類** 入学志願書・個人報告書（調査書）
- **追加募集** 1.5次：2/15 2次：
- ◆転・編入 受け入れあり（要相談）
- ◆帰国生 特別対応なし（同一科目）

## 2024年度 入試結果

**Ⅰ類（エクシード（EX）クラス含む）**

| | 専願 | 併願 |
|---|---|---|
| 応募者数 | 74 | 250 |
| 受験者数 | 74 | 250 |
| 合格者数 | 69 | 233 |
| 実質倍率 | 1.07 | 1.07 |
| 合格最低点 | 280/500 | 290/500 |

**Ⅱ類**

| | 専願 | 併願 |
|---|---|---|
| 応募者数 | 8 | 12 |
| 受験者数 | 8 | 12 |
| 合格者数 | 7 | 11 |
| 実質倍率 | 1.14 | 1.09 |
| 合格最低点 | 244/500 | 263/500 |

**Ⅲ類（体育・芸術コース）**

| | 専願 |
|---|---|
| 応募者数 | 197 |
| 受験者数 | 197 |
| 合格者数 | 197 |
| 実質倍率 | 1.00 |
| 合格最低点 | ― |

※転類合格（専4・併7）含まない

## 費用

**《入学手続き時》**

| | |
|---|---|
| ○入学金 | 200,000円 |
| ○積立金 | 240,000円（Ⅲ類は140,000円） |
| ○生徒会費 | 6,000円 |
| ○桐友会会費 | 40,000円 |
| ○同窓会準入会金 | 5,000円 |

**《合格者登校日》**

| | |
|---|---|
| ○制服等指定用品代 | 128,000円～ |
| ○副教材費 | 約4,000円 |

**《入学後》**

| | |
|---|---|
| ○授業料 | 年間620,000円 |
| ○副教材費（Ⅰ・Ⅱ類） | 約30,000円 |
| （Ⅲ類） | 約12,000円（上記4,000円含む） |
| ○修学旅行費 | 140,000円 |

## 奨学金・特待制度

入学試験において優秀な成績を修めた者およびスポーツ活動や文化芸術活動などにおいて秀でた能力を有する者に対し、入学金・授業料を免除または給付する制度です。「入学金全額・授業料全額免除」「入学金全額・授業料半額免除」「入学金全額免除」の3つのタイプがある。出願時の申請は不要で、全ての受験生の中から選考します。

## 合格実績

2024年の進学状況（卒業者数Ⅰ・Ⅱ類399名、Ⅲ類192名）
**国・公立大学合格213名**
京都大30(4)、大阪大20(6)、神戸大21(3)、北海道大4(4)、大阪公立大38(16)、京都工芸繊維大12(2)、奈良女子大3、神戸市外国語大1、京都府立大1、金沢大1(1)、広島大2(1)、滋賀大1、三重大2(1)、和歌山大5(2)、兵庫県立大12(2)、大阪教育大7、奈良教育大5、滋賀県立大1、奈良県立大2、他。
**私立大学合格**
関西学院大89(17)、関西大99(33)、同志社大123(39)、立命館大125(29)、京都産業大29(18)、近畿大276(103)、甲南大11(3)、龍谷大48(7)、早稲田大6、慶應義塾大1(1)、上智大1、東京理科大4(1)、明治大3(1)、青山学院大4、中央大2、法政大7(1)、駒澤大2、大阪医薬科大23(5)、関西医科大11(2)、兵庫医科大2、京都薬科大9(3)、神戸薬科大11(4)、同志社女子大21、他。
**省庁大学校合格**
防衛医科大3(2)、防衛大1、水産大1。
※（ ）内は既卒生内数

## 学校PR

本校では目指す進路に合わせて3つのコースを設置し、すべての生徒が希望する進路に進めるよう指導を徹底しています。またオンラインで海外とつなぎ生徒一人ひとりが英語圏の講師と一対一で対話する英語の授業や、60を超える講座の中から自身で選んで参加できる体験型授業「プロジェクトワーク」など独自の授業を展開し、多彩な学びを通して徳育・知育・体育をバランス良く育む教育環境を整えています。

# 大阪夕陽丘学園高等学校

## 学校インフォメーション

 制服　 通学（自転車通学可）　 ICT教育　 探究授業　 習熟度別授業　 海外研修　 留学制度

 図書館（蔵書数100,000冊）　 スマホ持ち込み（届出）　 カウンセラー　 特待生制度　 高大連携　 ネイティブ教員　 海外姉妹校

**所在地**　〒543-0073　大阪市天王寺区生玉寺町7-72

| | |
|---|---|
| 電話 | 06-6771-9510 |
| 創立 | 1939年 |
| 校長 | 大崎 俊人 |

| | |
|---|---|
| 生徒数 | 男442人 女749人 |
| 併設校 | 大阪夕陽丘学園短期大学 |
| WEB | https://www.oyg.ed.jp/ |

**アクセス**
大阪メトロ谷町線四天王寺前夕陽ヶ丘駅下車徒歩3分
近鉄大阪上本町駅徒歩12分
南海なんば駅より徒歩15分

## 教育方針・特色

「愛と真実」という立学の精神に基づいて、「自律した学習者」の育成を目指す。「自律した学習者」とは、生徒が自ら成長し自分事として行動できる生徒であり、情熱と愛情をもって教師は生徒が自律することを手助けすべく日々接している。そして生徒の自己決定を促し、「生徒の心に火をつける」ことを実践する。進路・目標に応じた6つのコースがあり、それぞれの生徒が見つけた将来の目標、夢への挑戦を後押しする。

## スクールライフ

| | |
|---|---|
| 登校時間 | 8:30 |
| 週登校日 | 5日制 |
| 学期制 | 3学期 |
| 制服 | あり（夏・冬） |
| 昼食 | 食堂・パンの自販機あり 弁当持参可 |
| 学校行事 | 体育祭（6月）・文化祭（9月） |
| 修学旅行 | 2年生12月 3泊4日 アントレチャレンジキャンプを実施<br>英語国際コース カンボジア　英語国際コース以外 沖縄 |
| 環境・施設 | 歴史ある上町台地に所在し、谷町線「四天王寺前夕陽ヶ丘駅」から徒歩3分<br>ICT環境として全教室にプロジェクタ、全館にWi-Fi完備している。複数の運動場や食堂あり。<br>図書館は蔵書数10万冊を誇る。 |
| クラブ活動 | 少林寺拳法部、弓道部、陸上競技部、バドミントン部、硬式テニス部、ダンス部、女子バスケットボール部、男子バスケットボール部、女子バレーボール部、女子ソフトボール部、放送部、音楽部、吹奏楽部、家庭科部、バトン部、華道部、ESS部、茶道部、書道部、マンガ・アニメ研究部、美術部、軽音楽部、演劇部 |
| 強化クラブ | 特になし |

## 2024年度 募集要項

| | |
|---|---|
| ○募集人数 | 普通科：男女360名（特進Ⅰ類コース36名、特進Ⅱ類コース72名、文理進学コース108名、英語国際コース72名、音楽コース36名、美術コース36名） |
| ○願書受付 | 1/23（火）〜1/29（月）web登録後（12/18〜）書類提出、1/29（月）郵送（必着） |
| ○選抜日時 | 2/10（土） |
| ○合格発表 | 2/11（日・祝）15:00web |
| ○入学手続 | 専願：2/21（水）14:00<br>併願：3/23（土）17:00 |
| ○選抜方法 | 特進Ⅰ・Ⅱ類：国・数・英・理・社（各50分）・面接（専願）<br>文理進学・英語国際・音楽・美術：国・数・英（各50分）・面接（専願）<br>※筆記試験は全問マークシート方式 |
| ○受験料 | 20,000円 |
| ○提出書類 | 入学志願書・個人報告書（調査書） |
| ○追加募集 | 1.5次：2/17 |
| ◆転・編入 | 特になし |
| ◆帰国生 | 特別対応なし |

## 2024年度 入試結果

| 特進Ⅰ類コース | 専願 | 併願 |
|---|---|---|
| 応募者数 | 18 | 216 |
| 受験者数 | 18 | 210 |
| 合格者数 | 17 | 201 |
| 実質倍率 | 1.06 | 1.05 |
| 合格最低点 | 230/500 | 232/500 |

※回し合格（専1・併9）含まない

| 特進Ⅱ類コース | 専願 | 併願 |
|---|---|---|
| 応募者数 | 28 | 145 |
| 受験者数 | 28 | 143 |
| 合格者数 | 27 | 140 |
| 実質倍率 | 1.04 | 1.02 |
| 合格最低点 | 200/500 | 204/500 |

※回し合格（専1・併3）含まない

| 文理進学コース | 専願 | 併願 |
|---|---|---|
| 応募者数 | 84 | 189 |
| 受験者数 | 84 | 186 |
| 合格者数 | 84 | 185 |
| 実質倍率 | 1.00 | 1.01 |
| 合格最低点 | 120/300 | 123/300 |

| 英語国際コース | 専願 | 併願 |
|---|---|---|
| 応募者数 | 27 | 72 |
| 受験者数 | 27 | 70 |
| 合格者数 | 22 | 70 |
| 実質倍率 | 1.23 | 1.00 |
| 合格最低点 | 141/300 | 145/300 |

※回し合格（専4・併1）含まない

| 音楽コース | 専願 | 併願 |
|---|---|---|
| 応募者数 | 10 | 16 |
| 受験者数 | 10 | 16 |
| 合格者数 | 10 | 16 |
| 実質倍率 | 1.00 | 1.00 |
| 合格最低点 | 130/300 | 125/300 |

| 美術コース | 専願 | 併願 |
|---|---|---|
| 応募者数 | 17 | 93 |
| 受験者数 | 17 | 93 |
| 合格者数 | 16 | 93 |
| 実質倍率 | 1.06 | 1.00 |
| 合格最低点 | 122/300 | 130/300 |

## 費用

**《入学手続き時》**

| | |
|---|---|
| ○入学金 | 200,000円 |
| ○学習用iPad®及び関連費用 | 120,000円 |

**《入学後》**

| | |
|---|---|
| ○授業料 | （年額）588,000円 |
| ○修学旅行積立金 | 120,000円 |
| ○行事費 | 55,000円 |
| ○諸経費 | 17,200円 |

※備考 その他コース別の費用

| | |
|---|---|
| 特進コース | 45,000円 |
| 英語国際コース | 180,000円※ |
| 音楽コース | 10,000円 |
| 美術コース | 40,000円 |
| 文理進学コース | 15,000円 |

※英語国際コースはブリティッシュヒルズ語学研修費120,000円を含みます。

## 奨学金・特待制度

特待生制度、特技優秀奨学制度、家族奨学制度

## 独自の留学制度

| | |
|---|---|
| 留学先 | アメリカ・カナダ・ニュージーランド・アイルランド・イギリス＆アイルランド |
| 学年 | いずれも2年 |
| 内容 | いずれも1年の長期留学 |
| 費用 | 約350万円（留学先で異なる） |

## 合格実績

2024年の進学状況（卒業者数374名）
大阪夕陽丘学園短期大学合格1名

**国・公立大学合格**
大阪教育大2、信州大1、北見工業大1。

**私立大学合格**
関西学院大3、立命館大6、立命館アジア大2、創価大1、京都産業大7、近畿大32、甲南大4、龍谷大14、摂南大54、神戸学院大25、追手門学院大29、桃山学院大60、大阪工業大3、大阪経済大14、大和大1、大阪芸術大6、京都芸術大2、大阪音楽大3、関西外国語大27、京都外国語大4、関西国際大学1、大阪体育大学3、同志社女子大3、京都女子大2、神戸女学院大2、大阪女学院大学1、武庫川女子大5、甲南女子大学3、他。

**他の短期大学合格**
大阪芸術大短大部1、大阪音楽大短大部1、関西外国語大短大部1、関西女子短大1、堺女子短大1、武庫川女子短大1、大和白鳳短大2。

## 学校PR

大阪夕陽学園高校には一人ひとりの個性を伸ばす多彩な6つのコースがあり、各自の進路や目標に応じた学習をサポート。探究活動を通して生徒たちの自主的な学習を促しチャレンジし続ける姿勢を育みます。生徒会活動にも積極的に取り組んでいます。2021年度より日本初のSDGs制服を採用。生徒達は多彩なアイテムの中から自分らしくおしゃれにコーディネートしています。

# 大阪緑涼高等学校

## 学校インフォメーション

 制服
 自転車通学可 通学
 ICT教育
 夏·冬·春 長期休暇講習
 習熟度別授業
 自習スペース
 蔵書数 100,000冊 図書館
 人工芝グラウンド
食堂
条件付 スマホ持ち込み
 カウンセラー
 特待生制度
高·大 高大連携
ＡＢＣ ネイティブ教員

| | |
|---|---|
| 所在地 | 〒583-8558 藤井寺市春日丘3-8-1 |
| 電話 | 072-955-0718 |
| 創立 | 1954年 |
| 校長 | 西本 真治 |
| 生徒数 | 男 225人 女 353人 |
| 併設校 | 大阪商業大学、神戸芸術工科大学 |
| WEB | https://www.osakaryokuryo.ed.jp/ |

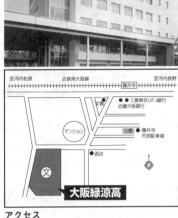

**アクセス**
近鉄南大阪線藤井寺駅下車南西へ徒歩5分

## 教育方針·特色

「世に役立つ人物の養成」を建学の理念としています。教育目標を次の「四つの柱」として、その具現化を目指します。
①[思いやりと礼節]まず人間として立派であること
②[基礎的実学]世に出て必要な知識·技能·資格の取得に努めること
③[柔軟な思考力]広い視野·適応力そして創造性を身に付けること
④[楽しい生き方]プラス思考であること、生活の充実を図ること
この理念に基づき、「良き社会人、良き家庭人として、共に生きる力を身につけた人物の育成」に取り組んでいます。

## スクールライフ

| | |
|---|---|
| 登校時間 | 8:30 |
| 週登校日 | 6日制 |
| 学期制 | 3学期 |
| 制服 | あり |
| 昼食 | 食堂あり 購買·弁当 |
| 学校行事 | コミュニケーションキャンプ 4月、弁論·コーラス大会 6月、緑涼祭(文化の部·体育の部) 9月·10月、芸術鑑賞 11月、校外学習 11月 |
| 修学旅行 | 第2学年 3月 関東方面 |
| 環境·施設 | 人工芝グラウンド、調理製菓実習室、ピアノレッスン室、作法室、森の小道、小川、など |
| クラブ活動 | 【運動部】女子バレーボール部·男子バスケットボール部·女子バスケットボール部·バドミントン部·テニス部·陸上競技部·男子サッカー部·女子サッカー部·卓球部·ダンス同好会·テコンドー同好会 【文化部】軽音楽部·ESS部·サブカルチャー研究部·箏曲部·写真部·書道部·美術部·茶華道部·家庭科部·吹奏楽部·歴史研究部·放送部·科学同好会 |
| 強化クラブ | バレーボール(女子) |

## 2024年度 募集要項

○募集人数 普通科:男女180名(文理ハイレベルコース30名、総合進学コース、保育系進学コース計150名) 調理製菓科(専願のみ):男女60名(調理師コース専願35名、製菓衛生師コース25名)
○願書受付 1/22(月)~1/30(火) web登録(12/20~)後書類提出、郵送1/30(火)必着
○選抜日時 2/10(土)
○合格発表 2/13(火)郵送
○入学手続 専願:2/22(木)15:00まで 併願:3/19(火)15:00まで
○選抜方法 総合進学コース·保育系進学コース·調理製菓科:国·数·英(各50分)·面接(専願) 文理ハイレベルコース:国·数·英·理·社(各50分)·面接(専願)
○受験料 20,000円
○提出書類 入学志願書·個人報告書(調査書)
○追加募集 1.5次:2/17 2次:—
◆転·編入 各学期終了時受け入れあり
◆帰国生 特別対応なし

## 2024年度 入試結果

### 文理ハイレベルコース

| | 専願 | 併願 |
|---|---|---|
| 応募者数 | 4 | 45 |
| 受験者数 | 4 | 45 |
| 合格者数 | 4 | 45 |
| 実質倍率 | 1.00 | 1.00 |
| 合格最低点 | 200/500 | 225/500 |

### 総合進学コース

| | 専願 | 併願 |
|---|---|---|
| 応募者数 | 91 | 328 |
| 受験者数 | 91 | 328 |
| 合格者数 | 90 | 327 |
| 実質倍率 | 1.01 | 1.00 |
| 合格最低点 | 110/300 | 125/300 |

※総合進学合格(併2)含まない

### 保育系進学コース

| | 専願 | 併願 |
|---|---|---|
| 応募者数 | 9 | 11 |
| 受験者数 | 9 | 11 |
| 合格者数 | 9 | 11 |
| 実質倍率 | 1.00 | 1.00 |
| 合格最低点 | 110/300 | 125/300 |

### 調理製菓

| | 専願 |
|---|---|
| 応募者数 | 調理41·製菓26 |
| 受験者数 | 41·26 |
| 合格者数 | 36·26 |
| 実質倍率 | 1.14·1.00 |
| 合格最低点 | 110/500 |

※総合進学合格(専3)含まない

## 費用

《入学手続き時》
○入学手続き金 252,700円

《入学後》
○授業料 600,000円
○教材費(文理) 18,000円
　　(総合進学) 33,000円
　　(保育·調理·製菓) 21,000円

※令和6年度実績

## 奨学金·特待制度

入試成績特待生制度
スポーツ特待生制度
クラブ奨学生制度

## 独自の留学制度

特になし

## 合格実績

2024年の進学状況(卒業者数217名)
大阪商業大学21名

他の私立大学合格106名
近畿大8、龍谷大5、摂南大7、追手門学院大2、桃山学院大2、関西外国語大4、神戸女学院大6、四天王寺大16、帝塚山学院大8、大阪電気通信大7、大阪樟蔭女子大3、常磐会学園大6、東大阪大1、阪南大5、大阪経済法科大3、大阪芸術大2、大阪人間科学大2、大阪総合保育大2、森ノ宮医療大2、太成学院大2、大手前大2、大阪河﨑リハビリテーション大2、京都先端科学大2、他。

短期大学合格11名
専門学校など61名

## 学校PR

本校の建学の理念「世に役立つ人物の養成」を具現化する5つのコース「文理ハイレベルコース」「総合進学コース」「保育系進学コース」「調理師コース」「製菓衛生師コース」があります。大阪緑涼高校で基礎学力の強化を図り、専門性の高い授業を体験し、視野をひろげ「なりたい自分」を見つけます。

大阪

共学校

# *Kaimei* 開明高等学校

## 学校インフォメーション

 制服
 自転車通学可 通学
 ICT教育
 長期休暇講習
 習熟度別授業
 海外研修
 屋内 プール

 自習スペース
 蔵書数 45,000冊 図書館
 人工芝グラウンド
 食堂
 カウンセラー
 ネイティブ教員
 海外姉妹校

| | | | |
|---|---|---|---|
| **所在地** | 〒536-0006 | 大阪市城東区野江1-9-9 | |
| 電話 | 06-6932-4461 | 生徒数 | 男 396人 女 331人 |
| 創立 | 1914年 | 併設校 | 開明中学校 |
| 校長 | 林 佳孝 | WEB | https://www.kaimei.ed.jp/ |

## 教育方針・特色

「研精して倦まず」という校訓のもと、様々なことに努力し自分で将来を切りひらくことができるような生徒を育てる教育を行っています。そのため、いろんなことを幅広く学び、新しいことを知る喜び、学ぶことの楽しさをいっぱい感じてほしいと思います。その中で、自己を見つめ、自分の適性は何か、どんな分野に携わり、どのような人生を送りたいかを考えてほしいです。

## スクールライフ

| | |
|---|---|
| 登校時間 | 8:20 |
| 週登校日 | 6日制 |
| 学期制 | 3学期 |
| 制服 | あり（夏・冬） |
| 昼食 | 食堂あり 弁当持参可 |
| 学校行事 | 体育大会（5月）、文化祭（9月） |
| 修学旅行 | 2年生6月 4泊5日 北海道 |
| 環境・施設 | 図書館・ICT環境・屋内温水プール・人工芝グラウンド |
| クラブ活動 | 硬式野球部・硬式テニス部・卓球部・剣道部・サッカー部・ラグビー部・バスケットボール部・女子ソフトテニス部・水泳部・バレーボール部・文芸部・茶道部・インターアクト部・生物部・科学部・将棋部・書道部・美術部・クラシック音楽部・かるた部・調理部・情報工学部・放送部・合唱部・物理部 |
| 強化クラブ | 特になし |

## 2024年度 募集要項

- ○募集人数　普通科（外部募集）：男女80名（6年文理編入コース）
- ○願書受付　1/22（月）〜1/29（月）16:00窓口出願
- ○選抜日時　2/10（土）8:30
- ○合格発表　2/11（日・祝）郵送
- ○入学手続　専願：2/15（木）17:00
　　　　　　　併願：3/19（火）17:00
- ○選抜方法　国・数・英・理・社（各50点各100点）
　　　　　　　専願：志望理由書100点＋筆記試験400点（5科計500点×0.8）の500点満点で判定
　　　　　　　併願：筆記試験5科500点満点で判定
- ○受験料　20,000円
- ○提出書類　入学志願書・個人報告書（調査書）・志望理由書（専願のみ）
- ○追加募集　1.5次：2/14　2次：なし
- ▶転・編入　受け入れあり（要相談）
- ▶帰国生　特別対応なし

## 2024年度 入試結果

6年文理編入コース

| | 専願 | 併願 |
|---|---|---|
| 応募者数 | 17 | 46 |
| 受験者数 | 17 | 46 |
| 合格者数 | 16 | 46 |
| 実質倍率 | 1.06 | 1.00 |
| 合格基準点 | 255/500 | 255/500 |

※専願は志望理由書を含む

## アクセス
JR東西線・JR環状線・京阪本線・大阪メトロ長堀鶴見緑地線
各京橋駅下車徒歩8分
大阪メトロ今里筋線・鶴見緑地線蒲生四丁目駅下車徒歩12分
谷町線野江内代駅12分
JRおおさか東線JR野江駅下車徒歩10分

## 費用

《入学手続き時》
| | |
|---|---|
| ○入学金 | 200,000円 |
| ○手続金 | 380,000円 |

《入学後》
| | |
|---|---|
| ○授業料 | 650,000円 |
| ○PTA会費 | 11,000円 |
| ○生徒会費 | 7,200円 |
| ○修学旅行積立金 | 50,000円 |

## 奨学金・特待制度

特になし

## 独自の留学制度

- ○留学先　オーストラリア・シドニー語学研修
- ○学年　1年（希望者）
- ○内容　2週間 現地高校へ通学 ホームステイ
- ○費用　約600,000円

## 合格実績

2024年の進学状況（卒業者数239名）
国・公立大学合格159（111）名
東京大1、京都大18（12）、大阪大5（4）、神戸大12（7）、北海道大4（2）、東北大1（1）、名古屋大1（1）、九州大2（2）、大阪公立大23（13）、京都工芸繊維大2（1）、奈良女子大3（3）、京都府立大2（2）、和歌山大7（7）、兵庫県立大3（3）、京都教育大1（1）、大阪教育大5（5）、奈良教育大3（2）、兵庫教育大1（1）、奈良県立大2（2）、他。

省庁大学校合格3（1）名
防衛医科大2、海上保安大1。
※（ ）内は現役合格内数

## 学校PR

東大・京大・国公立医学部医学科をはじめとする、難関大学進学を目指す生徒が多く集まるコースです。多様化する大学入試にも適応した学びを展開することで、進学実績も大きく飛躍しています。高校から入学する編入生の国公立大学への合格率は約70％と高い水準であり、文理学科に引けを取らない実績です。

# 関西大倉高等学校
Kansai Ohkura

## 学校インフォメーション

 制服
 通学（自転車通学可・スクールバス）
 ICT教育
 長期休暇講習（夏・冬・春）
 海外研修
 自習スペース
 図書館（蔵書数 約50,000冊）
 バリアフリー
 食堂
 スマホ持ち込み
 カウンセラー
 高大連携
 ネイティブ教員
 海外姉妹校

**所在地** 〒567-0052 大阪府茨木市室山2-14-1

| | |
|---|---|
| 電話 | 072-643-6321 |
| 創立 | 1902年 |
| 校長 | 古川 英明 |
| 生徒数 | 男 813人 女 606人 |
| 併設校 | 関西大倉中学校 |
| WEB | https://www.kankura.jp/ |

## 教育方針・特色

全校一致のもと、誠実でやさしさと活力あふれる人間を形成する。
一人ひとりの個性・才能を生かし、知力・体力を育成する。自ら考え責任ある行動がとれ、誠実である人。
男女や民族の人権を尊重し、自然と生きることが大切だと思える心を育てる。

## スクールライフ

| | |
|---|---|
| 登校時間 | 8:30 |
| 週登校日 | 6日制 |
| 学期制 | 3学期 |
| 制服 | あり（夏・冬） |
| 昼食 | 食堂・購買あり 弁当持参可 |
| 学校行事 | 体育祭（6月）・文化祭（9月） |
| 修学旅行 | 2年生11月 3泊4日 石垣島 |
| 環境・施設 | 第一・第二グラウンド、テニスコート6面、第一体育館と武道用の第二体育館、音楽・書道・美術棟を配している。昨年、図書室や実験室、実習室を備える中央共用棟が完成。また、各教室にプロジェクターを設置し、一人一台のタブレットを配布するなどICTの積極的な利活用を進めています。 |
| クラブ活動 | アメリカンフットボール部、剣道部、男子硬式テニス部、女子硬式テニス部、硬式野球部、サッカー部、柔道部、ソフトテニス部、ソフトボール部、卓球部、ダンス部、男子バスケットボール部、女子バスケットボール部、男子バドミントン部、女子バドミントン部、男子バレーボール部、女子バレーボール部、ハンドボール部、洋弓部、ラグビー部、陸上競技部、囲碁将棋部、科学部、クラシックギタークラブ、交通研究・写真部、書道部、吹奏楽部、地歴・旅行部、美術部、放送部、文芸・漫画研究部、和太鼓部 |
| 強化クラブ | 特になし |

## 2024年度 募集要項

- **募集人数** 普通科：男女約315名（特進Sコース約35名、特進コース約280名）
- **願書受付** 1/22（月）〜1/29（月） web登録後（12/18〜）書類提出、窓口または郵送（必着）
- **選抜日時** 2/10（土）
- **合格発表** 2/13（火）郵送、web
- **入学手続** 専願：2/15（木）15:00まで
  併願：3/19（火）15:00まで
- **選抜方法** 国・数・英・理・社（各50分各100点）
  ※専願は合格最低点で優遇
  ※英語外部検定取得者はスコア・級に応じて点数換算し、当日の英語得点と比較して高い方を採用
- **受験料** 20,000円
- **提出書類** 入学志願書・個人報告書（調査書）・英語外部検定の証明書（活用する志願者のみ）
- **追加募集** 1.5次：— 2次：—
- ◆**転・編入** 受け入れあり（要相談）
- ◆**帰国生** 帰国生配慮あり、事前にお問い合わせください

## 2024年度 入試結果

| 特進Sコース | 専願 | 併願 | 特進コース | 専願 | 併願 |
|---|---|---|---|---|---|
| 応募者数 | 49 | 860 | 応募者数 | 50 | 209 |
| 受験者数 | 49 | 855 | 受験者数 | 50 | 209 |
| 合格者数 | 1 | 191 | 合格者数 | 43(45) | 205(659) |
| 実質倍率 | 49.00 | 4.48 | 実質倍率 | 1.16 | 1.02 |
| 合格最低点 | 375/500 | 380/500 | 合格最低点 | 270/500 | 290/500 |

※（ ）回し合格外数

## 学校PR

高校棟など施設環境のリニューアルが進み、2022年1月には中央共用棟が完成いたしました。また生徒一人ひとりがタブレットを持ち、ICT環境を整え、これからの学びに対応した教育環境となります。進路については希望を丁寧に聴き、適性を考慮しながら偏差値だけにとらわれない指導を行うのが本校の特徴です。
自然に囲まれた広大なキャンパスで、季節を感じながら優しく伸びやかに過ごすことができます。

関西大倉高

## アクセス

JR京都線茨木駅下車スクールバス（以下SB）約20分
阪急京都線茨木市駅下車SBで約25分
阪急宝塚線石橋阪大前駅下車SBで約25分
北大阪急行千里中央駅・阪急千里線北千里駅よりSB約20分

## 費用

**《入学手続き時》**

| | |
|---|---|
| ○入学金 | 200,000円 |

**《入学後》**

| | |
|---|---|
| ○授業料 | 620,000円 |
| ○施設設備費: | 30,000円 |
| ○諸会費: | 14,400円 |
| ○クラス費: | 約90,000円 ※1 |
| ○スクールバス代: | 年額159,000円 ※2 |

※1 タブレット端末利用費を含む
※2 利用者のみ

## 奨学金・特待制度

特になし

## 独自の留学制度

| 留学先 | ベトナム | アメリカUCバークレー |
|---|---|---|
| 学年 | 1、2 | 2、3 |
| 内容 | 1週間の探究研修 | 8日間の探究研修 |
| 費用 | 約35万円 | 約65万円 |

## 合格実績

**2024年の進学状況（卒業者数604名）**
**国・公立大学合格134(107)名**
東京大1、京都大6(3)、大阪大20(17)、神戸大13(10)、北海道大1、大阪公立大35(31)、筑波大2、横浜国立大1(1)、京都工芸繊維大7(3)、奈良女子大5(5)、京都府立大6(6)、金沢大3(3)、岡山大4(4)、滋賀大6(4)、三重大1(1)、和歌山大5(5)、山口大2(2)、兵庫県立大15(12)、京都教育大3(3)、大阪教育大10(8)、奈良教育大2(2)、滋賀県立大7(5)、奈良県立大1(1)、滋賀医科大2(2)、京都市立芸術大1(1)、京都府立医科大3(3)、奈良県立医科大1(1)、他。
**私立大学合格1649(1382)名**
関西学院大135(118)、関西大134(121)、同志社大61(46)、立命館大159(118)、京都産業大88(72)、近畿大329(290)、甲南大26(24)、龍谷大170(128)、佛教大6(6)、早稲田大5(5)、慶應義塾大4(1)、上智大1(1)、東京理科大1(1)、明治大3(3)、青山学院大3(3)、立教大2(2)、中央大1(1)、学習院大1(1)、日本大2(1)、専修大2、大阪医科薬科大22(20)、関西医科大6(6)、兵庫医科大10(8)、大阪歯科大2(2)、京都薬科大6(4)、神戸薬科大5(5)、摂南大56(35)、神戸学院大11(9)、追手門学院大34(29)、桃山学院大10(10)、関西外国語大10(9)、大阪経済大11(7)、大阪工業大48(42)、京都女子大27(27)、同志社女子大15(15)、神戸女学院大25(25)、武庫川女子大23(23)、他。
**省庁大学校合格6(5)名**
防衛大3(3)、水産大3(2)。　　※（ ）内は現役内数。

# 関西創価高等学校

## 学校インフォメーション

 制服
 自転車通学可 通学
 ICT教育
 SGH スーパーグローバル スーパースクール
 探究授業 探究授業
 STEAM STEAM教育
 海外研修
 蔵書数 100,000冊 図書館
 食堂あり
 届出 スマホ持ち込み
 カウンセラー
 奨学生制度
 高中 大 中高大連携
 ABC ネイティブ教員

**所在地** 〒576-0063　交野市寺3-20-1

| | |
|---|---|
| 電話 | 072-891-0011 |
| 創立 | 1967年 |
| 校長 | 大月 昇 |

| | |
|---|---|
| 生徒数 | 男 469人 女 499人 |
| 併設校 | 関西創価中学校、関西創価小学校 |
| WEB | https://kansai-senior.soka.ed.jp |

## 教育方針・特色

1973年4月、自然環境に恵まれた交野の地に設立。
「他人の不幸のうえに自分の幸福を築くことはしない」という信条のもと、創造性豊かな世界市民を育成する教育をおこなっている。世界の諸問題の解決に向け組み探究型総合学習や、国内の国際機関や海外の大学で行うフィールドワークなど、多彩なプログラムを実施。2015年スーパーグローバルハイスクール(SGH)に指定。現在はSGHネットワーク校として活動。2017年ユネスコスクールに加盟。1年時より希望進路に合わせたクラス編成を2024年度から新たに実施した。

## スクールライフ

| | |
|---|---|
| 登校時間 | 8:50 |
| 週登校日 | 6日制 ※月2回土曜日休み |
| 学期制 | 3学期 |
| 制服 | あり(夏・冬) |
| 昼食 | 食堂あり |
| 学校行事 | 「栄光の日」記念の集い(7月)「情熱の日」記念競技大会(10月)「英知の日」記念の集い(11月)など |
| 修学旅行 | なし(研修旅行あり) |
| 環境・施設 | 10万冊の蔵書を有する万葉図書館／1周400m6レーンの陸上競技用トラックが設置された総合グラウンド／全教室に冷暖房完備・電子黒板機能／寮施設(男子)・下宿(女子)など |
| クラブ活動 | 【運動部】硬式野球・サッカー・ラグビー・卓球・男子バレーボール・女子バレーボール・男子バスケットボール・女子バスケットボール・陸上・水泳・女子ソフトテニス・柔道・合気道・剣道<br>【文化部】鼓笛隊・書道・囲碁・演劇・ESS・茶道・箏曲・応援団・創作・将棋・天文電子科学クラブ・美術・ダンス・栄光太鼓・吹奏楽・ディベート・中国語クラブ・オーケストラ・理科環境クラブ・レオナルド合唱団・MUN(模擬国連) |
| 強化クラブ | 硬式野球・陸上(長距離) |

## 2024年度 募集要項

○募集人数　普通科:男女約140名
　　(内訳)地域限定推薦入試:約30名(近畿2府4県以外在住の専願対象)
　　一般入試:試験重視約50名・通学専願・評定重視約40名・活動実績約20名・海外生活経験者若干名
○願書受付　地域限定推薦:12/1(金)〜1/12(金)24:00
　　web登録後、書類郵送1/13(土)必着
　　一般:1/22(月)〜2/3(土)24:00
　　web登録後、書類郵送2/5(月)必着
　　※活動実績・海外生活経験者は出願条件あり
○選抜日時　地域限定推薦:1/22(月)　一般:2/10(土)
○合格発表　地域限定推薦:1/23(火)17:00
　　一般:2/11(日・祝)17:00　いずれもweb
○入学手続　地域限定推薦:1/23(火)〜1/28(日)
　　一般:専願2/16(金)まで　併願2/13(火)16:00〜18:00に保護者同伴面談・延納手続をして公立高校合格発表翌日まで延納可
○選抜方法　地域限定推薦:英・選択(国か数)(各45分)・面接
　　一般(海外生活経験者以外):国・数・英(各50分)・面接
　　一般(海外生活経験者):英・作文(在住地語または英語と日本語の2種)(各50分)・面接
　　※点数保証「英語」「数学」は英検、数件等の取得級、スコアに応じた点数保証あり
○受験料　18,000円
○提出書類　入学志願書・個人報告書(調査書)
○追加募集　1.5次:ー　2次:ー
◆転・編入　なし
◆帰国生　別枠入試(海外生活経験者)

## 2024年度 入試結果

| 普通 | 地域限定推薦 | 専願 | 併願 |
|---|---|---|---|
| 応募者数 | 28 | 120 | 19 |
| 受験者数 | 28 | 120 | 19 |
| 合格者数 | 28 | 93 | 13 |
| 実質倍率 | 1.00 | 1.29 | 1.46 |
| 合格最低点 | 非公表 | 非公表 | 非公表 |

## 学校PR

四季折々に美しい表情を見せる自然豊かなキャンパスには、最新機器を備えた学習環境が揃い、勉強や部活動に伸び伸びと打ち込める環境が整っています。地球的な課題を、生徒全員でじっくり3年間かけて探究できるのが魅力です。

**アクセス**
JR学研都市市線河内磐船駅下車徒歩20分
京阪交野線河内森駅下車徒歩20分

## 費用

《入学手続き時》

| | |
|---|---|
| ○入学金 | 200,000円 |
| ○維持費 | 130,000円 |
| ○制服等(男子) | 95,000円程度 |
| 　　　(女子) | 130,000円程度 |
| ○教材費 | 30,000円程度 |

《入学後》

| | |
|---|---|
| ○授業料(月額) | 40,000円 |
| ○積立金(月額) | 3,600円 |

## 奨学金・特待制度

池田育英奨学制度、鳳雛奨学制度、大阪府外安心奨学制度
寮生・下宿生奨学制度、きょうだい同時在籍者奨学制度、希望奨学制度

## 独自の留学制度

特になし

## 合格実績

2024年の進学状況(卒業者数332名)
国・公立大学合格34(14)名
東京大1、京都大1、一橋大1、東京工業大1(1)、大阪大1、神戸大2(1)、北海道大1(1)、大阪公立大5(3)、国際教養大1、京都工芸繊維大1、岡山大1(1)、広島大2(1)、兵庫県立大2(2)、他。

私立大学合格398(49)名
関西学院大14(3)、関西大8、同志社大9(5)、立命館大9(4)、京都産業大5(2)、近畿大24(2)、甲南大8(2)、龍谷大8(2)、佛教大6、早稲田大1(1)、東京理科大1(1)、大阪医科薬科大2、関西医科大1、兵庫医科大1、大阪歯科大2(1)、京都薬科大1、摂南大18、神戸学院大6(6)、追手門学院大2、関西外国語大23、大阪経済大1、大阪工業大15(6)、同志社女子大3、神戸女学院大1、武庫川女子大4、他。
※( )内は既卒生内数

# 関西大学高等部

## 学校インフォメーション

 制服
 自転車通学可 通学
 ICT教育
 海外研修
 屋内 プール
 蔵書数 50,000冊 図書館
 人工芝グラウンド

 バリアフリー
 カフェテリア
 カウンセラー
 高大連携
高大

海外姉妹校

**所在地** 〒569-1098　大阪府高槻市白梅町7番1号

| | | | |
|---|---|---|---|
| 電話 | 072-684-4327 | 生徒数 | 男230人 女216人 |
| 創立 | 2010年 | 併設校 | 関西大学初等部、関西大学中等部、関西大学・大学院 |
| 校長 | 松村 湖生 | WEB | https://www.kansai-u.ac.jp/senior/ |

## 教育方針・特色

基本的学習習慣を身に付けながら、基礎・基本を重視して学力の向上をめざす指導を展開しています。探究する能力の育成に重点を置くプロジェクト学習を軸として活動を展開し、課題発見・調査・分析を行い、自ら考えて行動できる探究能力の育成をめざしています。

## スクールライフ

| | |
|---|---|
| 登校時間 | 8:25 |
| 週登校日 | 6日制 |
| 学期制 | 2学期 |
| 制服 | あり(夏・冬) |
| 昼食 | レストラン・売店あり |
| 学校行事 | 体育祭(5月)・葦葉祭[文化祭](9月) |
| 修学旅行 | 2年生1月 5泊7日 タイ |
| 環境・施設 | 物理教室、化学実験室、生物教室、地学・安全科学教室、英語教室1・2、自習室、コンピュータ教室、マルチメディア教室、ライブラリー、美術室、被服室、調理室、人工芝グラウンド、武道場、室内温水プール、アリーナ、レストラン、売店等 |
| クラブ活動 | アイススケート部、サッカー部、水泳部、日本拳法部、バスケットボール部、ラクロス部(女子)、英字新聞部、茶道部、華道部、吹奏楽部、フィールドワーク部、マルチメディア部、クイズ部、囲碁将棋部、アート部、能楽部、合唱部 |
| 強化クラブ | 特になし |

## 2024年度 募集要項

- ○募集人数　普通科(外部募集)：男女約50名
- ○願書受付　1/22(月)〜1/29(月) Web登録後(12/18〜)
　　　　　　郵送出願のみ(消印有効)
- ○選抜日時　2/10(土)
- ○合格発表　2/11(日・祝)郵送
- ○入学手続　専願:2/12(月)〜2/15(木)消印有効
　　　　　　併願:2/12(月)〜3/19(火)
　　　　　　3/21(木)午前中必着
- ○選抜方法　国・数・英・理・社(各50分各100点)
　　　　　　※英検準2級取得者10点加点、2級以上取得者15点加点
- ○受験料　20,000円
- ○提出書類　入学志願書・個人報告書(調査書)・英検合格証明書の写し(英検の資格取得状況提出を希望する場合のみ)
- ○追加募集　1.5次：—　2次：—
- ◆転・編入　特になし
- ◆帰国生　特別対応なし

## 2024年度 入試結果

| 普通 | 専願 | 併願 |
|---|---|---|
| 応募者数 | 63 | 16 |
| 受験者数 | 63 | 16 |
| 合格者数 | 58 | 15 |
| 実質倍率 | 1.09 | 1.07 |
| 合格最低点 | 315/515 | 360/515 |
| | (加点含む) | (加点含む) |

※専願で追試験受験者合格者1名含む

## 学校PR

5教科を中心とした授業展開で学力の充実をはかるとともに、グローバル人材育成のため英語教育に力を入れ、コミュニケーション能力の育成に重点を置き、多彩な国際交流プログラムを展開しています。「英語考動力」を育む国際理解教育も特色のひとつです。海外研修、資格試験への挑戦などをとおして、英語で自分の意見を明確に表現する力を育てます。

**アクセス**
JR東海道本線高槻駅から徒歩約7分
阪急京都線高槻市駅から徒歩約10分

## 費用

**《入学手続き時》**

| | |
|---|---|
| ○入学金 | 200,000円 |
| ○制服 | 約62,000円 |
| ○制定品 | 約62,000円 |

**《入学後》**

| | |
|---|---|
| ○授業料 | 700,000円 |
| ○施設費 | 200,000円 |
| ○生徒会費 | 1,000円 |
| ○学年諸費 | 82,000円 |
| ○教育後援会会費 | 15,000円 |

## 奨学金・特待制度

特になし

## 独自の留学制度

- ○希望者対象プログラム
  - ・台湾短期交換留学(高1)
  - ・夏期イギリス研修(高1, 高2)
  - ・シンガポール短期交換留学(高2)
  - ・日韓交流プログラム(高1, 高2)

## 合格実績

**2024年の進学状況(卒業者数144名)**
関西大学合格113(1)名

**国・公立大学合格28(3)名**
京都大1、大阪大3、神戸大5、大阪公立大7、京都工芸繊維大2(1)、奈良女子大1(1)、神戸市外国語大2、滋賀大1(1)、兵庫県立大1、奈良教育大3、滋賀県立大1、他。

**他の私立大学合格52(13)名**
関西学院大4、同志社大7(1)、立命館大7(2)(薬1(1))、近畿大(薬1)、慶應義塾大1、東京理科大1、立教大1、中央大1、大阪医科薬科大(医5(1))、関西医科大(医1(1))、兵庫医科大(医1)、京都薬科大(薬4(1))、神戸薬科大(薬2(2))、摂南大(薬2(1))、同志社女子大(薬2(1))、武庫川女子大(薬1)、他。

**省庁大学校合格1名**
防衛大1。

※( )内は過年度生内数

# 関西大学第一高等学校

## 学校インフォメーション

 制服
 自転車通学可 通学
 ICT教育
 海外研修
 屋内 プール
 自習スペース
 蔵書数 55,000冊 図書館

 人工芝グラウンド
 エレベーター
 食堂
 売店
 条件付 スマホ持ち込み
 カウンセラー
高大連携

**所在地** 〒564-0073 大阪府吹田市山手町3-3-24

| | |
|---|---|
| 電話 | 06-6337-9920 |
| 創立 | 1913年 |
| 校長 | 狩場 治秀 |

| | |
|---|---|
| 生徒数 | 男 621人 女 547人 |
| 併設校 | 関西大学第一中学校、関西大学・大学院 |
| WEB | https://www.kansai-u.ac.jp/dai-ichi/high/ |

## 教育方針・特色

「正義を重んじ、誠実を貫く」という教育方針 を基本におき、この理念の実現に向けて、「知育・徳育・体育の高度に調和した人間教育」を目指している。大学の併設校というメリットを最大限に生かし、部活動に打ち込みながら大学進学に向けた勉学にも励むことができる環境が提供され、「文武両道」の精神が受け継がれている。

## スクールライフ

| | |
|---|---|
| 登校時間 | 8:25 |
| 週登校日 | 6日制 |
| 学期制 | 3学期 |
| 制服 | あり(夏・冬) |
| 昼食 | 食堂・購買あり 弁当持参可 |
| 学校行事 | 体育祭(5月)・文化祭(9月) |
| 修学旅行 | 2年生2月 3泊4日 北海道 ※25年度以降は現在検討中 |
| 環境・施設 | 関西大学千里山キャンパスに併設、総合図書館・ICT環境・多目的ホール・生徒食堂・人工芝グラウンド |
| クラブ活動 | 運動部 19:陸上競技、水泳、ソフトテニス、卓球、バスケットボール、バレーボール、硬式野球、軟式野球、サッカー、柔道、ワンダーフォーゲル、剣道、弓道、空手道、日本拳法、アメリカンフットボール、ゴルフ、アイスホッケー、フェンシング、ラグビー<br>文化部 11:マルチメディア、美術、数学研究、交通研究、E.S.S.、料理、演劇、生物、文芸、茶華道、写真<br>特別部 2:ブラスバンド、放送 |
| 強化クラブ | 特になし |

## 2024年度 募集要項

○募集人数 普通科:男女約400名 ※内部進学予定者232名含む
(内訳)専願A(中学校成績重視型)約109名、専願B(一般専願型)約40名、専願C(スポーツ実績重視型)約19名、併願若干名
○願書受付 1/22(月)~1/29(月) Web登録後(12/18~)郵送のみ(消印有効)
※専願A・Cは活動実績報告書を提出
○選抜日時 2/10(土)、2/11(日・祝)面接
○合格発表 2/13(火)10:00web
○入学手続 専願:2/17(土)まで 併願:3/21(木)まで
○選抜方法 国・数・英・理・社(各100点)・面接(グループ)
※専願Aは活動実績の内容に応じて0~50点、専願Cはスポーツ活動実績に応じて0~100点加点
○受験料 20,000円
○提出書類 入学志願書・個人報告書(調査書)・活動実績報告書(専願A・C)
○追加募集 1.5次: ― 2次: ―
◆転・編入 特になし
◆帰国生 特別対応なし

## 2024年度 入試結果

普通

| | 専願A | 専願B | 専願C | 併願 |
|---|---|---|---|---|
| 応募者数 | 114 | 103 | 18 | 15 |
| 受験者数 | 114 | 103 | 18 | 14 |
| 合格者数 | 114 | 40 | 18 | 12 |
| 実質倍率 | 1.00 | 2.58 | 1.00 | 1.17 |
| 合格最低点 | 415/500 | 388/540 | 194/290 | 423/540 |

## アクセス

阪急千里線関大前駅下車南へ100m(徒歩3分)

## 費用

《入学手続き時》
○入学金 200,000円

《入学後》
○授業料(年額) 640,000円

備考
・授業料以外に、学年諸費用(修学旅行積立費、PTA会費)やデジタル教材費などが合わせて徴収されます。
・別途、制服や制定品、副教材等の購入あり。

## 奨学金・特待制度

特になし

## 独自の留学制度

特になし

## 合格実績

2024年の進学状況(卒業者数381名)
関西大学合格344名

国・公立大学合格12名
神戸大4、大阪公立大2、筑波大1、京都府立大1、広島大1、大阪教育大1、奈良県立医科大1、帯広畜産大1。

他の私立大学合格11名
関西学院大1、同志社大2、立命館大1、慶應義塾大1、大阪医科薬科大1、他。

## 学校PR

関西大学千里山キャンパスに近接し、阪急千里線関大前駅から徒歩3分と便利ですが、静かで緑豊かな教育環境を持っています。長い人生の中で、最も大きく成長する7年間を過ごす環境をどう選ぶか。これが私立大学併設校を選択するポイントです。ぜひ本校を訪れ、自分の目で確かめてみてください。また本校では希望者を対象に、夏休み期間中3週間の日程で、カナダ・バンクーバーにて海外英語研修を実施する予定です。

# 関西大学北陽高等学校

## 学校インフォメーション

 制服
 自転車通学可 通学
 ICT教育
 長期休暇講習
 習熟度別授業
 海外研修
 屋内プール

 蔵書数 46,000冊 図書館
 人工芝グラウンド
 バリアフリー
 食堂
 条件付 スマホ持ち込み
カウンセラー
 高大 高大連携

**所在地** 〒533-0006　大阪市東淀川区上新庄1-3-26

電話 06-6328-5964
創立 2008年
校長 田中 敦夫

生徒数 男 837人 女 405人
併設校 関西大学北陽中学校、関西大学・大学院
WEB https://www.kansai-u.ac.jp/hokuyo/

## 教育方針・特色

知・徳・体の調和した円満な人間性の育成をめざすことを教育方針とする。特色としては、進路目標に応じた次の3つのコースを用意している。特進アドバンスコース：豊富な授業時間と進路実現を可能にするカリキュラムのもと、関西大学および難関国公立大学への進学をめざす。文理コース：関西大学への内部進学に特化したカリキュラムのもと、希望学部へ進学するために必要な学力を養成する。2年次より探究活動と国際理解教育を推進し、国際貢献のできる人材育成をめざすグローバルクラス（文系）を1クラス新設した。進学アスリートコース：独自のカリキュラムでアスリートとしての運動能力や技術の向上を図り、スポーツ活動を通じて人間力を高める。

## スクールライフ

| | |
|---|---|
| 登校時間 | 8：35予鈴、8：40授業開始 |
| 週登校日 | 6日制 |
| 学期制 | 3学期 |
| 制服 | あり（夏・冬） |
| 昼食 | 購買・食堂あり 弁当持参可 |
| 学校行事 | 体育祭（6月）・国内英語研修（8月）・校外学習（9月）・文化祭（9月）・マラソン大会（1月）・弁論大会（2月）・創作ダンス発表会（2月）・探究学習発表（3月） |
| 修学旅行 | 2年生12月 3泊4日 沖縄（文理コースグローバルクラスはベトナム・シンガポールで8日間） |
| 環境・施設 | 校舎内全教室のWi-Fi環境を整備。地上4階建ての総合体育館には、アリーナ、温水プール、柔道場、武道場、トレーニングルームを完備。グラウンドは全面人工芝で、全天候型陸上トラック、テニスコート、ハンドボールコートを完備。 |
| クラブ活動 | 体育系17、文科系13の30クラブ。 |
| 強化クラブ | 硬式野球、サッカー、ハンドボール、バスケットボール、バレーボール、柔道、陸上競技、水泳（陸上競技と水泳以外は男子のみ）。 |

## 2024年度 募集要項

○募集人数 普通科：男女280名（特進アドバンスコース30名、文理コース180名、進学アスリートコース専願70名）
○願書受付 1/22（月）～1/29（月）
Web登録後（12/18～）郵送のみ（消印有効）
○選抜日時 2/10（土）
○合格発表 2/12（月・祝）郵送
○入学手続 専願：2/13（火）～2/19（月）23:59
併願：2/13（火）～3/19（火）23:59
○選抜方法 国・英・数・理・社（各50分各100点）
○受験料 20,000円
○提出書類 入学志願書・個人報告書（調査書）
○追加募集 1.5次：— 2次：—
◆転・編入 特になし
◆帰国生 特別対応なし

## 2024年度 入試結果

### 特進アドバンスコース

| | 専願 | 併願 |
|---|---|---|
| 応募者数 | 32 | 69 |
| 受験者数 | 32 | 69 |
| 合格者数 | 18 | 54 |
| 実質倍率 | 1.78 | 1.28 |
| 合格基準点 | 305/500 | 318/500 |

### 文理コース

| | 専願 | 併願 |
|---|---|---|
| 応募者数 | 237 | 88 |
| 受験者数 | 237 | 84 |
| 合格者数 | 194 | 80 |
| 実質倍率 | 1.22 | 1.05 |
| 合格基準点 | 297/500 | 308/500 |

※回し（専受14・合11、併受15・合14）含まない

### 進学アスリートコース

| | 専願 |
|---|---|
| 応募者数 | 82 |
| 受験者数 | 82 |
| 合格者数 | 82 |
| 実質倍率 | 1.00 |
| 合格基準点 | 非公表 |

## アクセス

阪急京都線上新庄駅下車徒歩8分
阪急千里線下新庄駅下車徒歩13分
JRおおさか東線淡路駅下車徒歩15分

## 費用

《入学手続き時》
○入学金 200,000円
○制服等 約135,000円
○教科書代 約20,000～35,000円
○iPad関連教材費 約55,000円

《入学後》
○授業料 640,000円
○施設費 50,000円
○諸費等 187,000円
（2023年度入学実績）

## 奨学金・特待制度

・稲野奨学金
・応急給付奨学金

## 独自の留学制度

○留学先 ①ベトナム・シンガポール研修
②オーストラリア・アデレード研修
③中期留学プログラム
○学年 ①2年 ③3年 ②2年
○内容 ①～③とも文理コースグローバルクラスの生徒対象
○費用 ①約40万円
②約50万円
③約150万円～200万円

## 合格実績

2024年の進学状況（卒業者数380名）
関西大学合格257名

国・公立大学合格9名
大阪大4、神戸大1、京都工芸繊維大1、兵庫県立大1、山形大1、高知大1。

他の私立大学合格329名
同志社大4、立命館大11、京都産業大8、近畿大14、甲南大3、龍谷大4、青山学院大3、法政大1、駒澤大1、専修大1、摂南大12、神戸学院大3、追手門学院大12、桃山学院大5、京都外国語大1、関西外国語大1、大阪経済大7、大阪工業大4、同志社女子大1、他。

## 学校PR

本校の生徒は、学習だけでなく生徒会活動や学校行事に意欲的に取り組み、クラブ活動にも積極的に参加しています。関西大学との連携プログラムも充実しており、しっかりと学部・学科を選択して大学進学を果たしています。ICT教育やグローバル教育、探究学習を推進し、さらなる教育活動の充実を図っています。

# 関西福祉科学大学高等学校

## 学校インフォメーション

 制服
 通学 自転車通学可 スクールバス
 ICT教育
 長期休暇講習 夏・冬
 プール 屋内
 自習スペース
 図書館 蔵書数 32,000冊

 人工芝グラウンド
食堂
条件付 スマホ持ち込み
カウンセラー
特待生制度
高大 高大連携

**所在地** 〒582-0026　大阪府柏原市旭ヶ丘3-11-1

| | |
|---|---|
| 電話 | 072-976-1112 |
| 創立 | 1942年 |
| 校長 | 玉井 宏昌 |

生徒数　男 436人　女 533人
併設校　関西福祉科学大学　関西女子短期大学
　　　　関西女子短期大学附属幼稚園
WEB　　https://www.hs.fuksi-kagk-u.ac.jp

## 教育方針・特色

校訓「明朗・誠実・友愛」
基本的生活習慣の確立、優れた教養と学力の向上
豊かな情操の育成、自律心のある人間形成の実現

## スクールライフ

| | |
|---|---|
| 登校時間 | 8:40 |
| 週登校日 | 6日制 |
| 学期制 | 3学期 |
| 制服 | あり(夏・冬) |
| 昼食 | 食堂あり 弁当持参可 |
| 学校行事 | 校外学習(5月)体育祭・文化祭(9月)秋の特別行事(11月)K's Concert(12月)など |
| 修学旅行 | 2年生6月 3泊4日 未定(国内) |
| 環境・施設 | 記念講堂・人工芝グラウンド(ナイター設備)・ICT教室・図書館・室内プール など |
| クラブ活動 | 【体育系】日本拳法部・なぎなた部・バレーボール部・バドミントン部・卓球部・サッカー部・陸上競技部 ハンドボール部・男子テニス部・女子テニス部・剣道部・水泳部・ダンス部・男子バスケットボール部 女子バスケットボール部・ソフトボール部 |
| | 【文化系】吹奏楽部・美術漫画研究部・ギター部・演劇部・箏曲部・茶道部・書道部・写真部・放送部 ハンドメイド部・人権学習部・和太鼓部 |
| 強化クラブ | 日本拳法(男女)、なぎなた(男女)、バレーボール(女子)、バドミントン(男女)、吹奏楽(男女)、 サッカー(男子)、卓球(男女) |

## 2024年度 募集要項

- ○募集人数 普通科:男女270名(特別進学Ⅰコース男女30名、特別進学Ⅱコース男女70名、進学コース男女140名、保育進学コース女子30名)
- ○願書受付 1/22(月)0:00～1/31(水)16:00 web登録後後(12/1～)書類を窓口出願 郵送は消印有効
- ○選抜日時 2/10(土)
- ○合格発表 2/12(月・祝)郵送
- ○入学手続 専願:2/17(土)9:00～12:00 併願:公立高校合格発表後の指定日
- ○選抜方法 国・英・数(各45分各100点)・面接(専願、グループ) ※特別進学Ⅰコース英検3級以上取得者は配慮あり
- ○受験料 20,000円
- ○提出書類 入学志願書・個人報告書(調査書)
- ○追加募集 1.5次:A2/16・B3/4　2次:
- ◆転・編入 特になし
- ◆帰国生 特別対応なし

## 2024年度 入試結果

### 特別進学Ⅰコース

| | 専願 | 併願 |
|---|---|---|
| 応募者数 | 19 | 218 |
| 受験者数 | — | — |
| 合格者数 | 16(4) | 130(4) |
| 実質倍率 | — | — |
| 合格最低点 | 183/300 | 193/300 |

※( )第二合格内数

### 特別進学Ⅱコース

| | 専願 | 併願 |
|---|---|---|
| 応募者数 | 90 | 290 |
| 受験者数 | — | — |
| 合格者数 | 71(3) | 287(53) |
| 実質倍率 | — | — |
| 合格最低点 | 145/300 | 156/300 |

※( )第二合格内数

### 進学コース

| | 専願 | 併願 |
|---|---|---|
| 応募者数 | 130 | 385 |
| 受験者数 | — | — |
| 合格者数 | 150(22) | 408(63) |
| 実質倍率 | — | — |
| 合格最低点 | 80/300 | 100/300 |

### 保育進学コース

| | 専願 | 併願 |
|---|---|---|
| 応募者数 | 20 | 23 |
| 受験者数 | — | — |
| 合格者数 | 20 | 23 |
| 実質倍率 | 1.00 | 1.00 |
| 合格最低点 | 120/300 | 120/300 |

※( )第二合格内数

## 学校PR

教学理念「夢と志」のもと、学校生活の中で必ず夢中になるものが見つかります！！

### アクセス

近鉄大阪線河内国分駅下車徒歩12分
大阪教育大前駅下車徒歩10分
近鉄南大阪線古市駅よりスクールバス約20分
JR大和路線高井田駅より徒歩20分 スクールバス約10分

## 費用

**《入学手続き時》**

| | |
|---|---|
| ○入学金 | 200,000円 |
| ○制服・体操服・鞄・靴など | 男子:101,556円 |
| | 女子:103,301円 |

**《入学後》**

| | |
|---|---|
| ○制服(夏) | 男子:20,625円 |
| | 女子:21,108円 |

**【初年度】**

| | |
|---|---|
| ○授業料 | 608,000円 |
| ○学年費等 | 45,750～77,160円 |
| ○修学旅行積立金 | 90,000円 |
| ○ICT教育費 | 50,000円 |
| ○教科書等 | 約24,000～32,000円 |

※入学式までに購入

## 奨学金・特待制度

- ・入学時成績優秀者奨励金
- ・高等学校ファミリー就学奨励金
- ・玉手山学園ファミリー入学時奨学金
- ・在学成績優秀者奨学金
- ・内部進学者に対する奨学金

## 独自の留学制度

特になし

## 合格実績

2024年の進学状況(卒業者数283名)
関西福祉科学大学46名
関西女子短期大学41名

他の私立大学合格
関西大9、同志社大1、立命館大2、京都産業大2、近畿大21、龍谷大10、明治大1、大阪歯科大1、摂南大16、神戸学院大4、追手門学院大9、桃山学院大40、京都外国語大6、関西外国語大6、大阪経済大6、大阪工業大2、京都女子大2、同志社女子大4、武庫川女子大4、大和大1、他。

他の短期大学合格
藍野大学短期大学部1、大阪芸術大学短期大学部2、大阪女学院短期大学1、大阪夕陽丘学園短期大学3、他。

専門学校合格
阪奈中央看護専門学校1、ECC国際外語専門学校1、ヴェールルージュ美容専門学校1、大阪アニメ・声優&eスポーツ専門学校3、辻調理師専門学校1、他。

※すべて現役数

# 関西学院千里国際高等部

## 学校インフォメーション

 なし（制服）
 通学（スクールバス）
 ICT教育
 習熟度別授業
 プール（屋内）
 学生寮（寮）
 自習スペース

 人工芝グラウンド
 カフェテリア
 カウンセラー
 帰国生入試
 高大連携
 ネイティブ教員
英語イマージョン

**所在地** 〒562-0032 箕面市小野原西4-4-16

| | |
|---|---|
| 電話 | 072-727-5070 |
| 創立 | 1991年 |
| 校長 | 萩原 伸郎 |

生徒数 男 117人 女 166人
併設校 大阪インターナショナルスクール、関西学院千里国際中等部
関西学院大学
WEB https://sis.kwansei.ac.jp/

## 教育方針・特色

様々な文化のもとで育った生徒が共に学ぶことによって、他者への共感、未知なものへの探求心を育む。また、多様な価値観を学びつつ、国際社会にも通じる人材の育成をめざす。自己に内在する才能を発見し、それを生かせる進路を定めることができるように、自発性と個性を尊重し、それを支援する教育を行う。

## スクールライフ

| | |
|---|---|
| 登校時間 | 8:30 |
| 週登校日 | 5日制 |
| 学期制 | 3学期 |
| 制服 | なし |
| 昼食 | 食堂・購買あり、弁当持参可 |
| 学校行事 | 学園祭・スポーツデイ・ミュージカル（どれもインターと合同）、キャンプ |
| 修学旅行 | 2年 生徒が選択 |
| 環境・施設 | 人工芝フィールド・図書館・シアター・カフェテリア・温水プール・各種サイエンスルーム |
| クラブ活動 | シーズン制スポーツクラブ（インターと合同）、各種ボランティア部、科学部、演劇部 等 |
| 強化クラブ | 特になし |

## 2024年度 募集要項

○募集人数 帰国生約25名 ※出願前に受験資格審査が必要
○願書受付 帰国生1月入試:11/29(水)～12/1(金)
帰国生特別春学期入試:3/11(月)、3/12(火)
海外生入試:10/25(水)～10/30(月)
いずれも郵送は最終日までに必着
○選抜日時 帰国生1月入試:1/7(日)
帰国生特別春学期入試:3/21(木)
海外生入試:11/18(土)・11/19(日)
すべてオンライン
○合格発表 帰国生1月入試:1/9(火)
帰国生特別春学期入試:3/22(金)
海外生入試:11/21(火)
いずれもweb
○入学手続 帰国生1月入試:1/16(火)15:00まで
帰国生特別春学期入試:3/22(金)15:00まで
海外生入試:11/28(火)15:00まで
○選抜方法 成績書類および志望理由等の書類・作文（60分、日本語または英語）・生徒面接（約20分、日本語と英語）・保護者面接約15分
○受験料 28,000円
○提出書類 入学志願書・個人報告書（調査書）・本校所定書類
◆追加募集 1.5次: －　2次: －
◆転・編入 受け入れあり（要相談）
◆帰国生 帰国生・海外生特別入試実施

## 2024年度 入試結果

| 帰国生 | 帰国 |
|---|---|
| 応募者数 | 36 |
| 受験者数 | 34 |
| 合格者数 | 24 |
| 実質倍率 | 1.42 |
| 合格最低点 | 非公表 |

**アクセス**
阪急千里線北千里駅よりバス15分
北大阪急行千里中央駅よりバス25分
関西学院千里国際キャンパス下車　スクールバスあり

## 費用

《入学手続き時》
○入学金 300,000円

《入学後》
○授業料 1,566,000円
○その他諸費* 102,000円

〈寮〉2022年度実績
○入寮費 50,000円
○寮費（年額） 998,700円
○朝・夕食費（年額） 270,000円

*教材、諸活動費は各生徒で異なる

## 奨学金・特待制度

特になし

## 独自の留学制度

特になし

## 合格実績

2024年の進学状況（卒業者数91名）
関西学院大学進学55名

国・公立大学合格5名
京都大1、京都府立大1、福井大1、鳥取大1、京都市立芸術大1。

他の私立大学合格32名
関西大2、立命館大3、近畿大4、甲南大2、龍谷大2、早稲田大2、青山学院大1、中央大2、関西医科大1、兵庫医科大1、関西外国語大1、京都芸術大2、京都精華大1、大和大2、大阪芸術大2、立命館アジア太平洋大2、他。

## 学校PR

本校はインター校とキャンパスを共有し、合同授業や行事を通して日常的に国際交流を行う、国内唯一の一条校です。多様な選択科目から学びたい授業、学ぶべき授業を組み合わせて「自分だけの時間割」を作り上げ、自己責任の意識を持って学べます。卒業後はそれぞれの才能を生かして国内外の多彩な進路を選んで下さい。

# 近畿大学泉州高等学校

## 学校インフォメーション

 制服
 通学（自転車通学可／スクールバス）
 学内予備校
 長期休暇講習（夏・冬・春）
 習熟度別授業
 海外研修
 留学制度
 自習スペース
 食堂
 スマホ持ち込み（届出）
 カウンセラー
 特待生制度
 高大連携（高・大）
 ネイティブ教員（ABC）

**所在地** 〒596-0105 大阪府岸和田市内畑町3558

| | |
|---|---|
| 電話 | 072-479-1231 |
| 創立 | 1973年 |
| 校長 | 堀川 義博 |
| 生徒数 | 男 326人 女 102人 |
| 併設校 | なし |
| WEB | https://www.kindai-sensyu.ed.jp/ |

## 教育方針・特色

高校の3年間で基礎学力を固めるため、多くの授業時間を確保します。大学受験に対応した平常授業、補習、各種検定試験の対策授業により、現役合格を目指します。さらに近畿大学の見学や実験・実習の体験、オープンキャンパスへの参加を通して、現在の大学を知り、幅広い学びの場を提供します。
生徒の個性を伸長し、時代の要請に応えていくために必要な知・徳・体の調和のとれた人間形成を目指します。また、一人一人の個性に応じた細やかな指導を図り、「成長する力」を育みます。

## スクールライフ

| | |
|---|---|
| 登校時間 | 8:45 |
| 週登校日 | 6日制 |
| 学期制 | 3学期 |
| 制服 | あり（夏・冬・合服） |
| 昼食 | 購買・食堂あり 弁当持参可 |
| 学校行事 | 体育祭（6月）・文化祭（9月） |
| 修学旅行 | 2年生11月 3泊4日 ハワイ・オアフ島 |
| 環境・施設 | 図書館・ナイター照明完備のグラウンド・雨天練習場・サテライト教室・食堂 |
| クラブ活動 | 硬式野球部、男女バレーボール部、陸上部、剣道部、サッカー部、創作ダンス部、卓球部、硬式テニス部、男女バスケットボール部、男女バドミントン部、軽登山部、吹奏楽部、書道部、図書部、パソコン部、自然・科学部、茶華道部、軽音楽部、鉄道研究部、地歴部、美術部、人権問題研究部、将棋部、ドローン研究部 |
| 強化クラブ | 硬式野球部（男子）、バレーボール部（男子） |

## 2024年度 募集要項

○募集人数 普通科：男女240名（英数特進コース80名、進学Ⅰ類コース80名、進学Ⅱ類コース80名）
○願書受付 Web登録後（12/18〜）書類提出
　大阪試験：1/22（月）〜1/29（月）16:00 窓口出願または郵送（消印有効）
　和歌山試験：1/17（水）〜1/24（水）16:00 窓口出願または郵送（消印有効）
　※大阪試験と和歌山試験の二重出願不可
○選抜日時 大阪試験：2/10（土）本校
　和歌山試験：1/30（火）ホテルアバローム紀の国
○合格発表 大阪試験：2/12（月・祝）郵送
　和歌山試験：2/2（金）郵送
○入学手続 専願：2/21（水）15:00まで
　併願：3/19（火）15:00まで
○選抜方法 大阪試験：国・数・英・理・社（各50分各100点）
　和歌山試験：国・数・英（各50分各100点）
　※英検取得者は級に応じて加点あり
○受験料 20,000円
○提出書類 入学志願書・個人報告書（調査書）・英語検定資格申請書（3級以上）
○追加募集 1.5次：2/17　2次：
◆転・編入 特になし
◆帰国生 特別対応なし

## 2024年度 入試結果

| 英数特進コース | 専願 | 併願 | 和歌山 |
|---|---|---|---|
| 応募者数 | 62 | 54 | 102 |
| 受験者数 | 62 | 48 | 91 |
| 合格者数 | 44 | 44 | 54 |
| 実質倍率 | 1.41 | 1.09 | 1.69 |
| 合格最低点 | 289/500 | 306/500 | 173/300 |

※転科合格（専18・併4・和35）含まない

| 進学Ⅰ類コース | 専願 | 併願 | 和歌山 |
|---|---|---|---|
| 応募者数 | 37 | 23 | 21 |
| 受験者数 | 37 | 23 | 21 |
| 合格者数 | 27 | 20 | 13 |
| 実質倍率 | 1.37 | 1.15 | 1.62 |
| 合格最低点 | 244/500 | 263/500 | 157/300 |

※転科合格（専10・併3・和7）含まない

| 進学Ⅱ類コース | 専願 | 併願 | 和歌山 |
|---|---|---|---|
| 応募者数 | 39 | 13 | 16 |
| 受験者数 | 39 | 13 | 15 |
| 合格者数 | 37 | 13 | 12 |
| 実質倍率 | 1.05 | 1.00 | 1.25 |
| 合格最低点 | 201/500 | 223/500 | 138/300 |

## 学校PR

本校は「生徒の実力を最大限に伸ばす進学校」と「近畿大学への特別推薦制度がある準附属校」という2つの特徴を持っています。その他の特徴としては英検・漢検・数検などの検定指導、ハワイ修学旅行や希望者留学制度などのグローバル教育、代ゼミ映像授業の無料配信、少人数のクラス編成などが挙げられます。

近畿大学泉州高

**アクセス**
JR阪和線和泉府中駅・久米田駅・東岸和田駅・熊取駅、南海本線泉佐野駅・岸和田駅・泉大津駅、泉北高速鉄道和泉中央駅、南海高野線・近鉄長野線河内長野駅、水間鉄道水間観音駅各駅よりスクールバス

## 費用

**《入学手続き時》**
| | |
|---|---|
| ○入学金 | 200,000円 |
| ○授業料1期分 | 142,500円 |
| ○制服他制定品 | 約208,000円 |

**《入学後》**
| | |
|---|---|
| ○授業料 | 427,500円 |
| ○設備維持費 | 50,000円 |
| ○研修・合宿・修学旅行等の積立金 | 335,000円 |
| ○諸費用 | 53,000円 |
| ○教科書・副教材費 | 約70,000円 |

## 奨学金・特待制度

入学試験の成績上位生徒および兄弟・姉妹が本校に在籍または卒業している生徒に各種奨学金制度あり

## 独自の留学制度

米国オレゴン州1年間の語学留学 約570万
米国オレゴン州3ヶ月の語学留学 約215万
米国ポートランド2週間の語学研修 約65万
オーストラリア2週間の語学研修 約45万
1・2年生が対象
※費用は為替レート等の状況によって変動します。

## 合格実績

2024年の進学状況（卒業者数132名）
近畿大学進学54名
近畿大学附属看護専門学校進学1名

国・公立大学進学6名
大阪公立大1、和歌山大1、徳島大2、公立鳥取環境大1、他。

他の私立大学合格117名
関西学院大3、関西大4、京都産業大1、龍谷大2、摂南大4、神戸学院大1、追手門学院大3、桃山学院大3、関西外国語大3、大阪経済大5、大阪工業大4、武庫川女子大1、関西医療大3、桃山学院教育大1、甲南女子大2、畿央大1、帝塚山学院大2、他。

大学校・短期大学・専門学校8名（近畿大学附属看護専門学校1名除く）

# 近畿大学附属高等学校

## 学校インフォメーション

 制服
 通学（自転車通学可／スクールバス）
 ICT教育
 海外研修
 留学制度
 自習スペース
 図書館（蔵書数 58,000冊）

 人工芝グラウンド
 バリアフリー
 食堂
 スマホ持ち込み（条件付）
 帰国生入試
 特待生制度
 高大連携（高・大）

**所在地** 〒578-0944　東大阪市若江西新町5-3-1

| | |
|---|---|
| 電話 | 06-6722-1261 |
| 創立 | 1939年 |
| 校長 | 丸本　周生 |
| 生徒数 | 男 1695人　女 1088人 |
| 併設校 | 近畿大学　同短大部・同附属中学校・小学校・幼稚園 |
| WEB | https://www.jsh.kindai.ac.jp/ |

## 教育方針・特色

「人に愛される人、信頼される人、尊敬される人になろう」を校訓に「知・徳・体」の調和がとれた全人教育を推進し、社会で信頼と尊敬を得ることのできる人材の育成をめざします。

## スクールライフ

| | |
|---|---|
| 登校時間 | 8:25 |
| 週登校日 | 6日制 |
| 学期制 | 3学期 |
| 制服 | あり（夏・冬） |
| 昼食 | 購買・食堂あり　弁当持参可 |
| 学校行事 | 球技大会（5月）、校外学習（6月）、体育祭（9月）、近高祭（10月）、かるた大会（1月）、海外語学研修（3月英語特化・3月文理）など。 |
| 修学旅行 | 2年生3月　3泊4日　沖縄または北海道 |
| 環境・施設 | ICT環境・図書館・食堂・体育館アリーナ・剣道場・柔道場・洗心館（体育施設）・人工芝グラウンド |
| クラブ活動 | 体育系20部、文化系10部が活動中です。陸上競技、水泳、レスリング、相撲、柔道、バスケットボール、テニス、サッカー、野球など全国レベルの強豪クラブが目白押しです。ほかにゴルフ、体操競技、アメリカンフットボールなど。文化系では吹奏楽、囲碁・将棋、写真、書道などの活躍が目立っています。 |
| 強化クラブ | 野球部（男子）、相撲部（男子）、ラグビー部（男子）、柔道部（男子）、サッカー部（男子）、バレーボール部（男子）、バスケットボール部（男子）、テニス部（男子）、レスリング部（男子）、アメリカンフットボール部（男子）、水泳部（男女）、洋弓部（男女）、陸上競技部（男女）、剣道部（男女）、体操競技部（男女）、吹奏楽部（男女）、囲碁・将棋部（男女・将棋のみ） |

## 2024年度 募集要項

○募集人数　普通科（外部募集）：男女640名（Super文理コース80名、特進文理コースⅠ40名、特進文理コースⅡ80名、英語特化コース40名、進学コース400名）

○願書受付　1/22（月）～1/30（火）web出願後書類提出、窓口または郵送（消印有効）
※特技専願（進学コース専願対象）での出願希望者は事前エントリー必要

○選抜日時　2/10（土）

○合格発表　2/13（火）郵送、web出願者は10:00webもあり

○入学手続　専願：2/20（火）16:00
　　　　　　併願：3/22（金）16:00

○選抜方法　国・数・英・社・理（各50分各100点）
※英語特化コースは英200点
英語特化コース：英検取得者は級に応じて得点に換算し（2級以上160点、準2級130点）、当日の英語得点と比較して高得点の方で判定

○受験料　20,400円

○提出書類　入学志願書・個人報告書（調査書）

○追加募集　1.5次：-　2次：-

◆転・編入　特になし

◆帰国生　特別対応なし

## 2024年度 入試結果

### Super文理コース

| | 専願 | 併願 |
|---|---|---|
| 応募者数 | 64 | 1221 |
| 受験者数 | 64 | 1176 |
| 合格者数 | 30 | 718 |
| 実質倍率 | 2.13 | 1.64 |
| 合格最点 | 291/500 | 311/500 |

※第二志望以下合格（専32・併442）含まない

### 特進文理コースⅠ

| | 専願 | 併願 |
|---|---|---|
| 応募者数 | 34 | 183 |
| 受験者数 | 34 | 180 |
| 合格者数 | 12 | 77 |
| 実質倍率 | 2.83 | 2.34 |
| 合格最点 | 288/500 | 308/500 |

※第二志望以下合格（専19・併99）含まない

### 特進文理コースⅡ

| | 専願 | 併願 |
|---|---|---|
| 応募者数 | 40 | 80 |
| 受験者数 | 38 | 78 |
| 合格者数 | 28 | 43 |
| 実質倍率 | 1.36 | 1.81 |
| 合格最点 | 273/500 | 293/500 |

※第二志望以下合格（専8・併34）含まない

### 英語特化コース

| | 専願 | 併願 |
|---|---|---|
| 応募者数 | 61 | 32 |
| 受験者数 | 61 | 31 |
| 合格者数 | 36 | 21 |
| 実質倍率 | 1.69 | 1.48 |
| 合格最点 | 339/600 | 359/600 |

※第二志望以下合格（専14・併8）含まない

### 進学コース

| | 専願 | 併願 |
|---|---|---|
| 応募者数 | 400 | 130 |
| 受験者数 | 399 | 125 |
| 合格者数 | 338 | 109 |
| 実質倍率 | 1.18 | 1.15 |
| 合格最点 | 240/500 | 253/500 |

## 学校PR

本校では「考える」というキーワードを発信し、一人ひとりを力強くサポートしています。
生徒たちに考える機会や選択する場面を多く提供しながら、教科学習、部活動、学校行事等、学校生活のすべてをトレーニングの場として、進路保障と成長保障の両全に向けて教育活動内容を工夫しています。
本校は、チーム近大附属として、一緒に学ぶことをめざす皆さんをお待ちしています。

**アクセス**
近鉄奈良線八戸ノ里駅下車南へ徒歩20分
大阪線長瀬駅下車東へ徒歩20分
奈良線八戸ノ里駅・大阪線久宝寺口駅、JR久宝寺駅、JR学研都市線鴻池新田駅、京阪・モノレール門真市駅より専用バスあり

 近畿大学附属高

## 費用

**《入学手続時》**
| | |
|---|---|
| ○入学金 | 200,000円 |
| ○制服や指定品 | 約130,000円 |
| ○iPad費用 | 約98,000円 |

**《入学後》**
| | |
|---|---|
| ○授業料 | （年3回の分納）600,000円 |
| ○諸会費等 | 22,000円 |
| ○生活行事費 | 156,000円 |

## 奨学金・特待制度

奨学金、特待生制度あり

## 独自の留学制度

留学先：オーストラリア、ニュージーランド、イギリス、アメリカ、マルタ、カナダ、アイルランド、マレーシア
1、2年時に実施
15日間、3週間、1年の研修・留学を行う
費用は行き先・期間によって変動する

## 合格実績

**2024年の進学状況（卒業者数852名）**
近畿大学706名（683）

**国・公立大学合格**
京都大3(3)、大阪大13(11)、神戸大7(6)、九州大2、大阪公立大22(20)、京都工芸繊維大1(1)、奈良女子大5(5)、京都府立大1(1)、北見工業大6(6)、岡山大2(2)、鳥取大4(4)、徳島大3(3)、和歌山大8(8)、兵庫県立大4(3)、奈良県立大5(4)、大阪教育7(7)、奈良教育大6(6)、滋賀県立大4(4)、奈良県立医科大3(2)、和歌山県立医科大2(2)、他。

**他の私立大学合格**
関西学院大77(62)、関西大93(83)、同志社大53(41)、立命館大80(54)、京都産業大15(15)、甲南大7(6)、龍谷大36(20)、早稲田大3(3)、慶應義塾大3(1)、明治大1(1)、青山学院大2(2)、中央大7(3)、法政大4(1)、大阪医科薬科大3(3)、関西医科大6(5)、兵庫医科大2(2)、大阪歯科大2(2)、京都薬科大3(2)、摂南大32(28)、神戸学院大6(6)、追手門学院大15(5)、桃山学院大5(5)、京都外国語大11(11)、関西外国語大28(27)、大阪経済大2(2)、大阪工業大15(11)、大和大23(17)、京都女子大12(12)、同志社女子大17(16)、武庫川女子大12(12)、日本女子大1、他。

**省庁大学校合格**
防衛大1(1)、防衛医大1(1)、航空保安大1(1)。
※（ ）内は現役内数

# 建国高等学校

## 学校インフォメーション

 制服
 公共機関 通学
 ICT教育
 習熟度別授業
 海外研修
 学生寮
 自習スペース

 バリアフリー
 食堂
 給食あり 昼食
 スマホ持ち込み 条件付
 カウンセラー
 特待生制度
 ネイティブ教員

**所在地** 〒558-0032 大阪市住吉区遠里小野2-3-13

| | |
|---|---|
| 電話 | 06-6691-1231 |
| 創立 | 1964年 |
| 校長 | 金 秀子 |

| | |
|---|---|
| 生徒数 | 男 41人 女 88人 |
| 併設校 | 認定こども園 建国幼稚園 建国小学校 建国中学校 |
| WEB | https://keonguk.ac.jp/high_school/ |

## 教育方針・特色

「日本語」「韓国語」「英語」の3か国語を学ぶことができる韓国系インターナショナルスクールです。「自立」「尊重」「共生」を最上位目標とし、「自ら判断し、決断し、行動できる力」「お互いの多様な意見を尊重し、合意形成するために"対話を通して対立やジレンマ"を乗り越える力」「自分とは違う世界中の様々な人たちと繋がる中、新たな価値観を発見する力」を身につけることを目指します。

## スクールライフ

| | |
|---|---|
| 登校時間 | 8:25 |
| 週登校日 | 5日制 |
| 学期制 | 3学期 |
| 制服 | あり(夏・冬) |
| 昼食 | 食堂(希望者は給食あり) |
| 学校行事 | 体育祭(5月)、文芸祭(9月) |
| 修学旅行 | 2年生10月 4泊5日 アジア・アメリカなど |
| 環境・施設 | 図書館・ICT環境・テニスコート グラウンド など |
| クラブ活動 | 女子バレーボール部、バスケットボール部テニス部、サッカー部、柔道部、テッコンドー部、ダンス部吹奏楽部、伝統芸術部、ESS部、美術部、人形劇同好会、家庭科同好会など |
| 強化クラブ | バレーボール部(女子)、吹奏楽部(男女)、伝統芸術部(男女) |

## 2024年度 募集要項

○募集人数：普通科：男女80名(特別進学コース30名、総合コース(韓国文化専攻・英米文化専攻・中国文化専攻)50名)

○願書受付 1/22(月)〜2/2(金) web登録後(12/11〜)書類提出、窓口または郵送(必着)

○選抜日時 2/10(土)9:00

○合格発表 2/12(月・祝)発送

○入学手続 専願：2/19(月) 併願：3/19(火)

○選抜方法 特別進学コース：国・数・英(リスニング含む)(各50分)・面接
総合コース：国・英(リスニング含む)(各50分)・面接
※各科とも韓国語版での受験が可能
※各種検定試験の所得級に応じて加点あり

○受験料 20,000円

○提出書類 入学志願書・個人報告書(調査書)・推薦書(学業特別奨学生ならびに特技特別奨学生を希望する方のみ)

○追加募集 1.5次：(A)2/17、(B)2/24 2次：3/20

◆転・編入 特になし

◆帰国生 特別対応なし

## 2024年度 入試結果

| 普通 | 専願 | 併願 |
|---|---|---|
| 応募者数 | 特進6・総合15 | 特進4・総合11 |
| 受験者数 | 特進6・総合15 | 特進4・総合11 |
| 合格者数 | 特進6・総合15 | 特進4・総合11 |
| 実質倍率 | 特進1.00・総合1.00 | 特進1.33・総合1.00 |
| 合格最低点 | 非公開 | 非公開 |

※総合コース専願はスライド合格含む

## アクセス

JR阪和線 杉本町駅 下車徒歩7分
南海高野線 我孫子前駅 下車徒歩7分
大阪シティバス 64系統・臨63系統
山之内1丁目下車南へ50m

## 費用

《入学手続き時》

| | |
|---|---|
| ○入学金 | 200,000円 |
| ○生徒会入会金 | 1,000円 |
| ○タブレット費用 | 75,000円 |
| ○制定品 | 約95,000円 |

《入学後》

| | |
|---|---|
| ○授業料 | 482,000円 |
| ○修学旅行積立金 | 95,000円 |
| ○教育充実費 | 72,000円 |

## 奨学金・特待制度

学業特別奨学生

## 独自の留学制度

| | |
|---|---|
| 留学先 | 韓国 |
| 学年 | 全学年 |
| 内容 | 語学留学 |
| 費用 | 約30,000円〜 |

## 合格実績

2024年の進学状況(卒業者数40名)
韓国の大学合格17名
高麗大1、延世大2、成均館大2、漢陽大3、慶熙大1、中央大2、韓国外国語大2、西江大1、国民大1、韓国芸術総合学校1、韓国海洋大1。

私立大学合格
関西学院大1、関西大2、同志社大2、立命館大1、近畿大2、甲南大1、上智大1、関西外国語大4、京都女子大1、他。

## 学校PR

韓国への大学進学実績は日本一です。

高校から韓国語を勉強し、多くの生徒が韓国の大学に進学していますので、全く勉強したことのない人でも全く問題ありません。

学校生活では日本だけではなく、韓国・中国・ネパールなど多くの国籍の生徒が在籍しており国際色豊かです。多くの言語を身につけたい、将来海外で活躍したいと考えている方は是非本校にお越しください。

# 賢明学院高等学校

## 学校インフォメーション

 制服
 通学 自転車通学可
 宗教教育 キリスト教
 ICT教育
 長期休暇講習 夏・冬・春
 留学制度
 自習スペース

 図書館 蔵書数 30,000冊
 人工芝グラウンド
 食堂
 スマホ持ち込み 条件付
 カウンセラー
 特待生制度
 高大連携 高大

**所在地** 〒590-0812　堺市堺区霞ヶ丘町4丁3-30

| | |
|---|---|
| 電話 | 072-241-1679 |
| 創立 | 1969年 |
| 校長 | 石森 圭一 |

| | |
|---|---|
| 生徒数 | 男 267人 女 179人 |
| 併設校 | 通信制・幼稚園・小学校・中学校 |
| WEB | https://kenmei.jp/ |

## 教育方針・特色

カトリック・ミッションスクール、関西学院大学係属校「最上をめざして、最善の努力を」というthe Bestの精神をモットーに、人と比較するのではなくそれぞれの能力を最大限に生かすことを目指します。文武両道、3コース制、コースによるクラブ活動の制限はありません。語学力の向上のみならず国際感覚を身に着ける指導を行うグローバル教育、世界中の課題に向き合い、広い視野で物事に取り組む力を育てる探究活動など個々の力を育て、開花させられる環境が整っています。

## スクールライフ

| | |
|---|---|
| 登校時間 | 8:20 |
| 週登校日 | 5日制　土曜講座　希望 |
| 学期制 | 2学期 |
| 制服 | あり |
| 昼食 | 食堂有・弁当、パン販売あり |
| 学校行事 | 体育大会(7月)文化祭(9月)クリスマスタブロー(12月) |
| 修学旅行 | 2年生10月　5泊6日　北海道 |
| 環境・施設 | チャペル、人工芝グラウンド、テニスコート、シャローム広場、リヴィエホール |
| クラブ活動 | サッカー部(男)　バスケットボール部(男女)　バレー部(女)剣道部(男女)　女子ダンス部　バトンチアダンス部　卓球(男女)硬式テニス(男女)ソフトテニス部(男女)軽音楽部美術部　家庭科部　伝統文化部　ハンドベル部　ESS部　インターアクトボランティア部 |
| 強化クラブ | バレー部(女子)、サッカー部(男子)、バスケットボール部(男女)、剣道部(男女)、ダンス部(女子)、バトンチアダンス部(女子)、その他一般クラブ |

## 2024年度 募集要項

- ○募集人数　普通科:男女220名(関西学院大学特進サイエンスコース70名、特進エグゼコース50名、特進コース100名)※内部進学約30名含む
- ○願書受付　1/22(月)～1/31(水)
web登録後(12/20～)書類提出、窓口または郵送(消印有効)
- ○選抜日時　2/10(土)9:00
- ○合格発表　2/12(月・祝)13:00web
- ○入学手続　専願:2/17(土)　併願:3/20(水)
- ○選抜方法　国・数・英(各50分各100点)
※英検準1級以上100%、2級85%、準2級70%と換算し、高い方を採用
- ○受験料　21,000円
- ○提出書類　入学志願書・個人報告書(調査書)・英検合格証写し(準2級以上)
- ○追加募集　1.5次:2/15　2次:—
- ◆転・編入　特になし
- ◆帰国生　特別対応なし

## 2024年度 入試結果

関西学院大学特進サイエンスコース

| | 専願 | 併願 |
|---|---|---|
| 応募者数 | 29 | 18 |
| 受験者数 | 29 | 18 |
| 合格者数 | 25 | 14 |
| 実質倍率 | 1.10 | 1.31 |
| 合格最低点 | 168/300 | 176/300 |

特進エグゼコース

| | 専願 | 併願 |
|---|---|---|
| 応募者数 | 53 | 57 |
| 受験者数 | 53 | 56 |
| 合格者数 | 33 | 45 |
| 実質倍率 | — | — |
| 合格最低点 | 145/300 | 158/300 |

※回し合格含む

特進コース

| | 専願 | 併願 |
|---|---|---|
| 応募者数 | 46 | 62 |
| 受験者数 | 46 | 62 |
| 合格者数 | 70 | 75 |
| 実質倍率 | — | — |
| 合格最低点 | 92/300 | 93/300 |

※回し合格含む

**アクセス**
JR阪和線上野芝駅下車徒歩13分
南海高野線堺東駅より南海バス霞ヶ丘下車徒歩3分
南陵通1丁下車徒歩3分

## 費用

| | |
|---|---|
| 入学金 | 250,000円 |

手続き前日15:00までにWEBシステムにて支払い
制定品購入費用160,000円は後日振り込み

| | |
|---|---|
| ○授業料 | 588,000円 |
| ○施設拡充費 | 60,000円 |
| ○奉献会費 | (保護者会)18,000円 |
| ○教材費 | (2021年度実績)72,000円 |
| ○その他:宿泊行事等積立金(年間100,000円前後) | |

別途関西学院大学特進サイエンスコースについては教育充実費42,000円が必要

## 奨学金・特待制度

卒業生の子息・令嬢　カトリック信者　兄弟姉妹在籍
成績優秀者に特待制度あり

## 独自の留学制度

| | |
|---|---|
| 留学先 | ニュージーランド |
| 学年 | 1・2年生 |

## 合格実績

2024の進学状況(卒業者数128名)
国・公立大学合格
大阪公立大2、徳島大1。

私立大学合格
関西学院大25、関西大11、立命館大4、京都産業大6、近畿大49、甲南大1、龍谷大7、大阪歯科大1、摂南大9、追手門学院大14、桃山学院大1、京都外国語大1、関西外国語大8、大阪経済大2、大阪工業大9、京都女子大1、同志社女子大1、神戸女学院大12、日本女子大1、他。

## 学校PR

賢明学院高等学校は関西学院大学系属校のカトリックミッションスクールです。3コース制で個の可能性をとことん追求し、将来、他者のために自分の力を使うことができる人材の育成を目指しています。コースを再編し、さらに充実した進路指導が可能に、学業に、クラブ活動や課外活動に、常に全力で取り組み共に成長できる仲間や先生に出会える場所、将来の夢に向かって自分自身を精一杯開花させられる場所、それが賢明学院です。

大阪

共学校

# 神須学園高等学校

Kozu Gakuen

**大阪**

## 学校インフォメーション

 標準服　 通学 自転車通学可　 習熟度別授業　 自習スペース　 図書館　 バリアフリー　 カウンセラー

**所在地** 〒596-0076 岸和田市野田町1-7-12

| | | | |
|---|---|---|---|
| 電話 | 072-493-3977 | 生徒数 | 男 389人 女 342人 |
| 創立 | 2016年 | 併設校 | なし |
| 校長 | 前川 悟 | WEB | https://kozu-gakuen.ed.jp/ |

## 教育方針・特色

神須(こうず)学園高等学校は、2016年に開校した狭域通信制高校です。通信制課程における単位制という自由度の高い教育システムを活かして、個々の状況や成長にあわせながら、一人ひとりの生徒を大切にする教育を展開しています。
不登校経験者でも不安なく登校できるよう人間関係を築く力を育みます。また、学力に不安のある人でも、わかりやすく学習できる環境をつくり学ぶ楽しさを教えます。そして、こどもたちが将来の夢や希望を実感できる明るい未来を築けるように、社会を生き抜く力を身につけさせることを教育方針としています。

## カリキュラム・コース

【独自のカリキュラム】
小・中学校レベルの基礎から学び直したい。人との交流を実感し、心から喜び合える友達がほしい。そんな不登校経験者が持つ様々な想いや悩みに、特別なカリキュラムを組み、先生たちがチームを組んで対応するコースが選べます。オプションレッスンでは、専門職の先生たちの指導の下、様々な技術習得や資格検定にチャレンジできます。
【選択コース】
[アシストコース] 本校のアシストコースは従来の通信制と異なり、週2日の登校日を設定し、生徒の登校をサポートするとともに、独自に編成した教育プログラムにより、5教科の基礎的な知識の習得はもちろん、判断力やコミュニケーション能力などの社会で必要となる人間力を育成します。また、自分のペースで登校日数を決め毎日登校することも可能です。
[スタンダードコース] 本校のスタンダードコースは、通信制高校の特性を生かし、様々な生徒のライフスタイルに合わせた方法で高卒資格をめざすことができます。資格や検定取得、祭額受験講座など「オプションレッスン」も充実。高校卒業後の進路先で活躍できるよう応援します。とても手厚い生徒のサポートを行っています。

## Q&A

Q)どうすれば単位がとれますか?
A)本校は前期・後期の二学期制で学期毎に単位認定します。通学する期間は各期12週間程度で、この期間内に決められたレポートの提出と、規定の時間以上のスクーリングに出席し、試験に合格することで単位が修得できます。
Q)高校を卒業していませんが、それまでに学んだ単位はどうなりますか?
A)前籍校で修得した単位は卒業要件の単位数に計算されますので、出願の時に前籍校よりの「単位修得・成績証明書、在学証明書」を提出してください。
Q)学校に規則はありますか?制服はありますか?
A)成人であっても校舎の内外・通学中の喫煙は禁止、バイク、車での通学は禁止など、高校生の生活の基本としてのルールは設けています。標準服がありますが購入は自由です。
Q)奨学金は受けられますか?
A)大阪府育英会その他の奨学金制度の適用や日本政策金融公庫の教育ローンが利用できます。就学支援金制度も対象となります。
Q)通学定期や学割は利用できますか?
A)基本的には、最寄りの駅から南海岸和田駅までの通学定期を利用することができます。また、学生証を発行しますので、さまざまな施設で学割を利用することができます。

## スクールライフ

| | |
|---|---|
| 登校時間 | 9:20 |
| 週登校日 | 5日制 |
| 学期制 | 2学期 |
| 制服 | 標準服あり |
| 昼食 | 弁当持参可 |
| 学校行事 | 入学式、野外活動、芸術鑑賞、修学旅行、校外学習(10月・3月)、卒業式など |
| 修学旅行 | アシストコース　2年生<br>スタンダードコース　2・3年生 |
| 環境・施設 | 相談室、保健室、ラウンジ |

## 2024年度 募集要項

○募集人数 200名(スタンダードコース80名 アシストA・Bコース120名)
　※アシストBコースは転編入生
○願書受付 1次入試:1/23(火)～2/2(金)
　調整入試:3/4(月)～3/15(金)
　窓口出願のみ
○選抜日時 1次入試:2/10(土) 調整入試:3/21(木)
○合格発表 1次:選考日より3日以内に発送
　調整:3/21(木)手渡し
○入学手続 1次入試:専願2/15(木)～2/29(木)併願3/21(木)～3/27(水)
　調整入試:専・併3/21(木)～3/27(水)
○選抜方法 アシストコース:作文(400字程度)・国語:50分/数学・英語:50分
　スタンダードコース:作文(400字程度):50分
○受験料 10,000円
○提出書類 入学志願書・個人報告書(調査書)
○追加募集 1.5次:― 2次:―
◆転・編入 受け入れあり(要相談)
◆帰国生 特別対応なし

## アクセス

アクセス
南海本線岸和田駅下車徒歩2分

## 費用

《入学手続き時》
○入学金(入学時のみ) 100,000円
○学習サポート費(アシストコース) 300,000円

《入学後》
○授業料(1単位につき) 12,000円
オプションレッスンは1講座(年額) 15,000円

## 奨学金・特待制度

特になし

## 独自の留学制度

特になし

## 合格実績

2024年の進学状況(卒業者数171名)
国・公立大学合格
和歌山大。

私立大学合格
桃山学院大、大阪経済大、関西外国語大、大阪学院大、帝塚山学院大、関西国際大、神戸松蔭大、羽衣国際大、大阪河崎リハビリテーション大、放送大、他。

短期大学合格
四天王寺大学短期大学部、関西外国語大学短期大学部。

専門学校合格
清風情報工科学院、近畿コンピュータ電子専門学校、OCA大阪デザイン&テクノロジー専門学校、大阪医療福祉専門学校、大阪調理製菓専門学校、グラムール美容専門学校、大阪府歯科医師会附属歯科衛生士専門学校、大阪リゾート&スポーツ専門学校、大阪社会福祉専門学校、大阪ビジネスカレッジ専門学校、大阪動物専門学校、修成建設専門学校、南大阪高等職業技術専門校、川崎会看護専門学校、阪和鳳自動車工業専門学校、バンタンデザイン研究所専門部、放送芸術学院専門学校、大阪ECO動物海洋専門学校、久米田看護専門学校、平成リハビリテーション専門学校、他。

## 学校PR

本校は2016年4月、南海本線岸和田駅前に開講した通信制高校で、一人ひとりを大切に、きめ細かな対応を行い、卒業まで導く学校です。

**共通 通信制 学校**

# 向陽台高等学校

## 学校インフォメーション

 なし 制服
 通学 スクールバス
 学内予備校
 ICT教育
 習熟度別授業
 屋外 プール
 自習スペース

 40,000冊 図書館 蔵書数
 バリアフリー
 食堂
 スマホ持ち込み
 カウンセラー

**所在地** 〒567-0051 茨木市宿久庄7-20-1

| | |
|---|---|
| 電話 | 072-643-6681 |
| 創立 | 1964年 |
| 校長 | 和泉 秀雄 |

| | |
|---|---|
| 生徒数 | 男 約1000人 女 約700人 |
| 併設校 | 早稲田大阪高等学校 |
| WEB | https://www.koyodai.ed.jp/ |

## 教育方針・特色

「自他の個性を認め合い、自ら一歩前に進める人物」を育成する教育を目指す。

## スクールライフ

| | |
|---|---|
| 登校時間 | 9:40 |
| 週登校日 | 1〜5日 |
| 学期制 | 前期(2ターム) 後期(3ターム) |
| 制服 | 標準服あり(コースによる) |
| 昼食 | 食堂あり |
| 学校行事 | 特になし |
| 修学旅行 | 6月実施 沖縄(コースによる) |
| 環境・施設 | 学園生徒会館ホール・第一グラウンド・体育館・図書館・大教室・コンビニエンスストア |
| クラブ活動 | 【運動部】硬式野球同好会<br>バスケットボール部・剣道部・テニス部・バレーボール部・バドミントン部・陸上部・ゴルフ部・卓球部<br>【文化部】総合技術研究同好会・自然観察同好会・eスポーツ同好会<br>美術部・文芸部・軽音楽部・ボランティア部・写真部・囲碁将棋部・書道部 |
| 強化クラブ | 特になし |

## 2024年度 募集要項

- ○募集人数 普通科(男・女)年間 約800名
- ○願書受付 web登録後(12/1〜)窓口出願
  - 第1回:1/22(月)〜2/3(土)
  - 第2回:2/5(月)〜2/29(木)
  - 第3回:3/1(金)〜3/23(土)
- ○選抜日時
  - 第1回:2/10(土)
  - 第2回:3/2(土)
  - 第3回:3/26(火)
- ○合格発表 入学選抜試験実施後3日以内に本人に郵送
- ○入学手続
  - 第1回:専願2/17(土) 併願3/22(金)
  - 第2回:専願3/9(土) 併願3/22(金)
  - 第3回:3/30(土)
- ○選抜方法 「面接」「面談」「書類」「作文」等による選考<br>(登校型コースのみ学科試験(英・数)の実施)
- ○受験料 10,000円
- ○提出書類 入学志願書・個人報告書(調査書)
- ○追加募集 1.5次: ─  2次: ─
- ◆転・編入 受け入れあり(要相談)
- ◆帰国生 特別対応なし

## 2024年度 入試結果

| | |
|---|---|
| 登校型コース | 84 |
| 新卒コース | 165 |
| 総合コース | 50 |
| オンライン学習コース | 9 |

## アクセス

JR京都線茨木駅、阪急京都線茨木市駅、
阪急宝塚線石橋阪大前駅、阪急千里線北千里駅、
北大阪急行・大阪モノレール千里中央駅
からスクールバス
大阪モノレール彩都線彩都西駅下車徒歩12分

## 費用

《入学手続き時》
○入学金 100,000円

《入学後》
○授業料 (年間)297,000円

## 奨学金・特待制度

特になし

## 独自の留学制度

特になし

## 合格実績

2024年の進学状況(卒業者数526名)
国・公立大学合格6名
大阪公立大、京都教育大、愛媛大、兵庫県立大、神戸市立看護大。

私立大学合格508名
関西学院大、関西大、同志社大、立命館大、京都産業大、近畿大、甲南大、龍谷大、早稲田大、明治大、摂南大、追手門学院大、京都外国語大、大阪経済大、京都女子大、同志社女子大、甲南女子大、女子栄養大、東海大、日本福祉大、大谷大、大阪音楽大、大阪体育大、他。

通信制大学合格8名

短期大学合格11名

専門学校合格114名

## 学校PR

「登校型コース」「新卒コース」「総合コース」など、自分のペースで学習が可能なカリキュラムの設定。中学からの復習、ネイル・理美容・保育など様々な分野の学習や資格取得も可能。大学進学を目指す生徒には、塾や予備校講師の授業も開講。自習室、グラウンド、体育館、図書館、生徒会館ホール、コンビニ等の学習環境も充実。

# 香里ヌヴェール学院高等学校

## 学校インフォメーション

制服　公共機関 通学　キリスト教 宗教教育　ICT教育　長期休暇講習　探究授業　習熟度別授業

海外研修　留学制度　自習スペース　食堂　条件付 スマホ持ち込み　特待生制度

**所在地**　〒572-0007　大阪府寝屋川市美井町18-10

| | |
|---|---|
| 電話　072-831-8452 | 生徒数　男 400人　女553人 |
| 創立　1923年 | 併設校　香里ヌヴェール学院中学校 |
| 校長　池田 靖章 | WEB　http://www.seibo.ed.jp/nevers-hs/ |

**アクセス**
京阪本線香里園駅下車徒歩8分

## 教育方針・特色

本校では、今後の予測不能な社会を生き抜くために、論理的思考力・批判的思考力・創造的思考力が必要と考えています。9年前から各教科においてPBL（課題解決型授業）を実施し「答えのない問い」に向き合う姿勢と思考力を養う教育に取り組んでいます。また全ての教科でICT機器を積極的に利用し、一方的な従来型授業ではなく、双方向で効率的な学びを実現しています。世界の様々な問題を「ジブンゴト」として捉え、実際に行動できることを目指します。国内の大学はもちろん、世界の大学とも教育連携を結ぶことで進路実現を含めた高度な高大連携を実現しています。

## スクールライフ

| | |
|---|---|
| 登校時間 | 8:30 |
| 週登校日 | 今年度から週5日制に |
| 学期制 | 3学期 |
| 制服 | あり（夏・冬） |
| 昼食 | 食堂新設　弁当持参可 |
| 学校行事 | 体育祭（5月）・文化祭（9月） |
| 修学旅行 | 2年生10月　4泊5日 |
| 環境・施設 | 礼拝堂・ICT環境・図書室・食堂・人工芝グラウンド・体育館（冷暖房設備あり）・プール |
| クラブ活動 | 運動部：男子サッカー部、女子駅伝競走部、男子卓球部、男女バスケットボール部、男女バドミントン部、男子硬式テニス部、女子ソフトテニス部、男女バレーボール部<br>文化部：吹奏楽部、ダンス部、軽音学部、理科部、美術部、コーラス・ハンドベル部、演劇部、文芸部、茶道部、調理部、ボランティアからしだね部、ドローン同好会 |
| 強化クラブ | 男子サッカー部、女子駅伝競走部、男女卓球部 |

## 2024年度 募集要項

| | |
|---|---|
| ○募集人数 | 普通科：男女約180名（スーパーアカデミーコース（SAC）、スーパーイングリッシュコース（SEC）、グローバルサイエンスコース（GSC））<br>※内部進学含む |
| ○願書受付 | 1/22（月）～1/29（月）<br>web登録後（12/1～）書類提出、窓口または郵送（1/30（火）必着） |
| ○選抜日時 | 2/10（土）9:00 |
| ○合格発表 | 2/12（月・祝）郵送 |
| ○入学手続 | 専願：2/17（土）13:30～15:30<br>併願：3/19（火）14:00～16:00 |
| ○選抜方法 | 国・数・英（リスニング含む）（各50分各100点）<br>英検2級以上90点、準2級80点、3級70点とし、当日の得点と比較し高い方を採用 |
| ○受験料 | 20,000円 |
| ○提出書類 | 入学志願書・個人報告書（調査書） |
| ○追加募集 | 1.5次：—　2次：— |
| ◆転・編入 | 要相談 |
| ◆帰国生 | 要相談 |

## 2024年度 入試結果

| スーパーアカデミーコース(SA) | | スーパーイングリッシュコース(SE) | |
|---|---|---|---|
| 応募者数 | 374 | 応募者数 | 56 |
| 受験者数 | 374 | 受験者数 | 56 |
| 合格者数 | 379(12) | 合格者数 | 52 |
| 実質倍率 | — | 実質倍率 | 1.08 |
| 合格最低点 | 45.0 | 合格最低点 | 62.3 |

※（ ）内回し合格内数

| グローバルサイエンスコース(GS) | |
|---|---|
| 応募者数 | 80 |
| 受験者数 | 80 |
| 合格者数 | 72 |
| 実質倍率 | 1.11 |
| 合格最低点 | 62.7 |

## 費用

《入学手続き時》
| | |
|---|---|
| ○入学金 | 180,000円 |
| | ※SECは入学金免除 |
| | 内部中学からの進学者：100,000円 |
| | ファミリー特典での受験者：90,000円 |
| ○制定品 | 約120,000円 |

《入学後》
| | | |
|---|---|---|
| ○授業料 | SAC・GSC | 504,000円 |
| | SEC | 624,000円 |
| ○教育充実費 | | 144,000円 |
| ○施設設備費 | | 90,000円 |
| ○校外学習積立金 | SAC | 180,000円 |
| | SEC・GSC | 240,000円 |
| ○その他 | | 150,000円 |

## 奨学金・特待制度

奨学金、特待生制度あり

## 独自の留学制度

カナダ、アイルランド、アメリカへの1年留学
アメリカへの3ヶ月留学　など

## 合格実績

2024年の進学状況（卒業者数206名）
国・公立大学合格
北海道大1、大阪公立大1、大阪教育大学1、福井大（医）1、高知大1。

私立大学合格
関西学院大13、関西大8、同志社大3、立命館大5、京都産業大15、近畿大23、甲南大3、龍谷大21、上智大2、関西医科大（医）2、兵庫医科大1、大阪歯科大1、摂南大38、神戸学院大1、追手門学院大12、桃山学院大9、京都外国語大1、関西外国語大27、京都女子大11、同志社女子大6、神戸女学院大8、武庫川女子大8、他。

## 学校PR

本校は昨年度に創立100年を迎えた伝統校です。国の登録有形文化財になっている美しい校舎があり、昨年6月には新しく食堂が新設され、今年はテラス席も誕生しました。本校の教職員は非常に教育活動に熱心で、生徒の皆さんが充実した学校生活を送れるように全力でサポートしています。また、ICTを活用した教育にも力を入れています。今年度から週5日制へと移行し、土曜日は希望者が対象の様々な講座を開講しています。

# 金光大阪高等学校

## 学校インフォメーション

 制服
 自転車通学可 通学
 金光教 宗教教育
 ICT教育
 夏・冬 長期休暇講習
 習熟度別授業
 留学制度

 自習スペース
 人工芝グラウンド
 食堂
 スマホ持ち込み
 カウンセラー
特待生制度
高大連携

**所在地** 〒569-0002 大阪府高槻市東上牧1-3-1

| | | | |
|---|---|---|---|
| 電話 | 072-669-5211 | 生徒数 | 男 653人 女 358人 |
| 創立 | 1982年 | 併設校 | 金光大阪中学校、関西福祉大学 |
| 校長 | 津本 佳哉 | WEB | https://www.kohs.ed.jp/ |

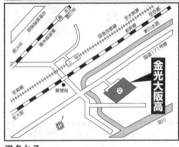

**アクセス**
阪急京都線上牧駅下車徒歩4分
JR京都線島本駅下車徒歩18分

## 教育方針・特色

進路に合わせて選べる5コース制のもと、確かな学力を育む週6日制のカリキュラムと、国際社会で活躍するための素養を育む独自プログラムを実践。文武両道を実践することにより「学力」と「生きる力」の両方をバランスよく伸ばし、大学受験やグローバル社会で力を発揮するための基盤を確立します。

## スクールライフ

| | |
|---|---|
| 登校時間 | 8:40 |
| 週登校日 | 6日制 |
| 学期制 | 3学期 |
| 制服 | あり(夏・冬) |
| 昼食 | 食堂・ベーカリーあり 弁当持参可 |
| 学校行事 | 校外学習(4月)、体育大会(6月)、文化祭(9月)、芸術鑑賞(11月)、感謝祭(11月) |
| 修学旅行 | 2年生7月 4泊6日 カナダ(海外渡航不可の場合は国内) |
| 環境・施設 | 自習室、図書室、人工芝グラウンド、テニスコート、クラブハウス(部室専用棟)、室内練習場(硬式野球部)、ICT環境、校内Wi-fi |
| クラブ活動 | サッカー部、硬式野球部、ラグビー部、バレーボール部(男女)、バスケットボール部(男女)、テニス部(男女)、陸上競技部、卓球部、剣道部、柔道部、ダンス部、チアリーダー部、吹奏楽部、ボランティア部、コンピュータ部、放送部、写真部、書道部、茶道部、美術部、科学部、演劇部、合唱部、ESS、クッキング部、囲碁将棋部、数学研究部、太鼓部、競技かるた部 |
| 強化クラブ | サッカー部、硬式野球部、卓球部、剣道部、女子バレーボール部 |

## 2024年度 募集要項

○募集人数 普通科:男女360名(特進Ⅰコース80名、特進Ⅱコース80名、進学コース200名)
※内部進学含む
○願書受付 1/22(月)〜1/29(月) Web登録後(12/19〜)郵送出願のみ(必着)
○選抜日時 2/10(土)8:10
○合格発表 2/12(月・祝)web 2/13(月)合格者郵送
○入学手続 専願:2/17(土)
併願:3/23(土)
○選抜方法 国・数・英(リスニング含む)・理・社(各45分各100点)・個人報告書
英検2級以上90点、準2級80点とし、当日の得点と比較し高い方を採用
○受験料 20,650円
○提出書類 入学志願書・個人報告書(調査書)
○追加募集 1.5次:2/16 2次:ー
◆転・編入 特になし
◆帰国生 特別対応なし

## 2024年度 入試結果

| 特進Ⅰコース | 専願 | 併願 |
|---|---|---|
| 応募者数 | 51 | 164 |
| 受験者数 | 51 | 164 |
| 合格者数 | 31 | 87 |
| 実質倍率 | 1.65 | 2.45 |
| 合格最低点 | 288/500 (合格基準点) | 311/500 (合格基準点) |

| 特進Ⅱコース | 専願 | 併願 |
|---|---|---|
| 応募者数 | 47 | 221 |
| 受験者数 | 45 | 218 |
| 合格者数 | 22 | 154 |
| 実質倍率 | 2.05 | 1.42 |
| 合格最低点 | 232/500 (合格基準点) | 255/500 (合格基準点) |

※回し合格(専15・併57)含まない

| 進学コース | 専願 | 併願 |
|---|---|---|
| 応募者数 | 184 | 324 |
| 受験者数 | 184 | 322 |
| 合格者数 | 182 | 320 |
| 実質倍率 | 1.01 | 1.01 |
| 合格最低点 | 185/500 (合格基準点) | 199/500 (合格基準点) |

※回し合格(専28・併104)含まない

## 費用

**《入学手続き時》**
| | |
|---|---|
| ○入学金 | 200,000円 |
| ○後援会費 | 30,000円 |

**《入学後》**
| | |
|---|---|
| ○授業料 | 594,000円 |
| ○日本スポーツ振興センター | 1,720円 |
| ○学年諸費 | 65,500円 |
| ○育友会費 | 12,000円 |
| ○生徒会費 | 6,000円 |
| ○修学旅行積み立て | (1年次)150,000円 |

## 奨学金・特待制度

○学習A特待(入学金全額免除+奨学金給付50万円/年)
○学習B特待(入学金全額免除+奨学金給付25万円/年)
○学習C特待(入学金全額免除)
○学習D特待(入学金半額免除)
※その他部活動特待生制度もあり。

## 独自の留学制度

| | |
|---|---|
| 留学先 | カナダ / ニュージーランド |
| 学年 | いずれも1年生3学期〜2年生2学期 |
| 内容 | いずれも1年の長期留学 |
| 費用 | 約4,000,000円 |

## 合格実績

2024年の進学状況(卒業者数357名)
関西福祉大学合格6名
国・公立大学合格4名
神戸大1、北見工業大1、大阪教育大1、兵庫県立大1。

他の私立大学合格723(24)名
関西学院大10、関西大40(1)、同志社大18、立命館大8、京都産業大53(2)、近畿大36、甲南大2、龍谷大51(1)、佛教大21(1)、慶應義塾大1、上智大1、大阪医科薬科大3(1)、関西医科大1、京都薬科大2、摂南大82(5)、神戸学院大6、追手門学院大81(8)、桃山学院大4、京都外国語大6、関西外国語大19、大阪経済大8、大阪工業大5、京都女子大10、同志社女子大4、武庫川女子大7、他。

短期大学(部)合格6名
専修学校41名
就職4名
※( )内既卒者内数

## 学校PR

興味の幅が広がる日々の授業。自分の新たな一面が見つかる行事。好きなことに熱中しながら、仲間との絆を築いていく部活動。文武両道の精神のもとで得られる無数の"出会い"一つひとつが、想像を超える"あなたらしさ"と"未来"をかたちづくります。

# 金光藤蔭高等学校

## 学校インフォメーション

 制服
 通学 自転車通学可
 宗教教育 金光教
 ICT教育
 図書館 蔵書数 10,000冊
 人工芝グラウンド
 食堂

 スマホ持ち込み 条件付
 カウンセラー
 特待生制度
 高大連携 高大
 ネイティブ教員 ABC

| 所在地 | 〒544-0003 大阪市生野区小路東4丁目1番26号 |
|---|---|

| | | | |
|---|---|---|---|
| 電話 | 06-6751-2461 | 生徒数 | 男559人 女328人 |
| 創立 | 1926年 | 併設校 | 関西福祉大学・金光大阪高等学校・金光大阪中学校・金光八尾高等学校・金光八尾中学校 |
| 校長 | 武田 充広 | WEB | https://www.konkoutouin.ed.jp |

## 教育方針・特色

卒業時の的確な進路選択につなげるため、普通科4コースを設置している。個人の学力や可能性に対応し、専門的な学習と基礎力アップを並行して丁寧に指導している。また、広大な香芝キャンパス（香芝市関屋）で体育大会やクラブ活動も行われている。

和と感謝の心を育み、社会貢献の精神へつなげることをテーマに、生徒一人ひとりの特性に合ったきめ細やかな対応と、内に秘めた学力を最大限に伸ばす能動的学びの場を追求した普通科での特化6コース制において、自らの可能性に挑戦できる学校を目指す。

## スクールライフ

| | |
|---|---|
| 登校時間 | 8:40 |
| 週登校日 | 6日制（第2・4土曜日は休み） |
| 学期制 | 3学期 |
| 制服 | あり（夏・冬） |
| 昼食 | 食堂あり 弁当持参可 |
| 学校行事 | 修学旅行(2月)・感謝祭(11月)・体育大会(9月)・藤蔭祭(11月)・コースウィーク(12月) |
| 修学旅行 | 2年生2月 3泊4日 北海道 |
| 環境・施設 | 図書室・情報室(3部屋)・体育館(第一・第二)・人工芝グラウンド・柔道場・トレーニングルーム |
| クラブ活動 | 【運動部】男子バスケットボール・女子バスケットボール・ラグビー(男)・女子ソフトボール・柔道(男)・サッカー(男)・卓球・相撲・陸上競技<br>【文化部】和太鼓・吹奏楽・軽音楽・漫画声優・ダンス・箏曲・書道・放送・美術・写真・園芸・ボランティア・コーラス・水生生物研究・パソコン研究・家庭クラブ |
| 強化クラブ | 男子バスケットボール・女子バスケットボール・ラグビー(男子)・女子ソフトボール・柔道(男子)・サッカー(男子)・陸上競技 |

## 2024年度 募集要項

- ○募集人数 普通科:男女280名(スタンダードコース、エンカレッジコース※専願のみ、アートアニメーションコース、トップアスリートコース※専願のみ)
- ○願書受付 1/22(月)〜1/30(火) Web登録後、窓口出願
- ○選抜日時 2/10(土)9:00
- ○合格発表 2/12(月・祝)郵送
- ○入学手続 専願:2/22(木)9:00〜14:00 併願:3/22(金)9:00〜12:00
- ○選抜方法 国・英＋選択(数か社)の3科(各45分)・面接 (エンカレッジコースは個人、スタンダード・アートアニメーションはグループ、トップアスリートはなし)
- ○受験料 20,000円
- ○提出書類 入学志願書・個人報告書(調査書)
- ○追加募集 1.5次:2/16 2次:
- ◆転・編入 受け入れあり(要相談)
- ◆帰国生 特別対応なし

## 2024年度 入試結果

スタンダードコース

| | 専願 | 併願 |
|---|---|---|
| 応募者数 | 107 | 243 |
| 受験者数 | 107 | 238 |
| 合格者数 | 106 | 238 |
| 実質倍率 | 1.01 | 1.00 |
| 合格最低点 | 男52/女74 | 男54/女56 |

アートアニメーションコース

| | 専願 | 併願 |
|---|---|---|
| 応募者数 | 23 | 31 |
| 受験者数 | 23 | 31 |
| 合格者数 | 23 | 31 |
| 実質倍率 | 1.00 | 1.00 |
| 合格最低点 | 男99/女88 | 男113/女110 |

エンカレッジコース

| | 専願 |
|---|---|
| 応募者数 | 47 |
| 受験者数 | 46 |
| 合格者数 | 46 |
| 実質倍率 | 1.00 |
| 合格最低点 | 男58/女73 |

トップアスリートコース

| | 専願 |
|---|---|
| 応募者数 | 123 |
| 受験者数 | 122 |
| 合格者数 | 122 |
| 実質倍率 | 1.00 |
| 合格最低点 | 男55/女68 |

### アクセス
大阪メトロ千日前線小路駅下車徒歩5分
近鉄奈良線布施駅下車徒歩15分
JRおおさか東線俊徳道駅徒歩15分

## 費用

《入学手続き時》
| | |
|---|---|
| ○入学金 | 200,000円 |
| ○諸経費 | 146,000円 |
| ○制服代 | 約130,000円 |

《入学後》
| | |
|---|---|
| ○授業料 | (年額)581,400円 |
| ○修学旅行積立金 | 140,000円 |

## 奨学金・特待制度

学業優秀者や強化クラブの技能優秀者は入学金や奨学費の給付制度あり

## 独自の留学制度

特になし

## 合格実績

2024年の進学状況(卒業者数265名)
国・公立大学合格
鹿屋体育大学1。

私立大学合格
関西学院大1、京都産業大2、近畿大1、摂南大3、追手門学院大2、桃山学院大2、京都外国語大2、朝日大3、芦屋大3、大阪学院大8、大阪経済法科大学3、大阪芸術大4、大阪国際大9、大阪産業大2、大阪商業大11、大阪電気通信大7、関西福祉科学大4、四天王寺大3、帝塚山学院大2、天理大2、奈良大2、花園大3、阪南大4、他。

## 学校PR

大阪市生野区にある普通科の私立高等学校。普通科の学びを基本にしながらも、それぞれの生徒の個性や可能性を引き出す「特化コース制」を採用。やりたいことが思いっきりできるコース制で、充実した高校生活を過ごすことができます。

# 金光八尾高等学校

## 学校インフォメーション

 制服  通学 自転車通学可 スクールバス  金光教 宗教教育  ICT教育  夏・冬・春 長期休暇講習  習熟度別授業  自習スペース

 蔵書数 10,000冊 図書館  食堂  届出 スマホ持ち込み  カウンセラー  特待生制度  ABC ネイティブ教員

**所在地** 〒581-0022 大阪府八尾市柏村町1-63

| | |
|---|---|
| 電話 | 072-922-9162 |
| 創立 | 1985年 |
| 校長 | 岡田 親彦 |
| 生徒数 | 男363人 女235人 |
| 併設校 | 金光八尾中学校、関西福祉大学 |
| WEB | https://www.konkoyao.ed.jp/ |

## 教育方針・特色

本校では開学以来、「確かな学力」「豊かな情操」を教育方針とし、心豊かな人間を育てるため、「感謝」「感動」「努力」を大切にしながら、日々の教育活動に取り組んでいる。「確かな学力」においては、基礎・基本の力を確実なものにし、更に応用力を身につけることで、未来社会を切り拓くための資質や能力を育成できるよう、生徒全員が持つiPadや全教室設置のプロジェクターを活用したICT教育、ネイティブ講師を導入した英語教育、7(8)時間目講習、長期休業中の季節講習等を通して、生徒一人ひとりの良さを最大限に伸ばす指導を推進する。また、学校行事やクラブ活動を通して、「協力」「思いやり」「自主性」など、社会生活においても重要な「心の育成」にも努めている。

## スクールライフ

| | |
|---|---|
| 登校時間 | 8:30 |
| 週登校日 | 6日制 |
| 学期制 | 3学期 |
| 制服 | あり(夏・冬) |
| 昼食 | 食堂・コンビニ自販機あり 弁当持参可 |
| 学校行事 | 体育祭(6月)・文化祭(9月) |
| 修学旅行 | 2年生10月 3泊4日 北海道方面 |
| 環境・施設 | 全館(体育館含む)冷暖房完備・校内WiFi完備・全普通教室プロジェクター設置・各学年自習室・トレーニングルーム・柔・剣道場・専用テニスコート・立体駐輪場 |
| クラブ活動 | 【運動部】硬式テニス部・柔道部・バレーボール部(男女)・バスケットボール部(男女)・陸上競技部・柔道部・剣道部・硬式野球部<br>【文化部】吹奏楽部・美術部・放送部・邦楽部・茶華道部・創作ダンス部・インターアクトクラブ・コンピュータ部・将棋部 |
| 強化クラブ | 特になし |

## 2024年度 募集要項

| | |
|---|---|
| ○募集人数 | 普通科:男女約205名(S特進コース約40名、特進コース約80名、総合進学コース約85名)<br>※内部進学含む |
| ○願書受付 | 1/22(月)～1/29(月)16:00 web登録後(12/20～)書類提出、窓口または郵送(必着) |
| ○選抜日時 | 2/10(土)8:30 |
| ○合格発表 | 2/12(月・祝)郵送 |
| ○入学手続 | 専願:2/24(土)13:30～16:00<br>併願:3/22(金)12:30～14:00 |
| ○選抜方法 | 国・数・英・理・社(各50分各100点)英検準1級以上100点、2級80点、準2級65点とし、当日の得点と比較し高い方を採用 |
| ○受験料 | 20,380円 |
| ○提出書類 | 入学志願書・個人報告書(調査書) |
| ○追加募集 | 1.5次:2/16 2次:― |
| ◆転・編入 | 特になし |
| ◆帰国生 | 特別対応なし |

## 2024年度 入試結果

| S特進コース | 専願 | 併願 |
|---|---|---|
| 応募者数 | 35 | 98 |
| 受験者数 | 35 | 95 |
| 合格者数 | 27 | 43 |
| 実質倍率 | 1.30 | 2.21 |
| 合格最低点 | 310/500 | 330/500 |

※1.5次含む

| 特進コース | 専願 | 併願 |
|---|---|---|
| 応募者数 | 56 | 90 |
| 受験者数 | 55 | 88 |
| 合格者数 | 42 | 66 |
| 実質倍率 | 1.31 | 1.33 |
| 合格最低点 | 256/500 | 275/500 |

※1.5次含む
※回し合格(専7、併40)含まない

| 総合進学コース | 専願 | 併願 |
|---|---|---|
| 応募者数 | 40 | 85 |
| 受験者数 | 40 | 82 |
| 合格者数 | 40 | 82 |
| 実質倍率 | 1.00 | 1.00 |
| 合格最低点 | 185/500 | 206/500 |

※1.5次含む
※回し合格(専13、併29)含まない

## 学校PR

高度に情報化・グローバル化が進行した今日。明日～未来を切り拓くみなさんが、「確かな知識・教養」さらには「豊かな心」を身につけ、明確な目標を持って、めざす「志望大学・学部への現役合格」の実現に向け、本校は、経験豊富で情熱あふれる教員と個性尊重のコース・カリキュラム編成で、一人ひとりの挑戦を全力で応援します。

**アクセス**
近鉄大阪線高安駅下車徒歩約10分
恩智駅下車徒歩約7分
スクールバスでJR大和路線柏原駅より15分
JR大和路線志紀駅より5分

## 費用

《入学手続き時》
| | |
|---|---|
| ○入学金 | 200,000円 |

《入学後》
| | |
|---|---|
| ○授業料 | (年額)594,000円 |
| ○教育後援会費 | 20,000円 |
| ○その他の納入金 | 約94,000円 |
| ○教科書・別読本等 | 約40,000円 |
| ○ICT端末購入費 | 約71,220円 |
| ○制服・体操服代 | 男子:84,000円<br>女子:87,000円 |
| ○研修旅行費 | 119,000円 |

## 奨学金・特待制度

特待生制度
成績優秀者支援制度
入学金減免制度 あり

## 独自の留学制度

特になし

## 合格実績

2024年の進学状況(卒業者数231名)
**国・公立大学合格**
京都大1、大阪大5、神戸大1、北海道大1、大阪公立大4、奈良女子大2、神戸市外国語大1、京都府立大2、金沢大1、岡山大1、広島大1、和歌山大4、兵庫県立大2、大阪教育大8(1)、奈良教育大2、奈良県立大1、和歌山県立医科大1、他。

**私立大学合格**
関西学院大25(2)、関西大65(2)、同志社大41(1)、立命館大20、京都産業大8(4)、近畿大205(21)、甲南大3、龍谷大53(1)、佛教大4、大阪医科薬科大6、大阪歯科大1、京都薬科大4、摂南大40(2)、神戸学院大13、追手門学院大20、桃山学院大17、京都外国語大2、関西外国語大11、大阪経済大23、大阪工業大14、京都女子大3、同志社女子大11、武庫川女子大10、他。

**省庁大学校合格**
防衛大1。
※( )内は既卒生内数

63

大阪

# 四條畷学園高等学校

## 学校インフォメーション

 制服　 通学（自転車通学可・直通バス）　 ICT教育　 探究授業　 海外研修　 留学制度　屋内プール

 自習スペース　 図書館　 エレベーター　 食堂　 カウンセラー　 特待生制度　 高大連携

**所在地** 〒574-0001　大東市学園町6-45

| | |
|---|---|
| 電話 | 072-876-1327 |
| 創立 | 1926年 |
| 校長 | 白石 秀継 |

| | |
|---|---|
| 生徒数 | 男 158人 女 1461人 |
| 併設校 | 四條畷学園大学、同短大、中学校、小学校、幼稚園、保育園 |
| WEB | https://hs.shijonawate-gakuen.ac.jp/ |

## 教育方針・特色

建学の精神は、「報恩感謝」。教育目標として、教育の目的は人をつくることであり、人をつくることは、徳・知・体三育の偏らざる実施とその上に立つ品性人格の陶冶に依る。教育方針は、「個性の尊重」・「明朗と自主」・「実行から学べ」・「礼儀と品性」という四つの方針を揚げている。

## スクールライフ

| | |
|---|---|
| 登校時間 | 8:50 |
| 週登校日 | 総合キャリア、発展キャリア　5日制<br>特別シンガク　6日制 |
| 学期制 | 3学期 |
| 制服 | あり(フォーマル・インフォーマル) |
| 昼食 | 食堂あり　弁当持参可 |
| 学校行事 | スポーツ大会(5月)・文化祭(9月)・畷学祭(体育大会)(10月) |
| 修学旅行 | 2年生9月 沖縄 |
| 環境・施設 | 教室・体育館・講堂・温水プール・コンピューター室・図書館・技術室・理科室・音楽室・美術室・食堂など |
| クラブ活動 | 【運動部】弓道、バトミントン、ソフトボール、陸上競技、水泳、バスケットボール、剣道、卓球、ソフトテニス、バレーボール<br>【文化部】吹奏楽、マーチングバンド、ダンス、バトン、美術、書道、演劇、文芸、英語、被服、歌声、放送、パソコン、調理、アニメ・マンガ、ギター、茶道、華道、フットサルサークル、人権問題研究、 |
| 強化クラブ | 特になし |

共学校

## 2024年度 募集要項

- ○募集人数　普通科:男女約480名(総合キャリアコース男女280名(女子6クラス、共学1クラス)、発展キャリアコース男女140名、特別シンガクコース男女60名、6年一貫コース(外部募集なし))※内部進学約40名含む
- ○願書受付　1/22(月)~1/29(月)web登録後(1/10~)書類提出、窓口または郵送(必着)
- ○選抜日時　2/10(土)
- ○合格発表　2/13(火)郵送
- ○入学手続　専願:2/22(木)まで　併願:3/25(月)まで
- ○選抜方法　国・数・英(各50分各100点)
- ○受験料　20,500円(入試結果通知用配送料含)
- ○提出書類　入学志願書・個人報告書(調査書)
- ○追加募集　1.5次: ―　2次: ―
- ◆転・編入　受け入れあり(要相談)
- ◆帰国生　海外帰国生徒については、要相談

## 2024年度 入試結果

総合キャリアコース

| | 専願 | 併願 |
|---|---|---|
| 応募者数 | 303 | 671 |
| 受験者数 | 303 | 671 |
| 合格者数 | 297 | 671 |
| 実質倍率 | 1.02 | 1.00 |
| 合格最低点 | 80/300 | 90/300 |

発展キャリアコース

| | 専願 | 併願 |
|---|---|---|
| 応募者数 | 205 | 382 |
| 受験者数 | 205 | 382 |
| 合格者数 | 183 | 362 |
| 実質倍率 | 1.12 | 1.06 |
| 合格最低点 | 130/300 | 135/300 |

※転コース合格(専18・併19)含まない

特別シンガクコース

| | 専願 | 併願 |
|---|---|---|
| 応募者数 | 36 | 126 |
| 受験者数 | 36 | 126 |
| 合格者数 | 29 | 92 |
| 実質倍率 | 1.24 | 1.37 |
| 合格最低点 | 180/300 | 185/300 |

※転コース合格(専7・併32)含まない

## 学校PR

四條畷学園では、古き良き伝統を守りつつ、新しいことにチャレンジしています。制服がとてもかわいいと人気で、オープンスクールでのファッションショーは必見です。

**アクセス**
JR学研都市線四条畷駅下徒歩1分
京阪バス・近鉄バス四条畷駅
四條畷学園前下車徒歩1分

## 費用

**《入学手続き時》**
| | |
|---|---|
| ○入学金 | 230,000円 |
| ○入学時必要経費 | 約173,000円 |

**《入学後》**
| | |
|---|---|
| ○授業料 | 600,000円 |
| ○諸経費 | |
| 　(総合キャリア) | 約63,000円 |
| 　(発展キャリア) | 約73,000円 |
| 　(特別シンガク) | 約102,000円 |
| ○その他経費 | 106,550円 |

## 奨学金・特待制度

四條畷学園奨学金制度あり。
1次入試の専願者で以下の基準に該当する者（全コース対象、人数制限なし）
基準:個人報告書に記載の3年生2学期評定〈5教科:国社数理英〉の評価合計が20以上(評価は5段階)
支援内容:入学金 230,000円 → 5,650円(大阪府立高校と同額)となります。

## 独自の留学制度

オーストラリア・カナダ
長期留学・短期留学・ホームスティなど

## 合格実績

2024年の進学状況(卒業者数354名)
四條畷学園大学合格11名

**国・公立大学合格**
大阪大1、大阪教育大1

**他の私立大学合格**
関西学院大3、関西大12、同志社大3、京都産業大4、近畿大10、甲南大1、龍谷大10、佛教大3、中央大1、関西医科大1、摂南大23、関西外国語大3、京都外国語大3、追手門学院大5、京都女子大5、同志社女子大10、武庫川女子大5、他。

64

# 四天王寺東高等学校

## 学校インフォメーション

 制服
 自転車通学可 通学
 仏教 宗教教育
 ICT教育
 夏・冬・春 長期休暇講習
 海外研修
 自習スペース

 人工芝グラウンド
 バリアフリー
 食堂
 条件付 スマホ持ち込み
 カウンセラー
 特待生制度
 ABC ネイティブ教員

**所在地** 〒583-0026 大阪府藤井寺市春日丘3-1-78

| | |
|---|---|
| 電話 | 072-937-2855 |
| 創立 | 2017年 |
| 校長 | 柏井 誠一 |

| | |
|---|---|
| 生徒数 | 男 305人 女 309人 |
| 併設校 | 四天王寺東中学校、四天王寺小学校、四天王寺大学・短期大学部 |
| WEB | https://www.shitennojigakuen.ed.jp/higashi |

## 教育方針・特色

聖徳太子の仏教精神に基づく情操教育の実践及び教科学習・学校行事・クラブ活動を通して、豊かな人間性を備え、知・徳・体全てに調和が取れた人物を育成します。また、社会ルールや校則を遵守し、探究型学習やICT教育などに積極的に取り組み、粘り強く努力を重ねて学習に励むことにより、希望する進路を実現し、将来、リーダーとして活躍できる人間力を備えた人物の育成を目指します。

## スクールライフ

| | |
|---|---|
| 登校時間 | 8:30 |
| 週登校日 | 6日制 |
| 学期制 | 3学期 |
| 制服 | あり(夏・冬) |
| 昼食 | 食堂・自動販売機あり 弁当持参可 |
| 学校行事 | 体育祭(6月)・文化祭(9月) |
| 修学旅行 | 2年生10月 4泊5日 北海道 |
| 環境・施設 | 図書室・ICT環境(全教室に電子黒板・校内全域無線LAN化)・人工芝グラウンド |
| クラブ活動 | バスケットボール部・ソフトボール部(男子)・テニス部・バトミントン部(女子)・卓球部・サッカー部・チアリーディング部・剣道部・ダンス部・バレーボール部(女子)・自然科学部・鉄道研究部・放送部・クッキング部・音楽部・イラスト部・演劇部・クイズ研究部・コンピュータサイエンス&ロボット部・軽音楽部 |
| 強化クラブ | 剣道部・チアリーディング部 |

## 2024年度 募集要項

- ○募集人数 普通科(外部募集):男女175名(Ⅰコース、Ⅱコース、Ⅲコース)
- ○願書受付 1/22(月)~1/31(水) web登録後(12/9~)書類提出、窓口または郵送
- ○選抜日時 2/10(土)
- ○合格発表 2/12(月・祝)10:00web、郵送
- ○入学手続 専願:2/15(木)、2/16(金)9:30~16:00 併願:3/19(火)13:00~14:00
- ○選抜方法 国・数・英・理・社(各50分各100点) ※ 英検取得者は級に応じて点数換算し、当日の英語得点と比較して高い方を採用
- ○受験料 15,000円
- ○提出書類 入学志願書・個人報告書(調査書)
- ○追加募集 1.5次:2/16 2次:—
- ◆転・編入 特になし
- ◆帰国生 特別対応なし

## 2024年度 入試結果

**普通科Ⅲコース**

| | 専願 | 併願 |
|---|---|---|
| 応募者数 | 43 | 154 |
| 受験者数 | 43 | 152 |
| 合格者数 | 34 | 142 |
| 実質倍率 | 1.26 | 1.07 |
| 合格最低点 | 283/500 | 298/500 |

**普通科Ⅱコース**

| | 専願 | 併願 |
|---|---|---|
| 応募者数 | 68 | 151 |
| 受験者数 | 68 | 151 |
| 合格者数 | 58 | 134 |
| 実質倍率 | 1.17 | 1.13 |
| 合格最低点 | 247/500 | 262/500 |

※転コース合格(専6・併4)含まない

**普通科Ⅰコース**

| | 専願 | 併願 |
|---|---|---|
| 応募者数 | 37 | 58 |
| 受験者数 | 36 | 57 |
| 合格者数 | 35 | 56 |
| 実質倍率 | 1.03 | 1.02 |
| 合格最低点 | 209/500 | 224/500 |

※転コース合格(専12・併22)含まない

## アクセス

近鉄南大阪線藤井寺駅下車徒歩約3分
藤井寺駅へは近鉄南大阪線大阪阿部野橋駅より準急で約13分

## 費用

**《入学手続き時》**

| | |
|---|---|
| ○入学金 | 200,000円 |
| ○教育振興協力費(1口) | 100,000円 |
| (10口以上、但し任意) | |

**《入学後》**

| | |
|---|---|
| ○授業料(年額) | 540,000円 |
| ○教育充実費(年額) | 60,000円 |
| ○後援会費(年額) | 39,600円 |
| ○生徒会費(年額) | 4,800円 |

## 奨学金・特待制度

教育特待生制度あり

## 独自の留学制度

特になし

## 合格実績

2024年の進学状況(卒業者数264名)
四天王寺大学合格42(42)名

国・公立大学合格10(9)名
大阪大1、横浜国立大1(1)、東北大1(1)、奈良女子大1(1)、和歌山大1(1)、兵庫県立大1(1)、大阪教育大1(1)、愛媛大1(1)、豊橋技術科学大1(1)、長崎県立大1(1)。

他の私立大学合格692(674)名
関西学院大10(10)、関西大40(38)、同志社大11(10)、立命館大10(9)、京都産業大21(21)、近畿大179(169)、甲南大3(3)、龍谷大9(9)、早稲田大2(1)、慶應義塾大2、立教大1(1)、摂南大40(40)、追手門学院大54(54)、桃山学院大20(20)、関西外国語大15(15)、同志社女子大4(4)、武庫川女子大19(19)、大和大23(23)、他。

※( )内は現役合格内数

## 学校PR

四天王寺東高等学校は、21世紀型の教育で探究型学習やICT教育を効果的に実施し、また、放課後学習や長期休暇前の講習等を実施して、真の学力を身につけ、大学や社会で活躍できる人材を育成します。コースについては、有名私立大学を目指すⅠコース、難関私立大学・国公立大学を目指すⅡコース、難関国公立大学・難関私立大学を目指すⅢコースの3コース制で、充実した授業内容と十分な授業時数を確保し、一人ひとりきめ細かく指導します。何れのコースもクラブ活動が可能です。また、四天王寺大学・四天王寺短期大学部への優先入学制度もあります。

# 秋桜高等学校

大阪

## 学校インフォメーション

 なし 制服
 自転車通学可 通学
 自習スペース
 可 スマホ持ち込み

**所在地** 〒597-0002 貝塚市新町2-10

| | |
|---|---|
| 電話 | 072-432-6007 |
| 創立 | 2002年 |
| 校長 | 浦田 直樹 |

| | |
|---|---|
| 生徒数 | 男284人 女227人 |
| 併設校 | なし |
| WEB | https://www.shuoh.ed.jp/ |

## 教育方針・特色

2002年に開校した通信制・普通科の高校です。誰もが安心して学び、学校生活が楽しめるように、生徒との関わりやつながりを大切にしています。担任だけでなく、すべての教員が各生徒のことが分かるよう、募集定員を少なくしています。学習については、手作りのプリントや教材を使い、誰もが学ぶことの楽しさを感じられて、参加できる授業づくりを目指しています。また、毎年楽しめる行事（特別活動）を企画していますので、そのなかから自由に選んで参加できます。私たちは「自分もまわりの人も大切にして楽しく学ぶ」ということ、「その人らしく、うれしい気持ちですごせるように」ということを願っています。

## 教育の特色

毎日通わなくてもいいので、遅刻や欠席を気にすることなく、自分の生活スタイルに合わせて通学することができます。仕事やアルバイト、趣味の時間も大切にすることができます。
どの授業も、教科担当を含め、複数の教員でサポートしますので安心です。レポートについても、多くの生徒が学校で先生と一緒に取り組んでいます。
また、たくさん登校して、多くの学校行事に参加することもできます。通常の授業以外に漢字検定や英語検定に向けての練習や、進路相談、また「まだみんなと一緒の教室ですごすのが不安」と感じている人も、個別にサポートが受けられます。他の高等学校で修得した単位も生かされるので、転校生や編入生もたくさん在籍しています。留年もありません。
少ない登校日数のなかでも充実した学校生活を送ることができるよう行事を工夫し、教員は各生徒との関わりを多く持つよう意識しています。

## 学習のしくみ

前期・後期の二期生をとっています。春、夏、冬休みは中学校とほぼ同じ時期にあります。
◎授業については年間に最低何回というように定められたスクーリング（面接指導）に出席し、同時にレポート（添削指導）を作成します。授業は、必要出席時間数の8倍程度開講していますので、ゆとりをもって出席することができます。平日以外にも、日曜スクーリングが設定されていて、仕事をしながらでも通いやすくなっています。
○レポートについては、多くの生徒が学校で先生と一緒に取り組んでいます。
○テストは半期ごとに行っています。
◎特別活動は、学校行事やボランティア活動など、卒業までに30時間以上参加することが必要ですが、年間でも30時間以上設定されています。
◎特別教育として、各種資格体系についての講座が通常の授業以外に開講されています。

## スクールライフ

| | |
|---|---|
| 登校時間 | 9:00 |
| 週登校日 | 5日制 |
| 学期制 | 2学期 |
| 制服 | なし |
| 昼食 | 弁当持ちこみ可 |
| 学校行事 | 秋桜ハイキング・いも掘り＆みかん狩りハイキング・秋桜キャンプ・体育館レクリエーション・アイススケート |

## 2024年度 募集要項

| | |
|---|---|
| ○募集人数 | 普通科：約80名 |
| ○願書受付 | 1/22（月）〜2/2（金）窓口出願 |
| ○選抜日時 | 2/10（土） 専願：9:30より　併願：13:30より |
| ○合格発表 | 入学試験日より7日以内に郵送で通知 |
| ○入学手続 | 合格通知時にお知らせ |
| ○選抜方法 | 作文…400字程度　面接…個人面接 |
| ○受験料 | 10,000円 |
| ○提出書類 | 入学志願書・個人報告書（調査書）他 |
| ○追加募集 | 1.5次：－　　2次：－ |
| ▶転・編入 | 受け入れあり（要相談） |
| ▶帰国生 | 特別対応なし |

## アクセス

南海線貝塚駅下車南西徒歩5分

## 費用

**《入学手続き時》**

| | |
|---|---|
| ○入学金（入学登録料） | 50,000円 |
| ○学籍管理手数料 | 100,000円 |

**《入学後》**

| | |
|---|---|
| ○授業料 | （年額）300,000円 |

（1単位12,000円で25単位履修する場合）
○諸費用
| | |
|---|---|
| 履修登録手数料 | 40,000円 |

（3年間毎年必要）
○レポート・健康診断・学校保険・上履き等
| | |
|---|---|
| | 10,000円程度 |
| ○教科書 | 4,000円程度 |

## 奨学金・特待制度

特になし

## 独自の留学制度

特になし

## 合格実績

**2024年の進学状況（卒業者数124名）**
大学・短期大学合格
大阪商業大、阪南大、大阪経済法科大、大阪女学院短期大、堺女子短期大、他。

専門学校合格
新大阪歯科技工士専門学校、高津理容美容専門学校、大阪調理製菓専門学校、近畿コンピュータ電子専門学校、大阪総合デザイン専門学校、阪和鳳自動車工業専門学校、大阪動物専門学校、キャットミュージックカレッジ専門学校、大原学園専門学校、他。

## 学校PR

「勉強がきらい」「学校生活がなんとなく苦手」「人づきあいに自信がもてない」などと思っている人も、誰もが安心して学校生活が楽しめるようにと私たちは思っています。自分らしく、うれしい気持ちですごせるように、私たちと一緒に楽しい時間をすごしましょう！

共通 学校制 信

# 常翔学園高等学校

## 学校インフォメーション

 制服
 通学 自転車通学可
 ICT教育
 長期休暇講習
 海外研修
 プール 屋外
 図書館 蔵書数 50,000冊

 人工芝グラウンド
 エレベーター
 食堂
 カウンセラー
 高大連携 高 大
ネイティブ教員 ABC

**所在地** 〒535-8585 大阪市旭区大宮5-16-1

電話 06-6954-4435
創立 1922年
校長 田代 浩和

生徒数 男 1217人 女 620人
併設校 大阪工業大学、摂南大学、広島国際大学、常翔学園中学校、常翔啓光学園中学校、常翔啓光学園高等学校
WEB https://www.highs.josho.ac.jp/high/

## 教育方針・特色

「自主・自律」の精神と幅広い「職業観」を養い、目的意識を持った進学の実現により、将来、実社会で活躍できる人材を育成する。

## スクールライフ

| | |
|---|---|
| 登校時間 | 8:25 |
| 週登校日 | 6日制 |
| 学期制 | 3学期 |
| 制服 | あり(夏・冬) |
| 昼食 | 購買・食堂あり 弁当持参可 |
| 学校行事 | 体育祭(7月)、文化祭(9月) |
| 修学旅行 | 2年生10月 ハワイ、インドネシア、バリ方面 予定 |
| 環境・施設 | 12階建て校舎(北館)、スポーツ施設(東館)、内庭グラウンド(人工芝)、図書館など |
| クラブ活動 | 陸上競技部、水泳部、ソフトテニス部、卓球部、バスケットボール部、男子バレーボール部、女子バレーボール部、アーチェリー部、剣道部、ラグビー部、サッカー部、柔道部、ウエイトリフティング部、硬式野球部、空手道部、ソフトボール部、ダンス部、ラクロス部、吹奏楽部、写真部、情報技術研究部、合唱部、科学部、軽音楽部、山岳部、美術部、放送部、漫画研究部、国際交流サークル、ボランティアサークル、英語ディベート部 |
| 強化クラブ | 特になし |

## 2024年度 募集要項

○募集人員 普通科(外部募集):男女440名(スーパーコース40名、特進コース200名、文理進学コース240名)
○願書受付 1/22(月)〜1/29(月) web登録後(12/16〜)郵送出願(消印有効)のみ
○選抜日時 2/10(土)
○合格発表 2/12(月・祝)15:00web、郵送
○入学手続 専願:2/12(月・祝)〜2/20(火)
併願:2/12(月・祝)〜3/19(火)
○選抜方法 国・数・英(リスニング含む)・理・社(各50点)
※英検取得者は2級以上20点、準2級10点加点あり
○受験料 20,000円
○提出書類 入学志願書・個人報告書(調査書)・英検優遇申請書(準2級以上)
○追加募集 1.5次:2/16 2次:—
▶転・編入 受け入れあり(要相談)
▶帰国生 海外帰国子女入試実施(若干名)

## 2024年度 入試結果

**スーパーコース**

| | 専願 | 併願 |
|---|---|---|
| 応募者数 | 48 | 231 |
| 受験者数 | 48 | 229 |
| 合格者数 | 14 | 138 |
| 実質倍率 | 3.43 | 1.66 |
| 合格最低点 | 311/500 | 331/500 |

**特進コース**

| | 専願 | 併願 |
|---|---|---|
| 応募者数 | 168 | 424 |
| 受験者数 | 168 | 419 |
| 合格者数 | 122(22) | 330(72) |
| 実質倍率 | 1.38 | 1.27 |
| 合格最低点 | 273/500 | 293/500 |

**文理進学コース**

| | 専願 | 併願 |
|---|---|---|
| 応募者数 | 219 | 124 |
| 受験者数 | 216 | 123 |
| 合格者数 | 194(53) | 121(102) |
| 実質倍率 | 1.11 | 1.02 |
| 合格最低点 | 230/500 | 250/500 |

## 学校PR

高校校舎である12階建ての北館には最新鋭のコンピュータを備えた情報演習室からなる「メディアフロア」、理科(物理・化学・生物)の実験室や情報機器を備えた探求学習室などの「サイエンスフロア」、書道室・美術室・作法室(茶室)からなる「芸術フロア」や家庭科実習室や普通教室から構成されている。太陽光発電システムや地熱を利用した空調機など、環境に配慮した先進設備の下で学習が可能。

常翔学園高

### アクセス
大阪メトロ谷町線千林大宮駅下車徒歩約12分
大阪メトロ谷町線・今里筋線太子橋今市駅下車徒歩約12分
大阪シティバス34号・10号大宮小学校前下車徒歩約3分
京阪本線千林駅・滝井駅下車徒歩約20分
JRおおさか東線城北公園通駅下車徒歩とバスで最短10分

## 費用

《入学手続き時》
○入学金 220,000円
○振興費 50,000円
○学年費 31,000円

《入学後》
○授業料 (年額)618,000円
○研修旅行費等積立金 (年間)270,000円

授業料・積立金は学期ごとに納入

## 奨学金・特待制度

常翔スカラシップ(特待生奨学金制度)

## 独自の留学制度

留学先 オーストラリア / ニュージーランド
内容 3ヶ月 or 1年間

## 合格実績

2024年の進学状況(卒業者数739名)
大阪工業大学244(8)名、摂南大学695(1)名、広島国際大学23名

国・公立大学合格58(6)名
京都大1、大阪大4、神戸大5(2)、東北大1、九州大1(1)、大阪公立大15(1)、横浜国立大1、京都工芸繊維大3、奈良女子大1、広島大2、三重大3、和歌山大5(1)、兵庫県立大4、京都教育大2、大阪教育大3、奈良教育大2、奈良県立大3、他。

他の私立大学合格
関西学院大89(13)、関西大198(7)、同志社大62(11)、立命館大113(1)、京都産業大74(1)、近畿大395(9)、甲南大15、龍谷大292(6)、佛教大27、早稲田大4(2)、慶應義塾大3、上智大2、東京理科大2、明治大5(3)、青山学院大3、中央大2、大阪医科薬科大10、関西医科大7(1)、兵庫医科大5、京都薬科大10、神戸薬科大13、神戸学院大53(1)、追手門学院大39(1)、桃山学院大20、京都外国語大22、関西外国語大39、大阪経済大27、同志社女子大21(2)、他。

省庁大学校合格30(1)名
防衛医科大1、防衛大29(1)。
※( )内は既卒生内数

# 常翔啓光学園高等学校

## 学校インフォメーション

 制服
 自転車通学可 通学
 学内予備校
 ICT教育
 海外研修
 留学制度
 自習スペース

 蔵書数 37,000冊 図書館
人工芝グラウンド
 食堂
 特待生制度
 高大 高大連携

**所在地** 〒573-1197　大阪府枚方市禁野本町1-13-21

| | |
|---|---|
| 電話 | 072-807-6632 |
| 創立 | 1960年 |
| 校長 | 山田 長正 |
| 生徒数 | 男 845人 女 445人 |
| 併設校 | 常翔啓光学園中学校、大阪工業大学、摂南大学、広島国際大学 |
| WEB | https://www.keiko.josho.ac.jp/ |

## 教育方針・特色

「熱心であれ(探求心)、力強くあれ(自学自習・人間力)、優しくあれ(思いやり)」を校訓とし、学力はもとより身だしなみやマナー、自己管理など人間力の養成も重視。ユニバーサル社会を創造する人間の育成を目指しています。

## スクールライフ

| | |
|---|---|
| 登校時間 | 8:20 |
| 週登校日 | 6日制 |
| 学期制 | 3学期 |
| 制服 | あり(夏・冬) |
| 昼食 | 購買・食堂あり　弁当持参可 |
| 学校行事 | 体育祭(5月)・芸術鑑賞(7月)・啓光祭(9月)・球技大会(11月)・マラソン大会(1月) |
| 修学旅行 | 2年生10月　シンガポール・マレーシア　4泊5日 |
| 環境・施設 | 図書室・ICT環境・トレーニングジム・ミューズギャラリー(3号館)・人工芝グラウンド・クライミングウォール(国際規格) |
| クラブ活動 | 【運動部】ワンダーフォーゲル部、ラグビー部、硬式野球部、バレーボール部、サッカー部、バドミントン部、硬式テニス部、陸上競技部、バスケットボール部、空手道部、剣道部、卓球サークル<br>【文化部】吹奏楽部、軽音楽部、フィッシング部、創作イラスト部、歴史研究部、サイエンス部、競技かるた部、茶道部、書道部、コンピュータ部、鉄道研究部、ダンス部、写真部、放送同好会 |
| 強化クラブ | 特になし |

## 2024年度 募集要項

- 募集人数　普通科:男女320名(特進コースⅠ類[選抜]40名、特進コースⅡ類120名、進学コース160名)
- 願書受付　1/22(月)～1/29(月)web登録後(12/18～)書類提出、窓口または郵送(必着)
- 選抜日時　2/10(土)
- 合格発表　2/13(火)16:00web、郵送
- 入学手続　専願:2/16(金)15:00まで
　　　　　　　　併願:3/19(火)13:00まで
- 選抜方法　国・数・英(リスニング含む)・理・社(各50分各100点)
　　　　　　※英検取得者は2級以上20点、準2級10点加点あり
- 受験料　20,000円
- 提出書類　入学志願書・個人報告書(調査書)・英検合格証コピー(準2級以上)
- 追加募集　1.5次:2/19　2次: —
- ▶転・編入　特になし
- ▶帰国生　特別対応なし

## 2024年度 入試結果

特進コースⅠ類(選抜)

| | 専願 | 併願 |
|---|---|---|
| 応募者数 | 32 | 325 |
| 受験者数 | 31 | 320 |
| 合格者数 | 8 | 193 |
| 実質倍率 | 3.88 | 1.66 |
| 合格最低点 | 339/500 | 344/500 |

特進コースⅡ類

| | 専願 | 併願 |
|---|---|---|
| 応募者数 | 77 | 457 |
| 受験者数 | 76 | 452 |
| 合格者数 | 48 | 377 |
| 実質倍率 | 1.58 | 1.20 |
| 合格最低点 | 300/500 | 310/500 |

※転コース合格(専18・併126)含まない

進学コース

| | 専願 | 併願 |
|---|---|---|
| 応募者数 | 124 | 381 |
| 受験者数 | 124 | 378 |
| 合格者数 | 120 | 376 |
| 実質倍率 | 1.03 | 1.01 |
| 合格最低点 | 209/500 | 230/500 |

※転コース合格(専44・併170)含まない

**アクセス**
京阪本線枚方市駅東口から徒歩13分
枚方市駅北口から京阪バスで5分
京阪交野線宮之阪駅から徒歩7分

## 費用

《入学手続き時》

| | |
|---|---|
| ○入学金 | 220,000円 |
| ○振興費 | 50,000円 |
| ○学年諸費 | 20,000円 |

《入学後》

| | | |
|---|---|---|
| ○授業料(年額) | | 618,000円 |
| ○学年諸費 | 特進コース | 73,000円 |
| | 進学コース | 95,000円 |

## 奨学金・特待制度

特待生制度、優待制度、きょうだい優待制度あり

## 独自の留学制度

留学先① オーストラリア(ブリスベン近郊)
学年　　　1～2年生対象
内容　　　12日間の語学研修
費用　　　518,000～618,000円(概算)
留学先② オーストラリア(アデレード)
学年　　　1年生対象
内容　　　8週間の短期留学
費用　　　1,278,800円(概算)

## 合格実績

2024年の進学状況(卒業者数431名)
大阪工業大学合格222名
摂南大学合格610名
広島国際大学合格9名

国・公立大学合格62名
神戸大1、名古屋大1、九州大1、大阪公立大4、京都工芸繊維大3、奈良女子大1、金沢大3、岡山大1、広島大3、滋賀大1、三重大1、和歌山大5、兵庫県立大2、京都教育大1、大阪教育大2、滋賀県立大1、奈良県立大1、和歌山県立医科大1、他。

他の私立大学合格
関西学院大37、関西大52、同志社大13、立命館大30、京都産業大68、近畿大156、甲南大3、龍谷大214、佛教大27、日本大1、大阪医科薬科大1、関西医科大3、大阪歯科大4、京都薬科大1、神戸学院大8、追手門学院大12、桃山学院大4、京都外国語大3、関西外国語大21、大阪経済大17、神戸女学院大1、大阪産業大139、大阪電気通信大19、梅花女子大20、大和大16、甲南女子大13、他。

省庁大学校合格
防衛大4。

## 学校PR

充実した教育施設と教育システムにより効率的かつ快適な教育活動を展開しています。熱心な教育指導により近年急激に大学合格実績を伸ばしています。またクラブ活動への参加も奨励しています。多くの生徒たちが文武両道に励んで欲しいと願っています。

# 昇陽高等学校

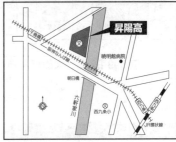

右上: 大阪 / 共学校

## 学校インフォメーション

 制服　 通学（自転車通学可）　 ICT教育　 長期休暇講習（夏・冬・春）　 習熟度別授業　 自習スペース　 図書館（蔵書数 15,000冊）

 人工芝グラウンド　 食堂　 スマホ持ち込み（条件付）　 カウンセラー　 ネイティブ教員（ABC）

**所在地** 〒554-0011　大阪市此花区朝日1-1-9

| | |
|---|---|
| 電話 | 06-6461-0091 |
| 創立 | 1924年 |
| 校長 | 竹下 健治 |

| | |
|---|---|
| 生徒数 | 男 503人 女 322人 |
| 併設校 | 昇陽中学校 |
| WEB | https://www.oskshoyo.ed.jp/hs/ |

## 教育方針・特色

For Others ～志高く～

1. 知性と教養を身につけ、自主・自律の精神に富む生徒の育成
2. 奉仕と社会貢献の精神を持ち、思いやりと礼節の心をもった生徒の育成
3. 国際科、情報化の世界に生きぬき挑戦できる生徒の育成

## スクールライフ

| | |
|---|---|
| 登校時間 | 8:25 |
| 週登校日 | 5日制（コースによっては6日） |
| 学期制 | 3学期 |
| 制服 | あり |
| 昼食 | 食堂あり 弁当持参可 |
| 学校行事 | 体育大会（6月）・文化祭（9月） |
| 修学旅行 | 2年生 11月 国内もしくは海外 |
| 環境・施設 | カトレアホール、製菓実習室、城山キャンパス人工芝グラウンド、介護実習室、ピアノレッスン室 |
| クラブ活動 | 【運動部】女子ソフトテニス部・男子バレーボール部・新体操部・卓球部・男子サッカー部・男子ハンドボール部・男子柔道部・ダンス部・バスケットボール部・バドミントン部・ソフトボール部・陸上部・硬式テニス部・バトントワリング部<br>【文化部】吹奏楽部・手話部・茶道部・軽音楽部・ボランティア部・美術部・書道部・理科研究部・演劇部・放送部 |
| 強化クラブ | ソフトテニス部（女子）、新体操部（女子）、卓球部（女子）、バレーボール部（男子） |

## 2024年度 募集要項

○募集人数　普通科：男女270名（特進コース、進学Ⅰ・Ⅱ・Ⅲコース、看護・医療系進学コース、保育教育コース、ITフロンティアコース、ビジネス/公務員チャレンジコース、パティシエコース）
福祉科：男女30名（福祉コース）

○願書受付　1/22（月）～1/29（月）16:00
web登録後（12/20～）書類提出、窓口または郵送（1/29必着）

○選抜日時　2/10（土）
○合格発表　2/11（日・祝）郵送
○入学手続　専願：2/14（水）9:00～16:00
　　　　　　　併願：3/19（火）10:00～16:00
○選抜方法　国・数・英（各50分）・面接（専願）
○受験料　20,000円
○提出書類　入学志願書・個人報告書（調査書）
○追加募集　1.5次：2/16　2次：—
◆転・編入　受け入れあり（要相談）
◆帰国生　特別対応なし

## 2024年度 入試結果

| 特進コース | 専願 | 併願 |
|---|---|---|
| 応募者数 | 9 | 39 |
| 受験者数 | 9 | 39 |
| 合格者数 | 9 | 38 |
| 実質倍率 | 1.00 | 1.03 |
| 合格最低点 | 非公表 | 非公表 |

| 進学ⅠⅡⅢコース | 専願 | 併願 |
|---|---|---|
| 応募者数 | 78 | 146 |
| 受験者数 | 78 | 146 |
| 合格者数 | 77 | 143 |
| 実質倍率 | 1.01 | 1.02 |
| 合格最低点 | 非公表 | 非公表 |

※進学Ⅰ合格（併1）含まない

| 看護・医療コース | 専願 | 併願 |
|---|---|---|
| 応募者数 | 12 | 17 |
| 受験者数 | 12 | 17 |
| 合格者数 | 11 | 17 |
| 実質倍率 | 1.09 | 1.00 |
| 合格最低点 | 非公表 | 非公表 |

| 保育教育コース | 専願 | 併願 |
|---|---|---|
| 応募者数 | 9 | 31 |
| 受験者数 | 9 | 31 |
| 合格者数 | 9 | 31 |
| 実質倍率 | 1.00 | 1.00 |
| 合格最低点 | 非公表 | 非公表 |

| ビジネス/公務員コース | 専願 | 併願 |
|---|---|---|
| 応募者数 | 16 | 76 |
| 受験者数 | 16 | 76 |
| 合格者数 | 16 | 76 |
| 実質倍率 | 1.00 | 1.00 |
| 合格最低点 | 非公表 | 非公表 |

| ITフロンティアコース | 専願 | 併願 |
|---|---|---|
| 応募者数 | 45 | 81 |
| 受験者数 | 45 | 81 |
| 合格者数 | 45 | 79 |
| 実質倍率 | 1.00 | 1.03 |
| 合格最低点 | 非公表 | 非公表 |

※ビジネス合格（併1）含まない

| パティシエコース | 専願 | 併願 |
|---|---|---|
| 応募者数 | 24 | 61 |
| 受験者数 | 24 | 61 |
| 合格者数 | 24 | 60 |
| 実質倍率 | 1.00 | 1.02 |
| 合格最低点 | 非公表 | 非公表 |

| 福祉コース | 専願 | 併願 |
|---|---|---|
| 応募者数 | 20 | 34 |
| 受験者数 | 20 | 34 |
| 合格者数 | 20 | 34 |
| 実質倍率 | 1.00 | 1.00 |
| 合格最低点 | 非公表 | 非公表 |

## アクセス

JR環状線西九条駅下車徒歩6分
阪神なんば線千鳥橋駅下車徒歩5分

## 費用

○入学金　200,000円
※入学手続時納入金（入学金＋積立金より
　5万円＋教科書・教材・クロームブック・制服一式・体操服代金等
　合計約45万円（コースによって異なる）

《年間学費》令和6年度実績
○授業料（年4回分納）　600,000円
○生徒会費（4月一括納入）　4,800円
○学級費（4月一括納入）　1,200円
○保護者会費（4月一括納入）　15,000円
○後援会費　10,000円
○修学旅行積立金（12月一括納入）　50,000円
○学習活動費積立金（入学時を含む年4回分納）　150,000円
○外部施設実習費積立（福祉科のみ）　73,000円

## 奨学金・特待制度

制度あり　※詳細については学校までお問合せください。

## 独自の留学制度

特になし

## 合格実績

2024年の進学状況（卒業者数268名）
国・公立大学合格1名
滋賀大1。

私立大学合格110名
関西学院大13、関西大4、同志社大1、立命館大1、京都産業大2、近畿大21、甲南大1、龍谷大14、摂南大8、追手門学院大6、関西外国語大8、同志社女子大3、武庫川女子大1、他。

短期大学合格10名

専門学校合格70名

## 学校PR

「人は輝くために生まれてきた」一度きりの人生を自分らしく生きましょう。「For Others」の精神のもと、周囲に感謝する気持ちを忘れず、自らの可能性や個性を「昇陽」で磨きましょう。

# 精華高等学校

## 学校インフォメーション

 制服　 通学（自転車通学可・スクールバス）　 ICT教育　 長期休暇講習　 探究授業　 留学制度　 学生寮（野球部寮）

自習スペース　図書館　食堂　スマホ持ち込み（条件付）　カウンセラー　奨学生制度　英語イマージョン（オンライン英会話）

| | |
|---|---|
| **所在地** | 〒599-8245　大阪府堺市中区辻之1517番地 |
| 電話 | 072-234-3391 |
| 創立 | 1926年 |
| 校長 | 正川　昌彦 |
| 生徒数 | 男 463人　女 286人 |
| 併設校 | なし |
| WEB | https://www.seika-h.ed.jp |

## 教育方針・特色

生徒が興味のあること、やりたいこと、勉強したいことに自らチャレンジできるプログラムを用意している。
2026年度には学園創立100周年を迎える。

## スクールライフ

| | |
|---|---|
| 登校時間 | 8:35登校（コースにより朝学習のため8:20） |
| 週登校日 | 5日制（第2・4週土曜日は休日） |
| 学期制 | 3学期 |
| 制服 | あり（冬・夏）女子はスラックスあり |
| 昼食 | 購買・食堂あり　弁当持参可 |
| 学校行事 | 体育祭（9月）・文化祭（10月） |
| 修学旅行 | 2年生12月　3泊4日 |
| 環境・施設 | 全館Wifi完備・エボリューションルーム（E-room）・コンピュータ室・図書室・音楽室・体育館・第2研修館・食堂・庭園・フィールドセンター |
| クラブ活動 | 【運動部】男子バレーボール部、女子バレーボール部、テニス部、陸上競技部、男子バスケットボール部、女子バスケットボール部、卓球部、サッカー部、硬式野球部、ラグビー部、剣道部<br>【文化部】美術部、演劇部、写真部、手芸部、イラスト部、吹奏楽部、歴史文化部、eスポーツ部、人権研究部、ESS同好会、女子ダンス部 |
| 強化クラブ | 吹奏楽部、剣道部、硬式野球部、卓球部、サッカー部、演劇部、女子バスケットボール部 |

## 2024年度 募集要項

| | |
|---|---|
| ○募集人数 | 普通科：男女320名（ニュースタンダード(NS)コース120名、スーパーグローバル(SG)コース20名、スポーツ＆アート(SA)コース専願80名、i-Tech(IT)コース40名、環境福祉(EW)コース専願30名、フリーアカデミー(FA)専願30名） |
| ○願書受付 | 1/22(月)～1/31(水)12:00　web登録後（12/21～）書類提出、窓口または郵送（必着） |
| ○選抜日時 | 2/10(土)、2/11(日・祝)面接 |
| ○合格発表 | 2/13(火)必着郵送 |
| ○入学手続 | 専願：3/2(土)　8:40～11:10までに納入証明書持参<br>併願：3/19(火)　12:00～14:30までに納入証明書持参 |
| ○選抜方法 | FAコース以外：国・英・選択（数か社）・面接<br>FAコース：国・英・作文 |
| ○受験料 | 20,000円 |
| ○提出書類 | 入学志願書・個人報告書（調査書） |
| ○追加募集 | 1.5次：2/16　2次：3/25 |
| ▶転・編入 | 特になし |
| ▶帰国生 | 特別対応なし |

## 2024年度 入試結果

| NSコース | 専願 | 併願 | SGコース | 専願 | 併願 |
|---|---|---|---|---|---|
| 応募者数 | 109 | 344 | 応募者数 | 2 | 9 |
| 受験者数 | 109 | 344 | 受験者数 | 2 | 9 |
| 合格者数 | 108 | 334 | 合格者数 | 2 | 9 |
| 実質倍率 | 1.01 | 1.03 | 実質倍率 | 1.00 | 1.00 |
| 合格最低点 | 86/300 | 106/300 | 合格最低点 | 176/300 | 182/300 |

| SAコース | 専願 | | ITコース | 専願 | 併願 |
|---|---|---|---|---|---|
| 応募者数 | 70 | | 応募者数 | 28 | 45 |
| 受験者数 | 70 | | 受験者数 | 28 | 45 |
| 合格者数 | 70 | | 合格者数 | 28 | 44 |
| 実質倍率 | 1.00 | | 実質倍率 | 1.00 | 1.02 |
| 合格最低点 | 86/300 | | 合格最低点 | 86/300 | 106/300 |

| 環境福祉コース | 専願 | | FAコース | 専願 | |
|---|---|---|---|---|---|
| 応募者数 | 30 | | 応募者数 | 20 | |
| 受験者数 | 30 | | 受験者数 | 20 | |
| 合格者数 | 30 | | 合格者数 | 20 | |
| 実質倍率 | 1.00 | | 実質倍率 | 1.00 | |
| 合格最低点 | 86/300 | | 合格最低点 | 74/200 | |

## アクセス

泉北高速深井駅より南海バス東中学校前下車徒歩5分
南海高野線北野田駅より南海バス高山下車徒歩8分

## 費用

**《入学手続き時》**

| | |
|---|---|
| ○入学金 | 150,000円 |
| ・施設充実費 | 50,000円 |
| ・タブレット費（年間）約 | 45,000円 |
| ・教科書代・総合保険費・制定品費（制服・体操服など）約 | 180,000円 |

**《入学後》**

| | |
|---|---|
| ○授業料 | 昨年実績（年間）576,000円増額予定 |

【生徒納付金】
諸費用（約70,000円～コースにより異なる）
修学旅行費積立費（1年次100,000円）

## 奨学金・特待制度

①本校のクラブ活動に関する優遇制度（専願者のみ）
②新コースに関する優遇制度（専願・併願者とも）
③学園より入学祝金としての優遇制度（給付型）
④その他の優遇制度（給付型）（専願・併願入学者）

## 独自の留学制度

特になし

## 合格実績

2024年の進学状況（卒業者数244名）
私立大学合格122名

京都産業大1、近畿大2、摂南大3、追手門学院大2、桃山学院大11、京都外国語大2、大阪工業大1、神戸女学院大1、阪南大5、大阪電気通信大4、四天王寺大14、太成学院大9、羽衣国際大8、帝塚山学院大7、大阪商業大5、大阪学院大5、大阪産業大4、大阪経済法科大4、大阪大谷大4、桃山学院教育大4、大阪芸術大3、関西福祉科学大2、大阪観光大2、園田学園女子大2、大阪国際大2、他。

## 学校PR

1.チャレンジできる学校
2.クラブ活動がさかんな学校
3.個性が発揮できる学校
これからの精華高校は、「選ばれる学校」へ進化していきます。
自分に正直に行動し、全力で未来に向かうあなたこそが、次の精華高校を創造します。

# 清教学園高等学校

## 学校インフォメーション

 制服
 自転車通学可 通学
 キリスト教 宗教教育
 ICT教育
 長期休暇講習
 留学制度
自習スペース

 蔵書数 78,000冊 図書館
 食堂
 条件付 スマホ持ち込み
 カウンセラー
 海外姉妹校

**所在地** 〒586-8585 河内長野市末広町623

| | |
|---|---|
| 電話 | 0721-62-6828 |
| 創立 | 1951年 |
| 校長 | 森野 章二 |

| | |
|---|---|
| 生徒数 | 男 695人 女 619人 |
| 併設校 | 清教学園中学校 |
| WEB | https://www.seikyo.ed.jp/ |

**アクセス**
南海高野線、近鉄長野線河内長野駅下車徒歩10分

## 教育方針・特色

「神なき教育は知恵ある悪魔をつくり　神ある教育は愛ある知恵に人を導く」という校是のもと、教育方針は次のようになっている。
1. キリスト教主義に基づき、愛と奉仕を実践できる人間を育成
2. 男女共学により、平等と他者の尊厳を大切にできる人間を育成
3. 国際感覚を持ち、平和と友好を築く人間を育成
4. 勉学と部活動を両立し、幅広い価値観を持つ人間を育成
5. 現役で大学合格をめざす進学指導

## スクールライフ

| | |
|---|---|
| 登校時間 | 8:20 |
| 週登校日 | 6日制　土曜日4時間 |
| 学期制 | 3学期 |
| 制服 | あり(夏・冬) |
| 昼食 | 購買・食堂あり　弁当持参可 |
| 学校行事 | 体育祭(6月)・文化祭(9月) |
| 修学旅行 | 2年生9月　3泊4日　国内(首都圏)か海外を選択 |
| 環境・施設 | 学園チャペル・ラーニングコモンズ・イングリッシュルーム・スタディホール・総合体育館・第1、2体育館・図書館(リブラリア)・総合学習室・サイエンス棟 など　全館Wi-Fi完備 |
| クラブ活動 | 硬式野球部・サッカー部・陸上競技部・ソフトテニス部・男子硬式テニス部・バドミントン部・バレーボール部・バスケットボール部・なぎなた部・剣道部・吹奏楽部・ハンドベル部・美術部・演劇部・合唱部・ESS部・書道部・聖書研究会・インターアクト部・理科部・ダンス部 |
| 強化クラブ | 特になし |

## 2024年度 募集要項

- ○募集人数　普通科(外部募集):男女200名(S特進コース理系80名、S特進コース文系120名)
- ○願書受付　1/22(月)~1/29(月)15:00
  web登録は12/1~
- ○選抜日時　2/10(土)8:15
- ○合格発表　2/11(日・祝)9:00以降web
- ○入学手続　専願:2/17(土)9:00~15:00
  ※前日までに合否照会サイトで入学金決済を済ませること
  併願:3/19(火)11:00~15:00
- ○選抜方法　国・数・英(リスニング含む)・理・社(各50分各100点)
- ○受験料　20,000円
- ○提出書類　入学志願書・個人報告書(調査書)
- ○追加募集　1.5次:—　2次:
- ◆転・編入　受け入れあり(要相談)
- ◆帰国生　帰国生入試あり(要問い合わせ)

## 2024年度 入試結果

**S特進コース理系**

| | 専願 | 併願 |
|---|---|---|
| 応募者数 | 111 | 558 |
| 受験者数 | 111 | 558 |
| 合格者数 | 19 | 247 |
| 実質倍率 | 5.84 | 2.26 |
| 合格最低点 | 320/500 | 340/500 |

**S特進コース文系**

| | 専願 | 併願 |
|---|---|---|
| 応募者数 | 51 | 55 |
| 受験者数 | 51 | 54 |
| 合格者数 | 44 | 52 |
| 実質倍率 | 1.16 | 1.04 |
| 合格最低点 | 247/500 | 282/500 |

※転科合格(専92・併308)含まない

## 費用

**《入学手続き時》**

| | |
|---|---|
| ○入学金 | 220,000円 |
| ○前期教材費 | 30,000円 |

**《入学後》**

| | |
|---|---|
| ○授業料 | (年額)648,000円 |
| ○修学旅行積立金 | 66,000円 |
| ○PTA会費 | 12,000円 |
| ○部活動援助費 | 2,400円 |
| ○学級費 | 600円 |
| ○生徒会費 | 600円 |
| ○後期教材費 | 30,000円 |

## 奨学金・特待制度

- ○植田奨学金制度(経済的支援が必要な場合)無利息貸与
- ○成績優秀者に特待制度有(入学金免除、授業料相当額の奨学金)。対象:専願・併願受験者

## 独自の留学制度

フィリピン　セブ島　約10日間の短期留学
イギリス　ケンブリッジ約10日間の短期留学
対象は1・2年生
その他、半年・ターム留学
(松村グローバル・スカラーシップ)、年間留学 も有り

## 合格実績

**2024年の進学状況(卒業者数162名)**
国・公立大学合格162(143)名
東京大1、京都大4(4)、大阪大7(5)、神戸大5(4)、北海道大3(3)、東北大1、九州大1(1)、大阪公立大35(31)、京都工芸繊維大2(2)、奈良女子大1(1)、神戸市外国語大1(1)、金沢大3(2)、岡山大2(2)、広島大4(4)、三重大5(5)、和歌山大18(16)、兵庫県立大4(3)、大阪教育大9(9)、奈良教育大3(3)、滋賀県立大2(2)、奈良県立大2(2)、他。

**私立大学合格**
関西学院大41(34)、関西大259(235)、同志社大115(98)、立命館大95(86)、早稲田大3(1)、慶應義塾大4(4)、上智大1(1)、東京理科大6(2)、明治大2(2)、青山学院大6(6)、他。

医歯薬獣医学科90名(75)
※( )内は現役合格内数

## 学校PR

清教学園は神様の愛に根ざし、一人ひとりを大切に育て、それぞれの「賜物」を生かします。ですから、生徒達は明るく、生き生きと輝いています。勉強をするための環境はもちろん、部活動も盛んで、両立は十分可能です。まさに「文武両道」を実現できる学校です。また、卒業後も学校を訪ねる生徒が多く、親子孫三代でご入学頂くような「リピーター」が多いのも本校の特徴です。

# 星翔高等学校

## 学校インフォメーション

 制服
 通学 自転車通学可
 ICT教育
 自習スペース
 図書館 蔵書数 35,000冊
 人工芝グラウンド
 食堂

 スマホ持ち込み 条件付
 特待生制度
 ネイティブ教員

**所在地** 〒566-0022 摂津市三島3-5-36

| | | | |
|---|---|---|---|
| 電話 | 06-6381-0220 | 生徒数 | 男 588人 女 140人 |
| 創立 | 1938年 | 併設校 | なし |
| 校長 | 辻井 安喜 | WEB | https://www.osaka-seisho.ed.jp/ |

## 教育方針・特色

「翔け希望大学へ！翔けモノづくりへ！翔け全国大会へ！」を合言葉に生徒たちが個々の目標をもって取り組んでいる。普通科では国公立大学や難関私立合格を目標に日々取り組む生徒から、探求授業などを通し目標探しをする生徒まで様々。工学技術系の4工学科では資格取得や専門的な技術の習得を重視。また全日制高校では初の国土交通省認定ドローン登録講習機関となり新しい分野に挑戦。普通科アスリートコースでは各推薦クラブが全国大会出場を目指して活発に活動している。

## スクールライフ

| | |
|---|---|
| 登校時間 | 8:30 |
| 週登校日 | 6日制 |
| 学期制 | 3学期 |
| 制服 | あり |
| 昼食 | 食堂あり 弁当持参可 |
| 学校行事 | 球技大会5月・芸術鑑賞会6月・体育大会10月・星翔祭11月・修学旅行3月 |
| 修学旅行 | 2年生3月 北海道・東京・沖縄 など |
| 環境・施設 | 第一体育館・第二体育館(知新館)・宿泊施設・図書館・視聴覚教室・調理実習室・芸術棟・中庭・多目的グラウンド |
| クラブ活動 | 運動部:卓球[男女]・硬式野球・男子バスケットボール・女子バスケットボール・男子バレーボール・女子バレーボール・女子サッカー・女子柔道・アーチェリー[男女]・剣道[男女]・なぎなた[男女]・男子サッカー・ソフトテニス[男女]・バドミントン[男女]・陸上[男]<br>文化部:囲碁将棋ボードゲーム部、音楽部、機械研究部、写真部、電気自動車研究部、図書部、美術部、ランドスケープデザイン部、ドローン部、放送部、人権教育研究部 |
| 強化クラブ | 硬式野球(男子)、サッカー(男女)、卓球(男女)、バレーボール(男女)、バスケットボール(男女) |

## 2024年度 募集要項

- ○募集人数 工業技術系:男女140名(機械工学科、電子機械工学科、電気工学科、コミュニケーションシステム工学科の一括募集)<br>普通科160名(特進アドバンスコース20名、総合キャリアコース70名、アスリートコース専願70名)
- ○願書受付 1/22(月)～1/26(金) web登録後(12/20～)書類提出、窓口または郵送
- ○選抜日時 2/10(土)、2/11(日・祝)面接
- ○合格発表 2/13(火)郵送
- ○入学手続 専願:2/15(木)～2/19(月)15:00まで<br>併願:公立高校合格発表日15:00まで
- ○選抜方法 国・数・英・理・社・面接<br>普通科特進アドバンスコースは5科、他は3科(国数英)
- ○受験料 20,000円
- ○提出書類 入学志願書・個人報告書(調査書)
- ○追加募集 1.5次:2/19 2次:
- ◆転・編入 受け入れあり(要相談)
- ◆帰国生 特別対応なし

## 2024年度 入試結果

**特進アドバンスコース**

| | 専願 | 併願 |
|---|---|---|
| 応募者数 | 8 | 36 |
| 受験者数 | 8 | 35 |
| 合格者数 | 7 | 33 |
| 実質倍率 | 1.14 | 1.06 |
| 合格最低点 | 211/500 | 215/500 |

**総合キャリアコース**

| | 専願 | 併願 |
|---|---|---|
| 応募者数 | 80 | 277 |
| 受験者数 | 79 | 275 |
| 合格者数 | 80 | 277 |
| 実質倍率 | 1.00 | 1.00 |
| 合格最低点 | 84/300 | 109/300 |

※特進アドバンスからの回し合格含む

**アスリートコース**

| | 専願 |
|---|---|
| 応募者数 | 62 |
| 受験者数 | 61 |
| 合格者数 | 61 |
| 実質倍率 | 1.00 |
| 合格最低点 | 88/300 |

**工業技術系**

| | 専願 | 併願 |
|---|---|---|
| 応募者数 | 75 | 252 |
| 受験者数 | 75 | 250 |
| 合格者数 | 74 | 250 |
| 実質倍率 | 1.01 | 1.00 |
| 合格最低点 | 87/300 | 109/300 |

## 学校PR

標準制服以外にも、ネクタイ、リボンやポロシャツなど選べるオプションを豊富に用意。「自由な制服」でスクールライフを華やかにしてみませんか。様々な学科・コースがある本校は、受験指導・資格取得・クラブ活動など幅広い学びを通して皆さんの夢を実現します。

## アクセス

阪急京都線摂津市駅下車徒歩10分
阪急京都線正雀駅下車徒歩14分
JR京都線岸辺駅・千里丘駅下車徒歩19分
大阪モノレール摂津駅下車徒歩12分

## 費用

**入学手続時**

| | |
|---|---|
| ○入学金 | 200,000円 |
| ○保護者会入会金等 | 12,335円 |
| ○健康診断費・ロッカー使用料等 | 5,820円 |
| ○副教材費 科によって異なる | 142,000円～262,000円 |

**入学後**

| | |
|---|---|
| ○授業料 | 600,000円 |
| ○旅行積立金および生徒会その他 | 89,800円 |
| ○実習経費(工業技術系のみ) | 20,000円 |

## 奨学金・特待制度

「スポーツ推薦入学制度」「特進アドバンスコースS特待生制度」「特待生制度」「工業特待生制度」「工業女子生徒特待生制度」など

## 独自の留学制度

特になし

## 合格実績

2024年の進学状況(卒業者数201名)
私立大学合格75名
近畿大2、摂南大2、追手門学院大5、大阪経済大1、大阪工業大2、武庫川女子大1、大阪芸術大2、大阪電気通信大7、天理大2、大阪産業大4、大阪商業大1、大阪保健医療大3、他。

# 清風南海高等学校

## 学校インフォメーション

 制服　 自転車通学許可 スクールバス 通学　 仏教 宗教教育　 ICT教育　 海外研修　 留学制度　 自習スペース

 蔵書数 50,000冊 図書館　 人工芝グラウンド　 カフェテリア　 スマホ持ち込み　 届出　帰国生入試　ネイティブ教員　海外姉妹校

**所在地**　〒592-0014　大阪府高石市綾園5丁目7番64号

| | |
|---|---|
| 電話 | 072-261-7761 |
| 創立 | 1963年 |
| 校長 | 平岡 正 |
| 生徒数 | 男 550人 女 354人 |
| 併設校 | 清風南海中学校 |
| WEB | https://www.seifunankai.ac.jp/ |

## 教育方針・特色

「勤勉と責任を重んじ、自律的精神を養うと共に、明朗にして誠実、常に希望の中に幸福を見出し、社会の全てから安心と尊敬と信頼の対象となり、信用され得る人物を育成するため、仏教を中心とした宗教による教育を実施する。」が教育方針。命の大切さを説き、相手の人格を尊重し、豊かな人間性を養う心の教育を重んじ、生徒が習得した学力が将来大きな創造力を生み出す基盤となるような学習訓練を行います。また、ICTを活用し、希望者に対し『グローバル探究ゼミ』を開講、TOEFL対策講座や海外短期留学の機会を設け、国際社会をリードできるグローバル人材を育成するよう努めています。

## スクールライフ

| | |
|---|---|
| 登校時間 | 8:30 |
| 週登校日 | 6日制 |
| 学期制 | 3学期 |
| 制服 | あり(夏・冬) |
| 昼食 | 購買・カフェテリアあり 弁当持参可 |
| 学校行事 | 体育大会(6月)・文化芸術の日(9月) |
| 修学旅行 | 2年生7月 3泊4日 北海道 |
| 環境・施設 | 図書館・スタディホール・学習室・ICT環境・全面人工芝グラウンド(第1・第2)・体育館(第1・第2)など |
| クラブ活動 | 体育系:剣道、硬式テニス、サッカー、陸上、ソフトボール、卓球、バスケットボール、バレーボール・テコンドー・タッチラグビー<br>文化系:インターアクト、吹奏楽、美術、囲碁将棋、科学研究、演劇、鉄道研究、フィールドワーク、茶道研究、軽音楽、ESS |
| 強化クラブ | 特になし |

## 2024年度 募集要項

- ○募集人数 普通科(外部募集):男女40名(3か年特進コース)
- ○願書受付 1/22(月)~2/10(土) 8:20 web登録後(1/10~)書類提出、窓口または郵送(2/10 8:20必着)
  窓口:1/24(水)~1/31(水)
- ○選抜日時 2/10(土)8:40
- ○合格発表 2/11(日・祝)郵送、14:00web
- ○入学手続 専願:2/15(木)14:00まで
  併願:3/19(火)14:00
- ○選抜方法 国・数・英(各60分各100点)・理・社(各50各100点)
  5科合計と国数英合計×1.25を比較して高得点の方で判定
  専願のみ国数英合計×5/3とも比較
  英検・TOEFL等の資格取得者は20~60点加点(出願時に証明書等要提出)
- ○受験料 20,000円
- ○提出書類 入学志願書・個人報告書(調査書)
- ○追加募集 1.5次:2/17 2次:—
- ◆転・編入 受け入れあり(要相談)
- ◆帰国生 海外帰国生徒入学制度あり

## 2024年度 入試結果

3か年特進コース

| | 専願 | 併願 |
|---|---|---|
| 応募者数 | 11 | 234 |
| 受験者数 | 11 | 230 |
| 合格者数 | 10 | 226 |
| 実質倍率 | 1.10 | 1.02 |
| 合格基準点 | 300/500 | 307/500 |

## 学校PR

勉強に打ち込める環境があるのはもちろん、部活もその他の活動も充実しています。オープンスクールでの活動をはじめ、自分から積極的に参加できる活動が多く、夢中になればなるほど毎日の学校生活を充実させることができる学校だという自信があります。入学してしっかり楽しんでほしいと思います。(在校生談)

## アクセス

南海本線北助松駅下車徒歩約5分
南海本線高石駅下車徒歩約7分
JR阪和線北信太駅下車徒歩約20分(自転車通学可7分)

## 費用

《入学手続き時》
- ○入学金 200,000円
- ○施設拡充費 60,000円
- ○授業料(入学時)140,000円

《入学後》
- ○授業料 640,000円(入学時、9月、1月分納)
- ○修養行事・校外学習・修学旅行に係る費用
  補助教材購入費・タブレット関連費など
  約370,000円/年
- ○教育後援会費 12,000円/年
- ○金剛会(同窓会)終身会費(卒業時) 10,000円
- ○卒業記念費(アルバム代を含む)(卒業時)

(入学時)
- ○本校指定品・教科書及び副教材購入費
  ・学生総合補償制度保険料
  約155,500円~158,000円

## 奨学金・特待制度

特になし

## 独自の留学制度

| | |
|---|---|
| 留学先 | イギリス・オーストラリア(海外姉妹校) |
| 内容 | 短期交換留学(現在、休止中) |

## 合格実績

2024年の進学状況(卒業者数274名)
国・公立大学合格195(135)名
東京大3(3)、京都大35(23)(医1)、一橋大1(1)、東京工業2(2)、大阪大15(10)(医3(2))、神戸大32(23)(医4(2))、北海道大7(7)(医2(2))、東北大3(2)、九州大1(1)、大阪公立大34(22)(医5(4))、横浜国立1、京都工芸繊維大4(2)、京都府立大1(1)、岡山大1、広島大5(3)、三重大3(3)(医1(1))、和歌山大9(8)、山口大2(1)、大阪教育大2(1)(医1)、和歌山県立医科大4(3)(医3(2))、奈良県立医科大5(5)(医5(5))、京都府立医科大1(1)(医1(1))、他。

省庁大学校合格3(3)名
防衛医科大1(1)、防衛大1(1)、他。

※( )内は現役合格内数

大阪

共学校

73

# 清明学院高等学校

## 学校インフォメーション

 制服
 自転車通学可 通学
 ICT教育
 長期休暇講習
 習熟度別授業
 自習スペース
 蔵書数 26,000冊 図書館

 人工芝グラウンド
 食堂
 条件付 スマホ持ち込み
 特待生制度

**所在地** 〒558-0043　大阪市住吉区墨江2-4-4

| | |
|---|---|
| 電話 | 06-6673-8181 |
| 創立 | 1941年 |
| 校長 | 天野 久 |
| 生徒数 | 男 444人 女 326人 |
| 併設校 | なし |
| WEB | https://www.seimei.ed.jp/ |

## 教育方針・特色

教育方針は「しつけ教育」「個性に適応した教育」「ボランティア精神の育成」です。
「強くあれ」「正しくあれ」「優しくあれ」を校訓に、個性と学力を伸ばすコース制を実施。

## スクールライフ

| | |
|---|---|
| 登校時間 | 8:30朝礼(8:25予鈴) |
| 週登校日 | 6日制(第二・第四土曜日は休業日) |
| 学期制 | 3学期 |
| 制服 | あり(夏・冬) |
| 昼食 | 食堂あり 弁当持参可 |
| 学校行事 | 文化祭(6月)・体育祭(7月) |
| 修学旅行 | 2年生12月 3泊5日 ハワイ |
| 環境・施設 | 図書館・PCルーム(Macパソコン導入)・人工芝グラウンド・トレーニング室・自習室・講堂 |
| クラブ活動 | [体育部 10部]サッカー・剣道・バスケットボール・陸上競技・少林寺拳法・テニス・バレーボール・バドミントン・卓球・ダンス<br>[文化部 13部]吹奏楽・書道・写真・園芸・茶道・日舞・美術・将棋・ESS・パソコン・イラスト・手話・理科 |
| 強化クラブ | サッカー・剣道・バスケットボール(男)・陸上競技 |

## 2024年度 募集要項

- 募集人数　普通科:男女360名(文系特進コース、理系特進コース、看護・医療系特進コース計120名、進学コース120名、総合コース120名)
- 願書受付　1/22(月)~1/29(月)15:00 web登録後(12/18~)書類提出、窓口または郵送(必着)
- 選抜日時　2/10(土)
- 合格発表　2/12(月・祝)速達通知
- 入学手続　専願:2/25(日)11:00~15:00　併願:3/20(水)11:00~15:00
- 選抜方法　国・数・英・理・社(各50分)・面接(専願)　進学・総合コースは3科(国数英)、他は5科
- 受験料　20,000円
- 提出書類　入学志願書・個人報告書(調査書)
- 追加募集　1.5次:2/16　2次:—
- ◆転・編入　特になし
- ◆帰国生　特別対応なし

## 2024年度 入試結果

**文系・理系・看護医療系特進コース　進学コース**

| | 専願 | 併願 | | 専願 | 併願 |
|---|---|---|---|---|---|
| 応募者数 | 62 | 146 | 応募者数 | 82 | 256 |
| 受験者数 | 62 | 146 | 受験者数 | 82 | 256 |
| 合格者数 | 59 | 133 | 合格者数 | 81 | 249 |
| 実質倍率 | 1.05 | 1.10 | 実質倍率 | 1.01 | 1.03 |
| 合格最低点 | 非公表 | 非公表 | 合格最低点 | 非公表 | 非公表 |

※回し合格(専3・併12)含まない

**総合コース**

| | 専願 | 併願 |
|---|---|---|
| 応募者数 | 43 | 194 |
| 受験者数 | 43 | 194 |
| 合格者数 | 43 | 194 |
| 実質倍率 | 1.00 | 1.00 |
| 合格最低点 | 非公表 | 非公表 |

※回し合格(専1・併8)含まない

## 学校PR

生徒の多様なニーズにこたえるため、「文系特進」「理系特進」「看護・医療系特進」「進学」「総合」の5つのコースを設け、カリキュラムに特色を持たせています。日頃から生徒一人ひとりに対して丁寧な指導を行い、個性を伸ばし、希望する進路決定へと導いていきます。また、2年生進級時には他コースへ転コースできる制度があり、進路目標を見直すことも可能です。学習面では、習熟度別授業や放課後の課外講座・長期休暇中講習・勉強合宿など補講体制も充実しています。

清明学院高

**アクセス**
南海高野線沢ノ町駅下車300m
南海本線住吉大社駅下車900m
阪堺線細井川駅下車600m

## 費用

**《入学手続き時》**
| | |
|---|---|
| ○入学金 | 200,000円 |
| ○学年費・学年総合補償保険料 | 146,000円 |
| ○制定品一式 | (男子)約138,000円 |
| | (女子)約140,000円 |
| ○教科書 | 約9,000円 |
| ○副読本 | 約10,000円 |

**《入学後》**
| | |
|---|---|
| ○授業料 | (年額)590,000円 |
| ○PTA会費 | 10,000円 |
| ○生徒会費 | 4,000円 |
| ○タブレット利用料 | 50,000円 |
| ○修学旅行積立金(40,000円×5期) | 200,000円 |

## 奨学金・特待制度

清明学院特待制度
○成績優秀者特待制度
[文系、理系、看護・医療系、各特進コース受験生(専願・併願を問わず)]

| 特待の種類 | 入学試験成績 | 内容 |
|---|---|---|
| A特待 | 1位~30位 | ・入学金全額免除<br>・学校制定品(制服・体操服・カバン・靴)約14万円相当無償[入学時]<br>・奨学金年間30万円給付[3年間] |
| B特待 | 31位~40位 | ・入学金全額免除<br>・学校制定品(制服・体操服・カバン・靴)約14万円相当無償[入学時] |
| C特待 | 41位~50位 | ・入学金全額免除 |

※合格通知とともに決定通知書を発送いたします。(出願時の申請は不要)
※A特待については、特進コースに在籍することを条件とします。

○ファミリー特待制度 [コース、専願・併願を問わず]
- ・ファミリーA (受験生入学時、兄姉が在学中)　・入学金全額免除
- ・ファミリーB (受験生の父母・兄姉が卒業生)　・入学金半額免除
- ・ファミリーC (双子以上で入学)　・入学金1名分全額免除

※一旦入学金は納めていただき、のちに相当額を給付します。
※成績優秀者特待制度と重なった場合、成績優秀者制度の方を適用。
※出願時に申請が必要です。

## 独自の留学制度

特になし

## 合格実績

2024年の進学状況 (卒業者数281名)
国・公立大学合格1名
和歌山大1。
私立大学合格797名
関西学院大6、関西大13、同志社大1、京都産業大15、近畿大79、龍谷大51、大阪医科薬科大1、摂南大52、神戸学院大5、追手門学院大37、桃山学院大158、京都外国語大8、関西外国語大1、大阪経済大17、大阪工業大5、武庫川女子大3、畿央大6、大和大6、関西医療大4、森ノ宮医療大5、大阪保健医療大4、阪南大111、大阪総合保育大2、大阪体育大2、四天王寺大13、関西福祉科学大4、大阪商業大2、大阪産業大12、帝塚山学院大21、他。
※すべて現役数

# 大商学園高等学校

## 学校インフォメーション

 制服
 自転車通学可 通学
 ICT教育
 長期休暇講習
 探究授業 探究授業
 習熟度別授業
 海外研修

 自習スペース
 蔵書数 30,000冊 図書館
 人工芝グラウンド
 バリアフリー
 カフェテリア
 特待生制度
 ネイティブ教員

**所在地** 〒561-0846　豊中市利倉東1丁目2番1号

| | |
|---|---|
| 電話 | 06-6862-5223 |
| 創立 | 1887年 |
| 校長 | 奥野 正巳 |

| | |
|---|---|
| 生徒数 | 男 840人 女 332人 |
| 併設校 | なし |
| WEB | https://www.daisho.ac.jp |

**アクセス**
阪急宝塚線服部天神駅下車西へ800m
徒歩10分

## 教育方針・特色

教育方針は「人格教育を主眼とし、有能で品格ある人物を養成する」こと。楽しく、かつ充実した3年間を送り、希望通りの進路を獲得できるよう指導します。知・徳・体の調和のとれた人物に育てるために、生活指導は厳格です。

## スクールライフ

| | |
|---|---|
| 登校時間 | 8:40 |
| 週登校日 | 6日制 |
| 学期制 | 3学期 |
| 制服 | あり |
| 昼食 | 購買・食堂あり　弁当持参可 |
| 学校行事 | 体育祭(7月)・文化祭(9月) |
| 修学旅行 | 2年生12月　5日間　ロサンゼルス、シンガポール、国内など |
| 環境・施設 | 複数の体育館と人工芝のグラウンド　全教室Wi-Fi完備のもとICT |
| クラブ活動 | 全国大会出場の女子サッカー・女子テニス・男子バスケットボールをはじめ、近畿大会出場の卓球・男子バレー・ハンド・柔道など体育系18部。全国レベルの情報処理研究、ダンスをはじめ、吹奏楽・珠算・科学研究・音楽・ジャグリング・釣りなど文科系23部。 |
| 強化クラブ | 特になし |

(令和4年:女子サッカー部全国優勝、令和6年:女子テニス部全国準優勝、シングルス全国優勝)

## 2024年度 募集要項

| | |
|---|---|
| ○募集人数 | 普通科:男女320名(特進コースⅠ類・Ⅱ類、情報クリエイティブコース、進学コース)商業科:男女40名 |
| ○願書受付 | 1/22(月)～1/29(月)16:00 web登録後(12/19～)書類提出、窓口出願 |
| ○選抜日時 | 2/10(土) |
| ○合格発表 | 2/12(月・祝)郵送 |
| ○入学手続 | 専願:2/15(木)まで　併願:3/21(木)17:00まで |
| ○選抜方法 | 国・数・英・理・社(各50分)と個人報告書の総合判定 |
| ○受験料 | 20,000円 |
| ○提出書類 | 入学志願書・個人報告書(調査書) |
| ○追加募集 | 1.5次:2/15　2次: |
| ◆転・編入 | 受け入れあり(要相談) |
| ◆帰国生 | 特別対応なし |

## 2024年度 入試結果

### 特進コースⅠ類

| | 専願 | 併願 |
|---|---|---|
| 応募者数 | 5 | 78 |
| 受験者数 | 5 | 78 |
| 合格者数 | 5 | 75 |
| 実質倍率 | 1.00 | 1.04 |
| 合格最低点 | 265/500 | 281/500 |

### 特進コースⅡ類

| | 専願 | 併願 |
|---|---|---|
| 応募者数 | 36 | 450 |
| 受験者数 | 36 | 450 |
| 合格者数 | 27 | 388(3) |
| 実質倍率 | 1.33 | 1.15 |
| 合格最低点 | 225/500 | 250/500 |

### 情報クリエイティブコース

| | 専願 | 併願 |
|---|---|---|
| 応募者数 | 30 | 88 |
| 受験者数 | 30 | 88 |
| 合格者数 | 27 | 83 |
| 実質倍率 | 1.11 | 1.06 |
| 合格最低点 | 180/500 | 212/500 |

### 進学コース

| | 専願 | 併願 |
|---|---|---|
| 応募者数 | 209 | 715 |
| 受験者数 | 209 | 715 |
| 合格者数 | 196(8) | 712(65) |
| 実質倍率 | 1.06 | 1.00 |
| 合格最低点 | 179/500 | 191/500 |

( )内は回し合格者数、外数

### 商業

| | 専願 | 併願 |
|---|---|---|
| 応募者数 | 12 | 72 |
| 受験者数 | 12 | 72 |
| 合格者数 | 12(23) | 72(3) |
| 実質倍率 | 1.00 | 1.00 |
| 合格最低点 | 166/500 | 174/500 |

( )内は回し合格者数、外数

## 費用

**《入学手続き時》**

| | |
|---|---|
| ○入学金 | 200,000円 |
| ○宿泊研修費 | 25,000円 |
| ○iPad代金等 | 75,000円 |

**《入学後》**

| | |
|---|---|
| ○授業料 | 550,000円 |
| | |
| ○施設・設備費 | 年額30,000円 |
| ○PTA入会金 | 2,000円 |
| ○PTA会費 | 年額6,000円 |
| ○後援会費 | 年額12,000円 |
| ○学級預り金 | 年額60,000～100,000円 |

## 奨学金・特待制度

特待生制度あり。

## 独自の留学制度

| | |
|---|---|
| 留学先 | オーストラリア |
| 学年 | 全学年 |
| 内容 | 隔年の往来で2週間程の短期留学 |
| 費用 | 未定 |

## 合格実績

2024年の進学状況(卒業者数517名)
国・公立大学合格2名
兵庫県立大1、京都市立芸術大1。

私立大学合格872名
関西学院大4、関西大12、同志社大5、立命館大2、京都産業大41、近畿大53、甲南大13、龍谷大37、早稲田大1、日本大2、東洋大8、駒澤大1、兵庫医科大1、追手門学院大173、桃山学院大43、京都外国語大4、関西外国語大10、大阪経済大21、大阪工業大13、神戸女学院大8、他。

省庁大学校合格2名
防衛大2。

短期大学合格22名

専門学校合格78名

就職11名

## 学校PR

130年を超える歴史と伝統を土台に、最新の教育環境を整えた大商学園は、「伝統のある、新しい学校」です。iPadや電子黒板などICT機器の本格活用は10年目。長年の実績をベースに、オンライン授業など活用の幅が広がっています。本校で楽しく、充実した高校生活を送り、知識・品格を身につけ、各分野・各世界で光り輝いていただきたいと思います。

大阪

共学校

# 高 太成学院大学高等学校

## 学校インフォメーション

 制服　 自転車通学可 通学　 ICT教育　 長期休暇講習　 海外研修　 留学制度　 蔵書数 60,000冊 図書館

 エレベーター　 売店　 スマホ持ち込み 条件付　 カウンセラー　 高大連携 高・大　 海外姉妹校

**所在地** 〒574-0044 大阪府大東市諸福7丁目2番23号

| | |
|---|---|
| 電話 | 072-871-1921 |
| 創立 | 1935年 |
| 校長 | 北野 英敏 |
| 生徒数 | 男 640人　女 185人 |
| 併設校 | 太成学院大学・太成学院大学歯科衛生専門学校・太成学院天満幼稚園 |
| WEB | https://www.taisei-hs.ac.jp/hs/ |

**アクセス**
JR学研都市線鴻池新田駅下車徒歩7分

## 教育方針・特色

生徒一人一人の適正と学科の特性に応じた指導を重点としている。進学のための学力向上を目指した補習授業、各種資格・検定取得のための準備、特別指導を実施している。

## スクールライフ

| | |
|---|---|
| 登校時間 | 8:40 |
| 週登校日 | 5日制 |
| 学期制 | 3学期 |
| 制服 | あり(夏・冬) |
| 昼食 | 弁当販売 自販機あり 弁当持参可 |
| 学校行事 | 体育祭(9月)文化祭(10月) |
| 修学旅行 | 2年生12月　3泊4日　韓国、香港、北海道など ※国際情勢により変更有 |
| 環境・施設 | 図書館・パソコン情報処理室・クラブ用雨天練習場・スポーツキャンパス・トレーニングルーム |
| クラブ活動 | 【運動部】陸上競技部・体操競技部・水泳部・サッカー部・硬式野球部・剣道部・柔道部・卓球部・バスケットボール部・ラグビー部・バレーボール部・硬式テニス部・アウトドア同好会・ボウリング同好会 【文化部】ガトー部、ロボット製作部、ダンス部、音楽部、写真部、コンピューター部、漫画アニメ研究部、模型同好会 |
| 強化クラブ | 陸上競技部(男女)・体操競技部(男子)・水泳部(男女)・硬式野球部(男子)・ロボット製作部(男女) |

## 2024年度 募集要項

○募集人数 普通科:男女200名(特進セレクトコース、製菓パティスリーコース、ライフデザインコース)
スポーツ科:男女120名(スポーツ進学コース、アスリートコース)
○願書受付 1/22(月)〜1/29(月) web登録後(12/1〜)書類提出、窓口または郵送(必着)
○選抜日時 2/10(土)9:00、2/11(日・祝)8:30 基礎体力テスト(スポーツ科)
○合格発表 2/14(水)郵送
○入学手続 専願:2/22(木) 併願:公立発表後
○選抜方法 国・数・英・基礎体力テスト(スポーツ科)
○受験料 20,500円
○提出書類 入学志願書・個人報告書(調査書)
○追加募集 1.5次:2/16　2次:—
◆転・編入 特になし
◆帰国生 特別対応なし

## 2024年度 入試結果

**特進セレクトコース**

| | 専願 | 併願 |
|---|---|---|
| 応募者数 | 10 | 62 |
| 受験者数 | 10 | 62 |
| 合格者数 | 10 | 60 |
| 実質倍率 | 1.00 | 1.03 |
| 合格最低点 | 非公表 | 非公表 |

**製菓パティスリーコース**

| | 専願 | 併願 |
|---|---|---|
| 応募者数 | 16 | 33 |
| 受験者数 | 16 | 33 |
| 合格者数 | 16 | 32 |
| 実質倍率 | 1.00 | 1.03 |
| 合格最低点 | 非公表 | 非公表 |

**ライフデザインコース**

| | 専願 | 併願 |
|---|---|---|
| 応募者数 | 81 | 262 |
| 受験者数 | 81 | 262 |
| 合格者数 | 80 | 262 |
| 実質倍率 | 1.01 | 1.00 |
| 合格最低点 | 非公表 | 非公表 |

**スポーツ**

| | 専願 | 併願 |
|---|---|---|
| 応募者数 | スポーツ66・アスリート37 | スポーツ37・アスリート11 |
| 受験者数 | スポーツ66・アスリート37 | スポーツ37・アスリート11 |
| 合格者数 | 66・37 | 36・11 |
| 実質倍率 | 1.00・1.00 | 1.03・1.00 |
| 合格最低点 | 非公表 | 非公表 |

## 費用

《入学手続き時》 200,000円
○入学金
※入学時納入金(入学金を含む) 合計433,500円
　パティスリーコース 合計478,500円

《1年間の学費(入学金を除く)》
○授業料 (年額)598,000円
○特別教育活動費 7,200円
○特別後援会費 31,800円
○海外研修積立金 180,000円
　(パティスリーコース 260,000円)
○実習費(パティスリーコースのみ) 25,000円
○教科書・制服・および学用品代(学科により異なる)
　125,000円〜144,000円

## 奨学金・特待制度

奨学生制度あり

## 独自の留学制度

留学先:オーストラリア
1〜3年時に実施
夏季休暇中短期留学(希望者は1年間の留学制度有)
費用:短期留学は人数により異なる

## 合格実績

2024年の進学状況(卒業者数268名)
大成学院大学6名

他の私立大学合格119名
近畿大6、龍谷大2、摂南大3、追手門学院大7、桃山学院大1、大阪工業大2、大阪産業大13、大阪国際大12、大阪商業大7、大阪経済法科大6、大阪学院大4、大阪成蹊大4、相愛大4、大阪体育大3、大阪人間科学大3、四条畷学園大3、阪南大3、大阪大谷大2、大阪電気通信大2、関西福祉科学大2、芦屋大2、明治国際医療大2、帝塚山大2、天理大2、中京大2、他。

短期大学合格13名

## 学校PR

「夢が見つかる最初の一歩!」
本校では生徒一人ひとりの個性や願いを尊重できるよう、タイプの異なる5コースを設置しています。「進学したい」「パティシエになりたい」「社会の役に立ちたい」「スポーツを仕事にしたい」「プロアスリートになりたい」など、生徒それぞれの目標や希望進路に合わせた独自のカリキュラムで、あなたの「夢」をサポートします。

# 帝塚山学院泉ヶ丘高等学校

大阪

## 学校インフォメーション

 制服  通学 スクールバス 自動車通学可  ICT教育  長期休暇講習 夏・冬  習熟度別授業  留学制度  自習スペース

 図書館 蔵書数 60,000冊  人工芝グラウンド  バリアフリー  食堂  カウンセラー  特待生制度  ネイティブ教員

**所在地** 〒590-0113　堺市南区晴美台4-2-1

電話　072-293-1221
創立　1983年
校長　飯田 哲郎
生徒数　男 418人　女 528人
併設校　帝塚山学院泉ヶ丘中学校、帝塚山学院大学・大学院
WEB　https://www.tezuka-i-h.jp/

## 教育方針・特色

教育方針は、活力・創造性・協調性・国際感覚を兼ね備える人間を育成することである。何事にも意欲的に取り組む活力、新しい価値を生み出す創造性、多様な人々とコミュニケーションがとれる協調性、そしてグローバルな視点をもつ国際感覚は、先行き不透明な社会を生き抜くのに不可欠な資質である。帝塚山学院の建学の精神である「力の教育」を踏まえながら、現代社会に沿った形で掲げている独自の教育目標である。
教育の進め方は、難関国公立大学を目指す「S特進」、国公立大学や難関私立大学を目指す「特進」の2つのコースに別れ、習熟度別授業を行う。1年次は文系・理系の区別はなく、2年次からS特進・特進のそれぞれに文系・理系のコースを設ける。それとは別に2年次から英語・国際教育に特化したコースや、3年次から薬学部・歯学部などへの進学に特化したコースを設け、生徒の多様な進路希望に対応する。

## スクールライフ

登校時間　8:25
週登校日　6日制
学期制　3学期
制服　あり(夏・冬)
昼食　食堂あり ・弁当持参可
学校行事　生活合宿5月・泉ヶ丘祭9月・体育大会10月
修学旅行　2年生10月　4泊5日　シンガポール・ハワイ・八重山
環境・施設　60,000冊の蔵書を誇る図書館、人工芝のグラウンド・中庭、生徒ホール、文化ホール、ラーニングスタジオ
クラブ活動　【運動部】サッカー部・陸上競技部・硬式テニス部・バスケットボール部・バレーボール部・剣道部・ワンダーフォーゲル部
　　　　　　【文化部】管弦楽部・ストリートダンス部・コンピューター部・自然科学部・華道部・茶道部・鉄道研究部・囲碁将棋部・演劇部・ユネスコ部・インターアクトクラブ・美術部・ESS部・かるた部・書道部・軽音楽部
強化クラブ　特になし

## 2024年度 募集要項

○募集人数　男女約140名(S特進コース約70名、特進コース約70名)
　　　　　　※帰国生若干名含む(出願資格等の詳細は要問合せ)
○願書受付　1/22(月)～2/2(金) web登録後(12/20～)書類提出、郵送出願(必着)
○選抜日時　2/10(土)
○合格発表　2/11(日・祝)夜web、郵送
○入学手続　専願：2/15(木)15:00まで
　　　　　　併願：3/19(火)15:00まで
○選抜方法　一次：国・数(各60分各100点)・英(70分100点英含む)・社・理(各50分各100点)
　　　　　　5科合計か国数英合計×500/300のいずれか高得点の方で判定
　　　　　　英語資格取得者はスコア活用あり(出願時に証明書等要提出)
　　　　　　帰国生：国・数(各60分各100点)・英(70分200点リスニング含む)・面接(保護者同伴約10分、英語による質問も一部含む)
○受験料　20,000円
○提出書類　入学志願書・個人報告書(調査書)・英語資格結果証明書の写し(対象者のみ)
○追加募集　1.5次：2/15　2次：—
◆転・編入　なし
◆帰国生　出願資格等の詳細は要問合せ

## 2024年度 入試結果

全コース計

|  | 専願 | 併願 |
|---|---|---|
| 応募者数 | 88 | 411 |
| 受験者数 | 88 | 411 |
| 合格者数 | 83 | 411 |
| 実質倍率 | 1.06 | 1.00 |
| 合格最低点 | — | — |

※S特合格(専45、併216)
　特進合格(専38、併195)

## 学校PR

本校は、大学入試に軸を置きながら、社会で活躍できる人材の育成にも力を入れている。週39時間の授業、放課後・夏休みの補習、個別指導を通して、学校完結型の受験対策を行う。
学校行事やクラブ活動などにも積極的に取り組み、協調性や主体性を養う。さらに、グローバル化が進む現代社会に対応するため英語・国際教育にも力を入れている。本校一押しのターム留学は、英語力の向上が期待できる約6～8週間の留学となっている。

### アクセス
・泉北高速鉄道泉ヶ丘駅・南海高野線金剛駅より南海バス帝塚山学院泉ヶ丘前下車すぐ
・南海本線泉大津駅、JR阪和線和泉府中駅、和泉はつが野口方面、近鉄長野線富田林駅(南海バス金剛高校前経由)から直行バスあり

## 費用

《入学手続き時》
○入学金　200,000円
○同窓会費　20,000円

《入学後》
○授業料　615,600円
○教育充実費　30,000円
○諸会費　126,000円
○研修旅行積立金　100,000円

## 奨学金・特待制度

A特待：入学金免除、授業料・教育充実費相当額を給付。
B特待：入学金免除、年額330,000円を給付。
C特待：入学金免除。

## 独自の留学制度

・ターム留学
　留学先：カナダ・オセアニア地区中心
　学年　：高1・高2の1月下旬から3月下旬
　内容　：約6～8週間の留学
・海外語学研修
　留学先：オーストラリア
　学年　：高1の夏休み
　内容　：約2週間の語学研修とホームステイ
・交換留学(約5週間)・長期留学(約1年間)
　留学先：アメリカ合衆国・カナダ・オーストラリアなどの英語圏、ヨーロッパ・アジアなど
　内容　：長期留学は留学斡旋団体を通して実施

## 合格実績

2024年の進学状況(卒業者数317名)
国・公立大学合格129(118)名
京都大4(4)、東京工業大1(1)、大阪大7(5)、神戸大4(3)、北海道大3(3)、東北大1(1)、大阪公立大10(9)、京都工芸繊維大1(1)、奈良女子大4(4)、京都府立大1(1)、岡山大1(1)、広島大2(2)、三重大5(4)、和歌山大23(22)、山口大1(1)、兵庫県立大4(4)、大阪教育大7(7)、奈良教育大1(1)、滋賀県立大1(1)、兵庫教育大、奈良県立大7(7)、他。

私立大学合格
関西学院大88(83)、関西大99(94)、同志社大29(23)、立命館大27(25)、慶應義塾大1(1)、上智大1(1)、中央大3(3)、他。
医学部医学科計27(15)、歯学部計11(7)、薬学部計35(35)、獣医学部2(1)。
※( )内は現役合格内数

共学校

77

# 天王寺学館高等学校

## 学校インフォメーション

 制服
 自転車通学可 通学
 夏・春 長期休暇講習
 探究授業 探究授業
 習熟度別授業
 留学制度
 自習スペース

 図書館
 バリアフリー
 エレベーター
 条件付 スマホ持ち込み
 カウンセラー

 高大 高大連携

**所在地** 〒547-0041　大阪市平野区平野北1-10-43

| | | | |
|---|---|---|---|
| 電話 | 06-6795-1860 | 生徒数 | 834人 |
| 創立 | 2002年 | 併設校 | 関西外語専門学校 |
| 校長 | 橋本 吉弘 | WEB | https://tg-group.ac.jp/tgkoko |

## 教育方針・特色

高校生としての「学び」を中心に置き、「自立　自尊　自助」という校訓に基づいて、習熟度別授業や習熟度別クラス編成、さらに個人の得意・不得意や興味・関心に対応できる選択制授業など、生徒の成長のために有効と思われる取り組みを積極的に導入。通いやすさと学力向上を意識した、生徒のための新しい学校づくりに取り組んできました。コースは、登校頻度別に「通信部(週3日午前のみ)」「通学部(週3日～5日)」「視聴メディア(月2～3日)」。年に3回、コース変更可能で、自分の状況に合わせて登校することができる仕組みになっています。3コースは登校日数の差はあるものの、高校の学習において必要な授業週が確保されています。通信部・通学部はいずれも午前選択制授業で、起立性調節障害などで朝が苦手な人は、1・2限は選択せず、11時頃に登校することも可能です。

## スクールライフ

| | |
|---|---|
| 登校時間 | 9:05 |
| 週登校日 | 前期・後期　3～5日 |
| 学期制 | 2学期 |
| 制服 | あり(夏・冬)但し私服も可 |
| 昼食 | 弁当持参可　外出可 |
| 学校行事 | スポーツ大会(7月)・文化祭(11月) |
| 修学旅行 | 2,3年生6月　2泊3日<br>沖縄又は北海道 |
| 環境・施設 | 体育館・図書館・美術室・音楽室・家庭科実習室・理科実験室 |
| クラブ活動 | 卓球部・バドミントン部・バスケットボール部・バレーボール部・軟式野球部・フットサル部・軽音楽部・美術部・キャラクター研究部・演劇部 |
| 強化クラブ | 特になし |

## 2024年度 募集要項

| | |
|---|---|
| ○募集人数 | 400名 |
| ○願書受付 | 1/22(月)～3/29(金) |
| ○選抜日時 | 2/10(土)～ |
| ○合格発表 | 選考試験終了日より3日以内に発送 |
| ○入学手続 | 専願:合格通知後10日以内<br>併願:合格通知後10日以内 |
| ○選抜方法 | 面接試験・筆記試験(作文)・書類審査 |
| ○受験料 | 20,000円 |
| ○提出書類 | 入学志願書・個人報告書等 |
| ○追加募集 | 1.5次:　—　　2次:　— |
| ◆転・編入 | 受け入れあり(要相談) |
| ◆帰国生 | 特になし |

## 2024年度 入試結果

| | | | |
|---|---|---|---|
| 応募者数 | 163名 | 入学者数 | 159名 |

※新入生のみ

## 学校PR

天王寺学館高等学校は既成の枠組みに収まらない、独自の1校作りに取り組んでいます。今までがどうであったかは関係ありません。みなさんがこれからどうしたいかが大切だと思っています。私たちと一緒に、高校生活を歩みませんか？　私たち教員は夢や目標に向かってがんばる生徒たちを全力でお手伝いします。

**アクセス**
JR大和路線平野駅下車北出口すぐ。

## 費用

《入学手続き時》
○入学金　　　　　　　　　　　　　50,000円

《入学後》
○授業料　　　　　　　1単位あたり　8,500円
○交友会費　　　　　　　　　　　　1,000円
○課外活動費　　　　　　　　　　 10,000円
○教材費　　　　　　　　　　　　　　実費
○美術実習教材費　　　　　　　　　　実費
※2024年度実績のため、変更の可能性があります。

## 奨学金・特待制度

特になし

## 独自の留学制度

| | |
|---|---|
| 留学先 | ニュージーランド |
| 学年 | 1～3学年 |
| 内容 | 2ヵ月又は2週間程度 |
| 費用 | 未定 |

## 合格実績

2024年の進学状況(卒業者数249名)
国・公立大学合格
大阪大1、大阪公立大1、京都工芸繊維大1、広島大1、和歌山大1、大阪教育大1、他。

私立大学合格
関西学院大3、関西大21、同志社大2、立命館大8、京都産業大4、近畿大50、龍谷大38、東京女子医科大(医・医)1、他。

# 東海大学付属大阪仰星高等学校

## 学校インフォメーション

 制服
 自転車通学可／通学（直通バス）
 ICT教育
 海外研修
 留学制度
 自習スペース
 蔵書数 40,000冊／図書館

 人工芝グラウンド
 食堂
カウンセラー
高大連携
 ネイティブ教員

**所在地** 〒573-0018 枚方市桜丘町60-1

| | |
|---|---|
| 電話 | 072-849-7211 |
| 創立 | 1983年 |
| 校長 | 小寺 建仁 |

| | |
|---|---|
| 生徒数 | 男 892人 女 389人 |
| 併設校 | 東海大学付属大阪仰星高等学校中等部、東海大学・大学院 |
| WEB | https://www.tokai-gyosei.ed.jp/ |

## 教育方針・特色

本学園の建学の精神をあらわす指針である、若き日に汝の思想を培え・若き日に汝の体躯を養え・若き日に汝の智能を磨け・若き日に汝の希望を星につなげを理解し、歴史観、世界観を養って、国際的に活躍できる人材の育成を目指す。柔軟で想像力豊かな人材を育成し、基礎学力と多様な社会的環境に耐えうる応用力の養成に努める。更に一人ひとりが個性を発揮し、国際社会で自分を最大限に生かせるよう支援する。

## スクールライフ

| | |
|---|---|
| 登校時間 | 8:35 |
| 週登校日数 | 6日制 |
| 学期制 | 2学期 |
| 制服 | あり(夏・冬) |
| 昼食 | 食堂あり |
| 学校行事 | 球技大会5月・東海大学学園オリンピック8月・星河祭(体育の部・文化の部)9月 |
| 修学旅行 | 2年3月フィンランド、ドイツ、オーストラリア、シンガポール、沖縄 |
| 環境・施設 | 視聴覚室・メディアセンター・柔道場・剣道場・体育館・松前記念総合グラウンド・野球場・室内練習場 |
| クラブ活動 | 【運動部】野球部・ラグビー部・サッカー部・柔道部・剣道部・女子バレーボール部・陸上競技部・ソフトテニス部・バスケットボール部・女子ソフトボール部・空手道・卓球部・硬式テニス同好会・軟式野球同好会・水泳部・ゴルフ部・チアリーディング部・バトントワーリング部・女子体操部<br>【文化部】吹奏楽部・放送部・ENGLISH CLUB・茶華道部・科学部・美術イラスト部・写真部・囲碁将棋部・演劇部 |
| 強化クラブ | 剣道部(男女)、硬式野球部(男子)、サッカー部(男子)、柔道部(男子)、バレーボール部(女子)、ラグビー部(男子)、吹奏楽部(男女)、陸上競技部(男女) |

## 2024年度 募集要項

○募集人数 普通科(外部募集):男女200名(英数特進コース40名、総合進学コース160名)
○願書受付 1/22(月)〜1/29(月)16:00 web登録後(12/22〜)書類提出、窓口出願
○選抜日時 2/10(土)9:00
○合格発表 2/13(火)郵送
○入学手続 専願:2/16(金)まで
併願:公立高校合格発表日15:00まで
○選抜方法 国・数・英(リスニング含む)・社・理(各50分)
○受験料 20,520円
○提出書類 入学志願書・個人報告書(調査書)・英検加点制度申請書(合格証明書の写しを添付したもの)任意
○追加募集 1.5次:2/16 2次: ―
◆転・編入 受け入れあり(要相談)
◆帰国生 特別対応なし

## 2024年度 入試結果

| | 英数特進コース | | 総合進学コース | |
|---|---|---|---|---|
| | 専願 | 併願 | 専願 | 併願 |
| 応募者数 | 35 | 81 | 226 | 156 |
| 受験者数 | 35 | 81 | 226 | 156 |
| 合格者数 | 32 | 79 | 223 | 155 |
| 実質倍率 | 1.09 | 1.03 | 1.01 | 1.01 |
| 合格最低点 | 336/500 | 340/500 | 253/500 | 277/500 |

※転コース合格(専2・併2)含まない

**アクセス**
京阪交野線村野駅下車徒歩10分
JR学研都市線河内磐船駅にて
京阪交野線にのりかえ村野駅下車

## 費用

《入学手続き時》
○入学金　220,000円

《入学後》
○学費(三期分納)　600,000円
○学年積立金(三期分納)　67,200円
○その他納付金(三期分納)　67,000円
※諸経費(教材、制服、iPad等)約280,000円あり

## 奨学金・特待制度

学業奨励金
東海大学特別奨励入学制度金

## 独自の留学制度

・海外留学制度多数あり
・クィーンズランド、トロントなど

## 合格実績

2024年の進学状況(卒業者数326名)
東海大学合格29名＊内部推薦

国・公立大学合格10(9)名
大阪公立大3(3)、山口大1、京都教育大1(1)、大阪教育大2(2)、奈良教育大1(1)、愛媛大1(1)、島根県立大1(1)。

他の私立大学合格664(637)名
関西学院大9(7)、関西大32(32)、同志社大13(13)、立命館大25(19)、京都産業大36(36)、近畿大69(66)、甲南大9(9)、龍谷大56(49)、佛教大10(10)、大阪医科薬科大3(3)、大阪歯科大2(2)、摂南大70(70)、神戸学院大4(4)、追手門学院大15(15)、桃山学院大11(11)、京都外国語大7(7)、関西外国語大38(38)、大阪経済大12(10)、大阪工業大11(11)、京都女子大5(5)、同志社女子大3(3)、武庫川女子大6(6)、他。

※( )内は現役合格内数

## 学校PR

「真の文武両道」の学校コンセプトのもと、多様で変化の激しい社会にあって、いかに社会が変化しようとも力強く生き抜いていけるバランスの取れた生徒を育てます。

# 東朋学園高等学校

## 学校インフォメーション

| 制服 | 通学<br>自転車通学可 | ICT教育 | 自習スペース | 図書館 | カウンセラー |

東朋学園高

**アクセス**
近鉄大阪線大阪上本町駅より徒歩約7分
大阪メトロ谷町九丁目駅11番出口より徒歩約10分
JR 大阪環状線鶴橋駅(中央改札)より徒歩約13分
大阪シティバス上本町六丁目バス停より徒歩約7分

**所在地** 〒543-0017 大阪府大阪市天王寺区城南寺町7-28

| | | | |
|---|---|---|---|
| 電話 | 0120-960-224 | 生徒数 | 男(個人生)64人(技連生)237人 |
| 創立 | 2020年 | | 女(個人生)56人(技連生)107人 |
| 校長 | 岡崎 泰道 | 併設校 | 東朋高等専修学校 |
| | | WEB | https://www.okazakitoho.ed.jp |

## 教育方針・特色

合理的配慮に基づいた個別支援教育の経験を生かし、それぞれの特性に応じた教育・指導を行っています。学習面では、自分に合った学習スタイルを選び、個々のペースで学習できる教育課程により、生徒に寄り添ったサポートを行います。また、自立を促す実践的な知識や技術の習得により、それぞれの個性・適性・能力を生かして幅広く社会で活躍できる人材育成を目指しています。

## スクールライフ

| | |
|---|---|
| 登校時間 | 通学クラス 9:50 週3日<br>午後クラス 14:30 週2〜4日<br>その他 時間割による |
| 週登校日 | 通学クラス 週3日<br>午後クラス 週2〜4日<br>その他 時間割による |
| 学期制 | 2学期 |
| 制服 | あり(購入自由) |
| 昼食 | 弁当持参 |
| 学校行事 | 校外学習(前期・後期) |
| 修学旅行 | 2年or3年 9月 2泊3日 東京ディズニーランド(令和4年度実績) |
| 環境・施設 | 図書室兼自習室・調理実習室・陶芸室・トータルビューティー室・コンピュータ室・ゲーミングPC室・ICT環境・カウンセリング室・保健室・進路相談室 |
| クラブ活動 | eスポーツ部、フリースタイルアート部 |
| 強化クラブ | 特になし |

## 2024年度 募集要項

| | |
|---|---|
| ○募集人数 | 通信制課程:普通科 80名(男女) |
| ○願書受付 | 1次:1/23(火)〜2/9(金)郵送出願<br>1.5次:2/13(火)〜2/22(木)窓口出願<br>2次:3/5(火)〜3/22(金)窓口または郵送出願<br>3次:3/26(火)〜3/30(土)窓口出願<br>※火〜土 9:00〜16:00(月・日・祝日は受付無) |
| ○選抜日時 | 1次:2/10(土)専願 1.5次:2/24(土)専・併<br>2次:3/23(土)専・併 3次:4/2(火)専願 |
| ○合格発表 | 1次:2/13(火) 1.5次:2/27(火)<br>2次:3/26(火) 3次:4/2(火)<br>保護者・受験者及び出身中学校長宛に郵送 |
| ○入学手続 | 1次:2/21(水)<br>1.5次:専願3/5(火)、併願は併願校合否発表後3日以内<br>2次:専願4/5(金)、併願は併願校合否発表後3日以内<br>3次:4/5(金) |
| ○選抜方法 | 課題作文(50分)面接試験および書類審査 |
| ○受験料 | 10,000円 |
| ○提出書類 | 入学志願書・個人報告書(調査書) |
| ○追加募集 | 1.5次:2/24 2次:3/23 3次:4/2 |
| ◆転・編入 | 受け入れあり(要相談) |
| ◆帰国生 | 特別対応なし |

## 2024年度 入試結果

| 個人生 | | 技能連携生 | | |
|---|---|---|---|---|
| | 専願 | | 専願 | 併願 |
| 応募者数 — | | 応募者数 | — | — |
| 受験者数 50 | | 受験者数 | 139 | 44 |
| 合格者数 50 | | 合格者数 | 139 | 44 |
| 実質倍率 1.0 | | 実質倍率 | 1.00 | 1.00 |
| 合格最点 — | | 合格最点 | — | — |

## 費用

**《入学手続き時》**

| | |
|---|---|
| ○入学金 | 50,000円 |
| 入学持納入金 | |
| 一般コース | 94,000円 |
| カスタマイズコース | 184,000円 |
| (内訳) | |
| ・入学金 | 50,000円 |
| ・施設運営費(半期) | 42,000円 |
| ・スポーツ振興会費等(半期) | 2,000円 |
| カスタマイズコースのみ | |
| ・教育充実費(半期) | 90,000円 |

**《入学後》**

| | |
|---|---|
| ○授業料 | 10,000円×単位数 |
| ○教材費 | 2,000円×科目数 |

別途 校外スクーリング等で費用が発生することがあります。
クラスによって預り金をいただいております。

## 奨学金・特待制度

特になし

## 独自の留学制度

特になし

## 合格実績

**2024年の進学状況(卒業者数100名)技連生含む**
進学者
大手前大通信部、代々木アニメーション学院、大阪アニメ・声優&eスポーツ専門学校

就職
㈱とみづや、㈱ブレインディレクション

自立(生活)訓練施設
L's college おおさか、大阪障害者就労支援センター

## 学校PR

大阪府認可の通信制高校です。
登校日の少ない「一般コース」と「カスタマイズコース」の2つのコースから選択できます。
カスタマイズコースは「通学クラス(週3日登校)」、「サポートスタディ(週2日〜4日登校)」、「午後クラス(14:30〜2コマ/週2日〜4日登校)」。一般コースは「セルフスタディクラス(週1日登校)」と「短期集中クラス(年間10日程度登校)」を設置。どのクラスでも、授業の中で小学校高学年から基礎をしっかり学べる「学びなおし科目」があります。またクラスによっては、オンラインスクーリングや校外スクーリングを活用することで登校日数を減らすことができます。

# 同志社香里高等学校

## 学校インフォメーション

 標準服
 自転車通学可 / 通学
 学内予備校
 キリスト教 / 宗教教育
 ICT教育
 夏・冬 / 長期休暇講習
 海外研修

 留学制度 / 蔵書数 70,000冊 図書館
 人工芝グラウンド
 食堂
 カウンセラー
 高大連携
 ABC ネイティブ教員

**所在地** 〒572-8585 寝屋川市三井南町15-1

| | | | |
|---|---|---|---|
| 電話 | 072-831-0285 | 生徒数 | 男 451人 女 455人 |
| 創立 | 1951年 | 併設校 | 同志社香里中学校 |
| 校長 | 瀧 英次 | WEB | https://www.kori.doshisha.ac.jp/ |

## 教育方針・特色

高等学校の3年間は、大学進学を見据えて、学力を大きく伸ばしていく時期です。各人の希望に応じて専門性を高めていけるカリキュラムを用意するほか、キャリアに関する各種のサポート制度を用意し、一人ひとりの将来の夢を応援します。また、全人教育のもとに自尊心や独立心を伸ばし、社会的な自覚や責任感の成長を促します。

## スクールライフ

| | |
|---|---|
| 登校時間 | 8:50 |
| 週登校日 | 6日制 |
| 学期制 | 3学期 |
| 制服 | 標準服あり |
| 昼食 | 購買・食堂あり 弁当持参可 |
| 学校行事 | 文化祭（11月） |
| 修学旅行 | 2年生 ハワイ |
| 環境・施設 | 総面積63,779㎡の敷地を持つ。野球場・人工芝グラウンド2面・人工芝テニスコート6面・プール等。礼拝堂（香真館）も備える。2021年春、ICT（情報通信技術）を活用するスペースと図書館を融合させた学習空間「メディアセンター」が、新たな学びの中心地として誕生した。 |
| クラブ活動 | スキー部・水泳部・野球部・バレーボール部・ハンドボール部・バスケットボール部・レスリング部・ワンダーフォーゲル部・剣道部・ラグビー部・少林寺拳法部・ダンス部・サッカー部・陸上競技部・テニス部・柔道部・卓球部・器械体操部・物理部・囲碁将棋部・地歴部・書道部・軽音楽部・旅鉄部・ボランティア部・化学部・天文部・美術部・演劇部・吹奏楽部・マンドリン部・生物部・写真部 |
| 強化クラブ | 特になし |

## 2024年度 募集要項

- ○募集人数 普通科：男女約60名（男子約30名、女子約30名）
- ○願書受付 1/25（木）～1/29（月）16:00 窓口出願または郵送（必着）
- ○選抜日時 2/10（土）9:00
- ○合格発表 2/11（日・祝）郵送
- ○入学手続 専願：2/16（金）まで
  併願：公立高校合格発表を考慮し、別途連絡
- ○選抜方法 作文（60分10点）・提出書類（140点）・面接（点数化しない）
  ※提出書類点数内訳：9科評定90点、特別活動15点、学内での活動10点、検定（英検・漢検・数検）20点、自己推薦書5点
- ○受験料 20,000円
- ○提出書類 入学志願書・個人報告書（調査書）・活動の記録報告書・自己推薦書
- ○追加募集 1.5次： ― 2次： ―
- ◆転・編入 特になし
- ◆帰国生 特別対応あり

## 2024年度 入試結果

普通

| | 男子 | 女子 |
|---|---|---|
| 応募者数 | 32 | 34 |
| 受験者数 | 32 | 34 |
| 合格者数 | 32 | 33 |
| 実質倍率 | 1.00 | 1.03 |
| 合格最低点 | 120/150 | 122/150 |

## 学校PR

わたしたちの学校は、大阪にある唯一の「同志社」として、大学や大学院への進学を見据えた大きな視野での一貫教育を展開している男女共学の中学校、高等学校です。1951年の設立以来、同志社の伝統を大切に守り、自治自立の精神をもって良心のもとに行動できる人物の育成をめざしてきました。将来につながる確かな学力を身につけ、個性をまっすぐに伸ばしたいと願う生徒一人ひとりを、わたしたちは全力で支えていきます。

**アクセス**
京阪本線香里園駅下車徒歩18分
バス同志社香里下車

## 費用

《入学手続き時》
| | |
|---|---|
| ○入学金 | 150,000円 |

《入学後》
| | | |
|---|---|---|
| ○授業料 | （年額） | 644,000円 |
| ○教育充実費 | | 130,000円 |
| ○PTA入会金 | | 1,000円 |
| ○PTA会費 | | 15,600円 |
| ○生徒自治会費 | | 4,800円 |
| ○同志社生活協同組合出資金 | | 3,000円 他 |

## 奨学金・特待制度

奨学金制度あり

## 独自の留学制度

年間留学制度あり・オーストラリア短期交換留学など

## 合格実績

2024年の進学状況（卒業者数298名）
同志社大学278名
同志社女子大学5名

他の大学合格者
【過去3年間の進学先】（ ）は既卒生
2024 国際基督教大1、多摩美術大1、（神戸大1）、他。
2023 大分大（医）1、ノースアラバマ大1、大阪工業大1、帝塚山学院大1、他。
2022 国際基督教大1、大阪公立大1、早稲田大1、京都薬科大1、（慶應義塾大1）、他。

# 長尾谷高等学校

## 学校インフォメーション

 標準服  通学 公共機関  学内予備校  長期休暇講習 夏・冬  探究授業  スマホ持ち込み 可  カウンセラー

長尾谷高

**アクセス**
JR学研都市線　長尾駅下車徒歩650m

| 所在地 | 〒573-0163 大阪府枚方市長尾元町2-29-27（枚方本校） |
|---|---|

| 電話 | 072-850-9111 | 生徒数 | 男 998人 女 1002人 |
|---|---|---|---|
| 創立 | 1993年 | 併設校 | 東洋学園高等専修学校・近畿情報高等専修学校・京都近畿情報高等専修学校・東洋きもの専門学校・ユービック情報専門学校 |
| 校長 | 森 知史 | | |
| | | WEB | http://www.nagaodani.ed.jp |

## 教育方針・特色

　1993年大阪府の認可を受け設立され、今年創立30年を迎える。「誠意・創造・感性」を校訓とし、豊かな教養、調和のとれた人格を持ち、社会の様々な分野で活躍できる人材の育成に努める。卒業後の進路を視野に置いて、基礎基本を重視した学習指導を行い生徒の学力向上を図る。

## スクールライフ

| 登校時間 | 1時間目は9時20分 |
|---|---|
| 週登校日 | フレックス制 |
| 学期制 | 2学期 |
| 制服 | 標準服 |
| 昼食 | なし |
| 学校行事 | 長尾谷祭（11月） |
| 宿泊学習 | 2泊3日　ディズニーランド、他 |
| 環境・施設 | 長尾谷高校の校舎は枚方本校の他になんば校、梅田校、奈良校があります。通いやすい校舎を選んで入学することができます。 |
| クラブ活動 | 《運動部系》バスケットボール部・バドミントン部・バレーボール部・ソフトテニス部・軟式野球部・硬式テニス部・剣道部・柔道部・卓球部・陸上部・日本拳法部・水泳部・サッカー部 《文化部系》音楽部・ピアノ部・写真部・マンガ研究部・演劇部・美術部・園芸部 |
| 強化クラブ | 特になし |

## 2024年度 募集要項

- ○募集人数 普通科：600名
- ○願書受付 一次：1/22（月）〜2/9（金）
　二次：2/13（火）〜3/2（土）
　三次：3/5（火）〜3/26（火）
　※平日9:00〜16:00、土曜日9:00〜14:00
　（日曜・祝日の受付なし）
- ○選抜日時 一次：2/10（土）
　二次：3/4（月）
　三次：3/27（水）
- ○合格発表 試験日より3日以内に郵送で本人宛に通知
- ○入学手続 指定期日（「入学のしおり」記載）
- ○選抜方法 一次：国語・数学の学科試験、書類審査、面接
　二次・三次：課題作文、書類審査、面接
- ○受験料 10,000円
- ○提出書類 入学志願書・個人報告書（調査書）他
- ○追加募集 1.5次：－　2次：－
- ◆転・編入 受け入れあり（要相談）
- ◆帰国生 特別対応なし

## コース・クラス

**標準カリキュラム**
＜登校する日も、登校する時間も、自分で選べる＞
全員一律の時間割というものはありません。スクーリングの中から学びたい科目を自由に選択し、自由に出席計画を立てます。
＜スクーリングは月・水・金が基本＞
スクーリングは先生と直接話したり、生徒同士の親交を深める大切な機会です。自分が登録している科目のスクーリングがある時間に登校します。
＜卒業に必要な単位をすべて修得可能＞
進路や合格形態などの希望に合わせてさまざまなクラス・コースを選択することもできますが、基本的には標準カリキュラムだけで卒業することができます。

**スタートクラス**
＜中学新卒対象・クラス制＞
学校に慣れるようクラス担任が手厚いサポート。通信制に慣れるためのクラスで、中学新卒生を対象としています。生活の変化に戸惑うことがないよう、全日制に近いシステムとなっています。
＜3つのコンセプト＞
○無理せずゆっくり確実に　○自信をつける　○少人数制でクラス担当による安心サポート
＜スタートクラスのメリット＞
中学校の基礎・基本から学び直せるカリキュラム
スクーリングとは別にレポート作成をサポートする時間を設定
クラス制なので、友だちを作りやすい環境

**海外語学スクーリング**
海外での活躍、本物の英語習得を目指す生徒のために、1997年以来語学研修を実施してきました。高校の卒業資格を目指しながら海外語学スクーリングへの参加ができます。
長尾谷高等学校の単位を取得しながら、2単位〜6単位修得可能（単位認定手数料1件あたり5,000円必要）
カナダ・オーストラリアの家庭にホームステイし、語学学校に通い、英語でのコミュニケーション能力を高めます。

## 費用

《入学手続き時》（指定期日まで）
| ○入学金 | 70,000円 |
|---|---|
| ○授業料 | 1単位当たり12,000円 |
| ○諸活動費 | 600円 |

※その他教材費・実習費必要

## 奨学金・特待制度

《ファミリー特典》
親・兄弟姉妹が本校の卒業生・在校生の場合、入学金（70,000円）が免除されます。
就学支援金制度（国）
私立高等学校等授業料支援補助金制度（大阪府）

## 独自の留学制度

特になし

## 合格実績

2024年の進学状況（卒業者数704名）
国・公立大学合格
大阪公立大、お茶の水女子大、和歌山大、福井大。

私立大学合格
関西学院大、関西大、同志社大、立命館大、京都産業大、近畿大、甲南大、龍谷大、摂南大、追手門学院大、京都外国語大、関西外国語大、大阪経済大、大阪工業大、京都女子大、同志社女子大、甲南女子大、大谷大、大阪商業大、大和大、京都橘大、東海大、中京大、他。

## 学校PR

　本校は、大阪府認可の通信制単位制高校です。通信制・単位制高校は、毎日登校する必要はなく、月曜日から土曜日まで実施しているスクーリング（一般的な授業にあたるもの）に選択した科目の定められた回数を出席するというフレックスな時間割となっています。それ以外の日の学習は、自宅等で教科書や教材を使ってレポート（添削指導の課題）を完成させるという自学自習が中心となり、それらの条件をクリアした後に単位認定試験を受けて単位を認定されるシステムになっています。修得した単位数が、74単位以上（既修得単位を含む）あり、在学年数が他の高等学校での在学期間も含めて通算して3年以上で、かつ特別活動の条件（30時間以上）が満たされた時に卒業となります。

# 浪速高等学校

## 学校インフォメーション

 制服
 通学 自転車通学可
 宗教教育 神道
 ICT教育
 長期休暇講習
 海外研修
 図書館 蔵書数 35,000冊

 人工芝グラウンド
 食堂
 カウンセラー
特待生制度
ネイティブ教員
 英語イマージョン

| 所在地 | 〒558-0023 | 大阪市住吉区山之内2-13-57 | | |
|---|---|---|---|---|
| 電話 | 06-6693-4031 | | 生徒数 | 男 1623人 女 1057人 |
| 創立 | 1923年 | | 併設校 | 浪速中学校 |
| 校長 | 飯田 智文 | | WEB | https://www.naniwa.ed.jp/ |

## 教育方針・特色

敬神崇祖を教育の根幹として「浄・明・正・直」の心を養っている。生徒の才能と適性を開発し、学力・体力・気力の増進を図り、個性あふれる心豊かな生徒を育成することを教育方針としている。文理S1コースは、難関国公立大学を目指す。センター対策だけでなく2次試験をも視野に入れたハイレベルな授業を展開。早くから明確な目標を持つ人たちの集団である。

Ⅰ類は、国公立大学や難関私立大学の理系・文系に対応したコース。Ⅱ類は、難関私立大学の理系・文系を目指すコース。2年次から理数・文科に分かれる。Ⅲ類は、文系コースのみで、クラブ活動との両立に最も適したコースでもある。

## スクールライフ

| | |
|---|---|
| 登校時間 | 8:20 |
| 週登校日 | 6日制(2学期から5日制) |
| 学期制 | 3学期 |
| 制服 | あり(夏・冬) |
| 昼食 | 食堂あり 弁当持参可 |
| 学校行事 | 文化祭(9月)・体育祭(10月) |
| 修学旅行 | 2年生11月 海外・国内選択制 |
| 環境・施設 | ICT教育推進(全教室に電子黒板・モニターテレビ設置)。普通・音楽・理科・家庭科実習・情報・視聴覚・技術・美術各教室、図書室、レストラン、体育館、武道館、グラウンド(校内・校外2)、校外宿泊学習施設など。 |
| クラブ活動 | 【運動部】野球、サッカー、柔道、卓球、水泳、弓道、空手道、テニス、剣道、陸上競技、バスケットボール、ボクシング他<br>【文化部】雅楽、吹奏楽、インターアクトクラブ、鉄道研究、茶道、神楽、家庭科、美術、囲碁将棋、パソコン他 |
| 強化クラブ | 空手道部(男女)、硬式テニス部(男女)、硬式野球部(男子)、ラグビー部(男子)、サッカー部(男子)、バスケットボール部(男子) |

## 2024年度 募集要項

- ○募集人数 普通科:男女約640名(文理S1約40名、Ⅰ類約120名、Ⅱ類約240名、Ⅲ類約240名) ※内部進学約120名含む
- ○願書受付 1/22(月)～1/30(火) web登録後(12/11～)書類提出、郵送(必着)
- ○選抜日時 2/10(土)8:30
- ○合格発表 2/12(月・祝)郵送、web
- ○入学手続 専願:2/15(木)、2/16(金)16:00まで 併願:3/19(火)15:00まで
- ◆選抜方法 国・数・英・理・社(各50分各100点) ※英検・数検取得者は換算または加点
- ○受験料 20,504円(合否通知郵送料含む)
- ◆提出類書 入学志願書、個人報告書(調査書)、英検・数検資格結果証明書の写し(対象者のみ)
- ◇追加募集 1.5次:— 2次:—
- ◇転・編入 特になし
- ◇帰国生 特別対応なし

## 2024年度 入試結果

文理S1コース

| | 専願 | 併願 |
|---|---|---|
| 応募者数 | 71 | 272 |
| 受験者数 | 71 | 262 |
| 合格者数 | 56 | 82 |
| 実質倍率 | 1.27 | 3.20 |
| 合格基準点 | 370/500 | 390/500 |

Ⅰ類

| | 専願 | 併願 |
|---|---|---|
| 応募者数 | 111 | 554 |
| 受験者数 | 111 | 543 |
| 合格者数 | 79 | 425 |
| 実質倍率 | 1.41 | 1.28 |
| 合格基準点 | 340/500 | 360/500 |

※転科合格(専11・併163)含まない

Ⅱ類

| | 専願 | 併願 |
|---|---|---|
| 応募者数 | 358 | 576 |
| 受験者数 | 355 | 565 |
| 合格者数 | 253 | 438 |
| 実質倍率 | 1.40 | 1.29 |
| 合格基準点 | 280/500 | 300/500 |

※転科合格(専31・併122)含まない

Ⅲ類

| | 専願 | 併願 |
|---|---|---|
| 応募者数 | 186 | 164 |
| 受験者数 | 185 | 160 |
| 合格者数 | 179 | 159 |
| 実質倍率 | 1.03 | 1.01 |
| 合格基準点 | 240/500 | 260/500 |

※転科合格(専105・併139)含まない

## 学校PR

学校選択での最も大切なことは、現場を見ることです。そこに通う生徒やそこに勤める教員の顔を見ることです。浪速は貴方の予想を超える姿をお見せします。
ICT機器を備えた新校舎と徹底的に生徒の面倒をみるプロ教師集団が貴方を待っています。

**アクセス**
南海高野線我孫子前駅下車徒歩6分
JR阪和線我孫子町駅または杉本町駅下車徒歩9分
大阪メトロ御堂筋線あびこ駅下車徒歩14分

## 費用

《入学手続き時》
| | |
|---|---|
| ○入学金 | 200,000円 |

《入学後》
| | |
|---|---|
| ○授業料等 | 639,400円 |
| ○制服・制定品 | 約120,000円 |
| ○教材費 | 約50,000～100,000円 |
| ○多聞合宿等 | 約40,000～50,000円 |
| ○Chromebook購入費 | 約72,000円 |
| ○諸会費 | 16,850円 |
| ○スポーツ振興 | 1,935円 |
| ○ロッカー代 | 6,000円 |

## 奨学金・特待制度

入試成績や同時在籍による奨学生制度あり

## 独自の留学制度

特になし

## 合格実績

2024年の進学状況(卒業者数729名)
国・公立大学合格53(48)名
神戸大4(3)、大阪公立大6(5)、神戸市外国語大1(1)、岡山大1(1)、広島大1(1)、滋賀大1(1)、和歌山大15(14)、大阪教育大3(3)、奈良教育大1(1)、滋賀県立大1(0)、奈良県立大4(4)、和歌山県立医科大1(1)、他。

私立大学合格1674(1611)名
関西学院大27(27)、関西大72(63)、同志社大5(5)、立命館大27(27)、京都産業大17(17)、近畿大216(203)、甲南大22(21)、龍谷大126(124)、摂南大(125)、神戸学院大(6)、追手門学院大(165)、桃山学院大(145)、京都外国語大(12)、関西外国語大(76)、大阪経済大(66)、大阪工業大(14)、京都女子大(6)、同志社女子大(10)、神戸女学院大(3)、武庫川女子大(25)、他。

省庁大学校合格10(9)名
防衛大8(8)、防衛医大2(1)。
※( )内は現役合格内数

大阪　共学校

# 羽衣学園高等学校

## 学校インフォメーション

 制服
 自転車通学可　通学
 学内予備校
 ICT教育
 夏・冬・春　長期休暇講習
 海外研修
 屋外　プール

 蔵書数 40,000冊　図書館
 食堂
 条件付　スマホ持ち込み
 カウンセラー
 特待生制度
 高・大　高大連携
海外姉妹校

| 所在地 | 〒592-0003　高石市東羽衣1-11-57 | |
|---|---|---|
| 電話 | 072-265-7561 | 生徒数　男695人　女779人 |
| 創立 | 1923年 | 併設校　羽衣学園中学校、羽衣国際大学 |
| 校長 | 中野　泰志 | WEB　https://www.hagoromogakuen.ed.jp/ |

## 教育方針・特色

「自由・自主・自立・個性の尊重」を重んじ豊かな知と健やかな心を育てる人間教育を羽衣マインド(人間校育)として日々の幸福と社会の発展に貢献する。

## スクールライフ

| | |
|---|---|
| 登校時間 | 8:25 |
| 週登校日 | 6日制 |
| 学期制 | 3学期 |
| 制服 | あり |
| 昼食 | 食堂あり |
| 学校行事 | 学園祭6月・海外語学研修(希望者)8月と3月・体育祭・慰霊祭9月 |
| 修学旅行 | 2年生の12月 「オーストラリア」又は「シンガポール・マレーシア」又は「北海道」 ※2023年度実施 |
| 環境・施設 | 90周年記念棟・学園講堂・体育館・グランド・プール・最先端ICTルーム・純和風の松園会館 |
| クラブ活動 | 【運動部】男子サッカー・水泳・女子ソフトテニス・女子ソフトボール・卓球・ダンス・テニス・バスケットボール・バトン・女子バレーボール・ホッケー・陸上・男子野球
【文化部】囲碁・将棋・園芸・演劇・科学(クイズ研究班)・合唱団・家庭科・華道・ギター・茶道・写真・書道・箏曲・吹奏楽・鉄道研究・パソコン(eSports班)・美術・フォークソング(軽音楽)・文芸・イラスト・放送・ボランティア |
| 強化クラブ | 特になし |

## 2024年度 募集要項

○募集人数　普通科：男女約340名(文理特進Ⅰ類コース、文理特進Ⅱ類コース計約170名、進学コース約170名) ※内部進学含む

○願書受付　本校:1/22(月)～1/29(月)16:00 web手続後(12/17～)書類提出、窓口または郵送(必着)
和歌山:1/12(月)～1/22(月)16:00 web手続後(12/17～)書類提出、窓口または郵送(必着)

○選抜日時　本校:2/10(土)、2/11(日・祝)面接
和歌山:1/29(月)ホテル アバローム紀の国

○合格発表　本校:2/12(月・祝)web速報、郵送
和歌山:1/30(火)web速報、郵送

○入学手続　専願:2/18(日)9:00まで
併願:3/19(火)16:00まで

○選抜方法　本校:国・数・理・社(各50分各100点)・英(リスニング含む55分100点)・面接(専願)
和歌山:国・数(各50分各100点)・英(リスニング含む55分100点)・面接(専願)
※英語資格取得者は点数に応じて換算、当日の英語得点と比較して高い方を採用

○受験料　20,500円

○提出書類　入学志願書・個人報告書(調査書)・英語資格活用申請用紙(該当者)・各種特待申請用紙(該当者)

○追加募集　1.5次：—　2次：—

◆転・編入　特になし

◆帰国生　特別対応なし

## 2024年度 入試結果

| 文理特進Ⅰ類コース | 専願 | 併願 |
|---|---|---|
| 応募者数 | 45 | 277 |
| 受験者数 | 45 | 269 |
| 合格者数 | 42 | 182 |
| 実質倍率 | 1.07 | 1.48 |
| 合格最低点 | — | — |

※Ⅱ類合格(専2・併58)
進学合格(専1・併29)
含まない

| 文理特進Ⅱ類コース | 専願 | 併願 |
|---|---|---|
| 応募者数 | 101 | 510 |
| 受験者数 | 101 | 505 |
| 合格者数 | 81 | 413 |
| 実質倍率 | 1.25 | 1.29 |
| 合格最低点 | — | — |

※回し合格(専20・併91)
含まない

| 進学コース | 専願 | 併願 |
|---|---|---|
| 応募者数 | 186 | 620 |
| 受験者数 | 186 | 619 |
| 合格者数 | 183 | 614 |
| 実質倍率 | 1.02 | 1.01 |
| 合格最低点 | — | — |

※大阪・和歌山入試合計

**アクセス**
JR阪和線東羽衣駅下車徒歩4分
南海本線羽衣駅下車徒歩4分

## 費用

《入学手続き時》
| | |
|---|---|
| ○入学金 | 210,000円 |
| ○オリエンテーション合宿費 | 21,000円 |
| ○ノート型パソコン関連費用 | 100,000円 |
| ○制服・教科書・総合保険加入代 | 約150,000円 |

《入学後》
| | |
|---|---|
| ○授業料(3期分納 4・7・12月) | 550,000円 |
| ○施設設備費 | 50,000円 |
| ○PTA会費等 | 9,600円 |
| ○生徒自治会費 | 4,200円 |
| ○修学旅行積立金 | 160,000円 |
| ○コース別教材行事等積立金(Ⅰ類) | 200,000円 |
| ○コース別教材行事等積立金(Ⅱ類) | 160,000円 |
| ○コース別教材行事等積立金(進学) | 130,000円 |

## 奨学金・特待制度

第1種学力特待・第2種学力特待・第3種学力特待
第4種学力特待・第5種学力特待

## 独自の留学制度

交換留学プログラム(長期・短期)

## 合格実績

2024年の進学状況(卒業者数468名)
羽衣国際大学進学28名

国・公立大学合格27名
大阪大1、神戸大2、大阪公立大2、筑波大1、和歌山大11、大阪教育大1、兵庫県立大1、奈良県立大1、他。

他の私立大学合格1051名
関西学院大22、関西大56、同志社大9、立命館大23、京都産業大15、近畿大179、甲南大5、龍谷大31、佛教大17、早稲田大2、慶應義塾大3、上智大1、東京理科大4、明治大5、青山学院大1、中央大1、法政大4、東洋大1、大阪医科薬科大1、兵庫医科大2、摂南大60、神戸学院大7、追手門学院大38、桃山学院大125、京都外国語大16、関西外国語大33、大阪経済大30、大阪工業大10、京都女子大4、同志社女子大3、武庫川女子大29、他。

## 学校PR

全生徒が自由に利用できる自習室完備。2017年から設置した自習室は、清潔感のある白と緑を基調とした空間です。パーテーションで区切られ、それぞれにデスクライトが備え付けられており、集中して学習に取り組めると好評です。放課後はもちろん、日曜・祝日や長期休暇中も利用することができます。また、希望者を対象に、毎日の家庭学習を放課後に「学校内で完結」させる自学自習システム「Hago Labo」を設置し、学力アップへとつなげます。

# 高 初芝富田林高等学校

## 学校インフォメーション

 制服
 自転車通学可／スクールバス通学
 学内予備校
 ICT教育
 夏・冬・春 長期休暇講習
 習熟度別授業
 海外研修
 自習スペース
 蔵書数 20000冊 図書館
 スマホ持ち込み
 カウンセラー
 帰国生入試
 特待生制度
ネイティブ教員

**所在地** 〒584-0058 大阪府富田林市彼方1801番地

| | |
|---|---|
| 電話 | 0721-34-1010 |
| 創立 | 1984年 |
| 校長 | 安田 悦司 |
| 生徒数 | 男283人 女236人 |
| 併設校 | 初芝富田林中学校 |
| WEB | https://www.hatsushiba.ed.jp/tondabayashi/ |

## 教育方針・特色

「本質を問い、本質を見極める力を養う」を教育目標とし世界的なグローバル化の流れやAI社会の到来を見据え、自らの力で考え、分析統合し説明できる力を授業や探究活動を通じ育て、視野を日本だけでなく世界に広げ様々な人と協働できるリーダー育成を目指します。

## スクールライフ

| | |
|---|---|
| 登校時間 | 8:35 |
| 週登校日 | 6日制 |
| 学期制 | 3学期 |
| 制服 | あり |
| 昼食 | 昼食販売あり 弁当持参可 |
| 学校行事 | 体育大会(5月21日(火))・文化祭(9月21日(土)、9月22日(日・祝)) |
| 修学旅行 | 2年生9月 5泊6日 青森・北海道の他、イタリア、セブ、モンゴル、ガラパゴスの中から選択。 |
| 環境・施設 | 図書館・ICT環境 |
| クラブ活動 | 硬式テニス部(女子)・軟式野球部・バレーボール部・バスケットボール部・サッカー部・ラグビー部・剣道部・陸上部・ダンス部・茶道部・将棋部・放送部・文芸部・美術部・書道部・コーラス部・理科部・情報科学部・インターアクト部・ギターマンドリン部・写真部・英語部 |
| 強化クラブ | 特になし |

## 2024年度 募集要項

○募集人数 普通科:男女280名(S特進αコース約70名、S特進βコース約70名、特進αコース約70名、特進βコース約70名) ※内部進学含む

○願書受付 1/22(月)～1/31(水) web登録後(12/11～)書類提出、窓口または郵送(必着)

○選抜日時 2/10(土)

○合格発表 2/12(月・祝)10:00web、郵送

○入学手続 専願:2/16(金)15:00まで
併願:3/22(金)15:00まで

○選抜方法 国・数・英(リスニング含む)・理・社(各50分各100点)

○受験料 20,000円

○提出書類 入学志願書・個人報告書(調査書)

○追加募集 1.5次:2/16 2次:

◆転・編入 受け入れあり(要相談)

◆帰国生 特別対応あり

## 2024年度 入試結果

**S特進αコース**

| | 専願 | 併願 |
|---|---|---|
| 応募者数 | 35 | 64 |
| 受験者数 | 35 | 62 |
| 合格者数 | 15 | 35 |
| 実質倍率 | 2.33 | 1.77 |
| 合格最低点 | 304/500 | 325/500 |

**S特進βコース**

| | 専願 | 併願 |
|---|---|---|
| 応募者数 | 7 | 55 |
| 受験者数 | 7 | 55 |
| 合格者数 | 3 | 36 |
| 実質倍率 | 2.33 | 1.53 |
| 合格最低点 | 280/500 | 306/500 |

※回し合格(専9・併16)含まない

**特進αコース**

| | 専願 | 併願 |
|---|---|---|
| 応募者数 | 16 | 40 |
| 受験者数 | 16 | 38 |
| 合格者数 | 8 | 31 |
| 実質倍率 | 2.00 | 1.23 |
| 合格最低点 | 269/500 | 277/500 |

※回し合格(専8・併29)含まない

**特進βコース**

| | 専願 | 併願 |
|---|---|---|
| 応募者数 | 3 | 4 |
| 受験者数 | 3 | 4 |
| 合格者数 | 3 | 4 |
| 実質倍率 | 1.00 | 1.00 |
| 合格最低点 | 231/500 | 246/500 |

※回し合格(専15・併8)含まない

## 学校PR

富田林市東部の丘の上にありイキイキとした学校生活を送れる緑豊かな環境の中、勉強はもちろん部活動も活発です。1年生の春休みにはオックスフォード大学・ケンブリッジ大学海外研修(希望制)もあり様々なアクティビティを通して本場の英語はもちろん英国の文化やマナーを学ぶことができます。普段の授業では到達度や個性に応じて習熟度コース編成や個別最適学習を行い基礎学力定着を目指します。

**アクセス**
近鉄長野線滝谷不動駅、泉北高速鉄道泉ケ丘駅、同和泉中央駅、南海高野線河内長野駅・金剛駅、和泉市立病院前、岸和田市立城東小学校前よりスクールバス運行、近鉄大阪線国分駅

## 費用

**《入学手続き時》**

| | |
|---|---|
| ○入学金 | 200,000円 |
| ○保護者会入会金 | 1,000円 |
| ○オリエンテーション費 | 28,000円 |
| ○タブレットPC費用 | 76,648円 |
| ○学園債 | 1口 200,000円 |
| ○教育拡充基金 | 1口 50,000円 |

**《入学後》**

| | |
|---|---|
| ○授業料 | (年額)630,000円 |
| ○保護者会費 | 18,000円 |
| ○学友会費 | 4,200円 |
| ○学年費 | 82,000円 |
| ○修学旅行積立金 | 140,000円 |
| ○ロッカー代等 | 12,540円 |

## 奨学金・特待制度

高校特別奨学生制度A:入学金・授業料・教育充実費免除
高校特別奨学生制度B:入学金免除

## 独自の留学制度

特になし

## 合格実績

**2024年の進学状況(卒業者数247名)**
国・公立大学合格39(7)名
大阪大1、神戸大1、大阪公立大4、名古屋大1(1)、東京外国語大1(1)、国際教養大1、和歌山大3、大阪教育大3、和歌山県立医科大1(1)、岡山県立大2、徳島大4、高知大2、他。

私立大学合格659(61)名
関西学院大18(1)、関西大64(5)、同志社大21、立命館大28(1)、京都産業大5(1)、近畿大127(21)、甲南大3(1)、龍谷大30(2)、早稲田大2、上智大2(2)、東京理科大1、中央大2(1)、京都薬科大4、大阪医科薬科大5、大阪歯科大5、神戸薬科大1、兵庫医科大4(1)、摂南大71(4)、追手門学院大20、桃山学院大13、京都外国語大2、関西外国語大15、京都女子大5、同志社女子大6、武庫川女子大10、他。

※( )内は過年度生内数

# 初芝立命館高等学校

## 学校インフォメーション

 制服
 通学（自転車通学可／スクールバス）
 ICT教育
 長期休暇講習
 海外研修
 留学制度
 自習スペース
 人工芝グラウンド
 スマホ持ち込み（条件付）
 カウンセラー
 帰国生入試
 特待生制度
 高大連携
 ネイティブ教員

**所在地** 〒599-8125　大阪府堺市東区西野194-1

| | |
|---|---|
| 電話 | 072-235-3900 |
| 創立 | 1973年 |
| 校長 | 花上 徳明 |

| | |
|---|---|
| 生徒数 | 男 746人 女 368人 |
| 併設校 | 初芝立命館中学校 |
| WEB | https://www.hatsushiba.ed.jp/ritsumeikan/ |

**アクセス**
南海高野線北野田駅下車南へ徒歩15分

## 教育方針・特色

「夢と高い志、挑戦、そして未来創造」の理念のもと、「Be Unique」を目標に掲げ、世界へ挑戦する人材を育成する。文科省より「スーパーサイエンスハイスクール（SSH）」の指定を受け、「持続可能な未来創造に貢献するリーダー育成のための文理融合型科学技術教育の研究開発」に取り組みます。

## スクールライフ

| | |
|---|---|
| 登校時間 | 8:40 |
| 週登校日 | 5日制（希望制の土曜講座あり） |
| 学期制 | 3学期 |
| 制服 | あり（夏・冬） |
| 昼食 | 給食あり（希望者）弁当持参可 |
| 学校行事 | 文化祭（陵風祭）6月、体育祭 10月 |
| 修学旅行 | 2年生11月 ベトナム、パラオ、対馬・韓国、タスマニア、インド、ドイツ、モロッコ、スペイン、東北・北海道 選択 |
| 環境・施設 | 人工芝グラウンド・アッセンブリーホール・メディアセンター・サイエンスラボ |
| クラブ活動 | 【体育系】野球部・サッカー部・剣道部・陸上部・水泳部・ラグビー部・ソフトテニス部・バスケットボール部・女子バスケットボール部・バレーボール部・ソフトボール部・ハンドボール部・日本拳法部・ダンス部・体操競技部・自転車部<br>【文化系】サイエンス部・新音楽研究部・漫画研究部・パソコン部・写真部・インターアクト部・吹奏楽部・将棋チェス同好会 |
| 強化クラブ | 特になし |

## 2024年度 募集要項

- ○募集人数　普通科：男女360名（アドバンストSPコースα40名、アドバンストSPコースβ80名、立命館コース120名、スーペリアコース80名）
体育科：男女特別専願40名（クラブ選考含む）
※内部進学含む
- ○願書受付　1/22（月）～1/30（火）web手続後（12/18～）
書類提出、窓口または郵送（1/26（金）必着）
- ○選抜日時　2/10（土）
- ○合格発表　2/12（月・祝）15:00web
- ○入学手続　専願：2/15（木）15:00まで
併願：3/21（木）15:00まで
- ○選抜方法　普通科（立命館コース専願B以外）：国・数・英・理・社（各50分各55点）
5科型（5科計×1.2）、数学重視型（数×2＋国英理社）、英語重視型（英×2＋国数理社）の最も高い点数で判定
普通科（立命館コース専願B）：国・数・英（各50分各100点）
体育科：国・英（各50分各100点）・面接
- ○受験料　20,000円
- ○提出書類　入学志願書・個人報告書（調査書）
※体育科は、健康診断書及び体力・競技の調査書も必要
- ○追加募集　1.5次：―　2次：―
- ◆転・編入　受け入れあり（要相談）
- ◆帰国生　帰国生入試あり

## 2024年度 入試結果

### アドバンストSPコースα

| | 専願 | 併願 |
|---|---|---|
| 応募者数 | 10 | 80 |
| 受験者数 | 9 | 79 |
| 合格者数 | 7 | 51 |
| 実質倍率 | 1.29 | 1.55 |
| 合格最低点 | 392/600 | 404/600 |

### アドバンストSPコースβ

| | 専願 | 併願 |
|---|---|---|
| 応募者数 | 16 | 96 |
| 受験者数 | 16 | 96 |
| 合格者数 | 8 | 63 |
| 実質倍率 | 2.00 | 1.52 |
| 合格最低点 | 350/600 | 364/600 |

※転コース合格（専16・併46）含まない

### 立命館コース

| | 専願 | 併願 |
|---|---|---|
| 応募者数 | A65・B55 | 53 |
| 受験者数 | 64・55 | 51 |
| 合格者数 | 39・55 | 18 |
| 実質倍率 | 1.64・1.00 | 2.83 |
| 合格最低点 | A方式 404/600<br>390/600 | |

### スーペリアコース

| | 専願 | 併願 |
|---|---|---|
| 応募者数 | 9 | 50 |
| 受験者数 | 9 | 50 |
| 合格者数 | 8 | 49 |
| 実質倍率 | 1.13 | 1.02 |
| 合格最低点 | 297/600 | 312/600 |

※転コース合格（専16・併48）含まない

### 体育科

| | 特別専願 |
|---|---|
| 応募者数 | 39 |
| 受験者数 | 39 |
| 合格者数 | 39 |
| 実質倍率 | 1.00 |
| 合格最低点 | 非公表 |

## 費用

**《入学手続き時》**
| | |
|---|---|
| ○入学金 | 200,000円 |
| ○入学時宿泊研修費 | 40,000円 |
| ○制服等 | 約140,000円 |

**《入学後》**
| | |
|---|---|
| ○授業料 | 630,000～650,000円 |
| ○諸費 | 110,000～158,200円 |

（コースにより異なる）
※2023年度実績

## 奨学金・特待制度

高校特別奨学生A
高校特別奨学生B

## 独自の留学制度

交換留学・短期・中期・長期留学の制度あり

## 合格実績

2024年の進学状況（卒業者数340名）
立命館大学合格125名
立命館アジア太平洋大学合格10名

国・公立大学合格13(10)名
大阪公立大1、和歌山大3(3)、兵庫県立大1、奈良県立大1(1)、鳥取大1、長崎大1(1)、宇都宮大1(1)、長野県立大1(1)、鹿屋体育大1(1)、釧路公立大1(1)、叡啓大1(1)。

他の私立大学合格426(400)名
関西学院大11(7)、関西大18(14)、同志社大4(2)、立命館大1(1)、京都産業大6(6)、近畿大100(97)、龍谷大7(7)、早稲田大1(1)、明治大5、中央大1、大阪歯科大2(2)、摂南大48(48)、神戸学院大1(1)、追手門学院大12(12)、桃山学院大48(48)、関西外国語大22(16)、大阪経済大19(19)、大阪工業大5(5)、同志社女子大3(3)、神戸女学院大2(2)、武庫川女子大3(3)、大阪産業大28(28)、大阪大谷大9(9)、四天王寺大14(14)、阪南大8(8)、大和大7(7)、他。

※（ ）内は現役合格内数

## 学校PR

学びたいと強く願い、自ら主体的・継続的に学び続ける姿勢と努力。それを忘れず夢に向かって走り続ける生徒たちを、初芝立命館は全力で支えます。
ICT環境や独自の国際教育プログラムなど、本校独自のシステムと手法で、立命館との提携を活かした多彩な教育プログラムを展開します。一人ひとりの針路をずっとサポートし続ける羅針盤が、初芝立命館です。また来年度より制服をリニューアルします。

共学校

# 阪南大学高等学校

大阪

共学校

## 学校インフォメーション

 制服
 自転車通学可 通学
 ICT教育
 夏・冬・春 長期休暇講習
 海外研修
 自習スペース
 蔵書数 50,000冊 図書館

 人工芝グラウンド
 食堂
 スマホ持ち込み 条件付
 高大連携 高大
 カウンセラー
 特待生制度
 奨学生制度

**所在地** 〒580-0022　松原市河合2-10-65

| | |
|---|---|
| 電話 | 072-332-1221 |
| 創立 | 1939年 |
| 校長 | 岸本 尚子 |

| | |
|---|---|
| 生徒数 | 男 892人　女 573人 |
| 併設校 | 阪南大学 |
| WEB | https://www.hdk.ed.jp/ |

## 教育方針・特色

「学びの友よ才能は神よりの業　究むるは君が使命」を建学の精神とし、校訓として、思考・誠実・努力を掲げる。心身ともに健全にして理想高く、自主性と実行力を養い、世人から信頼される人格を形成し、社会に貢献しうる人間を育成する。

## スクールライフ

| | |
|---|---|
| 登校時間 | 8:30登校(探究特進コースは8:20登校) |
| 週登校日 | 6日制 |
| 学期制 | 3学期 |
| 制服 | あり |
| 昼食 | 食堂あり |
| 学校行事 | 海外研修・学園祭(文化の部)9月・学園祭(体育の部)10月・学園祭(球技の部)11月 |
| 修学旅行 | 北海道・グアム(選択制)※令和5年度 |
| 環境・施設 | ホール・グローバルスペース・ダンス剣道場・トレーニングセンター・メディアセンター・体育館・高見ノ里グラウンド(サッカー場・テニス場)・天美グラウンド(野球場) |
| クラブ活動 | 【運動部】硬式野球部・サッカー部・男子バスケットボール部・ソフトテニス部・女子バスケットボール部・剣道部・女子バレーボール部・軟式野球部・柔道部・陸上部・卓球部・空手道部・トランポリン部・硬式テニス部<br>【文化部】イラストレーション制作部・吹奏楽部・家庭クラブ・電子技術部・物理化学部・軽音楽部・放送部・写真部・茶道部・書道部・ダンス部・美術部・探究クラブ |
| 強化クラブ | 硬式野球部・サッカー部・男子バスケットボール部 |

## 2024年度 募集要項

- 募集人数　普通科:男女440名(探究特進コースS:40名、探究特進コースA:80名、総合進学コース:320名)
- 願書受付　1/22(月)～1/29(月)web手続後(12/1～)書類提出、窓口出願
- 選抜日時　2/10(土)、2/11(日・祝)面接(専願)
- 合格発表　2/13(火)郵送
- 入学手続　専願:2/15(木)16:00<br>併願:3/19(火)10:00～16:00
- 選抜方法　国・数・英・理・社(各50分)・面接(専願)
- 受験料　20,000円
- 提出書類　入学志願書・個人報告書(調査書)
- 追加募集　1.5次:2/16　2次:―
- ◆転・編入　要相談
- ◆帰国生　特別対応なし

## 2024年度 入試結果

探究特進S

| | 専願 | 併願 |
|---|---|---|
| 応募者数 | 18 | 93 |
| 受験者数 | 18 | 93 |
| 合格者数 | 13 | 56 |
| 実質倍率 | 1.38 | 1.66 |
| 合格最低点 | ― | ― |

探究特進A

| | 専願 | 併願 |
|---|---|---|
| 応募者数 | 37 | 149 |
| 受験者数 | 37 | 149 |
| 合格者数 | 28(4) | 100(15) |
| 実質倍率 | ― | ― |
| 合格最低点 | ― | ― |

総合進学

| | 専願 | 併願 |
|---|---|---|
| 応募者数 | 393 | 636 |
| 受験者数 | 393 | 636 |
| 合格者数 | 400(14) | 719(86) |
| 実質倍率 | ― | ― |
| 合格最低点 | ― | ― |

※( )内は転コース合格内数

## 学校PR

校訓「誠実　努力　思考」のもと、知力、気力、実践力、コミュニケーション能力を身に付けた社会で必要とされる人材を育成します。
これまで積み上げてきた教育体制を更に進化させたカリキュラムや学習環境で「国公立大学、難関私立大学へ合格したい」「勉強もクラブ活動も全力で頑張りたい」など様々な目的や進路選択に応じて力強くサポートします。
クラブ活動では体育系・文化系ともに大きな成果をあげています。

## アクセス
近鉄南大阪線高見ノ里駅下車徒歩7分
堺・堺市・堺東駅より南海バスあり

## 費用

《入学手続き時》
○入学手続金　　　　　　　　　　192,000円
※学校指定品別途

| | 第1期 | 第2期 | 第3期 |
|---|---|---|---|
| 授業料 | 240,000円 | 240,000円 | 120,000円 |
| 生徒会費等 | 7,000円 | 7,000円 | 3,500円 |
| 修学旅行積立金 | 44,000円 | 44,000円 | 44,000円 |
| 学年費<br>(第1期のみ) | 探究特進コース 86,000円<br>総合進学コース 49,000円 | | |

## 奨学金・特待制度

阪南大学高等学校卒業生子弟優遇制度(専願者)
成績優秀者奨学金制度
特別奨学金(強化指定クラブ)制度(専願者)

## 独自の留学制度

短期海外研修制度あり

## 合格実績

2024年の進学状況(卒業者数486名)
阪南大学合格768名

国・公立大学合格
大阪教育大1、京都工芸繊維大1(1)、三重大1、岡山大1、信州大1、京都府立大1、滋賀県立大1、神戸市外国語大1。

他の私立大学合格
関西学院大32(1)、関西大33、同志社大2、立命館大9(2)、京都産業大3、近畿大109(2)、甲南大8、龍谷大21、摂南大学41、桃山学院大28(3)、追手門学院大34(2)、神戸学院大24、大阪経済大8、大阪工業大8、関西外国語大20、畿央大4、京都女子大2、同志社女子大1、武庫川女子大7、天理大1、京都外国語大5、他。
※( )内既卒生内数

# PL学園高等学校

## 学校インフォメーション

 制服
 自転車通学可 通学
 PL教 宗教教育
 夏 長期休暇講習
 習熟度別授業
 海外研修
 屋内 プール

 寮 学生寮
 蔵書数 40,000冊 図書館
 食堂
 条件付 スマホ持ち込み
 プレ プレテスト

| 所在地 | 〒584-0008　大阪府富田林市喜志2055番地 |
|---|---|

| 電話 | 0721-24-5132 | 生徒数 | 男17人　女25人 |
|---|---|---|---|
| 創立 | 1955年 | 併設校 | 衛生看護専門学校、中・小・幼 |
| 校長 | 後藤 多加志 | WEB | https://www.pl-gakuen.ac.jp/school/ |

## 教育方針・特色

本校の設立母体であるパーフェクト リバティー教団（PL）の教義に基づき「人生は芸術である」との理念をかかげてあらゆる物事に誠心誠意とりくみ、将来平和社会に貢献できる調和的自己表現を身につけることを教育方針とする。

生徒は勉学、スポーツその他日常生活のあらゆる場面において、真の自己表現の喜びを体感しようと向上努力し、また、親、教師も生徒とともに学ぶ姿勢をもって、子の成長を支援する学校となることを目指している。

## スクールライフ

| 登校時間 | 8:15 |
|---|---|
| 週登校日 | 5日制 |
| 学期制 | 3学期 |
| 制服 | あり（夏・冬） |
| 昼食 | 食堂あり　弁当持参可 |
| 学校行事 | 校外学習・球技大会・国際理解LHR・ハワイ語学研修 |
| 修学旅行 | あり |
| 環境・施設 | 普通教室・体育館・雨天練習・講堂・図書館・視聴覚室・パソコン教室・寮・温水プール・トレーニングルーム |
| クラブ活動 | ○運動部：高校軟式野球部・バトン部・剣道部・バスケットボール部・バレーボール部<br>○文化部：吹奏楽部・軽音楽部・美術 |
| 強化クラブ | 特になし |

## 2024年度 募集要項

○募集人数　普通科：男女120名（国公立コース、理文選修コース）
　　　　　　※内部進学含む　PL会員子弟であること

○願書受付　1/22（月）〜2/3（土）郵送出願のみ（必着）

○選抜日時　2/10（土）

○合格発表　2/13（火）郵送

○入学手続　専願：3/1（金）まで
　　　　　　併願：併願校発表後2日以内

○選抜方法　国・数・英（リスニング含む）・面接（保護者同伴）

○受験料　15,000円

○提出書類　入学志願書・個人報告書（調査書）・受験生
　　　　　　保護者アンケート

○追加募集　1.5次：—　2次：—

◆転・編入　特になし

◆帰国生　特別対応なし

## 2024年度 入試結果

国公立コース

| | 専願 | 併願 |
|---|---|---|
| 応募者数 | 3 | 1 |
| 受験者数 | 3 | 1 |
| 合格者数 | 0 | 0 |
| 実質倍率 | — | — |
| 合格最低点 | 非公表 | 非公表 |

理文選修コース

| | 専願 | 併願 |
|---|---|---|
| 応募者数 | — | — |
| 受験者数 | 7 | 6 |
| 合格者数 | 9 | 7 |
| 実質倍率 | — | — |
| 合格最低点 | 非公表 | 非公表 |

※回し合格含む

## 学校PR

広大な敷地に、体育館、グラウンド、室内練習場などの設備が充実していて、部活動に思う存分打ち込むことが出来る環境が整っています。放課後などの課外時間に、個別に学習指導を行う体制を整えて、学力向上をサポートします。寮を完備しており、貴重な学生生活を送ることが出来ます。

PL学園高

**アクセス**
近鉄長野線喜志駅下車西へ徒歩15分

## 費用

《入学手続き時》
| ○入学金 | 180,000円 |
|---|---|
| ○授業料（前期分） | 252,000円 |
| ○施設維持費 | 30,000円 |
| ○生徒会費 | 6,000円 |
| ○保護者会費 | （年額）5,000円 |

《入学後》（後期）
| ○授業料 | 252,000円 |
|---|---|
| ○施設維持費 | 30,000円 |
| ○生徒会費 | 6,000円 |

## 奨学金・特待制度

特になし

## 独自の留学制度

特になし

## 合格実績

2024年の進学状況（卒業者数20名）
国・公立大学合格
大阪教育大、福井大、弘前大、宇都宮大、名古屋市立大

私立大学合格
京都産業大、桃山学院大、二松学舎大、東北福祉大、朝日大、武庫川女子大、神戸女子大、阪南大、帝塚山学院大、森ノ宮医療大、他。

# 東大阪大学敬愛高等学校

## 学校インフォメーション

 制服
 自転車通学可 通学
 ICT教育
 長期休暇講習
 習熟度別授業
 学生寮
 人工芝グラウンド

 食堂
 条件付 スマホ持ち込み
 高大連携
 ネイティブ教員

**所在地** 〒577-8567 大阪府東大阪市西堤学園町3-1-1

| | |
|---|---|
| 電話 | 06-6782-2881 |
| 創立 | 1940年 |
| 校長 | 新 浩幸 |

| | |
|---|---|
| 生徒数 | 男 194人 女 461人 |
| 併設校 | 東大阪大学・東大阪大学短期大学部 |
| WEB | https://www.higashiosaka-hs.ac.jp/keiai/ |

## 教育方針・特色

タブレット導入：生徒の学習の意欲を高めながら、教科書の文字情報だけでは伝えづらいことが、画像や動画を用いることで視覚的・聴覚的理解を得ることが可能です。

学習アプリ：生徒個人のポートフォリオや生徒・保護者とのコミュニケーション、1人でできる学習動画など、様々なコンテンツが含まれており、生徒1人ひとりにあった進路選択をサポートします。

敬愛ゼミ：放課後に毎週2回、希望制で国語と英語の授業を実施します。有名私立大学受験対応レベルを目指し、解答に必要になる「知識と思考力」を習得することを目標としています。

## スクールライフ

| | |
|---|---|
| 登校時間 | 8:40 |
| 週登校日 | 6日制(土は隔週登校) |
| 学期制 | 3学期 |
| 制服 | あり(夏・冬) |
| 昼食 | 購買・食堂あり |
| 学校行事 | 校外学習(5月)・スポーツ大会(6月)・体育祭(9月)・文化祭(11月)・耐寒行事(2月) |
| 修学旅行 | 2年生3月 沖縄・ベトナム・アメリカから選択 |
| 環境・施設 | グラウンド・フットサルコート・野外ステージ・調理実習室(ガス、IH)・ドローイング教室・ソーイング教室・情報処理室・ICTアクティブラーニング教室・体育館・学内コンビニエンスストア・食堂 |
| クラブ活動 | 運動部：陸上競技・空手道・柔道・弓道・野球・男子サッカー・女子サッカー・男子バスケットボール・女子バスケットボール・ソフトテニス・バドミントン・女子バレーボール・卓球・フットサル<br>文化部：美術・茶道・演劇・ボランティア・写真・漫画研究・軽音楽・吹奏楽・書道・華道・情報処理・ダンス・放送・手芸・料理・スイーツ |
| 強化クラブ | 陸上競技・柔道・空手道 |

## 2024年度 募集要項

- 募集人数　普通科：男女300名(総合進学コース120名、こども教育コース60名、調理・製菓コース60名、ファッション創造コース60名)
- 願書受付　1/22(月)～1/31(水) web登録後(12/15～)書類提出、窓口または郵送(消印有効)
- 選抜日時　2/10(土)
- 合格発表　2/12(月・祝)郵送
- 入学手続　専願：2/22(木)15:00まで<br>併願：3/22(金)15:00まで
- 選抜方法　国・数・英(各50分各100点)・面接(専願)
- 受験料　20,000円
- 提出書類　入学志願書・個人報告書(調査書)
- 追加募集　1.5次：2/15　2次：3/22
- ◆転・編入　受け入れあり(要相談)
- ◆帰国生　特別対応あり

## 2024年度 入試結果

### 総合進学

| | 専願 | 併願 |
|---|---|---|
| 応募者数 | 84 | 244 |
| 受験者数 | 84 | 235 |
| 合格者数 | 84 | 232 |
| 実質倍率 | 1.00 | 1.01 |
| 合格最低点 | 54/300 | 60/300 |

### こども教育

| | 専願 | 併願 |
|---|---|---|
| 応募者数 | 39 | 43 |
| 受験者数 | 39 | 43 |
| 合格者数 | 39 | 43 |
| 実質倍率 | 1.00 | 1.00 |
| 合格最低点 | 54/300 | 60/300 |

### 調理・製菓

| | 専願 | 併願 |
|---|---|---|
| 応募者数 | 52 | 82 |
| 受験者数 | 52 | 80 |
| 合格者数 | 52 | 79 |
| 実質倍率 | 1.00 | 1.01 |
| 合格最低点 | 60/300 | 80/300 |

### ファッション創造

| | 専願 | 併願 |
|---|---|---|
| 応募者数 | 11 | 36 |
| 受験者数 | 11 | 36 |
| 合格者数 | 11 | 36 |
| 実質倍率 | 1.00 | 1.00 |
| 合格最低点 | 54/300 | 60/300 |

## 学校PR

制服がリニューアルしました！「全員がおしゃれを楽しめること」がコンセプトです。また、3つのコースに加えて「ファッション創造コース」が新設されました。自分の発想・アイデアを創造し、表現力を身につけていくコースです。SNSで楽しい行事も随時アップしているので、フォローもお願いします。皆さん、ぜひ新しいKEIAIスタイルをチェックしてください！

東大阪大学敬愛高

### アクセス
大阪メトロ中央線高井田駅下車徒歩14分、長田駅下車徒歩16分
JRおおさか東線高井田中央駅下車徒歩14分
近鉄奈良線河内小阪駅下車徒歩18分
JR学研都市線徳庵駅よりバス20分東大阪学園前下車

## 費用

**《入学手続き時》**

| | |
|---|---|
| ○入学金 | 100,000円 |
| ○施設設備費・授業料(4期分納の1期分)・年間行事費(2期分納の1期分)・教材費・後援会費・生徒会費 等 | 389,600円 |

**《入学後》**

| | |
|---|---|
| ○授業料 | (年額)600,000円 |

○各種費用

| | |
|---|---|
| 総合進学 | 130,000円 |
| こども教育 | 158,000円 |
| 調理・製菓 | 175,000円 |
| ファッション創造 | 180,000円 |

| ○制服等規定品代 | 男子：117,080円 |
|---|---|
| | 女子スカート：115,750円 |
| | 女子スラックス：115,180円 |

## 奨学金・特待制度

奨学金、特待生制度あり

## 独自の留学制度

特になし

## 合格実績

2024年の進学状況(卒業者数180名)
東大阪大学9名
東大阪大学短期大学部20名

国・公立大学合格
京都教育大1。

他の私立大学合格96名
関西大2、甲南大1、龍谷大4、摂南大2、京都外国語大4、関西外国語大4、大阪経済大2、同志社女子大1、神戸女学院大1、阪南大6、大阪学院大5、大阪経済法科大5、大阪芸術大3、大阪国際大3、大阪産業大3、大阪商業大3、大阪体育大3、環太平洋大3、帝塚山大3、東海大3、他。

他の短期大学合格4名
専門学校合格46名

# 東大谷高等学校

## 学校インフォメーション

 制服
 自転車通学可 スクールバス 通学
 仏教 宗教教育
 ICT教育
 夏・冬・春 長期休暇講習
 留学制度
 自習スペース

 蔵書数 54,000冊 図書館
 人工芝グラウンド
 食堂
 条件付 スマホ持ち込み
 カウンセラー
 特待生制度
 高大 高大連携

**所在地** 〒590-0111 大阪府堺市南区三原台2-2-2

| | |
|---|---|
| 電話 | 072-289-8069 |
| 創立 | 1909年 |
| 校長 | 長尾 文孝 |

| | |
|---|---|
| 生徒数 | 男 357人 女 431人 |
| 併設校 | 大阪大谷大学・大学院／大谷中学校・高等学校／大谷さやまこども園 |
| WEB | https://www.higashiohtani.ac.jp/ |

## 教育方針・特色

本校は、建学の精神に基づく宗教的情操教育を通じて、礼節と品格を備えた人物を育成するとともに、最新の教育施設・設備のもと、時代の変化に対応し自らの未来を切り拓く高い志を育みます。

本校には一人ひとりの志望や学力に対応した3つのコースがあります。

わが国の将来を担うリーダーを育て、国公立大学や難関私立大学をめざす特進コース、国際社会で活躍する人材を育て、語学・国際系の難関私立大学をめざす国際コース、自主的・主体的に考え、行動できる人材を育てる進学コースです。

## スクールライフ

| | |
|---|---|
| 登校時間 | 8:25 |
| 週登校日 | 6日制 |
| 学期制 | 3学期 |
| 制服 | あり(夏・冬) |
| 昼食 | 購買・食堂あり 弁当持参可 |
| 学校行事 | 体育大会(6月)・文化祭(9月) |
| 修学旅行 | 2年生6月 4泊5日 北海道(進学・特進コース) 国際コースはオーストラリア2週間(7月) |
| 環境・施設 | すべての普通教室に電子黒板を設置、Wi-Fi完備 講堂・図書館・自習室・体育館・武道場・人工芝グラウンド・第二グラウンド(テニスコート) |
| クラブ活動 | 運動部…剣道部／硬式テニス部／サッカー部／卓球部／ダンス部／なぎなた部／バスケットボール部／バドミントン部／バトン部／バレーボール部／ハンドボール部／陸上競技部 文化部…IT技能検定部／アニメーション部／英語部／園芸部／演劇部／ギター部／コーラス部／科学部／華道部／軽音楽部／写真部／手話部／食物部／書道部／茶道部／吹奏楽部／美術部／文芸部／放送部 |
| 強化クラブ | 特になし |

## 2024年度 募集要項

- ○募集人数 普通科:男女280名(特進コース80名、国際コース80名、進学コース120名)
- ○願書受付 1/22(月)〜1/29(月) web登録後(12/11〜)書類提出、窓口または郵送(必着)
- ○選抜日時 2/10(土)、2/11(日)
- ○合格発表 2/12(月・祝)郵送
- ○入学手続 専願:2/20(火)14:00まで 併願:3/19(火)15:00まで
- ○選抜方法 国・数・理・社(各50分各100点)・英(リスニング含む)(60分100点、国際コースは200点換算)・面接
- ○受験料 20,000円
- ○提出書類 入学志願書・個人報告書(調査書)・検定試験合格証書(写し)該当者・入学金免除申請書該当者
- ○追加募集 1.5次:2/16
- ◆転・編入 受け入れあり(要相談)
- ◆帰国生 特別対応なし

## 2024年度 入試結果

**特進コース**

| | 専願 | 併願 |
|---|---|---|
| 応募者数 | 48 | 193 |
| 受験者数 | 48 | 192 |
| 合格者数 | 43 | 171 |
| 実質倍率 | 1.12 | 1.12 |
| 合格最低点 | 232/500 | 261/500 |

※1.5次含む、進学合格(専4・併16)、国際合格(専1・併5)含まない

**国際コース**

| | 専願 | 併願 |
|---|---|---|
| 応募者数 | 25 | 55 |
| 受験者数 | 25 | 55 |
| 合格者数 | 25 | 55 |
| 実質倍率 | 1.00 | 1.00 |
| 合格最低点 | 283/600 | 326/600 |

※1.5次含む

**進学コース**

| | 専願 | 併願 |
|---|---|---|
| 応募者数 | 146 | 242 |
| 受験者数 | 146 | 240 |
| 合格者数 | 146 | 240 |
| 実質倍率 | 1.00 | 1.00 |
| 合格最低点 | 201/500 | 232/500 |

※1.5次含む

## 学校PR

本校には在学中だけでなく大学進学後も視野に入れた2つの教育を行います。それが「10年未来プロジェクト」と「探究ゼミナール」です。「10年未来プロジェクト」では、10年後も「自ら成長できる人物」でいられることを、進学指導の目標とします。「探究ゼミナール」では、「なぜ」を考え、「自ら学ぶ力」を育てます。

## アクセス

泉北高速鉄道泉ケ丘駅下車徒歩約8分
近鉄長野線富田林駅・南海高野線金剛駅よりスクールバス
南海本線泉大津駅・JR阪和線和泉府中駅よりスクールバス

## 費用

**《入学手続き時》**

| | |
|---|---|
| ○入学金 | 200,000円 |
| ○制服・教科書・保険料など | 約230,000円 |
| ○ICT教育関連費 | 100,000円 |

**《入学後》(年額)**

| | |
|---|---|
| ○授業料 | 612,000円 |
| ○施設設備費 | 30,000円 |
| ○旅行積立 | 約165,000円 |
| ○PTA会費 | 12,000円 |
| ○生徒会費 | 4,800円 |
| ○学習諸費 | 約95,000円 |

学習諸費・旅行積立金はコースにより金額が異なります。
※前年度実績

## 奨学金・特待制度

奨学金、特待生制度あり
・特待生制度「東大谷スカラシップ」
・入学金免除制度

## 独自の留学制度

| | |
|---|---|
| 留学先 | ニュージーランド |
| 学年 | 1年 |
| 内容 | 短期(3ヶ月)・中期(6ヶ月)・長期(1ヶ月) |
| 費用 | 約150万・約250万・約350万 |

## 合格実績

2024年の進学状況(卒業者数284名)
大阪大谷大学47名
国・公立大学合格21(19)名
大阪公立大1(1)、和歌山大5(5)、京都教育大1(1)、大阪教育大3(3)、奈良教育大1(1)、秋田県立大1(1)、徳島大1(1)、高知大3(2)、高知工科大2(2)、島根大1(1)、琉球大2(1)。
他の私立大学合格
関西学院大10(7)、関西大29(29)、同志社大5(5)、立命館大13(3)、京都産業大11(9)、近畿大138(127)、甲南大5(5)、龍谷大21(21)、上智大1(1)、青山学院大2(1)、法政大2(1)、大阪医科薬科大1(1)、京都薬科大1(1)、神戸薬科大2(2)、摂南大48(45)、神戸学院大10(10)、追手門学院大40(38)、桃山学院大26(26)、京都外国語大9(9)、関西外国語大60(60)、大阪経済大18(15)、大阪工業大27(24)、京都女子大7(7)、同志社女子大3(3)、武庫川女子大7(7)、大阪産業大18(18)、大阪電気通信大10(10)、四天王寺大12(12)、大和大22(22)、他。
※( )内は現役合格内数

# 箕面学園高等学校

## 学校インフォメーション

 制服　 自転車通学可 通学　 ICT教育　 長期休暇講習　 蔵書数 32,000冊 図書館　 人工芝グラウンド　 食堂

 条件付 スマホ持ち込み　 カウンセラー　 特待生制度　ABC ネイティブ教員

| 所在地 | 〒562-0001 箕面市箕面7-7-31 | | |
|---|---|---|---|
| 電話 | 072-723-6551 | 生徒数 | 男 467人 女 83人 |
| 創立 | 1946年 | 併設校 | 福祉保育専門学校、附属幼稚園 |
| 校長 | 田中 祥雄 | WEB | https://www.minohgakuen.ed.jp/ |

**アクセス**
阪急箕面線箕面駅下車西へ徒歩5分

## 教育方針・特色

　恵まれた環境の中で、生徒一人ひとりの個性を尊重し能力を伸ばし、現代社会の一員としての豊かな知性、正しい判断力、理解力を養い、活力に満ちた社会人の育成を目指す。

《特色》
- 多様な生徒のニーズに応え希望進路の実現を目指す総合選択制
- 2・3年次には合計14時間の選択科目
- 第1・3・5の土曜日には自分のやりたいことを深めるエリア学習(行事によって変更の可能性有)
- 学びの世界を広げるICT活用授業(生徒1人1台タブレット端末の活用)

## スクールライフ

| | |
|---|---|
| 登校時間 | 8:30 |
| 週登校日 | 6日制　第2・4土曜日は休業日、他の土曜日は授業あり(行事によって変更の可能性有) |
| 学期制 | 3学期 |
| 制服 | あり(夏・冬) |
| 昼食 | 食堂あり |
| 学校行事 | 校外学習(5月)、球技大会(6月)、体育祭(9月)、文化祭(11月) |
| 修学旅行 | 2年生12月　3泊4日　沖縄 |
| 環境・施設 | 図書館、ICT環境、人工芝グラウンド、茨木グランド(硬式野球練習場) |
| クラブ活動 | 運動部)硬式野球部、柔道部、剣道部、バレーボール部、サッカー部、ハンドボール部、バスケットボール部、カヌー部、卓球部、陸上競技部、ラグビー部<br>文化部)写真部、美術部、音楽部、ダンス部、吹奏楽部、Home Economics部、漫画研究部、放送部、パソコン部、自然科学部、勉強部<br>同好会)バドミントン |
| 強化クラブ | アスリート6クラブ:硬式野球部、柔道部、ハンドボール部、バスケットボール部、サッカー部、バレーボール部 |

## 費用

《入学手続き時》
| | |
|---|---|
| ○入学金 | 210,000円 |

《入学後》
| | |
|---|---|
| ○授業料 | 600,000円 |
| ○諸費 | 94,985円 |
| ○指定品 | 男子:93,440円 |
| | 女子:89,050円 |
| ○タブレット端末購入費 | 90,000円 |
| ○修学旅行積立金 | 120,000円 |
| ○卒業・同窓会積立金 | 9,000円 |

## 奨学金・特待制度

①入学金全額相当分
　専願　3年次9教科評定の合計27以上(1は含まない)
　併願　3年次9教科評定の合計30以上(1は含まない)
　専願併願　学科試験などでの成績優秀者、箕面学園附属幼稚園を卒園した者
②入学金1/2相当分
　専願併願　学科試験での成績優秀者
　　　　　　保護者が本校を卒業している者
　　　　　　兄姉が本校在籍または卒業の者
③一芸一能対象者
④在学生対象奨学金

## 独自の留学制度

特になし

## 合格実績

2024年の進学状況(卒業者数181名)
大学進学
関西学院大、京都産業大、近畿大、甲南大、摂南大、神戸学院大、追手門学院大、桃山学院大、京都外国語大、大谷大、大阪電気通信大、阪南大、宝塚医療大、大阪学院大、他。

## 2024年度 募集要項

○募集人数　普通科(総合選択制):男女210名
○願書受付　1/22(月)〜1/29(月)
　　　　　　窓口(学校図書館)出願
○選抜日時　2/10(土)、2/11(日・祝)面接
○合格発表　2/12(月・祝)郵送
○入学手続　専願:2/20(火)まで
　　　　　　併願:3/19(火)16:30まで
○選抜方法　国・数・英(各50分)・面接
○受験料　20,000円
○提出書類　入学志願書・個人報告書(調査書)
○追加募集　1.5次:2/14　2次:—
◆転・編入　受け入れあり(要相談)
◆帰国生　特別対応なし

## 2024年度 入試結果

| 総合 | 専願 | 併願 |
|---|---|---|
| 応募者数 | — | — |
| 受験者数 | 154 | 321 |
| 合格者数 | 153 | 310 |
| 実質倍率 | 1.01 | 1.04 |
| 合格最低点 | 非公表 | 非公表 |

## 学校PR

- 個々の能力を充分に伸長させるとともに、品性の高い教養ある人間を育成する。
- 思いやりのある豊かな心、真理を追究する真摯な心、自己を厳しく律する克己の心を育て、文化国家の担い手にふさわしい人材を育成する。

# 箕面自由学園高等学校

## 学校インフォメーション

 制服
 自転車通学可 通学
 探究授業
 海外研修
 留学制度
 自習スペース
 図書館

 バリアフリー
 食堂
 条件付 スマホ持ち込み
 カウンセラー
 特待生制度
 ネイティブ教員

**所在地** 〒560-0056 豊中市宮山町4-21-1

| | | | |
|---|---|---|---|
| 電話 | 06-6852-8110 | 生徒数 | 男 907人 女 737人 |
| 創立 | 1951年 | 併設校 | 箕面自由学園幼稚園・箕面自由学園小学校・ |
| 校長 | 田中 良樹 | | 箕面自由学園中学校 |
| | | WEB | https://mino-jiyu.ed.jp/hs/ |

**アクセス**
阪急箕面線桜井駅下車徒歩7分
阪急バス茨木・石橋線南桜井下車(校門前)
阪急バス千里中央ー豊中線春日町4丁目下車徒歩7分

## 教育方針・特色

本校の建学の精神「教養高い社会、人の育成」をめざし、①将来を自らの手で切り拓き、たくましく生きるための「人間力」を磨くために、何事にも自ら選択・チャレンジし、最後までやり抜く力を養う。②自らの進路を実現するために、幅広い視野と「学習力」を身につける。

## スクールライフ

| | |
|---|---|
| 登校時間 | 9:00 |
| 週登校日 | 6日制 |
| 学期制 | 3学期 |
| 制服 | あり(夏・冬) |
| 昼食 | 食堂・購買あり 弁当持参可 |
| 学校行事 | MJGフェスタ(文化の部・体育の部 6月)・サマーキャンプ(8月) |
| 修学旅行 | 2年生10月 3泊4日 沖縄 |
| 環境・施設 | 大体育館(格技室・トレーニング室・シャワー室・バスケットコート2面)・射撃場・図書室・自習室・コンピュータ室・メディアセンター・キャリアセンター・桂門ホール |
| クラブ活動 | 射撃部、陸上部、テニス部、野球部、サッカー部、バドミントン部、女子ラクロス部、ハンドボール部、女子バスケットボール部、女子ダンス部、ESS、コンピュータロボット研究部、家庭科部、放送部、漫画・イラスト部、書道部など(体育系16/文化系15) |
| 強化クラブ | 吹奏楽部(男女)、チアリーダー部(女子)、アメリカンフットボール部(男子)、バレーボール部(女子)、バスケットボール部(男子) |

## 費用

**《入学手続き時》**

| | |
|---|---|
| ○入学金 | 220,000円 |
| ○制服・制定品代 | 約100,000円 |

**《入学後》**

| | |
|---|---|
| ○授業料 | (年額)564,000円 |
| ○施設費 | 36,000円 |
| ○諸費(PTA会費・自治会費・後援会費) | 32,400円 |
| ○預り金 | 150,000円〜165,000円 |
| ※コースにより異なる | |

## 奨学金・特待制度

○特待生制度 入試の際に優秀な成績をおさめた生徒に対する奨学金
○ファミリー奨学金 当学園に兄弟姉妹が在籍するご家庭に給付される奨学金

## 独自の留学制度

留学先 ニュージーランド・カナダ

## 2024年度 募集要項

| | |
|---|---|
| ○募集人数 | 普通科: 男女560名(SS特進コース80名、スーパー特進コース120名、特進コース160名、文理探究コース専願120名、クラブ選抜コース専願80名) |
| ○願書受付 | 1/22(月)〜1/29(月) web登録後(12/20〜)書類提出、窓口または郵送(消印有効) |
| ○選抜日時 | 2/10(土) |
| ○合格発表 | 2/12(月・祝)web12:00、郵送 |
| ○入学手続 | 専願:2/14(水) 併願:3/19(火)17:00 |
| ○選抜方法 | SS特進コース、スーパー特進コース、特進コース、文理探究コース:国・数・英・理・社(各50分)クラブ選抜コース:国・数・英(各50分)※英検取得者は点数換算し英語得点と比較して高い方を採用 |
| ○受験料 | 20,400円 |
| ○提出書類 | 入学志願書・個人報告書(調査書)・英検取得証明書(希望者のみ) |
| ○追加募集 | 1.5次:2/17 2次: |
| ◆転・編入 | 受け入れあり(要相談) |
| ◆帰国生 | 特別対応なし |

## 2024年度 入試結果

**SS特進コース**

| | 専願 | 併願 |
|---|---|---|
| 応募者数 | 33 | 376 |
| 受験者数 | 33 | 375 |
| 合格者数 | 5 | 138 |
| 実質倍率 | 6.60 | 2.72 |
| 合格最低点 | 336/500 | 345/500 |

**スーパー特進コース**

| | 専願 | 併願 |
|---|---|---|
| 応募者数 | 51 | 392 |
| 受験者数 | 51 | 392 |
| 合格者数 | 38 | 458 |
| 実質倍率 | | |
| 合格最低点 | 295/500 | 310/500 |
| ※転コース合格含む | | |

**特進コース**

| | 専願 | 併願 |
|---|---|---|
| 応募者数 | 38 | 250 |
| 受験者数 | 38 | 249 |
| 合格者数 | 63 | 420 |
| 実質倍率 | | |
| 合格最低点 | 248/500 | 270/500 |
| ※転コース合格含む | | |

**文理探究コース**

| | 専願 | 併願 |
|---|---|---|
| 応募者数 | 80 | 397 |
| 受験者数 | 80 | 397 |
| 合格者数 | 76 | 394 |
| 実質倍率 | | |
| 合格最低点 | 215/500 | 248/500 |
| ※転コース合格含む | | |

**クラブ選抜コース**

| | 専願 |
|---|---|
| 応募者数 | 63 |
| 受験者数 | 63 |
| 合格者数 | 63 |
| 実質倍率 | 1.00 |
| 合格最低点 | 非公表 |

## 合格実績

**2024年の進学状況(卒業者数696名)**
**国・公立大学合格159(152)名**
東京大1、京都大2、大阪大2、神戸大6(4)、北海道大1、東北大1、九州大1、大阪公立大9、筑波大2、京都工芸繊維大2、奈良女子大2、京都府立大1、金沢大5、岡山大3、広島大3、滋賀大3、和歌山大6、兵庫県立大6、大阪教育大2(1)、他。

**私立大学合格468名(458)名**
関西学院大171(168)、関西大143(139)、同志社大59(58)、立命館大95(93)、早稲田大3(2)、慶應義塾大1、他。

※( )内は現役合格内数

## 学校PR

箕面自由学園高等学校は、東大・京大などの最難関大学をめざすもの、クラブ活動で日本一をめざすもの、海外交流を続けて世界をめざすもの、多様な個性を持つ生徒が集まり、高い目標を自ら掲げチャレンジを続ける学校です。失敗から多くのことを学び、未来を自分の手でつかみ取る、本気で頑張る3年間を過ごしませんか。

# 明浄学院高等学校

## 学校インフォメーション

 制服  通学 自転車通学可  長期休暇講習 夏・冬・春  自習スペース  食堂  スマホ持ち込み 条件付  カウンセラー

 奨学生制度 高大連携 高・大 ネイティブ教員 ABC

**所在地** 〒545-0004　大阪市阿倍野区文の里3-15-7

| | |
|---|---|
| 電話 | 06-6623-0016 |
| 創立 | 1921年 |
| 校長 | 渡邊 雅彦 |

| | |
|---|---|
| 生徒数 | 男女 922人 |
| 併設校 | 藍野大学短期大学部　大阪茨木キャンパス<br>藍野大学短期大学部　大阪富田林キャンパス<br>藍野高等学校、学校法人藍野大学<br>藍野大学、びわこリハビリテーション専門大学 |
| WEB | https://www.meijo.ed.jp/ |

明浄学院高

### アクセス
大阪メトロ谷町線文の里駅下車徒歩5分
大阪メトロ御堂筋線昭和町駅下車徒歩7分
JR阪和線美章園駅下車徒歩7分
近鉄南大阪線北田辺駅下車徒歩14分

## 教育方針・特色

建学以来、「明く・浄く・直く」を明浄精神の基盤として、時代に即した心豊かな知性に輝く人材を育む。自他共に何よりも人間を大切にする生徒、「明浄学院の生徒」に誇りと自覚と責任を持つ生徒、毎日こつこつ勉強する生徒、自分をしっかり見つめ自分を発見しようと努める生徒、是非善悪の判断力を身につけようとする生徒、常に自分の健康に心配りする生徒、周囲の人に明るく挨拶できる生徒を期待する。

健康・明朗で素直な人物、ものごとに正確な判断が下せる知性と教養のある人物、広い視野と実行力を持つ人物、古いものの良さを理解し新しいものを取り入れる包容力ある人物、お互いに尊敬し合う礼儀正しい人物、を育成することを教育方針とする。

## スクールライフ

| | |
|---|---|
| 登校時間 | 8:25 |
| 週登校日 | 6日制(月2回土曜休業あり) |
| 学期制 | 3学期 |
| 制服 | あり(夏・冬) |
| 昼食 | 弁当持参可 |
| 学校行事 | 体育大会5月・文化祭11月・ジョギング大会1月 |
| 修学旅行 | 2年生　沖縄・北海道 |
| 環境・施設 | 明浄ホール、体育館、情報室、ファッション・メイクルーム、音楽教室、クッキング室、和室 |
| クラブ活動 | 【体育系】男子バスケットボール部・陸上競技部・空手道部・男子硬式テニス部<br>【文科系】茶道部・写真部・家庭科部・書道部・軽音楽部・MEIJO UNESCO・箏曲部・マンガ研究部 |
| 強化クラブ | 吹奏楽部・女子バスケットボール部・女子バレー部・女子ソフトテニス部・女子ソフトボール部・ダンス部 |

## 2024年度 募集要項

○募集人数 普通科:180名(総合キャリアコース144名、看護メディカルコース36名)
　　　　　 衛生看護科:120名
○願書受付 1/22(月)～1/31(水)
　　　　　 窓口または郵送出願(必着)
○選抜日時 2/10(土)9:00
○合格発表 2/12(月・祝)10:00Web
○入学手続 専願:2/20(火)15:00
　　　　　 併願:3/22(金)15:00
○選抜方法 国・数・英(各50分各100点)・面接(普通科専願と衛生看護科)
　　　　　 普通科の英検3級以上取得者による英語みなし得点制度
○受験料 20,000円
○提出書類 入学志願書・個人報告書(調査書)
○追加募集 1.5次:2/18　2次:3/22
◆転・編入 受け入れあり(要相談)
◆帰国生 特別対応なし

## 2024年度 入試結果

### 普通科総合キャリアコース

| | 専願 | 併願 |
|---|---|---|
| 応募者数 | 128 | 133 |
| 受験者数 | 126 | 130 |
| 合格者数 | 137 | 7 |
| 実質倍率 | 1.00 | 1.00 |
| 合格最低点 | 90/300 | 100/300 |

### 普通科看護メディカルコース

| | 専願 | 併願 |
|---|---|---|
| 応募者数 | 37 | 26 |
| 受験者数 | 37 | 26 |
| 合格者数 | 78 | 2 |
| 実質倍率 | 1.00 | 1.00 |
| 合格最低点 | 102/300 | 122/300 |

### 衛生看護科

| | 専願 | 併願 |
|---|---|---|
| 応募者数 | 210 | 50 |
| 受験者数 | 209 | 46 |
| 合格者数 | 151 | 4 |
| 実質倍率 | 1.00 | 1.00 |
| 合格最低点 | 160/300 | 162/300 |

## 費用

《入学手続き時》
○入学金　　　　　　　　　　　　　200,000円
○その他制服代・
　教材費等の諸経費　200,000円～270,000円
※コースによって異なる

《入学後》
○授業料　　　　　　　　　　　　　600,000円
○保護者会費　　　　　　　　　　　　3,000円
○生徒会費　　　　　　　　　　　　　6,000円

## 奨学金・特待制度

部活動や成績などに応じて、奨学金を付与する制度あり

## 独自の留学制度

特になし

## 合格実績

2024年の進学状況(卒業者数70名)
私立大学合格
立命館大、龍谷大、摂南大、桃山学院大、京都外国語大、関西外国語大、武庫川女子大、阪南大、甲南女子大、他。

## 学校PR

2024年から高校3年間で准看護師の資格を取得できる衛生看護科の設置、最新設備の新校舎が完成、さらに男女共学化、新制服の選択制が始まりました。103年続く伝統を守りながらも、新時代に向けて名実ともに生まれ変わった明浄学院が新しい一歩を踏み出します。

# 桃山学院高等学校

## 学校インフォメーション

 標準服
 自転車通学可 通学
 学内予備校
 キリスト教 宗教教育
 海外研修
 留学制度
 屋内プール

 自習スペース
 蔵書数 約110,000冊 図書館
 人工芝グラウンド
 食堂
 カウンセラー
 ネイティブ教員
 海外姉妹校

**所在地** 〒545-0011 大阪府大阪市阿倍野区昭和町3-1-64

| | |
|---|---|
| 電話 | 06-6621-1181 |
| 創立 | 1884年 |
| 校長 | 生田 耕三 |

| | |
|---|---|
| 生徒数 | 男 1106人 女 940人 |
| 併設校 | 桃山学院中学校/桃山学院大学・大学院/桃山学院教育大学 |
| WEB | https://www.momoyamagakuin-h.ed.jp/ |

## 教育方針・特色

本校の教育方針は、キリスト教精神である「自由と愛」を建学の精神とし、一人ひとりの人格と主体性を尊重する「自由」と、互いに仕えあいながら他者とともに生きる「愛」を大切にできる人材を育てている。

## スクールライフ

| | |
|---|---|
| 登校時間 | 8:35 |
| 週登校日 | 6日制 |
| 学期制 | 3学期 |
| 制服 | 標準服あり 国際コースは留学時着用の為必須 |
| 昼食 | 食堂 弁当持参可 |
| 学校行事 | 4月アンデレ祭/6月体育祭/11月文化祭/12月アンデレカップ(サッカー大会他) |
| 修学旅行 | 2年生 国内:4泊5日、カナダ:17日 北海道・沖縄・カナダ選択制 |
| 環境・施設 | グランド(人工芝)/図書館/屋内プール/自習スペース/食堂/カウンセリングルーム/礼拝堂/体育館/武道場/トリニティ・ホール/音楽室/美術室/マルチメディア教室/家庭科調理実習室 |
| クラブ活動 | ◆体育クラブ:男子ハンドボール・男子バレーボール・男子バスケットボール・男子サッカー・男子水泳・アーチェリー・空手道・剣道・硬式テニス・硬式野球・少林寺拳法・卓球・軟式野球・日本拳法・女子水泳・女子バスケットボール・女子バレーボール・ラグビー・陸上競技<br>◆文化クラブ:ESS・囲碁将棋・クラッシックギター・合唱(聖歌隊)・軽音楽・吹奏楽・鉄道研究・美術・放送・文芸・競技かるた・ダンス |
| 強化クラブ | ハンドボール(男子)、サッカー(男子)、バレーボール(男子)、バスケットボール(男子)、水泳(男子) |

## 2024年度 募集要項

- ○募集人数 普通科(外部募集):男女400名(S英数コース80名、英数コース80名、文理コース160名(文理クラス120名・アスリートクラス男子専願40名)、国際コース(短期留学・長期留学)80名)
- ○願書受付 1/22(月)～1/29(月) web登録後(12/4～)書類提出、窓口出願または郵送(必着)
- ○選抜日時 2/10(土)
- ○合格発表 2/12(月・祝)郵送
- ○入学手続 専願 2/13(火)～2/16(金)14:00 併願 3/19(火)12:00～15:00
- ○選抜方法 国・数・英・理・社(各50分各100点)
  ※S英数・英数コースは、英または数で全受験生平均点の50%に満たない場合は不合格
  ※国際コース志望者は、5科合計と3科(英+高得点2科)合計×5/3を比較し、高得点の方で判定(500点満点)
- ○受験料 20,000円
- ○提出書類 入学志願書
- ○追加募集 1.5次:2/16 2次:2/16
- ◆転・編入 欠員がある場合のみ
- ◆帰国生 要事前相談

## 2024年度 入試結果

| S英数コース | 専願 | 併願 |
|---|---|---|
| 応募者数 | 90 | 964 |
| 受験者数 | 89 | 941 |
| 合格者数 | 19 | 355 |
| 実質倍率 | 4.68 | 2.65 |
| 合格最低点 | 390/500 | 410/500 |

| 英数コース | 専願 | 併願 |
|---|---|---|
| 応募者数 | 64 | 399 |
| 受験者数 | 64 | 388 |
| 合格者数 | 26 | 349 |
| 実質倍率 | — | — |
| 合格最低点 | 350/500 | 370/500 |
※転コース合格含む

| 文理コース | 専願 | 併願 |
|---|---|---|
| 応募者数 | 92 | 182 |
| 受験者数 | 90 | 177 |
| 合格者数 | 174 | 775 |
| 実質倍率 | — | — |
| 合格最低点 | 300/500 | 320/500 |
※転コース合格含む

| アスリートコース | 専願 |
|---|---|
| 応募者数 | 42 |
| 受験者数 | 41 |
| 合格者数 | 41 |
| 実質倍率 | 1.00 |
| 合格最低点 | 非公表 |

| 国際コース | 専願 | 併願 |
|---|---|---|
| 応募者数 | 50 | 34 |
| 受験者数 | 50 | 34 |
| 合格者数 | 58 | 49 |
| 実質倍率 | — | — |
| 合格最低点 | 290/500 | 310/500 |
※転コース合格含む

## 学校PR

国公立大学合格者約200名！
自分や他人の命を大切にできる人間を育成します。

**アクセス**
大阪メトロ御堂筋線昭和町駅下車南300m徒歩約5分
大阪メトロ谷町線文の里駅下車南500m徒歩約8分
JR阪和線南田辺駅下車北西800m徒歩約10分

## 費用

《入学手続き時》
| | |
|---|---|
| ○入学金 | 200,000円 |
| ○制服 | 男子:約48,000円 |
| | 女子:約45,000円 |
| ○教科書副読本 | |
| ・体育用品 | 約90,000円 |

《入学後》
| | |
|---|---|
| ○授業料 | (年額)620,000円 |
| ○PTA費 | 10,000円 |
| ○生徒会費 | 3,000円 |
| ○学年共同費 | 52,000円 |
| ○修学旅行積立金S英数・英数・文理 | 130,000円 |
| ○留学費 | 国際A短期:300,000円 |
| | 国際B長期:2,900,000円 |

## 奨学金・特待制度

たかじん奨学金
成績優秀者対象に特別奨学金(入学金相当)があります。

## 独自の留学制度

| | |
|---|---|
| 留学先 | カナダ |
| 学年 | 2年生、1年生 |
| 内容 | 短期(約1ヶ月)、長期(約1年) |
| 費用 | 未定 |

## 合格実績

2024年の進学状況(卒業者数510名)
桃山学院大学合格13名

国・公立大学合格205(181)名
東京大1、京都大9(9)、大阪大13(9)、神戸大14(14)、北海道大4(2)、東北大4(4)、名古屋大1(1)、九州大2(2)、大阪公立大32(26)、筑波大1(1)、横浜国立大1(1)、京都工芸繊維大1(1)、奈良女子大3(3)、神戸市外国語大4(4)、京都府立大1(1)、金沢大1(0)、岡山大3(3)、広島大3(3)、滋賀大3(3)、和歌山大18(17)、兵庫県立大16(16)、大阪教育大14(14)、奈良教育大1(1)、滋賀県立大4(3)、奈良県立大4(4)、奈良県立医科大1(1)、和歌山県立医科大1(1)、京都市立芸術大1、福知山公立大1(1)、他。

他の私立大学合格1049(930)名
関西学院大122(117)、関西大122(97)、同志社大51(41)、立命館大77(67)、京都産業大7(6)、近畿大267(245)、甲南大13(12)、龍谷大91(89)、佛教大9(9)、早稲田大6(6)、慶應義塾大3(1)、東京理科大3(1)、明治大4(1)、青山学院大3(2)、立教大7(7)、中央大3(3)、法政大2(2)、学習院大1(0)、日本大2(1)、東洋大3(3)、大阪医科薬科大8(7)、関西医科大4(4)、兵庫医科大3(1)、大阪歯科大2(1)、京都薬科大1(1)、神戸薬科大6(6)、摂南大25(19)、神戸学院大5(4)、追手門学院大8(8)、京都外国語大5(5)、関西外国語大37(37)、大阪経済大6(6)、大阪工業大10(5)、京都女子大5(5)、同志社女子大10(10)、武庫川女子大17(17)、他。

※( )内は現役合格内数

# 八洲学園高等学校

## 学校インフォメーション

 制服
 自転車通学可 通学
 ICT教育
 習熟度別授業
 自習スペース
 スマホ持ち込み
 カウンセラー

**アクセス**
JR阪和線鳳駅より徒歩9分
南海本線浜寺公園駅より徒歩17分

---

**所在地** 〒593-8327 大阪府堺市西区鳳中町8-3-25（堺本校）

| | |
|---|---|
| 電話 | 072-262-8281 |
| 創立 | 1992年 |
| 校長 | 林 周剛 |

生徒数 男 795人 女 832人
併設校 八洲学園中等部（フリースクール）/三宮みのり高等部/八洲学園大学
WEB https://www.yashima.ac.jp/hs/

## 教育方針・特色

平和で安全な地球のために貢献できる人材を育成。時代を切り開くことができる自己を確立した人間を育む。

## スクールライフ

| | |
|---|---|
| 登校時間 | 各コースにより異なる |
| 週登校日 | 1〜5日 |
| 学期制 | 2学期 |
| 制服 | あり（夏・冬） |
| 昼食 | 弁当持参可 買い出し可 |
| 学校行事 | 校外学習、各種講座、修学旅行、進路ガイダンス、人権学習、スポーツ大会（6月）、文化祭（12月）、芸術祭、映画鑑賞など |
| 修学旅行 | 2024年9月 1泊2日 四国方面 |
| 環境・施設 | |
| クラブ活動 | ○運動部：男女バドミントン部、陸上競技部<br>○サークル：なんでもサークル（大阪中央校）、バドミントンサークル、音楽サークル、e-スポーツサークル（堺本校） |
| 強化クラブ | 特になし |

## 2024年度 募集要項

○募集人数 500名
○願書受付 ①1/22（月）〜2/29（木）②3/1（金）〜4/5（金）
○選抜日時 筆記試験は実施しません
○合格発表 ―
○入学手続 ●新入生校納金納入期限：校納金確定後から3/29（金）まで。●新入生校納金納入期限：出願後一週間以内。最終は4/5（金）まで。
○選抜方法 面談
○受験料 不要
○提出書類 入学志願書・個人報告書（調査書）
○追加募集 1.5次：― 2次：―
◆転・編入 受け入れあり（随時対応）
◆帰国生 特別対応なし

## キャンパス・分室一覧

**大阪中央校**
大阪市中央区玉造1-3-15
TEL06-6762-1248

**梅田キャンパス**
大阪市北区梅田1-3-1大阪駅前第1ビル2F
TEL06-6343-1173

**三宮キャンパス**
神戸市中央区磯上通8-1-33幸和ビル2F
TEL078-261-2835

**横浜分室**
横浜市西区桜木町7-42八洲学園大学内3F
TEL045-312-5588

**新宿キャンパス**
東京都新宿区西新宿7-11-18新宿711ビル7F
TEL03-6279-2053

**池袋キャンパス**
東京都豊島区南池袋3-11-10ペリエ池袋4F
TEL03-5954-7391

**町田分室**
東京都町田市森野1-27-14サカヤビル1F
TEL042-851-7192

## 費用

《入学手続き時》
○入学金 20,000円
○IDシステム利用料（入学時のみ） 20,000円
○諸経費（履修登録時） 20,000円

《入学後》
○授業料 1単位10,000円

（履修時4単位以上登録。卒業要件は74単位）
※国の就学支援金対象、状況により加算支給
・大阪府支援補助金支給あり

## 奨学金・特待制度

特になし

## 独自の留学制度

特になし

## 合格実績

2024年の進学状況
**4年制大学合格**
秋田大1、信州大1、八洲学園大2、関西学院大2、同志社大1、立命館大1、京都産業大3、近畿大1、龍谷大1、佛教大1、早稲田大1、青山学院大1、法政大1、帝京大4、日本大2、神戸学院大1、追手門学院大3、桃山学院大7、関西外国語大1、京都芸術大5、帝塚山学院大6、他。

## 学校PR

不登校や学力不振、発達障がいや起立性調節障害など、それ以外にも多くの方からの様々なニーズに対応できるクラスを開講。①中学校の学び直しに力を入れた基礎学力の向上を目指す全日型のベーシッククラス。②自分の時間を優先したい方や朝が弱い方向きの週1〜3日登校選択型のマイスタイルクラス。③教室に入ることができない、他者との関わりが苦手な方にはまず教職員とコミュニケーションを取りながら学校に慣れていける完全個別型のホームサポートクラス。④中学校よりもさかのぼって学び直しができ、学校で就労支援・自立支援を受けながらゆっくり自分のペースで卒業と同時に自立を目指せる5年制クラス。⑤従来の登校日数が少なく、自学自習で卒業を目指す通信クラス。

# 履正社高等学校

## 学校インフォメーション

 標準服
 通学
 学内予備校
 ICT教育
 長期休暇講習
 探究授業
 習熟度別授業

 自習スペース
 人工芝グラウンド
 食堂
 スマホ持ち込み
 カウンセラー
 特待生制度
 ネイティブ教員

**所在地** 〒561-0874 大阪府豊中市長興寺南4丁目3番19号

| | | | |
|---|---|---|---|
| 電話 | 06-6864-0456 | 生徒数 | 男 1062人 女 651人 |
| 創立 | 1922年 | 併設校 | 履正社中学校、履正社国際医療スポーツ専門学校、 |
| 校長 | 松本 透 | | 履正社スポーツ専門学校北大阪校 |
| | | WEB | https://riseisha.ed.jp/ |

## 教育方針・特色

本校の建学精神は、履正不畏・勤労愛好・報本反始に基づく知育尊重教育の展開にある。古き良き歴史と優れた伝統、校風を継承しつつ、文武両道に優れた進学校をめざし知性と人間性溢れた21世紀の国家社会、国際社会に貢献できる人材の育成をめざす。

## スクールライフ

| | |
|---|---|
| 登校時間 | 8:30 |
| 週登校日 | 6日制 |
| 学期制 | 3学期 |
| 制服 | あり（夏・冬） |
| 昼食 | 食堂あり 弁当持参可 |
| 学校行事 | 4月：校外学習・スポーツテスト、5月：球技大会、6月：ニュースポーツ大会・GTEC、7月：修学旅行（学藝コース高2）、9月：文化祭、10月：体育祭・芸術鑑賞会、11月：RISEI CUP（探究発表会）・スポーツ大会、2月：修学旅行（競技コース高2）・耐寒マラソン大会 など |
| 修学旅行 | 学藝コース2年 シンガポール・マレーシア、沖縄、北海道から選択<br>競技コースおよび吹奏学部2年 北海道（2023年度例） |
| 環境・施設 | 記念ホール・アリーナ・図書館・剣道場・総合体育館・茨木グランド・箕面グランド |
| クラブ活動 | 【学藝コース】サッカー部（フットサル）・バスケットボール部・バレーボール部・バドミントン部・テニス部・卓球部・弓道部・チアリーディング部・軟式野球部・ボルタリング部・ハンドボール部・ダンス部・水泳部・陸上部・軽音楽部・囲碁将棋部・かるた部・書道部・放送部・吹奏楽部 など<br>※吹奏学部は強化クラブですが学藝コースで募集し、週6の部活動です。 |
| 強化クラブ | 【競技コース】野球部・女子野球部・剣道部・陸上競技部・サッカー部・女子バレーボール部・柔道部・硬式テニス部・吹奏楽部 |

## 2024年度 募集要項

- ○募集人数 普通科（外部募集）：男女約387名（学藝コースS類43名、学藝コースⅠ類86名、学藝コースⅡ類129名、競技コースⅢ類専願129名）
  ※競技コースⅢ類は強化クラブ生のみで構成
- ○願書受付 1/18(月)～1/29(月)web登録後(12/18～)書類提出、郵送のみ
- ○選抜日時 2/10(土)
- ○合格発表 2/11(日・祝)16:00web
- ○入学手続 専願：2/17(土)まで<br>併願：3/22(金)まで
- ○選抜方法 学藝コース：国・数・英・理・社（各50分各100点）5型、4社型（国数英社）、4理型（国数英理）、3型（国数英）のいずれかを出願時に選択<br>※英検・TOEIC・TOEFL(iBT)・GTEC資格取得者は級・得点に応じて点数換算し、当日の英語得点と比較して高い方を採用<br>競技コースⅢ類：国・英（各50分各100点）
- ○受験料 25,000円
- ○提出書類 入学志願書・個人報告書（調査書）
- ○追加募集 1.5次：－ 2次：－
- ◆転・編入 受け入れあり（要相談）
- ◆帰国生 特別対応なし

## 2024年度 入試結果

| S類 | 専願 | 併願 | Ⅰ類 | 専願 | 併願 |
|---|---|---|---|---|---|
| 応募者数 | 53 | 217 | 応募者数 | 160 | 473 |
| 受験者数 | 53 | 215 | 受験者数 | 160 | 471 |
| 合格者数 | 16 | 70 | 合格者数 | 134 | 400 |
| 実質倍率 | 3.31 | 3.07 | 実質倍率 | － | － |
| 合格最低点 | － | － | 合格最低点 | － | － |

※回し合格含む

| Ⅱ類 | 専願 | 併願 | Ⅲ類 | 専願 | |
|---|---|---|---|---|---|
| 応募者数 | 107 | 233 | 応募者数 | 124 | |
| 受験者数 | 107 | 233 | 受験者数 | 124 | |
| 合格者数 | 167 | 450 | 合格者数 | 124 | |
| 実質倍率 | － | － | 実質倍率 | 1.00 | |
| 合格最低点 | － | － | 合格最低点 | － | |

※回し合格含む

## アクセス

阪急宝塚線曽根駅下車徒歩15分、バス5分
北大阪急行緑地公園駅下車徒歩18分、バス9分

## 費用

《入学手続き時》
| | |
|---|---|
| ○入学金 | 280,000円 |

《入学後》
| | |
|---|---|
| ○授業料 | 560,000円 |
| ○施設設備費 | 80,000円 |
| ○諸費 | 120,030円 |

## 奨学金・特待制度

S類奨学金

## 独自の留学制度

特になし

## 合格実績

**2024年の進学状況（卒業者数313名）**
国・公立大学合格16名
大阪大2、大阪公立大3、横浜国立大1、和歌山大1、山口大1、滋賀県立大1、大阪教育大1、他。

私立大学合格1011名
関西学院大32、関西大21、同志社大9、立命館大10、京都産業大55、近畿大158、甲南大6、龍谷大18、青山学院大1、関西医科大1（医1）、大阪歯科大3、摂南大70、神戸学院大27、追手門学院大108、桃山学院大66、京都女子大8、神戸女学院大13、他。

## 学校PR

「21世紀型の教育」を、本校の教育カリキュラムや学習システムの基軸に据えて、生徒一人ひとりが「学びを楽しめる学校づくり」を目指します。〈3つの強み〉＊学びの最適化（タブレット・PCを活用したICT教育を導入し、個に応じた「学び」を保障）＊放課後のバリエーション（放課後を、「部活動と各専攻ゼミ」の組合せで自由にチョイスできる）＊生徒主体の「青春」（各行事を自主的、自律的に企画・運営する学校生活）この3つの強みをベースに、「21世紀型の教育」を見据えて、生徒一人ひとりの目標に応じた「学び」を楽しみながら、深めていける教育環境を構築します。
2024年4月、ドラスティックに変化する時代に対応する人材を育成することを目的に「学術基盤センター」を立ち上げました。

# YMCA学院高等学校

## 学校インフォメーション

 標準服
 自転車通学可 通学
 キリスト教 宗教教育
 カウンセラー
 探究授業
 自習スペース

**所在地** 〒543-0073 大阪市天王寺区生玉寺町1-3

| | | | |
|---|---|---|---|
| 電話 | 06-6779-5690 | 生徒数 | 640人 |
| 創立 | 2002年 | 併設校 | 大阪YMCA国際専門学校（高等課程） |
| 校長 | 鍛治田 千文 | WEB | https://www.ymcagakuin.ac.jp/ |

### アクセス
大阪メトロ谷町線・千日前線谷町九丁目駅3号出口より徒歩4分
大阪メトロ谷町線四天王寺前夕陽ケ丘駅2号出口より徒歩7分
近鉄大阪線・奈良線大阪上本町駅より徒歩7分

## 教育方針・特色

本校は大阪府の認可を受けた通信制課程（単位制）・総合学科の高等学校です。
「一人ひとりを尊重し、大切にそして皆さんを信頼する」そのことを前提とした自由でひらかれた楽しい学校生活を送ることができます。
●YMCA学院高等学校の5つのポイント
①在校生の安心につながる支援体制（3つのケア）があります
②9つのコースから通学スタイルが選べます（週1〜5日の通学が可能）
③一人ひとりの豊かな成長を応援する総合学科ならではの多彩なカリキュラムと体験活動があります
④同じような悩みや経験をもつ仲間や信頼できる大人、国籍や年齢を超えた人たちと出会えます
⑤自分らしい進路選択を実現するための「学びなおし」や「進学サポート」があります

## スクールライフ

| | |
|---|---|
| 登校時間 | 10:30 |
| 週登校日 | 5日制（週1〜5日の中で、自分のペース・目的にあうコースの選択が可能） |
| 学期制 | 2学期 |
| 制服 | あり（希望者のみ） |
| 昼食 | 弁当 |
| 学校行事 | ハイキング、スポーツ大会、チャリティーラン、ファミリーカーニバル、映画鑑賞会、音楽鑑賞会、クリスマス礼拝、ピンクシャツデーなど |
| 修学旅行 | なし |

## 2024年度 募集要項

○募集人数 総合学科：200名
○願書受付 1次：1月22日(月)〜1月24日(水)郵送1/24必着
 1月25日(木)〜1月29日(月)持参
 2次：2月16日(金)〜2月19日(月)郵送2/19必着
 2月20日(火)・2月21日(水)持参
 3次：3月5日(火)・3月6日(水)郵送3/6必着
 3月11日(月)・3月12日(火)持参
 4次：3月14日(水)・3月15日(金)郵送3/15必着
 3月15日(金)・3月18日(月)持参
○選抜日時 1次：2月10日(土)10:00〜/13:00〜
 2次：2月27日(火)13:00〜
 3次：3月14日(木)10:00〜
 4次：3月21日(木)13:00〜
 ※1次併願可能(他は専願入試)
○合格発表 入学試験の結果は、原則、入学試験日翌日に速達にて発送
○入学手続 1次：2月20日(火) 2次：3月5日(火)
 3次：3月21日(木) 4次：3月26日(火)
○選抜方法 「面接」および「提出書類（面接カード）」をもとに、総合的に行います。
 ※面接は、志願者本人と面接担当者で行います。
○受験料 10,000円
○提出書類 入学志願書・個人報告書(調査書)・面接カード
◆追加募集 1.5次・3.5次あり(要相談)
◆転・編入 受け入れあり(要相談)
◆帰国生 特別対応なし

## コース紹介

自分のペース・目的にあうコースを選べます。

【新入学生対象】
【週5日】 ・Yチャレンジコース
【週2日】 ・マイスペースコース(朝からクラス・昼からクラス)

【新入学生・転編入学生対象】
【週2日】 ・グローバルコース
 ・健康スポーツコース
 ・トランスリンガルコース
 (日本語支援を受けながら高校卒業を目指す外国にルーツのある方)

【週1〜5日】 ・スタンダードコース
【夏・冬集中】 ・Yリンクコース
 (健康に不安があり、自宅学習中心で学びたい方)

【転編入学生対象】
【週2日】 ・進学コース
 ・マイスペ+コース

〈技能連携校〉
○大阪YMCA国際専門学校 高等課程
 表現・コミュニケーション学科 TEL 06-6441-1123
○大阪YMCA国際専門学校 国際専門課程 国際学科
 (インターナショナルハイスクール) TEL 06-6441-0848
○神戸YMCA高等学院 TEL 078-793-7435

〈サポート校〉
○YMCA学院高等学校 奈良センター TEL 0742-44-2207
○YMCA学院高等学校 和歌山センター TEL 073-473-3338
○東京YMCA高等学院 TEL 03-3202-0326

## 費用

大阪府私立高等学校等授業料支援補助金制度対象校
《入学時》
| | | |
|---|---|---|
| ○入学金 | | 50,000円 |
| ○施設設備費 | (年度ごと) | 40,000円 |

《講座登録後》
| | | |
|---|---|---|
| ○授業料 | (1単位) | 10,000円 |
| ○諸経費 | (各期ごと) | 5,000円 |
| ○卒業諸費 | (卒業時のみ) | 5,000円 |
| ○学生・生徒24時間共済 | (年度ごと) | 7,000円 |
| ○ICT諸費用(システム使用料) | (年度ごと) | 7,500円 |
| ○教材費(1講座につき) | (各期ごと) | 1,000円 |

※教科書代・教材費・実習費は別途必要

《コース登録料(スタンダードコース以外を選択する場合)》
※本校は前期・後期の2期制
| | | |
|---|---|---|
| ・Yチャレンジコース | | 各190,000円 |
| ・マイスペースコース(朝からクラス) | | 各130,000円 |
| (昼からクラス) | | 各100,000円 |
| | 2年次 | 各110,000円 |
| | 3年次 | 各60,000円 |
| ・グローバルコース | | 各120,000円 |
| ・健康スポーツコース | | 各140,000円 |
| ・トランスリンガルコース | | 各140,000円 |
| ・Yリンクコース | | 各70,000円 |
| ・進学コース(国語・英語) | | 各140,000円 |
| ・進学コース(国語・英語・数学) | | 各190,000円 |
| ・マイスペ+コース | | 各120,000円 |

## 合格実績

**2024年の進学状況(卒業者数245名)**
本校の生徒は、多様な進路を選択しています。担任と進路担当教員が、一人ひとりの個性とペースを大切にしながら、今の自分の力を基にした進路選びのサポートをしています。自分自身で考え、一人ひとりが納得のいく進路を選択できるよう、面談等を通じて進路支援をすすめています。生徒・保護者向けのガイダンスも定期的に行っています。

【進路先】
・大学・短大・専門学校 65%
・就職 5%
・その他(留学・就労支援・進学準備・アルバイト等) 30%

【進学実績】
京都府立大、長野大、慶應義塾大、関西大、同志社大、近畿大、京都産業大、関西外国語大、大阪経済大、畿央大、神戸女学院大、大和大、追手門学院大、桃山学院大、摂南大、阪南大、四天王寺大、甲南女子大、大阪商業大、大阪経済法科大、大阪大谷大、大阪芸術大、大阪樟蔭女子大、大阪成蹊大、大手前大、帝塚山大、帝塚山学院大、他。

## 学校PR

**生徒・保護者に寄り添う 3つのケア**
多様な生徒の学びや成長を支援していくために、「心」・「学び・進路」・「身体」の3つのケアを設け、生徒の成長をサポートします。
【心のケア】
「心」と「身体」のために、カウンセリングスペースと保健室があります。教職員は生徒の声に耳を傾け関わります。様々な特性のある生徒が在籍し、起立性調節障害(OD)の生徒も多く、個々に配慮されています。また、保護者交流会が年に数回あります。
【学び・進路のケア】
進学・就職ともに担任を中心に一人ひとりに寄り添った支援を行っています。特に学力支援については「学びなおし」→「進学サポート」→「進学コース」と自分のレベルに合ったプログラムを選択することができます。また、定期的な保護者向けのガイダンスやきめ細やかな合理的配慮を行っています。
【身体のケア】
学びをあきらめないための身体づくりに力を入れています。体育のスクーリング以外にも健康への取り組みや意識を変えたり、向上させる特別活動があります。また起立性調節障害(OD)など健康に不安をもつ生徒の身体づくりのために医科大学と連携して助言を受けています。

# 早稲田大阪高等学校 ※2025年4月 校名変更

## 学校インフォメーション

 制服
 通学 スクールバス
 ICT教育
 長期休暇講習
 習熟度別授業
 海外研修
 学生寮

 自習スペース
 図書館 蔵書数 35,000冊
 食堂
 帰国生入試
 特待生制度
 高大連携
 ネイティブ教員

**所在地** 〒576-0051 大阪府茨木市宿久庄7丁目20-1

電話 072-643-6363　生徒数 男511人 女340人
創立 1962年　併設校 なし
校長 村上 徹　WEB http://waseda-setsuryo.ed.jp/

**アクセス**
JR茨木駅、阪急茨木市駅・石橋阪大前駅・北千里駅、北大阪急行・大阪モノレール千里中央駅よりスクールバス。
大阪モノレール彩都線彩都西駅徒歩15分。
阪急バス彩都あさぎ3丁目下車1分。

## 教育方針・特色

　令和になってすぐに新型コロナウイルス感染症が世界に広がり、世の中のあり方が大きく変わりました。今までの当たり前がそうではなくなり、誰も経験したことのないことが起こり、答えのない課題に社会全体が挑まなくてはならない時代になりました。しかし、実は歴史を振り返るとこういうことは何度もありました。大きく世の中が変わろうとしているときに先人たちもまた、自らの経験が通じない中で時代を創ってきたのです。

　いま、社会が大きく変わろうとしている中で必要なのは、「答えのない課題に挑む力」、すなわち「たくましい知性」と「しなやかな感性」だと思います。早稲田大学の系属校である本校は、「自律」「責任」「質実」の校訓のもと、「たくましい知性」と「しなやかな感性」を磨く「教育」をすることによって、「探究」する力を身につけ、社会へ「貢献」する人材、新しい時代を創造する人材を育てます。

## スクールライフ

| | |
|---|---|
| 登校時間 | 8:20 |
| 週登校日 | 6日制 |
| 学期制 | 3学期 |
| 制服 | あり(夏・冬) |
| 昼食 | 購買・食堂あり 弁当持参可 |
| 学校行事 | 体育祭(6月)・文化祭(9月)・球技大会(3月) |
| 修学旅行 | 2年生11月 3泊4日 台湾 |
| 環境・施設 | IT教室・生徒会館・図書館・生徒寮 |
| クラブ活動 | 硬式野球部・テニス部・陸上競技部・チアダンス部・バドミントン部・剣道部・バレーボール部・サッカー部・バスケットボール部・ラグビー部・卓球部・演劇部・生物研究部・吹奏楽部・イラスト部・軽音部・ESS・写真部・ダンス部・囲碁・将棋部・書道部・茶道部・ESL・競技カルタ・ボランティア |
| 強化クラブ | 特になし |

## 2024年度 募集要項

○募集人数 普通科:男女240名(Wコース30名、Bコース70名、Aコース105名、吹奏楽コース女子35名)
○願書受付 本校入試(一般・資格点数化・帰国生・吹奏楽):1/22(金)～2/3(水)web登録後(12/18～)書類提出、郵送消印有効
所沢・大宮桑入試:1/5(金)～1/15(月)web登録後(12/18～)書類提出、郵送の消印有効
※本校入試の資格点数化・帰国生は専願のみ
※近畿2府4県の学校に在籍者は本校入試を受験
※帰国生資格点数化入試は事前に入試広報部まで
○選抜日時 本校:2/10(土)
所沢会場:1/28(日)早稲田大学所沢キャンパス
大宮会場:1/26(金)大宮ソニックシティビル
○合格発表 本校:2/12(月・祝)web・2/13(火)郵送
所沢会場・大宮会場:1/31(水)web、2/1(木)郵送
○入学手続 2/21(水)まで　併願:3/19(火)まで
○選抜方法 〈本校〉一般・資格点数化:国・数・英(各50分各120点)・理・社(各50分各70点)
英・数は英検・数検の取得級に応じて換算した点(2級以上108点、準2級96点、3級84点)と、当日の得点を比較し高い方を採用
一般(大宮会場):3科(国数英)
一般(所沢会場):5科/3科(国数英)のいずれか
帰国生・本校・所沢会場:国(50分70点)・数(50分100点)・英(50分160点)・面接(30点)
吹奏楽(本校):国・数・英(各50分各120点)・実技・面接
○受験料 23,000円
○提出書類 入学志願書・個人報告書(調査書)
○追加募集 1.5次:2/16
◆転・編入 受け入れあり(要相談)
◆帰国生 帰国生入試あり

## 2024年度 入試結果

**Wコース**

| | 専願 | 併願 |
|---|---|---|
| 応募者数 | 79 | 88 |
| 受験者数 | 77 | 88 |
| 合格者数 | 16 | 16 |
| 実質倍率 | 4.81 | 5.50 |
| 合格最低点 | 370(基準点) | 389(基準点) |

**Bコース**

| | 専願 | 併願 |
|---|---|---|
| 応募者数 | 83 | 262 |
| 受験者数 | 81 | 261 |
| 合格者数 | 92 | 212 |
| 実質倍率 | — | — |
| 合格最低点 | 281(基準点) | 299(基準点) |

※回し合格含む

**Aコース**

| | 専願 | 併願 |
|---|---|---|
| 応募者数 | 42 | 83 |
| 受験者数 | 42 | 82 |
| 合格者数 | 81 | 192 |
| 実質倍率 | — | — |
| 合格最低点 | 210(基準点) | 228(基準点) |

※回し合格含む

**吹奏楽コース**

| | 専願 | 併願 |
|---|---|---|
| 応募者数 | 27 | 4 |
| 受験者数 | 27 | 4 |
| 合格者数 | 27 | 4 |
| 実質倍率 | 1.00 | 1.00 |
| 合格最低点 | 非公表 | 非公表 |

※本校入試・1.5次含む

## 費用

《入学手続き時》
○入学金　230,000円
※登校指定物品費用別途あり

《入学後》
○授業料　(年額)600,000円
○施設協力費　80,000円
○諸会費　12,000円
○諸経費　100,000円
○研修旅行費　1年次 100,000円
※上記はW・B・Aコース

## 奨学金・特待制度

特待生制度あり

## 独自の留学制度

留学先　オーストラリア・ロックハンプトン
学年　1～3年
内容　語学研修
費用　649,000円(春期)、685,000円(夏期)

## 合格実績

2024年の進路状況(卒業者数232名)
早稲田大学28名
国・公立大学合格13名
滋賀大4、室蘭工業大1、新潟県立大1、金沢大1、香川大1、愛媛大1、高知大1、高知工科大1、下関市立大1、琉球大3。

他の私立大学合格
関西学院大24、関西大15、同志社大8、立命館大22、京都産業大28、近畿大150、甲南大8、龍谷大70、明治大1、青山学院大3、立教大4、中央大3、法政大1、駒澤大3、専修大1、大阪医科薬科大2、京都女子大11、同志社女子大4、神戸女学院大5、立命館アジア太平洋大2、他。

## 学校PR

　本校では皆さんの進路目標実現のために先生が全力でサポートします。また、早稲田大学系属校特別推薦枠が74名あるほか、関西圏の大学を中心に多数の指定校推薦枠があります。体育祭・文化祭などの学校行事は、例年生徒の皆さんが主体的に盛り上げてくれています。さらに、関東研修など学校行事もあります。校内には甲子園球場よりも広いグラウンドや、約850名収容可能な学園生徒会館(ホール)など、クラブ活動で利用できる設備も整っています。約300席ある食堂はリーズナブルな値段設定で、コンビニも併設されているので文具類や日用品が購入できます。ぜひ一度早稲田大阪高校を見に来てください!

# 大阪星光学院高等学校

## 学校インフォメーション

 制服
 公共機関 通学
 キリスト教 宗教教育
 ICT教育
 夏・冬・春 長期休暇講習
 海外研修
自習スペース

 蔵書数 64,000冊 図書館
 バリアフリー
 食堂
 届出 スマホ持ち込み
 カウンセラー
 ネイティブ教員

**所在地** 〒543-0061 大阪市天王寺区伶人町1-6

| | |
|---|---|
| 電話 | 06-6771-0737 |
| 創立 | 1950年 |
| 校長 | 田沢 幸夫 |

| | |
|---|---|
| 生徒数 | 男 554人 |
| 併設校 | 大阪星光学院中学校 |
| WEB | http://www.osakaseiko.ac.jp/ |

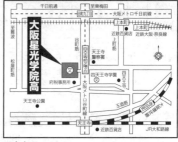

### アクセス
大阪メトロ谷町線四天王寺前夕陽ヶ丘駅下車南へ徒歩約2分
JR環状線天王寺駅下車北へ徒歩約10分
近鉄大阪上本町駅下車徒歩15分

## 教育方針・特色

「世の光であれ」を校訓とし、灯台の如く社会全体を照らし、電灯の如く周囲に希望を与え、ろうそくの如くほのかながらも人から頼りにされる人材を輩出したいと考えています。ともにいることを意味する「アシステンツァ」を教育の基本姿勢として、生徒たちに適度な距離で寄り添い、教育活動をしています。その具現化として、合宿施設として、大阪市内の校舎だけでなく、黒姫(長野県)、南部(和歌山県)の学舎も利用し、お互いの信頼と理解を深めていきます。多感な若者の知性を高め、意志を強め、心を豊かにすることにより、多くの分野で社会に貢献することを念願しています。

## スクールライフ

| | |
|---|---|
| 登校時間 | 8:35 |
| 週登校日 | 6日制 |
| 学期制 | 3学期 |
| 制服 | あり(夏・冬) |
| 昼食 | 購買、食堂あり 弁当持参可 |
| 学校行事 | 体育大会(6月) スクールフェア(文化祭)(11月) |
| 修学旅行 | 2年生6月 3泊4日 北海道など |
| 環境・施設 | 図書館、ICT環境、テニスコート、弓道場、剣道場、柔道場、聖トマス小崎研修館(校内)、黒姫星光山荘(長野県)、南部学舎(和歌山県) |
| クラブ活動 | 陸上競技・バスケットボール・バレーボール・テニス・サッカー・野球・卓球・フィールドホッケー・柔道・剣道・弓道・ライフル射撃・天文・ライフサイエンス・地歴研究・数学研究・ESS・放送・吹奏楽・写真・美術・新聞・文芸・カトリック研究・書道・囲碁将棋・電気工学・ボランティア・合唱・物理・化学・クイズ・けん玉 |
| 強化クラブ | 特になし |

## 2024年度 募集要項

- ○募集人数 普通科(外部募集):男子約15名
- ○願書受付 1/16(火)〜2/8(木) web出願後、必要書類を提出 郵送は必着
- ○選抜日時 2/10(土)
- ○合格発表 2/11(日・祝)10:00web
- ○入学手続 専願:2/12(月・祝)23:59まで
  併願:3/20(水・祝)23:59まで
- ○選抜方法 国・数・英(リスニング10分含む)(各60分各120点)・理・社(各40分各70点)・面接(専願者のみ約10分)
  ※英検準1級以上取得者は90点(読み替え得点)と当日の英語得点と比較して高い方を採用
- ○受験料 20,000円
- ○提出書類 入学志願書・個人報告書(調査書)
- ○追加募集 1.5次: ─ 2次: ─
- ◆転・編入 受け入れあり(要相談)
- ◆帰国生 特別対応なし

## 2024年度 入試結果

| 普通 | 専願 | 併願 |
|---|---|---|
| 応募者数 | 11 | 17 |
| 受験者数 | 11 | 17 |
| 合格者数 | 9 | 16 |
| 実質倍率 | 1.22 | 1.06 |
| 合格最低点 | ─ | ─ |

## 学校PR

生徒たちは、勉学とともに、クラブ活動や黒姫星光山荘(長野県)・南部学舎(和歌山県)における校外行事に伸び伸びと取り組んでいます。勉強合宿をはじめとした課外授業を多く設定しており、共同生活を通すなかで生徒同士や教員との信頼関係を深め、自分自身を見つめる力を養っていきます。

## 費用

《入学手続き時》
| | |
|---|---|
| ○入学金 | 300,000円 |
| ○学校指定品 | 約85,000円 |

《入学後》
| | |
|---|---|
| ○授業料 | 540,000円(年額) |
| ○施設費 | 40,000円 |
| ○諸経費 | 11,000円 |
| ○校友会費 | 4,800円 |
| ○後援会費 | 26,400円 |

※別途、学年費・合宿費などの費用発生あり

## 奨学金・特待制度

特になし

## 独自の留学制度

留学先① オーストラリア
学年 1年
内容 オーストラリア 約10日間語学研修
費用 約50万円
留学先② ボストン
学年 2年
内容 ボストン 10日間学術研修
費用 約100万円

## 合格実績

2024年の進学状況(卒業者数180名)
国・公立大学合格147(91)名
東京大14(10)、京都大37(24)(内医2(1))、一橋大5(1)、東京工業大1、大阪大14(10)(内医4(3))、神戸大16(12)(内医3(3))、北海道大6(3)、東北大1(1)(内医1(1))、大阪公立大23(14)(内医5(4))、筑波大1(1)(内医1(1))、京都工芸繊維大4(1)、滋賀大2(1)、京都府医大2(2)(内医2(2))、奈良県立医科大3(2)(内医3(2))、和歌山県立医科大6(5)(内医6(5))、他。医学部医学科31(24)名。

私立大学合格278(69)名
関西学院大18(4)、関西大13(4)、同志社大54(16)、立命館大38(9)、早稲田大19(7)、慶應義塾大13(2)、東京理科大18(4)、中央大4(3)、大阪医科薬科大8(4)、関西医科大9(1)、他。医学部医学科33(11)名。

省庁大学校合格3(2)名
防衛医科大2(1)、防衛大1(1)。

※( )内は現役合格内数

# 興國高等学校

ONLY ONE KOKOKU HIGH SCHOOL

## 学校インフォメーション

 制服
 自転車通学可 通学
 長期休暇講習
 習熟度別授業
 海外研修
 留学制度
 自習スペース

 人工芝グラウンド
 食堂
 カウンセラー
 特待生制度
 ネイティブ教員

**所在地** 〒543-0045　大阪市天王寺区寺田町1-4-26

| | | | |
|---|---|---|---|
| 電話 | 06-6779-8151 | 生徒数 | 男 2490人 |
| 創立 | 1926年 | 併設校 | なし |
| 校長 | 草島 葉子 | WEB | https://www.kokoku.ed.jp/ |

**アクセス**
JR環状線寺田町駅下車徒歩6分
JR環状線天王寺駅下車徒歩10分

## 教育方針・特色

オンリーワン教育のもと、『育成の興國』の名に相応しく、社会で活躍する人物の育成に注力している。多彩なコース編成やタブレットを駆使したICT教育の導入により、一人ひとりに合った学習プログラムを実現。国公立大学や難関私大への進学・プロスポーツ選手・公務員・大手企業への就職など、卒業後の進路は毎年順調に成果を上げている。温かさときめ細やかさを併せ持った、大阪で『人気No.1を誇る男子校』である。

## スクールライフ

| | |
|---|---|
| 登校時間 | 8:35 |
| 週登校日 | 5日制　隔週土曜登校日 |
| 学期制 | 3学期 |
| 制服 | あり（夏・冬） |
| 昼食 | 食堂あり　弁当持参可 |
| 学校行事 | 入学式（4月）校外学習（6月）体育大会（9月）芸術鑑賞会（10月）文化祭（11月）海外研修旅行（12月）マラソン大会（2月）卒業式 |
| 修学旅行 | 2年生12月　4泊5日　イングランド・ドバイ／スペイン・フランス／オーストリア・チェコ・ドイツ／グアム／オーストラリア・シンガポール／ハワイ |
| 環境・施設 | 2017年にアリーナ（新体育館）が竣工。電動観覧席を有し、2000名以上の収容が可能なメインアリーナ（B1〜2F）と柔道場・剣道場・ボクシング練習場（3F）があり、さらにプロテインバーを併設したアスレチックセンター（4F）には、最新のマシンが揃っている。また、人工芝グランドや生徒とのコミュニケーションを大切にしたオープンな職員室、大阪を一望できる「展望ランチレストランOAK1」など、明るく清潔感のある8階建ての校舎は「環境が人を育てる」という思いの下、本校の改革の一つとして造り上げた。一人ひとりの生徒が伸びやかに成長できるよう、快適な施設や設備を整えている。 |
| クラブ活動 | ○体育系19　○文科系10　○特設クラブ7【近年、全国出場経験のあるクラブ】硬式野球・サッカー・ボクシング・剣道・硬式テニス・陸上競技・自転車競技・ゴルフ・ソフトボール・レスリング |
| 強化クラブ | 特になし |

## 2024年度 募集要項

| | |
|---|---|
| ○募集人数 | 普通科:男子470名（スーパーアドバンスコース(SAD)70名、プレミアムアドバンス(PAD)80名、アスリートアドバンスコース(AA)140名、アカデミコース(AC)140名、キャリアトライコース(CT)40名）ITビジネス科(IT):男子120名 |
| ○願書受付 | 1/22（月）〜1/29（月）web登録後（11/1〜）窓口出願、郵送は必着 |
| ○選抜日時 | 2/10（土）、2/11（日・祝）専願者のみ面接 |
| ○合格発表 | 2/12（月・祝）郵送 |
| ○入学手続 | 専願:2/17（土）　併願:3/19（火） |
| ○選抜方法 | SAD・PAD:国・数・英・理・社（各45分各100点）・面接（専願）AA:国・数・英（各45分各100点）・面接（実技あり）AC・CT・IT:国・数・英（各45分各100点）・面接（専願） |
| ○受験料 | 20,000円 |
| ○提出書類 | 入学志願書・個人報告書（調査書） |
| ○追加募集 | 1.5次:2/16　2次:— |
| ◆転・編入 | 受け入れあり（要相談） |
| ◆帰国生 | 特別対応なし |

## 2024年度 入試結果

| SAD | 専願 | 併願 | PAD | 専願 | 併願 |
|---|---|---|---|---|---|
| 応募者数 | 66 | 49 | 応募者数 | 98 | 89 |
| 受験者数 | 65 | 49 | 受験者数 | 98 | 88 |
| 合格者数 | 65 | 49 | 合格者数 | 98 | 88 |
| 実質倍率 | 1.00 | 1.00 | 実質倍率 | 1.00 | 1.00 |
| 合格最低点 | 非公開 | 非公開 | 合格最低点 | 非公開 | 非公開 |

| AA | 専願 | 併願 | AC | 専願 | 併願 |
|---|---|---|---|---|---|
| 応募者数 | 232 | 31 | 応募者数 | 185 | 168 |
| 受験者数 | 232 | 29 | 受験者数 | 184 | 167 |
| 合格者数 | 232 | 29 | 合格者数 | 183 | 165 |
| 実質倍率 | 1.00 | 1.00 | 実質倍率 | 1.01 | 1.01 |
| 合格最低点 | 非公開 | 非公開 | 合格最低点 | 非公開 | 非公開 |

| CT | 専願 | 併願 | IT | 専願 | 併願 |
|---|---|---|---|---|---|
| 応募者数 | 38 | 74 | 応募者数 | 149 | 138 |
| 受験者数 | 38 | 73 | 受験者数 | 149 | 136 |
| 合格者数 | 38 | 73 | 合格者数 | 147 | 136 |
| 実質倍率 | 1.00 | 1.00 | 実質倍率 | 1.01 | 1.00 |
| 合格最低点 | 非公開 | 非公開 | 合格最低点 | 非公開 | 非公開 |

※SAD/PAD/AC合格者には転コース合格含む

## 費用

**《入学手続き時》**

| | |
|---|---|
| ○入学金 | 200,000円 |
| ○PTA及び生徒会入会金 | 1,200円 |
| ○授業料（第一学期分） | 163,400円 |
| ○PTA会費（第一学期分） | 4,000円 |
| ○生徒会会費（第一学期分） | 4,000円 |
| ○学級費（第一学期分） | 64,900円 |
| ○オリエンテーション参加費 | 21,000円 |
| ○学生総合保障制度 3か年一括保険料 | 21,500円 |

**《入学後》**

| | | |
|---|---|---|
| ○授業料 | （年額）610,000円 | |
| | ○第一期 | 203,000円 |
| | ○第二期 | 254,000円 |
| | ○第三期 | 153,000円 |

## 奨学金・特待制度

学習成績特待生制度
詳細は、学校入試広報担当へお問い合わせください。

## 独自の留学制度

| | |
|---|---|
| 留学先 | カナダ（バンクーバー）／アメリカ（ポートランド）イギリス　／　ニュージーランド |
| 学年 | 1・2年 |
| 内容 | 短期・長期を選択できます。 |
| 費用 | 本校国際委員会担当者へお問い合わせください。 |

## 合格実績

**2024年の進学状況（卒業者数680名）**
国・公立大学合格者数93名
東京大1、京都大8、大阪大5、神戸大4、北海道大1、東北大1、名古屋大2、九州大1、大阪公立大9、東京医科歯科大1、和歌山県立医科大2、滋賀大7、大阪教育大5、和歌山大3、兵庫県立大9、筑波大3、岡山大2、広島大2、島根大3、島根県立大3、他。

私立大学合格者数986名
関西学院大26、関西大46、同志社大53、立命館大34、京都産業大21、近畿大133、甲南大8、龍谷大27、佛教大1、早稲田大2、慶応義塾大1、明治大3、中央大2、法政大1、摂南大42、神戸学院大8、追手門学院大28、桃山学院大89、関西外国語大24、大阪経済大17、大阪工業大14、大阪学院大26、大阪経済法科大33、大阪産業大43、大阪商業大69、阪南大94、他。

省庁大学校合格者53名
防衛医科大13、防衛大28、職能開発総合大2。

## 学校PR

興國高校は頑張る受験生を応援します！全教室冷暖房プロジェクター完備、人工芝のグラウンドや最新設備のアスレチックセンター、2300名収容可能のアリーナ。最高の環境の中で感性を刺激し、自分を磨きながら成長していく。オンリーワン教育の興國高校で君も夢を叶えよう！

# 清風高等学校

## 学校インフォメーション

 制服
 公共機関 通学
 仏教 宗教教育
 ICT教育
 夏・冬・春 長期休暇講習
 習熟度別授業
 留学制度

 自習スペース
 蔵書数 28,000冊 図書館
 人工芝グラウンド
 食堂
 カウンセラー
 高大 高大連携
 海外姉妹校

**所在地** 〒543-0031 大阪市天王寺区石ヶ辻町12-16

電話 06-6771-5757
創立 1945年
校長 平岡 宏一

生徒数 男 1682人
併設校 清風中学校
WEB https://www.seifu.ac.jp/

## 教育方針・特色

勤勉と責任とを重んじ、自立的精神を養うと共に、明朗にして誠実、常に希望の中に幸福を見出し、社会のすべてから「安心」と「尊敬」と「信頼」の対象となり、信用され得る人物を育成するため、仏教を中心とした宗教による教育を実施する。

## スクールライフ

| | |
|---|---|
| 登校時間 | 8:35 |
| 週登校日 | 6日制 基本として平日7限・土曜4限の授業を実施 |
| 学期制 | 3学期 |
| 制服 | あり(夏・冬) |
| 昼食 | 購買・食堂・弁当持参 |
| 学校行事 | 文化祭(9月)・体育祭(10月) |
| 修学旅行 | 2年生 10月 3泊4日 沖縄 |
| 環境・施設 | 全室冷暖房・エレベーター完備・図書館・ICT環境・茶室・人工芝グラウンド・多目的ホール など |
| クラブ活動 | 【運動部】アメリカンフットボール部、空手部、剣道部、第二剣道部、ゴルフ部、サッカー部、銃剣道部、柔道部、新体操部、水泳部、体操競技部、卓球部、ダンス部、テニス部、第二テニス部、日本拳法部、バスケットボール部、バレーボール部、第二バレーボール部、ハンドボール部、フェンシング部、ボート部、ヨット部、陸上競技部、フットサル同好会 |
| | 【文化部】E.S.S.インターアクト部、囲碁部、クラシックギター部、軽音楽部、コーラス部、茶道部、邦楽部、写真部、将棋部、吹奏楽部、数学・物理研究部、宗教研究部、生物部、タイム部、鉄道研究部、電気部、NIEメディア研究部、美術部、ヒューマンライツサークル部、文芸部、模型・アニメ部、クイズ研究部、弦楽同好会、地学同好会、ボランティア同好会、ドローン同好会 |
| 強化クラブ | 体操競技部、陸上競技部、テニス部、サッカー部、バレーボール部、剣道部、柔道部 |

## 2024年度 募集要項

○募集人数 普通科(外部募集):男子250名(理Ⅲ6か年編入コース80名、理数コース80名、文理コース90名※特技受験50名含む)
○願書受付 1/22(月)〜1/29(月)16:00 web登録後(12/18〜)書類提出、窓口、郵送(1/30消印有効)
○選抜日時 2/10(土)
○合格発表 2/12(月・祝)郵送、9:00web
○入学手続 専願:2/15(木)15:00まで 併願:3/21(木)15:00まで
○選抜方法 国・数・英・社・理(各50分各100点)・面接(保護者同伴・グループ)
 ※英検、TOEFL iBT、IELTS資格取得者は級・点数に応じて点数換算(70〜100点)し、当日の英語得点と比較して高い方を採用
○受験料 20,000円
○提出書類 入学志願書・個人報告書(調査書)
○追加募集 1.5次:2/15 2次:―
◆転・編入 受け入れあり(要相談)
◆帰国生 専願のみ若干名

## 2024年度 入試結果

**全コース計**

| | 専願 | 併願 |
|---|---|---|
| 応募者数 | 161 | 262 |
| 受験者数 | 159 | 255 |
| 合格者数 | 157 | 254 |
| 実質倍率 | 1.01 | 1.00 |

**理Ⅲ6か年編入コース**

| | 専願 | 併願 |
|---|---|---|
| 合格者数 | 43 | 127 |
| 合格最低点 | 345/500 | 380/500 |

**理数コース**

| | 専願 | 併願 |
|---|---|---|
| 合格者数 | 37 | 98 |
| 合格最低点 | 310/500 | 325/500 |

**文理コース**

| | 専願 | 併願 |
|---|---|---|
| 合格者数 | 77 | 29 |
| 合格最低点 | 242/500 | 266/500 |

**アクセス**
近鉄線・阪神なんば線大阪上本町駅下車徒歩3分
大阪メトロ谷町線・千日前線谷町九丁目駅下車徒歩7分
JR環状線鶴橋駅下車徒歩12分

## 費用

《入学手続き時》
○入学金 230,000円

《入学後》
○授業料 670,000円
○修学旅行費 約159,500円

## 奨学金・特待制度

特になし

## 独自の留学制度

海外姉妹校との交換留学制度あり

## 合格実績

2024年の進学状況(卒業者数609名)
国・公立大学合格211名
東京大1、京都大5、東京工業大1、大阪大12、神戸大9、東北大1、九州大2、大阪公立大29、横浜国立大1、京都工芸繊維大5、京都府立大3、岡山大3、広島大6、滋賀大2、三重大4、和歌山大23、山口大3、兵庫県立大14、京都教育大2、大阪教育大2、滋賀県立大5、他。医・歯・薬・獣医21名。

私立大学合格1286名
関西学院大101、関西大137、同志社大71、立命館大107、早稲田大5、慶應義塾大6、上智大3、東京理科大3、明治大10、青山学院大8、立教大4、中央大4、法政大10、他。医・歯・薬・獣医86名。

省庁大学校合格7名
防衛大3、航空保安大1、水産大3。

## 学校PR

清風高校は文武両道の学校です。学習面では本校の教育力で大学進学まで導いていきます。部活動では文化部・運動部ともにどのクラブも活発に取り組んでおり、全国の舞台でも輝かしい成績を収めているクラブが多々あります。学校行事も多彩で、男子校ならではの素晴らしい思い出を作れること間違いなしです。

# 東大阪大学柏原高等学校

## 学校インフォメーション

 制服　 通学（自転車通学可）　 ICT教育　 学生寮　 自習スペース　 図書館　 バリアフリー

 エレベーター　 食堂　 スマホ持ち込み　 カウンセラー　 特待生制度　 高大連携　 ネイティブ教員

**所在地** 〒582-8585　大阪府柏原市本郷5-993

| | |
|---|---|
| 電話 | 072-972-1565 |
| 創立 | 1963年 |
| 校長 | 小林　康行 |
| 生徒数 | 男 499人 |
| 併設校 | 東大阪大学、東大阪大学短期大学部 |
| WEB | https://kashiwara.ed.jp/ |

## 教育方針・特色

校訓の「萬物感謝、質実勤労、自他敬愛」をもとに、一人一人を活かす教育、自信をつけさせる教育を実践している。

## スクールライフ

| | |
|---|---|
| 登校時間 | 8:40 |
| 週登校日 | 5日制　土曜日隔週で授業あり |
| 学期制 | 3学期 |
| 制服 | あり（夏・冬） |
| 昼食 | 食堂あり　弁当持参可 |
| 学校行事 | 体育大会（10月）、柏高祭（11月）、修学旅行（2月）、校外学習（9月）、芸能鑑賞会（6月） |
| 修学旅行 | 2年生2月　3泊4日　沖縄・八重山諸島（2022年度実績） |
| 環境・施設 | 新校舎（食堂）、メモリアルスポーツホール（アリーナ・大ホール・空手道場・拳法道場）、バドミントン部専用体育館、創立50周年記念館として図書室・視聴覚室・パソコン教室、調理実習室、美術室、アスリート寮、フットサルコート |
| クラブ活動 | 硬式野球部、バドミントン部、ラグビー部、サッカー部、空手道部、日本拳法部、ゴルフ部、柔道部、バスケットボール部、スポーツチャンバラ部、バレーボール部、卓球部、美術部、放送部、理科部、ヒューマンライツ部、書道部、囲碁将棋部、鉄道研究部、だんじり同好会、料理部 |
| 強化クラブ | 硬式野球部、サッカー部、ラグビー部、バドミントン部、空手道部、日本拳法部、陸上競技部、柔道部、ゴルフ部（アスリートコース） |

## 2024年度 募集要項

| | |
|---|---|
| ○募集人数 | 普通科：男子300名（キャリアアップコース、キャリアスポーツコース、キャリアアシストコース※専願のみ、アスリートコース※専願のみ、アドバンストコース）<br>※アスリートコースは推薦が必要 |
| ○願書受付 | 1/22（月）〜1/31（水）16:00　窓口、web登録後（12/11〜）書類提出、窓口または郵送（必着） |
| ○選抜日時 | 2/10（土） |
| ○合格発表 | 2/12（月・祝）郵送 |
| ○入学手続 | 専願:2/21（水）15:00まで<br>併願:3/22（金）15:00まで |
| ○選抜方法 | 国・数・英（各40分各100点）・面接（専願） |
| ○受験料 | 20,400円（合否通知料400円含む） |
| ○提出書類 | 入学志願書・個人報告書（調査書） |
| ○追加募集 | 1.5次:2/16　2次:3/21 |
| ◆転・編入 | 受け入れあり（要相談） |
| ◆帰国生 | 特別対応なし |

## 2024年度 入試結果

**キャリアアップコース**

| | 専願 | 併願 |
|---|---|---|
| 応募者数 | 23 | 148 |
| 受験者数 | 23 | 146 |
| 合格者数 | 23 | 147 |
| 実質倍率 | 1.00 | 1.01 |
| 合格最低点 | 非公表 | 非公表 |

**キャリアアシストコース**

| | 専願 |
|---|---|
| 応募者数 | 38 |
| 受験者数 | 36 |
| 合格者数 | 36 |
| 実質倍率 | 1.00 |
| 合格最低点 | 非公表 |

**アスリートコース**

| | 専願 |
|---|---|
| 応募者数 | 76 |
| 受験者数 | 75 |
| 合格者数 | 75 |
| 実質倍率 | 1.00 |
| 合格最低点 | 非公表 |

**キャリアスポーツコース**

| | 専願 | 併願 |
|---|---|---|
| 応募者数 | 11 | 22 |
| 受験者数 | 11 | 19 |
| 合格者数 | 11 | 19 |
| 実質倍率 | 1.00 | 1.00 |
| 合格最低点 | 非公表 | 非公表 |

**アドバンストコース**

| | 専願 | 併願 |
|---|---|---|
| 応募者数 | 13 | 19 |
| 受験者数 | 13 | 18 |
| 合格者数 | 13 | 15 |
| 実質倍率 | 1.00 | 1.20 |
| 合格最低点 | 非公表 | 非公表 |

※キャリアアップへの回し合格（併3）含まない

## 学校PR

2023年度より新コース、キャリアスポーツコースを新設。様々なスポーツを楽しみ、自分「らしさ」を見つけるコースが新たに誕生しました。生徒たちの可能性を広げる7つのコースで進学、就職など生徒一人一人に合った進路の実現を目指します。

**アクセス**
JR大和路線志紀駅・柏原駅下車徒歩15分・自転車7分
近鉄大阪線法善寺駅・堅下駅下車徒歩20分・自転車7分
大阪メトロ谷町線八尾南駅下車自転車15分

## 費用

**《入学手続き時》**

| | |
|---|---|
| ○入学金 | 100,000円 |
| ○施設設備費 | 100,000円 |
| ○学校規定用品購入費 | 120,990円 |
| ○教科書、副教材 | 約20,000円 |

**《入学後》**

| | |
|---|---|
| ○授業料（年額を4回に分納する） | 600,000円 |
| ○後援会費 | 12,000円 |
| ○生徒会費 | 7,200円 |
| ○修学旅行積立金（年額を4回に分納する） | 80,000円 |
| ○学年諸費用 | 46,510円 |
| ○教材費 | 51,000円 |
| ○各コースの3年間に要する経費 | |
| ・アドバンスト | 120,000円 |
| ・キャリアスポーツ | 120,000円 |
| ・キャリアアシスト | 30,000円 |
| ・キャリアアップ | 30,000円 |

## 奨学金・特待制度

向上心に燃え、将来大いに成長する可能性を有し、成績優秀かつ、学業及び人物ともに優れた受験生に対して特待生制度を設け、奨学金を給付します。

## 独自の留学制度

特になし

## 合格実績

2024年の進学状況（卒業者数166名）
東大阪大学短期大学部7名

**国・公立大学合格**
筑波大1、他。

**私立大学合格**
関西大1、立命館大1、京都産業大1、近畿大1、龍谷大6、明治大1、神戸学院大1、追手門学院大3、桃山学院大8、関西外国語大1、大阪経済大1、大阪商業大6、大阪電気通信大1、四天王寺大2、大阪芸術大4、関西国際大3、帝塚山大2、帝塚山学院大1、阪南大4、東海大1、東海学院大1、大阪学院大3、大阪成蹊大2、大阪経済法科大3、太成学院大1、他。

専門学校進学31名

就職31名

# 明星高等学校

## 学校インフォメーション

 制服
 公共機関 通学
 キリスト教 宗教教育
 ICT教育
 夏・冬・春 長期休暇講習
 海外研修
 屋外 プール

 自習スペース
 蔵書数 60,000冊 図書館
 食堂
 届出 スマホ持ち込み
 カウンセラー
 ABC ネイティブ教員

**所在地** 〒543-0016 大阪市天王寺区餌差町5番44号

| | |
|---|---|
| 電話 | 06-6761-5606 |
| 創立 | 1898年 |
| 校長 | 野中 豊彦 |

| | |
|---|---|
| 生徒数 | 男 855人 |
| 併設校 | 明星中学校 |
| WEB | https://www.meisei.ed.jp/ |

**アクセス**
JR環状線・大阪メトロ長堀鶴見緑地線玉造駅下車徒歩10分
近鉄奈良線大阪上本町駅下車徒歩12分
大阪メトロ谷町線谷町六丁目駅下車徒歩12分

## 教育方針・特色

本校は普通科のみ。明星中学出身者の6カ年一貫コースとは全く独立させたかたちで、外部中学出身者の3カ年コースを設けている。3カ年コースは、さらに文理選抜クラスと文理クラスに分けている。文理選抜クラスは最難関国公立大学進学をめざすクラス、文理クラスは難関国公立大学進学をめざすクラス。両クラスとも、1年次に進路を定め、2年次より文系・理系を選択してそれぞれの目指す大学に照準を合わせた授業を進める。

## スクールライフ

| | |
|---|---|
| 登校時間 | 8:25 |
| 週登校日 | 6日制 |
| 学期制 | 3学期 |
| 制服 | あり(夏・冬) |
| 昼食 | 食堂あり 弁当持参可 |
| 学校行事 | ハーバード次世代リーダー養成プログラム7月・カナダダイバーシティ・プログラム8月・カンボジア研修8月・台湾研修8月・インド研修12月・球技大会9月・学園祭9月・体育大会10月・慰霊祭11月 |
| 修学旅行 | 2年生7月 4泊5日 北海道(海外研修は希望制) |
| 環境・施設 | マリアンホール(講堂)・聖堂・第1~3体育館・東館ICT教室・南館コンピュータ教室・図書館・グラウンド・クラブハウス・テニスコート・ラーニングセンター(自習室) |
| クラブ活動 | 【運動部】野球部・水泳部・応援部・サッカー部・バスケットボール部・陸上競技部・ソフトテニス部・バレーボール部・ワンダーフォーゲル部・剣道部・体操競技部・卓球部<br>【文化部】カトリック研究部・新聞部・弁論部・吹奏楽部・美術部・生物部・化学部・写真部・天文気象・英語部・書道部・放送部・地歴部・グリークラブ・ディベート部・囲碁将棋部・コンピュータ研究部<br>【同好会】落語研究・文芸・マジック・STEAMサークル・鉄道研究 |

## 2024年度 募集要項

- **募集人数** 普通科(3カ年コース):男子約120名(文理選抜コース約80名、文理コース約40名)
- **願書受付** 1/22(月)~2/1(木) web登録後(12/18~)書類提出、窓口または郵送(消印有効)
- **選抜日時** 2/10(土)
- **合格発表** 2/11(日・祝)16:00web、郵送
- **入学手続** 専願:2/14(水)15:00まで<br>併願:3/21(木)15:00まで
- **選抜方法** 数・理・社(各50分各100点)・国・英(リスニング含む)(各60分各100点)・面接(グループ)<br>※英検・TOEFL(iBT)・IELTSの資格取得者は得点・級に応じて点数換算(70~90点)し、当日の英語得点と比較して高い方を採用
- **受験料** 20,000円
- **提出書類** 入学志願書・個人報告書(調査書)
- **追加募集** 1.5次:2/15 2次:なし
- ◆ **転・編入** あり
- ◆ **帰国生** 特別対応なし

## 2024年度 入試結果

| | 専願 | | 併願 | |
|---|---|---|---|---|
| | 文理選抜 | 文理 | 文理選抜 | 文理 |
| 応募者数 | 28 | | 123 | |
| 受験者数 | 28 | | 123 | |
| 合格者数 | 25 | 21(16) | 90 | 32(31) |
| 競争率 | 1.08 | | 1.00 | |
| 合格最低点 | 320/500 | 215/500 | 331/500 | 238/500 |

※( )内、回し合格内数

## 費用

《入学手続き時》
| | |
|---|---|
| ○入学金 | 240,000円 |
| ○制定品 | 118,000円 |

※学校指定の鞄は選択制別途必要

《入学後》
| | |
|---|---|
| ○授業料(学期ごとに分納) | 648,000円 |
| ○諸会費 | 39,600円 |

※その他副教材費等別途費用

## 奨学金・特待制度

大阪府私立高校生等就学支援あり

## 独自の留学制度

・リーダー養成プログラム(アメリカ・ハーバード)
・ダイバーシティプログラム(カナダ)など多彩なメニューを準備しています。

## 合格実績

**2024年の進学状況(卒業者数320名)**
**国・公立大学合格113名**
東京大1、京都大9、大阪大9、神戸大9、北海道大4、九州大1、大阪公立大21、横浜国立大1、京都工芸繊維大4、京都府立大2、金沢大1、岡山大1、広島大2、滋賀大1、三重大1、和歌山大7、兵庫県立大7、京都教育大1、京都府立医科大1、他。

**私立大学合格738名**
関西学院大109、関西大71、同志社大82、立命館大63、京都産業大9、近畿大159、甲南大9、龍谷大24、早稲田大7、慶應義塾大9、上智大6、東京理科大9、明治大5、青山学院大2、中央大6、法政大1、大阪医科薬科大11、関西医科大3、兵庫医科大5、他。

**省庁大学校合格8名**
防衛大3、防衛医科大3、航空保安大2。

※既卒生含む

## 学校PR

明星は創立120年をこえるカトリックミッションスクールの男子校です。歴史と伝統に裏づけられた大切なものは守りながら、次の時代を見据えた新たな教育も積極的に導入し、時代の流れに柔軟に対応した教育活動を行っています。3年後の目標として、希望する大学への進学を通して夢の実現ができるように、教員、学校全体が一丸となって、学習の指導・サポートを行っています。

# 英風高等学校

## 学校インフォメーション

 制服
 通学 自転車通学可
 ICT教育
 自習スペース
 図書館
 カウンセラー

**英風高**

**アクセス**
JR大阪環状線野田駅から徒歩4分
大阪メトロ千日前線玉川駅から徒歩5分
阪神本線野田駅から徒歩13分
JR東西線海老江駅から徒歩13分

---

**所在地　〒553-0006　大阪市福島区吉野4-13-4**

| | | | |
|---|---|---|---|
| 電話 | 06-6464-0668 | 生徒数 | 女 352人 |
| 創立 | 2020年 | 併設校 | ― |
| 校長 | 西口 英和 | WEB | https://www.eifu.ed.jp/ |

## 教育方針・特色

英風高等学校は、大阪府認可の全国でも珍しい女子だけの通信制高校です。大阪駅から2駅の交通至便な都心にありながら静かで治安もよく、静かで落ち着いた立地にあります。登校は週1～2回で午後から始業。朝が苦手な方も安心です。また、通信制高校といっても単に単位を修得するだけではなく、生徒一人ひとりの才能を伸ばし、それぞれの可能性を最大限に引き出すことに重きを置いています。安心して学ぶためのシステムを構築し、さらに自身の魅力を高める特別活動など、高卒資格プラスアルファの力を身につけるための様々な仕組みを用意しています。

## スクールライフ

| | |
|---|---|
| 登校時間 | 12:10 |
| 週登校日 | 週2日制 |
| 学期制 | 2学期 |
| 制服 | あり(夏・冬) |
| 学校行事 | 文化祭(10月) |
| 修学旅行 | 1年次 2年次 11月 実施 |
| 環境・施設 | スクーリング教室、自習室、体育館 |
| クラブ活動 | バスケット同好会、写真部、料理部、かるた同好会、創作同好会 |
| 強化クラブ | 特になし |

## 費用

| | |
|---|---|
| ○入学金 | 50,000円 |
| ○施設整備費 | 96,000円 |
| ○授業料(1単位あたり) | 12,000円 |
| ○教育関連諸費(年額) | 45,000円 |
| ○学習サポート費 | 228,000円 |

## 奨学金・特待制度

特になし

## 独自の留学制度

特になし

## 2024年度 募集要項

○募集人数　通信制課程 普通科:120名
○願書受付　1/22(月)～2/9(金)
　　　　　　※出願資格有
○選抜日時　2/10(土)
○選抜方法　書類審査・課題作文・本人面接
○受験料　15,000円
○提出書類　入学志願書・個人報告書(調査書)
○追加募集　1.5次: ―　　2次: ―
◆転・編入　受け入れあり(要相談)
◆帰国生　特別対応なし

## 学習システム

【本校独自の学習管理システム「e-portal」】
全生徒がこのシステムを使用し、ipadにてレポートの提出、スクーリングの予約、特別活動の予約、成績の確認、学校からのメッセージを確認できる。例えば、教科ごとにあと何枚レポートを提出すればいいのか、あと何回スクーリングを受講すればよいのか、「e-portal」を使えばすぐに確認できます。

## 多彩なカリキュラム

自宅や学校で教科書インターネット講座を利用できる。自由に質問可。希望者は予備校と連携した大学受験対策講座が受講できます。
また、ビジネススタイリング、ウォーキングレッスン、身だしなみ等の講座に業界のプロを定期的に招き、人間力向上を目標にした特別活動も行っています。

## 合格実績

2024年の進学状況(卒業者数52名)
私立大学合格
大阪大谷大、大阪学院大、大阪経済大、大阪国際大、大阪歯科大、大阪成蹊大、大阪芸術大、大阪樟蔭女子大、大阪総合保育大、大阪保健医療大、追手門学院大、関西外国語大、関西大、関西福祉科学大、近畿大、四条畷大、摂南大、相愛大、梅花女子大、羽衣国際大、桃山学院大、桃山学院教育大、Taylor's University Foundation of Arts、甲南女子大、神戸国際大、神戸女学院大、神戸大、園田学園女子大、兵庫医科大、武庫川女子大、京都芸術大、京都女子大、京都精華大、京都ノートルダム女子大、同志社大、同志社女子大、平安女学院大、佛教大、立命館大、畿央大、帝塚山大。

## 学校PR

英風高等学校は、大阪で唯一の通信制女子校です。本校が女子にこだわるのは、女子生徒が安心して過ごせる居場所を提供したいと考えるからです。生徒が少しでも通いやすく快適に過ごせるよう、校内環境に気を配り、授業時間は午後からとし、自身の魅力を高めるための特別活動を用意しています。英風高等学校はあなたがあなたらしくいられる場所でありたいと願います。

# 大阪薫英女学院高等学校

## 学校インフォメーション

 制服
 自転車通学可 通学
 学内予備校
 ICT教育
 海外研修
 留学制度
 屋外 プール

 蔵書数 49,000冊 図書館
食堂
 条件付 スマホ持ち込み
 カウンセラー
 高大 高大連携
ABC ネイティブ教員
海外姉妹校

**所在地** 〒566-8501 大阪府摂津市正雀1丁目4番地1

| | |
|---|---|
| 電話 | 06-6381-5381 |
| 創立 | 1931年 |
| 校長 | 横山 強 |

| | |
|---|---|
| 生徒数 | 女 532人 |
| 併設校 | 大阪人間科学大学・大阪薫英女学院中学校・かおり幼稚園 |
| WEB | https://www.kun-ei.jp/ |

## 教育方針・特色

様々なニーズが求められる社会状況の中で、グローバルな視野を求め、留学の経験を生かす国際科2コースや、英語を中心に短期留学（希望制）も可能な普通科英語進学コース、国公立大への進学をめざすとともに、理系の大学希望者への進学にも対応できる文理特進コース、基礎から確実に力をつけて希望進路の実現をめざす文理進学コース、併設校である大阪人間科学大学をはじめ、幅広い進路実現をめざす総合進学コース、そしてスポーツや自分の特技を更に高めるスポーツ・特技コースがあります。

## スクールライフ

| | |
|---|---|
| 登校時間 | 8:35 |
| 週登校日 | 6日制 月1回土曜休校 授業は月曜～金曜で実施、土曜日は探究学習などを実施 |
| 学期制 | 3学期 |
| 制服 | あり（夏・冬） |
| 昼食 | 食堂あり 弁当持参可 |
| 学校行事 | 体育祭(4月)・文化祭(9月)・送別会(2月) |
| 修学旅行 | 【普通科】2年生7月 7泊8日 海外<br>【スポーツ・特技コース】2年生3月 4泊5日 シンガポール |
| 環境・施設 | 図書館、視聴覚室、ICT環境、第一・第二体育館、グラウンド、雨天練習場など |
| クラブ活動 | 【運動部】※陸上競技部・※バスケットボール部・ソフトテニス部・バドミントン部・バレーボール部・バトントワリング部・ダンス部・剣道部・体操部・水泳部・フットサル部 ※はスポーツ・特技コースのみ<br>【文化部】茶道部・吹奏楽部・ESS部・演劇部・書道部・家庭科部・イラスト部・ガーデニング・飼育部・軽音楽部・アフレコ部・デジタルアート部・箏曲部 |
| 強化クラブ | 陸上競技部、バスケットボール部、ソフトテニス部 |

## 2024年度 募集要項

- ○募集人数 国際科:女子80名(国際特進コース、国際進学コース)
普通科:女子120名(文理特進コース、英語進学コース、文理進学コース、総合進学・保育進学コース、スポーツ・特技コース)
※スポーツ・特技コースは専願のみ、クラブ推薦・指導者推薦必要
- ○願書受付 Web登録後(12/20～)書類提出、窓口または郵送:1/22(月)10:00～1/29(月)16:00 郵送29日消印有効
- ○選抜日時 2/10(土)、2/11(日・祝)面接(国際科・保護者同伴)
- ○合格発表 2/12(月)10:00web
- ○入学手続 専願:2/16(金)まで
併願:公立高校合格発表日
- ○選抜方法 国際科・普通科英語進学:国・英(各50分各100点)・英(50分200点リスニング含む)・理・社(各50分各50点)・面接(国際科のみ、保護者同伴、グループ、外国人教師による英語面接含む)
5科型(500点満点)か3科型(国数英、400点満点)を選択
5科型は3科目得点も算出し、高い方の得点で判定
普通科英語進学以外:国・数・英(リスニング含む)・理・社(各50分各100点)
5科型(500点満点)か3科型(国数英、300点満点)を選択
5科型は3科目得点も算出し、高い方の得点で判定
スポーツ・特技コースは3科目のみ
※英検・数検資格を級に応じて点数に換算し、実際の入試得点(英語、数学)と比較し高い方を採用
得点読み替え率は、英検2級以上・数検準2級以上90%、英検準2級80%、英検・数検3級70%
- ○受験料 20,680円(合格通知郵送料含む)
- ○提出書類 入学志願書・個人報告書(調査書)
- ○追加募集 1.5次:2/16 2次:―
- ◆転・編入 受け入れあり(要相談)
- ◆帰国生 海外帰国子女入試の詳細は事前にお問い合わせください

## 2024年度 入試結果

**国際科(国際特進コース)**

| | 専願 | 併願 |
|---|---|---|
| 応募者数 | 32 | 18 |
| 受験者数 | 32 | 18 |
| 合格者数 | 30 | 17 |
| 実質倍率 | 1.07 | 1.06 |
| 合格最点 | 287/500 | 317/500 |

※回し合格(専2・併1)含まない

**国際科(国際進学コース)**

| | 専願 | 併願 |
|---|---|---|
| 応募者数 | 23 | 3 |
| 受験者数 | 23 | 3 |
| 合格者数 | 21 | 3 |
| 実質倍率 | 1.10 | 1.00 |
| 合格最点 | 242/500 | 257/500 |

※回し合格(専2)含まない

**普通科(文理特進コース)**

| | 専願 | 併願 |
|---|---|---|
| 応募者数 | 19 | 28 |
| 受験者数 | 19 | 28 |
| 合格者数 | 17 | 25 |
| 実質倍率 | 1.12 | 1.12 |
| 合格最点 | 287/500 | 297/500 |

※回し合格(専2・併2)含まない

**普通科(英語進学コース)**

| | 専願 | 併願 |
|---|---|---|
| 応募者数 | 32 | 22 |
| 受験者数 | 32 | 22 |
| 合格者数 | 32 | 22 |
| 実質倍率 | 1.00 | 1.00 |
| 合格最点 | 227/500 | 262/500 |

※回し合格(専2・併1)含まない

**普通科(文理進学コース)**

| | 専願 | 併願 |
|---|---|---|
| 応募者数 | 12 | 19 |
| 受験者数 | 12 | 19 |
| 合格者数 | 11 | 17 |
| 実質倍率 | 1.09 | 1.12 |
| 合格最点 | 227/500 | 262/500 |

※回し合格(専1・併2)含まない

**普通科(総合進学・保育進学コース)**

| | 専願 | 併願 |
|---|---|---|
| 応募者数 | 4 | 12 |
| 受験者数 | 4 | 12 |
| 合格者数 | 4 | 12 |
| 実質倍率 | 1.00 | 1.00 |
| 合格最点 | 182/500 | 222/500 |

**普通科(スポーツ・特技コース)**

| | 専願 |
|---|---|
| 応募者数 | 29 |
| 受験者数 | 29 |
| 合格者数 | 29 |
| 実質倍率 | 1.00 |
| 合格最点 | 非公表 |

## アクセス

阪急京都線正雀駅下車約500m(徒歩5分)
JR京都線岸辺駅下車約800m(徒歩10分)
大阪モノレール摂津駅下車徒歩15分

## 費用

**《入学手続時》**

| | |
|---|---|
| ○入学金 | 200,000円 |
| ○オリエンテーション合宿費用 | 28,000円 |
| ○制服代 | 約90,000円 |
| ○制定品代 | 約50,590円 |

**《入学後》**

| | | |
|---|---|---|
| ○授業料 | (年額) | 620,000円 |
| ○ICT教育機器及び関連費 | | 85,000円 |
| ○ICT活用費 | | 30,000円 |

○修学旅行積立金・PTA会費・クラブ後援費など
(普通科)約340,000円
(国際科)約130,000円

## 奨学金・特待制度

奨学金、特待生制度あり

## 独自の留学制度

| 留学先① | カナダ・ニュージーランド |
|---|---|
| 学年 | 約1年 |
| 内容 | 現地姉妹校で学習 ホームステイ(国際特進・国際進学) |
| 費用 | 約400万円 |

| 留学先② | ニュージーランド |
|---|---|
| 学年 | 5～6週間 |
| 内容 | 現地姉妹校で学習 ホームステイ(英語進学) |
| 費用 | 約93万円 |

## 合格実績

2024年の進学状況(卒業者数160名)
国・公立大学合格3名
大阪教育大1、鳥取大1、高知工科大1。

私立大学合格351名
関西学院大12、関西大17、同志社大7、立命館大15、京都産業大6、近畿大27、甲南大3、龍谷大6、明治大1、立教大1、大阪歯科大1、摂南大24、神戸学院大3、追手門学院大37、桃山学院大1、京都外国語大21、関西外国語大49、大阪経済大4、京都女子大5、同志社女子大10、神戸女学院大7、武庫川女子大5、梅花女子大12、甲南女子大23、他。

短期大学合格8名

専門学校合格8名

海外大学日本校合格2名

女子校

## 学校PR

自ら学ぶ意欲、他者理解、英語力を伸ばすための力を基礎から身につけ、人との関わりの中で自分らしく輝く女性を育成してきました。建学の精神「敬・信・愛」を原点に、追い求めてきた「薫英教育」は、100周年に向けて新たなステージへと進化していきます。教育活動すべてが、一人ひとりの「好き」を見つけるために展開されています。

# 大阪女学院高等学校

## 学校インフォメーション

制服 ／ 自転車通学可 通学 ／ キリスト教 宗教教育 ／ ICT教育 ／ 海外研修 ／ 留学制度 ／ 屋外 プール

自習スペース ／ 蔵書数 170,000冊 図書館 ／ 食堂 ／ 条件付 スマホ持ち込み ／ カウンセラー ／ ABC ネイティブ教員

**所在地** 〒540-0004 **大阪市中央区玉造2-26-54**

| | |
|---|---|
| 電話 | 06-6761-4113 |
| 創立 | 1884年 |
| 校長 | 山﨑 哲嗣 |

| | |
|---|---|
| 生徒数 | 女 793人 |
| 併設校 | 大阪女学院中学校/大阪女学院大学 |
| WEB | https://www.osaka-jogakuin.ed.jp/ |

## 教育方針・特色

キリスト教に基づく教育により、神を畏れ、真理を追求し、愛と奉仕の精神で社会に貢献できる人間を育成。緑豊かなキャンパスに多彩な施設が整えられ、自由でのびのびした校風の中で、充実した学校生活を送ることができます。学科は、普通科と英語科を設置し、普通科は1年生より、文系、理系のコースに分かれます。英語科には専門科目として、英語の実践的コミュニケーション能力の高度な修得をめざす「英語コース」、一般の高校卒業資格と国際バカロレア・フルディプロマの両方が取得できる「国際バカロレア(IB)コース」があります。

## スクールライフ

| | |
|---|---|
| 登校時間 | 8:25 |
| 週登校日 | 6日制(2025年度より5日制になります) |
| 学期制 | 3学期 |
| 制服 | あり(夏・冬) |
| 昼食 | 購買・食堂あり 弁当持参可 |
| 学校行事 | 体育大会、文化祭(10月)は中高合同で行われます。花の日礼拝(6月)、修養会(7月)、伝道週間(9月)など宗教行事の他、遠足(4月)、水泳大会(8月)、弁論大会(2月)、海外英語研修(8月希望者)、合唱祭(9月)など。 |
| 修学旅行 | 2年生7月 4泊5日 北海道 |
| 環境・施設 | 普通教室、体育館、チャペル、プール、マルチメディア教室、図書館、生徒食堂、テニスコート、美術室、理科室、調理実習室など。 |
| クラブ活動 | 実績のあるバトン(全国大会出場)、テニス(全国大会出場)の他バレーボール、サッカー、陸上など運動部は10部。文化部は、吹奏楽、合唱、演劇、美術、ESS、環境問題研究部など13部が活動中。また聖歌隊、ハンドベル、学校YWCAなど宗教部もあります。クラブ所属率は、70-80%。 |
| 強化クラブ | 特になし |

## 2024年度 募集要項

| | |
|---|---|
| ○募集人数 | 普通科(外部募集):女子約70名(文系約40名、理系約30名) 英語科(外部募集):女子約45名(英語コース約30名、国際バカロレアコース専願約15名) |
| ○願書受付 | 1/22(月)～1/31(水) web出願後、窓口出願または郵送 ※国際バカロレアコースは出願要件あり(英語の資格証明書類を提出) |
| ○選抜日時 | 2/10(土)、2/11(日・祝)国際バカロレアコースのみ |
| ○合格発表 | 2/12(月・祝)郵送 |
| ○入学手続 | 専願:2/17(土)  併願:3/23(土) |
| ○選抜方法 | 普通科文系:国・数・英(各60分100点)・面接(グループ、専願) 普通科理系:国・数・英(各60分100点)・面接(グループ、専願) 英語科英語・国際バカロレアコース:国・数・英(各60分100点)・英語面接(CEFR B1以上のものは免除)・小論文・個人面接・集団討議 ※英語は外部資格検定(CEFR)を点数に換算し、当日の英語得点と比較して高い方を採用 |
| ○受験料 | 20,000円 |
| ○提出書類 | 入学志願書・個人報告書(調査書) 英語資格結果証明書の写し(対象者のみ) |
| ○追加募集 | 1.5次:— 2次:— |
| ◆転・編入 | 受け入れあり(要相談) |
| ◆帰国生 | 帰国生募の詳細は事前にお問い合わせください |

## 2024年度 入試結果

**普通(文系)**

| | 専願 | 併願 |
|---|---|---|
| 応募者数 | — | — |
| 受験者数 | 39 | 26 |
| 合格者数 | 34 | 26 |
| 実質倍率 | 1.15 | 1.00 |
| 合格最低点 | 148/300 (合格点) | 162/300 (合格点) |

※転科合格(英語コースから専1・併6)含まない

**普通(理系1類)**

| | 専願 | 併願 |
|---|---|---|
| 応募者数 | — | — |
| 受験者数 | 1 | 0 |
| 合格者数 | 1 | 0 |
| 実質倍率 | 1.00 | — |
| 合格最低点 | 218/400 (合格点) | 238/400 (合格点) |

※転類合格(理系2類から専2・併4)含まない

**普通(理系2類)**

| | 専願 | 併願 |
|---|---|---|
| 応募者数 | — | — |
| 受験者数 | 12 | 21 |
| 合格者数 | 10 | 17 |
| 実質倍率 | 1.20 | 1.24 |
| 合格最低点 | 239/400 (合格点) | 273/400 (合格点) |

**英語(英語コース)**

| | 専願 | 併願 |
|---|---|---|
| 応募者数 | — | — |
| 受験者数 | 28 | 28 |
| 合格者数 | 27 | 22 |
| 実質倍率 | 1.04 | 1.27 |
| 合格最低点 | 168/300 (合格点) | 186/300 (合格点) |

※転科合格(IBコースから専1)含まない

**英語(国際バカロレアコース)**

| | 専願 |
|---|---|
| 応募者数 | — |
| 受験者数 | 2 |
| 合格者数 | 2 |
| 実質倍率 | 1.00 |
| 合格最低点 | 非公表 |

## 学校PR

大阪の中心とは思えないような緑のキャンパスが、とても気持ちの良い学校です。学校行事が盛んで、その行事の多くを生徒が主体となって運営しているのが本校の大きな特色のひとつです。代表的な行事は、体育大会や文化祭、クリスマスなどがあります。クラブ活動への所属率も高く、おのおの充実した学校生活を送っています。

**アクセス**
JR環状線玉造駅下車徒歩8分
JR環状線・大阪メトロ中央線
森ノ宮駅下車徒歩12分
大阪メトロ長堀鶴見緑地線玉造駅徒歩3分

## 費用

《入学手続き時》
| | |
|---|---|
| ○入学金 | 200,000円 |
| ○制服・学用品 | 112,940円 |
| ○教科書・副教材費 | 約40,000円 |

《入学後》(年額)
| | |
|---|---|
| ○授業料 | 663,000円 |
| ○IB教育費※英語科国際バカロレアコースの生徒のみ | 220,000円 |
| ○積立金 | 180,000円 |
| ○PTA会費 | 14,400円 |
| ○PTA奨学金分担金 (初年度のみ) | 2,000円 |
| ○諸 費 | |
| 普通科文系 | 80,000円 |
| 普通科理系 | 80,000円 |
| 英語科英語 | 130,000円 |
| 英語科IB | 150,000円 |

## 奨学金・特待制度

在学中に経済的急変が生じた場合のために、PTAが奨学金制度を設けています。

## 独自の留学制度

| | |
|---|---|
| 留学先 | カナダ・台湾他 |
| 学年 | 1年夏休み3週間など |
| 内容 | 夏期海外研修 |
| 費用 | ※その他、短期・中期・長期留学あり |

## 合格実績

**2024年の進学状況(卒業者数312名)**
国・公立大学合格30(8)名
大阪大2(1)、大阪公立大6(1)、お茶の水女子大1、京都府立大1、金沢大1、岡山大2、三重大2(1)、山口大1、京都教育大1、大阪教育大1、奈良教育大1、滋賀県立大1、

私立大学合格627(85)名
関西学院大69(8)、関西大21(4)、同志社大20(2)、立命館大20(3)、京都産業大3、近畿大119(15)、甲南大8(2)、龍谷大25(11)、早稲田大1、慶應義塾大3、上智大1、明治大4、青山学院大1、立教大2(1)、中央大3(1)、大阪医科薬科大4、大阪歯科大2、摂南大24(13)、追手門学院大9、京都外国語大5、関西外国語大19、京都女子大7、同志社女子大48(3)、神戸女学院大22(2)、武庫川女子大26(2)、他。
※( )内は既卒生内数

女子校

# 大阪成蹊女子高等学校

## 学校インフォメーション

 制服　 通学（自転車通学可／スクールバス）　 ICT教育　 長期休暇講習　 海外研修　 プール（屋内）　 自習スペース

 図書館（蔵書数 50,000冊）　 食堂　 スマホ持ち込み（条件付）　 カウンセラー　 特待生制度　 高大連携　 ネイティブ教員

| 所在地 | 〒533-0007 大阪市東淀川区相川3-10-62 | | |
|---|---|---|---|
| 電話 | 06-6829-2510 | 生徒数 | 女 1412人 |
| 創立 | 1933年 | 併設校 | 大阪成蹊大学、びわこ成蹊スポーツ大学、大阪成蹊短期大学 |
| 校長 | 向畦地 昭雄 | WEB | https://high.osaka-seikei.jp/ |

### アクセス
阪急京都線相川駅下車徒歩約5分
大阪メトロ今里筋線井高野駅下車徒歩約12分、スクールバス約5分、
JR京都線吹田駅下車徒歩約18分、スクールバス約12分（吹田駅↔相川駅間）

## 教育方針・特色

校名は史記の「桃李不言下自成蹊（桃李もの言わざれども下おのずから蹊を成す）」に由来。人々が自然と集まり、蹊（みち）ができる桃や李（すもも）の木のように、人に慕われ、社会から求められる女性の育成をめざしています。【総合キャリアコース】3年間を通して幅広い分野を体験できる総合型コースです。【特進コース】国公立・難関私立大学の合格をめざしていきます。【英語コース】英語特化型のカリキュラム&短期留学により、国内外で活躍できる力を養います。【看護医療進学コース】看護医療系の進路をめざし、病院での看護師体験や進学サポートを行います。【幼児教育コース】併設大学・短大と連携し、幼児教育分野への夢をかなえていきます。【スポーツコース】充実のスポーツ施設&体験授業を通して、将来に繋げる力を身につけていきます。【音楽コース】大阪音楽大学と連携し、音楽を楽しみながら幅広く学んでいきます。【アート・イラスト・アニメーションコース】美術科専用校舎&充実の専門授業で、美術分野を専門的に学んでいきます。

## スクールライフ

| | |
|---|---|
| 登校時間 | 8:30 |
| 週登校日 | 5日制（2025年度より変更予定） |
| 学期制 | 3学期 |
| 制服 | あり |
| 昼食 | 食堂あり　弁当持参可 |
| 学校行事 | 体育祭（6月）・文化祭（9月）・修学旅行（12月） |
| 修学旅行 | 2年生12月　行き先・日数はコースによる |
| 環境・施設 | 音楽コース専用新校舎が2022年に完成。食堂・美術棟を2018年にリニューアル。3種類の体育館と3面のグラウンド。蔵書50,000冊以上の図書室。全天候型の自動開閉屋上プール。天然芝生の中庭。トレーナーによる施術を無料で受けられるコンディショニングルーム。画材の売店あり。 |
| クラブ活動 | 〔運動部〕水泳、陸上競技、テニス、バスケットボール、バレーボール、バドミントン、ソフトボール、ハンドボール、体操（器械体操・新体操）、ダンス、フットサル、剣道、卓球、チアダンス、学外クラブ（スポーツ系）〔文化部〕吹奏楽、ギターマンドリン、コーラス、箏曲、軽音楽、演劇、バトントワーリング、茶道、美術・イラスト、ESS、生活科学、マルチメディア、文芸、学外クラブ（音楽系） |
| 強化クラブ | 特になし |

## 2024年度 募集要項

○募集人数　普通科：女子340名（総合キャリアコース130名、特進コース30名、看護医療進学コース30名、英語コース30名、幼児教育コース60名、スポーツコース30名、音楽コース30名）
美術科：女子60名（アート・イラスト・アニメーションコース）
○願書受付　1/22（月）～1/29（月）web登録後（12/18～）書類提出、窓口または郵送（必着）
○選抜日時　2/10（土）、2/11（日・祝）専願面接
○合格発表　2/12（月・休）郵送
○入学手続　専願：2/17（土）　併願：3/20（水・祝）
○選抜方法　普通科：国・数・英（各40分300点満点）・面接（専願）
美術科：国・数・英（各40分300点満点）・デッサン（100分）・面接（専願）
○受験料　20,000円
○提出書類　入学志願書・個人報告書（調査書）
○追加募集　1.5次:2/16（金）　2次: ―
◆転・編入　受け入れあり（要相談）
◆帰国生　特別対応なし

## 2024年度 入試結果

| 総合キャリアコース | 専願 | 併願 | 特進コース | 専願 | 併願 |
|---|---|---|---|---|---|
| 応募者数 | 130 | 197 | 応募者数 | 14 | 38 |
| 受験者数 | 130 | 197 | 受験者数 | 14 | 38 |
| 合格者数 | 130 | 196 | 合格者数 | 13 | 37 |
| 実質倍率 | 1.00 | 1.01 | 実質倍率 | 1.08 | 1.03 |
| 合格最低点 | 非公表 | 非公表 | 合格最低点 | 非公表 | 非公表 |

※他コースから転科合格（専2・併2）含まない

| 看護医療コース | 専願 | 併願 | 英語コース | 専願 | 併願 |
|---|---|---|---|---|---|
| 応募者数 | 32 | 32 | 応募者数 | 15 | 11 |
| 受験者数 | 32 | 32 | 受験者数 | 15 | 11 |
| 合格者数 | 30 | 31 | 合格者数 | 15 | 11 |
| 実質倍率 | 1.07 | 1.03 | 実質倍率 | 1.00 | 1.00 |
| 合格最低点 | 非公表 | 非公表 | 合格最低点 | 非公表 | 非公表 |

| 幼児教育コース | 専願 | 併願 | スポーツコース | 専願 | 併願 |
|---|---|---|---|---|---|
| 応募者数 | 51 | 31 | 応募者数 | 32 | 23 |
| 受験者数 | 51 | 31 | 受験者数 | 32 | 23 |
| 合格者数 | 51 | 31 | 合格者数 | 32 | 23 |
| 実質倍率 | 1.00 | 1.00 | 実質倍率 | 1.00 | 1.00 |
| 合格最低点 | 非公表 | 非公表 | 合格最低点 | 非公表 | 非公表 |

※他コースから転科合格（専1）含まない

| 音楽コース | 専願 | 併願 | 美術（アート・イラスト・アニメーションコース） | 専願 | 併願 |
|---|---|---|---|---|---|
| 応募者数 | 37 | 20 | 応募者数 | 109 | 130 |
| 受験者数 | 37 | 20 | 受験者数 | 109 | 130 |
| 合格者数 | 37 | 20 | 合格者数 | 109 | 130 |
| 実質倍率 | 1.00 | 1.00 | 実質倍率 | 1.00 | 1.00 |
| 合格最低点 | 非公表 | 非公表 | 合格最低点 | 非公表 | 非公表 |

## 費用

《入学手続き時》
| | |
|---|---|
| ○入学金 | 200,000円 |
| ○コース積立金（3ヶ月分） | 51,000円 |
| ○PTA会費（1年間分） | 14,400円 |
| ○新入生宿泊研修費（入学時のみ） | 30,000円 |
| ○学園後援会費（入学時のみ） | 3,000円 |

《入学後》
| | |
|---|---|
| ○授業料 | 594,000円 |
| ○コース積立金（1・2年次）/月 | 17,000円 |
| （3年次）/月 | 5,000円 |

【入学手続日に購入する制定品費用】
| | |
|---|---|
| 制服等制定品代 | 約150,000円 |
| 教科書代 | 約25,000円 |
| iPad代 | 約65,000円 |

## 奨学金・特待制度

奨学金、特待生制度あり

## 独自の留学制度

| | |
|---|---|
| 留学先 | オーストラリア／アメリカ |
| 学年 | 希望者／希望者 |
| 内容 | ホームステイ型／現地大学訪問など |
| 費用 | 約450,000円 ／ 約450,000円 |

## 合格実績

2024年の進学状況（卒業者数464名）
大阪成蹊大学149名
びわこ成蹊スポーツ大学1名
大阪成蹊短期大学74名
他の私立大学合格191名
関西学院大3、関西大1、京都産業大3、近畿大13、甲南大2、龍谷大4、佛教大3、法政大1、兵庫医科大1、大阪歯科大3、摂南大15、神戸学院大1、追手門学院大16、桃山学院大9、京都外国語大1、関西外国語大4、大阪経済大2、同志社女子大1、神戸女学院大7、武庫川女子大6、梅花女子大11、大阪青山大6、大阪芸術大6、大阪音楽大5、神戸女子大5、京都芸術大5、嵯峨美術大4、藍野大3、大阪国際大3、大阪樟蔭女子大3、四天王寺大3、宝塚大3、甲南女子大3、京都橘大3、他。
他の短期大学合格17名
専門学校合格83名
就職10名

## 学校PR

女子生徒の受験者数・入学者数　大阪府内の女子校で13年連続第1位！人気の女子校ならではの充実した学習環境&安心の進路保障。
高校生活を通して夢を見つけたい・夢をかなえたい、そんな方におすすめの学校です。

女子校

# 大谷高等学校

## 学校インフォメーション

 制服
 公共機関 通学
 仏教 宗教教育
 ICT教育
 長期休暇講習 夏・冬・春
 海外研修
 自習スペース

 蔵書数 70,000冊 図書館
 人工芝グラウンド
 食堂
 条件付 スマホ持ち込み
 カウンセラー
 特待生制度
 ABC ネイティブ教員

| 所在地 | 〒545-0041 大阪市阿倍野区共立通2-8-4 |
|---|---|
| 電話 | 06-6661-8400 |
| 創立 | 1909年 |
| 校長 | 萩原 英治 |
| 生徒数 | 女 611人 |
| 併設校 | 大谷中学校・大阪大谷大学・東大谷高等学校 |
| WEB | https://www.osk-ohtani.ed.jp/ |

**アクセス**
JR各線天王寺駅下車徒歩17分
大阪メトロ御堂筋線天王寺駅下車徒歩17分
大阪メトロ谷町線阿倍野駅下車徒歩8分
南海本線・高野線天下茶屋駅下車徒歩15分

## 教育方針・特色

明治末期において「教育界に尊いみ仏の光を投じ、宗教界に若く新しい生命を吹き込む」べく大谷裁縫女学校が設立されました。「報恩感謝」という建学の精神の下、「朝に礼拝・夕に感謝」を校訓とし、次代の母たるべき女性の教育が開始されました。価値観が多様化した現代社会においては、設立当初の明治末期以上に「感謝のこころ」が求められています。「稔るほど頭の下がる稲穂かな」のように、しっかりと大地に足をつける、謙虚で誠実な女性を育成しています。

## スクールライフ

| 登校時間 | 8:20 |
|---|---|
| 週登校日 | 6日制（第二土曜日のみ休日） |
| 学期制 | 3学期 |
| 制服 | あり（夏・冬） |
| 昼食 | 購買・食堂あり 弁当持参可 |
| 学校行事 | 東本願寺参拝(4月)お花まつり(5月)球技大会(6月)勉強合宿(8月)体育大会(9月)文化祭(10月)遠足(10月)報恩講(11月)音楽会(11月)耐寒登山(2月) |
| 修学旅行 | 2年生6月 4泊5日 北海道 |
| 環境・施設 | 図書室・全館WiFi・人工芝グラウンド・理科実験室(物理・化学・生物)・ダンス場・書道教室・被服教室・調理室・美術室・音楽室 など |
| クラブ活動 | 硬式テニス部・陸上部・ハンドボール部・バレーボール部・バスケットボール部・バドミントン部・バトントワリング部・ダンス部・卓球部・吹奏楽部・演劇部・書道部・茶道部・華道部・科学部・美術部・アートデザイン部・囲碁部・競技かるた部・もぐら部・文芸部・図書部・ギターマンドリン部・軽音部・コーラス部・箏曲部・手芸部・ESS部・映画研究部・放送部・写真部・清流部 |
| 強化クラブ | 吹奏楽部・バトントワリング部 |

## 2024年度 募集要項

| ○募集人数 | 普通科(外部募集)：80名(プレミアム文理コース40名、アドバンス文理コース40名) |
|---|---|
| ○願書受付 | 1/22(月)～1/29(月)12:00 web登録後(12/11～)出願情報入力可、窓口または郵送(消印有効) |
| ○選抜日時 | 2/10(土) |
| ○合格発表 | 2/12(月・祝)郵送、web |
| ○入学手続 | 専願：2/16(金)まで 併願：3/26(火)まで |
| ○選抜方法 | 国・数・英・理・社(各50分各100点)<br>※英語は外部資格検定を点数に換算し、当日の英語得点と比較して高い方を採用 |
| ○受験料 | 20,000円 |
| ○提出書類 | 入学志願書・個人報告書(調査書)・英語外部資格検定取得証の写し(対象者のみ) |
| ○追加募集 | 1.5次：2/18 2次：— |
| ◆転・編入 | 受け入れあり(要相談) |
| ◆帰国生 | 帰国子女入試(専願のみ)詳細はお問い合わせください |

## 2024年度 入試結果

**プレミアム文理**

| | 専願 | 併願 |
|---|---|---|
| 応募者数 | 13 | 31 |
| 受験者数 | 13 | 30 |
| 合格者数 | 11(6) | 29(5) |
| 実質倍率 | 1.18 | 1.03 |
| 合格最低点 | 299/500 | 334/500 |

**アドバンス文理**

| | 専願 | 併願 |
|---|---|---|
| 応募者数 | 17 | 18 |
| 受験者数 | 17 | 18 |
| 合格者数 | 12(1) | 12(1) |
| 実質倍率 | 1.42 | 1.50 |
| 合格最低点 | 202/500 | 243/500 |

※1.5次・補欠合格含む。( )は回し合格外数

## 費用

《入学手続き時》
| ○入学金 | 240,000円 |
|---|---|
| ※入学手続時納入金 | 約540,000円 |

《入学後》
| ○授業料 | (年額)612,000円 |
|---|---|
| ○施設設備費 | 30,000円 |
| ○学習諸費 | 120,000円 |
| ○積立金 | 160,000円 |
| (修学旅行費用等) | |
| ○諸会費 | 18,400円 |
| (PTA会費＋生徒会費) | |
| ○講習費用 | 20,000円 |

## 奨学金・特待制度

奨学金、特待制度あり

## 独自の留学制度

特になし

## 合格実績

2024年の進学状況(卒業者数229名)
大阪大谷大学合格23名

国・公立大学合格33(28)名
大阪大2(2)、神戸大1(1)、大阪公立大6(4)、奈良女子大4(4)、神戸市外国語大1(1)、岡山大1、滋賀大1(1)、和歌山大3(3)、兵庫県立大2(2)、大阪教育大1(1)、他。

他の私立大学合格623名
関西学院大24(21)、関西大63(51)、同志社大14(14)、立命館大22(18)、京都産業大4(4)、近畿大88(70)、甲南大11(10)、龍谷大20(18)、慶應義塾大1(1)、上智大1(1)、法政大1(1)、東洋大3(3)、大阪医科薬科大8(7)、関西医科大4(4)、兵庫医科大6(6)、大阪歯科大8(8)、京都薬科大1(1)、神戸薬科大5(5)、摂南大80(70)、神戸学院大6(6)、追手門学院大3(3)、京都外国語大2(2)、関西外国語大9(9)、大阪工業大20(17)、京都女子大12(12)、同志社女子大31(31)、神戸女学院2(2)、武庫川女子大37(37)、他。

※( )内は現役合格内数

## 学校PR

女子だけの落ち着いた環境で勉強できます。例年、現役進学率が9割をこえます。指定校推薦や、併設大学の学内推薦など充実した進路保障で生徒の進学を支えます。少人数ゆえの居心地の良いクラスも魅力の一つです。心を開ける友人を作りやすい雰囲気があります。クラブ加入率も高く、課外活動にも積極的に取り組みます。

# 香ヶ丘リベルテ高等学校

## 学校インフォメーション

 制服
 自転車通学可 通学
 ICT教育
 留学制度
 図書館
 バリアフリー
 カフェテリア

 売店
 給食あり 昼食
 条件付 スマホ持ち込み
 特待生制度
 高大連携

| | |
|---|---|
| **所在地** | 〒590-0012　大阪府堺市堺区浅香山町1-2-20 |

| | | | |
|---|---|---|---|
| 電話 | 072-238-7881 | 生徒数 | 女 655人 |
| 創立 | 1922年 | 併設校 | 堺女子短期大学 |
| 校長 | 重山 香苗 | WEB | https://www.liberte.ed.jp/ |

## 教育方針・特色

建学の精神「愛と真実の教育・情操豊かな女子教育」を基本理念とし、「明朗な女性の育成」「知性豊かな女性の育成」「実行力のある女性の育成」を教育方針にしている。新しい時代に羽ばたく力、生きる力を育む女子教育の理想を目指している。

## スクールライフ

| | |
|---|---|
| 登校時間 | 8:40 |
| 週登校日 | 6日制 |
| 学期制 | 3学期 |
| 制服 | あり(夏・冬) |
| 昼食 | カフェテリアあり　給食制度 |
| 学校行事 | 体育祭(9月)・学園祭(11月) |
| 修学旅行 | 2年生12月　3泊5日　グアム |
| 環境・施設 | 各コース専用実習室・体育館・図書館・カフェテリア・大ホール |
| クラブ活動 | ソフトボール部、バレーボール部、バスケットボール部、サッカー部、ソフトテニス部、ダンス部、バドミントン部、陸上部<br>ボランティア部、演劇部、音楽部、アコースティックギター部、パソコン部、放送部、漫画研究部 |
| 強化クラブ | 特になし |

## 2024年度 募集要項

- ○募集人数　普通科：女子222名(ファッションビジネスコース・フィジカルコース専願計70名、美容芸術コース・幼児教育コース・クッキングエキスパートコース・ライフデザインコース・アンダンテコース計152名)
- ○願書受付　1/22(月)〜2/1(木)　Web出願後(12/11〜)窓口出願
- ○選抜日時　2/10(土)
- ○合格発表　2/11(日・祝)郵送
- ○入学手続　専願:2/16(金)10:00〜14:00<br>併願:3/19(火)13:00〜16:00
- ○選抜方法　国・選択(数・英・理・社より1科)・面接(専願)
- ○受験料　20,000円
- ○提出書類　入学志願書・個人報告書(調査書)
- ○追加募集　1.5次：(A)2/15、(B)3/5<br>2次：(A)3/22、(B)3/27
- ◆転・編入　受け入れあり(要相談)
- ◆帰国生　特別対応なし

## 2024年度 入試結果

| 全コース | 専願 | 併願 |
|---|---|---|
| 応募者数 | 199 | 236 |
| 受験者数 | 199 | 234 |
| 合格者数 | 199 | 234 |
| 実質倍率 | 1.00 | 1.00 |
| 合格最低点 | 非公表 | 非公表 |

## 学校PR

多彩な7つのコースであなたの夢を実現します。

◇美容芸術コース　◇ファッションビジネスコース　◇幼児教育コース　◇ライフデザインコース

◇フィジカルコース　◇クッキングエキスパートコース　◇アンダンテコース

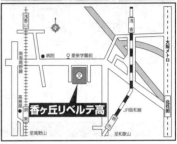

### アクセス
JR阪和線浅香駅下車徒歩5分、
南海高野線浅香山駅徒歩12分
大阪メトロ北花田駅より南海バス愛泉学園前下車

## 費用

**《入学手続き時》**

| | |
|---|---|
| ○入学金 | 200,000円 |
| ○同窓会賛助金 | 10,000円 |
| ○制定品代金 | 191,500円 |
| ○総合補償制度掛金 | 28,000円 |

**《入学後》**

| | |
|---|---|
| ○授業料 | (年額)630,000円 |
| ○PTA・保護者会会費 | 12,000円 |
| ○生徒会費 | 3,600円 |
| ○生徒積立金 | 150,000円 |
| ○給食負担金 | 53,000円 |
| ○日本スポーツ振興センター会費 | 1,800円 |

## 奨学金・特待制度

特待制度・奨学金制度　あり

## 独自の留学制度

留学先：アメリカ・カナダ・韓国　など
2年時に実施
1年間の交換留学
費用は約169万円

## 合格実績

2024年の進学状況(卒業者数210名)
堺女子短期大学進学93名

私立大学進学50名
関西大1、立命館大1、龍谷大2、早稲田大1、摂南大1、京都外国語大1、京都女子大1、神戸女学院大1、大阪芸術大2、大阪女学院大1、大阪商業大2、帝塚山学院大4、帝塚山大2、桃山学院教育大1、藍野大1、大阪大谷大1、大阪河﨑リハビリテーション大1、大阪経済法科大1、大阪国際大1、大阪電気通信大1、他。

他の短期大学進学7名
専門学校進学36名
就職9名

# 金蘭会高等学校

## 学校インフォメーション

制服　通学（自転車通学可）　ICT教育　長期休暇講習　海外研修　留学制度　図書館（蔵書数 39,000冊）

バリアフリー　食堂　スマホ持ち込み（条件付）　カウンセラー　特待生制度　高大連携　ネイティブ教員

**所在地　〒531-0075　大阪市北区大淀南3-3-7**

| | | | |
|---|---|---|---|
| 電話 | 06-6453-0281 | 生徒数 | 女 325人 |
| 創立 | 明治38年(1905年) | 併設校 | 千里金蘭大学、金蘭会中学校、金蘭会保育園 |
| 校長 | 岡田 正次 | WEB | https://www.kinran.ed.jp/ |

## 教育方針・特色

○ 建学の精神「自ら学び、成長し、社会に貢献する、力強く逞しい女性の育成」
1．「なりたい自分に出会う」ための充実した5コース制〈文理進学　看護・医療　こども教育　国際教養　アスリート〉
2．1年生は全コース共通カリキュラムで基礎を固める
3．国語・数学・英語の基礎固め授業(リメディアル)[文理　看護・医療　こども]
4．4年目を迎える国際・英語系コース「国際教養コース」

## スクールライフ

| | |
|---|---|
| 登校時間 | 8:30 |
| 週登校日 | 6日制(第2土曜休) |
| 学期制 | 3学期 |
| 制服 | あり(夏・冬) |
| 昼食 | 食堂あり　弁当持参可 |
| 学校行事 | 5月…宿泊学習(1年)　6月…校内競技会　9月…蘭祭(文化祭)　10月…体育祭 |
| 修学旅行 | 2年生12月　海外予定 |
| 環境・施設 | 図書館、エレベーター完備(全8フロア 生徒利用可)、ICT環境(電子黒板を全教室完備)、体育館、武道場、食堂、礼法室、華道室、ピアノレッスン室、大ホール(600人収容) |
| クラブ活動 | 【運動系】バレーボール部・バスケットボール部・硬式テニス部・剣道部・バドミントン部・空手道部・新体操部・ソフトボール部(サークル) |
| | 【文化系】書道部・美術部・演劇部・E.S.S部・ダンス部・放送部・吹奏楽部・フォークソング部・家庭科部・イラスト研究部・華道・茶道・写真部(サークル) |
| 強化クラブ | バレーボール部・新体操部・剣道部 |

## 2024年度 募集要項

| | |
|---|---|
| ○募集人数 | 普通科:女子210名 ※内部進学約20名含む(文理進学コース、看護・医療コース、こども教育コース、国際教養(グローバルスタンダード)コース、アスリートコース) |
| ○願書受付 | 1/22(月)〜1/29(月)　※アスリートコースは事前に推薦書を提出11/13(月)〜1/10(水) |
| ○選抜日時 | 2/10(土) |
| ○合格発表 | 2/11(日・祝)郵送 |
| ○入学手続 | 専願:2/16(金)15:00まで<br>併願:2/19(火)13:00まで |
| ○選抜方法 | 国・数・英(リスニング含む)・理・社(各50分各100点)・面接(専願)<br>5科/3科(国数英)5科はアラカルト判定<br>※英検2級90点、準2級80点、3級70点とし、当日の英語得点と比較して高得点の方で判定 |
| ○受験料 | 20,000円 |
| ○提出書類 | 入学志願書・個人報告書(調査書)・英検合格証明書のコピー(英検を取得している人のみ) |
| ○追加募集 | 1.5次:2/16　2次:3/22 |
| ◆転・編入 | 受け入れあり(要相談) |
| ◆帰国生 | 特別対応なし |

## 2024年度 入試結果

| 文理進学 | 専願 | 併願 | 看護・医療 | 専願 | 併願 |
|---|---|---|---|---|---|
| 応募者数 | 45 | 35 | 応募者数 | 40 | 27 |
| 受験者数 | 45 | 35 | 受験者数 | 40 | 27 |
| 合格者数 | 45 | 35 | 合格者数 | 40 | 27 |
| 実質倍率 | 1.00 | 1.00 | 実質倍率 | 1.00 | 1.00 |
| 合格最低点 | — | — | 合格最低点 | — | — |

| こども教育 | 専願 | 併願 | 国際教養 | 専願 | 併願 |
|---|---|---|---|---|---|
| 応募者数 | 21 | 13 | 応募者数 | 12 | 8 |
| 受験者数 | 21 | 13 | 受験者数 | 12 | 8 |
| 合格者数 | 21 | 13 | 合格者数 | 11 | 8 |
| 実質倍率 | 1.00 | 1.00 | 実質倍率 | 1.09 | 1.00 |
| 合格最低点 | — | — | 合格最低点 | — | — |

| アスリート | 専願 | 併願 |
|---|---|---|
| 応募者数 | 4 | 0 |
| 受験者数 | 4 | 0 |
| 合格者数 | 4 | 0 |
| 実質倍率 | 1.00 | |
| 合格最低点 | — | — |

## 学校PR

○ 「学ぶ力」「考える力」「解く力」「行動する力」「認め合う力」(KINRAN PRIDE=「5つの力」)を全ての教育活動を通じて育成
○ 「偏差値より変化値」
○ 看護・医療系に強い
○ 全コース共通で、2・3年生で教養講座(茶道　華道　礼法)の授業あり

## アクセス

JR環状線 福島駅から500m
阪神電鉄 福島駅から600m
JR東西線 新福島駅から600m
JR大阪駅よりバス59福島七丁目からすぐ

## 費用

《入学手続き時》
| | |
|---|---|
| ○入学金 | 200,000円 |
| ○同窓会費 | 15,000円 |

《入学後》
| | |
|---|---|
| ○授業料 | 550,000円 |
| ○施設費 | 60,000円 |
| ○学年費 | 80,000円 |
| ○諸会費等 | 30,000円 |
| ○修学旅行積立金(1年時) | 100,000円 |

※その他制定品等費用必要

## 奨学金・特待制度

1. ファミリー(家族が卒業生など)による入学金特待制度
2. 学業成績特待生制度
3. クラブ活動特待生は学校までお問い合わせください

## 独自の留学制度

短期(語学研修)

## 合格実績

2024年の進学状況(卒業者数88名)
千里金蘭大学合格9名

他の私立大学合格78名
関西学院大3、関西大7、立命館大1、近畿大3、甲南大1、龍谷大1、摂南大1、追手門学院大1、京都外国語大1、京都女子大1、同志社女子大1、神戸女学院大3、武庫川女子大2、他。

# 好文学園女子高等学校

## 学校インフォメーション

 制服
 自転車通学可 通学
 ICT教育
 夏・冬・春 長期休暇講習
 探究授業 探究授業
 自習スペース
 蔵書数 20,000冊 図書館

 食堂　スマホ持ち込み 可　特待生制度　海外姉妹校

**所在地** 〒555-0013　大阪府大阪市西淀川区千舟3丁目8-22

| | | | |
|---|---|---|---|
| 電話 | 06-6472-2281 | 生徒数 | 女 759人 |
| 創立 | 1937年 | 併設校 | なし |
| 校長 | 延原 観司 | WEB | https://koubun.ed.jp/ |

**アクセス**
阪神本線千船駅下車徒歩6分
JR東西線御幣島駅下車徒歩12分

## 教育方針・特色

校訓　穏健着実

使命　生徒に夢を与え、生きる力を育み「自立した、社会に貢献できる女性を育てる」

スローガン 『やればできるは魔法の言葉、自分サイズの未来を拓く、チャンスメーカー好文学園』

## スクールライフ

| | |
|---|---|
| 登校時間 | 8:30 |
| 週登校日 | 5日制（令和7年度より） |
| 学期制 | 3学期制 |
| 制服 | あり（夏・冬） |
| 昼食 | 食堂・購買　弁当持参可 |
| 学校行事 | 5月…体育祭　6月…コース別行事　9月…宿泊研修（1年）　10月…好文明華祭（文化祭）<br>11月…修学旅行（2年） |
| 修学旅行 | 2年生11月　3泊4日　石垣島 |
| 環境・施設 | A³（エーキューブ）…体育館と美術棟の複合施設、好文亭（茶室）、作法室、ガイダンスルーム、ラボ、<br>弓道場、サブグラウンド、セミナーハウス、天然芝グラウンド |
| クラブ活動 | 【運動部】弓道部・剣道部・ゴルフ部・少林寺拳法部・ソフトテニス部・バスケットボール部<br>・バレーボール部・ハンドボール部・卓球同好会<br>【文化部】アニメーション部・演劇部・合唱部・家庭科部・華道部・軽音楽部・茶道部<br>・箏曲部・ダンス部・美術部・フォトデザイン部・放送部・漫画研究部・ワープロ部 |
| 強化クラブ | 特になし |

## 2024年度 募集要項

- ○募集人数　普通科：女子300名<br>総合進学エリア（特別進学コース、進学アドバンスコース、進学フロンティアコース）<br>キャリア進学エリア（看護医療系進学コース、幼児教育コース、ITライセンスコース）メディア芸術エリア（メディアクリエイターコース、デザイン美術コース、マンガ・アニメーションコース）
- ○願書受付　1/22（月）〜1/29（月）web登録後窓口出願、郵送は必着
- ○選抜日時　2/10（土）
- ○合格発表　2/12（月・祝）郵送
- ○入学手続　専願：2/15（木）まで<br>併願：公立高校合格発表の翌日まで
- ○選抜方法　国・数・英（各45分）
- ○受験料　20,000円
- ○提出書類　入学志願書・個人報告書（調査書）
- ○追加募集　1.5次：2/16　2次：―
- ◆転・編入　受け入れあり（要相談）
- ◆帰国生　特別対応なし

## 2024年度 入試結果

**特別進学コース**

| | 専願 | 併願 |
|---|---|---|
| 応募者数 | 9 | 18 |
| 受験者数 | 9 | 18 |
| 合格者数 | 9 | 18 |
| 実質倍率 | 1.00 | 1.00 |
| 合格最低点 | 非公表 | 非公表 |

**進学アドバンスコース**

| | 専願 | 併願 |
|---|---|---|
| 応募者数 | 14 | 27 |
| 受験者数 | 14 | 27 |
| 合格者数 | 14 | 27 |
| 実質倍率 | 1.00 | 1.00 |
| 合格最低点 | 非公表 | 非公表 |

**進学フロンティアコース**

| | 専願 | 併願 |
|---|---|---|
| 応募者数 | 17 | 33 |
| 受験者数 | 17 | 33 |
| 合格者数 | 17 | 33 |
| 実質倍率 | 1.00 | 1.00 |
| 合格最低点 | 非公表 | 非公表 |

**看護医療系進学コース**

| | 専願 | 併願 |
|---|---|---|
| 応募者数 | 10 | 15 |
| 受験者数 | 10 | 15 |
| 合格者数 | 10 | 15 |
| 実質倍率 | 1.00 | 1.00 |
| 合格最低点 | 非公表 | 非公表 |

**幼児教育コース**

| | 専願 | 併願 |
|---|---|---|
| 応募者数 | 13 | 19 |
| 受験者数 | 13 | 19 |
| 合格者数 | 13 | 19 |
| 実質倍率 | 1.00 | 1.00 |
| 合格最低点 | 非公表 | 非公表 |

**ITライセンスコース**

| | 専願 | 併願 |
|---|---|---|
| 応募者数 | 16 | 23 |
| 受験者数 | 16 | 23 |
| 合格者数 | 16 | 23 |
| 実質倍率 | 1.00 | 1.00 |
| 合格最低点 | 非公表 | 非公表 |

**メディアクリエイターコース**

| | 専願 | 併願 |
|---|---|---|
| 応募者数 | 14 | 19 |
| 受験者数 | 14 | 19 |
| 合格者数 | 12 | 19 |
| 実質倍率 | 1.17 | 1.00 |
| 合格最低点 | 非公表 | 非公表 |

**デザイン美術コース**

| | 専願 | 併願 |
|---|---|---|
| 応募者数 | 24 | 60 |
| 受験者数 | 24 | 60 |
| 合格者数 | 24 | 60 |
| 実質倍率 | 1.00 | 1.00 |
| 合格最低点 | 非公表 | 非公表 |

※幼児教育合格（専1）、デザイン美術合格（専1）含まない

**マンガ・アニメーションコース**

| | 専願 | 併願 |
|---|---|---|
| 応募者数 | 77 | 50 |
| 受験者数 | 77 | 50 |
| 合格者数 | 77 | 50 |
| 実質倍率 | 1.00 | 1.00 |
| 合格最低点 | 非公表 | 非公表 |

## 費用

**《入学手続き時》**

| | |
|---|---|
| ○入学金 | 200,000円 |
| ○制服・教科書等 | 約137,200円 |

**《入学後》**

| | |
|---|---|
| ○授業料（年額） | 594,000円 |
| ○諸会費、入会金 | 10,000円 |
| ○教育活動 | 5,000円 |
| ○修学旅行積立金（1年次） | 120,000円 |
| ○諸経費 | 88,000円〜129,000円 |

## 奨学金・特待制度

奨励金制度　多数あり。

## 独自の留学制度

特になし

## 合格実績

2024年の進学状況（卒業者数268名）
国・公立大学合格
神戸大1、大阪教育大1、香川大1。

私立大学合格
関西学院大1、関西大3、同志社大4、立命館大1、京都産業大12、近畿大5、龍谷大10、関西外国語大6、同志社女子大3、武庫川女子大9、京都女子大3、他。

## 学校PR

本校は生徒の個性を創造する9コースを擁し、国公立大学などを目指す生徒から、プロの漫画家や看護師を目指す生徒にまで対応する幅広い学習環境を整えています。芸術分野において大阪私学美術展で5年連続大阪府知事賞、7年連続学校団体優秀賞を受賞しました。さらに、日学株式会社主催黒板アート甲子園において2度目の最優秀賞も受賞しました。

# 堺リベラル高等学校

## 学校インフォメーション

 制服
 自転車通学可 通学
 学内予備校
 ICT教育
 夏 長期休暇講習
 習熟度別授業
 留学制度

 蔵書数 1,000冊 図書館
 カフェテリア
 昼食
 給食あり 特待生制度
 高大 高大連携

| 所在地 | 〒590-0012 大阪府堺市堺区浅香山町1-2-20 | | |
|---|---|---|---|
| 電話 | 072-275-7688 | 生徒数 | 女 145人 |
| 創立 | 1922年 | 併設校 | 堺女子短期大学、堺リベラル中学校 |
| 校長 | 重山 香苗 | WEB | https://www.liberal.ed.jp/ |

**アクセス**
JR阪和線堺市駅徒歩10分
南海高野線浅香山駅徒歩12分
大阪メトロ北花田駅よりバス7分

## 教育方針・特色

建学の精神「愛と真実の教育・情操豊かな女子教育」を基本理念とし、「明朗な女性の育成」「知性豊かな女性の育成」「実行力のある女性の育成」を教育方針にしている。新しい時代に羽ばたく力、生きる力を育む女子教育の理想を目指している。

## スクールライフ

| | |
|---|---|
| 登校時間 | 8:40 |
| 週登校日 | 6日制 |
| 学期制 | 3学期 |
| 制服 | あり(夏・冬) |
| 昼食 | カフェテリアあり 給食制度 |
| 学校行事 | スポーツ大会(6月)・学園祭(11月) |
| 修学旅行 | 2年生12月 3泊5日 ハワイ |
| 環境・施設 | 楽器実習室・声優実習室・ダンス室・体育館・図書館・カフェテリア・大ホール |
| クラブ活動 | ・バスケットボール部 ・ダンス部 ・テニス(学外クラブ) ・軽音楽部 ・ESS ・演技 ・声優部 ・イラスト部 |
| 強化クラブ | 特になし |

## 費用

《入学手続き時》
| | |
|---|---|
| ○入学金 | 200,000円 |
| ○同窓会協賛金 | 10,000円 |
| ※制定品代金 | 199,000円 |

《入学後》
| | |
|---|---|
| ○授業料 | (年額)630,000円 |
| ○PTA・保護者会会費 | 12,000円 |
| ○生徒会会費 | 3,600円 |
※その他、給食費負担費、生徒積立金、総合補償制度掛金など必要

## 奨学金・特待制度

特待制度・奨学金制度 あり

## 独自の留学制度

留学先:アメリカ・カナダ・韓国 など
2年時に実施
1年間の交換留学
費用は約169万円

## 2024年度 募集要項

| | |
|---|---|
| ○募集人数 | 表現教育科:女子74名 ※専願のみ(内部進学含む) |
| ○願書受付 | 1/22(月)9:00～2/1(木)16:00 web登録後(12/11～)窓口出願 |
| ○選抜日時 | 2/10(土) |
| ○合格発表 | 2/11(日・祝)午後郵送 |
| ○入学手続 | 2/16(金)10:00～14:00 |
| ○選抜方法 | 国・英・数(各50分各100点)・面接 |
| ○受験料 | 20,000円 |
| ○提出書類 | 入学志願書・個人報告書(調査書) |
| ○追加募集 | 1.5次:(A)2/15、(B)3/5 2次:(A)3/22、(B)3/27 |
| ◆転・編入 | 受け入れあり(要相談) |
| ◆帰国生 | 特別対応あり(要相談) |

## 2024年度 入試結果

| 表現教育科 | 専願 |
|---|---|
| 応募者数 | 53 |
| 受験者数 | 53 |
| 合格者数 | 52 |
| 実質倍率 | 1.02 |
| 合格最低点 | 非公表 |

## 合格実績

2024年の進学状況(卒業者数55名)
堺女子短期大学10名

国・公立大学合格2名
大阪公立大×1、京都教育大1。

私立大学合格27名
関西学院大1、龍谷大1、兵庫医科大1、摂南大1、桃山学院大2、関西外国語大1、京都外国語大1、大阪経済大1、神戸女学院大1、甲南女子大1、四天王寺大2、帝塚山学院大3、大阪芸術大2、大阪音楽大1、他。

他の短大合格2名
専門学校合格11名
就職4名

## 学校PR

堺リベラル高等学校は2018年4月に開校されました。学科名は「表現教育科」。ダンス・楽器・声優・演技・イラスト表現の科目を通した身体表現力と、スピーチ・ディベート・プレゼンテーションの科目で言語表現力も身につけます。2年次からは「表現アクティブ」と「表現進学」のコースを選択します。「表現アクティブ」では更に高度な「表現科目」を学習し、芸術系・音楽系大学をめざします。「表現進学」では新大学入試制度に対応したカリキュラムで国公立大学・難関私立大学合格をめざします。

# 四天王寺高等学校

## 学校インフォメーション

 制服
 公共機関 通学
 仏教 宗教教育
 ICT教育
 夏・冬 長期休暇講習
 海外研修
 寮 学生寮

 自習スペース
 人工芝グラウンド
 食堂
 条件付 スマホ持ち込み
 カウンセラー
 高・大 高大連携
 ABC ネイティブ教員

**所在地** 〒543-0051 大阪市天王寺区四天王寺1-11-73

| | |
|---|---|
| 電話 | 06-6772-6201 |
| 創立 | 1922年 |
| 校長 | 中川 章治 |

| | |
|---|---|
| 生徒数 | 女 1403人 |
| 併設校 | 四天王寺中学校・四天王寺大学・大学院・短期大学部 |
| WEB | https://www.shitennoji.ed.jp/stnnj/ |

## 教育方針・特色

聖徳太子の和のご精神を礎とする信念ある女性の育成をはかる。①円満で深い人間性をそなえた女性を育てる。②将来希望する世界に力強く雄飛し得る学力を養成する。③個性を充分伸長できる教育を行う。「文理選抜コース」では文理を問わず、高い目標を前提に、豊富な学習時間を確保し、きめ細やかな教育で、一人ひとりに、幅広い力を養いながら、国際感覚を磨き、グローバルに活躍できる女性を。「文理コース」では文理を問わず、基礎から応用へと着実に育むカリキュラムを編成し、効果的な授業を展開すると共に、多様な国際理解プログラムを通じて、個性豊かで高い実践力を持つ女性を。「文化・スポーツコース」では生徒一人ひとりが自分の持つ可能性を最大限伸ばし、その分野ではもちろんのこと、人間として社会に貢献できる女性を育てる。

## スクールライフ

| | |
|---|---|
| 登校時間 | 8:30 |
| 週登校日 | 6日制 第4土曜日休 |
| 学期制 | 3学期 |
| 制服 | あり(夏・冬) |
| 昼食 | 購買・食堂あり 弁当持参可 |
| 学校行事 | 体育祭(6月) 語学研修(夏春) 文化祭(9月) 創作ダンス発表会(1月) 海外語学研修(夏) |
| 修学旅行 | 2年生10月 4泊5日 シンガポール |
| 環境・施設 | 地下講堂・3層式体育館(冷暖房)・ICT環境・人工芝テニスコート |
| クラブ活動 | 運動部では、バレーボール・体操・卓球・ハンドボール・ソフトテニス・バドミントンなど全国大会に出場する実力を有する。その他、合気道・剣道の武道系クラブやバドミントン・バスケットボール・ソフトテニス部の部員は、限られた練習時間(18時まで)の中で楽しく練習している。文化部は、コーラス部・放送部が全国大会に進出するほか、軽音楽部・箏曲部などは外部のコンテスト・芸術文化祭で活躍している。また、自然科学部(生物班)の部員は生物学オリンピックで金賞を受賞していり、クイズ研究部は、放送局主催のクイズ大会において決勝戦に進出している。インターアクトクラブ部員は奉仕活動や海外交流活動を熱心に行っている。また箏曲部・日本舞踊部では学外の指導者から本格的な稽古をつけてもらえる。 |
| 強化クラブ | バレーボール、卓球、体操、ハンドボール(文化・スポーツコース生のみ) |

## 2024年度 募集要項

○募集人数 普通科(外部募集):女子約155名(文理選抜コース約35名、文理コース約90名、文化・スポーツコース専願約30名)
○願書受付 文理選抜コース、文理コース:1/22(金)~2/1(木)21:00 web登録後(12/11~)書類提出、窓口または郵送(2/2(金)消印有効)
全コース:1/22(金)~2/1(木) 9:00~16:00 窓口出願
○選抜日時 2/10(土)
○合格発表 2/12(月・祝)9:00web
○入学手続 専願:2/15(木)、2/16(金)
併願:2/15(木)~3/21(木)10:30
○選抜方法 文理選抜、文理コース:国・数・英・理・社(各50分各100点)
5科合計と3科(国数英)合計×5/3のいずれか高い方の得点で判定
文化・スポーツコース:国・数・英(各50分各100点)・業績・実技テスト
※英語検定資格取得者は級やスコアに応じて点数換算し、当日の英語得点と比較して高い方を採用
○受験料 20,000円
○提出書類 入学志願書・個人報告書(調査書)
○追加募集 1.5次: ─ 2次: ─
◆転・編入 特になし
◆帰国生 特別対応なし

## 2024年度 入試結果

**文理選抜コース**

| | 専願 | 併願 |
|---|---|---|
| 応募者数 | 35 | 339 |
| 受験者数 | 35 | 334 |
| 合格者数 | 14 | 186 |
| 実質倍率 | 2.50 | 1.80 |
| 合格最低点 | 332/500 | 350/500 |

**文理コース**

| | 専願 | 併願 |
|---|---|---|
| 応募者数 | 16 | 15 |
| 受験者数 | 16 | 15 |
| 合格者数 | 14 | 15 |
| 実質倍率 | 1.14 | 1.00 |
| 合格最低点 | 243/500 | 264/500 |

※ 変更合格(専19・併143)含まない

**文化・スポーツコース**

| | 専願 |
|---|---|
| 応募者数 | 26 |
| 受験者数 | 26 |
| 合格者数 | 26 |
| 実質倍率 | 1.00 |
| 合格最低点 | 222/500 |

## 学校PR

「和のこころを未来へ」創立100周年を迎えた本校では、聖徳太子の和の精神を礎にそれぞれの生徒が自分の夢を追求します。女子校は人間関係が穏やかで自分と気の合う友達が必ず見つかります。あなたも仲間と一緒に、四天王寺で勉強にクラブに全力で取り組んでみませんか。

**アクセス**
JR・大阪メトロ御堂筋線天王寺駅下車徒歩10分
大阪メトロ谷町線四天王寺前夕陽ヶ丘駅下車徒歩5分
近鉄南大阪線大阪阿倍野橋駅徒歩12分

## 費用

**《入学手続き時》**

| | |
|---|---|
| ○入学金 | 200,000円 |
| ○制服 | 110,000円 |
| ○教科書 | 20,000円 |
| ○教材 | 10,000円 |
| ○その他 | 2,000円 |

**《入学後》**

| | |
|---|---|
| ○授業料 | (年額)565,200円 |
| ○後援会費 | 58,800円 |
| ○生徒会費 | 4,800円 |
| ○超過授業料 | 70,200円 |
| ○ICT用PC | 約110,000円+メンテナンス12,000円 |
| ○夏期 | 約30,000円 |
| ○教材費(実費) | 約80,000円 |
| ※教育振興協力金(任意) | (1口)100,000円 |

## 奨学金・特待制度

教育優秀生として、在校中行学ともに優秀な生徒と認められた者には、褒賞を贈呈する。

## 独自の留学制度

| | |
|---|---|
| 留学先 | オーストラリア/イギリス |
| 学年 | 任意 |
| 内容 | 2週間ホームステイ/2週間寮生活 |
| 費用 | 約65万円(オーストラリア) |

## 合格実績

**2024年の進学状況(卒業者数423名)**
国・公立大学合格205名
京都大11(9)、一橋大1、大阪大17(11)、神戸大13(9)、北海道大5(2)、九州大1(1)、大阪公立大28(19)、奈良女子大14(7)、兵庫県立大6(4)、他。国公立医学部医学科計42(27)。

私立大学合格950名
関西学院大101(80)、関西大88(68)、同志社大97(61)、立命館大94(56)、早稲田大12(8)、慶應義塾大10(5)、上智大4(1)、東京理科大4(2)、大阪医科薬科大26(13)、関西医科大19(9)、兵庫医科大26(18)、京都薬科大17(11)、神戸薬科大14(11)、他。私立医歯薬計188(117)。

省庁大学校合格
防衛医科大8(7)。
※( )内は現役内数

# 樟蔭高等学校

## 学校インフォメーション

| 制服 | 通学 自転車通学可 | ICT教育 | 長期休暇講習 夏・春 | 習熟度別授業 | 海外研修 | 留学制度 |

| 自習スペース | バリアフリー | カウンセラー | 帰国生入試 | 特待生制度 | 高大連携 | ネイティブ教員 |

**所在地** 〒577-8550 東大阪市菱屋西4-2-26

| | |
|---|---|
| 電話 | 06-6723-8185 |
| 創立 | 1917年 |
| 校長 | 小嶋 信男 |

| | |
|---|---|
| 生徒数 | 女 483人 |
| 併設校 | 大阪樟蔭女子大学付属幼稚園、樟蔭中学校、大阪樟蔭女子大学 |
| WEB | https://www.osaka-shoin.ac.jp/hs/ |

**アクセス**
近鉄奈良線河内小阪駅下車徒歩約4分
JRおおさか東線JR河内永和駅下車徒歩約5分

## 教育方針・特色

女性本来がもつ素晴らしい能力や特性を伸ばすことを第一の目標に掲げ、明るく知的でのびのびした、さらに規律のある清々しい女性になるための教育を実践しています。100年以上の歴史と伝統を重んじた樟蔭レッスンでは、「思いやりの心」「さわやかな挨拶」「正しい言葉づかい」「美しい振る舞い」、そして「しっかりとした教養」を身につけます。

## スクールライフ

| | |
|---|---|
| 登校時間 | 8:35 |
| 週登校日 | 6日制 |
| 学期制 | 3学期 |
| 制服 | あり(夏・冬) |
| 昼食 | 弁当持参 食堂利用可 |
| 学校行事 | 若葉際(体育祭 9月20日、文化祭 10月2日) |
| 修学旅行 | 2年生5月 4泊5日 北海道 |
| 環境・施設 | 英語教育センター、中高体育館、記念館、100年会館(式典会館、南グラウンド、東グラウンド、円形ホール、樟古館(旧試食室、旧洗濯教室)、体操場、ダンス場、卓球室)、田辺聖子文学館、テニスコート、トレーニングルーム、中高図書館、生物実験室、被服教室、食物実習室、自習室、ランチルーム、情報教室、ICTルーム、ICT Lab. |
| クラブ活動 | 剣道部、新体操部、ソフトテニス部、ソフトボール部、体操部、ダンス部、テニス部、バスケットボール部、バドミントン部、バトントワリング部、バレーボール部、ポンポンチア部、コーラス部、家庭部、軽音楽部、写真・映画部、書道部、吹奏楽部、箏曲部、ピアノ部、美術・工芸部 |
| 強化クラブ | ダンス、体操、ソフトテニス、新体操、バトントワリング・ポンポンチア、バスケットボール |

## 2024年度 募集要項

- ○募集人数 普通科:女子210名(国際教養コース30名、身体表現コース30名、総合コース150名)
- ○願書受付 1/22(月)~1/29(月) web登録後(12/11~)書類提出、窓口または郵送(必着)
- ○選抜日時 2/10(土)
- ○合格発表 2/12(月・祝)web10:00~(午後発送)郵送
- ○入学手続 専願:2/17(土) 併願:3/22(金)
- ○選抜方法 一般入試:国・数・英(リスニング含む)・理・社(各50分各100点)国際教養コースは5科か3科(国数英)を選択、他コースは3科(国数英)
SHOIN+キャリア入試(身体表現コース・総合コース):作文(60分)・面接
CSクラス特別入試(総合コース):作文(60分)・面接か国・数・英(各50分各100点)を選択
SHOIN+キャリア入試・CSクラス特別入試は専願のみ、出願条件あり
※英検取得者は3級60点、準2級以上80点を最低保証点数とする
- ○受験料 20,000円
- ○提出書類 願書・個人報告書(調査書)・英検取得級証明書のコピー(3級以上)
- ○追加募集 1.5次:2/16 2次:—
- ◆転・編入 特になし
- ◆帰国生 帰国生枠あり(要相談)

## 2024年度 入試結果

| 国際教養 | 専願 | 併願 | | 身体表現 | 専願 | 併願 |
|---|---|---|---|---|---|---|
| 応募者数 | 12 | 32 | | 応募者数 | 18 | 7 |
| 受験者数 | 12 | 29 | | 受験者数 | 18 | 6 |
| 合格者数 | 12 | 23 | | 合格者数 | 18 | 6(1) |
| 実質倍率 | 1.00 | 1.26 | | 実質倍率 | 1.00 | 1.00 |
| 合格最低点 | 288/500 | 303/500 | | 合格最低点 | 131/300 | 132/301 |
| | (基準点) | | | | (基準点) | |

※志願者に1.5次(専3/併1)含む
※志願者にキャリア入試8/CS特別入試6含む

| 総合コース | 専願 | 併願 |
|---|---|---|
| 応募者数 | 61 | 66 |
| 受験者数 | 61 | 57 |
| 合格者数 | 61 | 57(5) |
| 実質倍率 | 1.00 | 1.00 |
| 合格最低点 | 123/300 | 145/301 |
| | (基準点) | |

※( )内回し合格外数

## 費用

**《入学手続き時》**
| | |
|---|---|
| ○入学金 | 200,000円 |
| ○制定品 | 約200,000円 |
| ○iPad購入費 | 約50,000円 |

**《入学後》**
| | |
|---|---|
| 授業料 | (年額)612,000円 |
| PTA預り金 | (年額)12,000円 |
| 自治会預り金 | (年額)7,200円 |
| 保護者会費 | (年額)1,200円 |
| 修学旅行積立金 | (年額)130,000円 |
| 学級費預り金 | (年額)45,000円 |
| 日本スポーツ振興センター掛金 | (年額)1,810円 |
※その他コースごとに異なる費用

## 奨学金・特待制度

教育特別奨励制度あり
ファミリー優遇

## 独自の留学制度

ニュージーランド・台湾研修、韓国短期研修

## 合格実績

2024年の進学状況(卒業者数197名)
大阪樟蔭女子大学合格70名

国・公立大学合格4名
広島大1、お茶の水大2、筑波大1、奈良女子大1。

他の私立大学合格103名
関西学院大2、関西大10、立命館大5、近畿大10、龍谷大3、摂南大2、関西外国語大6、京都女子大4、同志社女子大6、神戸女学院大2、武庫川女子大6、森ノ宮医療大1、大和大1、千里金蘭大1、他。

## 学校PR

「自分のしたいことが見つからない」「思うように成績が上がらない」「自分に自信がない」そんな悩みを抱えていませんか?わたしたちは、そんなあなたの悩みに応えます。いつでも隣には先生がいて、「個を大切にする」学校です。また、背筋が伸び、笑顔で挨拶ができ、仲間の支え合いや励まし合いから思いやり溢れる人になっていきます。休み時間は学校中が急に賑やかに、お喋りが止まらないみんな仲良しの女子校です。

# 城南学園高等学校
JONAN

## 学校インフォメーション

 制服  通学 自転車通学可  ICT教育  長期休暇講習 夏・春  海外研修  自習スペース  図書館 蔵書数 25,000冊

 食堂  カフェテリア  スマホ持ち込み 可  カウンセラー  特待生制度  高大連携 高・大  ネイティブ教員 ABC

**所在地** 〒546-0021　大阪市東住吉区照ヶ丘矢田2-14-10

| | | | |
|---|---|---|---|
| 電話 | 06-6702-9784 | 生徒数 | 女 359人 |
| 創立 | 1935年 | 併設校 | 城南学園小学校・幼稚園・保育園・城南学園中学校 |
| 校長 | 北川 真 | | 大阪総合保育大学・大阪総合保育大学短期大学部 |
| | | WEB | https://www.jonan.ac.jp/senior/ |

**アクセス**
近鉄南大阪線矢田駅下車8分
大阪メトロ谷町線喜連瓜破駅徒歩14分（バスあり）
大阪メトロ御堂筋線・JR阪和線長居駅よりバス10分
湯里6丁目下車すぐ・今里ライナー湯里6丁目下車すぐ

## 教育方針・特色

　学力向上と人間教育を柱とした学びを通して、幅広い教養や礼儀作法などを身につけ、豊かな知性と品性を備えた女性を育みます。国公立大学進学から就職まで、自分の個性に合った進路選択が可能。内部進学のほか、医療・看護系への進路指導も充実しています。生徒との「対話」を重視した指導スタイルで、一人ひとりの夢を実現するため、丁寧で細やかな指導を1年次から実施しています。

## スクールライフ

| | |
|---|---|
| 登校時間 | 8:30 |
| 週登校日 | 6日制　第2土曜日のみ休校日 |
| 学期制 | 3学期 |
| 制服 | あり（夏・冬） |
| 昼食 | 食堂あり　弁当持参可 |
| 学校行事 | 体育祭（6月）・文化祭（9月） |
| 修学旅行 | 2年生10月　4泊5日　北海道、アメリカ |
| 環境・施設 | 図書室・ICT環境・グラウンド・体育館・武道館・テニスコート・弓道場・河内長野セミナーハウス |
| クラブ活動 | 【運動部】ダンス部・ソフトテニス部・テニス部・空手道部・バレーボール部・バスケットボール部・陸上部・ハンドボール部・弓道部・器械体操部・水泳部 |
| | 【文化部】吹奏楽部・軽音楽部・茶道部・華道部・クッキング部・マンガ部・美術部・競技かるた部・書道部・パソコン部・音楽部・放送映画部 |
| 強化クラブ | バレーボール・空手道・テニス・体操・ソフトテニス |

## 費用

**《入学手続き時》**

| | |
|---|---|
| ○入学金 | 200,000円 |
| ○諸経費 | 130,000円 |

**《入学後》**

| | |
|---|---|
| ○授業料（年額） | 630,000円 |
| ○保護者会費年額 | 9,000円 |
| ○部活動後援会費 | 5,400円 |

## 奨学金・特待制度

全コース成績優秀者に対して奨学生制度あり。
ファミリー優遇あり。
スポーツ等奨学生制度あり。

## 独自の留学制度

| | |
|---|---|
| 留学先 | ニュージーランド |
| 学年 | 1、2年 |
| 内容 | ①1年留学②ワンターム留学③短期留学 |
| 費用 | ①350万円②100万円③50万円 |

## 2024年度 募集要項

| | |
|---|---|
| ○募集人数 | 普通科:女子230名（内部進学含む）特進∞（インフィニティ）、特進＋（プラス）、特進³（キューブ）、特進看護、幼児教育、進学スタンダード（スポーツ探究ゾーン・キャリア探究ゾーン） |
| ○願書受付 | 1/22（月）～1/29（月）web登録後（12/1～）書類提出、窓口郵送は（1/29（月）16:00必着） |
| ○選抜日時 | 2/10（土）、2/11（日・祝）専願面接 |
| ○合格発表 | 2/12（月・祝）郵送 |
| ○入学手続 | 専願:2/23（金・祝）13:00～15:00併願:3/19（火）14:00～16:00 |
| ○選抜方法 | 国・数・英（各50分）・面接（専願）※英検取得者は級に応じて点数換算し、当日の英語得点と比較して高い方を採用 |
| ○受験料 | 20,000円 |
| ○提出書類 | 入学志願書・個人報告書（調査書） |
| ○追加募集 | 1.5次:2/16 |
| ◆転・編入 | 受け入れあり（要相談） |
| ◆帰国生 | 特別対応なし |

## 2024年度 入試結果

**特進∞（インフィニティ）コース**

| | 専願 | 併願 |
|---|---|---|
| 応募者数 | 13 | 11 |
| 受験者数 | 13 | 11 |
| 合格者数 | 12 | 6 |
| 実質倍率 | 1.08 | 1.83 |
| 合格基準点 | 225/300 | 245/300 |

※プラス合格（専1・併3）・キューブ合格（併2）含まない

**特進＋（プラス）コース**

| | 専願 | 併願 |
|---|---|---|
| 応募者数 | 6 | 13 |
| 受験者数 | 6 | 13 |
| 合格者数 | 6 | 11 |
| 実質倍率 | 1.00 | 1.18 |
| 合格基準点 | 208/300 | 223/300 |

※キューブ合格（併2）含まない

**特進³（キューブ）コース**

| | 専願 | 併願 |
|---|---|---|
| 応募者数 | 8 | 14 |
| 受験者数 | 8 | 14 |
| 合格者数 | 8 | 14 |
| 実質倍率 | 1.00 | 1.00 |
| 合格基準点 | 160/300 | 170/300 |

**特進看護コース**

| | 専願 | 併願 |
|---|---|---|
| 応募者数 | 8 | 8 |
| 受験者数 | 8 | 8 |
| 合格者数 | 8 | 8 |
| 実質倍率 | 1.00 | 1.00 |
| 合格基準点 | 160/300 | 170/300 |

**幼児教育コース**

| | 専願 | 併願 |
|---|---|---|
| 応募者数 | 27 | 17 |
| 受験者数 | 27 | 17 |
| 合格者数 | 27 | 17 |
| 実質倍率 | 1.00 | 1.00 |
| 合格基準点 | 115/300 | 125/300 |

**進学スタンダードコース（スポーツ探究ゾーン・キャリア探究ゾーン）**

| | 専願 | 併願 |
|---|---|---|
| 応募者数 | スポーツ23/キャリア17 | スポーツ10/キャリア29 |
| 受験者数 | スポーツ23/キャリア17 | スポーツ10/キャリア29 |
| 合格者数 | 23/17 | 10/29 |
| 実質倍率 | 1.00/1.00 | 1.00/1.00 |
| 合格基準点 | スポーツ100/300 | スポーツ113/300 |

## 合格実績

2024年の進学状況（卒業者数132名）
大阪総合保育大学合格11名
大阪城南女子短期大学合格33名

国・公立大学合格9名
筑波大1、神戸市外国語大1、和歌山大1、大阪教育大1、宮崎大1、釧路公立大1、福井県立大1、高知県立大1、宮崎公立大1。

他の私立大学合格158名
関西学院大2、関西大9、同志社大1、京都産業大15、近畿大23、甲南大3、龍谷大3、神戸学院大1、桃山学院大7、京都外国語大1、関西外国語大2、大阪経済大1、京都女子大3、同志社女子大2、武庫川女子大4、大阪経済法科大6、大阪産業大6、四天王寺大12、阪南大3、大和大6、大手前大3、甲南女子大9、神戸女子大2、神戸松蔭女子学院大2、他。

外部短期大学合格4名

看護学校・専門学校合格12名

就職2名

## 学校PR

「自主自律」「清和気品」という建学の精神に基づき、豊かな感性と英知を備えた女性の育成をめざしています。
生徒一人ひとりの個性を大切にし、丁寧できめ細やかな指導を徹底し、国公立大学進学から就職まで「進路実現100%を達成する城南」を教育目標の柱として教員全員が情熱を持って教育に当たっています。

# 宣真高等学校

大阪

## 学校インフォメーション

制服　通学　学内予備校　ICT教育　長期休暇講習　習熟度別授業　自習スペース

蔵書数 30,000冊 図書館　食堂　スマホ持ち込み　カウンセラー　特待生制度　高大連携　ネイティブ教員

**所在地**　〒550-0013　池田市荘園2-3-12

電話　072-761-8801　　生徒数　女 977人
創立　1920年　　併設校　宣真認定こども園
校長　中川 千津江　　WEB　https://senshin-gakuen.jp/

## 教育方針・特色

宣真高校は弘法大師の精神のもと、実用的な能力と豊かな教養を身に付けた「明るく、健康で、心優しい女性」を育成し、社会に貢献するという建学の精神を柱としている。 宣真では、女性が社会で輝き、活躍できるような「キャリア教育」を実践している。

## スクールライフ

登校時間　8:40
週登校日　6日制
学期制　3学期
制服　あり(夏・冬)
昼食　食堂あり 弁当持参可
学校行事　体育祭(6月) 文化祭(9月)
修学旅行　2年生10月 3泊4日 東京方面
環境・施設　図書館・ICTルーム・看護教室・保育教室
クラブ活動　ハンドボール部・ダンスバトン部・バレーボール部・バスケットボール部・ソフトボール部・バドミントン部・陸上競技部・ソフトテニス部・卓球部・剣道部・なぎなた部
吹奏楽部・アート＆イラスト部・家庭科部・茶華道部・英語研究会・文芸部・園芸部・演劇部・放送部・コーラス部・書道部・パソコン部・ボランティア部・軽音同好会
強化クラブ　ハンドボール部・バスケットボール部・ソフトボール部・バレーボール部・ダンスバトン部

## 2024年度 募集要項

○募集人数　普通科:女子280名(総合コース、アニメ・アートコース、保育系進学コース、看護医療/特進コース)
※総合コースは2年次よりパティシエ・クッキング、情報デザイン、キャリアデザイン、ウェルネススポーツの各エリアに分かれる
※看護医療/特進コースは2年次より看護医療系進学、文系特進のエリアに分かれる
○願書受付　1/22(月)～1/31(水)16:00 窓口出願
○選抜日時　2/10(土)
○合格発表　2/12(月・祝)郵送
○入学手続　専願:2/17(土)9:00～15:00
併願:3/23(土)10:00～12:00
○選抜方法　国・数・英(各40分各100点)
○受験料　20,400円
○提出書類　入学志願書・個人報告書(調査書)
○追加募集　1.5次:2/15　2次: ―
◆転・編入　受け入れあり(要相談)
◆帰国生　特別対応なし

## 2024年度 入試結果

総合コース

|  | 専願 | 併願 |
|---|---|---|
| 応募者数 | 117 | 196 |
| 受験者数 | 117 | 196 |
| 合格者数 | 117 | 196 |
| 実質倍率 | 1.00 | 1.00 |
| 合格最低点 | 非公表 | 非公表 |

※回し合格(専2)含まない

アニメ・アートコース

|  | 専願 | 併願 |
|---|---|---|
| 応募者数 | 77 | 66 |
| 受験者数 | 77 | 66 |
| 合格者数 | 77 | 65 |
| 実質倍率 | 1.00 | 1.02 |
| 合格最低点 | 非公表 | 非公表 |

※回し合格(専1)含まない

保育系進学コース

|  | 専願 | 併願 |
|---|---|---|
| 応募者数 | 41 | 40 |
| 受験者数 | 41 | 40 |
| 合格者数 | 41 | 40 |
| 実質倍率 | 1.00 | 1.00 |
| 合格最低点 | 非公表 | 非公表 |

看護医療/特進コース

|  | 専願 | 併願 |
|---|---|---|
| 応募者数 | 40 | 91 |
| 受験者数 | 40 | 91 |
| 合格者数 | 40 | 90 |
| 実質倍率 | 1.00 | 1.01 |
| 合格最低点 | 非公表 | 非公表 |

## 学校PR

宣真高校は、2020年に創立100周年を迎え、豪華で充実した校舎が完成しました。パティシエ・情報デザイン等から授業を選択できる「総合コース」、アニメ・イラストを本格的に学べる「アニメ・アートコース」、保育技術検定取得率大阪№1の「保育系進学コース」、2年生から「看護医療系進学エリア」と「文系特進エリア」に分かれる「看護医療／特進コース」の充実した4つのコースと1500名以上の指定校推薦で一人ひとりの能力を最大限に伸ばし、個々に合わせてきめ細かくサポートします。是非オープンスクールに来てください。

**アクセス**
阪急宝塚線石橋阪大前駅下車徒歩10分
JR茨木・桃山台・千里中央・南千里からJR尼崎・伊丹のスクールバス

## 費用

《入学手続き時》
○入学金　200,000円
入学時納付金　約342,000円

《入学後》
○授業料　582,000円
○学年費　32,000円
○修学旅行費　65,000円
○教育充実費　23,000円
○非常用備蓄品等　10,490円
○iPad代　86,900円
○保護者会費　10,000円
○同窓会費　3,000円
○生徒会費　9,000円

## 奨学金・特待制度

特待制度
専願【ファミリー減免】入学金半額【入試成績上位20名】入学金全額免除・3年間授業料無料
専願・併願
【特Aランク】入学金全額免除・3年間授業料無料・制定品全額支給・タブレット支給
【Aランク】入学金全額免除・3年間授業料無料・制定品全額支給
【Bランク】入学金全額免除

## 独自の留学制度

留学先　国内短期留学(ハウステンボス)
学年　全学年
内容　2泊3日 英会話、英検対策、テーブルマナー
費用　10万円程度

## 合格実績

2024年の進学状況(卒業者数304名)
国・公立大学合格1名
神戸市外国語大1。
私立大学合格116名
関西大1、近畿大1、龍谷大1、神戸学院大1、追手門学院大1、桃山学院大1、大阪経済大2、武庫川女子大1、大阪青山大19、梅花女子大11、大手前大9、大阪成蹊大8、甲南女子大3、京都精華大3、神戸松蔭大3、藍野大2、大阪学院大2、大阪国際大2、大阪芸術大2、大阪樟蔭女子大2、大阪商業大2、大阪人間科学大2、関西国際大2、関西福祉大2、神戸芸術工科大2、園田学園大2、帝塚山学院大2、平安女学院大2、他。
短期大学合格42名
看護医療系専門学校合格30名
その他専門学校合格79名
就職19名

女子校

# 相愛高等学校

## 学校インフォメーション

制服 / 自転車通学可 通学 / 仏教 宗教教育 / ICT教育 / 海外研修 / 自習スペース / 蔵書数 49,000冊 図書館

カフェテリア / 条件付 スマホ持ち込み / カウンセラー / 奨学生制度 / 高大連携 / 海外姉妹校

**所在地** 〒541-0053 大阪市中央区本町4-1-23

| | | | |
|---|---|---|---|
| 電話 | 06-6262-0621 | 生徒数 | 女 283人 |
| 創立 | 1888年 | 併設校 | 相愛中学校、相愛大学 |
| 校長 | 園城 真生 | WEB | https://www.soai.ed.jp/ |

**アクセス**
大阪メトロ御堂筋線本町駅下車1分

## 教育方針・特色

『宗教教育』礼拝や法要を通して、多くの人や物のおかげで生かされている尊い命に感謝し、自らを愛するように他者に敬愛する、慈悲の心を育みます。

『SDGs』社会的課題への取り組みを通して、社会の一員としての自覚や他者への"響感力"を育み、自らの手で主体的に未来を創造する人間力を養います。

『ICT教育』デジタルネットワーク時代に、状況の変化に応じてネットワークを駆使し、真の情報を検索する力を育成。自らの考えを発信する力を養います。

『音楽』レッスンやコンサート、部活動で、音を奏でる喜びを分かち合い、演奏する側、聴く側、双方の心が豊かになる感覚を共有。技術と情緒を育みます。

## スクールライフ

| | |
|---|---|
| 登校時間 | 8:30 |
| 週登校日 | 6日制 |
| 学期制 | 3学期 |
| 制服 | あり(夏・冬) |
| 昼食 | 食堂あり 弁当持参可 |
| 学校行事 | 体育祭(6月)・文化祭(11月)など |
| 修学旅行 | 2年生1学期 北海道 |
| 環境・施設 | 普通教室、図書館、講堂、情報演習教室、食堂、レッスン室、他特別教室整備 2026年春 新校舎完成予定 |
| クラブ活動 | 【運動部】バレーボール、バスケットボール、陸上、新体操、器械体操、硬式テニスなど 【文化部】放送、書道、写真、演劇、吹奏楽、イラスト、音楽、食物、手芸、アンサンブル、聖歌隊、ESSなど |
| 強化クラブ | バレーボール、新体操、器械体操、吹奏楽 |

## 2024年度 募集要項

○募集人数 普通科:女子120名(特進コース30名※内部進学約10名含む、専攻選択コース90名※内部進学約30名含む)
音楽科:女子30名(専攻は作曲、楽理、声楽、鍵盤楽器、管楽器、弦楽器、打楽器)※内部進学約10名含む
○願書受付 1/22(月)～2/2(金)窓口・郵送出願(必着)
○選抜日時 普通科:2/10(土)
音楽科:2/10(土)、2/11(日・祝)専攻実技
○合格発表 2/12(月・祝)郵送
○入学手続 専願:2/15(木)まで 併願:3/19(火)まで
○選抜方法 普通科:国・数・英(各50分各100点)・面接(専願のみ)
音楽科:国・数・英(各50分各100点)・専門科目(全専攻共通)・専攻実技(専攻別)・面接(専願のみ)
(専門科目は楽典(50分)・聴音(20分)・コールユーブンゲン・副科ピアノ)
※珠算(日商)2級以上、漢検・英検・数検3級以上取得者は級に応じ筆記試験の満点を超えない範囲で加点(出願時証明書提出)
○受験料 普通科20,000円、音楽科25,000円
○提出書類 入学志願書・個人報告書(調査書)
○追加募集 1.5次:2/15 2次:3/22
◆転・編入 受け入れあり(要相談)
◆帰国生 配慮あり

## 2024年度 入試結果

| 特進 | 専願 | 併願 |
|---|---|---|
| 応募者数 | 9 | 16 |
| 受験者数 | 9 | 15 |
| 合格者数 | 9 | 14 |
| 実質倍率 | 1.00 | 1.07 |
| 合格基準点 | 160/300 | 176/300 |

※専攻選択合格(併1)含まない

| 専攻選択 | 専願 | 併願 |
|---|---|---|
| 応募者数 | 46 | 19 |
| 受験者数 | 46 | 17 |
| 合格者数 | 46 | 17 |
| 実質倍率 | 1.00 | 1.00 |
| 合格基準点 | 117/300 | 130/300 |

| 音楽科 | 専願 | 併願 |
|---|---|---|
| 応募者数 | 3 | 18 |
| 受験者数 | 3 | 18 |
| 合格者数 | 3 | 18 |
| 実質倍率 | 1.00 | 1.00 |
| 合格基準点 | 117/300 | 130/300 |

## 費用

《入学手続き時》
| | |
|---|---|
| ○入学金(普通科) | 200,000円 |
| (音楽科) | 370,000円 |

《入学後》
| | |
|---|---|
| ○授業料(普通科) | 480,000円 |
| (音楽科) | 648,000円 |
| ○施設費(普通科) | 96,000円 |
| (音楽科) | 108,000円 |
| ○諸会費 | 52,400円 |
| ○制服・制定品(オプション含まず) | 約129,000円 |
| ○修学旅行費 | 160,000円 |
| ○高1宿泊研修費(ウィンタースクール) | 75,000円 |
| ○学年諸費(学年・コースによる) | 約45,000円～175,000円 |
| ○iPad代 | 約60,000円 |

## 奨学金・特待制度

本願寺派教学助成金財団奨学制
奨学金・入学金免除制度
普通科:学力・スポーツ等、優秀な者。
音楽科:コンクールでの入賞実績のあるもの。

## 独自の留学制度

特になし

## 合格実績

2024年の進学状況(卒業者数84名)
相愛大学合格20名

国・公立大学合格
大阪公立大、奈良県立医科大。

他の私立大学合格
関西学院大2、関西大4、上智大1、近畿大2、龍谷大10、京都女子大2、成城大1、他。

## 学校PR

大阪メトロ御堂筋線「本町駅」から徒歩1分!日本最大の学校グループ「龍谷総合学園」に加盟しています。特進コースでは、少人数ならではの個別対応力でサポートし、国公立大・難関私大をめざしています。専攻選択コースでは、栄養・幼児教育・看護など自分のキャリアにあわせた科目を選択できます。音楽科では、大学教授などからの実技指導や校内外のコンサートでの経験を通じて専門家として成長できます。

# 帝塚山学院高等学校

## 学校インフォメーション

 制服
 通学 自転車通学可
 長期休暇講習 夏・冬・春
 プール 屋内
 自習スペース
 図書館 蔵書数 74,000冊
 食堂

 スマホ持ち込み 届出
 カウンセラー
 特待生制度
 高大連携
ネイティブ教員

**所在地** 〒558-0053　大阪市住吉区帝塚山中3-10-51

| | |
|---|---|
| 電話 | 06-6672-1151 |
| 創立 | 1916年 |
| 校長 | 瀧山 恵 |

生徒数　女 815人
併設校　帝塚山学院幼稚園・帝塚山学院小学校・帝塚山学院中学校
　　　　帝塚山学院泉ヶ丘中学校高等学校・帝塚山学院大学
WEB　　https://www.tezukayama.ac.jp/cyu_kou/

## 教育方針・特色

本校は、将来を見据えた学びを深める関学コースと、国公立大学や医歯薬系の大学を目指すヴェルジェ〈エトワール〉コースと、自分の夢や得意分野を見つめながら将来の目標を定めて着実に歩みを進めるヴェルジェ〈プルミエ〉コースがあります。またヴェルジェ〈音楽〉〈美術〉コースには、大学との高大連携なども図り、将来の進路を具体的に描くことができます。いずれのコースでも、一人ひとりの個性を大切に、生徒の目標や進路の実現に向けた指導体制を整備し、実力を最大限に伸ばせる環境づくりに配慮しています。

## スクールライフ

| | |
|---|---|
| 登校時間 | 8:50 |
| 週登校日 | 6日制 |
| 学期制 | 3学期 |
| 制服 | あり（夏・冬） |
| 昼食 | 購買・食堂あり 弁当持参可 |
| 学校行事 | コーラスコンクール（5月）、文化祭（9月）、体育祭（9月）※現在実施時期は異なる |
| 修学旅行 | 2年生7月 3泊4日 北海道 |
| 環境・施設 | 図書館一体型コモンズエリア、ICT環境、天然芝グラウンド |
| クラブ活動 | ダンス部・トランポリン部・水泳部・バレーボール部・バスケットボール部・バドミントン部・ソフトテニス部・陸上部・サッカー部・オーケストラ部・ギターマンドリン部・ミュージカル部・コーラス部・ドラマ部・写真部・剣道部・クッキング部・日舞部・科学部・歴史研究部・茶道部・競技かるた部・アーチェリー部・美術部・バトン部・書道部・軽音楽部・ESS部・ユネスコ部・放送部・漫画研究部・数学研究部 |

## 2024年度 募集要項

| | |
|---|---|
| ○募集人数 | 普通科（外部募集）：女子約30名ヴェルジェ〈エトワール〉〈プルミエ〉〈音楽〉〈美術〉コース |
| ○願書受付 | 1/22（月）〜2/5（月）窓口出願 |
| ○選抜日時 | 2/10（土） |
| ○合格発表 | 2/11（日・祝）郵送 |
| ○入学手続 | 専願：2/14（水）、2/15（木）9:00〜16:30　併願：3/19（火）10:00〜16:30 |
| ○選抜方法 | エトワール・プルミエ：国・数（各50分各100点）・英（60分100点リスニング約10分含む）音楽・美術：実技型（国50分100点）英（60分100点リスニング約10分含む）+実技（300点）音楽・美術：学力型（国・数（各50分各100点）・英（60分100点リスニング約10分含む） |
| ○受験料 | 20,000円 |
| ○提出書類 | 入学志願書・個人報告書（調査書）・「主専攻実技受検届出票」及び演奏曲の楽譜（ヴェルジェ〈音楽〉コース受験者のみ） |
| ○追加募集 | 1.5次：—　2次：— |
| ◆転・編入 | 受け入れあり（要相談） |
| ◆帰国生 | 特別対応なし |

## 2024年度 入試結果

**ヴェルジェ〈エトワール〉**

| | 専願 | 併願 |
|---|---|---|
| 応募者数 | 2 | 1 |
| 受験者数 | 2 | 1 |
| 合格者数 | 0 | 0 |
| 実質倍率 | — | — |
| 合格最低点 | — | — |

**ヴェルジェ〈プルミエ〉**

| | 専願 | 併願 |
|---|---|---|
| 応募者数 | 2 | 0 |
| 受験者数 | 2 | 0 |
| 合格者数 | 3 | 2 |
| 実質倍率 | — | — |
| 合格最低点 | — | — |

※エトワールからプルミエの転コース合格あり

**ヴェルジェ〈音楽〉**

| | 専願 | 併願 |
|---|---|---|
| 応募者数 | 2 | 2 |
| 受験者数 | 2 | 2 |
| 合格者数 | 2 | 2 |
| 実質倍率 | 1.00 | 1.00 |
| 合格最低点 | — | — |

**ヴェルジェ〈美術〉**

| | 専願 | 併願 |
|---|---|---|
| 応募者数 | 24 | 21 |
| 受験者数 | 24 | 21 |
| 合格者数 | 24 | 21 |
| 実質倍率 | 1.00 | 1.00 |
| 合格最低点 | — | — |

## 学校PR

2010年度より取り組んでいる本校独自の「創究講座」を展開しています。この講座は主体的な姿勢と深い思考力を身に付ける「探究学習」を軸に構成されるプログラムで、生徒の学習スキルを磨き、興味・関心のある分野を深く探究していきます。2019年度にはグループワークやプレゼンテーションなど「創究講座」をはじめとした主体的に学ぶ場面で活用する施設としてラーニングコモンズ「AQRiO（アクリオ）」を開設、2021年には「AQRiO+」、2022年秋には「AQRiO*S」を増設してさらに施設の充実を図りました。

**アクセス**
南海高野線帝塚山駅下車すぐ
阪堺線帝塚山三丁目駅下車2分

## 費用

《入学手続き時》
| | |
|---|---|
| ○入学金 | 200,000円 |
| ○同窓会費 | 30,000円 |

《入学後》（年額）
| | |
|---|---|
| ○授業料 | 615,600円 |
| ○教育充実費 | 40,000円 |
| ○PTA会費 | 20,000円 |
| ○教育後援会費 | 12,000円以上 |

## 奨学金・特待制度

あり

## 独自の留学制度

特になし

## 合格実績

2024年の進学状況（卒業者数244名）
帝塚山学院大学11名

国・公立大学合格
大阪大1、神戸大（医）1、北海道大1、鳥取大1、京都市立芸術大1、三重県立看護大1、福知山公立大1、他。

他の私立大学合格
関西学院大116、関西大7、同志社大8、近畿大14、上智大1、中央大1、聖マリアンナ医科大1、金沢医科大1、川崎医科大1、兵庫医科大1、大阪医科薬科大1、大阪歯科大1、京都女子大3、同志社女子大4、神戸女学院大9、関西外国語大2、摂南大1、他。

# 梅花高等学校

## 学校インフォメーション

 制服
 自転車通学可 スクールバス 通学
 キリスト教 宗教教育
 ICT教育
 夏・冬・春 長期休暇講習
 海外研修
 留学制度

 屋内プール
 自習スペース
 蔵書数 66,000冊 図書館
 人工芝グラウンド
 食堂
 カウンセラー
 特待生制度

**所在地** 〒560-0011 豊中市上野西1-5-30

| | |
|---|---|
| 電話 | 06-6852-0001 |
| 創立 | 1878年 |
| 校長 | 菅本 大二 |

| | |
|---|---|
| 生徒数 | 女 706人 |
| 併設校 | 梅花中学校、梅花女子大学、大学院、梅花幼稚園 |
| WEB | https://www.baika-jh.ed.jp/ |

## 教育方針・特色

教育目標 1.恵みに感謝し、隣人を大切にしよう。
2.自分をみつめ、多様な価値観を認め合おう。
3.自己を磨き、自ら道を切り拓こう。

## スクールライフ

| | |
|---|---|
| 登校時間 | 8:35 予鈴 |
| 週登校日 | 6日制 |
| 学期制 | 3学期 |
| 制服 | あり |
| 昼食 | 食堂あり |
| 学校行事 | イングリッシュキャンプ5月・体育祭6月・オーストラリア夏期語学研修7月・修学旅行10月・卒展1月 |
| 修学旅行 | 2年10月 オーストリア・チェコ・沖縄・北海道 3か所から選択 |
| 環境・施設 | English Only space・プール・体育館・図書館・講堂(円形校舎)・製菓実習室・B SHOP・人工芝グランド・RG Lab |
| クラブ活動 | 【体育系】硬式テニス・バスケットボール部・バレーボール部・卓球部・バドミントン部・チアリーディング部・サッカー部・ソフトテニス部・剣道部・ダンス部・水泳部・陸上競技部・バトントワリング部・新体操部・体操部(学外競技)<br>【文科系】吹奏楽部・放送部・華道部・競技かるた部・茶道部・書道部・フォークソング部・生物部・ESS部・YMCA部・イラストレーション部・コーラス部・新聞部・美術部・食物部 |
| 強化クラブ | チアリーディング部・新体操部・吹奏楽部 |

## 2024年度 募集要項

○募集人数 普通科:女子280名(リベラルアーツコース(総合進学、国際教養、こども保育、調理・製菓、舞台芸術、アートデザインマンガ・イラスト)、アドバンスコース(特進S、医療看護))
※内部進学約95名および帰国子女含む。
詳細は入試広報部まで

○願書受付 1/22(月)〜1/29(月)web出願後(12/18〜)書類提出
※舞台芸術専攻は説明会参加が必要(11/23・12/9・12/23)

○選抜日時 2/10(土)

○合格発表 2/12(月・祝)郵送

○選抜方法 国・数・英(リスニング含む)(各50分各100点)・面接(専願のみ)
※英検取得者は級に応じて点数換算し、当日の英語得点と比較して高い方を採用
英検準1級以上100点、2級90点、準2級80点、3級70点

○受験料 20,000円

○提出書類 入学志願書・個人報告書(調査書)・英検合格証明書(3級以上)

○追加募集 1.5次:2/16 2次: ―

◆転・編入 受け入れあり(要相談)

◆帰国生 要相談

## 2024年度 入試結果

**リベラルアーツコース総合進学専攻**

| | 専願 | 併願 |
|---|---|---|
| 応募者数 | 38 | 66 |
| 受験者数 | 38 | 66 |
| 合格者数 | 38 | 66 |
| 実質倍率 | 1.00 | 1.00 |
| 合格最低点 | 非公表 | 非公表 |

※第2志望合格(専2・併3) 含まない

**リベラルアーツコース国際教養専攻**

| | 専願 | 併願 |
|---|---|---|
| 応募者数 | 12 | 7 |
| 受験者数 | 12 | 7 |
| 合格者数 | 12 | 7 |
| 実質倍率 | 1.00 | 1.00 |
| 合格最低点 | 非公表 | 非公表 |

**リベラルアーツコースこども保育専攻**

| | 専願 | 併願 |
|---|---|---|
| 応募者数 | 5 | 8 |
| 受験者数 | 5 | 8 |
| 合格者数 | 5 | 8 |
| 実質倍率 | 1.00 | 1.00 |
| 合格最低点 | 非公表 | 非公表 |

**リベラルアーツコース調理・製菓専攻**

| | 専願 | 併願 |
|---|---|---|
| 応募者数 | 15 | 19 |
| 受験者数 | 15 | 19 |
| 合格者数 | 15 | 19 |
| 実質倍率 | 1.00 | 1.00 |
| 合格最低点 | 非公表 | 非公表 |

※第2志望合格(併2) 含まない

**リベラルアーツコース舞台芸術専攻**

| | 専願 | 併願 |
|---|---|---|
| 応募者数 | 21 | 8 |
| 受験者数 | 21 | 8 |
| 合格者数 | 21 | 8 |
| 実質倍率 | 1.00 | 1.00 |
| 合格最低点 | 非公表 | 非公表 |

**リベラルアーツコースアートデザインマンガ・イラスト専攻**

| | 専願 | 併願 |
|---|---|---|
| 応募者数 | 17 | 13 |
| 受験者数 | 17 | 13 |
| 合格者数 | 17 | 13 |
| 実質倍率 | 1.00 | 1.00 |
| 合格最低点 | 非公表 | 非公表 |

**アドバンスコース特進S専攻**

| | 専願 | 併願 |
|---|---|---|
| 応募者数 | 10 | 23 |
| 受験者数 | 10 | 23 |
| 合格者数 | 8 | 20 |
| 実質倍率 | 1.25 | 1.15 |
| 合格最低点 | 非公表 | 非公表 |

**アドバンスコース医療看護専攻**

| | 専願 | 併願 |
|---|---|---|
| 応募者数 | 15 | 13 |
| 受験者数 | 15 | 13 |
| 合格者数 | 15 | 13 |
| 実質倍率 | 1.00 | 1.00 |
| 合格最低点 | 非公表 | 非公表 |

**アクセス**
阪急宝塚線豊中駅下車徒歩約13分
北大阪急行千里中央駅・桃山台駅からバス梅花学園前下車
モノレール少路駅から送迎バス運行

## 費用

《入学手続き時》
| | |
|---|---|
| ○入学金 | 210,000円 |
| ○制服・体操服・制靴等費用 | 約120,000円 |

※コースにより諸費あり

《入学後》
| | |
|---|---|
| ○授業料(年額) | 594,000円 |
| ※特進Sは特進教育充実費別途必要 | 60,000円 |
| ○旅行積立金 | |
| (総合・こども・調理・舞台・アート・医療) | 240,000円 |
| (国際) | 120,000円 |
| (特進S) | 270,000円 |
| ○PTA会費・自治会費 | 18,000円 |

※国際教養専攻は留学費用とiPad購入費が別途必要。
※国際教養以外の専攻は、Chromebook購入費が別途必要。
※舞台芸術専攻は、舞台実習費用が別途必要。
※2024年度実績

## 奨学金・特待制度

英検の取得、中学校の成績や入学試験の成績により入学金免除、奨学金の給付などの特待生制度あり

## 独自の留学制度

オーストラリアタウンズヴィル夏期お語学研修
カナダ学期留学(国際教養専攻)

## 合格実績

2024年の進学状況(卒業者数270名)
梅花女子大学88名

国・公立大学合格3名
奈良女子大1、大分県立看護科学大1、旭川医科大1。

他の私立大学合格136名
関西学院大9、関西大12、同志社大2、立命館大3、近畿大11、甲南大4、龍谷大8、神戸薬科大1、京都外国語大2、関西外国語大10、京都女子大7、同志社女子大8、神戸女学院大27、武庫川女子大7、他。

省庁大学校合格
防衛医科大1、防衛大1。

## 学校PR

創立以来150年、英語教育や文学、芸術などさまざまな学びを通して、世界で活躍できる豊かな感性をもつ女性の育成に取り組んできました。元来、梅花の学びの原点は、このようなリベラルアーツにあります。国際的な競争力が要求される社会においても、充実した人生を送ることが出来るよう、梅花中学・高等学校ではこのリベラルアーツを教育の根底として、学びのシステムを構築。専攻ごとに組まれた特色あるカリキュラムや学校行事を通して、幅広い視野と、物事の本質を見極める力を育みます。

# プール学院高等学校

## 学校インフォメーション

 制服
 自転車通学可 通学
 学内予備校
 キリスト教 宗教教育
 夏・冬・春 長期休暇講習
 SGH スーパーグローバル スーパースクール
 海外研修

 留学制度
 自習スペース
 蔵書数 80,000冊 図書館
 カフェテリア
 届出 スマホ持ち込み
 カウンセラー
 高大 高大連携

**所在地** 〒544-0033 大阪市生野区勝山北1-19-31

| | |
|---|---|
| 電話 | 06-6741-7005 |
| 創立 | 1879年 |
| 校長 | 安福 朗 |
| 生徒数 | 女 628人 |
| 併設校 | プール学院中学校 |
| WEB | https://www.poole.ed.jp/ |

## 教育方針・特色

神から与えられた個性と能力を最大限に発揮できる「自立した女性」を育てることに力を注ぎます。
①人格を育てる。②目的意識を育てる。③コミュニケーション力を育てる。④グローバルな視野を育てる。
創立以来、キリスト教精神に基づく、人間を育てる教育を行っている。毎日の学校生活や、宗教行事を通して、人間にとって何に価値があるかを学ぶ。学習指導は一人ひとりの人格を大切にし、進路もコース制を取り入れたカリキュラムによって希望と適性に応じた指導が行われている。語学教育と情操教育の育成、国際交流の充実で国際性を養う教育に努めている。

## スクールライフ

| | |
|---|---|
| 登校時間 | 8:15 |
| 週登校日 | 6日制 |
| 学期制 | 3学期制 |
| 制服 | あり(夏・冬) |
| 昼食 | 購買・食堂あり 弁当持参可 |
| 学校行事 | 体育祭(6月)・文化祭(9月)・クリスマス礼拝(12月)・合唱コンクール(1月) |
| 修学旅行 | 2年生7月 シンガポール・マレーシアなど |
| 環境・施設 | 普通教室、体育館、講堂、礼拝堂、LL教室、学習情報センター(図書館)、マルチメディアルーム、自習室(2部屋・84席)、カフェテリア(生徒食堂)など。 |
| クラブ活動 | 宗教部:YWCA、コーラス<br>文化部:放送、ESS、生物園芸飼育、演劇、家庭科、美術、天文、ギター、文芸、写真、吹奏楽、フォークソング(軽音楽)、弦楽、茶道<br>運動部:バスケットボール、バレーボール、ソフトテニス、ソフトボール、卓球、体操、ダンス、陸上競技、バドミントン |
| 強化クラブ | 特になし |

## 2024年度 募集要項

○募集人数 普通科:女子260名(スーパー特進コース・特進コース210名※内部進学含む、国際コース30名、総合芸術コース20名)
○願書受付 1/22(月)〜2/1(木) 窓口出願
○選抜日時 2/10(土)
○合格発表 2/11(日・祝)web17:00、郵送
○入学手続 専願:2/14(水) 併願:3/19(火)14:00まで
○選抜方法 S特進コース・特進コース:国・数・英(リスニング含む)・理・社(各50分各100点)・面接(専願のみ)5科または3科(国数英)を選択
国際コース:英語重視型 国・数(各50分100点)・英(リスニング含む)(50分150点)・面接(専願のみ)
総合芸術コース:国・数・英(リスニング含む)(各50分100点)
3科(国数英)または実技入試型(国数英と音楽実技または美術実技またはダンス実技)を選択・面接(専願のみ)
※英検準2級以上取得者は点数に応じて換算、当日の英語得点と比較して高い方を採用
※特進コース・総合芸術コース専願のみクラブ・生徒会活動等実績ある者は加点
○受験料 20,000円
○提出書類 入学志願書・個人報告書(調査書)・優遇制度申請書(該当者)
○追加募集 1.5次:2/16 2次:
◆転・編入 受け入れあり(要相談)
◆帰国生 特別対応なし

## 2024年度 入試結果

### スーパー特進コース

| | 専願 | 併願 |
|---|---|---|
| 応募者数 | 13 | 40 |
| 受験者数 | 13 | 39 |
| 合格者数 | 12 | 39 |
| 実質倍率 | 1.08 | 1.00 |
| 合格最低点 | 57.0/100(換算点) | 62.8/100(換算点) |

### 特進コース

| | 専願 | 併願 |
|---|---|---|
| 応募者数 | 81 | 60 |
| 受験者数 | 81 | 59 |
| 合格者数 | 81 | 59 |
| 実質倍率 | 1.00 | 1.00 |
| 合格最低点 | 46.2/100(換算点) | 54.0/100(換算点) |

※特進転科合格(専1)含まない

### 国際コース

| | 専願 | 併願 |
|---|---|---|
| 応募者数 | 12 | 22 |
| 受験者数 | 12 | 22 |
| 合格者数 | 11 | 21 |
| 実質倍率 | 1.11 | 1.14 |
| 合格最低点 | 55.7/100(換算点) | 60.9/100(換算点) |

### 総合芸術コース

| | 専願 | 併願 |
|---|---|---|
| 応募者数 | 4 | 6 |
| 受験者数 | 4 | 6 |
| 合格者数 | 4 | 6 |
| 実質倍率 | 1.00 | 1.00 |
| 合格最低点 | 43.5/100(換算点) | 46.7/100(換算点) |

※特進転科合格(専1・併1)含まない

## 学校PR

校舎が自慢です。2007年に顕彰建築物としてCASBEE大阪OF THE YEARで大阪市のHPで紹介され、現在もSランク評価建築物として掲載されています。図書館の蔵書は約8万冊を超え、毎日たくさんの生徒たちが利用しています。進路保証については、関西同立をはじめとして145校・700名以上の指定校推薦枠を保有し、多くの生徒が活用しています。また立教大学・同志社女子大学・神戸女学院大学と高大連携の「教育連携協定」を結んでいることは進学の際に心強い。2022年4月、文部科学省よりSGHネットワークの参加校に選ばれました(全国約110校)。

**アクセス**
JR環状線桃谷駅南口から徒歩5分
大阪シティバス勝山4丁目より徒歩5分
勝山北1丁目より徒歩2分

## 費用

《入学手続き時》
| | |
|---|---|
| ○入学金 | 240,000円 |
| ○制服(夏・冬)・制定品等 | 約135,000円 |

※初回招集日に購入。選択品は別途。

《入学後》
| | |
|---|---|
| ○授業料 | 570,000円 |
| ○施設設備費 | 50,000円 |
| ○PTA会費 | 14,400円 |
| ○宿泊行事等積立金 | 140,000円 |
| ○学年諸経費 | 約220,000円 |
| ○冷暖房費 | 25,000円 |

## 奨学金・特待制度

成績優秀 特待 専併ともにあり
クラブ特待(吹奏楽部、ソフトボール部、陸上部。専願特進・総合芸術コースに限る)

## 独自の留学制度

| | | | |
|---|---|---|---|
| ○留学先 | イギリス | ニュージーランド | カナダ |
| ○学年 | 国際コース2年次実施 | | |
| ○内容 | 3週間 | 3か月 | 1年 |
| ○費用 | 約75万円 | 約150〜170万円 | 約450万円 |

(校により異なる)

## 合格実績

**2024年の進学状況(卒業者数197名)**
国・公立大学合格
大阪大1、北海道大1、大阪教育大3、奈良県立大1、奈良県立医科大1、鳥取大1。

私立大学合格
関西学院大9、関西大6、同志社大6、立命館大2、京都産業大5、近畿大38、甲南大10、龍谷大3、早稲田大1、立教大8、明治大2、青山学院大1、大阪医科薬科大1、関西医科大2、大阪歯科大1、摂南大22、神戸学院大9、追手門学院大7、桃山学院大12、関西外国語大9、京都女子大12、同志社女子大20、神戸女学院大16、武庫川女子大19、東京女子大1、日本女子大1、甲南女子大12、他。

# OIC 大阪情報コンピュータ高等専修学校

大阪

## 学校インフォメーション

| なし | 自転車通学可 | ICT教育 | 夏・冬 | | | 条件付 |
|---|---|---|---|---|---|---|
| 制服 | 通学 | ICT教育 | 長期休暇講習 | 習熟度別授業 | 自習スペース | スマホ持ち込み |

| カウンセラー | 高大連携 |
|---|---|

---

**所在地** 〒544-0033　**大阪府大阪市生野区勝山北1-13-22**

| 電話 | 06-6741-5318 | 生徒数 | 男 198人 女 75人 |
|---|---|---|---|
| 創立 | 1984年 | 併設校 | 大阪情報コンピュータ専門学校 |
| 校長 | 三宅 俊久 | WEB | https://www.oic.ed.jp/ |

## 教育方針・特色

①コンピュータ教育を中心に学力の向上をはかる　②一人ひとりの生徒を大切にする　③いじめ・差別・暴力を許さない豊かな人間性を身につける　④満足できる進路を選択させる
目指す学校像:コンピュータ教育及び資格のOICと呼ばれる地位を確立
育成する生徒像:社会の発展に資することができ、多様な価値観を認め、自律的に活躍できる

## スクールライフ

| 登校時間 | 8:50 |
|---|---|
| 週登校日 | 5日制 |
| 学期制 | 2学期制 |
| 制服 | なし |
| 昼食 | 弁当販売あり 食堂なし |
| 学校行事 | 4月新入生NewGroove 5月球技大会 6月体育祭 11月文化祭 2月校内展示会 |
| 修学旅行 | 3年生7月 3泊4日 沖縄など |
| 環境・施設 | 第一実習室・第二実習室ともに高性能コンピュータ各40台完備 最新のソフトも充実している |
| クラブ活動 | 軽音部・デジタルクリエイト部 |
| 強化クラブ | 特になし |

## 2024年度 募集要項

○募集人数　IT総合学科(3年制) 93名
○願書受付　推薦入試:1/16(火)〜1/18(木)
　　　　　　一般入試:1/25(水)〜2/5(月)
　　　　　　調整入試:3/21(木)・22(金)
○選抜日時　推薦入試:1/20(土) 専願のみ
　　　　　　一般入試:2/10(土) 専・併
　　　　　　調整入試:3/25(月) 専願のみ
○合格発表　推薦入試:1/22(月) 一般入試:2/10(土)
　　　　　　調整入試:3/25(月)すべて郵送
○入学手続　合格発表後1週間以内に入学時納付金を振り込み
　　　　　　一般入試併願合格者は、大阪府公立高校一般
　　　　　　入学者選抜合格発表日後の3/21(木)までに振込
○選抜方法　推薦入試　専願:国語
　　　　　　一般入試　専願:国語　併願:国語・英語
　　　　　　調整入試　専願:国語
○受験料　　13,000円
○提出書類　入学志願書・個人報告書(調査書)
○追加募集　1.5次: ―　2次: ―
◆転・編入　受け入れあり(要相談)
◆帰国生　　特別対応なし

## 2024年度 入試結果

IT総合学科

| | 専願 | 併願 |
|---|---|---|
| 応募者数 | ― | ― |
| 受験者数 | 97 | 15 |
| 合格者数 | ― | ― |
| 実質倍率 | ― | ― |
| 合格最低点 | ― | ― |

## アクセス
JR環状線桃谷駅下車徒歩2分

## 費用

《入学手続き時》
○入学金　　　　　　　　　　　推薦:60,000円
　　　　　　　　　　　　　　　一般:120,000円
　　　　　　　　　　　　　※連携校分+1万円
○入学時納付金　　　　　　　　　　234,000円

《入学後》
○授業料・施設設備費　　　　　　　600,000円
○諸費　　　　　　　　　　　毎年約20,000円
○教材費　　　　　　　　　　毎年約20,000円
○修学旅行積立　　　　　　　　　　120,000円

※大阪府私立高校生等就学支援推進校

## 奨学金・特待制度

推薦入試合格者は本校分入学金の半額(6万円)が免除される

## 独自の留学制度

特になし

## 合格実績

2024年の合格状況(卒業者数89名)
専門学校合格　48名

大学合格　10名

## 学校PR

ゲームやマンガ、ボーカロイド、動画、ビジネスなどを楽しく学ぶ専門4コースが揃っています。スキルアップを目指して確かなコンピュータ教育を実践しています。資格取得と作品作りを重視し、生徒の力を伸ばしています。中学校の時なじみにくかった生徒や休みがちだった生徒も多数入学します。先生との距離も近く、とてもアットホーム。好きなことにチャレンジするみんなを応援する学校です。

高等専修学校

# 関西インターナショナルハイスクール

## 学校インフォメーション

 制服 なし
 通学 自転車通学可
 習熟度別授業
 海外研修
 留学制度
 学生寮 寮
 自習スペース

 スマホ持ち込み 条件付
 カウンセラー
 帰国生入試
 ネイティブ教員
 英語イマージョン

**アクセス**
JR天王寺駅東口より徒歩5分
大阪メトロ御堂筋線天王寺駅東改札より徒歩3分
近鉄南大阪線大阪阿部野橋駅東改札より徒歩3分

**所在地** 〒545-0053　大阪市阿倍野区松崎町2-9-36

| | |
|---|---|
| 電話 | 06-6621-8108 |
| 創立 | 1989年 |
| 校長 | 花畑 好一 |
| 生徒数 | 男 50人 女 84人 |
| 併設校 | 天王寺学館高等学校・関西外語専門学校 |
| WEB | https://www.kihs.jp/ |

## 教育方針・特色

外国人教員の授業を数多く取り入れることで、「生きた英語力」を身につけて、国際舞台で活躍できる"真の国際人"を育成することを教育目標としている。そのために、総合的英語力(Listening, Speaking, Reading, Writingの4技能)習得に力を注ぐとともに、Global Studies(国際理解)などの国際科目によりグローバルな視野に立って多文化・多民族への理解を深める教育を施している。"Liberty(自由)＆Discipline(規律)"が本校の校風で、規律ある自由な雰囲気の中で自主性と個性を伸ばしており、それぞれの夢の実現に向けて励んでいる。なお、通信制の高等学校と併修システムを採用しているので、本校卒業と同時に高等学校卒業も可。(併修校は科学技術学園高等学校)

## スクールライフ

| | |
|---|---|
| 登校時間 | 9:00 |
| 週登校日 | 5日制 |
| 学期制 | 2学期 |
| 制服 | なし |
| 昼食 | 弁当持参など |
| 学校行事 | 課外活動(5月)、模擬国連(7月)、ハロウィン(10月)、芸術鑑賞(10月)、英語スピーチコンテスト(11月)など |
| 修学旅行 | 2年生夏 オーストラリア他(海外研修旅行) 約2週間 |
| 環境・施設 | 自習室、図書スペース、学生寮 |

## 2024年度 募集要項

○募集人数 男女 計60名
○願書受付 推薦入試:12/11(月)〜12/15(金)
　一般入試Ⅰ期:1/11(木)〜1/17(水)
　一般入試Ⅱ期:2/20(火)〜2/26(月)
　一般入試Ⅲ期:3/14(木)〜3/21(木)
○選抜日時 推薦入試:12/18(月)・12/19(火)
　一般入試Ⅰ期:1/18(木)
　一般入試Ⅱ期:2/27(火)
　一般入試Ⅲ期:3/21(木)
○合格発表 推薦入試:12/20(水)
　一般入試Ⅰ期:1/19(金)
　一般入試Ⅱ期:2/27(火)
　一般入試Ⅲ期:3/21(木)
○入学手続 推薦入試:専12/28(木)
　一般入試Ⅰ期:専1/26(金)併3/21(木)
　一般入試Ⅱ期:専3/5(火)併3/21(木)
　一般入試Ⅲ期:専3/27(水)
○選抜方法 英語(筆記・エッセイ含む)230点満点(80分)
　国語(作文・漢字)70点満点(35分)
　面接:全員に保護者同伴の個人面接を実施(20分程度)
○受験料 20,000円
○提出書類 受験申込書・入学志願書・個人報告書(調査書)・推薦書(推薦入試受験者)・英語関係の資格合格証の写し(対象者のみ)
○追加募集 1.5次:— 2次:—
◆転・編入 受け入れあり(要相談)
◆帰国生 受け入れあり

## 2024年度 入試結果

国際教養学科

| | 専願 | 併願 |
|---|---|---|
| 応募者数 | — | — |
| 受験者数 | 41 | 9 |
| 合格者数 | 39 | 9 |
| 実質倍率 | 1.05 | 1.00 |
| 合格最低点 | 147/300 | 182/300 |

## カリキュラム

実践的英語力・グローバル力の養成、卒業後の大学等(国内・海外)への進学の実現のために、次の5点を基本としている。①英語ネイティブ教員の授業が多く、英会話だけでなく、Geography(地理)、Global Studies(国際理解)、Civics(公民)、Ecology(生物)などの社会・理科科目もアメリカ等の教科書を使用し、英語で授業を施している。これは、「英語は英語で理解する」という本校の英語教育の基本方針による。全授業の4割は英語ネイティブ教員の授業。②1クラス15名程度の少人数制を採用し、英語力向上に努めるともに、ディスカッション等の参加型授業を大切にしている。③英語の授業は、習熟度別クラス編成としている(6レベル展開)。④日本人教員による社会科の授業でアメリカ等の教科書を使用し、日本語と英語の両言語で教科内容の理解を深めると同時に、専門分野の英語力向上にも努めている。⑤関関同立、関西外大など、難関有名大学進学を目指してる。また海外の大学への留学にも対応。

## 費用

**《入学手続き時》**
○入学金 300,000円

**《入学後》**
○授業料 540,000円
○施設設備費 80,000円
○諸費 25,000円

①大阪府高校授業料無償化対象校
②就学支援金対象校
※高等学校の併修希望者は別途併修校の学費が必要

## 奨学金・特待制度

英検等資格取得により学習奨励奨学金を支給

## 独自の留学制度

特になし

## 合格実績

2024年の進学状況(卒業者数53名)
国・公立大学合格
国際教養大1、都留文科大1。

私立大学合格
関西学院大3、関西大1、同志社大1、立命館大4、甲南大1、上智大1、明治大1、青山学院大1、法政大1、京都外国語大2、関西外国語大3、神戸学院大1、桃山学院大2、武蔵野大1、大阪女学院大2、大和大2、大手前大1、吉備国際大1、Sunway University(Malaysia)1、Ottawa University(Canada)1、他。

## 学校PR

「生きた英語力」を身につけて国際舞台で活躍できる人を育成
本校は英語ネイティブ教員の授業を数多く取り入れることにより、実際に使える「生きた英語」が学べる環境で、英語による実践的コミュニケーション能力を身に着けて、国際舞台で活躍できる"真の国際人"を育成します。

# 近畿情報高等専修学校

## 学校インフォメーション

 制服
 自転車通学可 通学
 公共機関 通学
 ICT教育
 図書館
 条件付 スマホ持ち込み
 カウンセラー

 高大連携

| | | |
|---|---|---|
| **所在地** | **〒573-1178** | **大阪府枚方市渚西1-43-1** |
| 電話 | 072-840-5800 | 生徒数 男484人 女79人 |
| 創立 | 1984年 | 併設校 長尾谷高等学校 |
| 校長 | 小寺 克一 | WEB https://www.kinkijoho.ed.jp/ |

**アクセス**
京阪御殿山駅下車
府道京都守口線沿いに北へ徒歩約3分

## 教育方針・特色

長尾谷高等学校との技能連携により高等学校教育を実施し、未来を担う先進的な職業人の育成を目指しております。基礎学力向上に力点を置くとともに情報化時代に適応できるように高度なITスキルを習得してもらいます。課外活動も充実しており、豊かな教養を身につけ、礼儀やマナーを大切にできる人になれるように導きます。目標達成のために次の校訓を掲げる【品位】・【誠意】・【技術】

## スクールライフ

| | |
|---|---|
| 登校時間 | 8時50分 |
| 週登校日 | 5日制 第1・3・5土曜午前中 |
| 学期制 | 3学期 |
| 制服 | あり |
| 昼食 | 購買あり・弁当持参可 |
| 学校行事 | 宿泊研修(4月)・芸術鑑賞(6月)・浴衣着付講習(7月)・水泳実習(7月)・修学旅行(8月)・校外学習(10月)・ボウリング大会(11月)・スポーツ大会(10月)・文化祭(11月)・カルタ大会(1月)・マラソン大会(1月) |
| 修学旅行 | 2年生8月 3泊4日 北海道・東京ディズニーランド |
| 環境・施設 | 第一コンピュータ室・第二コンピュータ室・第三コンピュータ室・第四コンピュータ室・第五コンピュータ室・屋上グランド・体育館・理科室・トレーニング室・ミュージックルーム・ミュージックスタジオ・相談室・図書室・和道場 |
| クラブ活動 | レスリング・卓球・ソフトテニス・陸上競技部・パワーリフティング・バスケットボール・サッカー部・弓道部・軟式野球部 鉄道部・囲碁将棋部・演劇部・マルチメディア部・ボランティア部・軽音楽部 |
| 強化クラブ | 特になし |

## 2024年度 募集要項

| | |
|---|---|
| ○募集人数 | 260名(男女) |
| ○願書受付 | 特別推薦受付:1/19(金)~2/2(金) 1次受付:1/19(金)~2/2(金) 1.5次受付:2/13(火)~2/16(金) |
| ○選抜日時 | 特別推薦入試:2/10(土)面接(保護者同伴) 1次:2/10(土)国語、数学・11(日・祝)面接(生徒のみ) 1.5次:2/17(土)国語、数学、面接(生徒のみ) |
| ○合格発表 | 試験終了後3日以内に郵送 |
| ○入学手続 | 専願者(1次)は、合格通知後2/16(金)までに入学金を納付 専願者(1.5次)は、合格通知後2/22(木)までに入学金を納付 併願合格者(1次、1.5次)は、公立高校合格発表後、本校指定日までに入学金を納付 |
| ○選抜方法 | 国語・数学(各100点/50分) 学力検査・個人報告書・面接による総合判定 |
| ○受験料 | 13,000円 |
| ○提出書類 | 入学志願書・個人報告書(調査書) |
| ○追加募集 | 1.5次:2/17 2次:― |
| ◆転・編入 | 受け入れあり(要相談) |
| ◆帰国生 | 特別対応なし |

## 2024年度 入試結果

| | 専願 | 併願 |
|---|---|---|
| 受験者数 | 177 | 134 |

## 費用

**《入学手続き時》**

| | |
|---|---|
| ○入学金 | 160,000円 |

**《入学後》**

| | |
|---|---|
| ○設備維持費 | 30,000円 |
| ○授業料 | 396,000円 |
| ○教育実習費 | 96,000円 |
| ○修学旅行等積立金 | 91,200円 |
| ○生徒会費 | 5,600円 |
| ○長尾谷高校授業料 | 60,000円 |
| ○諸活動 | 600円 |
| ○制服等制定品 | 約140,000円 |
| ○教科書・学用品等 | 約35,000円 |

## 奨学金・特待制度

特別推薦入学制度、特別入学制度あり

## 独自の留学制度

特になし

## 合格実績

4年制大学進学20名
京都外国語大1、大阪電気通信大4、静岡産業大1、びわこ成蹊スポーツ大1、大阪芸術大2、関西福祉科学大2、羽衣国際大1、大阪国際大1、大阪経済法科大4、創価大1、花園大1、大阪産業大1。

短期大学進学2名
四条畷学園短大1、大阪国際大短大1。

専門学校進学49名

## 学校PR

生徒によりそい、一人ひとりを大切にした教育を徹底しています。個々の学力や習熟度にあわせて、ゆっくり丁寧に教え、希望する進路へ導きます。また、教師と生徒の枠を超えた人間同士のつきあいができるのも本校ならではです。どんなときも、最後まで、ともに未来を考えて行きます。

# 東洋学園高等専修学校

大阪

## 学校インフォメーション

 制服
 自転車通学可／通学
 ICT教育
 蔵書数 1,200冊／図書館
 条件付／スマホ持ち込み
 特待生制度

**所在地　〒535-0013　大阪府大阪市旭区森小路2-8-25**

| | |
|---|---|
| 電話 | 06-6954-9751 |
| 創立 | 1947年 |
| 校長 | 小寺 克一 |

| | |
|---|---|
| 生徒数 | 男62人 女85人 |
| 技能連携校 | 長尾谷高等学校 |
| WEB | https://www.toyogakuen.ed.jp/ |

**アクセス**
京阪電車森小路駅（西出口）より約450m
大阪メトロ谷町線千林駅大宮（3号出口）より240m

## 教育方針・特色

　東洋学園高等専修学校は普通科教育とともに多様な専門的な学びを提供することで生徒が高等学校と専修学校の両卒業資格を取得できるようサポートしています。一人一人にマッチした指導で「自ら学ぶ力」と、さまざまな体験を通じて「自分らしい未来を選択する力」を育てます。1年次は、全生徒が「総合ビジネス科」で学びます。総合的な学習と、全コースを体験する基礎学習で、自分の適性や「好き」を見つけていきます。2・3年次は、5つのコースに分かれて、学びを深めます。
　「福祉コース」は、福祉のノウハウを習得し、変容する福祉業界に適応できる人材を育成します。「ファッションコース」は、デザインや造形、マーケティングを学び、ファッションビジネス業界で活躍できる人材を育成します。「きものコース」は、着付け、縫製技術や立ち居振る舞いなどの作法と日本文化を修得。和の心得・感性・技術を磨き、和裁のプロフェッショナルをめざします。「情報コース」は、ビジネス社会での基礎力とされるOffice系ソフトからプログラミング技術、コンピュータ知識まで幅広く習得し、IT社会で戦力となるビジネススキルを鍛えます。「総合コース」では、福祉・ファッション・きもの・情報の4つの専門分野を学び、広く技術と知識を身につけることができます。

## スクールライフ

| | |
|---|---|
| 登校時間 | 8:50 |
| 週登校日 | 5日制 |
| 学期制 | 3学期 |
| 制服 | あり |
| 昼食 | 購買あり・弁当持参 |
| 学校行事 | スポーツ行事（6月・9月）東洋祭（11月）校外学習（USJ）11月 |
| 修学旅行 | 3年生5月 4泊5日 北海道及びディズニーランド |
| 環境・施設 | コンピュータ教室、図書室、ファッション実習室、刺繍ミシン、介護実習室、入浴実習室 |
| クラブ活動 | バスケットボール部、ダンス部、バレーボール部、卓球部、美術部、演劇部、手話レクレーション部、着付部、パソコン部、茶華道部 |
| 強化クラブ | 特になし |

## 2024年度 募集要項

| | |
|---|---|
| ○募集人数 | 総合ビジネス科：140名 |
| ○願書受付 | 1/19（金）～2/6（火） |
| ○選抜日時 | 特別推薦入試：2/10（土）保護者同伴面接のみ（学科試験免除）<br>第1次入試：2/10（土）・11（日・祝）面接（本人） |
| ○合格発表 | 試験日より3日以内に郵送 |
| ○入学手続 | 専願：合格通知後7日以内に入学金納入<br>併願：公立高校の合格発表後、本校指定日までに入学金納入 |
| ○選抜方法 | 国語・数学（各50分）・面接（本人）<br>特別推薦入試は保護者同伴面接のみ |
| ○受験料 | 10,000円 |
| ○提出書類 | 入学志願書・個人報告書（調査書）・特別入学制度適用申請書（特別入学制度申請者） |
| ○追加募集 | 1.5次：— 2次：— |
| ◆転・編入 | 受入なし |
| ◆帰国生 | 特別対応なし |

## 教育システム

　東洋学園高等専修学校は、文部科学大臣指定の大学入学資格付与指定校です。本校を卒業すれば、大学に進学することができます。
　東洋学園高等専修学校では、長尾谷高等学校と技能連携し、高等学校教育を実施しています。3年間の在学中に、東洋学園高等専修学校でファッションや和裁、情報、福祉に関する専門知識を学び、同時に、長尾谷高等学校普通科のカリキュラムで、大学入学の学力をも身につけていきます。このため、卒業時には専修学校と高等学校両方の卒業証書が取得でき、就職や大学・短期大学・専門学校への進学など、幅広い選択が可能になります。豊かな教養と技術や資格を身につけて、社会に貢献できる人材の育成をめざしています。

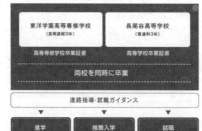

## 費用

**《入学手続き時》**

| | |
|---|---|
| ○入学金 | 174,000円 |
| ○入学時1期納入金<br>　（修学旅行積立金含む） | 253,400円 |

**《入学後》** 70,000～145,000円

| | |
|---|---|
| ○授業料 | 436,000円 |
| 　2期3期納入金<br>　（修学旅行積立金含む） | |
| ○制定品 | 130,000円 |
| ○教科書代 | 40,000円 |

## 奨学金・特待制度

特別推薦（専願のみ）
特別入学制度（父・母・兄・姉が卒業生在学生）関連校含む
共に、入学金免除

## 独自の留学制度

特になし

## 合格実績

**2024年の進学状況**
**私立大学合格**
四天王寺大、京都文教大。

**短期大学合格**
大阪国際大学短期大学部。

**専門学校合格**
ECCコンピュータ、マロニエファッション、ユービック情報、関西看護、近畿社会福祉、香里ケ丘看護、上田安子服飾、大阪ITクリエイター、大阪こども、大阪バイオメディカル、大阪ハイテクノロジー、大阪観光、東洋きもの専門学校。

## 学校PR

　1年次では、総合的学習に加えて、全コースを体験する基礎学習の時間を設定。1年をかけて自分の適性や〝好き〟を見つけていきましょう。2年次から、福祉、ファッション、きもの、情報、総合の5コースから、自分にあったコースを選び、未来の可能性を高めていきましょう。

高等専修学校

# 芦屋学園高等学校

## 学校インフォメーション

 制服　 スクールバス 通学　 ICT教育　 長期休暇講習　 留学制度　 自習スペース　 蔵書数 60,000冊 図書館

 人工芝グラウンド　食堂　 スマホ持ち込み　カウンセラー　特待生制度

**所在地**　〒659-0011　芦屋市六麓荘町16-18

| | |
|---|---|
| 電話 | 0797-31-0666 |
| 創立 | 1936年 |
| 校長 | 磯村 要 |

| | |
|---|---|
| 生徒数 | 男 424人 女 253人 |
| 併設校 | 芦屋大学 芦屋学園中学校 |
| WEB | https://www.ashiya.ed.jp/ |

芦屋学園高

**アクセス**
JR芦屋・阪急芦屋川・阪神芦屋からスクールバス15分（無料）
三田、岡場方面よりスクールバス運行（有料）

## 教育方針・特色

『人それぞれに天職に生きる』を教育理念に、「独立と自由」（自由の本質をわきまえ独立の心を養う）、「創造と奉仕」（創造力を培い進んで社会に奉仕する）、「遵法と敬愛」（規律を守り互いに敬愛する心を育てる）の実践綱領を掲げ、生徒一人ひとりの個性を伸ばす教育を推進しています。

## スクールライフ

| | |
|---|---|
| 登校時間 | 8:45 |
| 週登校日 | 5日制 |
| 学期制 | 3学期 |
| 制服 | あり（夏・冬） |
| 昼食 | 購買・食堂あり 弁当持参可 |
| 学校行事 | 体育大会（10月）学園祭（10月） |
| 修学旅行 | 2年生9月 3泊4日 北海道 |
| 環境・施設 | 体育館（2か所）・人工芝グラウンド・図書館・コンピュータ室（2か所）・食堂 |
| クラブ活動 | 【運動部】陸上部・バドミントン部・バスケットボール部・バトントワーリング部・ダンス部・卓球部・硬式テニス部・ソフトテニス部・バレーボール部（女子）・サッカー部（男子）・軟式野球部（男子）・ボクシング部・レスリング部・ストリートダンス部<br>【文化部】美術部・ESS部・合唱部・放送部・パソコン部・吹奏楽部・理科部・書道部・ボランティア部・華道部・茶道部 |
| 強化クラブ | サッカー部（男子）・ダンス部（男女）・レスリング部（男女）・卓球部（女子） |

## 2024年度 募集要項

| | |
|---|---|
| ○募集人数 | 普通科：男女210名（特進コース20名、総合進学コースⅠ類30名、総合進学コースⅡ類125名、アスリートコース専願35名）<br>国際文化科：男女30名<br>※国際入試（帰国生）は学校にお問い合わせください |
| ○願書受付 | 1次:1/15（月）～1/25（木）郵送出願（消印有効）<br>1.5次:2/14（水）・2/15（木）14:00窓口出願のみ<br>2次:3/21（木）・3/22（金）14:00窓口出願のみ |
| ○選抜日時 | 1次:2/10（土）　1.5次:2/16（金）<br>2次:3/25（月） |
| ○合格発表 | 1次:2/13（火）郵送　1.5次:2/17（土）郵送<br>2次:3/25（月）手渡し |
| ○入学手続 | 専願:1次2/16（金）まで、1.5次2/21（金）まで<br>併願:3/21（水）まで 2次:3/25（月）16:00まで |
| ○選抜方法 | 1次・1.5次：調査書・国・数・英（各50分各100点）・面接（グループ、専願のみ）<br>2次（専願のみ）：調査書・小論文・面接 |
| ○受験料 | 20,000円 |
| ○提出書類 | 入学志願書・個人報告書（調査書） |
| ○追加募集 | 1.5次:2/16　2次:3/25 |
| ◆転・編入 | 受け入れあり（要相談） |
| ◆帰国生 | 個別対応可 |

## 2024年度 入試結果

### 特進コース

| | 専願 | 併願 |
|---|---|---|
| 応募者数 | | |
| 受験者数 | 10 | 82 |
| 合格者数 | 7 | 80 |
| 実質倍率 | 1.43 | 1.03 |
| 合格最低点 | 144/300 | 151/300 |

### 総合進学コース

| | 専願 | 併願 |
|---|---|---|
| 応募者数 | | |
| 受験者数 | Ⅰ19・Ⅱ92 | Ⅰ98・Ⅱ152 |
| 合格者数 | 13・91 | 98・152 |
| 実質倍率 | 1.46・1.01 | 1.00・1.00 |
| 合格最低点 | Ⅰ類146・Ⅱ類123・Ⅱ類82/300 | Ⅰ類123・Ⅱ類108/300 |

※回し合格（Ⅰ類併1、Ⅱ類専13・併1）含まない

### アスリートコース

| | 専願 |
|---|---|
| 応募者数 | ー |
| 受験者数 | 40 |
| 合格者数 | 35 |
| 実質倍率 | 1.14 |
| 合格最低点 | 84/300 |

### 国際文化

| | 専願 | 併願 |
|---|---|---|
| 応募者数 | ー | ー |
| 受験者数 | 13 | 26 |
| 合格者数 | 13 | 26 |
| 実質倍率 | 1.00 | 1.00 |
| 合格最低点 | 122/300 | 164/300 |

## 費用

《入学手続き時》

| | |
|---|---|
| ○入学金 | 300,000円 |
| ○【制定品（男子）】 | 約120,000円 |
| 【制定品（女子）】 | 約110,000円 |

《入学後》

| | |
|---|---|
| ○授業料 | 〔月額〕36,000円 |
| ○教育充実費 | 〔月額〕普:10,000円<br>国:12,000円 |
| ○生徒会費 | 〔月額〕1,000円 |
| ○育友会費 | 〔月額〕1,000円 |
| ○学年積立金 | 〔月額〕普:13,000円<br>国:20,000円 |

普 →「普通科」　国 →「国際文化科」

## 奨学金・特待制度

【特待制度】
中学校成績・英語検定・部活動・入試成績

【家族優遇制度】

【奨学金制度】
本校独自の奨学金制度があります

## 独自の留学制度

特になし

## 合格実績

2024年の進学状況（卒業者数240名）
芦屋大学合格19名

他の私立大学合格155名
関西学院大1、関西大1、同志社大1、京都産業大2、近畿大2、甲南大3、日本大1、東洋大1、兵庫医科大2、神戸学院大11、追手門学院大2、京都外国語大3、関西外国語大4、大阪経済大4、大阪工業大1、神戸女学院大1、他。

## 学校PR

大阪湾が一望できる六甲山麓の緑豊かな自然環境と伝統ある校風のもと、生徒は伸びやかに学校生活を送っています。他人と比較するのではなく、自分の「個」を大切に、自分の人生を大事にする心を養う教育を実践しています。時代の変化に対応し、自分らしく活躍することができるように、一人ひとりの適性を見極め、成長を見守る教育環境を整えています。

# 育英高等学校

兵庫 / 共学校

## 学校インフォメーション

 制服
 通学（自転車通学可）
 ICT教育
 長期休暇講習（夏）
 探究授業
 自習スペース
 図書館（蔵書数 30,000冊）
 食堂
 売店
 スマホ持ち込み（条件付）
 カウンセラー
 奨学生制度
 高大連携
 ネイティブ教員

| 所在地 | 〒653-0855 神戸市長田区長尾町2-1-15 | | |
|---|---|---|---|
| 電話 | 078-611-6001 | 生徒数 | 男 660人 女 248人 |
| 創立 | 1899年 | 併設校 | なし |
| 校長 | 清瀬 欣之 | WEB | http://www.ikuei.ac.jp/ |

## 教育方針・特色

本校には、「各有能」（おのおの、のうあり）、つまり、個人が本来持っている才能を伸ばし、育てようという教育理念がある。さらにこの理念を生徒の自主性を尊重するという形で具体化し、現在の校訓である「責任をもつ・希望をもつ・誇りをもつ」という3訓が生まれた。「責任・希望・誇り」を「持て」という命令や強制ではなく、「持つ」という表現に自主性を期待する願いがこめられている。

## スクールライフ

| | |
|---|---|
| 登校時間 | 8:35 |
| 週登校日 | 5日制 奇数週の土曜は登校日 |
| 学期制 | 3学期 |
| 制服 | あり（夏・冬） |
| 昼食 | 食堂あり 弁当持参可 |
| 学校行事 | 育英祭6月・体育祭10月・修学旅行2月 |
| 修学旅行 | 2年生2月 ハワイor北海道 |
| 環境・施設 | PC教室・第1・2体育館・剣道場・柔道場・多目的室・食堂・コンビニエンスストア |
| クラブ活動 | 運動部：硬式野球部・バスケットボール部・剣道部・柔道部・ハンドボール部・サッカー部・陸上競技部・硬式テニス部・軟式野球部・卓球部・バレーボール部・バドミントン部・ダンス部<br>文化部：吹奏楽部・囲碁・将棋部・写真部・科学部・美術部・書道部<br>同好会：バスケットボール同好会（女子）・ESS同好会 |
| 強化クラブ | 硬式野球（男子）、剣道（男子）、柔道（男子）、バスケットボール（男子）、卓球（男子） |

## 2024年度 募集要項

- ○募集人数 普通科：男女360名（特別進学理系コース30名、特別進学文系コース30名、理系進学コース40名、文系進学コース40名、総合進学コース220名）
- ○願書受付 各コース若干名（専願）
  1次：1/10（水）～1/26（金）web出願後（1/10～）書類提出1/30（火）まで
  2次：3/19（火）～3/21（木）13:00 web出願後（3/19～）書類提出3/19（火）・3/21（木）郵送は必着
- ○選抜日時 1次：2/10（金）　2次：3/23（木）
- ○合格発表 1次：2/13（火）16:00web
  2次：3/25（月）13:30会議室
- ○入学手続 1次：2/20（火）まで
  併願3/19（火）～3/21（木）15:00
  2次：3/26（火）
- ○選抜方法 1次：国・数・英（各50分各100点）
  2次：小論文（50分）・面接
- ○受験料 20,000円
- ○提出書類 入学志願書・個人報告書（調査書）
- ○追加募集 1.5次：ー　2次：3/23
- ◆転・編入 受け入れあり（要相談）
- ◆帰国生 特別対応なし

## 2024年度 入試結果

### 特別進学理系コース

| | 専願 | 併願 |
|---|---|---|
| 応募者数 | 4 | 174 |
| 受験者数 | 4 | 171 |
| 合格者数 | 2 | 152 |
| 実質倍率 | 2.00 | 1.13 |
| 合格最低点 | 175/300 | 190/300 |

※回し合格（専2・併19）含まない

### 特別進学文系コース

| | 専願 | 併願 |
|---|---|---|
| 応募者数 | 9 | 175 |
| 受験者数 | 9 | 173 |
| 合格者数 | 6 | 139 |
| 実質倍率 | 1.50 | 1.24 |
| 合格最低点 | 175/300 | 190/300 |

※回し合格（専3・併34）含まない

### 理系進学コース

| | 専願 | 併願 |
|---|---|---|
| 応募者数 | 5 | 207 |
| 受験者数 | 5 | 207 |
| 合格者数 | 5 | 192 |
| 実質倍率 | 1.00 | 1.08 |
| 合格最低点 | 145/300 | 160/300 |

※回し合格（併14）含まない

### 文系進学コース

| | 専願 | 併願 |
|---|---|---|
| 応募者数 | 21 | 230 |
| 受験者数 | 21 | 228 |
| 合格者数 | 17 | 204 |
| 実質倍率 | 1.24 | 1.12 |
| 合格最低点 | 145/300 | 160/300 |

※回し合格（専4・併24）含まない

### 総合進学コース

| | 専願 | 併願 |
|---|---|---|
| 応募者数 | 100 | 504 |
| 受験者数 | 100 | 501 |
| 合格者数 | 100 | 501 |
| 実質倍率 | 1.00 | 1.00 |
| 合格最低点 | 114/300 | 129/300 |

## 学校PR

育英高校はソフトウエア面では学習支援クラウドサービスを導入・活用し、ハードウエア面では施設整備（コンビニ施設を含む）を行い、学習・課外活動はもちろん学校生活全般において生徒たちが快適に過ごせるような環境を提供しています。

長英駅より12分
市バス⑪系統路線
板宿駅より7分

### アクセス

山陽・市営地下鉄板宿駅より徒歩15分
または、市バス⑪系統乗車7分
神戸電鉄長田駅より市バス⑪系統乗車12分

## 費用

《入学手続き時》
| | |
|---|---|
| ○入学申込金 | 200,000円 |
| ○施設設備資金 | 230,000円 |
| ○生徒諸費 | 35,000円 |
| ○生徒会入会金 | 3,000円 |
| ○育友会入会金 | 3,000円 |
| ○同窓会入会金 | 3,000円 |
| ○制服等 | 約90,000円 |

《入学後》
| | |
|---|---|
| ○授業料等納付金 | 月額45,000円 |
| ○修学旅行積立 | |
| 北海道コース | 140,000円 |
| ハワイコース | 280,000円 |

## 奨学金・特待制度

特別奨学生Ⅰ 専願・併願 全コース
特別奨学生Ⅱ 専願・併願 特別進学理系・特別進学文系・理系進学・文系進学コース
部活動特別奨学生 専願 総合進学コース
学費免除制度 全学年・全コース

## 独自の留学制度

海外語学研修（希望者）

## 合格実績

2024年の進学状況（卒業者数347名）
国・公立大学合格7名
山口大1、兵庫県立大2、香川大1、大分大1、琉球大1、県立広島大1。

私立大学合格527名
関西学院大27、関西大8、同志社大5、立命館大5、京都産業大20、近畿大69、甲南大28、龍谷大2、慶應義塾大1、明治大2、中央大1、日本大1、神戸学院大77、大阪工業大21、同志社女子大1、神戸女学院大1、武庫川女子大11、甲南女子大3、大阪産業大41、流通科学大23、他。

省庁大学校合格1名
水産大1。

# 生野学園高等学校

## 学校インフォメーション

制服 なし

学生寮

図書館

食堂

スマホ持ち込み 可

昼食 給食あり

カウンセラー

兵庫

共学校

---

**所在地** 〒679-3331 朝来市生野町栃原字西桝渕28-2

| | | | |
|---|---|---|---|
| 電話 | 079-679-3451 | 生徒数 | 男 47人 女 19人 |
| 創立 | 1989年 | 併設校 | 生野学園中学校 |
| 校長 | 篠原 義省 | WEB | https://www.ikuno.ed.jp/ |

## 教育方針・特色

「人間の根源に関わる青少年の人格的成長を、生野の大自然の中で、全寮制生活を通して身につけていく。」
本校はまず何よりも、子どもたちにとっての「安心できる居場所」になることをめざしています。肩ひじ張らずに、ありのままの自分でいていい場所、いろんなことをして失敗しても大丈夫な場所、一人ひとりのペースを大事にしてくれる場所、そんな中で一人ひとりの意欲や興味・関心が育っていくような場所でありたいと思っています。

## スクールライフ

| | |
|---|---|
| 登校時間 | 9:00 |
| 週登校日 | 5日制 |
| 学期制 | 3学期 |
| 制服 | なし |
| 昼食 | 食堂スタッフが毎日三食の準備をします |
| 学校行事 | 新入生歓迎行事・体育祭・夏祭り・学園祭・卒業制作展・卒業ライブ など |
| 修学旅行 | 3年生6月 4泊5日 |
| 環境・施設 | グラウンド・体育館・寮・食堂 |
| クラブ活動 | 【運動系】<br>野球部、バスケットボール部、卓球部、バレー部、バドミントン部、サバイバルゲーム部、走ろう会<br>【文化系】<br>バンド部、マージャン部、ラリロー部(プラモデル制作)、写真部、カードゲーム部、図書委員会、美化委員会 |
| 強化クラブ | 特になし |

## 2024年度 募集要項

- ○募集人数 普通科(全寮制):男女33名
  編入学・転入学者も同時募集
- ○願書受付 1次:1/4(木)〜1/17(水)
  2次:2/26(月)〜3/8(金)
  いずれも窓口または郵送出願(消印有効)
- ○選抜日時 体験入学 1次:1/29(月)〜1/31(水)
  2次:3/18(月)〜3/20(水)
- ○合格発表 1次:2/17(土)郵送
  2次:3/25(月)郵送
- ○入学手続 1次:3/1(金)まで
  2次:4/1(月)まで
- ○選抜方法 2泊3日の体験入学によるグループ活動・心理
  テスト・親子面接・感想文など
  ※学力試験は行わない
- ○受験料 30,000円
- ○提出書類 入学志願書・個人報告書(調査書)・作文
  (受験生・保護者)
- ○追加募集 1.5次: ─ 2次:3/18〜20
- ◆転・編入 受け入れあり(要相談)
- ◆帰国生 特別対応なし

## 2024年度 入試結果

| | 専願・併願 |
|---|---|
| | |
| 応募者数 | 非公表 |
| 受験者数 | |
| 合格者数 | |
| 実質倍率 | |
| 合格最点 | |

## 費用

**《入学手続き時》**

| | |
|---|---|
| ○入学金 | 350,000円 |
| ○施設設備費 | 650,000円 |

**《入学後》(月額)**

| | |
|---|---|
| ○授業料 | 45,000円 |
| ○食費 | 35,000円 |
| ○寮管理費 | 20,000円 |
| ○修学旅行等積立金 | 9,000円 |

## 奨学金・特待制度

奨学金制度あり(高星奨学金)
主に母子家庭で家計が厳しい状況の家庭に月額10,000〜30,000円

## 独自の留学制度

特になし

## 合格実績

2024年の進学状況(卒業者数16名)

進学状況は非公表

## アクセス
JR播但線生野駅下車
播但有料道路 生野ICより5分

## 学校PR

不登校を経験した生徒を対象にした全寮制の学校です。
豊かな自然とゆったりした環境の中で安心して学習や活動に取り組めることを目指しています。支えてくれるスタッフや仲間がいるという安心感の中、やりたいことを見つけ深めていくことで、自分らしく社会を歩んでいける力を身につけてほしいと思っています。

# 市川高等学校

## 学校インフォメーション

 制服
 通学（自転車通学可／スクールバス）
 仏教（宗教教育）
 ICT教育
 長期休暇講習（夏）
 自習スペース
 図書館

 食堂
 スマホ持ち込み（条件付）
 カウンセラー
 特待生制度
 高大連携（高・大）

**所在地** 〒679-2395 兵庫県神崎郡市川町東川辺776-18

| | | |
|---|---|---|
| 電話 | 0790-26-0751 | 生徒数 男358人 女27人 |
| 創立 | 1959年 | 併設校 なし |
| 校長 | 石川 伸也 | WEB http://www.ichikawa.ed.jp |

## 教育方針・特色

アドバンスコースでは、国公立大学や難関私立大学をめざせるカリキュラムを編成しています。多様化する大学や専門学校への進学をベテランのスタッフが、一人一人をとことん応援します。また、難関企業への就職、公務員などさまざまな進路選択を可能としています。

キャリアコースは、基礎から学べるカリキュラムで、授業だけでなく朝学習、放課後や夏休みの補習などあらゆる機会に学習活動を展開しています。キャリアコースは、2年生からはキャリアクラスと地域探究クラスを編成し、地域での探究の学びを深めます。

漢字検定やワープロ検定など各種検定試験に挑戦します。

教員（教科、担任、部活）が、スクラムを組んで、きめ細かく丁寧に支援します。

## スクールライフ

| | |
|---|---|
| 登校時間 | 8:30 |
| 週登校日 | 5日制 |
| 学期制 | 3学期 |
| 制服 | あり |
| 昼食 | 弁当持参または食堂 |
| 学校行事 | 体育大会（10月）、きのこご飯会食（11月）、文化祭（11月） |
| 修学旅行 | 2年生 3泊4日 北海道 |
| 環境・施設 | 体育館、武道場（剣道場・柔道場）、卓球場、相撲道場、テニスコート、グランド（第1・第2）、音楽室、調理室、和室、理科室、図書室、カウンセリングルーム、PC教室、食堂 |
| クラブ活動 | 剣道、柔道、野球、ソフトテニス、卓球、陸上競技、相撲、バレーボール、バスケットボール、応援団、情報メディア、書道、吹奏楽、茶華道、ダンス |
| 強化クラブ | 柔道、野球、相撲 |

## 2024年度 募集要項

○募集人数 普通科：男女350名（アドバンスコース30名、キャリアコース320名）
○願書受付 1次：1/22（月）〜1/26（金）web登録後（12/11〜）書類提出、窓口または郵送
　　　　　2次（専願のみ）：3/19（火）・21（木）・22（金）
○選抜日時 1次：2/10（土）
　　　　　※校外会場あり（播磨地域8会場）
　　　　　2次：3/25（月）
○合格発表 1次：2/13（火）中学校長宛郵送
　　　　　2次：3/26（火）10:00〜11:00手渡し
○入学手続 1次：専願 2/27（火）13:00まで
　　　　　　　　併願 3/22（金）13:00まで
　　　　　2次：3/27（水）12:00まで
○選抜方法 国・数・英（各50分）1次専願のみ加点あり
○受験料 20,000円
○提出書類 入学志願書・個人報告書（調査書）
○追加募集 1.5次： 2次：3/25
◆転・編入 特になし
◆帰国生 特別対応なし

## 2024年度 入試結果

**アドバンスコース**

| | 専願 | 併願 |
|---|---|---|
| 応募者数 | 13 | 111 |
| 受験者数 | 13 | 109 |
| 合格者数 | 12 | 107 |
| 実質倍率 | — | — |
| 合格最点 | 非公表 | 非公表 |

**キャリアコース**

| | 専願 | 併願 |
|---|---|---|
| 応募者数 | 83 | 394 |
| 受験者数 | 83 | 391 |
| 合格者数 | 83 | 390 |
| 実質倍率 | — | — |
| 合格最低点 | 非公表 | 非公表 |

※回し合格（専1・併2）含まない

## 学校PR

かけがえのない時期に、多様な個性を持った友人や教員と出会い、さまざまな体験や幅広い学びを通して、共に考え、悩み、感動する3年間。自分を変え、成長して「もう一人の自分」に出会える受験生を待っています。

## アクセス

JR播但線姫路駅より甘地駅まで30分
甘地駅から東へ徒歩約15分
加古川・小野・高砂・社・新宮方面よりスクールバスあり

## 費用

**《入学手続き時》**

| | |
|---|---|
| ○入学金 | 210,000円 |
| ○施設費 | 200,000円 |
| ○制服・学用品・ICT機器等購入費 | 約140,000円 |

**《入学後》（月額）**

| | |
|---|---|
| ○授業料 | 32,500円（390,000円／年） |
| ○諸会費 | 1,500円（18,000円／年） |
| ○修学旅行積立金 | 12,000円／月×10回 |
| ○学年諸経費・教科書・副教材代金 | 約45,000円 |

## 奨学金・特待制度

(1)学力が優秀で、本校の奨学金規程に該当する生徒には、次の①〜③の奨学金を給付します。
　①アドバンスコース専願入学生に、入学時の成績に応じて410,000円、又は、100,000円を奨学金として給付します。
　②アドバンスコース併願入学生に、入学時の成績に応じて50,000円を奨学金として給付します。
　③アドバンスコースでは、学期毎の成績等により、奨学金を給付します。（Aランク：21,000円／月、Bランク：10,500円／月、Cランク：5,000円／月）
(2)部活動実績が特に優れ、本校の奨学金規程に該当する生徒に奨学金を給付します。（硬式野球部については、在籍中学校長の推薦書が必要です。）
(3)ファミリー特典 本校入学後、20,000円の奨学金を給付します。※ファミリー特典対象者とは、受験生の兄又は姉が本校在学中か卒業生、又は、父か母が卒業生。

## 独自の留学制度

特になし

## 合格実績

2024年の進学状況（卒業者数158名）
私立大学合格30名
近畿大1、龍谷大1、神戸学院大8、大阪経済大1、大阪産業大2、大阪商業大1、大阪電気通信大1、大手前大1、岡山商科大1、関西国際大1、京都芸術大1、神戸医療未来大2、神戸親和大1、神戸常磐大1、宝塚医療大1、日本福祉大1、姫路獨協大1、兵庫大2、流通科学大2。

専門学校合格50名

# 関西学院高等部

## 学校インフォメーション

 制服
 公共機関 通学
 キリスト教 宗教教育
 ICT教育
 探究授業 探究授業
 留学制度
 屋内プール

 蔵書数 90,000冊 図書館
 人工芝グラウンド
 食堂
 カウンセラー
 帰国生入試
 高大連携
ABC ネイティブ教員

**所在地** 〒662-8501　兵庫県西宮市上ケ原一番町1-155

| | |
|---|---|
| 電話 | 0798-51-0975 |
| 創立 | 1889年 |
| 校長 | 枝川 豊 |

| | |
|---|---|
| 生徒数 | 男 688人　女 463人 |
| 併設校 | 関西学院幼稚園・初等部・中学部、関西学院千里国際中等部・高等部、関西学院大学・大学院、関西学院短期大学、関西学院大阪インターナショナルスクール |
| WEB | https://sh.kwansei.ac.jp/ |

## 教育方針・特色

スクールモットーである"Mastery for Service"(奉仕のための練達)を体現し、他者に仕えることのできる人材を育成します。関西学院大学への推薦制度に支えられながら「自由」と「自治」を重んじる校風の中で、研鑽を重ね人間としての礎を築きます。

## スクールライフ

| | |
|---|---|
| 登校時間 | 8:30 |
| 週登校日 | 5日制 |
| 学期制 | 3学期 |
| 制服 | あり(夏・冬) |
| 昼食 | 食堂あり　弁当持参可 |
| 学校行事 | 校外宿泊HR・スポーツ大会・文化祭　他 |
| 修学旅行 | 2年生3月　コース別 |
| 環境・施設 | 礼拝堂・図書館・人工芝グラウンド(第1〜第4)・体育館・温水プール・和室・食堂 |
| クラブ活動 | 【運動系】アメリカンフットボール部(男)・剣道部(男・女)・サッカー部(男)・柔道部(男・女)・水泳部(男・女)・卓球部(男・女)・ダンス部(男・女)・テニス部(男・女)・バスケットボール部(男・女)・バレーボール部(男・女)・野球部(男)・ラグビー部(男)・陸上競技部(男・女)・ゴルフ部(個人登録のみ)【文化系】サービス・リーダーズ(チアリーダー)、宗教部、E.S.S.、映画部、グリークラブ、コンピュータ部、社会部(クイズ班、茶道班)、写真部、吹奏楽部、数理科学部、図書部、美術部、理科部 |
| 強化クラブ | 特になし |

## 2024年度 募集要項

- ○募集人数 普通科:男女約120名(A方式(一般)約100名 ※帰国生若干名含む、B方式(自己推薦)約20名)
- ○願書受付 1/6(土)〜1/18(木) 15:00 web登録後書類提出 1/22(月)必着
- ○選抜日時 A方式・帰国生:2/10(土) B方式:2/16(金)
- ○合格発表 A方式・帰国生:2/13(火)10:00web B方式:2/17(土)10:00web
- ○入学手続 A方式:専願 2/20(火)まで 併願 3/21(木)まで B方式:2/19(月)〜2/26(月) 帰国生:2/20(火)まで
- ○選抜方法 A方式・帰国生:国・数(各60分各100点)・英(70分120点、リスニング10分含む)・面接(帰国生は保護者同伴) ※専願者には試験点数に30点程度加点 B方式:作文(50分500字程度)・面接
- ○受験料 各方式20,000円
- ○提出書類 写真票・活動報告書・調査書・自己推薦書(B方式のみ)
- ○追加募集 1.5次: ―　2次: ―
- ◆転・編入 なし
- ◆帰国生 海外帰国生入試で選考

## 2024年度 入試結果

| 普通 | A方式(一般) | B方式(自己推薦) |
|---|---|---|
| 応募者数 | 157 | 29 |
| 受験者数 | 157 | 28 |
| 合格者数 | 134 | 28 |
| 実質倍率 | 1.17 | 1.00 |
| 合格最低点 | 非公表 | 非公表 |

## 学校PR

人生において最も多感な高校生という時期に、大学受験に縛られるのではなく、自分の可能性をどこまでも追求できるのが関西学院高等部です。キリスト教主義教育で育まれる人間性を土台とした上で、広い将来への展望・それを実現させるための実力・精神力を、勉強・クラブ活動だけではなく、2019年4月文部科学省より採択された「WWLC(ワールドラーニングコンソーシアム)」拠点校として培ったプログラム等、様々な活動を通して養うことができます。関西学院高等部は世界的なフィールドで活躍できる人間教育を行っています。

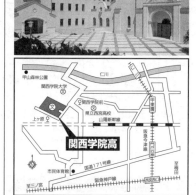

## アクセス
阪急今津線「甲東園」駅下車徒歩15分または阪急バス5分、「仁川」駅下車徒歩15分
JR神戸線「西宮」駅下車阪急バス15分

## 費用

《入学手続き時》(2024年度入学生)
| | |
|---|---|
| ○入学金 | 200,000円 |
| ○学費・その他の諸費 | 493,000円 |

《入学後》
| | |
|---|---|
| ○授業料 | 年間915,000円 |
| ○その他の諸費 | 年間282,800円 |

※実績のため変更になる場合があります

## 奨学金・特待制度

関西学院高中支給奨学金、関西学院高中貸与奨学金、他

## 独自の留学制度

中期留学(約3か月間)、長期留学(約1年間)

## 合格実績

2024年の進学状況(卒業者数378名)
関西学院大学348名

国・公立大学合格
東京大、神戸大、大阪公立大、東北大、島根大、神戸市看護大、他。

他の私立大学合格
青山学院大、大阪医科薬科大、兵庫医科大、神戸薬科大、国際基督教大、麻布大、他。

# 近畿大学附属豊岡高等学校

## 学校インフォメーション

制服 / 通学（自転車通学可） / ICT教育 / 習熟度別授業 / 海外研修 / 学生寮 / 自習スペース
図書館（蔵書数 28,000 冊） / 食堂 / スマホ持ち込み（届出） / 特待生制度 / 高大連携 / ネイティブ教員 / 海外姉妹校

**所在地　〒668-0065　兵庫県豊岡市戸牧100**

| | | | |
|---|---|---|---|
| **電話** | 0796-22-4305 | **生徒数** | 男 259人　女 273人 |
| **創立** | 1964年 | **併設校** | 近畿大学附属豊岡中学校 |
| **校長** | 吉田　武志 | **WEB** | https://www.kindai-toyooka.ed.jp/ |

## 教育方針・特色

近畿大学学園全体として、未来志向の「実学教育と人格の陶冶」を建学の精神とし、「人に愛される人、信頼される人、尊敬される人の育成」を教育理念として掲げています。本校はこの校訓の精神を身につけた人間形成を教育の目標にかかげ、「知」「徳」「体」「感」のバランスのとれた人づくりを行い、これからの社会の発展に貢献し、役立つ人材を育成します。こうした教育の実現を確かなものとするために、教育システムを作り上げ、計画的、弾力的、合理的方法によって（1）知識・技能、（2）思考力・判断力・表現力等、（3）主体性を持って多様な人々と協働して学ぶ態度を備え、豊かな感性を備えた人材の育成を進めています。

## スクールライフ

| | |
|---|---|
| **登校時間** | 8:45 |
| **週登校日** | 6日制 |
| **学期制** | 3学期 |
| **制服** | あり（夏・冬） |
| **昼食** | 弁当持参 |
| **学校行事** | 体育祭（9月）・文化祭（近梅祭・9月） |
| **修学旅行** | 2年生10月　3泊4日 |
| **環境・施設** | 男女・学生寮完備！<br>ICT環境（Wi-Fi整備・教室〔ホワイトボード・プロジェクター完備〕）・探究ルーム・ACTルーム・GSルーム・多目的教室・図書室（ラーニングコモンズ）など未来志向の教室整備 |
| **クラブ活動** | なぎなた部・男子バスケットボール部・女子バスケットボール部・男子バレーボール部・女子バレーボール部・陸上競技部・茶道部・写真部・放送部・演劇部・サッカー部・剣道部・ダンス部・書道部・琴部・美術部・自然科学部・英会話部（ESS）・吹奏楽同好会・かるた同好会・軟式野球同好会 |
| **強化クラブ** | 特になし |

## 2024年度 募集要項

| | |
|---|---|
| ○募集人数 | 普通科：男女120名（特進コース） |
| ○願書受付 | 1/18（木）～2/2（金）web登録後（12/1～）書類提出、窓口または郵送（必着） |
| ○選抜日時 | 2/10（土）学校、宍粟会場、西宮会場 |
| ○合格発表 | 2/13（火）郵送・10:00web |
| ○入学手続 | 専願：2/16（金）まで　併願：3/21（木）まで |
| ○選抜方法 | 国・数・英（リスニング含む）（各60分 各100点）※特待生希望者は面接あり<br>※英検取得者は、3級60点、準2級80点、2級以上100点とみなし、当日の英語得点と比較して高い方の得点で判定 |
| ○受験料 | 20,000円 |
| ○提出書類 | 入学志願書・個人報告書（調査書） |
| ○追加募集 | 1.5次：―　2次：― |
| ◆転・編入 | 受け入れあり（要相談） |
| ◆帰国生 | 特別対応なし |

## 2024年度 入試結果

| 特進コース | 専願 | 併願 |
|---|---|---|
| 応募者数 | 109 | 240 |
| 受験者数 | 109 | 238 |
| 合格者数 | 109 | 238 |
| 実質倍率 | 1.00 | 1.00 |
| 合格最低点 | 非公表 | 非公表 |

## 学校PR

11年連続志願者数日本一の近畿大学の附属校であり、兵庫県豊岡市にあります。男女学生寮も完備。近畿大学附属特別推薦入試制度を活用し、近畿大学へ進学できます。『専願制』96名、『併願制』24名の推薦枠があります（R6入試）。東大・京大・医学部など難関大への合格を目指す環境もあります。

**アクセス**
**JR山陰線豊岡駅南西へ15分**

## 費用

《入学手続き時》

| | |
|---|---|
| ○入学金 | 250,000円 |

《入学後》

| | |
|---|---|
| ○授業料 | （年額）459,600円 |
| ○諸会費 | 26,100円 |
| ○修学旅行積立金 | 126,000円 |
| ○学年費など | |

## 奨学金・特待制度

学業特待生制度（入学金・授業料）人物・学業に優れた生徒
近大附属子どもの未来サポートプラン奨学金（入学金・授業料・寮費など）非課税世帯で、学業成績・人物優秀な生徒

## 独自の留学制度

特になし

## 合格実績

2024年の進学状況（卒業者数154名）
近畿大学139名（内医学部医学科1名、薬学部2名）

国・公立大学合格44名
京都大1、大阪大5、神戸大3、北海道大1、名古屋大1、大阪公立大2、京都工芸繊維大1、広島大1、滋賀大2、山口大1、兵庫県立大3、大阪教育大1、他。

他の私立大学合格116名
関西学院大6、関西大4、同志社大7、立命館大23、慶應義塾大2、上智大1、東京理科大5、明治大1、他。

短期大学合格4名

専門学校合格9名

# 啓明学院高等学校

## 学校インフォメーション

 制服
 公共機関 通学
 キリスト教 宗教教育
 海外研修
 留学制度
 屋内 プール
 寮 学生寮

 蔵書数 39,000冊 図書館
 人工芝グラウンド
 食堂
 条件付 スマホ持ち込み
 帰国生入試
 高大 高大連携
 ABC ネイティブ教員

**所在地** 〒654-0131 神戸市須磨区横尾9丁目5-1

| | |
|---|---|
| 電話 | 078-741-1501 |
| 創立 | 1923年 |
| 校長 | 指宿 力 |

| | |
|---|---|
| 生徒数 | 男 308人 女 423人 |
| 併設校 | 啓明学院中学校 |
| WEB | https://www.keimei.ed.jp/ |

## 教育方針・特色

啓明学院の教育はキリスト教主義に基づいた、知・徳・体の養成にある。美しいキャンパスの中で、知的好奇心を育み、神の愛を知り、心身を鍛える。スクールモットー"Hands and hearts are trained to serve both man below and God above"(手と心は神と人に奉仕するために鍛えられる)の精神を心に刻み、他人を思いやれる心豊かなたくましい人間に成長してほしいと願っている。2023年、創立100周年を迎えた。

## スクールライフ

| | |
|---|---|
| 登校時間 | 8:30 |
| 週登校日 | 6日制※土曜日は「土曜講座」を開講 |
| 学期制 | 3学期 |
| 制服 | あり(夏・冬) |
| 昼食 | 食堂あり 弁当持参可 |
| 学校行事 | 体育祭 4月26日(金) 明星祭(文化祭) 11月9日(土) クリスマス礼拝 12月19日(木) |
| 修学旅行 | 2年生9月 シンガポール・マレーシア |
| 環境・施設 | チャペル、啓明今井会館、茶室、和道教室、自然科学棟、図書館、食堂、ナイター照明完備人工芝グラウンド・オムニテニスコート(全6面)、エアードームプール、体育館、第二体育館(武道場)、啓明合宿研修所(須磨区)、啓明寮、啓明前島学舎(合宿研修所、岡山県瀬戸内市牛窓)、教室冷暖房完備 |
| クラブ活動 | 【運動部】バレーボール部(女子)、陸上競技部、アメリカンフットボール部、バスケットボール部(男子)、バスケットボール部(女子)、バドミントン部(女子)、チアリーディング部、ソフトテニス部(男子)、ソフトテニス部(女子)、サッカー部(男子)、水泳部、剣道部、テニス部(男子)、テニス部(女子)、ダンス部 【文化部】数理科学研究会、文芸部、ESS、写真部、美術部、家庭部、放送部、演劇部、軽音楽部、コーラス部、伝統文化部、吹奏楽部 |
| 強化クラブ | 特になし |

## 2024年度 募集要項

- 募集人数 普通科:男女約80名(男女ほぼ同数) ※推薦入試(専願)のみの募集 ※帰国生入試は事前面接が必要。詳しくは学校にお問い合わせください。
- 願書受付 1/12(金)～1/26(金) web登録後(12/18～)書類提出、郵送(1/26(金)16:00必着)
- 選抜日時 2/10(土)
- 合格発表 2/13(火)10:00掲示、web
- 入学手続 2/15(木)16:00まで
- 選抜方法 推薦:数・英(リスニング含む)・作文(各50分各50点)・面接(10分50点)・内申(100点) 帰国生:数・英(リスニング含む)・作文(各50分)・面接(10分)(各50点)・英語面接(10分、参考)
- 受験料 20,000円
- 提出書類 入学志願書・個人報告書(調査書)・自己推薦書
- 追加募集 1.5次:— 2次:—
- ◆転・編入 特になし
- ◆帰国生 帰国生入試実施

## 2024年度 入試結果

| | 推薦 | 帰国 | 11月帰国 |
|---|---|---|---|
| 応募者数 | 94 | 5 | 18 |
| 受験者数 | 94 | 5 | 18 |
| 合格者数 | 80 | 5 | 13 |
| 実質倍率 | 1.18 | 1.00 | 1.38 |
| 合格最低点 | 非公表 | 非公表 | 非公表 |

## 学校PR

本学院は、大学教育を見据えたプレップスクールとして、読書教育・学術研究、多彩な講座が展開される土曜講座、海外修学旅行、英国やインドでの語学研修・文化交流のチャンスなどチャレンジの場が数多く用意されています。啓明とは「明けの明星・金星」を意味し、生徒一人一人がこの世の光たれ!という願いがこめられています。

**アクセス**
地下鉄西神山手線「妙法寺駅」下車徒歩12分、バス3分
JR・山陽電鉄「須磨駅」よりバス約20分

## 費用

**《入学手続き時》**

| | |
|---|---|
| ○入学金 | 300,000円 |
| ○第1期納入金 | 320,000円 |

**《入学後》(年額)**

| | |
|---|---|
| ○授業料 | 433,000円 |
| ○教育充実費 | 198,000円 |
| ○教育資料費 | 40,000円 |
| ○冷暖房費 | 25,000円 |
| ○教材費等預り金、積立金、諸会費 | 246,000円 |

## 奨学金・特待制度

啓明学院特別奨学金
啓明学院教職員会奨学金

## 独自の留学制度

特になし

## 合格実績

2024年の進学状況(卒業者数243名)
関西学院大学合格224(1)名

他の私立大学合格
早稲田大1、慶應義塾大1、上智大1、中央大1、法政大1、国際基督教大3、明治学院大2、大阪産業大2、大阪商業大2、神戸親和大2、大和大1、他。
※( )内は既卒生内数

兵庫

共学校

# 神戸学院大学附属高等学校

## 学校インフォメーション

 制服  スクールバス 通学  ICT教育  長期休暇講習  習熟度別授業  留学制度  蔵書数 20,000冊 図書館

 人工芝グラウンド  バリアフリー  食堂  スマホ持ち込み  カウンセラー  高大連携  英語イマージョン

**所在地** 〒650-0046 神戸市中央区港島中町4-6-3

| | |
|---|---|
| 電話 | 078-302-2016 |
| 創立 | 1912年 |
| 校長 | 西尾 勝 |

| | |
|---|---|
| 生徒数 | 男 453人 女 389人 |
| 併設校 | 神戸学院大学附属中学校 神戸学院大学 |
| WEB | https://www.kobegakuin-f.ed.jp |

## 教育方針・特色

「照顧脚下」「切磋琢磨」を校訓に、ともに社会を築く人材を育成します。「高大連携教育」「教育の情報化（ICT）」「きめ細やかな教育」「国際的視野」「社会との出会い」を柱に教育活動を展開しています。

## スクールライフ

| | |
|---|---|
| 登校時間 | 8:30 |
| 週登校日 | 6日制 総合進学コースは5日制 |
| 学期制 | 2学期 |
| 制服 | あり（夏・冬） |
| 昼食 | 食堂あり 弁当持参可 |
| 学校行事 | 文化祭（学院祭）、体育大会 等 |
| 修学旅行 | 2年生10月 海外・国内選択制 |
| 環境・施設 | 神戸ポートアイランドの地に設置された学び舎は、校舎とグランド敷地合わせて甲子園球場の1.3倍。エコを意識した開放感あふれた教育環境が整備されています。 |
| クラブ活動 | 男子バレーボール、女子バレーボール、硬式野球部、男子ソフトテニス、女子ソフトテニス、男子サッカー、女子サッカー、男子バスケットボール、男子バドミントン、女子バドミントン、男子卓球、女子卓球、陸上競技、柔道、空手、剣道、ダンス、吹奏楽、軽音楽、理科、パソコン、ESS、放送、家庭科、華道、茶道、箏曲、書道、美術、文芸、写真、インターアクト |
| 強化クラブ | 特になし |

## 2024年度 募集要項

- ○募集人数 普通科：男女200名（特進文理コース40名、特進グローバルコース30名、総合進学コース130名）
- ○願書受付 1/19（金）〜1/26（金）web登録後（12/18〜）書類提出 中学校一括で郵送必着
- ○選抜日時 2/10（土）
- ○合格発表 2/13（火）郵送
- ○入学手続 専願：2/14（水）〜2/16（金）必着
  併願：2/14（水）〜3/23（金）必着
- ○選抜方法 特進文理コース：国・数・英・理か社（各50分各100点）
  特進グローバルコース：国・数（各50分各100点）・英（50分200点※他コースと同一問題を200点に換算）
  総合進学コース：国・数・英（各50分各100点）
- ○受験料 22,000円
- ○提出書類 入学志願書・個人報告書（調査書）
- ○追加募集 1.5次： 2次：
- ◆転・編入 受け入れあり（要相談）
- ◆帰国生 帰国生入試実施

## 2024年度 入試結果

### 特進文理コース

| | 専願 | 併願 |
|---|---|---|
| 応募者数 | — | — |
| 受験者数 | 17 | 205 |
| 合格者数 | 13 | 182 |
| 実質倍率 | 1.31 | 1.13 |
| 合格最低点 | — | — |

※総合進学への回し合格（専4・併23）含まない

### 特進グローバルコース

| | 専願 | 併願 |
|---|---|---|
| 応募者数 | — | — |
| 受験者数 | 20 | 54 |
| 合格者数 | 20 | 53 |
| 実質倍率 | 1.00 | 1.02 |
| 合格最低点 | — | — |

※総合進学への回し合格（併1）含まない

### 総合進学コース

| | 専願 | 併願 |
|---|---|---|
| 応募者数 | — | — |
| 受験者数 | 146 | 223 |
| 合格者数 | 143 | 221 |
| 実質倍率 | 1.02 | 1.01 |
| 合格最低点 | 165/300（専願加点含） | |

**アクセス**
ポートライナーみなとじま駅下車徒歩1分
三田・北区・三木西区方面より専用スクールバス運行

## 費用

**《入学手続き時》**

| | |
|---|---|
| ○入学金 | 300,000円 |
| ○施設設備費 | 100,000円 |

**《入学後》**

| | | |
|---|---|---|
| ○授業料 | （年額） | 444,000円 |
| ○教育充実費 | （月額） | 11,000円 |
| ○修学旅行積立金 | （月額） | 13,000円 |
| ※グローバルコースは | | 40,000円 |
| ○学習費 | （月額） | 3,000円 |
| ○生徒会費 | （月額） | 800円 |
| ○育友会費 | （月額） | 1,000円 |
| ○同窓会費 | （4月のみ） | 2,000円 |

## 奨学金・特待制度

奨学金：溝口奨励金・森わさ記念育英奨学金・授業料減免制度

## 独自の留学制度

自費留学制度あり

## 合格実績

2024年の進学状況（卒業者数292名）
神戸学院大学合格80名

**国・公立大学合格**
名古屋大1、神戸市外国語大3、兵庫県立大3、大阪教育大2、他。

**他の私立大学合格**
関西学院大28、関西大19、同志社大11、立命館大17、京都産業大21、近畿大41、甲南大26、龍谷大2、東京理科大3、立教大1、法政大1、立命館アジア太平洋大3、他。

## 学校PR

校祖森わさ先生は、「腹のできた底力のある人間」「真に社会に役立つ人間」を育てることを教育の目標とし、己を振り返る指針として「照顧脚下」の精神を強調しました。校祖の理念を継承するとともに、自然の恵みを忘れず、自分を見つめ、たゆまず学び、積極的に行動し、社会とともに生きる人間の育成を目指します。

# 神戸弘陵学園高等学校

## 学校インフォメーション

 制服　 スクールバス 通学　 ICT教育　 夏・冬 長期休暇講習　 探究授業 探究授業　 習熟度別授業　 寮 学生寮

 人工芝グラウンド　食堂　 条件付 スマホ持ち込み　 カウンセラー　 高大 高大連携　 ABC ネイティブ教員　 海外姉妹校

**所在地** 〒651-1101 神戸市北区山田町小部妙賀山10-4

| | | | |
|---|---|---|---|
| 電話 | 078-593-3535 | 生徒数 | 男 427人 女 168人 |
| 創立 | 1983年 | 併設校 | なし |
| 校長 | 井上 和彦 | WEB | https://www.kobe-koryo.com/ |

## 教育方針・特色

個人の能力の開発。精神生活の拡充。規律と秩序の確立、公共心、道徳心の向上。「奮闘努力」「質実剛健」「尊敬慈愛」を校訓とする。

## スクールライフ

| | |
|---|---|
| 登校時間 | 8:50 |
| 週登校日 | 6日制　特進コースは週6日。(土曜)文理補習 |
| 学期制 | 3学期 |
| 制服 | あり(夏・冬) |
| 昼食 | 食堂あり　弁当持参可 |
| 学校行事 | 文化祭(9月)、体育祭(10月)、球技大会(12月) |
| 修学旅行 | 2年生2月　北海道 |
| 環境・施設 | 第1・第2・第3グラウンド、女子サッカーグラウンド、テニスコート、剣道場 |
| クラブ活動 | 【運動部】硬式野球部、女子硬式野球部、サッカー部、女子サッカー部、バレーボール部、剣道部、軟式野球部、陸上競技部、ラグビー部、自転車競技部、ソフトテニス部、バドミントン部<br>【文化部】マーチングバンド部、美術部、軽音楽部、写真部、放送部 |
| 強化クラブ | 硬式野球部、女子硬式野球部、サッカー部、女子サッカー部、バレーボール部、剣道部 |

## 2024年度 募集要項

○募集人数　普通科：男女310名(特進コース男女25名、進学コース男女70名、総合コース男女140名、体育コース男女75名)
　　　　　　※後期は4コース全体で若干名募集
○願書受付　前期：1/9(火)～1/26(金)　web登録後(1/9～)書類提出1/29(月) 16:00、窓口または郵送(必着)
　　　　　　後期：3/11(月)～3/23(土) 12:00　窓口出願のみ
○選抜日時　前期：2/10(土)本校、三木会場、三田会場
　　　　　　後期：3/25(月)
○合格発表　前期：2/13(火)10:00web
　　　　　　後期：3/25(月)18:00web
○入学手続　専願：2/17(土)
　　　　　　併願：3/26(火)
　　　　　　後期：3/26(火)12:00まで
○選抜方法　国・数・英(各50分)・面接(体育特選コース以外)
○受験料　20,000円
○提出書類　入学志願書・個人報告書(調査書)
○追加募集　1.5次：－　2次：後期3/25
◆転・編入　受け入れあり(要相談)
◆帰国生　特別対応なし

## 2024年度 入試結果

| 特進 | 専願 | 併願 | 進学 | 専願 | 併願 |
|---|---|---|---|---|---|
| 応募者数 | 18 | 30 | 応募者数 | 6 | 104 |
| 受験者数 | 18 | 30 | 受験者数 | 6 | 99 |
| 合格者数 | 16 | 23 | 合格者数 | 5(2) | 79(7) |
| 実質倍率 | 1.13 | 1.30 | 実質倍率 | 1.20 | 1.25 |
| 合格最低点 | 180/300 | 200/300 | 合格最低点 | 120/300 | 130/300 |

| 総合 | 専願 | 併願 | 体育 | 専願 | |
|---|---|---|---|---|---|
| 応募者数 | 52 | 137 | 応募者数 | 111 | |
| 受験者数 | 52 | 137 | 受験者数 | 111 | |
| 合格者数 | 50(1) | 137(20) | 合格者数 | 110 | |
| 実質倍率 | 1.04 | 1.00 | 実質倍率 | 1.01 | |
| 合格最低点 | 60/300 | 70/300 | 合格最低点 | 70/300 | |

※( )内、回し合格外数

**アクセス**
神戸電鉄北鈴蘭台駅下車東方へ徒歩15分
阪神高速道路北神戸線藍那I.Cから車で約15分
箕谷I.Cから車で約10分

## 費用

《入学手続き時》
| | |
|---|---|
| ○入学金 | 200,000円 |
| ○施設費(入学時) | 200,000円 |
| ○4月分授業料等 | 55,670円 |
| ○課題費 | 1,200円 |
| ○制服等学用品一式 | 約120,000円 |

《入学後》(年額)
| | |
|---|---|
| ○授業料 | 393,600円 |
| ○諸会費 | 74,400円 |
| ○修学旅行積立金 | 72,000円 |
| ○学年費 | 25,000円 |

## 奨学金・特待制度

学業奨学金(学業・人物が優秀な生徒)
スポーツ奨学金(強化クラブ)(部活動に優れた生徒)

## 独自の留学制度

オーストラリア(希望者)

## 合格実績

**2024年の進学状況(卒業者数188名)**
国・公立大学合格
広島大、東京都立大、滋賀大、島根大、京都教育大、琉球大、鳴門教育大、高知工科大、兵庫県立大、他。

**私立大学合格**
同志社大、神戸学院大、立命館大、神戸芸術工科大、関西学院大、神戸松蔭女学院大、関西大、駒澤大、大阪経済大、阪南大、大阪芸術大、摂南大、大阪工業大、中央大、大阪体育大、中京大、大坂電気通信大、東海大、追手門学院大、摂南大学、関西外国語大、日本体育大、京都外国語大、日本大、京都産業大、桃山学院大学、近畿大、びわこ成蹊スポーツ大、甲南大、龍谷大、佛教大、法政大、大手前大、東京農業大、工学院大、武庫川女子大、他。

## 学校PR

本校は、男女共学化となり、まだまだ進化の途上です。ここには最高の環境があります。その環境で、私たちと共に学び、共に成長し新しい伝統を作っていきましょう。なりたい自分になるための第一歩は、神戸弘陵学園高等学校からはじまります。是非一度、オープンキャンパスに来て下さい。

# 神戸国際大学附属高等学校

## 学校インフォメーション

 制服
 通学（自転車通学可・直通バス）
 宗教教育（キリスト教）
 ICT教育
 長期休暇講習（夏・冬・春）
 海外研修
 留学制度

 自習スペース
 図書館（蔵書数50,000冊）
 食堂
 スマホ持ち込み可
 カウンセラー
 高大連携（高・大）

ネイティブ教員（ABC）

**所在地** 〒655-0004 神戸市垂水区学が丘5-1-1

| | |
|---|---|
| 電話 078-707-1001 | 生徒数 男 593人 女 158人 |
| 創立 1963年 | 併設校 神戸国際大学 |
| 校長 杉之内 裕 | WEB https://www.kobe-michael.ac.jp/ |

## 教育方針・特色

本校は、聖公会キリスト教の精神に基づく教育を行い、国際社会に通用する人材を育成することを目的としています。神戸国際大学を併設し、長期的な視野展望のもとに、伸び伸びと個性を伸ばし、人間性豊かな全人的教育を目指しています。

## スクールライフ

| | |
|---|---|
| 登校時間 | 8:30 |
| 週登校日 | 5日制 |
| 学期制 | 3学期 |
| 制服 | あり |
| 昼食 | 食堂あり・弁当持参可 |
| 学校行事 | 5月…校内球技大会／6月…体育祭8月…広島平和旅行／10月…高校祭・バザー／12月…六甲全山縦走登山／1月…海外実習（2年文理特進）／2月…沖縄実習（1・2年アスリート） 他 礼拝 |
| 環境・施設 | チャペル・体育館をはじめとする体育施設・大山野外活動センター（鳥取県） |
| クラブ活動 | 【運動系】硬式野球部・男子ハンドボール部・柔道部・サッカー部・女子ハンドボール部・剣道部・ソフトテニス部・ダンス部・フットサル部・軟式野球部・バスケットボール部・卓球部・女子硬式野球部・バトミントン同好会<br>【文科系】書道部・吹奏楽部・写真部・インターアクトクラブ・軽音楽部・放送部・アニメーション研究部・美術部・パソコン部・新聞研究会 |
| 強化クラブ | 男子 硬式野球部・サッカー部・柔道部・ソフトテニス部<br>男子・女子 ハンドボール部・剣道部 |

## 2024年度 募集要項

- ○募集人数 普通科:男女330名（文理特進コース男女50名、総合進学コース男女200名、アスリートコース男女80名）<br>国際科:男女30名
- ○願書受付 12/11（月）～1/26（金）web登録後（12/11～）書類提出 中学から一括提出のみ
- ○選抜日時 2/10（土）
- ○合格発表 2/13（火）web
- ○入学手続 専願:2/14（水）～2/20（火）<br>併願:2/14（水）～3/22（金）
- ○選抜方法 普通科:国・数・英（各50分）・面接（文理特進コースと総合進学コースのみ）<br>国際科:国・英（各50分）・課題面接
- ○受験料 20,000円
- ○提出書類 入学志願書・個人報告書（調査書）・課題作文（国際科）
- ○追加募集 1.5次： ― 2次:3/25
- ◆転・編入 受け入れあり（要相談）
- ◆帰国生 特別対応（要相談）

## 2024年度 入試結果

**文理特進コース**

| | 専願 | 併願 |
|---|---|---|
| 応募者数 | 19 | 62 |
| 受験者数 | 19 | 61 |
| 合格者数 | 17 | 59 |
| 実質倍率 | 1.12 | 1.03 |
| 合格最低点 | 152/300 | 175/300 |

**総合進学コース**

| | 専願 | 併願 |
|---|---|---|
| 応募者数 | 139 | 203 |
| 受験者数 | 139 | 202 |
| 合格者数 | 139 | 202 |
| 実質倍率 | 1.00 | 1.00 |
| 合格最低点 | 112/300 | 128/300 |

※回し合格（進学キャリアコース・国際科へ専2、併2）含まない

**アスリートコース**

| | 専願 |
|---|---|
| 応募者数 | 89 |
| 受験者数 | 89 |
| 合格者数 | 89 |
| 実質倍率 | 1.00 |
| 合格最低点 | 非公表 |

**国際**

| | 専願 | 併願 |
|---|---|---|
| 応募者数 | 27 | 23 |
| 受験者数 | 27 | 23 |
| 合格者数 | 26 | 23 |
| 実質倍率 | 1.04 | 1.00 |
| 合格最低点 | 137/200 | 157/200 |

## 学校PR

2018年に男女共学がスタートしました。華やかになった神戸国際大学附属高等学校で高校生活を楽しく過ごしてみませんか？ 自主性を尊重する校風で、勉強もクラブ活動も、3年間自分がやりたいことに夢中になれる学校です。

**アクセス**
JR舞子駅・山陽電車舞子公園駅・地下鉄学園都市駅よりバス53系統多聞東小学校前下車徒歩8分。
※登校時、舞子駅から学校までの直通バスあり

## 費用

**《入学手続き時》**

| | |
|---|---|
| ○入学金 | 230,000円 |
| ○施設設備費 | 200,000円 |

※入学時経費別途必要

**《入学後》**

| | |
|---|---|
| ○授業料 | 408,000円 |
| ○教育充実費 | 36,000円 |
| ○諸会費 | 31,200円 |

※その他実習積立金等必要（コースにより異なる）

## 奨学金・特待制度

- ・全コース対象奨学金制度
- ・文理特進コース対象奨学金制度

## 独自の留学制度

検討中

## 合格実績

2024年の進学状況（卒業者数244名）
神戸国際大学26名

国・公立大学合格1名
兵庫県立大1。

他の私立大学合格182名
（進学先）関西学院大1、関西大3、京都産業大4、近畿大4、甲南大2、龍谷大1、立教大8、神戸学院大22、追手門学院大3、桃山学院大1、京都外国語大1、関西外国語大1、大阪経済大1、大阪工業大3、神戸学院大学大2、大阪産業大3、大阪体育大3、大手前大6、東海大3、国士舘大1、天理大2、流通科学大20、広島工業大1。

短期大学合格3名
専門学校合格57名
就職29名

# 神戸星城高等学校

## 学校インフォメーション

 制服  スクールバス 通学  ICT教育  長期休暇講習  探究授業  海外研修  自習スペース

 エレベーター  カフェテリア  売店  スマホ持ち込み（条件付）  カウンセラー  特待生制度  ネイティブ教員

**所在地** 〒654-0113　神戸市須磨区緑が丘1丁目12-1

| | |
|---|---|
| 電話 078-741-1860 | 生徒数 男 528人 女 624人 |
| 創立 1929年 | 併設校 なし |
| 校長 熊見 和祥 | WEB https://www.seijoh.ac.jp |

**アクセス**
地下鉄西神山手線妙法寺駅下車北東約900m
市バス広畑橋東約500m・緑が丘1丁目東約100m
小野方面、三田方面、吉川方面よりスクールバス

## 教育方針・特色

【1】役立つ教育・・・一人ひとりの資質と可能性を引き出し、能力を伸ばしながら、自ら考えて行動するとともに積極的に社会に貢献できる実践力をもった社会人を育成します。【2】らしくの教育・・・目標に向かって努力し、人間は人間らしく、高校生は高校生らしく、立場に応じて行動できる人間になることが大切であるように、常に人間としての本分を自覚する心の豊かな現代人を育成します。【3】健康教育・・・スポーツなどのあらゆる機会を通して積極的に体を鍛え、強固な意志をもった人間形成をめざし、心身ともに健全な人間を育成します。

## スクールライフ

| | |
|---|---|
| 登校時間 | 8:50 |
| 週登校日 | 5日制　※コースにより異なる |
| 学期制 | 3学期 |
| 制服 | あり（夏・冬） |
| 昼食 | 食堂あり　弁当持参可 |
| 学校行事 | 文化祭（星城祭）（5月）体育大会（9月） |
| 修学旅行 | 2年生10月　4泊5日　北海道 |
| 環境・施設 | コンピュータ教室（3教室）、レクチャー教室、ライブラリー、カフェテリア、調理教室、被服教室、音楽教室、理科教室、自彊館、神戸北キャンパス　他 |
| クラブ活動 | ソフトテニス部（男女）、バスケットボール部（男女）、アーチェリー部（男女）、卓球部（男女）、陸上競技部（男女）、ハンドボール部（女子）、ソフトボール部（女子）、バレーボール部（女子）、ダンス部（女子）、サッカー部（男子）、コンピュータ部、ビジネス研究部、創作アート部、書道部、茶道部、音楽部、ホームメイキング部、放送部、E.S.S.、陶芸部、キャンパスナビゲーター部 |
| 強化クラブ | ソフトテニス部（男女）、ハンドボール部（女子）、バスケットボール部（女子）、ソフトボール部（女子）、サッカー部（男子）、音楽部 |

## 費用

**《入学手続き時》**

| | |
|---|---|
| ○入学金 | 300,000円 |
| ○施設設備費 | 120,000円 |
| ○諸経費 | 160,000円 |
| ○学校制定品費 | （男子）136,000円 |
| | （女子）127,200円 |

**《入学後》**

| | |
|---|---|
| ○授業料 | 36,500円～※ |
| ○教育充実費 | 2,000円～※ |
| ○諸会費 | 2,000円 |
| ○学年諸経費 | 4,000円～※ |
| | ※コースにより異なる |

## 2024年度 募集要項

| | |
|---|---|
| ○募集人数 | 商業科：男女390名（特進Sコース男女30名、特進Aコース男女120名、特進Bコース男女160名、みらい総合コース男女80名）後期は特進A・Bコース、みらい総合コース若干名募集 |
| ○願書受付 | 1/11（木）～1/24（水）15:00　web登録後（1/11～）書類提出、郵送（必着）後期：3/19（火）21（木）22（金）15:00　web登録後書類提出、郵送（必着） |
| ○選抜日時 | 2/10（土）8:50　　後期：3/25（月）9:00 |
| ○合格発表 | 2/13（火）16:00web後期：3/25（月）13:00頃当校で発表 |
| ○入学手続 | 専願：2/26（月）13:00～16:00併願：3/21（木）13:00～15:00後期：3/25（月）10:00～12:00 |
| ○選抜方法 | 一般：国・数・英（リスニング含む）（各50分）・面接推薦：作文・面接 |
| ○受験料 | 20,000円 |
| ○提出書類 | 入学志願書・個人報告書（調査書）※推薦書・志願理由書・検定合格書（対象者） |
| ○追加募集 | 1.5次：－　　2次：後期3/25 |
| ◆転・編入 | 受け入れあり（要相談） |
| ◆帰国生 | 特別対応あり |

## 2024年度 入試結果

| | 特進S 専願 | 併願 | 特進A 専願 | 併願 |
|---|---|---|---|---|
| 応募者数 | 12 | 127 | 111 | 415 |
| 受験者数 | 12 | 126 | 111 | 414 |
| 合格者数 | 8 | 79 | 90 | 319 |
| 実質倍率 | 1.50 | 1.59 | 1.23 | 1.30 |
| 合格最低点 | — | — | — | — |
| | | | ※回し合格（専4、併33）含まない | |

| | 特進B 専願 | 併願 | みらい総合 専願 | 併願 |
|---|---|---|---|---|
| 応募者数 | 129 | 310 | 92 | 237 |
| 受験者数 | 129 | 310 | 91 | 236 |
| 合格者数 | 116 | 268 | 90 | 236 |
| 実質倍率 | 1.11 | 1.16 | 1.01 | 1.00 |
| 合格最低点 | — | — | — | — |
| | ※回し合格（専18、併95）含まない | | ※回し合格（専15、併55）含まない | |

## 奨学金・特待制度

奨学金制度あり
　①学業成績　②部活動　③入試成績

## 独自の留学制度

| | | |
|---|---|---|
| 留学先 | ①オーストラリア | ②アメリカ |
| 学年 | ①1年 | ②2・3年 |
| 内容 | ①特進Sコース全員参加 | ②特進Sコース以外の希望者 |
| 費用 | ①約35万円 | ②約55万円 |

## 合格実績

**2024年の進学状況（卒業者数306名）**
**国・公立大学合格60名**
大阪公立大1、京都府立大1、金沢大1、岡山大1、広島大1、滋賀大2、和歌山大2、山口大6、兵庫教育大1、静岡大7、香川大2、高知大1、佐賀大2、北九州市立大3、静岡文化芸術大1、他。

**私立大学合格315名**
関西学院大3、関西大5、同志社大1、京都産業大9、近畿大32、甲南大8、龍谷大6、駒澤大1、摂南大18、神戸学院大37、京都外国語大3、関西外国語大8、大阪経済大53、神戸女学院大1、武庫川女子大2、他。

※すべて現役、私立は延べ数

## 学校PR

特色／商業高校から「進学する」新しいスタイル
本校は、建学の精神である「社会で役立つ実践的な人間を育てる」ため、豊かな人間性を身につける「人間教育」を伝統的に行っています。また、社会の実情から学びの必要性を見出し、これからの時代に必要となる「アントレプレナーシップ（起業家精神）」を育むことにより、進路実現だけでなく、卒業して10年後を見据えた人材を育成します。

# 神戸第一高等学校

## 学校インフォメーション

 制服
 公共機関 通学
 ICT教育
 夏 長期休暇講習
 自習スペース
 図書館
 人工芝グラウンド

 食堂
 条件付 スマホ持ち込み
 カウンセラー
ABC ネイティブ教員

**所在地** 〒651-0058　神戸市中央区葺合町寺ヶ谷1

| | |
|---|---|
| 電話 | 078-242-4811 |
| 創立 | 1913年 |
| 校長 | 岸本 二郎 |

| | |
|---|---|
| 生徒数 | 男 320人 女 206人 |
| 併設校 | なし |
| WEB | http://kobedai1.ed.jp |

## 教育方針・特色

「建学の精神」人間教育と実学主義　「教育理念」手や足を動かして興味と関心を呼び起こし、体に高度な技術を修得させ、優しい心、美しい心、感謝する心を養い、礼節を重んじる品性豊かな生徒を育てる。　「校訓」努力×創造×協調　「スクールモットー」Learning by doing（為すことによって学ぶ）

## スクールライフ

| | |
|---|---|
| 登校時間 | 8:50 |
| 週登校日 | 5日制 |
| 学期制 | 3学期 |
| 制服 | あり（夏・冬・合） |
| 昼食 | 売店・レストランあり 弁当持参可 |
| 学校行事 | 新入生オリエンテーション合宿(4月)・学校祭(6月)・球技大会(7月・12月)・体育祭(10月)・遠足(11月)・修学旅行(1月)・予餞会(2月) |
| 修学旅行 | 2年生1月 3泊4日 石垣島 |
| 環境・施設 | 本校：体育館・クラブ練習場・調理実習室・集団調理実習室・製菓実習室・コンピュータ室・簿記室・介護実習室・実習用特殊浴槽室・器楽室・音楽室・和洋裁実習室・スバルホール<br>西キャンパス：野球場・人工芝サッカー場・陸上競技場・体育館 |
| クラブ活動 | 陸上競技部・バスケットボール部・バレーボール部・サッカー部・バドミントン部・剣道部・硬式テニス部・ボクシング部・空手道部・ダンス部・硬式野球部・JRC部・音楽部・美術部・写真部・書道部・家庭科部・茶華道部・商業部 |
| 強化クラブ | バドミントン(男女)、硬式野球(男子)、陸上競技(男女)、空手道(男女) |

## 2024年度 募集要項

- ○募集人数　普通コース120名、スポーツコース40名、ビジネスコース20名、システム情報コース20名、ファッションデザインコース40名、保育・福祉コース40名、製菓衛生師コース40名、調理師コース40名
- ○願書受付　1次:1/15(月)～1/25(木)郵送出願のみ
- ○選抜日時　1次:2/10(土)
- ○合格発表　2/13(火)中学校長宛郵送
- ○入学手続　専願:2/23(金)※入学金等の納入は2/22(木)　併願:公立高校合格発表後まで
- ○選抜方法　1次:国・数・英から1科選択・作文・面接(専願)
- ○受験料　20,000円
- ○提出書類　入学志願書・個人報告書(調査書)
- ○追加募集　1.5次: 2/16　2次: 3/25
- ◆転・編入　受け入れあり(要相談)
- ◆帰国生　特別対応なし

## 2024年度 入試結果

| 普通コース | 専願 | 併願 | | スポーツコース | 専願 | 併願 |
|---|---|---|---|---|---|---|
| 応募者数 | 28 | 119 | | 応募者数 | 33 | 25 |
| 受験者数 | 31 | 118 | | 受験者数 | 34 | 21 |
| 合格者数 | 30 | 117 | | 合格者数 | 34 | 21 |
| 実質倍率 | 1.01 | 1.01 | | 実質倍率 | 1.00 | 1.00 |
| 合格最低点 | ― | ― | | 合格最低点 | ― | ― |

| ビジネスコース | 専願 | 併願 | | システム情報コース | 専願 | 併願 |
|---|---|---|---|---|---|---|
| 応募者数 | 3 | 6 | | 応募者数 | 6 | 16 |
| 受験者数 | 3 | 6 | | 受験者数 | 6 | 16 |
| 合格者数 | 3 | 6 | | 合格者数 | 6 | 16 |
| 実質倍率 | 1.00 | 1.00 | | 実質倍率 | 1.00 | 1.00 |
| 合格最低点 | ― | ― | | 合格最低点 | ― | ― |

| ファッションデザインコース | 専願 | 併願 | | 保育・福祉コース | 専願 | 併願 |
|---|---|---|---|---|---|---|
| 応募者数 | 22 | 26 | | 応募者数 | 12 | 19 |
| 受験者数 | 23 | 26 | | 受験者数 | 13 | 19 |
| 合格者数 | 22 | 26 | | 合格者数 | 13 | 19 |
| 実質倍率 | 1.01 | 1.00 | | 実質倍率 | 1.00 | 1.00 |
| 合格最低点 | ― | ― | | 合格最低点 | ― | ― |

| 製菓衛生師コース | 専願 | 併願 | | 調理師コース | 専願 | 併願 |
|---|---|---|---|---|---|---|
| 応募者数 | 25 | 19 | | 応募者数 | 32 | 13 |
| 受験者数 | 25 | 19 | | 受験者数 | 32 | 13 |
| 合格者数 | 25 | 19 | | 合格者数 | 31 | 13 |
| 実質倍率 | 1.00 | 1.00 | | 実質倍率 | 1.03 | 1.00 |
| 合格最低点 | ― | ― | | 合格最低点 | ― | ― |

**アクセス**
市営地下鉄新神戸駅下車徒歩10分

## 費用

**《入学手続き時》**

| | |
|---|---|
| ○入学金 | 280,000円 |
| ○教育充実費 | 100,000円 |

**《4月納付金》**

| | |
|---|---|
| 普通 | 329,000円 |
| スポーツ | 351,000円 |
| ビジネス | 329,000円 |
| システム情報 | 329,000円 |
| ファッションデザイン | 343,000円 |
| 保育・福祉 | 349,000円 |
| 製菓衛生士 | 441,000円 |
| 調理師 | 411,000円 |

**《入学後》**

| | |
|---|---|
| ○授業料 | (月額)35,000円 |
| ○その他の納入金 | (月額)17,200円 |

## 奨学金・特待制度

奨学生制度あり

## 独自の留学制度

特になし

## 合格実績

**2024年の進学状況(卒業者数187名)**
私立大学合格43名
立命館大1、神戸学院大2、大阪経済大1、大阪経済法科大1、大阪産業大3、神戸女子大2、大阪学院大3、大手前大2、関西国際大5、神戸芸術工科大2、神戸親和大3、流通科学大8、他。

## 学校PR

神戸第一高校は、神戸の中心地から近いにも関わらず、自然豊かな環境にあります。そして、調理師コース、製菓衛生師コース、保育・福祉コース、ファッションデザインコース、システム情報コース、ビジネスコース、普通コース、スポーツコースの8つのコースからなり、それぞれのコースで実習を中心にした学びを展開しています。卒業後は、それぞれのコースから各企業に就職する生徒、さらに自身の専門を深めるため大学や専門学校に進学する生徒、または、高校で学んだ専門コースとは別の分野に進む生徒と様々です。

# 神戸野田高等学校

## 学校インフォメーション

 制服　 通学（公共機関）　 学内予備校　 ICT教育　 探究授業　 自習スペース　 人工芝グラウンド

 バリアフリー　食堂　カウンセラー　帰国生入試　 特待生制度　 高大連携　 ネイティブ教員

**所在地** 〒653-0052　神戸市長田区海運町6-1-7

| | |
|---|---|
| 電話 | 078-731-8015 |
| 創立 | 1926年 |
| 校長 | 尾﨑　文雄 |

| | |
|---|---|
| 生徒数 | 男 415人 女 597人 |
| 併設校 | なし |
| WEB | http://www.kobenoda-h.ed.jp/ |

## 教育方針・特色

~教育方針~
創立以来「質実剛健にして進取の気性をもて」の建学精神のもと、自己を高める「心」の教育と、時代の先を見つめた「自立」のための教育を行っている。生徒一人ひとりが持っている才能と可能性を引き出す教育を進め、専門性の高い教育内容、細やかな生活指導を通して心豊かで健やかな人格の育成をめざしている。

~教育の特色~
◆特進Sコース(SS系列・S系列)：国公立大・難関私大を目指し、文系は英語、理系は数学と理科に重点を置いたカリキュラムを設置。また習熟度別学内予備校を実施。
◆特進グローバル英語(GE)コース(SG系列・G系列)：英語に重点を置いた独自のカリキュラムで4技能(話す・聞く・書く・読む)を伸長させ、難関私大を目指します。
◆特進アドバンスコース(文理国際系列・スポーツ系列)：2年次から学力の伸長を図り、有名大学への現役合格を目指します。6限後、少人数の学習指導や自習室の活用、部活動への参加などを選択します。
◆進学総合コース：2年次より各自の進路、興味・関心に応じて5つの系列から1つ選択。専門的な知識や技術、感性を磨くために、現役のプロや高大連携の授業も展開しています。

## スクールライフ

| | |
|---|---|
| 登校時間 | 8:25 |
| 週登校日 | 5日制　土曜日は変則実施 |
| 学期制 | 3学期 |
| 制服 | あり(夏・冬) |
| 昼食 | 食堂・コンビニ有　弁当可 |
| 学校行事 | アカシア祭(文化祭)：6月、1年GEコース語学研修：7月、2年GEコース語学研修：8月、体育祭：9月、修学旅行：11月 |
| 修学旅行 | 2年生11月　コースにより異なる |
| 環境・施設 | ICT機器を導入し、ネイティブと共に生きた英語に親しむことができるグローバルアリーナ、最新機器を備えたコンピューター室、ミニFM並みの充実した放送設備の放送演習スタジオやマルチメディアスタジオ、24台の電子ピアノが配置された第2音楽室など専門教室の内容が充実。2021年学内コンビニを設置。 |
| クラブ活動 | 〔運動部〕ダンス、ソフトボール、バレーボール、卓球、テニス、バスケットボール、バドミントン<br>〔文化部〕演劇、演劇、書道、写真、調理、茶道、華道、軽音楽、漫画動画研究、コーラス、吹奏楽、インターアクト、園芸、英語、自然科学、パソコン、囲碁将棋、鉄道研究、放送、新聞 |
| 強化クラブ | ソフトボール部(女子)、バレーボール部(女子)、ダンス部(男女) |

## 2024年度 募集要項

| | |
|---|---|
| ○募集人数 | 普通科：男女320名(特進Sコース35名、特進グローバル英語コース35名、特進アドバンスコース100名、進学総合コース150名)<br>2次は各コース若干名<br>帰国生は各コース若干名募集。詳細は学校にお問い合わせください。 |
| ○願書受付 | 1次：12/11(月)~1/26(金) web登録後(12/11~)中学校より書類提出1/30(火)必着<br>2次：3/19(火)、3/21(木)、3/22(金) 窓口出願 |
| ○選抜日時 | 1次：1/30(土)学校、三宮研修センター、加古川市民会館、加古川商工会議所<br>2次：3/25(月) |
| ○合格発表 | 1次：2/13(火)web16:00<br>2次：3/25(月)14:00学校 |
| ○入学手続 | 1次：専願：2/24(土)　併願：3/26(火)<br>2次：3/26(火) |
| ○選抜方法 | 特進S・特進アドバンス・進学総合コース：国・数・英(各50分100点)<br>特進グローバル英語コース：国・数(各50分各100点)・英(50分200点)・面接(英検準2級以上保有者免除)<br>推薦：作文(50分)・面接(グループ15分) |
| ○受験料 | 20,000円 |
| ○提出書類 | 入学志願書・個人報告書(調査書) |
| ○追加募集 | 1.5次：—　2次：3/25 |
| ◆転・編入 | 受け入れあり(要相談) |
| ◆帰国生 | 特別対応なし |

## 学校PR

神戸野田高校で『21世紀型の学び』を！
特進3コースと進学総合コースの4つから、各自の適正・進路に合ったコースを選択。各コースの特性を生かしたプログラムで学習します。
また、従来の講義型授業に加え探究型授業で主体的に学び、最新のICT機器を活用して、これからの新しい時代を生きていく力「21世紀型の学び」を身につけます。

## 2024年度 入試結果

**特進Sコース(SS・S系列)**

| | 専願 | 併願 |
|---|---|---|
| 応募者数 | 22 | 886 |
| 受験者数 | 22 | 883 |
| 合格者数 | 15 | 628 |
| 実質倍率 | 1.47 | 1.41 |
| 合格最低点 | 非公表 | 非公表 |

**特進グローバル英語(GE)コース(SG・G系列)**

| | 専願 | 併願 |
|---|---|---|
| 応募者数 | 17 | 123 |
| 受験者数 | 17 | 123 |
| 合格者数 | 14 | 105 |
| 実質倍率 | 1.21 | 1.17 |
| 合格最低点 | 非公表 | 非公表 |

**特進アドバンス(A)コース(文理・スポーツ系列)**

| | 推薦・専願 | 併願 |
|---|---|---|
| 応募者数 | 86 | 746 |
| 受験者数 | 86 | 742 |
| 合格者数 | 86 | 975 |
| 実質倍率 | 1.00 | — |
| 合格最低点 | 非公表 | 非公表 |

※回し合格含む

**進学総合コース**

| | 推薦・専願 | 併願 |
|---|---|---|
| 応募者数 | 82 | 801 |
| 受験者数 | 82 | 798 |
| 合格者数 | 92 | 836 |
| 実質倍率 | — | — |
| 合格最低点 | 非公表 | 非公表 |

※回し合格含む

 神戸野田高

### アクセス
JR神戸線鷹取駅下車徒歩7分
市バス本庄町下車徒歩2分
地下鉄西神山手線新長田駅・海岸線駒ヶ林駅下車徒歩13分

## 費用

| | |
|---|---|
| ○入学金 | 300,000円 |
| ○施設費 | 120,000円 |
| ○制定品 | 118,000円 |
| ○諸経費 | 60,000円 |
| ○授業料(月額) | 36,500円 |
| ○教育充実費 | |
| 〔特進3コース〕 | 4,500円 |
| 〔進学総合・アドバンス(スポ)〕 | 2,500円 |
| ○学年費(年額) | |
| 〔特進〕 | 52,000円 |
| 〔アドバンス(スポ)〕 | 48,000円 |
| 〔進学総合〕 | 38,000円 |

## 奨学金・特待制度

特進Sコース、グローバル英語(GE)コース、部活動、兄弟姉妹、同窓生

## 独自の留学制度

○留学先
　オーストラリア・ニュージーランド
○学年
　SG系列　　G系列
　・2年次　　・1年次
　　　　　　・2年次
○内容
　SG系列は3か月間のセメスター留学で生きた英語を身につけるG系列はW留学で国際的な視野を広げる
○費用
　SG　　　　G
　30,000円　20,000円　(20ヶ月)

## 合格実績

2023年の進学状況(卒業者数302名)
国・公立大学合格7名
兵庫県立大2、名古屋工業大1、徳島大3、高知工科大1。

私立大学合格446(3)名
関西学院大23、関西大3、立命館大4、京都産業大24、近畿大40、甲南大22、龍谷大2、佛教大5、上智大1、兵庫医科大3、摂南大12、神戸学院大63、追手門学院大16、関西外国語大23、大阪工業大8、武庫川女子大20、甲南女子大29、神戸女子大25、立命館アジア太平洋大2、他。

※( )内は既卒者内数

**※2025年度より校名変更・共学移行**

# 神戸山手グローバル高等学校

兵庫 / 共学校

## 学校インフォメーション

 制服  通学（公共機関）  学内予備校  ICT教育  海外研修  学生寮  自習スペース

 蔵書数 70,000冊 図書館  食堂  カウンセラー  特待生制度  高大連携  ネイティブ教員 / 英語イマージョン

**所在地** 〒650-0006　神戸市中央区諏訪山町6-1

| | |
|---|---|
| 電話 | 078-341-2133 |
| 創立 | 1924年 |
| 校長 | 平井 正朗 |
| 生徒数 | 女 278人 |
| 併設校 | 神戸山手グローバル中学校・関西国際大学ほか |
| WEB | https://www.kobeyamate.ed.jp/ |

**アクセス**
JR神戸線・阪急神戸線・阪神本線三宮駅より市バス約12分
JR神戸線・阪神本線元町駅より市バス約7分
神戸高速花隈駅・地下鉄西神山手線県庁前駅より徒歩約12分

## 教育方針・特色

本校は国際都市である神戸で約1世紀にわたり女子教育に取り組み、近年は「未来型グローバルリーダーシップをもつ人材」の育成を目標に掲げ、学校改革を推進してきました。そして、2025年4月、次の100年を見据えて、共学化・グローバル化を推し進め、より一層地域に開かれた学びの環境を充実させます。EdTechを駆使した個別最適化学習をはじめ、有名予備校の実力講師による受験対策講座「山手アドバンスゼミ」の開講、高大連携による看護、保育・教育系への学びの広がりなど、生徒一人ひとりの進路満足度100%を実現させます。

## スクールライフ

| | |
|---|---|
| 登校時間 | 8:25 |
| 週登校日 | 隔週6日制 |
| 学期制 | 3学期 |
| 制服 | あり（夏・冬・盛夏） |
| 昼食 | 食堂あり　弁当持参可 |
| 学校行事 | 文化祭（9月）・体育大会（10月） |
| 修学旅行 | 2年12月セブ島 |
| 環境・施設 | ICT環境・図書館・プール・グラウンド・テニスコート・イングリッシュルーム・カウンセリングルーム |
| クラブ活動 | 【文化系】 12クラブ（吹奏楽、マンドリンギター、インターアクト、アート、コーラス、データサイエンス（eスポーツ併設）、写真、箏曲、放送、家庭、広報、中国語）<br>【体育系】 11クラブ（陸上競技、卓球、アーチェリー、バドミントン、バレーボール、バスケットボール、水泳、ダンス、硬式テニス、ソフトテニス、スポーツクライミング） |
| 強化クラブ | 陸上競技、卓球、吹奏楽 |

## 2024年度 募集要項

○募集人数　普通科：女子170名（グローバル選抜探究コース30名、選抜コース35名、未来探究コース105名）2次：若干名　帰国生募集は学校にお問い合わせください
○願書受付　1次：1/12（金）～2/5（月）2次：3/19（火）～3/21（木）窓口出願のみ
○選抜日時　1次：2/10（土）　2次：3/22（金）
○合格発表　1次：2/13（火）着　中学校長宛郵送　2次：3/22（金）15:00手渡し
○入学手続　1次専願：2/16（金）15:00まで　併願：3/22（金）15:00まで　2次：3/23（土）9:30まで
○選抜方法　一般方式：国・数・英（各50分各100点）・面接（2次のみグローバル選抜探究コースの英語はリスニング含む　自己アピール方式（未来探究コース専願）・英語重視方式：作文（50分）・面接（出願資格あり）
○受験料　15,000円
○提出書類　受験票・写真票・個人報告書（調査書）・志願理由書・推薦書
○追加募集　1.5次：ー　2次：3/22
◆転・編入　受け入れあり（要相談）
◆帰国生　帰国子女入試実施

## 2024年度 入試結果

| グローバル選抜探究 | 英語重視（専・併） | 専願 | 併願 |
|---|---|---|---|
| 応募者数 | 1 | 5 | 9 |
| 受験者数 | 1 | 5 | 9 |
| 合格者数 | 1 | 5 | 9 |
| 競争率 | 1.00 | 1.00 | 1.00 |
| 合格平均点 | — | 212.6/300 | 255.2/300 |

| 選抜 | 英語重視（専・併） | 専願 | 併願 |
|---|---|---|---|
| 応募者数 | 0 | 19 | 23 |
| 受験者数 | 0 | 13 | 14 |
| 合格者数 | — | 13 | 13 |
| 競争率 | — | 1.00 | 1.07 |
| 合格平均点 | — | 202.0/300 | 238.8/300 |

| 未来探究 | 英語重視（専・併） | 自己アピール（専） | 専願 | 併願 |
|---|---|---|---|---|
| 応募者数 | 0 | 7 | 35 | 40 |
| 受験者数 | 0 | 7 | 16 | 17 |
| 合格者数 | — | 7 | 16 | 17(1) |
| 競争率 | — | 1.00 | 1.00 | 1.00 |
| 合格平均点 | — | — | 151.2/300 | 179.2/300 |

※（ ）回し合格外数

## 費用

**《入学手続き時》**
| | |
|---|---|
| ○入学金・施設設備資金 | 432,000円 |

**《入学後》**
| | |
|---|---|
| ○授業料（普通科） | 396,000円 |
| ○教育充実費 | 108,000円 |
| ○諸会費 | 60,000円 |
| ○特別学習費（グローバル選抜探究コース・選抜コース1年のみ） | 30,000円 |

※その他学年費等必要

## 奨学金・特待制度

あり。詳細はお問合せください。

## 独自の留学制度

長期・短期留学プログラムあり

## 合格実績

2024年の進学状況（卒業者数102名）
関西国際大学進学32名

**国・公立大学合格**
神戸大1、大阪公立大2、お茶の水女子大1、広島大1、兵庫県立大1、大阪教育大1、他

**他の私立大学合格名**
関西学院大8、関西大5、同志社大4、立命館大2、近畿大9、甲南大25、龍谷大14、佛教大2、青山学院大1、中央大1、日本大1、摂南大1、神戸学院大20、関西外国語大1、同志社女子大6、武庫川女子大17、他。

**省庁大学校合格**
防衛医科大1。

## 学校PR

2025年度4月より、共学化（グローバル選抜探究、選抜コースのみ）・グローバル化いたします。これまでの100年で培った山手独自の教育に加え、新たな時代に求められるきめ細やかで豊かな教育を実践していきます。

# 神戸龍谷高等学校

## 学校インフォメーション

 制服　 公共機関 通学　 宗教教育 仏教　 ICT教育　 長期休暇講習 夏　 探究授業　 海外研修

 留学制度　 自習スペース　 図書館 蔵書数 30,000冊　 食堂　 スマホ持ち込み 条件付　 カウンセラー　 ネイティブ教員 ABC

**所在地** 〒651-0052　兵庫県神戸市中央区中島通5-3-1(本学舎)

| | |
|---|---|
| 電話 | 078-241-0076 |
| 創立 | 1921年 |
| 校長 | 山﨑 眞一郎 |

| | |
|---|---|
| 生徒数 | 男 501人 女 465人 |
| 併設校 | 神戸龍谷中学校　龍谷総合学園(加盟校) |
| WEB | https://www.koberyukoku.ed.jp/ |

## 教育方針・特色

コース制で目標進路を絞り込む。
《龍谷総合コース》21世紀型の学習として、アクティブラーニングや探究型の授業を多く取り入れ自立型の人材を育成する。
《特進文理Sコース》難関国公立大を目指すコース。文系、理系の区分にこだわらず、幅広い知識を身につける。
《特進グローバル文系コース》長期・短期の海外留学を活かし、実践的英語力を身につけ、難関私立大・国公立大文系を目指す。
《特進グローバル理系コース》国際理解教育だけでなく、理数科目にも力を入れる。短期の海外研修を実施し、グローバルな場で活躍できる人材を育成する。

## スクールライフ

| | |
|---|---|
| 登校時間 | 8:30 |
| 週登校日 | 5日制　第1・第3土曜あり |
| 学期制 | 3学期 |
| 制服 | あり(夏・冬)　※合服あり |
| 昼食 | 購買・食堂あり　弁当持参可 |
| 学校行事 | 6月/学園祭　9月/比叡山研修(1年生)　10月/体育大会 |
| 修学旅行 | 北海道(龍谷総合コース・文理Sコース)、アメリカ研修(グローバル理系コース)、ニュージーランド研修(グローバル文系コース) |
| 環境・施設 | 進路閲覧室(過去のデータが集積)、図書館(約30,000冊)、理科室、学習室、情報教室(40台以上のパソコン完備)、ビデオシアター教室、国際交流室、体育館(バスケットコート2面)、講堂(1300人収容)、校内食堂、瑞雲堂、AL-COMMONS |
| クラブ活動 | 【運動部】空手道、バスケットボール、少林寺拳法、新体操、テニス、バドミントン、陸上競技、バトントワラー、バレーボール、サッカーなど<br>【文化部】ESS、演劇、箏曲、茶道、JVC、吹奏楽、美術、野外活動、軽音楽、コーラスなど |
| 強化クラブ | 陸上競技、バスケットボール(女子)、空手道 |

## 2024年度 募集要項

○募集人数　普通科:男女260名(龍谷総合コース80名、特進グローバル文系コース40名、特進文理Sコース105名、特進グローバル理系コース35名)
　※国際入試は特進グローバル文系・理系コースの専願若干名。出願資格等、詳しくは学校にお問い合わせください。
○願書受付　1次:1/22(月)～1/25(木)web登録後(12/12～)書類提出、郵送出願(消印有効)
　1.5次:2/11(日)～2/15(木)web登録後書類提出
○選抜日時　1次:2/10(土)本学舎・明石会場
　1.5次:2/16(金)青谷学舎
○合格発表　1次:2/13(火)15:30web
　1.5次:2/18(日)10:00web
○入学手続　1次:専願2/13(火)～2/15(木) 併願3/21(木)、3/22(金)
　1.5次:専願2/19(月)～2/21(水) 併願3/21(木)、3/22(金)
○選抜方法　龍谷総合:国・数・英(各50分各100点)
　特進文理S:国・数・英・理・社(各50分各100点)理か社を選択
　特進グローバル文系:国・数・英2(リスニング含む)(各50分各100点)
　特進グローバル理系:国・数・英2(リスニング含む)・理(各50分各100点) 英2か理を選択
　※専願は30点加算(国際入試を除く)
　※英検取得者は2級以上30点、準2級20点、英検3級10点加算点あり
○受験料　20,000円
○提出書類　入学志願書・個人報告書(調査書)・英語資格証明証コピー(該当者)
○追加募集　1.5次:2/16
◆転・編入　受け入れあり(要相談)
◆帰国生　国際・帰国生入試実施

## 2024年度 入試結果

**龍谷総合**

| | 専願 | 併願B | 併願A |
|---|---|---|---|
| 応募者数 | 77 | 139 | 161 |
| 受験者数 | 76 | 138 | 160 |
| 合格者数 | 75 | 138(1) | 160(1) |
| 実質倍率 | 1.01 | 1.00 | 1.00 |
| 合格最低点 | 非公表 | 非公表 | 非公表 |

※( )内は回し合格外数

**特進文理S**

| | 専願 | 併願B | 併願A |
|---|---|---|---|
| 応募者数 | 40 | 141 | 359 |
| 受験者数 | 40 | 139 | 356 |
| 合格者数 | 40 | 138 | 356(1) |
| 実質倍率 | 1.00 | 1.01 | 1.00 |
| 合格最低点 | 191/400 | 181/400 | 200/400 |

※( )内は回し合格外数

**特進グローバル文系**

| | 看護進学 | | | I類GSC | | |
|---|---|---|---|---|---|---|
| | 専願 1次A | 併願B 1次B | 併願A 1.5次 | 専願 1次A | 併願B 1次B | 併願A 1.5次 |
| 応募者数 | 10 | 43 | 99 | 11 | 23 | 70 |
| 受験者数 | 10 | 43 | 98 | 11 | 23 | 67 |
| 合格者数 | 10 | 43 | 97 | 11 | 23 | 66 |
| 実質倍率 | 1.00 | 1.00 | 1.01 | 1.00 | 1.00 | 1.02 |
| 合格最低点 | 270/400 | 213/400 | 226/400 | 257/400 | 263/400 | 270/400 |

## 学校PR

一人ひとりの夢を実現するために、4つのコースを設けています。自ら学ぶ力を身につけ、考え、行動する能力を養う龍谷総合コース。国公立大学や医歯薬系学部など難関大学を目指す特進文理Sコース。多彩な留学制度を導入し、全員が留学を体験できる特進グローバル文系コース。英語と理系の両方を強化し、アメリカ研修で最先端の研究にふれることのできる特進グローバル理系コースがあります。

**神戸龍谷高**

**アクセス**
JR神戸線・阪急神戸線・阪神電鉄三宮駅より
市バス青谷下車徒歩5分
地下鉄新神戸駅・阪急王子公園駅下車徒歩20分

## 費用

《入学手続き時》

| | |
|---|---|
| ○入学金 | 200,000円 |
| ○施設費 | 120,000円 |
| ○諸費 | 11,500円 |

《入学後》

| | |
|---|---|
| ○授業料 | 408,000円 |
| ○設備拡充費・諸会費 | 34,800円 |
| ○学習室運営管理費 | 3,000円 |

※修学旅行積立金等別途必要

## 奨学金・特待制度

本願寺奨学金、留学特別奨学金、中学校の成績・入試成績における奨学金、兄弟姉妹卒業生における奨学金

## 独自の留学制度

特になし

## 合格実績

2024年の進学状況(卒業者数286名)
**国・公立大学合格21(18)名**
大阪大3(1)、神戸大1(1)、大阪公立大1(1)、神戸市外国語大5(5)、兵庫県立大1(1)、滋賀県立大1(1)、兵庫教育大1(1)、神戸市看護大1(1)、他。

**私立大学合格638(568)名**
関西学院大45(41)、関西大13(13)、同志社大14(9)、立命館大16(12)、京都産業大9(7)、近畿大95(77)、甲南大36(35)、龍谷大53(44)、上智大2(1)、中央大1(1)、日本大1(1)、駒澤大1(1)、専修大2(2)、大阪医科薬科大1、関西医科大6(1)、大阪歯科大1(1)、神戸薬科大1(1)、摂南大11(11)、神戸学院大64(50)、追手門学院大37(37)、京都外国語大14(14)、関西外国語大29(29)、大阪経済大2、大阪工業大16(16)、京都女子大10(10)、神戸女学院大4(4)、武庫川女子大21(21)、甲南女子大11(11)、神戸女子大17(14)、他。

短期大学合格26名
専門学校合格15名
就職2名

※( )内は現役合格内数

# 三田学園高等学校

## 学校インフォメーション

 制服
 通学 自転車通学可
 ICT教育
 長期休暇講習 夏
 海外研修
 プール 屋外
 自習スペース

 図書館 蔵書数 58,000冊
 人工芝グラウンド
 食堂
 カウンセラー
 ネイティブ教員 ABC
 英語イマージョン Math

**所在地** 〒669-1535 兵庫県三田市南が丘2-13-65

電話　079-564-2291
創立　1912年
校長　眞砂 和典

生徒数　男 572人 女 258人
併設校　三田学園中学校
WEB　https://www.sandagakuen.ed.jp/

**アクセス**
神戸電鉄三田線横山駅下車徒歩1分

## 教育方針・特色

1912年に英国のパブリックスクールをモデルに開校した、100年以上の歴史がある伝統校です。国の登録有形文化財である開校以来の木造校舎は、現在でも中学1年生が学ぶ"現役"。
校訓は「質実剛健・親愛包容」。質実剛健とは自らを飾らずたゆまぬ努力で鍛えること、親愛包容とは温かく包み込むような心で他者に接すること。教育理念には「知・徳・体」のバランスのとれた全人教育を据え、勉学と部活動の両立を奨励しています。

## スクールライフ

| | |
|---|---|
| 登校時間 | 8:30 |
| 週登校日 | 6日制　月1回土曜日休み（不定期） |
| 学期制 | 3学期 |
| 制服 | あり（夏・冬） |
| 昼食 | 購買・食堂あり　弁当持参可 |
| 学校行事 | 体育大会：9月　桜陵祭（文化祭）：10月 |
| 修学旅行 | 2年生11月　4泊5日　東京またはシンガポール |
| 環境・施設 | 人工芝グラウンド（全国屈指の24000㎡）、図書館、全教室Wi-Fi完備、一人一台タブレット、自習室、ホール（約750人定員）、全天候型400mトラック、プール、体育館、弓道場、テニスコート（10面） |
| クラブ活動 | 〈運動部〉高校硬式野球部、柔道部、バレーボール部、サッカー部、剣道部、ハンドボール部、水泳部、陸上競技部、バドミントン部、バスケットボール部、弓道部、卓球部、テニス部、ダンス部<br>〈文化部〉物理部、放送部、化学部、ESS部、美術部、吹奏楽部、文芸部、軽音楽部、鉄道研究部、写真部、コミック研究部、日本文化研究部（JCA） |
| 強化クラブ | 硬式野球部（男子）、サッカー部（男子） |

## 2024年度 募集要項

○募集人数　普通科：男女約40名
　　　　　　※B方式（推薦入試・専願）は約30名までとする
○願書受付　web登録後（1/5〜）所属中学から必要書類郵送
　　　　　　1/18（木）〜1/26（金）必着
　　　　　　※B方式は出願条件あり、事前に入試説明会
　　　　　　への参加が必要
○選抜日時　2/10（土）
○合格発表　2/13（火）10:00web
○入学手続　専願：2/16（金）15:00まで
　　　　　　併願：3/22（金）15:00まで
○選抜方法　国・数・英（リスニング含む）（各60分各100
　　　　　　点）・面接（専願）
○受験料　20,000円
○提出書類　入学志願書・個人報告書（調査書）
○追加募集　1.5次：ー　2次：ー
◆転・編入　特になし
◆帰国生　特別対応なし

## 2024年度 入試結果

| 普通 | A方式（一般専願） | A方式（一般併願） | B方式（推薦） |
|---|---|---|---|
| 応募者数 | 15 | 63 | 36 |
| 受験者数 | 15 | 63 | 36 |
| 合格者数 | 11 | 62 | 36 |
| 実質倍率 | 1.36 | 1.02 | 1.00 |
| 合格最低点 | ー | ー | ー |

## 学校PR

今後の高度情報化社会で生き抜く力をつけるために、ICT教育にも力を入れ、全国でもいち早く2016年度より一人一台のタブレットや全教室に電子黒板・Wi-Fiの導入を開始。2020年のコロナによる休校時も、すぐリモートによる学習体制に移行し学力を保証できた。
創立以来の家庭的な温かい雰囲気を受け継いだ制度として「学年担任制」がある。これは、学年の担任団全員で指導にあたり、生徒一人一人の個性を担任団全員が熟知し、協力しながら生徒の長所を伸ばします。

## 費用

《入学手続き時》
○入学金　　　　　　　　　300,000円
○施設設備費　　　　　　　200,000円

《入学後》
○授業料　　　　　　　　　436,800円
○教育施設充実基金　　　　 57,600円
○教育充実費　　　　　　　 60,000円
○生徒会費　　　　　　　　　8,400円
○育友会費　　　　　　　　 12,000円
　　　　　（計574,800円　※年額）

## 奨学金・特待制度

・授業料軽減補助制度
　所得に応じて国の就学支援制度と県の授業料軽減助成を受けることができます。
・奨学金制度
　入学後の成績優秀者に対し、本校独自の奨学金を支給します。

## 独自の留学制度

中期留学（4〜10週間）ニュージーランド
多文化研修（短期）ニュージーランド、オーストラリア

## 合格実績

**2024年の進学状況（卒業者数279名）**
国・公立大学合格129（114）名
京都大9（7）、東京工業大2（1）、大阪大12（11）、神戸大12（11）、北海道大2（1）、東北大1（1）、名古屋大1、九州大3（3）、大阪公立大17（16）、筑波大4（4）、横浜国立大1（1）、京都工芸繊維大2（2）、奈良女子大1（1）、岡山大5（5）、広島大5（4）、滋賀大3（1）、和歌山大1（1）、山口大1（1）、兵庫県立大9（8）、奈良教育大1（1）、滋賀県立大1（1）、他。

**私立大学合格**
関西学院大175（155）、関西大76（63）、同志社大127（111）、立命館大54（44）、京都産業大10（10）、近畿大162（142）、甲南大44（40）、龍谷大33（23）、早稲田大11（10）、慶應義塾大3（2）、上智大2、東京理科大5（1）、明治大6（3）、青山学院大1（1）、立教大4（3）、中央大9（6）、法政大1（1）、大阪医科薬科大4（3）、関西医科大3（3）、大阪歯科大1（1）、京都薬科大2（2）、神戸薬科大8（7）、摂南大22（22）、神戸学院大18（16）、追手門学院大3（3）、桃山学院大3（3）、関西外国語大8（8）、大阪経済大10（10）、大阪工業大22（22）、京都女子大4（4）、同志社女子大13（13）、神戸女学院大12（12）、武庫川女子大14（14）、他。

省庁大学校合格1（1）名
防衛医科大1（1）。
※（）内は現役内数

# 三田松聖高等学校

## 学校インフォメーション

 制服
 自転車通学可／スクールバス／通学
 ICT教育
 長期休暇講習
 探究授業
 図書館
 人工芝グラウンド
 エレベーター
 食堂
 スマホ持ち込み
 カウンセラー
 奨学生制度
 高大連携
 ネイティブ教員

**所在地** 〒669-1342 三田市四ツ辻1430

| | |
|---|---|
| 電話 | 079-568-1001 |
| 創立 | 1919年 |
| 校長 | 廣瀬 雅樹 |

| | |
|---|---|
| 生徒数 | 男 468人 女 196人 |
| 併設校 | 湊川短期大学 |
| WEB | http://www.sandashosei.net |

**アクセス**
JR宝塚線相野駅下車徒歩5分
西脇・加東・小野方面スクールバスあり

## 教育方針・特色

和敬協調、自律自学の信念のもと、心身を鍛錬し、優れた英知と豊かな情操を備えた、清く正しく強い、社会貢献のできる青少年を育成する。

## スクールライフ

| | |
|---|---|
| 登校時間 | 8:45 |
| 週登校日 | 5日 変則実施(特進は6日制) |
| 学期制 | 3学期 |
| 制服 | あり(夏・冬) |
| 昼食 | 学食あり 弁当持参可 |
| 学校行事 | 松聖祭(6月)、体育祭(10月)、合唱コンクール[1・2年生](11月) など |
| 修学旅行 | 2年生1月 3泊4日 国内予定 |
| 環境・施設 | 六甲山系を一望できる小高い相野の丘にあり、緑に囲まれ静かな環境。本館・東館校舎、記念体育館、菊水清舎、総合グラウンド野球場、陸上練習場、人工芝サッカーグラウンドなどの施設。 |
| クラブ活動 | 硬式野球・男子バスケットボール・女子バスケットボール・女子バレーボール・男子サッカー・陸上競技・水泳・硬式テニス(男)・男子ソフトテニス・女子ソフトテニス・卓球・少林寺拳法・ダンス・剣道・アーチェリー・吹奏楽・写真・花と自然・新聞文芸・英語・囲碁将棋・書道・美術・放送・コンピューター・歴史研究(同好会)・理科研究(同好会)・演劇(同好会) |
| 強化クラブ | 硬式野球(男子)・バスケットボール(男子)・バスケットボール(女子)・バレーボール(女子)・サッカー(男子)・吹奏楽(男女) |

## 2024年度 募集要項

○募集人数 普通科:男女210名(特別進学コース30名、総合コース・進学アスリートコース180名)
※進学アスリートコースは専願のみ

○願書受付 1/26(金)～1/29(月) web登録後(12/11～)書類提出、郵送(1/29(月)必着)

○選抜日時 2/10(土)本校、関西学院大学神戸三田キャンパス

○合格発表 2/13(火)16:00web、郵送

○入学手続 専願:2/20(火)まで
併願:3/21(木)12:00まで

○選抜方法 国・数・英(各50分各100点)

○受験料 20,000円

○提出書類 個人報告書(調査書)

○追加募集 1.5次:—  2次:—

◆転・編入 特になし

◆帰国生 帰国子女については要問合せ

## 2024年度 入試結果

### 特別進学コース

| | 専願 | 併願 |
|---|---|---|
| 応募者数 | 5 | 464 |
| 受験者数 | 5 | 464 |
| 合格者数 | 4 | 457 |
| 実質倍率 | 1.25 | 1.02 |
| 合格最低点 | 157/300 | |

### 総合コース

| | 専願 | 併願 |
|---|---|---|
| 応募者数 | 86 | 1,353 |
| 受験者数 | 85 | 1,336 |
| 合格者数 | 84 | 1,336 |
| 実質倍率 | 1.01 | 1.00 |
| 合格最低点 | 83/300 | |

※回し合格(専1・併10)含まない

### 進学アスリートコース

| | 専願 |
|---|---|
| 応募者数 | 53 |
| 受験者数 | 52 |
| 合格者数 | 51 |
| 実質倍率 | 1.02 |
| 合格最低点 | 83/300 |

## 費用

| | |
|---|---|
| ○入学金 | 150,000円 |
| ○施設費 | 50,000円 |
| ○学年諸経費 | 60,000円 |
| ○学用品一式 | 約120,000円 |
| ○授業料 | 450,000円 |
| ○諸会費 | 18,000円 |
| ○修学旅行積立金 | 110,000円 |
| ○ipad利用料 | 37,008円 |

＊高校就学支援金による授業料軽減措置があります。各府県編の最初のページを参照してください。

## 奨学金・特待制度

学力奨学生制度…3年生英語の評定4かつ5教科評定合計基準が専願・併願別にある。そして入試当日の成績が優秀。
体育奨学生制度(専願)…野球・サッカー・陸上競技・男バスケ・女バスケ・女バレー中心。
文化奨学生制度(専願)…吹奏楽中心。
奨学金月額:A奨学生3万円、B奨学生2万円、C奨学生1万円。
奨学生は入学金免除のみ。
学力・体育のA・B・C奨学生はすべて入学金の免除。

## 独自の留学制度

特になし

## 合格実績

**2024年の進学状況(卒業者数220名)**
**私立大学合格**
立命館大、甲南大、日本大、摂南大、神戸学院大、追手門学院大、桃山学院大、京都外国語大、関西外国語大、大阪経済大、武庫川女子大、甲南女子大、神戸親和大、大阪学院大、関西国際大、大阪体育大、大阪産業大、大阪電気通信大、大阪経済法科大、大和大、大手前大、流通科学大、神戸芸術工科大、大阪芸術大、阪南大、国士舘大、帝京大、亜細亜大、他。

## 学校PR

2019年の創立100周年記念の人工芝サッカーグラウンドをはじめ、野球場・陸上競技場・記念体育館など体育活動に十分な施設を備えています。また、自然豊かで静かな学習環境です。昨年度から進学アスリートコースをスタートしています。

# 夙川高等学校
SHUKUGAWA

## 学校インフォメーション

 制服
 公共機関 通学
 学内予備校
 ICT教育
 長期休暇講習
 習熟度別授業
 海外研修

 留学制度
 人工芝グラウンド
 食堂
 スマホ持ち込み
 カウンセラー
 ネイティブ教員
 英語イマージョン

**所在地** 〒652-0043 神戸市兵庫区会下山町1-7-1

| | | | |
|---|---|---|---|
| 電話 | 078-578-7226 | 生徒数 | 男 165人 女 179人 |
| 創立 | 1880年 | 併設校 | 夙川中学校 |
| 校長 | 土屋 博文 | WEB | https://www.sumashuku.jp/ |

夙川高等学校

**アクセス**
神戸電鉄湊川駅・
神戸市営地下鉄湊川公園駅より徒歩約12分

## 教育方針・特色

「Learning for tomorrow〜明日への学び〜」をスローガンに、生徒一人ひとりの個性を尊重し、生徒の「個性」・「得意」を伸ばし希望する進路の実現を目指す教育を実践しています。2019年より学校法人須磨学園の運営となり、須磨学園と同じ教育プログラムを導入しています。さらに少人数制にて学級運営を行っており、よりきめ細かい指導を行っています。

## スクールライフ

| | |
|---|---|
| 登校時間 | 8:30 |
| 週登校日 | 6日制 隔週土曜日休日 |
| 学期制 | 3学期 |
| 制服 | あり(夏・冬) オプション制服あり |
| 昼食 | 食堂あり 弁当持参可 |
| 学校行事 | 古都研修(高1)・東京研修(高2)・広島平和学習(高3) 2年生10月 東京など 4泊5日 |
| 環境・施設 | 講堂・人工芝グラウンド・武道場・化学実験室 など |
| クラブ活動 | 陸上競技部、バスケットボール部、ゴルフ部、テニス部、柔道部、空手道部、バドミントン部、卓球部、ダンス部、水泳部、剣道部、軟式野球部、ESS部、クッキング部、理科研究部、放送部、吹奏楽部、箏曲部、茶道部、美術部、ボランティア部、囲碁・将棋部、歴史研究部、書道部、軽音楽部、クイズ研究部、文芸部、華道部、競技カルタ |
| 強化クラブ | 特になし |

## 費用

**《入学手続き時》**

| | |
|---|---|
| ○入学金 | 220,000円 |
| ○施設設備費 | 200,000円 |
| ○その他 | 160,000円 |

**《入学後》**

| | |
|---|---|
| ○授業料(月額) | 44,000円 |
| ○育友会・生徒会費等(月額) | 2,000円 |
| ○その他 生徒使用教材費等(月額) | |
| ○旅行積立金 | 8,000円 |
| ○諸費用預り金 | 6,000円 |
| ○制携帯基本料金 | 3,900円 |
| ○パソコンリース料 | 4,600円 |

※国の就学支援金及び兵庫県授業料軽減補助金は含んでいません。

## 2024年度 募集要項

○**募集人数** 普通科:男女160名(前期:特進コース80名、進学コース80名、後期:各コース若干名)
○**願書受付** 前期:1/18(月)〜1/23(木) 14:00 郵送の場合必着
後期:3/21(金)〜3/22(月) 12:00 郵送(必着)
○**選抜日時** 前期:2/10(土) 後期:3/25(月)
○**合格発表** 前期:2/13(火)郵送
後期:3/26(火)11:00手渡し
○**入学手続** 前期:専願2/16(金)まで
併願3/19(火)〜3/21(木)午前
後期:3/26(火)11:00
○**選抜方法** 国・数(各60分各100点)・英(前期はリスニング含む70分、後期は60分100点)・面接(5〜6名グループ、前期は併願の一部と専願、後期は全員)
○**受験料** 20,000円
○**提出書類** 入学志願書・個人報告書(調査書)
○**追加募集** 1.5次:— 2次:後期3/25
◆**転・編入** 受け入れあり(要相談)
◆**帰国生** 特別対応なし

## 2024年度 入試結果

| 特進コース | 専願 | 併願 | 進学コース | 専願 | 併願 |
|---|---|---|---|---|---|
| 応募者数 | 16 | 69 | 応募者数 | 5 | 12 |
| 受験者数 | 16 | 68 | 受験者数 | 5 | 12 |
| 合格者数 | 15 | 65 | 合格者数 | 5 | 15 |
| 実質倍率 | 1.00 | 1.00 | 実質倍率 | 1.00 | — |
| 合格最低点 | 155/300 | 165/300 | 合格最低点 | 非公表 | 150/300 |

※回し合格含む

## 奨学金・特待制度

○須磨夙川奨学金制度
SS特待:前期入試成績上位5%以内→入学金・施設設備費相当額支給
S特待:前期入試成績上位10%以内(SS特待5%除く)→入学金相当額支給

## 独自の留学制度

| | |
|---|---|
| 留学先 | カナダ／イギリス／アメリカ |
| 学年 | 高1 |
| 内容 | いずれも16日間の短期留学 |
| 費用 | 650,000円〜 |

## 合格実績

**2024年の進学状況(卒業者数54名)**
国・公立大学合格4名
兵庫県立大1、島根大1、琉球大2

私立大学合格119名
関西学院大1、関西大1、同志社大1、京都産業大5、近畿大9、甲南大6、龍谷大2、佛教大5、中央大1、日本大1、兵庫医科大2、神戸薬科大1、摂南大13、神戸学院大20、京都外国語大1、関西外国語大2、大阪経済大2、大阪工業大4、神戸女学院大5、武庫川女子大2、甲南女子大4、大阪芸術大1、他。

## 学校PR

「なりたい自分」になるため、目標設定と計画的な時間活用のために「PM・TM(プロジェクトマネジメント・タイムマネジメント)」に取り組む時間を毎週金曜日に設けています。学校生活・学習計画を立案し実行する習慣を身に付けることができます。また塾や予備校に通うことなく学校の教育で大学現役合格を目指します。放課後には「特別講座」を始め、学校の中で自ら学べる機会を数多く設けています。

# 高 神港学園高等学校

## 学校インフォメーション

 制服
 自転車通学可 通学
 学内予備校
 ICT教育
 長期休暇講習 夏・冬・春
 習熟度別授業
 自習スペース

 蔵書数 40,000冊 図書館
 食堂
 条件付 スマホ持ち込み
 カウンセラー
 ネイティブ教員

| | | | |
|---|---|---|---|
| **所在地** | 〒650-0003 | 神戸市中央区山本通4丁目19番20号 | |
| 電話 | 078-241-3135 | 生徒数 | 男 594人 女 208人 |
| 創立 | 1925年 | 併設校 | なし |
| 校長 | 中野 憲二 | WEB | https://www.shinko.ed.jp/ |

## 教育方針・特色

校訓 進取：勇気をもって、積極的に新しいことに挑戦しようとする気概を育む。
　　 錬磨：文武兼備を目指して、常に心身を鍛え磨き、実践に励み、高い知性と健全な身体を培い、強固な意志とたくましい実践力を養う。
　　 礼節：礼儀を尊び、節度を重んじ、尊敬される品性と態度を培う。
目指す学校像　校訓「進取・錬磨・礼節」の具現化に向け、すべてのコースがその特徴を遺憾なく発揮する魅力あふれる、学校を目指す。
　　　　　　　人権意識を持ち、生徒が安心・安全な学校生活を送り、文武兼備を誇れる学校を目指す。

## スクールライフ

| | |
|---|---|
| 登校時間 | 8:30 |
| 週登校日 | 5日制 |
| 学期制 | 3学期 |
| 制服 | あり（夏・冬）合服もあり |
| 昼食 | 購買・食堂有り　弁当持参可 |
| 学校行事 | 文化祭、体育大会、各学年校外学習、修学旅行、各種講演会 等 |
| 修学旅行 | 2学年 オーストラリア、沖縄 |
| 環境・施設 | 全館空調設備が整い、柔道場・剣道場・空手道場・卓球場を備えた体育館、屋上テニスコート、校舎の北には北グランドが、神戸市北区大池には総合グランド、専用野球場、合宿所もあります。 |
| クラブ活動 | 運動部：硬式野球部（男）、軟式野球部（男）、柔道部（男・女）、バレーボール部（男）、剣道部（男・女）、空手道部（男・女）、ゴルフ部（男・女）、サッカー部（男）、バスケットボール部（男・女）、テニス部（男）、ハンドボール部（男）、陸上競技部（男・女）、射撃部（男・女）、卓球部（男・女）、山岳部（男・女）<br>文化部：ブラスバンド部（男・女）、図書部（男・女）、パティシエ部（男・女）、写真部（男・女）、観光ガイド部（男・女）、放送部（男・女）、サイエンス部（男・女）、美術部（男・女）、鉄道研究部（男・女）、華道部（男・女）、書道部（男・女） |
| 強化クラブ | 硬式野球（男子）、柔道（男女）、空手道（男女）、バレーボール（男子）、バスケットボール（女子） |

## 2024年度 募集要項

○募集人数 普通科：男女310名（特進コース30名、進学コース120名、総合進学コース120名、トップアスリートコース40名）
○願書受付 1次：1/9（火）～1/22（月）web登録後中学校より書類提出、郵送（1/23必着）
　　　　　※トップアスリートコースは出願資格（部活動推薦またはスポーツ実績）必要
○選抜日時 1次：2/10（土）　2次：3/25（月）
○合格発表 1次：2/13（火）16:00web
○入学手続き 1次：専願：2/16（金）まで　併願：3/26（火）まで
○選抜方法 国・数・英（各50分）・面接（部活動推薦以外の専願）
　　　　　※専願は英検・漢検・珠算検定各3級以上、諸活動で加算点あり（1項目10点、最大30点）
○受験料 20,000円
○提出書類 個人報告書（調査書）・専願優遇措置申込書（該当者）
○追加募集 1.5次： ―　　2次：3/25
◆転・編入 受け入れあり（要相談）
◆帰国生 特別対応なし

## 2024年度 入試結果

| 特進コース | 専願 | 併願 | 進学コース | 専願 | 併願 |
|---|---|---|---|---|---|
| 応募者数 | 12 | 25 | 応募者数 | 22 | 109 |
| 受験者数 | 12 | 25 | 受験者数 | 22 | 108 |
| 合格者数 | 11 | 24 | 合格者数 | 22 | 108 |
| 実質倍率 | 1.09 | 1.04 | 実質倍率 | 1.00 | 1.00 |
| 合格最低点 | 154/300 | 172/300 | 合格最低点 | 118/300 | 137/300 |

※進学コースへ回し合格（専1・併1）含まない
※総合進学コースへ回し合格（　）含まない

| 総合進学コース | 専願 | 併願 | トップアスリートコース | 専願 | 併願 |
|---|---|---|---|---|---|
| 応募者数 | 95 | 206 | 応募者数 | 57 | 11 |
| 受験者数 | 94 | 206 | 受験者数 | 57 | 10 |
| 合格者数 | 93 | 205 | 合格者数 | 57 | 10 |
| 実質倍率 | 1.01 | 1.00 | 実質倍率 | 1.00 | 1.00 |
| 合格最低点 | 101/300 | 116/300 | 合格最低点 | 非公表 | 非公表 |

※総合進学コースへ回し合格（　）含まない

## 学校PR

神港学園は2024年には創立100周年を迎える伝統校です。
国際色豊かな環境に恵まれたこの神戸の地から、夢に向かって果敢に挑もう。遥か大きな目標に向かって、熱い希望と情熱を胸に進むべき時はいま、勉学にいそしみ、スポーツに打ち込み、若い情熱を傾けよう。誠実で頼りがいのある先生たち、明るく楽しい快活な多くの先輩が君を待っています。さあ、歴史と伝統にあふれたこの神戸の丘から、共に大きな夢に挑もう。

## アクセス
JR神戸線・阪神電鉄元町駅下車徒歩10分
地下鉄西神山手線県庁前駅下車徒歩5分
阪急電鉄神戸三宮駅下車北西へ徒歩15分

## 費用

《入学手続き時》
| | |
|---|---|
| ○入学金 | 200,000円 |
| ○諸費 | 240,000円 |
| ○学年費一部 | 100,000円 |
| ○制服等指定品（男子） | 約78,000円 |
| 　　　　　　　（女子） | 約80,000円 |

《入学後》（月額）
| | |
|---|---|
| ○授業料 | 34,000円 |
| ○諸経費 | 9,300円 |
| ○修学旅行積立金（国内） | 6,500円 |

※高校就学支援金による授業料軽減措置があります。各府県の最初のページを参照してください。

## 奨学金・特待制度

神港学園スカラシップ制度
兄弟姉妹在学免除制度

## 独自の留学制度

特になし

## 合格実績

2024年の進学状況（卒業者数258名）
国・公立大学合格
広島市立大

私立大学合格199名
関西学院大、関西大、同志社大、京都産業大、近畿大、中央大、東洋大、神戸薬科大、神戸学院大、追手門学院大、桃山学院大、京都外国語大、関西外国語大、大阪経済大、武庫川女子大、神戸女子大、大阪音楽大、関西国際大、阪南大、大和大、びわこ成蹊スポーツ大、仙台大、國學院大、福井工業大、他。

兵庫

共学校

# 須磨学園高等学校

## 学校インフォメーション

 制服
 公共機関 通学
 ICT教育
 長期休暇講習
 習熟度別授業
 海外研修
 留学制度
 屋外プール
 自習スペース
 蔵書数 45,000冊 図書館
 食堂
 スマホ持ち込み
 カウンセラー
 ネイティブ教員

**所在地** 〒654-0009 神戸市須磨区板宿町3-15-14

電話 078-732-1968
創立 1922年
校長 堀井 雅幸

生徒数 男 633人 女 562人
併設校 須磨学園中学校
WEB https://www.suma.ac.jp/

須磨学園高

## 教育方針・特色

「to be myself,… なりたい自分になる。そして…」をスローガンに、一人ひとりの自己実現を目指している。そして、須磨学園は時代の要請と社会の要求に応えることを目標とし、次の段階の教育を受けるに相応しい学力と人間性を兼ね備えた目的意識の高い生徒の育成を目指している。

## スクールライフ

| | |
|---|---|
| 登校時間 | 8:30 |
| 週登校日 | 6日制 I類、Ⅱ類は隔週土曜日登校 |
| 学期制 | 3学期 |
| 制服 | あり(夏・冬) |
| 昼食 | 購買・食堂あり 弁当持参可 |
| 学校行事 | 文化祭(6月)、体育祭(10月) |
| 修学旅行 | 高1 古都研修(2泊3日)<br>高2 東京研修(4泊5日)<br>高3 広島平和学習 |
| 環境・施設 | 武道館・総合グラウンド(全天候型トラック)・50mプール・体育館・サンドグラステニスコート・球技グラウンド・弓道場・アーチェリーレンジ・音楽室・マルチメディア室・図書館・調理室・物理・地学実験室・生物・化学実験室・学生会館・食堂・被服室・技術室・美術室・スクールバス。(全館冷暖房完備) |
| クラブ活動 | ○運動部:弓道・バスケットボール・陸上競技・ソフトテニス・ハンドボール・水泳・サッカー・硬式野球・チアリーディング・ダンス・アーチェリー・空手道・硬式テニス・卓球・バドミントン・ソフトボール・剣道<br>○文化部:吹奏楽・弦楽・管弦楽・茶道・理科研究・華道・放送・美術・ESS・競技かるた・合唱・ギター・軽音楽・箏曲・ハンドベル・文芸・コンピュータ書道・演劇・英語研究・国語研究・数学研究・社会研究・鉄道研究・料理研究・クイズ研究会 |
| 強化クラブ | 陸上長距離(男女)、水泳(男女)、ソフトテニス(女子)、吹奏楽・弦楽(男女) |

## 2024年度 募集要項

○募集人数 普通科:男女280名(I類(国公立大学・難関私立大学・スポーツ・芸術推薦制)40名、Ⅱ類(難関国公立大学)160名、Ⅲ類英数(最難関国公立大学 文系・理系)40名、Ⅲ類理数(最難関国公立大学 医歯薬理系)40名)帰国生若干名募集あり。詳細は学校にお問い合わせください。

○願書受付 前期:1/18(木)～1/23(火)14:00 窓口出願または郵送(必着)
後期:3/19(火)～3/22(金)12:00 窓口出願または郵送(必着)
※チャレンジ受験(前期合格者のうち後期で希望順位に再チャレンジする者対象※(I類除く)は、後期受付期間に加えて2/17(土)9:00～13:00も出願可
※前期AOは専願、出願時に作文提出が必要(600字以内)、一般は併願

○選抜日時 前期:2/10(土) 後期:3/25(月)

○合格発表 前期:2/13(火)中学校宛郵送
後期:3/26(火)11:00手渡し ※チャレンジ受験は12:30手渡し

○入学手続 前期:AO 2/16(金)まで
一般 3/19(火)～3/21(木)
後期:3/26(火)

○選抜方法 前期:国・数(各60分各100点)・英(リスニング10分含む)(70分100点)・面接(5～6名グループ)
※面接はAO、I類、県外生・過年度生等
後期:国・数・英(各60分各100点)・面接(グループ)
チャレンジ:国・数・英(各60分各100点)・面接なし

○受験料 20,000円

○提出書類 入学志願書・個人報告書(調査書)・作文(AO)

○追加募集 1.5次:― 2次:後期3/25

◆転・編入 受け入れあり(要相談)

◆帰国生 帰国子女入試(前後期)実施

## 2024年度 入試結果

| | I類 AO(専願) | I類 一般(併願) | Ⅱ類 AO(専願) | Ⅱ類 一般(併願) |
|---|---|---|---|---|
| 応募者数 | 32 | 3 | 19 | 177 |
| 受験者数 | 32 | 1 | 19 | 173 |
| 合格者数 | 32 | 1 | 48 | 962 |
| 実質倍率 | 1.00 | 1.00 | ― | ― |
| 合格最低点 | 非公表 | 非公表 | 152/300 | 162/300 |

※回し合格含む

| | Ⅲ類英数 AO(専願) | Ⅲ類英数 一般(併願) | Ⅲ類理数 AO(専願) | Ⅲ類理数 一般(併願) |
|---|---|---|---|---|
| 応募者数 | 14 | 381 | 55 | 1283 |
| 受験者数 | 14 | 376 | 55 | 1252 |
| 合格者数 | 16 | 384 | 17 | 448 |
| 実質倍率 | ― | ― | 3.24 | 2.79 |
| 合格最低点 | 181/300 | 190/300 | 192/300 | 202/300 |

※回し合格含む

## 学校PR

・ダブルスクール不要で、難関国公立大学への現役合格を目標とした手厚い指導体制
・3つの類型を設置し、一人ひとりの生徒の夢を実現させるため、基礎学力の養成、進路情報の提供などそれぞれの類型で丁寧に指導
・多彩な行事や設備環境・指導者の揃った充実した部活動
・PM(プロジェクトマネジメント)・TM(タイムマネジメント)を活用して自己理解力を育む
・禁止するより危険性やモラルを教えて正しく使いこなすことを目的に制携帯(スマートフォン)・PCを導入
これらの多彩なプログラムがある須磨学園で、「なりたい自分」を実現しましょう。

## アクセス

山陽電鉄・地下鉄西神山手線板宿駅下車徒歩約15分
神戸市営バス川上町バス停下車徒歩約5分

## 費用

《入学手続き時》
○入学金 220,000円
○施設設備費 220,000円
○制服・学用品等 140,000円

《入学後》(月額)
○授業料 48,000円
○育友会・生徒会費等 2,000円
○旅行積立金 8,000円
○諸費用預り金 6,000円
○制携帯基本料金 3,900円
○パソコンリース料 3,100円

## 奨学金・特待制度

・学習成績奨学金制度
・運動・芸術奨学金制度
・兄弟姉妹在学優遇制度
・須磨学園奨学金貸与制度

## 独自の留学制度

| | |
|---|---|
| 留学先 | カナダ(ブリティッシュコロンビア大学)<br>イギリス(オックスフォード大学・ケンブリッジ大学) |
| 学年 | 高1 |
| 内容 | 希望者対象短期留学 |
| 費用 | 約580,000円～598,000円 |

※参加人数、社会情勢等により金額は変動します。

## 合格実績

**2024年の進学状況(卒業者数495名)**
**国・公立大学合格304名**
東京大10(2)、京都大18(1)、東京工業大1、大阪大3(3)、神戸大54(5)、北海道大5、東北大5(1)、名古屋大5、九州大7(1)、大阪公立大20(2)、筑波大1、横浜国立大1、国際教養大1、京都工芸繊維大1、奈良女子大2、神戸市外国語大1、岡山大12(2)、広島大6、滋賀大4、和歌山大1、山口大1、兵庫県立大37(5)、大阪教育大1、奈良教育大1、他。
**私立大学合格1619名**
関西学院大403(23)、関西大74(3)、同志社大177(24)、立命館大228(22)、京都産業大54(1)、近畿大245(12)、甲南大47(9)、龍谷大5(1)、早稲田大20(5)、慶應義塾大11(2)、上智大5(2)、東京理科大23(14)、明治大15(4)、青山学院大3、立教大2、中央大10、法政大4(1)、学習院大1、日本大2、東洋大1、専修大2(2)、大阪医科薬科大6、関西医科大3(1)、兵庫医科大18(4)、大阪歯科大5(3)、京都薬科大9(2)、神戸薬科大28(1)、摂南大2、神戸学院大19(1)、追手門学院大1、桃山学院大1、関西外国語大9、大阪工業大11(3)、京都女子大13(1)、同志社女子大10、神戸女学院大6、武庫川女子大36(3)、津田塾大1、他。
**省庁大学校合格32名**
防衛医科大10、防衛大22。
※( )内は既卒生内数

# 蒼開高等学校

## 学校インフォメーション

 制服
 自転車通学可 スクールバス 通学
 ICT教育
 長期休暇講習
 習熟度別授業
 学生寮
 自習スペース
 蔵書数 30,000冊 図書館
 バリアフリー
 エレベーター
 条件付 スマホ持ち込み
 カウンセラー
 奨学金制度
 ネイティブ教員

**所在地** 〒656-0013　兵庫県洲本市下加茂1-9-48

| | | | |
|---|---|---|---|
| 電話 | 0799-22-2552 | 生徒数 | 男 97人 女 101人 |
| 創立 | 1913年 | 併設校 | 蒼開中学校　柳幼稚園 |
| 校長 | 阪口 寛明 | WEB | https://www.yanagi-h.ed.jp/soukai/ |

## 教育方針・特色

「社会に貢献できる人材の育成」を建学の精神にして、淡路島から日本、世界へはばたくグローバルな能力を養い、クラブ活動を通して責任感や自主性を養います。一クラス30人以内の少人数制のなかで、一人ひとりに寄り添った指導を行っています。

　近年はICT社会の到来から、一人一人に寄り添う指導とともに、生徒全員に電子機器を支給しどのような社会情勢でも対応できるスキルを高めていっています。

## スクールライフ

| | |
|---|---|
| 登校時間 | 8:35 |
| 週登校日 | 6日制 |
| 学期制 | 3学期 |
| 制服 | あり(夏・冬) |
| 昼食 | 弁当持参　注文弁当あり |
| 学校行事 | 体育大会(6月)　文化祭(9月) |
| 修学旅行 | 1年生2月　3泊4日　北海道スキー研修 |
| 環境・施設 | グリーンスペース(室内運動場)　みどり農園　グリーンバース(艇庫)　弥生館(家庭科棟) |
| クラブ活動 | サッカー部(男女)　柔道部(男女)　女子硬式野球部　テニス部　剣道部　水泳部　バスケット部　ジャズバンド部　茶華道部　写真部　美術部　書道部　自然科学部　インターアクトクラブ　家庭クラブ　アスレチック部 |
| 強化クラブ | サッカー部(男女)、柔道部(男女)、女子硬式野球部(女子) |

## 2024年度 募集要項

○募集人数　普通科:男女100名(Ⅰ類アスリート進学コース専願40名、Ⅱ類グローバル進学コース30名、Ⅲ類スーパー特進コース30名)
○願書受付　1/10(水)～1/26(金)web登録後(12/11～)書類提出1/30(火)まで
○選抜日時　2/10(土)
○合格発表　2/13(火)16:00web
○入学手続　専願:2/19(月)15:00まで
　　　　　　併願:3/22(金)13:00まで
○選抜方法　国・数・英(リスニング含む)(各50分各100点)・面接(専願のみ)
　英検優遇措置あり(2級95点、準2級75点、3級60点)
○受験料　20,000円
○提出書類　入学志願書・個人報告書(調査書)・推薦書(Ⅰ類特別奨学生希望者)
○追加募集　1.5次:—　2次:—
◆転・編入　受け入れあり(要相談)
◆帰国生　特別対応なし

## 2024年度 入試結果

### Ⅰ類(アスリート進学コース)

| | 専願 |
|---|---|
| 応募者数 | 30 |
| 受験者数 | 30 |
| 合格者数 | 30 |
| 実質倍率 | 1.00 |
| 合格最低点 | 非公表 |

### Ⅱ類(グローバル進学コース)

| | 専願 | 併願 |
|---|---|---|
| 応募者数 | 11 | 314 |
| 受験者数 | 10 | 312 |
| 合格者数 | 10 | 310(23) |
| 実質倍率 | 1.00 | 1.01 |
| 合格最低点 | 非公表 | 非公表 |

※( )内、回し合格外数

### Ⅲ類(スーパー特進コース)

| | 専願 | 併願 |
|---|---|---|
| 応募者数 | 2 | 106 |
| 受験者数 | 2 | 106 |
| 合格者数 | 2 | 83 |
| 実質倍率 | 1.00 | 1.28 |
| 合格最低点 | 非公表 | 非公表 |

## 学校PR

「和と実」を校訓とした蒼開高校は、全国大会3位の実績がある女子野球部を筆頭に、県準優勝の経験がある男子サッカー部、近畿大会出場の柔道部や、県ベスト4入りした女子サッカー部の強化クラブがあるⅠ類アスリート進学コースと、グローバルチャレンジプログラムと題した様々な体験を通じて世界に通用する人材育成を目指すⅡ類グローバル進学コースと、難関大学を目指す60年以上の伝統がある中高一貫の緑風6か年コースと連携したスーパー特進コースがあります。可能の限度まで自分の力をのばすためにお互いが切磋琢磨している学園で、みなさんも学んでみませんか。

### アクセス
洲本I.C.バス停からスクールバスで10分
新加茂橋バス停下車徒歩10分

## 費用

**《入学手続き時》**

| | |
|---|---|
| ○入学金 | 420,000円 |
| ○制服・体操服・教科書等 | 約150,000円 |

**《入学後》(月額)**

| | |
|---|---|
| ○授業料 | 37,000円 |
| ○施設費 | 5,000円 |
| ○冷房費 | 1,500円 |
| ○学習教材費 | 2,000円 |
| ○蒼風会費・育友会費 | 2,300円 |

※他に行事用・学級用積立金・制服代などが必要です

## 奨学金・特待制度

奨学生制度　スポーツに秀でた生徒や学力の高い生徒に対して奨学金を支給します
奨学生S　入学金・授業料全額
奨学生A　入学金全額
奨学生B　入学金半額

## 独自の留学制度

特になし

## 合格実績

2024年の進学状況(卒業者数79名)
国・公立大学合格
神戸大4(1)、兵庫県立大1、大阪教育大1、徳島大3、鳥取大1(1)、高知工科大1。

私立大学合格
関西学院大8、関西大1、同志社大6、立命館大6、京都産業大7、近畿大8、龍谷大1、佛教大2、立教大1、法政大2、日本大1、大阪医科薬科大2、兵庫医科大1、京都薬科大1、神戸学院大3、神戸女学院大4、神戸女子大5(5)、大阪体育大1、流通科学大1、川崎医科大1(1)、他。
※( )内は過年度生内数

兵庫

共学校

145

# 滝川高等学校

## 学校インフォメーション

 制服　 通学 自転車通学可　 学内予備校　 ICT教育　 長期休暇講習 夏・冬　 海外研修　 自習スペース

 図書館 蔵書数 40,000冊　 食堂　 スマホ持ち込み 条件付　 カウンセラー　 帰国生入試　 特待生制度　 ネイティブ教員

**所在地**　〒654-0007　神戸市須磨区宝田町2-1-1

| | | | |
|---|---|---|---|
| 電話 | 078-732-1625 | 生徒数 | 703人 |
| 創立 | 1918年 | 併設校 | 滝川中学校 滝川第二中学・高等学校 |
| 校長 | 下川 清一 | WEB | https://www.takigawa.ed.jp/ |

## 教育方針・特色

至誠一貫・質実剛健・雄大寛厚の校訓に立脚した「滝川リーダーシップ教育」により、次代のリーダーを育成。
個々の進路を見極めた、充実のカリキュラムを用意しています。
2024年度より男女共学化となります(Science Globalコース)

## スクールライフ

| | |
|---|---|
| 登校時間 | 8:30 |
| 週登校日 | 6日制　ただし土曜日は月2回休み |
| 学期制 | 3学期 |
| 制服 | あり(夏・冬) |
| 昼食 | 食堂・パンの販売あり　弁当持参可 |
| 学校行事 | 春季遠足(4月)　学園祭(6月)　スポーツフェスティバル(9月) |
| 修学旅行 | 2年生2月　4泊5日　シンガポール |
| 環境・施設 | 図書館・ICT環境・全教室ホワイトボード　など |
| クラブ活動 | 運動部:陸上・柔道・剣道・野球・アーチェリー・サッカー・バドミントン・卓球・アメリカンフットボール・バスケットボール・バレーボール・ソフトボール<br>文化部:生物・インターアクト・将棋・鉄道研究・写真・書道・イラスト研究<br>(同好会)ESS・アンサンブル・ラクロス |
| 強化クラブ | 特になし |

## 2024年度 募集要項

- ○募集人数　普通科:男女170名(Science Globalコース男女40名、ミライ探究コース男子130名)帰国生若干名募集あり。詳細は学校にお問い合わせください。
- ○願書受付　1/10(水)〜1/30(火)web登録後(12/11〜)書類提出、窓口出願
- ○選抜日時　2/10(土)
- ○合格発表　2/13(火)16:00web
- ○入学手続　専願:2/16(金)14:00まで　併願:3/21(木)14:00まで
- ○選抜方法　国・数・英(リスニング10分含む)(各50分)※英検取得者には級に応じて加点あり
- ○受験料　20,000円
- ○提出書類　入学志願書・個人報告書(調査書)
- ○追加募集　1.5次:ー　2次:ー
- ◆転・編入　受け入れあり(要相談)
- ◆帰国生　特別対応なし

## 2024年度 入試結果

ScienceGlobalコース

| | 専願 | 併願 |
|---|---|---|
| 応募者数 | 60 | 533 |
| 受験者数 | 60 | 519 |
| 合格者数 | 59 | 518 |
| 実質倍率 | 1.02 | 1.00 |
| 合格最低点 | 280/400<br>(基準点・内申点含) | 280/400<br>(基準点) |

※ミライ探究合格(併1)含まない

ミライ探究コース

| | 専願 | 併願 |
|---|---|---|
| 応募者数 | 49 | 121 |
| 受験者数 | 49 | 120 |
| 合格者数 | 49 | 120 |
| 実質倍率 | 1.00 | 1.00 |
| 合格最低点 | 203/400<br>(基準点・内申点含) | 203/400<br>(基準点) |

**アクセス**
山陽電鉄・地下鉄西神山手線各板宿駅下車
徒歩5分

## 費用

**《入学手続き時》**

| | |
|---|---|
| ○入学金 | 400,000円 |
| ○合宿・模試代 | 30,000円 |

**《入学後》**

| | |
|---|---|
| ○授業料 | 420,000円 |
| ○諸費(旅行の積立含む) | 259,800円 |

上記以外に学級費を徴収

## 奨学金・特待制度

奨学金、特待生制度あり

## 独自の留学制度

| | |
|---|---|
| 留学先 | フィリピンセブ島 |
| 学年 | 2年 |
| 内容 | 1週間の短期留学Science Globalコースは全員参加 |
| 費用 | 約200,000円 |

## 合格実績

**2024年の進学状況(卒業者数210名)**
国・公立大学合格45名
大阪大1、神戸大6、北海道大1、九州大2、大阪公立大4、京都工芸繊維大1、岡山大1、山口大1、兵庫県立大5、大阪教育大2、滋賀県立大1、奈良県立医科大1、他。医学部医学科4名。

私立大学合格573名
関西学院大38、関西大24、同志社大22、立命館大26、京都産業大6、近畿大130、甲南大32、龍谷大31、佛教大2、早稲田大6、慶應義塾大2、上智大1、東京理科大9、明治大2、中央大3、法政大1、東洋大4、大阪医科薬科大2、関西医科大1、兵庫医科大2、大阪歯科大1、京都薬科大1、神戸薬科大2、神戸学院大25、追手門学院大4、桃山学院大14、関西外国語大21、大阪経済大4、大阪工業大20、大阪産業大13、阪南大5、大阪経済法科大4、流通科学大4、他。医学部医学科8名。

## 学校PR

2022年4月より滝川のコースが変わりました。地球規模の人材として国際社会で活躍できる新時代のリーダーを目指す「Science Globalコース」、探究型の深い学びで学力と人間力を鍛えミライを創る人材になる「ミライ探究一貫コース」。継承されてきた社会のリーダーを育てる教育を受け継ぎ、時代を生き抜くためのたくましさを育みます。
2024年4月より男女共学となりました。(Science Globalコース)

共学校

# 《竜》滝川第二高等学校

## 学校インフォメーション

 制服
 通学 自転車通学可
 学内予備校 スーパーフロンティアコース
 ICT教育
 長期休暇講習 フロンティアコース 夏・冬・春
 留学制度
 学生寮 Cコース

 自習スペース
 人工芝グラウンド
 食堂
 スマホ持ち込み 届出
カウンセラー
特待生制度
ネイティブ教員 ABC

**所在地** 〒651-2276　神戸市西区春日台6丁目23番

| | |
|---|---|
| 電話 | 078-961-2381 |
| 創立 | 1984年 |
| 校長 | 本郷 卓 |

| | |
|---|---|
| 生徒数 | 男 414人 女 357人 |
| 併設校 | 滝川第二中学校 滝川中学・高等学校 |
| WEB | https://takigawa2.ed.jp/ |

## 教育方針・特色

《校訓》至誠一貫・質実剛健・雄大寛厚
《教育方針》「教育は感動」を主軸に、全人的成長を重んじる教育を行う。また、「知育」「徳育」「体育」の三育を掲げ、将来に活かせる知的能力や礼節・道徳意識を育み、心身の健やかな成長を目指しながら、個々の進路実現を図っていく。

## スクールライフ

| | |
|---|---|
| 登校時間 | 8:25 |
| 週登校日 | 5日制　1・3・5週は土曜午前授業 |
| 学期制 | 3学期 |
| 制服 | あり　女子スラックス選択可 |
| 昼食 | 弁当持参可　購買・食堂あり |
| 学校行事 | 入学式(4月)、滝二祭(5月)、高2研修旅行(6月・2月)、芸術鑑賞会(7月)、球技大会(7月・12月)、体育祭(9月)、遠足(11月)、卒業式(3月) |
| 修学旅行 | 2年生6月(フロンティアコース)　オーストラリア<br>2年生2月(Cコース)　北海道(予定)・コロナ禍前はシンガポール<br>※社会情勢によっては国内になる可能性があります。 |
| 環境・施設 | 武道場、体育館、野球場、テニスコート、ゴルフ練習場、図書室など。自然に包まれた環境 |
| クラブ活動 | 【運動部】サッカー、ゴルフ、剣道、アーチェリー、男子バスケットボール、テニス、空手道、女子バレーボール、バドミントン、野球、陸上競技、卓球、水泳(要相談)<br>【文化部】吹奏楽、演劇、美術、インターアクト、放送、囲碁・将棋、華道、書道、(同好会)ESS、写真、化学、自然科学、音楽、フットサル |
| 強化クラブ | 野球部(男子)、サッカー部(男子)、剣道部(男女)、卓球部(男子)、陸上競技部(男女)、ゴルフ部(男女)、吹奏楽部(男女) |

## 2024年度 募集要項

| | |
|---|---|
| ○募集人数 | 普通科:男女165名(スーパーフロンティアコース約30名、クリエイティブフロンティアコース約35名、Cコース専願約100名) |
| ○願書受付 | 1次:12/11(月)～1/26(金)23:59<br>2次:2/13(火)～3/22(金)12:00<br>web登録後(12/11～)書類提出、窓口または郵送<br>※Cコースは事前相談が必要 |
| ○選抜日時 | 1次:2/10(土)学校、姫路会場<br>2次:3/25(月)学校 |
| ○合格発表 | 1次:2/13(火)16:00web、中学校へ通知<br>2次:3/26(火)9:00手渡し |
| ○入学手続 | 1次:専願2/15(木)、2/16(金)<br>併願3/22(金)16:00まで<br>2次:3/27(水)9:00～10:00 |
| ○選抜方法 | 国・数・英(各50分各100点)・面接(1次は専願のみ、2次は全員)<br>※英検取得者には級に応じて加点あり |
| ○受験料 | 20,000円 |
| ○提出書類 | 入学志願書・個人報告書(調査書) |
| ○追加募集 | 1.5次:－　2次:3/25 |
| ◆転・編入 | 受け入れあり(要相談) |
| ◆帰国生 | 特別対応あり |

## 2024年度 入試結果

### スーパーフロンティアコース

| | 専願 | 併願 |
|---|---|---|
| 応募数 | 13 | 704 |
| 受験者数 | 12 | 694 |
| 合格者数 | 10 | 531 |
| 実質倍率 | 1.20 | 1.31 |
| 合格最低点 | 155/300 | 175/300 |

### クリエイティブフロンティアコース

| | 専願 | 併願 |
|---|---|---|
| 応募数 | 8 | 283 |
| 受験者数 | 7 | 280 |
| 合格者数 | 7 | 280 |
| 実質倍率 | 1.00 | 1.00 |
| 合格最低点 | 100/300 | 120/300 |

※第2志望合格(専2・併163)をふくまない

### Cコース

| | 専願 |
|---|---|
| 応募数 | 130 |
| 受験者数 | 130 |
| 合格者数 | 130 |
| 実質倍率 | 1.00 |
| 合格最低点 | 非公表 |

## 学校PR

本校における特色は、多彩なコース編成により学校全体で「文武両道」を実践している点です。「F(フロンティア)コース」は、主要5教科の充実、英語4技能の強化など学習全体のコースで着実に成果を上げています。「Cコース」は、重点部活動に所属した生徒が全国制覇を目指して日々研鑽しており、全国に名が知られています。

---

**アクセス**
地下鉄西神山手線西神中央駅より
バス西体育館前下車徒歩5分、
JR明石・西明石駅より直通バス(25分)

## 費用

《入学手続き時》

| | |
|---|---|
| ○入学金 | 400,000円 |
| ○教育振興後援会費 | 50,000円 |

《入学後》

| | |
|---|---|
| ○授業料 | 441,600円 |
| ○育友会費 | 8,400円 |
| ○生徒会費 | 12,000円 |
| ○学習・部活動後援会費 | 12,000円 |
| ○同窓会費 | 4,200円 |
| ○学年費 | 40,000～59,000円 |
| ○研修旅行積立金 | 204,000～350,000円 |

## 奨学金・特待制度

奨学金制度あり

## 独自の留学制度

| | |
|---|---|
| 内容 | 学校で業者を幹旋<br>個別で実施 |

## 合格実績

**2024年の進学状況(卒業者数263名)**
国・公立大学合格65(62)名
大阪大3(3)、神戸大4(4)、九州大1(1)、大阪公立大2(1)、京都工芸繊維大2(2)、神戸市外国語大3(3)、岡山大2(2)、広島大2(1)、兵庫県立大14(14)、奈良県立大1(1)、他。

私立大学合格516(444)名
関西学院大58(56)、関西大30(25)、同志社大20(15)、立命館大26(24)、京都産業大2(2)、近畿大74(51)、甲南大40(36)、龍谷大13(6)、佛教大1(1)、慶應義塾大2(2)、上智大1(1)、東京理科大2(2)、青山学院大1(1)、日本大5(4)、専修大2(2)、大阪医科薬科大1(1)、関西医科大1(1)、兵庫医科大7(7)、京都薬科大1(1)、神戸薬科大5(5)、摂南大6(2)、神戸学院大38(34)、追手門学院大8(2)、関西外国語大5(5)、大阪経済大1(1)、大阪工業大17(17)、京都女子大1(1)、同志社女子大1(1)、神戸女学院大27(27)、武庫川女子大21(21)、他。

省庁大学校合格2(1)名
防衛医科大1(1)、水産大1。

※( )内は現役合格内数

---

# 東洋大学附属姫路高等学校

兵庫
共学校

## 学校インフォメーション

 制服
 通学（自転車通学可・直通バス）
 学内予備校
 長期休暇講習（夏・冬・春）
 習熟度別授業
 海外研修
 自習スペース

 図書館（蔵書数35,000冊）
 エレベーター
 食堂
 売店
 スマホ持ち込み（条件付）
 カウンセラー
 高大連携

**所在地** 〒671-2201　兵庫県姫路市書写1699

| | |
|---|---|
| 電話 | 079-266-2626 |
| 創立 | 1963年 |
| 校長 | 上田 肇 |
| 生徒数 | 男 779人　女 474人 |
| 併設校 | 東洋大学附属姫路中学校　東洋大学・大学院 |
| WEB | https://www.toyo.ac.jp/himeji/sh/ |

### アクセス
JR神戸線姫路駅よりバス25分東洋大姫路高校前下車、神姫バス直通バスあり
JR姫新線余部駅より自転車15分

## 教育方針・特色

建学の精神である「諸学の基礎は哲学にあり」と校訓「自立・友情・英知」を基底に据え、グローバル社会に対応し、社会に貢献する有為な人財の育成を目標としている。

## スクールライフ

| | |
|---|---|
| 登校時間 | 8:50　土曜日8:40（8:00〜TOYOデザインタイム） |
| 週登校日 | 6日制 |
| 学期制 | 3学期 |
| 制服 | あり（夏・冬） |
| 昼食 | 購買・食堂あり　弁当持参可 |
| 学校行事 | 文化祭（6月）・体育祭（9月） |
| 修学旅行 | 2年生6月　3泊4日　沖縄・北海道・台湾の中から選択 |
| 環境・施設 | 全室、エアコンを備えた明るく快適な教室、図書室は3万5千冊の書籍を有します。また、自習室は平日19:30まで使用できるなど充実した学習環境です。 |
| クラブ活動 | 野球部、剣道部、柔道部、サッカー部、バスケットボール部、陸上部、卓球部、弓道部、空手道部、バドミントン部、ダンス部、応援指導部、テニス部、放送部、写真部、ESS部、吹奏楽部、コンピュータ部、軽音楽部、図書部、地域活性部PROJECT TOYO、茶華道部、美術部、書道部、新聞部、科学部、自然探究部、人文・社会科学部、囲碁将棋部、他同好会あり |
| 強化クラブ | 野球部 |

## 2024年度 募集要項

- ○募集人数　普通科：男女310名（前期 Sコース70名、Tコース240名、後期 Sコース・Tコース若干名）
- ○願書受付　web登録後（前期：12/11（月）〜 後期：3/18（月）〜）書類登録後
  - 前期：1/22（月）〜1/26（金）16:00
    窓口出願または郵送（16:00必着）
  - 後期：3/21（木）、3/22（金）15:00まで
    窓口出願のみ
  - ※前期は推薦入試あり
- ○選抜日時　前期：2/10（土）学校の他5会場あり
  - 後期：3/25（月）学校
- ○合格発表　前期：2/13（火）16:00
  - 後期：3/26（火）10:00　いずれもweb
- ○入学手続　前期：専願2/26（月）まで
  - 併願3/22（金）12:00まで
  - 後期：3/27（水）
- ○選抜方法　国・数・英（各50分各100点）専願者加点あり
- ○受験料　20,000円
- ○提出書類　入学志願書・個人報告書（調査書）
- ○追加募集　1.5次：—　2次：後期3/25
- ◆転・編入　受け入れあり（要相談）
- ◆帰国生　事前面接の上対応

## 2024年度 入試結果

**Sコース**

| | |
|---|---|
| 応募者数 | 1,820 |
| 受験者数 | 1,809 |
| 合格者数 | 1,626 |
| 実質倍率 | 1.11 |
| 合格最低点 | — |

※回し合格（183）含まない

**Tコース**

| | |
|---|---|
| 応募者数 | 2,174 |
| 受験者数 | 2,170 |
| 合格者数 | 2,164 |
| 実質倍率 | 1.00 |
| 合格最低点 | — |

※追試験者含む

## 費用

### 《入学手続き時》

| | |
|---|---|
| ○入学金 | 200,000円 |
| ○施設助成金 | 220,000円 |
| ○生徒会入会金 | 1,000円 |
| ○育友会入会金 | 25,000円 |

### 《入学後》（年額）

| | |
|---|---|
| ○授業料 | 396,000円 |
| ○施設設備費 | 84,000円 |
| ○生徒会費 | 6,000円 |
| ○育友会費 | 22,800円 |
| ○修学旅行積み立て | 132,000円 |

## 奨学金・特待制度

本校独自の奨学金制度あり
奨学生Ⅰ：学力推薦合格者、一般入試専願合格者
奨学生Ⅱ：スポーツ推薦合格者

## 独自の留学制度

特になし

## 合格実績

2024年の進学状況（卒業者数329名）
東洋大学合格9名

国・公立大学合格50名
大阪大3、お茶の水女子大1、岡山大3、山口大1、兵庫県立大6、大阪教育大1、他。

他の私立大学合格518名
関西学院大24、関西大5、同志社大8、立命館大12、京都産業大22、近畿大76、甲南大16、龍谷大7、佛教大2、東京理科大1、明治大3、立教大1、学習院大1、日本大3、関西医科大1、兵庫医科大1、神戸薬科大1、摂南大6、神戸学院大70、追手門学院大2、桃山学院大1、京都外国語大1、関西外国語大6、大阪経済大5、大阪工業大16、神戸女学院大8、武庫川女子大14、他。

省庁大学校合格
防衛大1。

## 学校PR

2022年度から新カリキュラムがスタート。入学時は、Sコース、Tコースに分かれ、2〜3年次にかけて一人ひとりが思い描く未来に近づくためのクラスを選択し最適な3年間をデザインできるようになっています。また、制服も変更。季節や通学スタイル、それぞれのセンスに合わせて楽しめるオプションもそろっています。

# 仁川学院高等学校

## 学校インフォメーション

 制服　 公共機関 通学　 学内予備校　 キリスト教 宗教教育　 夏・冬・春 長期休暇講習　 習熟度別授業　 海外研修

 留学制度　 屋内プール　 自習スペース　 バリアフリー　 食堂　 カウンセラー

**所在地**　〒662-0812　兵庫県西宮市甲東園2-13-9

| | |
|---|---|
| 電話 | 0798-51-3621 |
| 創立 | 1950年 |
| 校長 | 永尾 稔 |

| | |
|---|---|
| 生徒数 | 男 495人 女 356人 |
| 併設校 | マリアの園幼稚園・仁川学院小学校・仁川学院中学校 |
| WEB | https://www.nigawa.ac.jp/high/ |

## 教育方針・特色

グローバルな現代世界に通じる教養と学力を育むと共に、カトリックの精神を規範にしながら、人格の完成を目指す。また、真の人間として、知・情・意・体力のどれか一つを優先させるのではなく、調和ある人間として成長するように、生徒一人ひとりの将来を見つめながら全教員が力を合わせて教育に取り組んでいる。
カルティベーションコース・カルティベーションSコース・アカデミアコースの3コース制で、生徒一人ひとりの個性・適性・目標に対応。学内予備校（授業料は学校負担）や土・日曜日も使用できる自習室など、学習支援体制も充実。

## スクールライフ

| | |
|---|---|
| 登校時間 | 8:15 |
| 週登校日 | 5または6日　※アカデミアコースは土曜日半日授業あり |
| 学期制 | 3学期 |
| 制服 | あり（夏・冬） |
| 昼食 | 購買・食堂あり 弁当持参可 |
| 学校行事 | 体育祭（4月）、学院祭（9月） |
| 修学旅行 | 2年生12月　4泊5日　イタリアと国内（東北・北海道）の選択制 |
| 環境・施設 | コルベ講堂、ラーニングセンター、ローゼンバイゲルホール、レストラン、総合体育館（温水プール、武道場含む） |
| クラブ活動 | 【運動部】男子テニス部、女子テニス部、野球部、アメリカンフットボール部、剣道部、サッカー部、ソフトテニス部、卓球部、陸上競技部、水泳部、バスケットボール部、薙刀部、女子バドミントン部、男子バレーボール部、女子バレーボール部　【文化部】美術部、放送部、吹奏楽部、E.S.S部、写真部（鉄道研究）、茶道部、クッキング部、軽音楽部、聖歌合唱部　【同好会】ダンス |
| 強化クラブ | 特になし |

## 2024年度 募集要項

- ○募集人数　普通科：男女280名（カルティベーションコース160名、カルティベーションSコース80名、アカデミアコース40名）※内部進学者含む
　1.5次各コース若干名募集
- ○願書受付　web登録後（1次:12/4～　1.5次:2/1～）書類登録
　1次:1/22(月)～1/29(月)必着　中学校一括郵送
　1.5次:2/13(火)～2/16(金)8:40　窓口出願
- ○選抜日時　1次:2/10(土)　1.5次:2/16(金)
- ○合格発表　1次:2/13(火)　1.5次:2/17(土)
　いずれも郵送、10:00web
- ○入学手続　専願:3/2(土)　併願:3/21(木)
- ○選抜方法　1次:国・数・英・理・社（各50分各100点）・面接（専願のみ）
　カルティベーション・カルティベーションSは3科（国数英）
　アカデミアは5科または3科（国数英）を選択、平均点も合否判定資料とする
　1.5次:国・数・英（各50分各100点）・面接（専願のみ）
- ○受験料　22,000円
- ○提出書類　入学志願書・個人報告書（調査書）
- ○追加募集　1.5次:2/16　2次:―
- ◆転・編入　受け入れあり（要相談）
- ◆帰国生　特別対応なし

## 2024年度 入試結果

### カルティベーション（1次）

| | 専願 | 併願 |
|---|---|---|
| 応募者数 | 75 | 468 |
| 受験者数 | 75 | 467 |
| 合格者数 | 64 | 465 |
| 実質倍率 | 1.15 | 1.00 |

※回し合格（専42、併420）含まない

### カルティベーションS（1次）

| | 専願 | 併願 |
|---|---|---|
| 応募者数 | 87 | 1102 |
| 受験者数 | 86 | 1100 |
| 合格者数 | 43 | 779 |
| 実質倍率 | 2.00 | 1.41 |

※回し合格（専9、併435）含まない

### アカデミア（1次）

| | 専願 | 併願 |
|---|---|---|
| 応募者数 | 34 | 1130 |
| 受験者数 | 34 | 1121 |
| 合格者数 | 22 | 583 |
| 実質倍率 | 1.55 | 1.92 |
| 合格最低点 | 61.7% | 63.0% |

### カルティベーション（1.5次）

| | 専願 | 併願 |
|---|---|---|
| 応募者数 | 3 | 6 |
| 受験者数 | 3 | 6 |
| 合格者数 | 0 | 5 |
| 実質倍率 | ― | 1.20 |
| 合格最低点 | 非公表 | 非公表 |

※回し合格（併3）含まない

### カルティベーションS（1.5次）

| | 専願 | 併願 |
|---|---|---|
| 応募者数 | 8 | 10 |
| 受験者数 | 8 | 10 |
| 合格者数 | 6 | 10 |
| 実質倍率 | 1.33 | 1.00 |
| 合格最低点 | 非公表 | 非公表 |

※回し合格（専1、併11）含まない

### アカデミア（1.5次）

| | 専願 | 併願 |
|---|---|---|
| 応募者数 | 3 | 23 |
| 受験者数 | 3 | 23 |
| 合格者数 | 2 | 9 |
| 実質倍率 | 1.50 | 2.56 |
| 合格最低点 | 非公表 | 非公表 |

合格最低点 162/300 170/300

## 学校PR

アカデミアコース（40名）：学問的な探求を意識した文理を問わない幅広い学習プログラムで、質の高い学力を身につけます。目標とする進路は難関国公立大学をはじめとする国公立大学です。　カルティベーションコース（160名）：基礎学力の徹底とともに、さまざまな体験を通した協働的な学びで自らの可能性を広げます。目標とする進路は私立大学です。　カルティベーションSコース（80名）：カルティベーションコースとしての学びを土台とし、アカデミアコースへの変更も視野に入れてより発展的な学びを実践します。目標とする進路は難関私立大学です。全てのコースに共通して、2年進級時に各自の希望進路および学力、適性などをもとに、コース選択を行います。2年生からは、目標とする進路に向かってより主体的に深く学べるように、アカデミアコースとカルティベーションコースを、進路目標に合わせて、それぞれ2つずつのコースに細分化します。

---

**仁川学院高**

**アクセス**
阪急今津線甲東園駅・仁川駅下車徒歩6分

## 費用

**《入学手続き時》**

| | |
|---|---|
| ○入学金 | 250,000円 |
| ○施設費 | 250,000円 |
| ○制服・体操服・制靴など | 約100,000円 |
| ○教科書代 | 約14,000円 |
| ○新入生オリエンテーション費用 | 約33,000円 |

**《入学後》**

| | |
|---|---|
| ○授業料 | （年額）450,000円 |
| | （アカデミアのみ486,000円） |
| ○教育充実・拡充費 | （年額）85,200円 |
| ○冷暖房費 | （年額）12,000円 |
| ○父母の会会費（年度初めに一括納付） | 15,000円 |
| ○生徒会会費（年度初めに一括納付） | 8,500円 |

副教材、行事経費、ICT教育費　等があります

## 奨学金・特待制度

「特別顕彰制度」…1次入試における成績上位者（専願・併願）を対象に、入学後の学習・研修などについて入学金を免除いたします。

## 独自の留学制度

| 留学先 | ①オーストラリア短期研修②オーストラリア留学③ニュージーランド留学　④アメリカ留学 |
|---|---|
| 学年 | ①高1・2年②高1の1月～高2の12月③高1～2年（半年間）④高2の8月～高3の6月 |
| 内容 | 自然体験・ファームステイ・学校交流姉妹校への入学・留学先での取得単位は本校での単位に認められる |
| 費用 | ①約42万②約165万③約185万④約350万 |

## 合格実績

**2024年の進学状況（卒業者数238名）**
国・公立大学合格20名
神戸大1、大阪公立大2、東京海洋大1、岡山大1、三重大1、信州大1、金沢大1、山口大1、徳島大1、高知大1、熊本大1、長崎大1、琉球大1、兵庫県立大1、長野大1、静岡文化芸術大1、公立鳥取環境大2、長崎県立大1。
**私立大学合格906名**
関西大36、関西学院大41、同志社大15、立命館大20、京都産業大30、近畿大116、甲南大35、龍谷大42、東京理科大3、法政大4、日本大3、東海大3、摂南大60、神戸学院大116、桃山学院大116、佛教大11、大阪医科薬科大2、兵庫医科大1、関西医科大2、神戸薬科大5、大阪経済大17、大阪工業大42、関西外国語大34、京都外国語大5、同志社女子大4、京都女子大1、武庫川女子大30、甲南女子大4、神戸女学院大10、他。
※既卒生含む延べ人数

149

# 白陵高等学校

## 学校インフォメーション

制服 なし

通学 自転車通学可

学生寮 寮

自習スペース

図書館 蔵書数 33,000冊

バリアフリー

食堂

カウンセラー

ネイティブ教員

| 所在地 | 〒676-0827 | 兵庫県高砂市阿弥陀町阿弥陀2260 |
|---|---|---|

| 電話 | 079-447-1675 | 生徒数 | 男 333人 女 230人 |
|---|---|---|---|
| 創立 | 1963年 | 併設校 | 白陵中学校 |
| 校長 | 宮﨑 陽太郎 | WEB | https://www.hakuryo.ed.jp |

**アクセス**
JR山陽本線曽根駅下車徒歩15分

## 教育方針・特色

旧制高校の伝統と精神を受け継ぎ、研究と訓練、独立不羈・正明闊達を校是としています。大きく変化する世の中にあっても、責任を持ち節度ある行動がとれる人材を育成します。
国公立大学全員受験体制を貫いています。そういう姿勢も教養と節度を掲げてきた我が校の伝統です。大学、社会が一層グローバル化する中、この伝統に沿ってさらに大学院、そして次のステップへと伸びていくことを願っています。

## スクールライフ

| 登校時間 | 8:50 |
|---|---|
| 週登校日 | 6日制 |
| 学期制 | 3学期 |
| 制服 | なし |
| 昼食 | 食堂あり、自販機あり 弁当持参可 |
| 学校行事 | 体育祭(9月)・文化祭(9月) |
| 修学旅行 | 2年生11月 4泊5日 沖縄 |
| 環境・施設 | 図書館・技芸棟・記念棟・ITルーム(校舎内WIFI環境あり)・クラブ用練習場 など |
| クラブ活動 | 【運動部】柔道部 野球部(高校) 軟式野球部(中学) バレーボール部 バスケットボール部 卓球部 陸上部 剣道部 サッカー部 ソフトテニス部<br>【文化部】放送部 文芸部 将棋部 生物部 美術部 茶道部 天文部 C.P.C. 数学部 吹奏楽部 写真部 化学部 E.S.S. 書道部 鉄道研究部 歴史研究部 競技かるた部 |
| 強化クラブ | 特になし |

## 2024年度 募集要項

| ○募集人員 | 普通科:専願若干名 |
|---|---|
| ○願書受付 | 1/31(水)～2/3(土)23:59<br>web登録後(1/31～)書類提出、郵送(2/6(火)必着) |
| ○選抜日時 | 2/10(土) |
| ○合格発表 | 2/11(日・祝)11:00web |
| ○入学手続 | 2/11(日・祝)11:00～16:00 |
| ○選抜方法 | 国・数・英(リスニング含む)(各60分各100点) |
| ○受験料 | 20,000円 |
| ○提出書類 | 入学志願書(web)・個人報告書(調査書)・専願届 |
| ○追加募集 | 1.5次:— 2次:— |
| ◆転・編入 | 受け入れあり(要相談) |
| ◆帰国生 | 特別対応なし |

## 2024年度 入試結果

| 普通 | 専願 |
|---|---|
| 応募者数 | 7 |
| 受験者数 | 6 |
| 合格者数 | 3 |
| 実質倍率 | 2.00 |
| 合格最低点 | 162/300 |

## 費用

《入学手続き時》
| ○入学金 | 150,000円 |
|---|---|
| ○施設整備費<br>(4/1以降入学式まで) | 250,000円 |

《入学後》(月額)
| ○授業料 | 34,000円 |
|---|---|
| ○校費等 | 25,300円 |

## 奨学金・特待制度

特になし

## 独自の留学制度

特になし

## 合格実績

**2024年の進学状況(卒業者数186名)**
国・公立大学合格147(48)名
東京大16(3)、京都大12(2)、一橋大1(1)、東京工業大1、大阪大11(2)、神戸大16(3)、北海道大5(1)、東北大2、九州大6(1)、大阪公立大5(1)、筑波大3、お茶の水女子大1(1)、京都工芸繊維大1、金沢大1、岡山大1、広島大5(2)、滋賀大2、三重大1、山口大1、兵庫県立大9(4)、他。

私立大学合格280(102)名
関西学院大40(12)、関西大19(5)、同志社大41(15)、立命館大30(8)、近畿大7(2)、甲南大5、早稲田大27(9)、慶應義塾大22(6)、上智大2(1)、東京理科大4、明治大7(4)、青山学院大3(1)、立教大1、中央大5(2)、法政大1(1)、日本大2、大阪医科薬科大5、関西医科大6(2)、兵庫医科大8(2)、大阪歯科大4、京都薬科大6(2)、神戸薬科大4(1)、神戸学院大3、大阪工業大1(1)、同志社女子大1、日本女子大1(1)、他。

省庁大学校合格
防衛医科大、防衛大1(1)。
※( )内は既卒生内数

## 学校PR

正規の授業に加えて、年間計30日以上の特別授業(夏・冬・春の休業中)を実施して、十分な授業時間を確保しています。その結果、ゆとりをもって、それでいて早くに大学受験の範囲を終え、多様な形で復習・演習を行うことができます。さらに、教員の90%が常勤で、生徒が「いつでも質問でき、担当教員がそれにすぐ答えられる」アカデミックな教養主義の気風が漂っています。

# 日ノ本学園高等学校

## 学校インフォメーション

 標準服　 通学（自転車通学可／スクールバス）　 キリスト教 宗教教育　 ICT教育　 長期休暇講習　 探究授業　 図書館

 食堂　 条件付 スマホ持ち込み　 カウンセラー　 特待生制度　 高大連携　 ネイティブ教員

**所在地** 〒679-2151　**兵庫県姫路市香寺町香呂890**

| | |
|---|---|
| 電話 | 079-232-5578 |
| 創立 | 1893年 |
| 校長 | 中川 守 |
| 生徒数 | 男 179人 女 420人 |
| 併設校 | 姫路日ノ本短期大学・姫路日ノ本短期大学付属幼稚園 |
| WEB | https://www.hinomoto.ac.jp/ |

## 教育方針・特色

キリスト教の精神を基盤として豊かな情操を培い、生徒それぞれの個性を引き出すことで、一人ひとりの能力を伸長するとともに、心豊かな人間を育成します。単位制とコース制の導入で自分の興味・関心や進路目標に応じた科目を選択して学習することができます。2023年度より完全男女共学となりました。

## スクールライフ

| | |
|---|---|
| 登校時間 | 8:30　フリーアカデミーコース、ステップコースは9:30可 |
| 週登校日 | 5日制 |
| 学期制 | 2学期 |
| 制服 | あり（夏・冬） |
| 昼食 | 弁当持参可　食堂あり |
| 学校行事 | 学園祭（7月）、体育大会（10月）、芸術鑑賞会（11月） |
| 修学旅行 | 2年生1月　3泊4日　国内 |
| 環境・施設 | 全室冷暖房、全室Wi-Fi、図書館、400mトラックのグラウンド、全天候型テニスコート5面、ピアノ個別レッスン室 |
| クラブ活動 | サッカー部（女子）、新体操部（女子）、陸上競技部、バドミントン部、バレーボール部（女子）、バスケットボール部（女子）、ゴルフ部、硬式テニス部、ダンス部、茶道部、華道部、百人一首部、福祉探求部、音楽部、軽音部、吹奏楽部、演劇部、美術・アニメーション部、パソコン部、生物部　など |
| 強化クラブ | サッカー部（女子）、新体操部（女子）、バレーボール部（女子）、陸上競技部（男女）、バドミントン部（男女）、バスケットボール部（女子）、ゴルフ部（男女） |

## 2024年度 募集要項

- ○募集人数：普通科：200名（未来探究コース、幼児教育・音楽コース、スーパーアスリートコース、フリーアカデミーコース（専願）、学際科学コース、ステップコース（専願））
  2次は各コース専願若干名募集（フリーアカデミーコース・ステップコース以外）
- ○願書受付：1次：1/19（金）～1/25（木）窓口出願または郵送（16:00必着）
  2次：3/19（火）・3/22（金）窓口出願または郵送（16:00必着）
- ○選抜日時：1次：2/10（土）学校・福崎会場・加西会場・たつの会場・加古川会場・小野会場
  2次：3/25（月）学校
- ○合格発表：1次：2/13（火）中学校長宛郵送
  2次：3/25（月）午後手渡し
- ○入学手続：1次：専願2/16（金）まで　併願3/22（金）まで
  2次：3/27（水）まで
- ○選抜方法：1次未来探究コース・幼児教育・音楽コース・スーパーアスリートコース・学際科学コース：国・選択（数か英か社か理）（各50分）
  1次フリーアカデミーコース・ステップコース：国・小論文（作文）（各50分）
  2次：国（50分）・面接（15分）
- ○受験料：15,000円
- ○提出書類：入学志願書・個人報告書（調査書）
- ○追加募集：1.5次：—　2次：3/25
- ◆転・編入：受け入れあり（要相談）
- ◆帰国生：特別対応なし

## 2024年度 入試結果

| 全コース | 専願・併願計 |
|---|---|
| 応募者数 | 643 |
| 受験者数 | 639 |
| 合格者数 | 非公表 |
| 実質倍率 | — |
| 合格最低点 | — |

## アクセス

JR播但線香呂駅下車徒歩15分
新宮・夢前・加古川・西脇方面よりスクールバスあり

## 費用

**《入学手続き時》**

| | |
|---|---|
| ○入学時納入金 | 合計457,000円 |
| ・入学金 | 400,000円 |
| ・教育活動費（ICT機器等）関連費用 | 67,000円 |

**《入学後》**

| | |
|---|---|
| ○授業料 | （年額）396,000円 |
| ○諸費・副教材費 | 12,000円 |
| ○修学旅行積立金 | 72,000円 |
| ○諸会費 | 43,200円 |

## 奨学金・特待制度

特待制度あり
（1）学力が極めて優秀な人
（2）体育活動又は文化活動において相当の実績がある人
（3）家族（母・実兄・実姉）に卒業生または在校生がいる人

## 独自の留学制度

特になし

## 合格実績

2024年の進学状況（卒業者数114名）
姫路日ノ本短期大学合格者あり

私立大学合格
関西学院大、龍谷大、早稲田大、神戸学院大、関西外国語大、神戸女学院大、甲南女子大、芦屋大、神戸医療未来大、流通科学大、神戸芸術工科大、園田学園女子大、姫路大、姫路獨協大、兵庫大、花園大、京都橘大、京都芸術大、大手前大、大阪商業大、大阪体育大、国士舘大、山梨学院大、明治国際医療大、神奈川大、日本体育大、東京女子体育大、他。

## 学校PR

単位制により、留年の心配をせずに、のびのびとした学校生活を送りながら個性と能力を伸ばすことができます。コース制では、未来探究、幼児教育・音楽、スーパーアスリート、フリーアカデミー、学際科学、ステップコースの6つのコースが設置されており、個々の進路に直結したコース選択ができます。2023年度は完全男女共学化となりました。

# 雲雀丘学園高等学校

## 学校インフォメーション

 制服
 公共機関 通学
 学内予備校
 長期休暇講習 夏・冬・春
 海外研修
 屋外 プール
 蔵書数 55,000冊 図書館

 人工芝グラウンド
 バリアフリー
 条件付 スマホ持ち込み
 カウンセラー
 高大連携 高・大
 英語イマージョン Math
 海外姉妹校

**所在地** 〒665-0805　兵庫県宝塚市雲雀丘4-2-1

| | |
|---|---|
| 電話 | 072-759-1300 |
| 創立 | 1956年 |
| 校長 | 中井 啓之 |

| | |
|---|---|
| 生徒数 | 男434人　女510人 |
| 併設校 | 雲雀丘学園幼稚園・中山台幼稚園・小学校・中学校 |
| WEB | https://hibari.jp/ |

## 教育方針・特色

○人間力の育成
「孝道に基づく人間形成」を学園の理念として、「やってみなはれ」精神を大切にしながら、素直に話を聞き、目標をもって努力する生徒を育成する。
○自らを高める
授業の「探究」、大学や企業と連携した「探究プロジェクト」、学年・教科を超えた「探究ゼミ」を通して、自分自身の進路を見つけ、実現に向け努力していく。

## スクールライフ

| | |
|---|---|
| 登校時間 | 8:30 |
| 週登校日 | 6日制 |
| 学期制 | 3学期 |
| 制服 | あり(夏・合・冬) |
| 昼食 | 自販機・食堂あり　弁当持参可 |
| 学校行事 | 体育大会(5月)・文化祭(9月) |
| 修学旅行 | 2年生6月　4泊5日　海外・国内(選択制) |
| 環境・施設 | 全HR教室に可動式プロジェクターを設置し、Wi-Fi環境を整備。中高で2フロアの図書室。50mプール。テニスコート5面。講堂(900席)など |
| クラブ活動 | 硬式野球部、サッカー部、バレーボール部、バスケットボール部、硬式テニス部、ソフトテニス部(女子のみ)、柔道部、剣道部、水泳部、陸上部、ダンス同好会<br>美術部、ESS部、茶道部、華道部、科学部、演劇部、ギターマンドリン部、箏曲部、合唱部、囲碁将棋部、鉄道研究部、放送部、ボランティア部 |
| 強化クラブ | 特になし |

## 2024年度 募集要項

○募集人数 普通科:文理探究コース男女115名
(A日程一般入試・推薦入試あわせて100名、B日程一般入試15名)
※帰国生は学校にお問い合わせください
○願書受付 A日程:1/22(月)〜1/29(月)
B日程:1/22(月)〜2/9(金)
いずれもweb登録後(12/18〜)窓口出願または郵送(必着)、用紙での出願も可
B日程の窓口出願は2/15(木)12:00まで受付
※推薦入試(A日程のみ)は出願資格が必要
○選抜日時 A日程:2/10(土)　B日程:2/16(金)
○合格発表 A日程:2/13(火)郵送
B日程:2/16(金)19:00web、2/17(土)郵送
○入学手続 専願:2/22(水)16:00まで
併願:3/19(火)16:00まで
○選抜方法 A日程:国・数・英(リスニングを含む)(各50分各100点)・社・理(各40分各100点)・面接(専願のみ)
B日程:国・数・英(各50分各100点)・面接(専願のみ)
※英検2級以上は80点、準2級は70点とみなし、当日の英語得点と比較し高い方を採用
○受験料 20,000円
○提出書類 入学志願書・個人報告書(調査書)
○追加募集 1.5次:B日程2/16　2次:
◆転・編入 受け入れあり(要相談)
◆帰国生 特別優遇あり

## 学校PR

雲雀丘花屋敷駅から専用通路を通って専用改札を出ればそこは学園敷地！駅と学校が直結の抜群のアクセス。
学習面では「本物の学び」を題して、さまざまな探究の取り組みを行い、高3の1/3以上が現役で国公立大に合格。
HP・インスタグラムを随時更新。ぜひご覧ください。

## 2024年度 入試結果

文理探究コース

| | A日程(専願Ⅰ・Ⅱ) | A日程(専願Ⅲ) |
|---|---|---|
| 応募者数 | Ⅰ25・Ⅱ5 | 35 |
| 受験者数 | 25・2 | 35 |
| 合格者数 | 25・2 | 25 |
| 実質倍率 | 1.00・1.00 | 1.40 |
| 合格最低点 | 277/500 | 277/500 |

| | A日程(併願) | B日程(専願Ⅲ・併願) |
|---|---|---|
| 応募者数 | 783 | 80 |
| 受験者数 | 779 | 73 |
| 合格者数 | 761 | 61 |
| 実質倍率 | 1.02 | 1.20 |
| 合格最低点 | 302/500 | 165/300 |

**アクセス**
阪急宝塚線「雲雀丘花屋敷」駅下車西改札口徒歩約3分
JR宝塚線「川西池田」駅下車徒歩約12分

## 費用

| | |
|---|---|
| ○入学金 | 280,000円 |
| ○施設費 | 200,000円 |
| ○授業料 | 542,000円 |
| ○生徒会・PTA会費等 | 20,800円 |
| ○行事・学習材料費 | 114,000円 |
| ○積立金 | 20,000円 |
| ○タブレット関連 | 60,200円 |

## 奨学金・特待制度

奨学金制度あり

## 独自の留学制度

| | |
|---|---|
| 留学先 | ボストン<br>オーストラリア<br>アイルランド |
| 学年 | いずれも1・2年 |
| 内容 | ボストン<br>→大学生と交流、<br>オーストラリア・アイルランド<br>→ホームステイと語学研修 |
| 費用 | 約50万円 |

## 合格実績

2024年の進学状況(卒業者数269名)
国・公立大学合格112(92)名
東京大1、京都大6(4)、大阪大15(13)、神戸大18(13)、北海道大2(1)、東北大2(2)、横浜国立大3(3)、京都工芸繊維大4(4)、奈良女子大4(3)、神戸市外国語大3(2)、大阪公立大12(11)、京都府立大1(1)、岡山大5(5)、滋賀大2(2)、和歌山大2(2)、山口大2(2)、兵庫県立大10(9)、大阪教育大2(2)、奈良県立大2(2)、他。
私立大学合格996(854)名
関西学院大143(122)、関西大147(124)、同志社大85(75)、立命館大92(72)、京都産業大13(13)、近畿大147(139)、甲南大46(40)、龍谷大43(38)、佛教大1、早稲田大6(4)、慶應義塾大1、東京理科大3、明治大2(2)、青山学院大1(1)、中央大8(7)、法政大1、日本大6(4)、大阪医科薬科大8(8)、関西医科大3(3)、兵庫医科大5(4)、大阪歯科大3(1)、京都薬科大3(3)、神戸薬科大4(4)、摂南大14(12)、神戸学院大5(5)、追手門学院大8(8)、桃山学院大4(4)、京都外国語大2(1)、関西外国語大9、大阪経済大8(6)、大阪工業大28(23)、京都女子大2(2)、同志社女子大7(6)、神戸女学院大15(14)、武庫川女子大10(10)、日本女子大1(1)、他。
省庁大学校合格2(2)名
防衛医科大1(1)、防衛大1(1)
※( )内は現役内数

# 甲南高等学校

## 学校インフォメーション

 制服 　 公共機関 通学 　 ICT教育 　 夏・冬・春 長期休暇講習 　 海外・研修 　 留学制度 　 屋外 プール

 蔵書数 約90,000冊 図書館 　食堂 　カウンセラー 　 帰国生入試 　 高大連携 　 ネイティブ教員 　海外姉妹校

**所在地** 〒659-0096　芦屋市山手町31-3

| | |
|---|---|
| 電話 | 0797-31-0551 |
| 創立 | 1919年 |
| 校長 | 山内 守明 |

| | |
|---|---|
| 生徒数 | 男 570人 |
| 併設校 | 甲南中学校　甲南大学　甲南大学大学院 |
| WEB | https://www.konan.ed.jp/ |

## 教育方針・特色

本校は旧制高等学校の伝統を受け継ぎ、創立以来「世界に通用する紳士たれ」を合い言葉に、徳・体・知のバランスのとれた人物の育成を行ってきました。この間、各界に優れた人材を輩出してきたことは、本校の「人づくり」の賜物といえます。甲南の6年一貫教育は、探究精神の涵養を目的とした特色豊かな授業を通じ、剥がれ落ちない学力を有する紳士を育てます。

## スクールライフ

| | |
|---|---|
| 登校時間 | 8:20 |
| 週登校日 | 6日制 |
| 学期制 | 3学期 |
| 制服 | あり（夏・冬） |
| 昼食 | 食堂あり　弁当持参可 |
| 学校行事 | 体育祭（5月）・文化祭（10月）・六甲登山（11月） |
| 修学旅行 | 2年生6月　4泊5日　北海道・東北方面 |
| 環境・施設 | 図書館・ICT環境完備・スポーツ屋内練習場・地下体育館・講堂・アートサロン など |
| クラブ活動 | テニス部、ゴルフ部、野球部、サッカー部、ラグビー部、アーチェリー部、弓道部、馬術部、ホッケー部、水泳部、陸上競技部、バドミントン部、バスケットボール部、バレーボール部、柔道部、剣道部、卓球部、ワンダーフォーゲル・山岳部、将棋部、書道部、物理研究部、化学研究部、生物研究部、ブラスアンサンブル部、器楽部、鉄道研究部、数学研究部、放送部、ESS部、美術部、応援団、図書委員会、ボランティア委員会、等 |
| 強化クラブ | 特になし |

## 2024年度 募集要項

○募集人数　普通科：アドバンスト・コース男子専願約25名（グローバル・ファウンデーション含む）
　　　　　　※帰国生入試は学校にお問い合わせください
○願書受付　1/19（金）～1/25（木）郵送必着
○選抜日時　2/10（土）
○合格発表　2/13（火）10:00web
○入学手続　2/14（水）
○選抜方法　国・数・英（各50分各100点）・面接（15分）
　　　　　　※グローバル・ファウンデーションの合否については受験時に取得している英語資格、入試の英語得点、面接（一部英語面接含む）等を考慮して判断
○受験料　20,000円
○提出書類　入学志願書・個人報告書（調査書）
○追加募集　1.5次：―　　2次：―
◆転・編入　受け入れあり（要相談）
◆帰国生　帰国生入試あり（要相談）

## 2024年度 入試結果

普通（アドバンストコース）

| | 一般（専願） |
|---|---|
| 応募者数 | 23 |
| 受験者数 | 23 |
| 合格者数 | 21 |
| 実質倍率 | 1.10 |
| 合格最低点 | 167/300（加点含） |

※ グローバルファウンデーション希望者（受2・合2）

## 学校PR

甲南の生徒は、皆何かに打ち込んで、本当に楽しく学校生活を送っています。部活動に熱中する生徒、読書に没頭する生徒、ボランティアに力を注ぐ生徒、大学受験を目指し日々努力する生徒・・・。甲南の生徒は、一生の友人と出会え、自分の個性や可能性を伸ばす機会があふれる甲南のことが大好きです。
また、入試説明会以外の日でも、学校見学（授業やクラブ）ができますので、ご希望の場合は前もってご連絡ください。

兵庫

**アクセス**
阪急神戸線芦屋川駅下車徒歩20分
JR神戸線芦屋駅下車徒歩25分
阪急バス甲南高校前下車すぐ

## 費用

《入学手続き時》
○入学金　　　　　　　　　200,000円

《入学後》
| | |
|---|---|
| ○授業料 | 626,800円 |
| ○施設維持費 | 220,000円 |
| ○冷暖房費 | 15,000円 |
| ○諸会費 | 41,400円 |

## 奨学金・特待制度

入学後の学業、家計、等の状況による奨学金制度あり

## 独自の留学制度

| 留学先 | イギリス、オーストラリア、等 |
|---|---|
| 学年 | 高1～2 |
| 内容 | 3か月～1年間 |
| 費用 | 約100～500万円 |

## 合格実績

2024年の進学状況（卒業者数179名）
甲南大学100名（内部推薦）

国・公立大学合格32（25）名
大阪大3(3)、神戸大2(1)、北海道大1(0)、東北大1(1)、名古屋大1(1)、金沢大1(0)、岡山大1(0)、兵庫県立大4(4)、兵庫教育大1(1)、滋賀医科大1(1)、他。

他の私立大学合格242（215）名
関西学院大23(22)、関西大9(9)、同志社大17(11)、立命館大31(26)、慶應義塾大3(2)、早稲田大2(2)、上智大2(2)、東京理科大2(0)、明治大4(4)、青山学院大1(1)、立教大1(1)、中央大2(2)、法政大1(1)、学習院大1(1)、兵庫医科大2(1)、京都薬科大1(0)、神戸薬科大2(1)、獨協医科大1(0)、藤田医科大1(1)、北里大1(1)、他。

※（ ）内は現役合格内数

男子校

# 彩星工科高等学校

## 学校インフォメーション

 制服
 自転車通学可 通学
 ICT教育
 探究授業
 習熟度別授業
 海外研修
 蔵書数 15,000冊 図書館
 人工芝グラウンド
 食堂
 条件付 スマホ持ち込み
 カウンセラー
 奨学生制度
 高大連携
 ネイティブ教員

**所在地** 〒653-0003 神戸市長田区五番町8-5

| | | | |
|---|---|---|---|
| 電話 | 078-575-0230 | 生徒数 | 男 1250人 |
| 創立 | 1920年 | 併設校 | なし |
| 校長 | 吉田 耕造 | WEB | https://www.saiseikoka.com |

## 教育方針・特色

創立者村野山人の遺訓「人は人のために尽くすを以て本分とすべし」を柱とする建学の理念に、確かな学力と豊かな心を持った技能者・技術者など多種多様な人材を育成します。また、保護者・地域・産業界から信頼され、選ばれる学校となります。2023年4月に新校舎が完成し、多方面からの学びをサポートします。

## スクールライフ

| | |
|---|---|
| 登校時間 | 8:20 |
| 週登校日 | 5日制 |
| 学期制 | 3学期 |
| 制服 | あり |
| 昼食 | 食堂あり 弁当持参可 |
| 学校行事 | 体育祭(6月)・文化祭(11月) |
| 修学旅行 | 2年生9月 3泊4日 国内各地 |
| 環境・施設 | 食堂・校内コンビニ・神戸アスリートベース(野球場、体育館、テニスコート、管理棟)・いなみアスリートベース(グラウンド、体育館) |
| クラブ活動 | 【運動部】硬式野球部、ラグビー部、サッカー部、ハンドボール部、ソフトテニス部、硬式テニス部、バスケットボール部、バレーボール部、卓球部、バドミントン部、空手道部、少林寺拳法部、柔道部、剣道部、陸上競技部、水泳部、体操競技部、山岳部<br>【文化部】ロボット研究部、機械工作部、電子工作部、情報技術部、計算技術部、電験部、ロジックコンピューティング部、理科学研究部、書道部、美術部、写真部、新聞部、音楽部、コーラス部、図書部、ESS部、園芸部、家庭科部、ダンス部 |
| 強化クラブ | 硬式野球部、バドミントン部、バスケットボール部 |

## 2024年度 募集要項

- ○募集人数 工業科:ものづくり系180名、電気・情報系270名<br>普通科:135名(アドバンスコース、キャリアアップコース、スポーツコース)
- ○願書受付 前期:12/11(月)~1/26(金) web登録後(12/11~) 中学校より書類提出1/30(火)必着<br>後期:3/14(木)~3/22(金) 12:00 web登録後(3/14~)書類提出、窓口出願
- ○選抜日時 前期:2/10(土) 後期:3/25(月)
- ○合格発表 前期:2/13(火)16:00 後期:3/26(火)10:00 いずれもweb
- ○入学手続 前期専願:2/22(木)まで 併願:3/22(金)まで<br>後期:3/29(金)まで
- ○選抜方法 専願・後期:国・数・英(計60分)・面接質問票(15分で記入)・面接<br>併願:国・数・英(各50分)
- ○受験料 20,000円
- ○提出書類 入学志願書・個人報告書(調査書)・推薦書(奨学制度希望者)
- ○追加募集 1.5次:— 2次:後期3/25
- ◆転・編入 受け入れあり(要相談)
- ◆帰国生 特別対応なし

## 2024年度 入試結果

ものづくり系

| | 専願 | 併願 |
|---|---|---|
| 応募者数 | 157 | 351 |
| 受験者数 | 156 | 349 |
| 合格者数 | 153 | 342 |
| 実質倍率 | 1.02 | 1.02 |
| 合格最低点 | — | — |

※回し合格(併6)含まない

電気・情報系

| | 専願 | 併願 |
|---|---|---|
| 応募者数 | 154 | 305 |
| 受験者数 | 153 | 304 |
| 合格者数 | 153 | 302 |
| 実質倍率 | 1.00 | 1.01 |
| 合格最低点 | — | — |

※回し合格(併1)含まない

普通

| | 専願 | 併願 |
|---|---|---|
| 応募者数 | 98 | 92 |
| 受験者数 | 98 | 90 |
| 合格者数 | 97 | 89 |
| 実質倍率 | 1.01 | 1.01 |
| 合格最低点 | — | — |

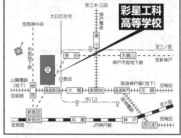

**アクセス**
神戸高速線高速長田駅下車徒歩2分
市バス・地下鉄西神山手線長田駅下車すぐ

## 費用

**《入学手続き時》**

| | |
|---|---|
| ○入学金 | 200,000円 |
| ○施設設備資金 | |
| (工業科) | 300,000円 |
| (普通科) | 200,000円 |

**《入学後》(月額)**

| | |
|---|---|
| ○授業料・教育充実費(工業科) | 40,000円 |
| ○授業料・教育充実費(普通科) | 36,500円 |
| ○生徒会費 | 800円 |
| ○PTA会費 | 500円 |
| ○学年費 | 2,000円 |
| ○修学旅行積立金 | 7,000円 |

## 奨学金・特待制度

- ○中学校の成績における奨学生制度<br>調査書9教科合計の評価が基準以上
- ○スポーツにおける奨学生制度<br>スポーツ技能優秀な者

## 独自の留学制度

オーストラリアで10日間の語学研修制度

## 合格実績

**2024年の進学状況(卒業者数324名)**
**4年制大学進学71名**
高知工科大、関西大、京都産業大、神戸学院大、関西外国語大、大阪工業大、大阪電気通信大、大阪国際工科専門職大、大阪産業大、大阪学院大、天理大、愛知工業大、神奈川大、他。

**大学校・専門学校進学55名**
トヨタ神戸自動車大学校、日本工科大学校、阪神自動車航空鉄道専門学校、神戸電子専門学校、大阪航空専門学校、大阪医専、辻調理師専門学校、岡山理科大学専門学校、他。

## 学校PR

2023年4月より校名を変更し、実習室に冷暖房を完備した新校舎も完成しました。ものづくりの基礎から応用まで技術力を身につける実習を中心とした授業が特徴的で即戦力として働ける工業人を育成します。また、語学留学や国家資格の取得を通して自分のやりたいことを見つけることができる学校です。

# 灘高等学校

## 学校インフォメーション

制服 なし

通学 公共機関

ICT教育

長期休暇講習 夏

海外研修

プール 屋外

図書館 蔵書数 92,000冊

人工芝グラウンド

バリアフリー

食堂

スマホ持ち込み 可

カウンセラー

**所在地** 〒658-0082　神戸市東灘区魚崎北町8-5-1

| | |
|---|---|
| 電話 | 078-411-7234 |
| 創立 | 1927年 |
| 校長 | 海保 雅一 |
| 生徒数 | 男 662人 |
| 併設校 | 灘中学校 |
| WEB | http://www.nada.ac.jp/ |

## 教育方針・特色

本校は1927年10月24日、灘五郷の酒造家本嘉納家(菊正宗酒造)、白嘉納家(白鶴酒造)及び山邑家(櫻正宗)の篤志を受けて旧制灘中学校として創立されました。嘉納家の親戚で当時東京高等師範学校校長兼講道館館長であった嘉納治五郎先生を創立顧問に迎え、講道館柔道の精神『精力善用』『自他共栄』をそのまま校是としました。戦後、灘中学校は旧制中学の優れたところを引き継ぐべく、中高6カ年一貫教育の灘中学校・灘高等学校として再出発し、全国レベルにあったスポーツに加えて学業でも1960年代には全国屈指の進学校へと躍進を遂げました。創立以来のリベラルな校風と学問への高い志の下に質の高い教育を目指しています。

## スクールライフ

| | |
|---|---|
| 登校時間 | 8:40 |
| 週登校日 | 5日制 |
| 学期制 | 3学期 |
| 制服 | なし |
| 昼食 | 食堂あり　弁当持参可 |
| 学校行事 | 文化祭(5月)・体育祭(9月) |
| 修学旅行 | 2年生6月　4泊5日　沖縄方面 |
| 環境・施設 | 図書館・ICT環境・人工芝グラウンド2面　トレーニングルーム など |
| クラブ活動 | 陸上競技部・水泳部・野球部・サッカー部・ラグビー部・バスケットボール部・バレーボール部・ワンダーフォーゲル部・柔道部・剣道部・硬式庭球部・ソフトテニス部・バドミントン部・卓球部・数学研究部・物理研究部・化学研究部・生物研究部・地学研究部・地歴研究部・鉄道研究部・囲碁部・将棋部・ESS部・クラシック研究部・パソコン研究部・アマチュア無線研究部・ブラスバンド部・グリー部 |
| 強化クラブ | 特になし |

## 2024年度 募集要項

- 募集人数　普通科:男子約40名
- 願書受付　1/9(火)～1/24(水)17:00
  web登録後(1/9～)書類提出、窓口または郵送(1/26(金)必着)
- 選抜日時　2/10(土)、2/11(日・祝)
- 合格発表　2/12(月・祝)10:00頃web
- 入学手続　2/16(金)12:00まで
- 選抜方法　1日目:理・英(リスニング含む)
  2日目:国・数
- 受験料　20,000円
- 提出書類　入学志願書・個人報告書(調査書)
- 追加募集　1.5次: ―　2次: ―
- ◆転・編入　受け入れあり(要相談)
- ◆帰国生　特別対応なし

## 2024年度 入試結果

普通

| | |
|---|---|
| 応募者数 | 160 |
| 受験者数 | 160 |
| 合格者数 | 66 |
| 実質倍率 | 2.42 |
| 合格最低点 | 247/400 |

## 学校PR

本校には、個性的な先生方が行う知的刺激に満ちた授業、多方面で活躍する先輩、多彩な部活動や生徒会活動、土曜講座、9万冊以上の蔵書を誇る図書館など、皆さんの好奇心や探究心を刺激しそれを満たすことができる要素が満ち溢れています。生徒の主体性を尊重する学校文化の中で、皆さんの「個性」を伸ばしてゆきましょう。

**アクセス**
阪神本線魚崎駅下車徒歩10分
JR神戸線住吉駅下車徒歩10分
阪急神戸線岡本駅下車徒歩20分

## 費用

《入学手続き時》
| | |
|---|---|
| ○入学金 | 250,000円 |
| ○施設費 | 250,000円 |

《入学後》
| | |
|---|---|
| ○授業料 | 456,000円 |
| ○学校維持協力金 | 168,000円 |
| ○冷暖房費 | 21,600円 |
| ○育友会費 | 2,400円 |
| ○生徒会費 | 8,400円 |
| ○同窓会準備費 | 3,600円 |

入学時納入金は入学金と施設費の計500,000円

## 奨学金・特待制度

灘育英会奨学金

## 独自の留学制度

特になし

## 合格実績

**2024年の進学状況(卒業者数220名)**
**国・公立大学合格202(132)名**
東京大86(66)(理三15(14))、京都大45(32)(医17(14))、一橋大2(2)、東京工業大3(1)、大阪大12(9)(医9(6))、神戸大6(4)(医3(1))、北海道大3(3)(医1(1))、東北大1(1)(医1(1))、名古屋大2(1)(医1)、九州大3、大阪公立大11(4)(医2)、筑波大1、国際教養大1(1)、京都工芸繊維大1、広島大1(医1)、滋賀大1(1)、和歌山大1、他。

**私立大学合格173(43)名**
関西学院大10(2)、関西大4(1)、同志社大21(6)、立命館大14(3)、京都産業大1、近畿大12(2)、早稲田大35(8)、慶應義塾大20(4)、上智大2、東京理科大14(3)、明治大2、中央大2、日本大3、関西医科大2、大阪工業大1、他。

**省庁大学校合格18(8)名**
防衛医科大17(7)、防衛大1(1)。

※( )内は現役内数

# 報徳学園高等学校

## 学校インフォメーション

 制服　　 通学（自転車通学可）　 学内予備校　 ICT教育　 長期休暇講習（夏・冬・春）　 海外研修　 プール（屋外）

 自習スペース　 図書館（蔵書数 23,000冊）　人工芝グラウンド　バリアフリー　食堂　特待生制度　 ネイティブ教員

**所在地** 〒663-8003　兵庫県西宮市上大市5丁目28-19

**電話** 0798-51-3021　　**生徒数** 男 982人
**創立** 1911年　　　　　**併設校** 報徳学園中学校
**校長** 川口 直彦　　　　**WEB** https://www.hotoku.ac.jp/

**アクセス**
阪急今津線甲東園駅下車東へ徒歩約20分

## 教育方針・特色

未来に世界に通用する男子の育成
学習指導では、各教科においてきめ細やかでわかりやすい授業と手厚い対応により、希望進路の実現を支援します。生徒と教師の対話を重視した授業を積極的に導入し、生徒がより多く発問できる授業を展開することで、学力とともに主体性・自主性を高めていきます。さらに、語学研修や海外研修に関して多くの機会を用意しています。英語力を磨くだけでなく、海外の文化や生活を理解し、また現在の情勢に対する理解を促すことで、国際的な視野を養います。

## スクールライフ

| | |
|---|---|
| 登校時間 | 8:20 |
| 週登校日 | 6日制（進学コース5日制） |
| 学期制 | 2学期 |
| 制服 | あり（夏・冬） |
| 昼食 | 購買・食堂あり　弁当持参可 |
| 学校行事 | 体育祭（5月）、文化祭（10月）、六甲強歩大会（11月）、マラソン大会（1月）、大学見学（8月） |
| 修学旅行 | 2年生3月　5泊6日　オーストラリア・シンガポール・マレーシア・国内スキーの中から選択 |
| 環境・施設 | 図書館・ICT環境・クラブ専用練習場・人工芝グラウンド |
| クラブ活動 | 硬式野球、ラグビー、テニス、バスケットボール、サッカー、ハンドボール、卓球、体操競技、陸上競技、水泳、ワンダーフォーゲル、柔道、剣道、弓道、相撲、少林寺拳法、理科研究部、美術、放送、吹奏楽、社会科研究、書道、数学研究、囲碁・将棋、園芸 |
| 強化クラブ | 特になし |

## 2024年度 募集要項

○募集人数　普通科：男子約285名
（1次：選抜特進コース約20名、特進コース約70名、進学コース約160名・1.5次：選抜特進コース約15名、特進コース約10名、進学コース専願約10名）

○願書受付　1次:1/19（金）～1/26（金）15:00 web出願後（1/19～）書類提出、中学校からの一括郵送
1.5次:1/19（金）～2/15（木）15:00 web出願後（1/19～）書類提出、中学校からの一括郵送

○選抜日時　1次:2/10（土）　1.5次:2/16（金）
○合格発表　1次:2/12（月·祝）郵送　1.5次:2/17（土）郵送
○入学手続　1次：専願2/14（水）15:00まで
　　　　　　　　　併願3/21（木）15:00まで
　　　　　　1.5次：専願2/20（火）15:00まで
　　　　　　　　　併願3/21（木）15:00まで
○選抜方法　国・数・英（各60分各100点）
　　　　　　※I方式は条件によって最大30点加点、専願のみ
　　　　　　※専願（I方式含む）は併願より10点程度優遇
　　　　　　※英検取得者2級以上30点、準2級20点、3級10点加点
○受験料　20,500円
○提出書類　入学志願書・個人報告書（調査書）
○追加募集　1.5次:2/16　2次: ―
◆転・編入　受け入れあり（要相談）
◆帰国生　特別対応（応相談）

## 2024年度 入試結果

| 選抜特進 | 専願 | 併願 |
|---|---|---|
| 応募者数 | 5 | 47 |
| 受験者数 | 5 | 46 |
| 合格者数 | 5 | 37 |
| 実質倍率 | 1.00 | 1.24 |
| 合格最低点 | 208/300 | 218/300 |

※回し合格（併9）含まない

| 特進 | 専願 | 併願 |
|---|---|---|
| 応募者数 | 34 | 114 |
| 受験者数 | 34 | 111 |
| 合格者数 | 28 | 87 |
| 実質倍率 | 1.21 | 1.28 |
| 合格最低点 | 163/300 | 173/300 |

※回し合格（専6、併24）含まない

| 進学 | 専願 | 併願 |
|---|---|---|
| 応募者数 | 182 | 193 |
| 受験者数 | 182 | 190 |
| 合格者数 | 182 | 190 |
| 実質倍率 | 1.00 | 1.00 |
| 合格最低点 | 110/300 | 120/300 |

※1.5次は含まない

## 費用

《入学手続き時》
○入学時納入金（入学金含）　595,000円
※その他教材費・制定品費等別途必要

《入学後》（月額）
○授業料　　　　　　　　35,000円
○教育施設充実費　　　　 6,000円
○冷暖房費　　　　　　　 1,000円
○生徒会費　　　　　　　 1,000円
○PTA費　　　　　　　　　 500円
○クラブ後援会費　　　　 1,000円

## 奨学金・特待制度

特待生制度・各種奨学金あり

## 独自の留学制度

| | |
|---|---|
| 留学先 | アメリカ・イギリス・オーストラリア・フィリピン |
| 学年 | 1・2年 |
| 内容 | 語学研修・ホームステイ研修 |
| 費用 | 25万円～50万円 |

## 合格実績

2024年の進学状況（卒業者数337名）
国・公立大学合格者26（25）名
京都大1（1）、大阪大1、神戸大2（2）、北海道大1（1）、大阪公立大2（1）、北海道教育大2（1）、大阪教育大1（1）、京都教育大1（1）、徳島大3（3）、愛媛大2（2）、山口大2（2）、兵庫県立大3（3）、広島大1（1）、他。

私立大学合格者727（620）名
関西学院大40（33）、関西大15（15）、同志社大13（10）、立命館大15（12）、京都産業大33（18）、近畿大71（50）、甲南大15（13）、龍谷大53（33）、早稲田大5（5）、慶応義塾大1（1）、明治大4（3）、青山学院大2（2）、立教大1（1）、中央大3（3）、法政大1（1）、東京理科大3（3）、摂南大26（21）、神戸学院大64（55）、追手門学院大36（34）、桃山学院大16（16）、金沢医科大1、愛知医科大1、兵庫医科大2（2）、関西外国語大20（20）、京都外国語大6（6）、大阪経済大17（13）、大阪工業大34）、他。

省庁大学校合格者33（32）名（1次含む）
防衛大30（29）、防衛医科大2（2）、海上保安大1（1）
※（　）内現役合格内数

## 学校PR

[スポーツの盛んな進学校]として、勉強にクラブ活動に頑張っている生徒が多くいます。
難関大学を目指す者、全国大会優勝を目指す者が切磋琢磨しながら自分の実力を高めていける場所が報徳学園です。

# 愛徳学園高等学校

## 学校インフォメーション

 制服
 公共機関 通学
 キリスト教 宗教教育
 ICT教育
 夏·冬·春 長期休暇講習
 探究授業
 習熟度別授業

 海外研修
自習スペース
 蔵書数 10,000冊 図書館
 エレベーター
届出 スマホ持ち込み
カウンセラー
 ネイティブ教員

**所在地** 〒655-0037 神戸市垂水区歌敷山3丁目6-49

| | | | |
|---|---|---|---|
| 電話 | 078-708-5353 | 生徒数 | 女 68人 |
| 創立 | 1962年 | 併設校 | 愛徳幼稚園·神陵台愛徳幼稚園 |
| 校長 | 松浦 直樹 | | 愛徳学園小学校·愛徳学園中学校 |
| | | WEB | http://www.aitokugakuen.ed.jp/high/ |

**アクセス**
JR神戸線舞子駅下車バス51系統で学園正門前
山陽電鉄霞ケ丘駅下車北へ約800m

## 教育方針·特色

カトリックの精神と、独自の教育プログラムである「Rainbow Program」に基づいた教育が特徴です。基礎学力や人間力を支える「7つの力」を意識しながら、『自ら考え、人に奉仕し、充実した人生を歩む女性』の育成をめざします。女子教育と少人数制ならではの環境を活かし、先生が一人ひとりと濃やかに関わりながら教育を進めます。高校1年生で自分の可能性と将来を見つめ、高校2·3年生では、自分の使命を見いだすとともに自分が望む進路の実現をめざしていきます。本校のグローバル教育は、キリスト教的価値観に基づき、「すべての人、特に弱い立場にある人に寄り添い、『共に生きる』グローバル社会に貢献する人材」の育成を目標に掲げており、「英語力」のみならず、「問題発見·解決力」や「思考力」·「プレゼンテーション力」などを培う多彩な実践の場を用意しています。

## スクールライフ

| | |
|---|---|
| 登校時間 | 8:15 |
| 週登校日 | 6日制 |
| 学期制 | 3学期 |
| 制服 | あり（夏·冬·合服） |
| 昼食 | 弁当持参 パンの購買可 |
| 学校行事 | 全校ミサ(5月) 合唱コンクール(7月) 体育大会(9月) 学園祭(11月) クリスマスの集い(12月) |
| 修学旅行 | 2年生11月 3泊4日 台湾 |
| 環境·施設 | 図書館、全教室にプロジェクター·電子黒板、校内全域でWi-Fi完備 AL教室（壁一面ホワイトボード·可動式デスク·チェア） |
| クラブ活動 | 新体操部·バドミントン部·バレーボール部·バスケットボール部·卓球部·ソフトテニス部 吹奏楽部·社会奉仕部·家庭科部·サイエンス部·写真部·美術部·ESS部·茶道部 |
| 強化クラブ | なし |

## 2024年度 募集要項

- ○募集人数 普通科：女子約20名（1次のみ併願可）
- ○願書受付 1次：窓口：1/17(水)〜1/26(金) 16:00
  郵送：1/17(水)〜1/24(木)消印有効
  2次：窓口：3/19(火)21(木)22(金)16:00
- ○選抜日時 1次：2/10(土) 2次：3/25(月)
- ○合格発表 1次：2/10(土)郵送 2次：3/25(月)手渡し
- ○入学手続 専願：2/17(土)まで
  併願：3/21(木) 2次：3/26(火)
- ○選抜方法 国·数(各50分各100点)·英(リスニング含む60分100点)·面接（専願のみ）
  ※英検·漢検·数検各3級以上は加点あり
- ○受験料 20,000円
- ○提出書類 入学志願書·個人報告書(調査書)
- ○追加募集 1.5次：— 2次：3/25
- ◆転·編入 受け入れあり(要相談)
- ◆帰国生 特別対応なし

## 2024年度 入試結果

普通

| | 専願 | 併願 |
|---|---|---|
| 応募者数 | 0 | 6 |
| 受験者数 | 0 | 6 |
| 合格者数 | 0 | 6 |
| 実質倍率 | — | 1.00 |
| 合格最低点 | — | 非公表 |

## 費用

**《入学手続き時》**

| | |
|---|---|
| ○入学金 | 260,000円 |
| ○施設費 | 80,000円 |
| ○協力金 | 50,000円 |
| ○生徒会入会金 | 5,000円 |
| ○保護者会入会金 | 5,000円 |

**《入学後》**

| | |
|---|---|
| ○授業料 | 35,000円 |
| ○教育充実費 | 3,000円 |
| ○生徒会費 | 1,000円 |
| ○保護者会費 | 3,500円 |

※入学後の費用は月額

## 奨学金·特待制度

ベドゥルナ奨学金（入学金半額）
本校を専願で受験した新入生で、母親が卒業生である者または中学·高校に姉が在学している者
ベドゥルナ奨学金（授業料相当額·授業料半額相当額のいずれか）
在学生で、学業成績が良好であるにも関わらず、経済的理由で学業の継続が困難と認められる者

## 独自の留学制度

特になし

## 合格実績

**2024年の進学状況(卒業者数31名)**
国·公立大学進学2名
大阪大1、兵庫県立大1。

私立大学進学20名
関西大1、関西学院大1、近畿大1、甲南大3、神戸常盤大1、神戸薬科大1、武庫川女子大1、同志社女子大1、関西看護医療大1、京都外国語大1、甲南女子大3、神戸学院大3、神戸女子大1、神戸松蔭女子学院大1。

短期大学進学2名

専門学校進学6名

留学1名

## 学校PR

本校の教育は、少人数制ならではの濃やかな関わりが特徴です。英語·数学での習熟度別のクラス編成に加え、進路目標に応じた科目選択が可能です。これはコース制ではなく、高校2年生では12時間分、高校3年生では17時間分の時間割を、個別に選択するものです。最少人数での授業が可能で、一人ひとりの希望に沿った進路の実現を応援します。

# 賢明女子学院高等学校

## 学校インフォメーション

 制服
 自転車通学可 通学
 学内予備校
 キリスト教 宗教教育
 ICT教育
 長期休暇講習
 探究授業

 海外研修
 留学制度
 自習スペース
 蔵書数 50,000冊 図書館
 食堂
 カウンセラー
 特待生制度

**所在地** 〒670-0012 姫路市本町68

| | | | |
|---|---|---|---|
| 電話 | 079-223-8456 | 生徒数 | 女 272人 |
| 創立 | 1951年 | 併設校 | 賢明女子学院中学校 |
| 校長 | 藤岡 佐和子 | WEB | https://www.himejikenmei.ac.jp/ |

**アクセス**
JR姫路駅・山陽電鉄山陽姫路駅から徒歩約15分

## 教育方針・特色

イエス・キリストの教えと聖母マリアの生き方を現代社会で実践するために、感受性豊かで他者への共感力に富み、永遠に変わらないものの存在を探し求める柔軟な心を育てます。教科教育においては、単なる知識の習得にとどまらず、各種情報媒体の有効利用や外部講師の授業参画によって主体的な学びを実現し、自ら学び考え行動する女性を育てます。また、教科教育に偏らず、彩り豊かな学校生活を通して個々の能力を開花させ、卒業時には協働の精神をもって、社会に貢献する女性に成長することを目指します。

## スクールライフ

| | |
|---|---|
| 登校時間 | 8:35 |
| 週登校日 | 6日制 |
| 学期制 | 3学期 |
| 制服 | あり |
| 昼食 | 食堂あり |
| 学校行事 | スポーツフェスティバル(6月)・学院祭(9月)・体育大会(10月)・クリスマス行事(12月) |
| 修学旅行 | 2年生11月 3泊4日 沖縄 |
| 環境・施設 | 聖堂、図書館・メディアセンター、コンピュータールーム、パスポートルームなど |
| クラブ活動 | テニス部・陸上競技部・バレーボール部・バスケットボール部・少林寺拳法部・ソフトボール部・ダンス部・ブラスバンド部・自然科学部・E.S.S.部・かるた部・ハンドベル部・書道部・演劇部など合計24 |
| 強化クラブ | 特になし |

## 費用

**《入学手続き時》**

| | |
|---|---|
| ○入学金 | 400,000円 |

**《入学後》(年額)**

| | |
|---|---|
| ○授業料 | 396,000円 |
| ○教育充実費 | 120,000円 |
| ○学年費 | 84,000円 |
| ○旅行等積立金 | 72,000円 |
| ○賢明奉献会費 | 26,400円 |
| ○生徒会費 | 4,200円 |

## 奨学金・特待制度

特待生・奨学金制度あり

## 独自の留学制度

| | |
|---|---|
| 留学先 | カナダ |
| 学年 | 高1・2 |
| 内容 | 2週間の短期留学 |

## 2024年度 募集要項

- ○募集人数 普通科:女子35名(ソフィア(特進)コース約15名、ルミエール(進学)コース約20名) ※帰国生募集は学校にお問い合わせください
- ○願書受付 web登録後(12/11〜)書類提出 1/22(月)〜1/26(金)必着(中学校でとりまとめて出願) ※専願は作文の提出が必要
- ○選抜日時 2/10(土)
- ○合格発表 2/13(火)web
- ○入学手続 専願:2/15(木)17:00 併願:3/22(金)17:00
- ○選抜方法 国・数(各50分各100点)・英(60分100点リスニング含む)・面接(専願のみ20分、グループ)
- ○受験料 20,000円
- ○提出書類 入学志願書・個人報告書(調査書)・作文(専願)
- ○追加募集 1.5次:— 2次:—
- ◆転・編入 受け入れあり(要相談)
- ◆帰国生 特別対応あり

## 2024年度 入試結果

| | ソフィア(特進)コース | | ルミエール(進学)コース | |
|---|---|---|---|---|
| | 専願 | 併願 | 専願 | 併願 |
| 応募者数 | 0 | 21 | 3 | 13 |
| 受験者数 | 0 | 21 | 3 | 13 |
| 合格者数 | — | 16 | 3 | 13 |
| 実質倍率 | — | 1.31 | 1.00 | 1.00 |
| 合格最低点 | — | — | — | — |

※回し合格(併5)含まない

## 合格実績

**2024年の進学状況(卒業者数98名)**
国・公立大学合格21名
大阪大1(1)、神戸大3(2)、広島大1(1)、和歌山大1(1)、兵庫県立大6(6)、兵庫教育大1(1)、他。

私立大学合格221名
関西学院大20(20)、関西大6(5)、同志社大11(11)、立命館大4(4)、京都産業大3(3)、近畿大15(15)、甲南大10(8)、龍谷大17(17)、上智大1(1)、明治大5(5)、兵庫医科大7(6)、神戸薬科大3(3)、他。

省庁大学校合格
看護大1(1)

※( )内は現役合格内数

## 学校PR

世界文化遺産姫路城のすぐ東に位置し、緑に囲まれた静かな環境のもとで学んでいます。コース制をとっていて、探究学習や、SDGsに取り組む「Be Leaders」などプログラムも豊富。新図書館「LIBRA」も完成しました。賢明女子学院は「燈台の光」となる心豊かな女性を育てます。

庫

女子校

# 甲子園学院高等学校

## 学校インフォメーション

 制服
 自転車通学可 通学
 夏・冬・春 長期休暇講習
 探究授業 探究授業
 学生寮
 自習スペース
 食堂

 スマホ持ち込み
 カウンセラー
 特待生制度
 高大 高大連携

**所在地** 〒663-8107 西宮市瓦林町4-25

電話 0798-65-6100
創立 1941年
校長 宮島 隆之

生徒数 女 222人
併設校 甲子園大学、甲子園短期大学、甲子園学院中学校、甲子園学院小学校、甲子園学院幼稚園
WEB https://www.koshiengakuin-h.ed.jp/

**アクセス**
阪急神戸線西宮北口駅下車徒歩15分
JR神戸線甲子園口駅下車徒歩7分

## 教育方針・特色

甲子園学院は、1941年に校祖久米長八先生が「次代を担うのは女性である」と女子教育の重要性を唱え、甲子園高等女学校を創設したのに始まる。学院では「亀勉努力」「和衷協同」「至誠一貫」の校訓を人間教育の根底におき、自発的に努め励み、力を合わせて事に当たり、誠をもって人に接することのできる、健康で知性と感性豊かな女性を育成することをめざしている。

## スクールライフ

| | |
|---|---|
| 登校時間 | 8:35 |
| 週登校日 | 5日制 |
| 学期制 | 3学期 |
| 制服 | あり(夏・冬) |
| 昼食 | 食堂あり 弁当持参可 |
| 学校行事 | 4月:春季校外学習、高野山慰霊塔参拝 5月:体育大会 7月:コーラスコンクール 9月:文化祭 11月:秋季校外学習、芸術鑑賞 など |
| 修学旅行 | 3年生6月 4泊5日 東京・北海道 |
| 環境・施設 | 美術資料館 久米アートミュージアム、学生寮、講堂、自習室、コンピュータ室、図書館、食堂・喫茶、吹奏楽練習室、教育相談室、トレーニング室、剣道部道場 など |
| クラブ活動 | 【運動部】剣道部、バレーボール部、ソフトテニス部、バスケットボール部、ダンス部、撞球(ビリヤード)部、水泳部、体操部 【文化部】吹奏楽部、書道部、美術部、家庭科部 [同好会]かるた |
| 強化クラブ | 特になし |

## 2024年度 募集要項

○募集人数 普通科:女子280名(プレミアムステージ80名、スタンダードステージ200名)
○願書受付 1/18(木)～1/24(水) 窓口出願
○選抜日時 2/10(土)
○合格発表 2/13(火)郵送
○入学手続 専願:2/16(金)まで
　　　　　 併願:3/22(金)まで
○選抜方法 国・数・英(各50分)・面接
○受験料 20,000円
○提出書類 入学志願書・個人報告書(調査書)
○追加募集 1.5次: ― 2次: ―
◆転・編入 受け入れあり(要相談)
◆帰国生 特別対応あり

## 2024年度 入試結果

| | プレミアムステージ | | スタンダードステージ | |
|---|---|---|---|---|
| | 専願 | 併願 | 専願 | 併願 |
| 応募者数 | 10 | 29 | 58 | 97 |
| 受験者数 | 10 | 29 | 57 | 97 |
| 合格者数 | 10 | 29 | 57 | 97 |
| 実質倍率 | 1.00 | 1.00 | 1.00 | 1.00 |
| 合格最低点 | ― | ― | ― | ― |

※転コース合格(併4)含まない

## 費用

《入学手続き時》
○入学金 350,000円
○制服・教科書代など諸費 約200,000円

《入学後》
○授業料等(年額) 624,000円

※コース毎のオプションカリキュラム費別途費用

## 奨学金・特待制度

「学力奨学金制度」「部活動奨学金制度【運動部・文化部】」「大阪府等他府県入学者奨学金制度」「ファミリー奨学金制度」があります。なお、2つ以上の制度を併用することはできません。

## 独自の留学制度

特になし

## 合格実績

2024年の進学状況(卒業者数74名)
甲子園大学、甲子園短期大学

他の私立大学合格
京都産業大、近畿大、甲南大、龍谷大、佛教大、摂南大、神戸学院大、京都外国語大、京都女子大、神戸女学院大、大阪音楽大、他。

## 学校PR

本校は「夢」を実現する学校です。そのために、あなたの能力や個性を最大限伸ばす教育を行っています。そして大学進学は勿論のこと、将来社会人、家庭人として立派に活躍できる基礎をしっかり育む学校です。みなさんも自分の持てる能力を発揮し、また隠れた才能を発掘して充実した学校生活を送ってみませんか。教職員一同、入学を心より待っています。

# 神戸国際高等学校

## 学校インフォメーション

 なし
行事の時のみ標準服

 通学
自転車通学可 スクールバス

 学内予備校

 ICT教育

 長期休暇講習
夏・春

 海外研修

 留学制度

 自習スペース

 食堂

 カフェテリア

 カウンセラー

 帰国生入試

 特待生制度

 ネイティブ教員

**所在地** 〒654-0081 神戸市須磨区高倉台7-21-1

| | |
|---|---|
| 電話 | 078-731-4665 |
| 創立 | 1994年 |
| 校長 | 瀬尾 幸司 |
| 生徒数 | 女 149人 |
| 併設校 | 神戸国際中学校 |
| WEB | https://kis.ed.jp |

## 教育方針・特色

本校は「個を生かす進学に強い女子校」をタグラインに掲げ、1クラス20名前後の少人数制の中で、生徒一人一人を大切にした教育を展開しています。そして、これからの社会で活躍するために、学力・語学力・人間力の3つの力を育む中で、21世紀型スキルの獲得を目指した教育に取り組んでいます。また、医歯薬系への進学にも力を入れています。創立31年の若い学校ですが、卒業生は客室乗務員や医師、教員など国内外のさまざまな分野で活躍しています。自立心と豊かな人間性を備え、将来、国際人として活躍したいと願っている貴女の夢を叶えます。

## スクールライフ

| | |
|---|---|
| 登校時間 | 8:45 |
| 週登校日 | 6日制 |
| 学期制 | 3学期 |
| 制服 | なし(式典時のみ学校指定ブレザー着用) |
| 昼食 | 食堂あり 弁当持参可 |
| 学校行事 | 体育祭(5月)・文化祭(6月)・英語オラトリカルコンテスト/フランス語リサイタル(12月) |
| 修学旅行 | 2年生7月 5泊6日 海外(今年度はシンガポールを予定) |
| 環境・施設 | 図書館・アルモニホール(体育館)・LL教室・NM教室・メモリアルホール |
| クラブ活動 | ダンス部 ドッジボール部(フットサル部) テニス部 体操部 バレーボール部 バスケットボール部 ESS部(ギター) クリエイティブアート部 演劇部 科学部 |
| 強化クラブ | 特になし |

## 2024年度 募集要項

- ○募集人数 女子15名
- ○願書受付 1/18(木)～1/26(金) 窓口出願または郵送(消印有効)
- ○選抜日時 2/10(土)
- ○合格発表 2/12(月・祝)10:00、web、郵送
- ○入学手続 専願2/14(水)まで 併願3/22(金)まで
- ○選抜方法 ①国・数・英(各50分各100点)・面接(グループ)
  ②英(リスニング含む)(90分150点)・面接(グループ)
  ③AO入試 小論文(50分100点)・面接
  ※①②③全てで英語資格の加点措置あり
- ○受験料 20,000円
- ○提出書類 入学志願書・個人報告書(調査書)
- ○追加募集 1.5次:— 2次:3/25
- ◆転・編入 受け入れあり(要相談)
- ◆帰国生 あり(要相談)

## 2024年度 入試結果

| 国際文化 | 専願・併願 |
|---|---|
| 応募者数 | 38 |
| 受験者数 | 38 |
| 合格者数 | 37 |
| 実質倍率 | 1.03 |
| 合格最低点 | 非公表 |

## 学校PR

少人数制の女子校という利点を生かした自由な校風の中で伸び伸びとした学校生活を送りつつ、学力・語学力・人間力を伸ばすことができます。

ネイティブによる英語の授業は勿論のこと、高校1年時の副担任にネイティブが入ります。受験生の皆様に向けたイベントを沢山開催しておりますので、是非一度本校へお越しください!

---

神戸国際高

**アクセス**
JR神戸線・山陽電鉄須磨駅、地下鉄西神山手線妙法寺駅の各駅からいずれも市バス75系統にて高倉台7丁目下車、無料スクールバスあり

## 費用

《入学手続き時》
| | |
|---|---|
| ○入学金 | 300,000円 |
| ○納付金 | 90,000円 |

《入学後》
| | |
|---|---|
| ○授業料 | (年額)426,000円 |
| ○教育充実費 | 204,000円 |
| ○保護者会費 | 15,600円 |
| ○生徒会費 | 7,200円 |
| ○海外研修積立金 | 毎月 15,000円 |
| ○学年諸費 | 80,000円 |

## 奨学金・特待制度

特待生制度(入試当日の成績、中学校の成績)
ファミリー特別奨学金制度(本校在校生・卒業生の3親等以内等)
海外留学に対する特別奨学金制度

## 独自の留学制度

あり

## 合格実績

2024年の進学状況(卒業者数26名)
国・公立大学合格5(2)名
大阪大1、九州大1(1)、山口大1、大阪教育大1、徳島大1(1)

私立大学合格
関西学院大4(2)、関西大3、同志社大4(1)、立命館大2、近畿大3、甲南大4(1)、早稲田大1、上智大1、明治大1(1)、法政大1(1)、学習院大1、兵庫医科大1、神戸学院大1、京都外国語大2、京都女子大3、神戸女学院大2、武庫川女子大3、他。
※( )内は過年度生内数

兵庫

女子校

# 神戸常盤女子高等学校

## 学校インフォメーション

 制服　 公共機関 通学　 ICT教育　 夏・冬・春 長期休暇講習　 探究授業　 習熟度別授業　 図書館

 食堂　 条件付 スマホ持ち込み　 カウンセラー　 特待生制度　奨学生制度　 高大連携　 ネイティブ教員

**所在地** 〒653-0824　神戸市長田区池田上町92番地

電話　078-691-0561
創立　1908年
校長　友井 基浩

生徒数　女 627人
併設校　神戸常盤大学、神戸常盤大学附属ときわ幼稚園
WEB　https://www.kobe-tokiwa.ed.jp/

## 教育方針・特色

「現代社会に生きる女性にふさわしい知性・徳性・体力を磨き、豊かな人間性と常識をわきまえた生徒の育成を目指す」
・ひとりひとりの個性に応じた教育　　・生きる技術を身につける教育
・知性ある女性を育てる教育　　・あたたかい家庭的な教育

## スクールライフ

| | |
|---|---|
| 登校時間 | 8:50 |
| 週登校日 | 5日制 |
| 学期制 | 3学期制 |
| 制服 | あり（季節に応じて） |
| 昼食 | 食堂あり |
| 学校行事 | 新入生オリエンテーション合宿（4月）・陸上競技大会（5月）・球技大会（学年による）・文化祭（10月）・秋季遠足（11月）・芸術鑑賞会（11月）・予餞会（2月） |
| 修学旅行 | 2年次に実施 |
| 環境・施設 | 大学共用体育館（バレーボール・バスケットボール公式試合2面対応）、作法室、図書室（DVD鑑賞ブース有り）、調理実習室3教室（業務用製菓・製パン用オーブン、製菓用冷凍庫等設置）、被服実習室、情報教室（2教室）、音楽室、ピアノ個人レッスン室（3教室）、オムニテニスコート2面、視聴覚教室、ICT環境（1人1台ノートパソコン貸出、校内全域無線Wi-Fiおよびプロジェクター・スクリーン完備） |
| クラブ活動 | ソフトボール部※、バスケットボール部※、バトントワリング部※、バレーボール部※、卓球部※、ソフトテニス部※、弓道部、硬式テニス部、フットサル部※、吹奏楽部※、コーラス部、パソコンライセンス部、茶道部、書道部、家庭科研究部、園芸部、華道部、演劇部、理科研究部、写真部、文芸部、ギター部、放送部、新聞部、ESS部、ボランティア部、漫画研究部、美術部 |
| 強化クラブ | 上記※は部活動特待生制度適用部 |

## 2024年度 募集要項

○募集人数　普通科:女子225名（大学特進看護医療コース60名、大学特進こども教育コース30名、大学特進文系コース30名、総合コース105名）
家庭科:女子60名
後期若干名募集あり

○願書受付　web出願
前期:1/16（火）〜1/24（水）
後期:3/15（金）〜3/22（金）

○選抜日時　前期:2/10（土） 後期:3/25（月）
○合格発表　前期:2/13（火）web 後期:3/25（月）
○入学手続　専願:2/22（木）まで
併願:公立高校合格発表後〜3/25（月）
○選抜方法　国・数・英（各50分各100点）・面接
○受験料　20,000円
○提出書類　入学志願書・個人報告書（調査書）
○追加募集　1.5次:― 2次:（後期）3/25
◆転・編入　受け入れあり（要相談）
◆帰国生　特別対応（要相談）

## 2024年度 入試結果

### 大学特進看護医療
| | 専願 | 併願 |
|---|---|---|
| 応募者数 | 158 | |
| 受験者数 | | |
| 合格者数 | | ― |
| 実質倍率 | | |
| 合格最低点 | | |

### 大学特進こども教育
| | 専願 | 併願 |
|---|---|---|
| 応募者数 | 75 | |
| 受験者数 | | |
| 合格者数 | | |
| 実質倍率 | | |
| 合格最低点 | | |

### 大学特進文系
| | 専願 | 併願 |
|---|---|---|
| 応募者数 | 34 | |
| 受験者数 | | |
| 合格者数 | | |
| 実質倍率 | | |
| 合格最低点 | | |

### 総合
| | 専願 | 併願 |
|---|---|---|
| 応募者数 | 116 | |
| 受験者数 | | |
| 合格者数 | | ― |
| 実質倍率 | | |
| 合格最低点 | | |

### 家庭科
| | 専願 | 併願 |
|---|---|---|
| 応募者数 | 189 | |
| 受験者数 | | |
| 合格者数 | | |
| 実質倍率 | | |
| 合格最低点 | | |

### アクセス
山陽電鉄西代駅下車徒歩8分
JR神戸線新長田駅下車徒歩15分
地下鉄西神山手線長田駅下車徒歩10分

## 費用

《入学手続き時》
| | |
|---|---|
| ○入学金 | 300,000円 |
| ○施設設備資金 | 120,000円 |
| ○入学時諸経費 | 197,700円〜209,500円 |

※コースにより異なる

《入学後》（月額）
| | |
|---|---|
| ○授業料 | 36,650円（4月のみ36,850円） |
| ○教育充実費 | 5,000円 |
| ○施設実習費 | 2,000円 |
| ○生徒会費 | 750円 |
| ○育友会費 | 800円 |
| ○修学旅行積立金 | 7,000円 |

## 奨学金・特待制度

常盤奨学金制度、常盤就学支援制度、姉妹奨学金制度、部活動特待生制度あり

## 独自の留学制度

特になし

## 合格実績

2024年の進学状況（卒業者数223名）
国・公立大学進学
筑波大、兵庫県立大、神戸市看護大、他。

私立大学進学
関西学院大、関西大、近畿大、甲南大、龍谷大、佛教大、早稲田大、兵庫医科大、神戸薬科大、関西外国語大、武庫川女子大、神戸女子大、大和大、京都橘大、東海大、創価大、帝京大、昭和女子大、福岡大、他。

就職
神戸市職員、ZARA、レーブドゥシェフ、川崎重工、ファミリア、文明堂、東洋水産、ホテルオークラ、ユニクロ、モロゾフ、モンロワール、ホテルニューアワジ、GU、ゴンチャロフ、コープこうべ、ANAクラウンプラザ、他。

## 学校PR

1908年、私立家政女学院として建学、創立116年の歴史を誇ります。普通科に加え、兵庫県の女子校で唯一の家庭科があり、2学科・7コースで特色ある学びを展開、個性と知性に富んだ女性を社会に輩出してきました。2025年度より、放課後個別学習型システムを校内に導入し、それぞれの目標や習熟度に合わせて学習をサポートします。難関大学への進学を目指す生徒にも、しっかり対応していきます。また、レジリエンスを高める現代版女子教育も強化していきます。そして、制服をフルモデルチェンジします。生徒たちとともに考え、常盤の歴史・伝統、神戸のイメージを形にした世界でひとつだけの"KOBE TOKIWA チェック"を作りました。

# 松蔭高等学校

兵庫

女子校

## 学校インフォメーション

 制服
 公共機関 通学
 キリスト教 宗教教育
 ICT教育
 長期休暇講習
 探究授業
 海外研修

 自習スペース
 蔵書数 100,000冊 図書館
 食堂
 スマホ持ち込み
 カウンセラー
 帰国生入試
 高大連携

**所在地** 〒657-0805 神戸市灘区青谷町3-4-47

| | |
|---|---|
| 電話 | 078-861-1105 |
| 創立 | 1892年 |
| 校長 | 浅井 宣光 |

| | |
|---|---|
| 生徒数 | 女 335人 |
| 併設校 | 松蔭中学校　神戸松蔭女子学院大学 |
| WEB | https://shoin-jhs.ac.jp/ |

**アクセス**
市バス2系統青谷(松蔭女子学院前)下車すぐ
阪急神戸線王子公園駅下車徒歩約15分
JR神戸線灘駅下車徒歩約18分
阪神岩屋駅下車徒歩約20分

## 教育方針・特色

松蔭は、1892年、英国国教会の宣教師により、キリスト教精神にもとづく女子教育を目的として神戸の地に建てられました。キリスト教に基づく女子教育の伝統を大切に、知性と人間性を豊かに備えた女性の育成をめざしています。様々な行事や社会奉仕活動を通してキリスト教の精神に触れるなかで、真理を見極める力、自ら行動する力、社会に貢献する姿勢を養っていきます。

## スクールライフ

| | |
|---|---|
| 登校時間 | 8:40 |
| 週登校日 | 6日制 |
| 学期制 | 3学期 |
| 制服 | あり(夏・冬) |
| 昼食 | 弁当持参　(食堂、パン販売あり) |
| 学校行事 | 文化祭(4月)・体育祭(9月) |
| 修学旅行 | 2年生10月　4泊5日　シンガポール |
| 環境・施設 | 図書館(蔵書10万冊)、ICT環境、室内プール、English Room、自習室、スクールカウンセラー相談室 |
| クラブ活動 | 水泳、卓球、アーチェリー、バドミントン、バスケットボール、バレーボール、ソフトテニス、テニス、コーラス、ハンドベル、茶道、華道、書道、箏曲、ダンス、演劇、放送、美術、写真 |
| 強化クラブ | 特になし |

## 2024年度 募集要項

○募集人数 普通科:女子約50名
(LSコース、GLコース、AAコース)
帰国生入試は学校へお問い合わせください

○願書受付 12/11(金)〜1/26(火)web登録後書類郵送のみ(必着)

○選抜日時 2/10(土)

○合格発表 2/13(火)16:00web

○入学手続 専願:2/14(水)15:00まで
併願:3/22(金)13:00まで

○選抜方法 国・数・英(リスニング含む)
(各50分各100点)
※AAコースは専願のみ
※英検・漢検取得者には級に応じて加点あり

○受験料 20,000円

○提出書類 入学志願書・個人報告書(調査書)・志望理由及び活動報告書(専願のみ)

○追加募集 1.5次: ―　2次: ―

◆転・編入 受け入れあり(要相談)

◆帰国生 海外帰国生向け入試実施

## 2024年度 入試結果

| 普通 | 専願・推薦 | 併願 |
|---|---|---|
| 応募者数 | 37 | 5 |
| 受験者数 | 37 | 5 |
| 合格者数 | 37 | 5 |
| 実質倍率 | 1.00 | 1.00 |
| 合格最低点 | ― | ― |

## 費用

《入学手続き時》
○入学金　　　　　　　　　　　　　　300,000円

《入学後納入金》
○学費・諸会費(月額)　　　　　　　　50,250円
○PTA・生徒会入会金　　　　　　　　　3,700円

《その他》
○学年費(年額)　　　　　LS・AA 約80,000円
　　　　　　　　　　　　　　GL 約170,000円
○制服等(入学時)　　　　　　　　　約100,000円
○ICTデバイス購入費　　　LS・AA 約100,000円
　　　　　　　　　　　　　　GL 約140,000円

その他、連携授業費用、旅行積立金等あり。

## 奨学金・特待制度

◆ファミリー:姉妹または母が、松蔭女子学院(中学校・高等学校・短大・大学)の在校生・卒業生の場合、入学金10万円減免。
◆グローバル:出願時に、英検2級取得者(2次試験までの合格)は入学金半額(15万円)減免。
◆成績:中学3年生2学期末時点の3年次総合成績において、国語・数学・英語3教科がすべて4以上(5段階評価)の受験生は、入学金半額(15万円)減免。
◆高等学校入学生特別奨学制度あり

## 独自の留学制度

夏季の短期留学制度(ニュージーランド・韓国)
一年間単位認定留学制度あり

## 合格実績

2024年の進学状況(卒業者数97名)
神戸松蔭女子学院大学合格17名

他の私立大学合格
関西学院大7、関西大4、京都産業大2、近畿大2、甲南大6、早稲田大2、明治大1、立教大5、摂南大4、神戸学院大9、追手門学院大1、京都外国語大1、関西外国語大5、同志社女子大1、神戸女学院大11、武庫川女子大1、甲南女子大11、神戸女子大5、大阪産業大4、大阪音楽大2、大阪芸術大2、関西看護医療大2、姫路獨協大2、兵庫大2、他。

短期大学合格6名

専門学校合格4名

## 学校PR

ランゲージ&サイエンスコース、アスリート&アーティストコース、グローバルリーダーコースの3コースになり、幅広く希望進路に対応します。定員も50名に増え、併願受験も可能です。

# 親和女子高等学校

## 学校インフォメーション

 制服
 スクールバス 通学
 学内予備校
 ICT教育
 夏・春 長期休暇講習
 SSH スーパーサイエンス スーパースクール
 探究授業 探究授業

 海外研修
 自習スペース
 蔵書数 97,800冊 図書館
 食堂
 高・大 高大連携
 ネイティブ教員
 海外姉妹校

**所在地** 〒657-0022 神戸市灘区土山町6-1

| | |
|---|---|
| 電話 | 078-854-3800 |
| 創立 | 1887年 |
| 校長 | 中村 晶平 |
| 生徒数 | 女 539人 |
| 併設校 | 親和中学校／神戸親和大学・大学院 |
| WEB | https://www.kobe-shinwa.ed.jp/ |

## 教育方針・特色

校祖友國晴子先生の建学の精神 ①誠実(誠のこころ) ②堅忍不抜(耐え忍ぶこころ) ③忠恕温和(思いやりのこころ) を柱として、人間形成を第一に、心豊かで、知を備え、世界に羽ばたく女性の育成に努めている。また、従来より理数系教育に力を入れており、2024年度「スーパーサイエンスハイスクール(SSH)」に指定されました。
「アドバンストコース」は大学進学に向けた夢を実現し、社会で活躍できる女性としての基礎をつくるコース。2年次からは文系(Ⅰ類・Ⅱ類)/理系(Ⅰ類・Ⅱ類)に分かれて学習。3年間で大学進学に必要な学力(主体的な学び、思考力・判断力・表現力)を身に着ける。「グローバルコース」は、語学力を磨き、国際感覚を磨き、グローバルに活躍できる女性の育成をめざすコース。中長期の留学(3ヶ月・6ヶ月・1年)を原則必修とし、高度な英語力を身につける。第2外国語も履修。また、国際情勢や時事問題を英語で学ぶ科目や、英語でディスカッション、プレゼンテーションする「探究学習」など国際理解を深め、日本文化を発信する力を育てる科目も特徴的。「スポーツ・カルチャーコース」は勉強と部活動との両立を実現したい人、将来、教員をめざしている人などに最適のコース。3年間かけて、じっくり学力を高めてゆくカリキュラムが特長。教員採用試験で高い実績を誇っている、神戸親和大学教育学部への推薦入学制度もその特色の一つ。

## スクールライフ

| | |
|---|---|
| 登校時間 | 8:30 |
| 週登校日 | 6日制 |
| 学期制 | 3学期 |
| 制服 | あり(夏・冬) |
| 昼食 | 食堂あり 弁当持参可 |
| 学校行事 | 文化祭(5月)・球技大会(7月)・体育祭(9月)・音楽会(11月) |
| 修学旅行 | 2年生10月 4泊5日 海外を予定 |
| 環境・施設 | 図書館・ラーニングコモンズルーム・イングリッシュルーム・講堂・(音楽・書道・美術)各教室・(物理・化学・生物)各実験室および講義室・体育館(大・小)・コンピュータ教室・ゆうルーム(相談室)・食堂など |
| クラブ活動 | [運動部]バレーボール部・バドミントン部・バスケットボール部・ハンドボール部・ソフトボール部・ソフトテニス部・水泳部・空手道部・陸上競技部・卓球部<br>[文化部]書道部・園芸部・パソコン部・新聞部・写真部・文学部・理化部・演劇部・ESS部・家庭部・ギター部・生物部・漫画研究部・放送部・社会部・美術部・コーラス部・軽音楽部・器楽部・ダンス部 |
| 強化クラブ | バレーボール部、バドミントン部 |

## 2024年度 募集要項

○募集人数 普通科:アドバンストコース女子約30名、スポーツ・カルチャーコース女子約30名、グローバルコース女子約20名
○願書受付 web登録後(1次:1/9～ 1.5次:2/13～ 2次:3/19～)
出願書類提出
1次:1/22(月)～1/31(水) 郵送のみ必着
1.5次:2/13(火)・2/14(水) 10:00～15:00持参のみ
2次:3/19(火)～3/22(金) 10:00～15:00持参のみ
※自己推薦(1次・1.5次スポーツ・カルチャーコース)は専願のみ、出願条件あり、自己推薦書の提出が必要
※2次は専願のみ
○選抜日時 1次:2/10(土) 1.5次:2/16(金) 2次:3/25(月)
○合格発表 1次:2/13(火)10:00web 1.5次:2/19(月)10:00web
2次:3/25(月)17:00web、中学校郵送
○入学手続 1次:2/14(水)17:00まで
1次:専願2/20(火)17:00まで
1次・1.5次:併願2/21(木)17:00まで
2次:3/25(月)20:00まで
○選抜方法 1次・1.5次アドバンスト・スポーツ・カルチャーコース:国・数・英(各50分各100点)・面接(専願、1次はグループ)
1次・1.5次グローバルコース:英(50分100点)・面接(英語による簡単な応対を含む)・小論文(50分)・面接
○受験料 20,000円
○提出書類 入学志願書・個人報告書(調査書)・自己推薦書(スポーツ・カルチャー自己推薦)
○追加募集 1.5次:2/16 2次:3/25
◆転・編入 受け入れあり(要相談)
◆帰国生 特別対応あり

## 2024年度 入試結果

**アドバンスト**

| | 専願 | 併願 |
|---|---|---|
| 応募者数 | 7 | 15 |
| 受験者数 | 7 | 15 |
| 合格者数 | 7 | 15 |
| 実質倍率 | 1.00 | 1.00 |
| 合格最低点 | — | — |

**スポーツ・カルチャー**

| | 自己推薦 | 併願 |
|---|---|---|
| 応募者数 | 6 | 1 |
| 受験者数 | 6 | 1 |
| 合格者数 | 6 | 1 |
| 実質倍率 | 1.00 | 1.00 |
| 合格最低点 | — | — |

**グローバル**

| | 専願 | 併願 |
|---|---|---|
| 応募者数 | 1 | 7 |
| 受験者数 | 1 | 7 |
| 合格者数 | 1 | 7 |
| 実質倍率 | 1.00 | 1.00 |
| 合格最低点 | — | — |

※1.5次含む

## 学校PR

本校は神戸市で最も歴史のある女子校です。137年の歴史と伝統を受け継ぎながら、変化の激しいこれからの国際社会で生き抜くため、『学力』『人間力』『国際力』『情報力』など多彩な能力と個性をバランスよく高める教育改革に取り組んでいます。9万冊超の蔵書を設置した図書館や学校独自の『探究学習』、豊富な国際交流プログラム、全教室に設置した電子黒板や1人1台のタブレットなど、時代の変化に対応した教育環境も用意しています。また、部活動や学校行事も盛んで、特に毎年多くの来場者で賑わう文化祭は、生徒主導で盛り上げています。

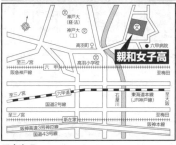

**アクセス**
阪急神戸線六甲駅徒歩約15分
阪神本線御影駅・JR神戸線六甲道駅より
市バス16系統高羽町下車徒歩5分

## 費用

《入学手続き時》
○入学金 350,000円

《入学後》
○授業料 396,000円
○施設整備費 180,000円
○教育充実費 102,000円
○諸会費 30,000円
○旅行積立金・教材費 ※約350,000円

※については、内部進学者との差額を含む

## 奨学金・特待制度

親和女子高等学校学習奨励奨学金制度
ファミリー特典制度 など

## 独自の留学制度

[海外姉妹校・協定校]との語学研修・交流
①マック・ロバートソン女子高校(オーストラリア)
②東北師範大学附属中学(中国)
③長春外国語学校(中国)
④長春日章学園高中(中国)
⑤海寧市紫微中学(中国)

## 合格実績

2024年の進学状況(卒業者数176名)
神戸親和大学合格8(8)名
国・公立大学合格33(25)名
大阪大2(1)、神戸大1(1)、九州大1(1)、大阪公立大2(2)、奈良女子大1、神戸市外国語大1(1)、岡山大1(1)、広島大1(1)、兵庫県立大7(5)、和歌山県立医科大1(1)、他。
他の私立大学495(403)名
関西学院大50(35)、関西大33(30)、同志社大13(13)、立命館大21(9)、京都産業大2(2)、近畿大77(70)、甲南大36(30)、龍谷大7(6)、佛教大1(1)、早稲田大1(1)、上智大1(1)、立教大3(3)、日本大2(1)、駒澤大2、大阪医科薬科大7(6)、兵庫医科大5(5)、大阪歯科大4、京都薬科大1(1)、神戸薬科大7(6)、摂南大4(4)、神戸学院大28(26)、追手門学院大7(7)、京都外国語大1(1)、関西外国語大15(15)、大阪経済大3(3)、大阪工業大3(3)、京都女子大5(5)、同志社女子大6(6)、神戸女学院大40(26)、武庫川女子大16(15)、他。
省庁大学校合格2(2)名
防衛医科大1(1)、水産大1(1)。

※( )内は現役合格内数

# 高 園田学園高等学校

## 学校インフォメーション

 制服　 通学（自転車通学可）　 ICT教育　 習熟度別授業　 海外研修　 留学制度　 図書館（蔵書数290,000冊）

 バリアフリー　 食堂　 カウンセラー　 特待生制度　 高大連携　 ネイティブ教員　海外姉妹校

**所在地** 〒661-0012　兵庫県尼崎市南塚口町1丁目24-16

| | |
|---|---|
| 電話 | 06-6428-2242 |
| 創立 | 1938年 |
| 校長 | 厚田 太加志 |

| | |
|---|---|
| 生徒数 | 女 474人 |
| 併設校 | 園田学園中学校、園田学園大学 |
| WEB | https://www.sonodagakuen.ed.jp/ |

**アクセス**
阪急神戸線塚口駅下車南へ徒歩8分
JR宝塚線塚口駅下車西へ徒歩16分

## 教育方針・特色

「明るく 清く 正しく 強く」を校訓とし、「知性と豊かな情操、品性を身につけ、健康でいきいきとした活力あふれる人材を育成する」ことを教育方針のもとに、特別進学コース、進学コース、総合コースの3つのコースを設置。将来の目標を明確にしたコース独自の特色あるカリキュラムを編成しています。

## スクールライフ

| | |
|---|---|
| 登校時間 | 8:30 |
| 週登校日 | 5日制 |
| 学期制 | 3学期 |
| 制服 | あり（夏・冬） |
| 昼食 | 購買・食堂あり 弁当持参可 |
| 学校行事 | 体育祭（9月）・文化祭（9月） |
| 修学旅行 | 2年生3月 3泊5日 海外 |
| 環境・施設 | 2017年に新校舎が完成し、2018年には部室棟やサブホールといった施設も完成。光を多く取り入れた明るい廊下、すべての教室には、ホワイトボードとプロジェクターを設置している。全館にWi-Fi環境が整備されICT教育に対応している。生徒はタブレットを持って学習に取り組んでいる。本格的な茶室や36畳の和室では、茶道や着付けなどの授業も実施する。 |
| クラブ活動 | 【運動部】陸上競技部・バドミントン部・バレーボール部・モダンダンス部・ソフトボール部・ハンドボール部・バスケットボール部・テニス部・卓球部・剣道部<br>【文化部】吹奏楽部・家庭科部・コーラス部・フォークソング部・バトントワリング部・放送部・写真部・美術部・演劇部・ESS部・書道部・ICT部 |
| 強化クラブ | 陸上競技部、バドミントン部、テニス部、バレーボール部、バスケットボール部、ハンドボール部、ソフトボール部 |

## 2024年度 募集要項

| | |
|---|---|
| ○募集人数 | 普通科:女子270名（特別進学コース60名、進学コース140名、総合コース70名） |
| ○願書受付 | 1次:1/17(水)～1/24(水)16:00<br>2次:3/15(金)～3/22(金)12:00<br>web登録後(12/20～)中学校より書類提出<br>郵送は必着 |
| ○選抜日時 | 1次:2/10(土)　2次:3/25(月) |
| ○合格発表 | 2/13(火)web |
| ○入学手続 | 専願:2/17(土)　併願:3/22(金)<br>2次:3/26(火) |
| ○選抜方法 | 国・数・英（リスニング含む）（各50分各100点） |
| ○受験料 | 20,000円 |
| ○提出書類 | 入学志願書・個人報告書（調査書） |
| ○追加募集 | 1.5次:―　2次:3/25 |
| ◆転・編入 | 受け入れあり（要相談） |
| ◆帰国生 | 合否判定で配慮あり |

## 2024年度 入試結果

| 特別進学コース | 専願 | 併願 |
|---|---|---|
| 応募者数 | 9 | 198 |
| 受験者数 | 9 | 198 |
| 合格者数 | 7 | 192 |
| 実質倍率 | 1.29 | 1.03 |
| 合格最低点 | 141/300 | |

| 進学コース | 専願 | 併願 |
|---|---|---|
| 応募者数 | 78 | 429 |
| 受験者数 | 78 | 429 |
| 合格者数 | 75(2) | 425(6) |
| 実質倍率 | 1.04 | 1.01 |
| 合格最低点 | 123/300 | |

| 総合コース | 専願 | 併願 |
|---|---|---|
| 応募者数 | 35 | 144 |
| 受験者数 | 35 | 144 |
| 合格者数 | 34(3) | 144(3) |
| 実質倍率 | 1.03 | 1.00 |
| 合格最低点 | 81/300 | |

※（ ）回し合格外数

## 費用

**《入学手続き時》**

| | |
|---|---|
| ○入学金 | 330,000円 |
| ○各種入会金 | 22,000円 |
| ○諸経費 | 76,000円 |
| ○制服等制定品費 | 129,140円 |

**《入学後》**

| | |
|---|---|
| ○授業料 | |
| 　特別進学 | 498,000円 |
| 　進学・総合 | 480,000円 |
| ○各種会費 | 26,400円 |
| ○諸経費（タブレット費用） | 56,000円 |
| ○修学旅行積立金 | 120,000円 |

## 奨学金・特待制度

奨学生・特待生制度あり

## 独自の留学制度

| | |
|---|---|
| 留学先 | ニュージーランド |
| 学年 | 希望者 |
| 内容 | 短期留学／中期留学 |
| 費用 | 約30万／約120万 |

## 合格実績

2024年の進学状況（卒業者数157名）
園田学園女子大学合格58名
園田学園女子大学短期大学部合格36名

国・公立大学合格1名
愛媛大1。

他の私立大学合格106名
関西学院大1、関西大1、立命館大2、京都産業大1、近畿大12、神戸学院大2、追手門学院大13、桃山学院大1、関西外国語大1、武庫川女子大2、大阪経済法科大1、大阪体育大1、森ノ宮医療大2、藍野大3、甲南女子大7、他。

他の短期大学合格4名

専門学校合格25名

## 学校PR

特別進学コース・進学コース・総合コースの3つのコースがあり、将来の目標を明確にした特色あるカリキュラムを編成しています。1人一台タブレットを持ち、授業の中では調べ学習や発表の機会を増やすことによって、プレゼンテーション力を磨いていきます。また、家庭での自主学習にも利用していき、基礎学力の定着を図ります。

# 姫路女学院高等学校

## 学校インフォメーション

 制服  通学  ICT教育  習熟度別授業  留学制度  学生寮  図書館

 食堂  スマホ持ち込み  カウンセラー  帰国生入試  特待生制度  英語イマージョン  海外姉妹校

**所在地** 〒670-0964 **兵庫県姫路市豊沢町83番地**

電話　079-224-1711
創立　1921年
校長　摺河 祐彦

生徒数　女 450人
併設校　姫路女学院中学校／姫路ハーベスト医療福祉専門学校
　　　　岡本ハーベストこども園、たちえ幼稚園
WEB　https://www.himeji-jogakuin.ed.jp/

**アクセス**
JR山陽本線・姫新線・播但線姫路駅下車徒歩5分。
山陽電鉄・神姫バス・姫路駅下車徒歩8分

## 教育方針・特色

創立時からの女子教育と、時代に対応した新しい教育プログラム。姫路女学院の教育はその両方を大切にしています。柱になるのは、世界共通の目標SDGsを根幹にした、4つの教育と一人ひとりの進路希望を実現する科とコース。目指しているのは、豊かな教養を生かして世界の舞台で活躍する「国際教養人」の育成です。

## スクールライフ

| | |
|---|---|
| 登校時間 | 8:25 |
| 週登校日 | 6日制　第2・第4土曜日休み |
| 学期制 | 3学期 |
| 制服 | あり(夏・冬) |
| 昼食 | 食堂あり |
| 学校行事 | 蒜山高原キャンプ(1年)(4月)、体育祭(5月)、世界遺産研修旅行(1・2年)(8月)、韓国研修旅行(有志)(8月)、修学旅行(2年)(9月)、校祖祭(9月)、文化祭(10月)、バス旅行(1・3年)(10月)、ハーベスト祭(1・2年)(11月)、Christmas Concert(12月)、ニューヨークSDGs研修旅行(有志)(2月) |
| 修学旅行 | 2年生9月 |
| 環境・施設 | 体育館、多目的教室、コンピューター室、食堂、講堂、作法室、グラウンド、セミナーハウス、学生寮 |
| クラブ活動 | 【運動部】サッカー部 バレーボール部 ソフトボール部 剣道部 陸上競技部 卓球部 ゴルフ部 バドミントン部 ソフトテニス部 バスケットボール部 ダンス部<br>【文化部】ギター・マンドリン部 陶芸部 茶道部 華道部 和装部 園芸部 図書部 美術部 手芸部 放送部 化学部 吹奏楽部 書道・硬筆部 演劇部 パソコン部 写真部 数学部 ESS部 音楽部 文芸部<br>【特別クラブ】インターアクトクラブ Sクラブ |
| 強化クラブ | 【運動部】サッカー部 バレーボール部 ソフトボール部 剣道部 陸上競技部<br>【文化部】ギター・マンドリン部 |

## 2024年度 募集要項

○募集人数　普通科: 女子270名(特別進学国際教養コース30名、教養コース180名、アスリートコース(サッカー・バレーボール・剣道・ソフトボール・陸上競技)60名(推薦入試を含む))
○願書受付　1/22(月)〜1/26(金)　web登録後(12/11〜)書類提出、窓口または郵送(16:00必着)
○選抜日時　2/10(土)　一般科目は学校の他、校外会場あり
○合格発表　2/13(火)16:00web、中学校へ手渡しまたは郵送
○入学手続　一般:専願2/22(木)　併願3/22(金)
○選抜方法　一般: 3科型　国・数・英(各45分)　1科型　英(リスニング含む)(90分)・英語面接　推薦(サッカー・バレーボール):作文(45分800字程度)・面接・実技
○受験料　20,000円
○提出書類　入学志願書・個人報告書(調査書)
○追加募集　1.5次: ―　2次:
◆転・編入　受け入れあり(要相談)
◆帰国生　要相談

## 2024年度 入試結果

### 特別進学国際教養コース

| | 専願 | 併願 |
|---|---|---|
| 応募者数 | 17 | 98 |
| 受験者数 | 16 | 98 |
| 合格者数 | 15 | 90 |
| 実質倍率 | 1.07 | 1.09 |
| 合格最低点 | ― | ― |

### 教養コース

| | 専願 | 併願 |
|---|---|---|
| 応募者数 | 63 | 545 |
| 受験者数 | 63 | 545 |
| 合格者数 | 63 | 545 |
| 実質倍率 | 1.00 | 1.00 |
| 合格最低点 | ― | ― |

### アスリートコース

| | 推薦・専願 | 併願 |
|---|---|---|
| 応募者数 | 26 | 9 |
| 受験者数 | 26 | 9 |
| 合格者数 | 26 | 9 |
| 実質倍率 | 1.00 | 1.00 |
| 合格最低点 | ― | ― |

## 費用

**《入学手続き時》**

| | |
|---|---|
| ○入学金 | 320,000円 |
| ○施設設備資金 | 80,000円 |

**《入学後》(月額)**

| | |
|---|---|
| ○授業料 | 36,500円 |
| ○施設設備維持費 | 3,000円 |
| ○生徒会費 | 2,400円 |
| ○積立金(教育研修費等) | 12,600円 |

## 奨学金・特待制度

特待生制度あり(普通科・部活動)
通学費補助奨学金制度
姉妹同時在学優遇制度
専門技能習得支援制度
摺河学園奨学金
ハーベストスカラーシップ

## 独自の留学制度

タイ、ポーランド、インドネシア、パラグアイに姉妹校があり、研修旅行や交換留学を柱にした国際交流の輪を広げている。

## 合格実績

2024年の進学状況(卒業者数208名)
国・公立大学合格1名
神戸市看護大1。

私立大学合格119名
関西学院大5、同志社大5、立命館大1、近畿大4、甲南大4、龍谷大1、神戸学院大3、追手門学院大4、桃山学院大1、京都外国語大2、大阪経済大1、同志社女子大1、武庫川女子大5、神戸女子大11、神戸松蔭女子学院大1、神戸芸術工科大2、甲南女子大3、兵庫大2、他。

短期大学合格10名

専門学校合格95名

## 学校PR

本校は、思考力や論理力を鍛えて学力の向上を図る授業、一人ひとりの希望に沿ったキャリア教育に力を注ぎ、学校行事や海外研修、海外姉妹校との交流も充実。視野を広げ、主体的に物事に取り組む姿勢を育んでいます。姫路女学院は、自分の課題を見つけ、将来を見据え、わくわくしながら学びを深められる場所です。未来への可能性のとびらを姫路女学院で開いてみませんか。

# 兵庫大学附属須磨ノ浦高等学校

## 学校インフォメーション

 制服　 通学（公共機関）　 宗教教育（仏教）　 ICT教育　 長期休暇講習（夏・冬）　 海外研修　 留学制度

 人工芝グラウンド　 食堂　 スマホ持ち込み（届出）　 カウンセラー　 特待生制度　 高大連携　ネイティブ教員（ABC）

**所在地**　〒654-0052　兵庫県神戸市須磨区行幸町2-7-3

| | |
|---|---|
| 電話 | 078-735-7111 |
| 創立 | 1923年 |
| 校長 | 河野 幸星 |

| | |
|---|---|
| 生徒数 | 女 661人 |
| 併設校 | 兵庫大学・兵庫大学短期大学部・兵庫大学附属加古川幼稚園 兵庫大学附属須磨幼稚園・神戸国際中学校高等学校 |
| WEB | https://www.sumanoura.ed.jp/ |

## 教育方針・特色

建学の精神は「和の精神」。多彩な5つのコースを設置し、1人ひとり知性と創造力、グローバルな視野で時代にはばたく国際性、しなやかな心を育む教育をおこなっている。

## スクールライフ

| | |
|---|---|
| 登校時間 | 8:25 |
| 週登校日 | 5日制　登校日あり |
| 学期制 | 3学期 |
| 制服 | あり |
| 昼食 | 購買・カフェテリア・弁当持参 |
| 学校行事 | 修学旅行（6月）・体育大会（10月）・生活発表とバザー（11月） |
| 修学旅行 | 2年生6月　4泊5日　ニュージーランドなど |
| 環境・施設 | JR「須磨海浜公園」山陽・阪神「月見山」（特急停車駅）より徒歩5分の便利な住宅街に立地 ピアノ教室、マルチメディア教室（2）、屋上スカイコート、ひとり1台のiPadなど充実した施設 |
| クラブ活動 | 全国レベルのソフトボール・バレーボール・新体操をはじめ、バスケットボール・硬式テニス・剣道・ダンスなど体育系と吹奏楽・演劇・書道など文化部が活動中。ピアノ・茶道・フランス語の研修もある。 |
| 強化クラブ | ソフトボール、バレーボール、新体操 |

## 2024年度 募集要項

- **募集人数**　普通科：女子300名（特進アドバンスコース30名、特進看護医療コース30名、幼児教育コース70名、キャリア進学コース144名、介護福祉士コース26名）
  ※後期は各コース若干名募集
- **願書受付**　12/11（月）～1/26（金）web登録後（12/11～）書類提出 1/30（火）必着 後期：3/19（火）～3/22（金）
- **選抜日時**　2/10（土）学校、兵庫大学　後期：3/25（月）
- **合格発表**　2/13（火）16:00web 後期：3/25（月）
- **入学手続**　専願：2/17（土）　併願：3/23（土）
- **選抜方法**　国・数・英（各50分）・面接（後期のみ）
- **受験料**　20,000円
- **提出書類**　入学志願書・個人報告書（調査書）
- **追加募集**　1.5次：―　2次：後期3/25
- ◆**転・編入**　受け入れあり（要相談）
- ◆**帰国生**　特別対応あり

## 2024年度 入試結果

### 特進アドバンス

| | 専願・併願 |
|---|---|
| 応募者数 | 31 |
| 受験者数 | 31 |
| 合格者数 | 31 |
| 実質倍率 | 1.00 |
| 合格最低点 | 非公表 |

※後期・回し合格含む

### 特進看護医療

| | 専願・併願 |
|---|---|
| 応募者数 | 34 |
| 受験者数 | 34 |
| 合格者数 | 34 |
| 実質倍率 | 1.00 |
| 合格最低点 | 非公表 |

### 幼児教育

| | 専願・併願 |
|---|---|
| 応募者数 | 134 |
| 受験者数 | 134 |
| 合格者数 | 133 |
| 実質倍率 | 1.01 |
| 合格最低点 | 非公表 |

### キャリア進学

| | 専願・併願 |
|---|---|
| 応募者数 | 255 |
| 受験者数 | 255 |
| 合格者数 | 253 |
| 実質倍率 | 1.01 |
| 合格最低点 | 非公表 |

※回し合格含む

### 介護福祉士

| | 専願・併願 |
|---|---|
| 応募者数 | 41 |
| 受験者数 | 41 |
| 合格者数 | 41 |
| 実質倍率 | 1.00 |
| 合格最低点 | 非公表 |

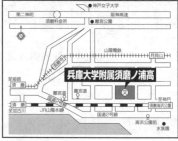

**アクセス**
JR須磨海浜公園駅徒歩5分。阪神・山陽月見山駅（特急停車駅）徒歩5分。市バスバス停より徒歩2分。小野・三木方面、地下鉄妙法寺・名谷・学園都市・西神中央方面よりスクールバス運行

## 費用

《入学手続き時》

| | |
|---|---|
| ○入学金 | 330,000円 |
| ○施設充実費 | 100,000円 |
| ○保護者会入会金等 | 15,000円 |
| ○制服等学校指定品 | 139,650円 |

《入学後》

| | |
|---|---|
| ○授業料（月額） | 34,000円 |
| ○生徒会・保護者会費等（月額） | 1,500円 |

その他修学旅行積立金、教材研修費など

## 奨学金・特待制度

- ○特待生制度
  学業優秀
  スポーツ（指定部活動）優秀
- ○奨学金制度
  ファミリー対象

## 独自の留学制度

- 留学先　ニュージーランド

## 合格実績

2024年の進学状況（卒業者数267名）
兵庫大学、兵庫大学短期大学部合格者あり

他の私立大学合格
甲南大2、龍谷大5、兵庫医科大2、神戸学院大7、京都女子大2、武庫川女子大3、神戸女子大6、甲南女子大7、神戸親和大6、他。

## 学校PR

- ・未来につながる多彩な5コースを設置。（特進アドバンス・特進看護医療・幼児教育・キャリア進学・介護福祉士）
- ・JR、山陽阪神の駅から徒歩で通学できる便利な立地
- ・兵庫大学と連携した有利な進学
- ・生徒数が多く、気の合う友だちにきっと出会える学校
- ・日本最大の学校グループ「龍谷総合学園」の加盟校

# 武庫川女子大学附属高等学校

## 学校インフォメーション

 制服　 通学（自転車通学可）　 ICT教育　 長期休暇講習（夏・冬）　 海外研修　 留学制度　 プール（屋外）

 学生寮　 図書館（蔵書数67,000冊）　 食堂　 スマホ持ち込み（届出）　 カウンセラー　 高大連携（高・大）　 ネイティブ教員（ABC）

**所在地** 〒663-8143　**兵庫県西宮市枝川町4-16**

| | |
|---|---|
| 電話 | 0798-47-6436(代表) |
| 創立 | 1939年 |
| 校長 | 世良田 重人 |

| | |
|---|---|
| 生徒数 | 女 690人 |
| 併設校 | 武庫川女子大学附属幼稚園、保育園、中学校、武庫川女子大学、大学院 |
| WEB | https://jhs.mukogawa-u.ac.jp/ |

**アクセス**
- 阪神本線鳴尾・武庫川女子大前駅下車徒歩約15分
- 阪神本線甲子園駅下車阪神バス　武庫川女子大附属中高前下車すぐ

## 教育方針・特色

本学院では立学の精神である「高い知性」・「善美な情操」・「高雅な徳性」を教育の原点とし、「自ら考え、動く」人の育成をめざし、「知識・姿勢・行動」という視点からなる「MUKOGAWA COMPASS」に基づく教育活動を展開します。生徒一人ひとりのニーズに応じた文理の枠にとらわれない授業を展開し、探究活動や海外研修、短期留学を強化し、部活動と学習とを両立させるなど、大学附属校だからこそできる一貫教育の魅力にあふれています。

## スクールライフ

| | |
|---|---|
| 登校時間 | 8:30 |
| 週登校日 | 6日制　土曜・隔週休日 |
| 学期制 | 3学期 |
| 制服 | あり(夏・冬) |
| 昼食 | 食堂あり　弁当持参可 |
| 学校行事 | 武庫川フェスティバル(5月)　体育大会(10月) |
| 修学旅行 | 2年生6月　4泊5日　北海道 |
| 環境・施設 | ICT環境・図書館・プール(2面)・体育館・体育室4面・アリーナ |
| クラブ活動 | 放送部・コーラス部・オーケストラ部・マーチングバンド部・体操部・新体操部・バドミントン部・水泳部バトントワリング部・創作ダンス部・柔道部・カヌー部など、計40の部活があります。 |
| 強化クラブ | 特になし |

## 2024年度 募集要項

- **募集人数** 普通科:女子約160名(SOAR(ソアー)探究コース 140名、SOAR(ソアー)グローバルサイエンスコース 20名)
- **願書受付** web登録(12/22〜)後、書類提出(1/22(月)〜2/2(金))郵送は必着
1.5次:2/14(水)〜2/15(木)12:00窓口提出
- **選抜日時** 前期:2/10(土)　1.5次:2/16(金)
- **合格発表** 2/13(火)10:00〜2/14(水)10:00web
1.5次:2/16(金)郵送
- **入学手続** 2/21(水)15:00まで
併願:3/22(金)15:00まで
- **選抜方法** A方式:数・英・国か理(各50分各100点)専願は15点加点
B方式(専願):出願書類・面接
C方式(SOAR(ソアー)探究コース専願):出願書類・面接・実技
1.5次:出願書類・小論文(50分)・面接
※A方式のみ資格取得者加点あり
- **受験料** 20,000円
- **提出書類** 入学志願書・個人報告書(調査書)
推薦書(BC方式)
- **追加募集** 1.5次:2/16　2次:3/25
- ◆転・編入　受け入れあり(要相談)
- ◆帰国生　特別対応なし

## 2024年度 入試結果

| 全コース計 | A方式(専・併) | B方式(専願) |
|---|---|---|
| 応募者数 | 106 | 29 |
| 受験者数 | 104 | 29 |
| 合格者数 | GS16・探究86 | GS3・探究26 |
| 実質倍率 | 1.02 | 1.00 |
| 合格最低点 | GS199/300 探究138/300 | — |

| CGのみ | C方式(専願) |
|---|---|
| 応募者数 | 15 |
| 受験者数 | 14 |
| 合格者数 | 探究14 |
| 実質倍率 | 1.00 |
| 合格最低点 | — |

## 費用

**《入学手続き時》**

| | |
|---|---|
| ○入学金 | 350,000円 |
| ○施設費 | 100,000円 |
| ○制服・学用品代 | 241,348円 |

**《入学後》**

| | | |
|---|---|---|
| ○授業料 | | (年額)640,800円 |
| ○教材費 | C G | 144,300円 |
| | C S | 138,900円 |
| ○育友会費等 | | 29,300円 |
| ○心電図費等 | | 2,520円 |
| ○積立金 | C G | 176,400円 |
| | C S | 495,600円 |

## 奨学金・特待制度

公江特待生、武庫川学院奨学生、武庫川学院鳴松会奨学生、育友会奨学金

## 独自の留学制度

| 留学先 | アイルランド、アメリカ、ニュージーランド、ハンガリー、オーストラリア、フィンランド |
|---|---|
| 学年 | 全学年 |
| 内容 | 短期交換留学生として約3週間留学 |
| 費用 | 渡航費用のみ |

## 合格実績

**2024年の進学状況(卒業者数223名)**
武庫川女子大学・武庫川女子大学短期大学部
進学188名
(内訳)文学部10、心理・社会福祉学部13、生活環境学部22、食物栄養科学部14、音楽学部2、看護学部10、教育学部22、健康・スポーツ科学部11、社会情報学部20、建築学部7、薬学部27、経営学部29、短期大学部1

**国・公立大学合格**
神戸大、兵庫県立大、大阪教育大、他。

**他の私立大学合格**
関西大、同志社大、甲南大、他。

## 学校PR

2024年4月より、SOAR(ソアー)グローバルサイエンス・SOAR探究の2コース制が新たにスタートしました。全生徒がiPadを持ち、日々の授業に役立てています。他校にはない先進的なICT推進や、部活動は40もあり、多くの部活が全国大会へ出場しています。校内案内、部活見学等ご希望の方は、気軽に本校までご連絡ください。

# 百合学院高等学校

## 学校インフォメーション

 制服　 通学（自転車通学可・スクールバス）　 宗教教育（キリスト教）　 ICT教育　 習熟度別授業　 海外研修　 留学制度

 プール（屋外）　 自習スペース　 食堂　 スマホ持ち込み（届出）　 カウンセラー　 特待生制度　 ネイティブ教員

### 所在地　〒661-0974　兵庫県尼崎市若王寺2-18-2

| | |
|---|---|
| 電話 | 06-6491-6298 |
| 創立 | 1964年 |
| 校長 | 葵 光裕 |

| | |
|---|---|
| 生徒数 | 女 214人 |
| 併設校 | 百合学院幼稚園・小学校・中学校 |
| WEB | http://high.yuri-gakuin.ac.jp/ |

## 教育方針・特色

(1)カトリックの理念に基づき、知的・道徳的・宗教的情操教育を行い、円滑な人格を育成する。

(2)キリスト教の原理・倫理を学び、人生の目的・意義をよりよく把握し、常に真理を探求しようとする真摯な態度と、いかなる時にも良心的行動がとれる強固な意志を育成する。

(3)キリスト教の観点から、純潔・愛徳を重視し、世相の波に流されず、心身の純潔を保ち、豊かな隣人愛をもって献身奉仕することにより、清廉・感謝・忠実・素直・克己・礼節などを身に付け、社会に貢献しうる女性を育成する。

## スクールライフ

| | |
|---|---|
| 登校時間 | 8:25 |
| 週登校日 | 5日制 |
| 学期制 | 3学期 |
| 制服 | あり(夏・冬・合服) |
| 昼食 | 購買・食堂あり 弁当持参可 |
| 学校行事 | 6月 学院バザー　9月 文化活動発表会・体育祭　11月 校外学習　12月 クリスマスの集い |
| 修学旅行 | 2年生6月 3泊4日 北海道 |
| 環境・施設 | 図書館・プール・Wifi・音楽ホール・クラブ練習場他 |
| クラブ活動 | バスケットボール部・バドミントン部・チアダンス部・軟式野球部・テニス部・卓球部・アンサンブル部・美術部・家庭科部・フォークソング部・文芸部・演劇部・書道部・インターアクト部・プログラミング研究会 |
| 強化クラブ | バスケットボール部、バドミントン部、チアダンス部 |

## 2024年度 募集要項

| | |
|---|---|
| ○募集人数 | 普通科:女子140名(選抜特進コース40名、特進コース100名)※帰国生専願若干名募集あり |
| ○願書受付 | web登録後(12/18〜)書類提出<br>1次:1/5(金)〜1/31(水)16:00窓口または郵送<br>1.5次:2/12(月)〜2/15(木)16:00窓口または郵送<br>2次:3/1(金)〜3/22(金)16:00窓口出願のみ |
| ○選抜日時 | 1次:2/10(土)　1.5次:2/16(金)<br>2次:3/25(月) |
| ○合格発表 | 1次:2/12(月・祝)郵送　1.5次:2/17(土)郵送<br>2次:3/25(月)手渡し |
| ○入学手続 | 専願:2/17(土)まで 併願:3/22(金)まで<br>2次:3/25(月) |
| ○選抜方法 | 1次・1.5次:国・数・英(各50分各100点)・面接※選抜特進コースは理・社(各50分各100点)を加えた5科受験も可。その場合も基本的には国・数・英の3科で合否判定を行うが、合否境界付近では理・社の成績を加味する。<br>2次(専願のみ):小論文50分100点・面接<br>推薦入試(事前審査):数・国・英・作文(600字程度)(各50分各100点)より1つ選択・面接<br>※英検・漢検・数検準1級以上40点、2級30点、準2級20点の加点あり<br>特進コースは3級10点の加点もあり |
| ○受験料 | 20,000円 |
| ○提出書類 | 入学志願書・個人報告書(調査書)・推薦書(推薦入試出願) |
| ○追加募集 | 1.5次:2/16　2次:3/25 |
| ◆転・編入 | 受け入れあり(要相談) |
| ◆帰国生 | あり(要相談) |

## 2024年度 入試結果

選抜特進コース

| | 推薦・一般(専願) | 一般(併願) |
|---|---|---|
| 応募者数 | 24 | 30 |
| 受験者数 | 24 | 30 |
| 合格者数 | 22 | 30 |
| 実質倍率 | 1.09 | 1.00 |
| 合格最低点 | — | 3科145/300、3科141/300、<br>5科227/500 5科264/500 |

※回し合格(専4)含まない

特進コース

| | 推薦・一般(専願) | 一般(併願) |
|---|---|---|
| 応募者数 | 38 | 26 |
| 受験者数 | 38 | 26 |
| 合格者数 | 38 | 26 |
| 実質倍率 | 1.00 | 1.00 |
| 合格最低点 | — | 108/300 | 113/300 |

## 学校PR

文部科学大臣表彰を受賞した先進のキャリア教育と探求学習により自ら考え、協力し、表現する力を身につけるとともに、各自の進路に沿った個別指導により難関大学の合格を次々勝ち取っています。また、一人につき5枠以上ある豊富な指定校推薦により希望者の9割が第1志望の推薦を獲得、少人数教育ならではの生徒1人ひとりに寄り添う丁寧な進路指導で、希望進路を実現しています。

### アクセス

阪急神戸線園田駅下車徒歩12分・スクールバス約5分、JR尼崎駅下車スクールバス約15分

阪神・JR尼崎駅より阪神バスで「百合学院」下車

## 費用

《入学手続き時》

| | |
|---|---|
| ○入学金 | 270,000円 |
| ○施設設備金 | 180,000円 |

《入学後》

| | | |
|---|---|---|
| ○授業料 | | (月額)32,000円 |
| ○諸費 | 選抜特進コース | (月額)28,900円 |
| | 特進コース | (月額)26,900円 |

## 奨学金・特待制度

入試成績、3年生2学期の実力テストの成績、部活動等により入学金・授業料の減免制度あり。(HP参照)

## 独自の留学制度

全学年対象の夏休み短期留学
オーストラリア・シンガポール等より選択

## 合格実績

2024年の進学状況(卒業者数78名)
国・公立大学合格3名
神戸大1、神戸市外国語大1、和歌山県立医科大(医)1。

私立大学合格
関西学院大11、関西大5、同志社大1、立命館大1、京都産業大1、近畿大3、甲南大5、龍谷大2、大阪医科薬科大1、兵庫医科大(医)1、京都薬科大1、神戸薬科大2、摂南大2、神戸学院大2、追手門学院大2、桃山学院大2、京都外国語大2、関西外国語大1、大阪工業大1、京都女子大3、同志社女子大1、神戸女学院大6、甲南女子大5、神戸女子大1、神戸松蔭女子学院大4、東北医科薬科大(医)1、他。

女子校

# 高等専修学校神戸セミナー

## 学校インフォメーション

 なし 制服
 公共機関 通学
 学内予備校
 ICT教育
 習熟度別授業
 自習スペース
 可 スマホ持ち込み

 カウンセラー

**所在地** 〒650-0011 兵庫県神戸市中央区下山手通8丁目4番26号

| | | | |
|---|---|---|---|
| 電話 | 078-341-1897 | 生徒数 | 1年 13人・2年 14人・3年 13人 |
| 創立 | 2021年 | 併設校 | 大学受験予備校神戸セミナー |
| 校長 | 喜多 徹人 | WEB | http://www.kobeseminar.ac.jp |

## アクセス
神戸市営地下鉄山手線大倉山駅東出口2より徒歩5分
阪急花隈駅西出口より徒歩3分
阪神西元町駅東出口より徒歩3分
JR神戸駅、元町駅より徒歩10分

## 教育方針・特色

高等専修学校神戸セミナーでは貴方が将来、社会でストレスなく上手に過ごしていけるスキルを身につけてもらうことを目指します。
【基本方針】
○笑顔と元気を最優先：無理をせず、今できることを少しずつやることが大切です。しんどい時はためらわずに休むよう指導します。
○心の余裕：車の運転も「焦り」が事故の元です。焦るとできないことを無理にしてしまいます。
○関係性：辛いことややりたくてもできないことを担当の先生に話せることがとても大切です。安心感を持って話せることを目指します。
○楽しく快適に学習：学習も「辛いけど頑張って勉強する」ではなくニコニコスイスイ勉強できるようになることを目指します。基礎から難関大への合格実績は、この方針だから達成できるのです。
【神戸セミナーの6つの特長】
①完全個別対応
　時間割、教材、行事参加の仕方などを一人ひとりにストレス無く快適にできるよう個別に配慮します。
②5週間ごとのカリキュラム見直し
　カリキュラムは5週間単位で見直しを行い、やりたいことができ、できることが増えたらそれに合わせて増やしていきます。
③3週間毎のカウンセリング
　今のカリキュラムで負担はないか、授業のレベルは適切か、イベント参加や人間関係などでストレスはどうか、などを面談で教えてください。どうすればいいかを相談します。
④プロの専任教員のカウンセリング
　面談するのは全員が面談やカウンセリングのトレーニングを受けた専門家の先生です。大学のこと、受験勉強の方法、就職の知識もあり、カウンセリングもできる人が面談を担当します。
⑤元気になるイベントと行事
　スポーツ、グループでのゲーム、フィールドワークなどさまざまなイベントが準備されています。不安な人は最初は参加しなくても構いません。カウンセラーの先生たちが様子を見守り、時には手助けをする中で「楽しい体験」をしてもらいます。中学のとき、行事が苦手だった人も神戸セミナーの行事なら安心して参加できるようになります。それらを通じてストレスを貯めず、上手に友人と遊ぶスキルが身につきます。
⑥難関大も目指せる大学受験体制
　大学受験予備校を併設する学校なので、難関大を希望する人は受験勉強もどんどん進めることが可能です。中学で不登校の人が国立大、早慶、関関同立に進学する実績が多数あります。

## 費用

《入学手続き時》
○入学金　　　　　　　　　　180,000円

《入学後》
○授業料　　　　　　　　　1,080,000円

## 奨学金・特待制度

特になし

## 独自の留学制度

特になし

## 合格実績

2024年の進学状況
私立学校合格
関西学院大、関西大、甲南大、関西外国語大、他。

## スクールライフ

| | |
|---|---|
| 登校時間 | 個別の時間割による |
| 週登校日 | 週5日（1～5日） |
| 学期制 | 2学期 |
| 制服 | なし |
| 昼食 | 持参可・空き教室利用可 |
| 学校行事 | ソフトボール大会、ボウリング大会、ハイキング、遠足、映画鑑賞、屋内スポーツ大会、進路ガイダンス、コミュニケーションイベント |
| 修学旅行 | なし |

## 2024年度 募集要項

○募集人数　文化・教養高等課程　総合学科30名
○願書受付　9/1～3/31
○選抜日時　随時
○合格発表　随時
○選抜方法　面接※保護者の事前相談必須
○受験料　2,000円
○提出書類　入学願書、調査書
◆転・編入　受け入れあり（要相談）
◆帰国生　受け入れあり（要相談）

## 2024年度 入試結果

| | |
|---|---|
| 応募者数 | 13 |
| 受験者数 | ― |
| 合格者数 | 13 |
| 実質倍率 | 1.00 |
| 合格最低点 | 面接のみ |

## 学校PR

高等専修学校神戸セミナーを卒業することで高等学校卒業と同様に大学入学資格が得られます。
◇こんな人におすすめ
・中学での内申点は良くないが難関大に行きたい　・中学で休みがちだった　・無意味な宿題はやりたくない
・納得できないことはやりたくない　・起立性調節障害で朝起きるのが難しい

高等専修学校

# 一燈園高等学校

## 学校インフォメーション

| なし 制服 | 自転車通学可 通学 | 学内予備校 | 夏 長期休暇講習 | 習熟度別授業 | 屋外 プール | 寮 学生寮 |
|---|---|---|---|---|---|---|

| 図書館 | 食堂 | 給食あり 昼食 |
|---|---|---|

京都 共学校

**所在地** 〒607-8025 京都市山科区四ノ宮柳山町29

| 電話 | 075-595-3711 | 生徒数 | 男 10人 女 4人 |
|---|---|---|---|
| 創立 | 1952年 | 併設校 | 一燈園小学校、一燈園中学校 |
| 校長 | 村田 俊喜 | WEB | http://www.ittoen.ed.jp/ |

## 教育方針・特色

「一燈園生活」の創始者西田天香によって発願された一燈園小学校につづく上級学校として設置され、奉仕活動を根本とする一燈園生活を基盤としている。

教育にあっても「行餘学文」(行じて餘暇あれば文を学ぶ)の校是のもと、一人ひとりの人間性とその実践性に重点を置いている。

## スクールライフ

| 登校時間 | 8:15 |
|---|---|
| 週登校日 | 6日制 第2,4土曜休校 |
| 学期制 | 3学期 |
| 制服 | なし |
| 昼食 | 食堂 |
| 学校行事 | すわらじ観劇会(6月)、夏期学校「夏安居」(7月)、白山登山(有志・8月)、運動会(9月)、一燈園秋の集い(10月)、学習発表会(11月・2月)、スキー教室(1月) |
| 修学旅行 | 全学年(3学年合同:3年に1度) 6月実施 |
| 環境・施設 | 普通教室、体育館、プール、図書館など |
| クラブ活動 | 【運動部】少林寺拳法、バドミントン 【文化部】音楽クラブ、家庭科クラブ |
| 強化クラブ | 特になし |

## 2024年度 募集要項

- ○募集人数 普通科(外部募集):男女10名 (A日程10名、B日程若干名)
- ○願書受付 A日程:1/16(火)〜2/2(金) B日程:2/15(木)〜2/21(水)
- ○選抜日時 A日程:2/10(土) B日程:2/26(月)
- ○合格発表 A日程:2/13(火) B日程:2/28(水) いずれも郵送
- ○入学手続 A日程:2/20(火)まで B日程:3/6(水)まで
- ○選抜方法 A日程:国・数・英・面接 B日程:総合問題Ⅰ・Ⅱ・Ⅲ・面接
- ○受験料 20,000円
- ○提出書類 入学志願書・個人報告書(調査書)・出願理由書
- ○追加募集 1.5次:(B日程)2/26 2次:—
- ◆転・編入 受け入れあり(要相談)
- ◆帰国生 特別対応なし

## 2024年度 入試結果

| A日程 | 専願 |
|---|---|
| 応募者数 | 1 |
| 受験者数 | 1 |
| 合格者数 | 1 |
| 実質倍率 | 1.00 |
| 合格最低点 | — |

※B日程実施せず

## アクセス

JR京都線山科駅下車徒歩15分
京阪京津線四宮駅下車徒歩10分

## 費用

《入学手続き時》
| ○入学金 | 120,000円 |
|---|---|

《入学後》(年額)
| ○授業料 | 493,200円 |
|---|---|
| ○教育充実費 | 36,000円 |
| ○施設設備費 | 108,000円 |
| ○寮費(希望者) | 671,000円 |

## 奨学金・特待制度

兄弟姉妹減免有り

## 独自の留学制度

特になし

## 合格実績

2024年の進学状況(卒業者数8名)
私立大学合格
同志社大1、関西外国語大1、梅花女子大1、京都芸術大1、大阪国際工科専門職大1。

専門学校合格
京都福祉専門学校1。

短期大学合格1

就職1

## 学校PR

京阪京津線四宮駅から徒歩10分程度の距離にありながら緑に囲まれた自然豊かな落ち着いた環境に学校はあります。1クラス10人程度の少人数クラスにより落ち着いて学習することができます。又、プロの先生の指導を受けることができる能楽、モダンダンスなどの授業も大きな魅力です。

# 大谷高等学校

京都 / 共学校

## 学校インフォメーション

 制服
 通学 自転車通学可
 宗教教育 仏教
 ICT教育
 長期休暇講習 夏・冬・春
 習熟度別授業
 留学制度

 屋内プール
 自習スペース
 人工芝グラウンド
 食堂
 スマホ持ち込み 条件付
 帰国生入試

**所在地** 〒605-0965 京都市東山区今熊野池田町12

| | |
|---|---|
| 電話 | 075-541-1312 |
| 創立 | 1875年 |
| 校長 | 乾 文雄 |

| | |
|---|---|
| 生徒数 | 男876人 女674人 |
| 併設校 | 大谷中学校 大谷大学 |
| WEB | https://www.otani.ed.jp/ |

## 教育方針・特色

「樹心」TO BE HUMAN 人と成る の建学の精神のもと、佛教の教えにもとづいた人間教育を行っている学校です。今を生きるうえで自分のできることを一生懸命におこない、何かを次の世代につなげていくことで「人と成る」ことをめざします。

## スクールライフ

| | |
|---|---|
| 登校時間 | 8:30 |
| 週登校日 | 6日制 隔週(原則) |
| 学期制 | 3学期 |
| 制服 | あり(夏・冬) |
| 昼食 | 購買・食堂あり 弁当持参可 |
| 学校行事 | 遠足(4月)・体育大会(9月)・学園祭(9月)・研修旅行(12月) |
| 修学旅行 | 2年生12月 5泊6日 ハワイ、シドニー、沖縄など |
| 環境・施設 | 人工芝グラウンド、智身館(アリーナ、トレーニングルーム、柔道場、樹心閣(講堂))温水プール、コンビニ(ヤマザキショップ)、食堂、亀岡野球グラウンド |
| クラブ活動 | 硬式野球部(男子)、サッカー部(男子)、女子ハンドボール部、男子バスケットボール部、男子バレーボール部、女子バレーボール部、フィールドホッケー部(男女)、バドミントン部(男女)、水球部(男子)、競技スキー部(男女)、女子バスケットボール部、卓球部(男女)、陸上競技部(男女)、柔道部(男女)、剣道部(男女)、硬式テニス部(男女)、吹奏楽部、軽音楽部、コーラス部、科学部、放送部、マルチメディア部、美術部、歴史研究部、文芸部、GSI部、韓国言語文化部、競技かるた部、写真部、茶道部、華道部、模型部、ボランティアハレジャ、生徒会執行部、数学部 |
| 強化クラブ | 硬式野球部(男子)、サッカー部(男子)、ハンドボール部(女子)、バスケットボール部(男子)、バレーボール部(男子) |

## 2024年度 募集要項

○募集人数 普通科(外部募集):400名(バタビアコース・マスタークラス、バタビアコース・グローバルクラス、バタビアコース・コアクラス、インテグラルコース)
○願書受付 12/1〜志願票の作成は可能(web登録)
1/15(月)〜1/22(月)書類提出、郵送出願(期間内消印有効)
○選抜日時 前期(推薦・専願・一般):2/10(土)
後期(一般併願):2/12(月)
○合格発表 2/13(火)17:00郵送、18:30Web
○入学手続 推薦・専願:2/13(火)〜2/17(土)
併願:2/13(火)〜公立高校合格発表翌日15:00
○選抜方法 前期:国・数・英・社・理(リスニング含む)(各50分各100点)
後期:国・数・英(リスニング含む)(各50分各100点)
※専願は併願より15〜25点有利
○受験料 20,370円(合否結果通知料含む)
○提出書類 入学志願書・個人報告書(調査書)
○追加募集 1.5次: — 2次; —
◆転・編入 受け入れあり(要相談)
◆帰国生 帰国生入試あり

## 2024年度 入試結果

全コース計

| | 前期(推・専) | 前期(併願) | 後期(併願) |
|---|---|---|---|
| 応募者数 | 249 | 1728 | 842 |
| 受験者数 | 244 | 1610 | 789 |
| 合格者数 | 220 | 1582 | 754 |
| 実質倍率 | 1.11 | 1.02 | 1.05 |

バタビアコース(マスタークラス)

| | 前期(専願) | 前期(併願) | 後期(併願) |
|---|---|---|---|
| 合格者数 | 14 | 550 | 371 |
| 合格基準点 | 365/500<br>(合格判定基準) | 385/500<br>(合格判定基準) | 205/300<br>(合格判定基準) |

※B・C型併願合格(2)含まない

バタビアコース(コア・グローバルクラス)

| | 前期(推・専) | 前期(併願) | 後期(併願) |
|---|---|---|---|
| 合格者数 | 70 | 617 | 206 |
| 合格基準点 | 295/500<br>(合格判定基準) | 320/500<br>(合格判定基準) | 180/300<br>(合格判定基準) |

※B・C型併願合格(5)含まない

インテグラルコース

| | 前期(推・専) | 前期(併願) | 後期(併願) |
|---|---|---|---|
| 合格者数 | 136 | 415 | 177 |
| 合格基準点 | 230/500<br>(合格判定基準) | 260/500<br>(合格判定基準) | 155/300<br>(合格判定基準) |

※B・C型併願合格(2)含まない

## アクセス

JR奈良線・京阪本線東福寺駅下車徒歩5分
市バス今熊野下車徒歩3分

## 費用

《入学手続き時》

| | |
|---|---|
| ○入学金 | 140,000円 |
| ○教科書・教材費 | 30,000円程度 |
| ○制服・体操服代 | 60,000円〜80,000円程度 |
| ○ノートパソコン代 | 80,000円程度 |
| ○第1期分校費 | 320,000円 |
| ○雑費 | 約15,000円 |

《入学後》(年額)

| | |
|---|---|
| ○授業料 | 552,000円 |
| ○教育費 | 120,000円 |
| ○施設整備費 | 60,000円 |
| ○保護者会費 | 36,000円 |
| ○雑費 | 30,000円〜50,000円程度 |
| □留学費用(2回分) | 1,400,000円程度<br>(グローバルクラスのみ) |

## 奨学金・特待制度

奨学金制度 廣小路奨学金貸与奨学生
特待生制度 清沢教育給費生

## 独自の留学制度

特になし

## 合格実績

2024年の進学状況(卒業者数592名)
大谷大学合格43名

国・公立大学合格97名
京都大1、大阪大4、神戸大4、北海道大4、名古屋大1、九州大1、大阪公立大3、横浜国立大1、国際教養大2、京都工芸繊維大8、奈良女子大3、京都府立大8、金沢大1、岡山大2、滋賀大4、三重大2、山口大1、京都教育大1、滋賀県立大11、奈良県立大8、滋賀医科大1、京都府立医科大2、奈良県立医科大1、他。

他の私立大学合格1467名
関西学院大27、関西大80、同志社大72、立命館大137、京都産業大103、近畿大157、龍谷大243、佛教大103、早稲田大7、慶應義塾大1、上智大1、明治大1、青山学院大3、立教大1、中央大2、法政大1、日本大1、東洋大1、摂南大51、追手門学院大77、桃山学院大9、京都外国語大57、関西外国語大57、大阪経済大3、大阪工業大18、京都女子大25、同志社女子大30、神戸女学院5、武庫川女子大6、他。

## 学校PR

本校は、部活と勉強をバランスよく両立して学校生活を送ることを目指しています。
もちろん簡単に両立できるわけではありませんが、特進クラスにおいて部活と勉強の両立をめざしたいという人のための道は閉ざしていません。
人工芝グラウンドをはじめ、智身館アリーナなど運動施設も充実しています。アリーナはバスケットコート3面分あります。
また、校内にコンビニがあり、生徒のみなさんはルールを守って利用しています。

# 京都外大西高等学校

## 学校インフォメーション

 制服　 自転車通学可　通学　 ICT教育　 長期休暇講習　夏・冬・春　 探究授業　 海外研修　 留学制度

 屋外プール　 自習スペース　 図書館 62,000冊　 カウンセラー　 帰国生入試　 高大連携　 ネイティブ教員

**所在地** 〒615-0074 京都市右京区山ノ内苗町37

| | | | |
|---|---|---|---|
| 電話 | 075-321-0712 | 生徒数 | 男324人 女521人 |
| 創立 | 1956年 | 併設校 | 京都外国語大学・大学院、短大、専門学校 |
| 校長 | 長者 善高 | WEB | https://kgn.kufs.ac.jp/ |

## 教育方針・特色

京都外国語大学の併設校で、建学精神は「不撓不屈」、校訓は「強く正しく明るく」。自主自立の心を持ち明朗で国際感覚豊かな人間の育成をめざしている。学問を愛好し、道義を重んじ、「未来を拓く力」と「世界に向けて自分を表現できる力」を養い、不撓不屈の精神に満ちた有能な人材を育成して国家社会の進歩発展に貢献することを目的とする。

## スクールライフ

| | |
|---|---|
| 登校時間 | 8:45 |
| 週登校日 | 5日制　グローバル特進コースは毎週土曜日が授業日（午前中） |
| 学期制 | 3学期 |
| 制服 | あり（夏・冬） |
| 昼食 | 弁当持参可 |
| 学校行事 | 模擬国連（6月）、西交祭・体育祭（9月） |
| 修学旅行 | 2年生11月　オーストラリア（グローバル特進）、ハワイ（総合進学）、沖縄（体育）<br>2年生2学期　カナダ（国際文化コースA）<br>1年生3学期　ニュージーランド（国際文化コースB） |
| 環境・施設 | 雨天練習場・多目的ホール・プール |
| クラブ活動 | 【体育系】男子硬式野球部・女子硬式野球部・水泳部・テニス部・陸上部・空手道部（男子）・サッカー部（男子）・弓道部・バスケットボール部・バレーボール部・ラグビーフットボール部（男子）・ラクロス部（女子）・チアリーダー部<br>【文化系】ESS部・吹奏楽部・アート部・ボードゲーム部・ユネスコ部 |
| 強化クラブ | 特になし |

## 2024年度 募集要項

- ○募集人数　普通科:男女280名（グローバル特進コース選抜文系・躍進文理計100名、総合進学コース60名、国際文化コースA・B80名、体育コース男子40名）帰国生募集（体育コース除く全コース対象）は学校にお問い合わせください
- ○願書受付　web登録後（12/1～）書類提出、郵送のみ（消印有効）<br>1次（一般・推薦・帰国生）:1/15(月)～1/22(月)<br>※体育コースは推薦のみ
- ○選抜日時　1次A日程:2/10(土)　1次B日程:2/11(日・祝)
- ○合格発表　2/13(火)web
- ○入学手続　1次専願・推薦:2/22(木)まで<br>1次併願:3/21(木)まで
- ○選抜方法　1次A日程:国・数・英・理・社（各40分各100点）・面接（推薦、帰国生のみ）<br>国際文化コースは英得点2倍　全科マークシート方式（一部記述）<br>1次B日程:国・数・英（各40分各100点）
- ○受験料　20,000円<br>※A・B日程の両方を受験する場合は25,000円
- ○提出書類　入学志願書・個人報告書（調査書）・推薦書（推薦選考）
- ○追加募集　1.5次:ー　2次:ー
- ◆転・編入　受け入れあり（要相談）
- ◆帰国生　A日程帰国生徒選考実施

## 2024年度 入試結果

### グローバル特進

| 選抜／躍進 | 専願 | 推薦 | 併願 |
|---|---|---|---|
| 応募者数 | ―/26 | 1/63 | 35/129 |
| 受験者数 | ―/26 | 1/63 | 35/120 |
| 合格者数 | ―/35 | 1/63 | 29/125 |
| 実質倍率 | ―/― | 1.00/1.00 | 1.21/― |
| 合格最低点 | ―/A246 B151 | 総合判定 | A330 B228/<br>A253 B155 |

### 国際文化A／B

| | 専願 | 推薦 | 併願 |
|---|---|---|---|
| 応募者数 | 16/26 | 10/13 | 42/51 |
| 受験者数 | 16/26 | 10/13 | 41/50 |
| 合格者数 | 15/13 | 10/13 | 42/36 |
| 実質倍率 | 1.07/2.00 | 1.00/1.00 | 1.00/― |
| 合格最低点 | A320 B262/<br>A363 B270 | 総合判定 | A331 B233/<br>A373 B314 |

### 総合進学

| | 専願 | 推薦 | 併願 |
|---|---|---|---|
| 応募者数 | 70 | 36 | 239 |
| 受験者数 | 70 | 36 | 236 |
| 合格者数 | 47 | 36 | 236 |
| 実質倍率 | 1.49 | 1.00 | ― |
| 合格最低点 | A230 B138 | 総合判定 | A237 B140 |

### 体育

| | 推薦 |
|---|---|
| 応募者数 | 27 |
| 受験者数 | 27 |
| 合格者数 | 27 |
| 実質倍率 | 1.00 |
| 合格最低点 | 総合判定 |

※合格には第2志望以降含む<br>A日程500点満点<br>B日程300点満点

### アクセス

阪急京都線西院駅下車徒歩14分西京極駅下車徒歩13分<br>京都市バス四条葛野大路・京都外大前下車徒歩3分<br>地下鉄東西線太秦天神川駅下車徒歩10分<br>京福電車嵐電天神川駅・山ノ内駅下車徒歩6分

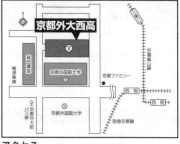

## 費用

《入学手続き時》<br>○入学手続金　150,000円

《入学後》
| | | |
|---|---|---|
| ○授業料 | （特進・総合進学） | 510,000円 |
| | （体育） | 522,000円 |
| | （国際文化） | 564,000円 |
| ○維持費 | | 252,000円 |
| ○コース費 | （選抜文系） | 18,000円 |
| | （躍進文理） | 16,000円 |
| | （体育） | 8,000円 |
| | （国際文化） | 15,000円 |
| | （総合進学） | 7,000円 |

## 奨学金・特待制度

あり（グローバル特進コース・選抜文系）

## 独自の留学制度

あり（全コース）

## 合格実績

2024年の進学状況（卒業者数275名）<br>京都外国語大学合格45名

他の私立大学合格<br>関西学院大3、関西大15、同志社大8、立命館大10、京都産業大30、近畿大17、甲南大1、龍谷大24、佛教大33、中央大1、駒澤大1、関西外国語大18、京都女子大3、同志社女子大5、武庫川女子大1、明治学院大1、都留文科大1、他。

## 学校PR

本校は私立の外国語大学として最も歴史のある京都外国語大学の併設校として創立されました。「強く、正しく、明るく」を校訓に、心身ともにたくましく、かつ国際性豊かな生徒の育成に努めてきました。ひとりひとりが、自分の能力を存分に生かし、広い世界で活躍するための第一歩として、教育環境の整った本校で学び、充実した高校生活をおくられることを願っています。

# 京都共栄学園高等学校

## 学校インフォメーション

 制服　 通学（自転車通学可）　 ICT教育　 長期休暇別講習（夏・冬・春）　 習熟度別授業　 海外研修　 学生寮

 自習スペース　 図書館（蔵書数 17,000冊）　 バリアフリー　 食堂　 カウンセラー　 特待生制度

**所在地** 〒620-0933　福知山市篠尾62-5

| | |
|---|---|
| **電話** 0773-22-6241 | **生徒数** 男 351人 女 290人 |
| **創立** 1948年 | **併設校** 京都共栄学園中学校 |
| **校長** 谷垣 拓郎 | **WEB** https://www.kyoei.ed.jp/ |

## 教育方針・特色

建学の精神である「自立共栄」のもと、生徒の多様な価値観と個性を尊重し、「志を持って豊かな未来を創る人」を導き育てる、北近畿随一の教育拠点であり続けることをスクールミッションに掲げる。なりたい自分に近づける、3コース4系統を設置している。

## スクールライフ

| | |
|---|---|
| 登校時間 | 8:50 |
| 週登校日 | 5日制　コースにより土曜実施あり |
| 学期制 | 3学期 |
| 制服 | あり（夏・冬） |
| 昼食 | 食堂あり（寮生）　弁当持参 |
| 学校行事 | 校外学習(4月)、文化祭(9月)、体育祭(10月) |
| 修学旅行 | 2年生12月　ハワイ |
| 環境・施設 | 図書室(自習スペース)、トレーニングルーム、武道館(青雲館) |
| クラブ活動 | 【運動部】陸上部、柔道部、硬式野球部、バスケットボール部男子、バスケットボール部女子、硬式テニス部、サッカー部、剣道部、水泳部、バドミントン部、女子ソフトボール部<br>【文化部】吹奏楽部、美術部、放送部、理科部、茶道・華道部、鉄道研究部、将棋部 |
| 強化クラブ | 硬式野球部(男子)、サッカー部(男子)、バスケットボール部(男子)、吹奏楽部(男女) |

## 2024年度 募集要項

- ○募集人数　普通科(外部募集)：男女195名(バタビアコース35名、進学コース80名、総合コース80名)
- ○願書受付　1/24(水)～1/31(水) 17:00 web出願後(12/11～)書類提出、窓口または郵送
- ○選抜日時　2/10(土)
- ○合格発表　2/14(木)13:00web
- ○入学手続　専願:2/25(日)<br>併願:2/25(日)、3/18(月)、3/19(火)、3/21(木)
- ○選抜方法　国・数・英・理・社(各50分各100点)<br>学力推薦・自己推薦：作文(600字50分)・面接(出願資格あり)
- ○受験料　15,000円
- ○提出書類　入学志願書・個人報告書(調査書)
- ○追加募集　1.5次:―　2次:―
- ◆転・編入　受け入れあり(要相談)
- ◆帰国生　特別対応なし

## 2024年度 入試結果

| バタビア | 専願一般 | 専願推薦 | 併願 |
|---|---|---|---|
| 応募者数 | 12 | 25 | 13 |
| 受験者数 | ― | ― | ― |
| 合格者数 | 11 | 25 | 8 |
| 実質倍率 | 1.09 | 1.00 | 1.63 |
| 合格最低点 | ― | ― | ― |

| 進学 | 専願一般 | 専願推薦 | 併願 |
|---|---|---|---|
| 応募者数 | 18 | 37 | 129 |
| 受験者数 | ― | ― | ― |
| 合格者数 | 15 | 37 | 127(5) |
| 実質倍率 | 1.20 | 1.00 | 1.02 |
| 合格最低点 | ― | ― | ― |

| 総合 | 専願一般 | 専願推薦 | 併願 |
|---|---|---|---|
| 応募者数 | 7 | 71 | 97 |
| 受験者数 | ― | ― | ― |
| 合格者数 | 6(3) | 71 | 92(2) |
| 実質倍率 | 1.17 | 1.00 | 1.05 |
| 合格最低点 | ― | ― | ― |

※( )内回し合格外数

## 学校PR

京都共栄学園では「未来を創る力」として「課題を解決できる力」「学びを深め探究する力」「誰かの笑顔のために行動する力」「世界で活躍できる力」の4つを特に育みたい能力・資質と定めています。これらの力が身につくよう、各コースとも特色に合わせて魅力的な取り組みを行っています。

**アクセス**
JR福知山線福知山駅下車徒歩7分

京都

共学校

## 費用

**《入学手続き時》**

| | |
|---|---|
| ○入学金 | 50,000円 |
| ○施設費 | 50,000円 |

**《入学後》**

| | |
|---|---|
| ○授業料(総合) | 532,000円 |
| (進学) | 564,000円 |
| (バタビア) | 601,000円 |
| ○教育充実費 | 10,000円 |
| ○諸会費(総合・進学) | 17,200円 |
| (バタビア) | 19,200円 |

## 奨学金・特待制度

学力奨学生、スポーツ文化奨学生、美術系奨学生、特別奨学生

## 独自の留学制度

特になし

## 合格実績

**2024年の進学状況(卒業者数212名)**
国・公立大学合格35(7)名
京都大1、神戸大2(1)、大阪公立大2、筑波大1、京都工芸繊維大3、金沢大1、広島大1、和歌山大1、山口大1(1)、兵庫県立大1(1)、京都教育大2、大阪教育大1、他。

**私立大学合格378(25)名**
関西学院大23(3)、関西大15、同志社大14、立命館大38(6)、京都産業大10(4)、近畿大28(7)、甲南大2(1)、龍谷大28、佛教大17、早稲田大1、東京理科大3、明治大3、青山学院大3、立教大1、中央大2、法政大2、兵庫医科大1、京都薬科大3(1)、神戸薬科大2(1)、摂南大4、神戸学院大3、追手門学院大1、桃山学院大6、京都外国語大1、関西外国語大1、京都女子大5、同志社女子大2、神戸女学院大14、武庫川女子大3、他。
※( )内は既卒生内数

# 京都暁星高等学校

## 学校インフォメーション

 制服
 自転車通学可 スクールバス 通学
 キリスト教 宗教教育
 夏・冬 長期休暇講習
 探究授業 探究授業
 習熟度別授業
 海外研修

 寮 学生寮
 バリアフリー
 寮生給食あり
 特待生制度
 ネイティブ教員

| 所在地 | 〒626-0065　宮津市獅子崎30 | | |
|---|---|---|---|
| 電話 | 0772-22-2560 | 生徒数 | 男女113人 |
| 創立 | 1907年 | 併設校 | なし |
| 校長 | 玉手 健裕 | WEB | https://kghs.ed.jp/ |

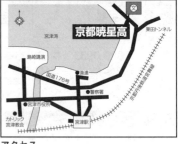

**アクセス**
京都丹後鉄道宮津駅下車2.2km

## 教育方針・特色

カトリック・ミッションスクールとしての百余年の伝統を受け継ぎ、神が創られた人間の本来的な姿がより豊かにされ、引き出されることをめざして、与えられた命を大切にし、他のために生きることによって生かされる喜びを知る人、人と人、人と自然の共生をめざす人、思考を通して新しいものを創造する人を養成する。

## スクールライフ

| | |
|---|---|
| 登校時間 | 8:35 |
| 週登校日 | 5日制 |
| 学期制 | 2学期 |
| 制服 | あり(夏・冬) |
| 昼食 | 給食(寮生) 弁当持参 |
| 学校行事 | 文化祭(6月) ウォーカーソン(11月) 学校クリスマス(12月) |
| 修学旅行 | 2年生3月 沖縄 |
| 環境・施設 | 音楽室・アリーナ・図書室・ビニールハウス・福祉棟 |
| クラブ活動 | (運動部)男子バスケットボール部<br>(文化部)放送部・茶道部・華道部・音楽部・福祉部 |
| 強化クラブ | 特になし |

## 2024年度 募集要項

- ○募集人数　普通科:男女70名(進学類系・福祉類系・情報類系)
- ○願書受付　1/23(火)〜1/25(木)17:00<br>窓口または郵送(必着)
- ○選抜日時　2/10(土)
- ○合格発表　2/15(木)個人宛通知
- ○入学手続　専願:2/16(金)〜2/20(火)<br>併願:3/18(月)、3/19(火)
- ○選抜方法　一般:国・数・英(各40分)・面接<br>推薦:面接
- ○受験料　15,000円
- ○提出書類　入学志願書・個人報告書(調査書)<br>・推薦書(推薦入試)
- ○追加募集　1.5次:—　2次:—
- ◆転・編入　受け入れあり(要相談)
- ◆帰国生　特別対応なし

## 2024年度 入試結果

| 普通 | 推薦・専願・併願 |
|---|---|
| 応募者数 | 非公表 |
| 受験者数 | |
| 合格者数 | |
| 実質倍率 | |
| 合格最低点 | |

## 費用

《入学手続き時》
| | |
|---|---|
| ○入学金 | 50,000円 |
| ○設備費 | 50,000円 |

《入学後》
| | |
|---|---|
| ○授業料 | 480,000円 |

※高校就学支援金による授業料軽減措置があります。<br>　各府県編の最初のページを参照してください。

## 奨学金・特待制度

暁星奨学金、暁星教育振興会奨学金

## 独自の留学制度

特になし

## 合格実績

**2024年の進学状況(卒業者数37名)**
私立大学合格
関西学院大、京都産業大、龍谷大、佛教大、岐阜協立大、長浜バイオ大、大谷大、京都医療科学大、京都精華大、大阪学院大、帝塚山大、他。

## 学校PR

豊かな自然、緑に囲まれた本造平屋の校舎。校風は質素で端正。落ち着きます。1クラス20名程度。生徒一人ひとりとの関わりを大切に、目指す進路に向けて、徹底的に同伴します。学習において伸びたいと思えば、どのレベルでも、どこまでも付き合ってくれる先生がいます。中学時の出席状況は不問。女子寮あり。男子は下宿を斡旋します。

京都

共学校

# 京都芸術高等学校

## 学校インフォメーション

 制服
 通学 公共機関
 長期休暇講習 夏
 図書館
 スマホ持ち込み
 カウンセラー
 特待生制度

 奨学生制度

**アクセス**
JR奈良線・京阪宇治線黄檗駅前

| 所在地 | 〒611-0011 京都府宇治市五ケ庄西浦6番地2 | | |
|---|---|---|---|
| 電話 | 0774-32-7012 | 生徒数 | 男 101人 女 321人 |
| 創立 | 1936年 | 併設校 | なし |
| 校長 | 加藤 由子 | WEB | https://www.kyoto-geikou.ed.jp/ |

## 教育方針・特色

美術教育を通じて、感性を養い、心育てにつながる絵心を培い、ぬくもりと感動をテーマに美術科だけの環境の中で、個性を育てる学習と人間教育を行う。
イラスト、アニメーション、映像の授業はデジタル機材を用いた作品制作を行います。

## スクールライフ

| | |
|---|---|
| 登校時間 | 8:50 |
| 週登校日 | 5日制(土曜日は自主活動日) |
| 学期制 | 2学期 |
| 制服 | あり(夏・冬) |
| 昼食 | 購買あり 弁当持参可 |
| 学校行事 | 体育大会(10月)・黎明祭(11月) |
| 修学旅行 | 2年生6月 2泊3日 (国内) |
| 環境・施設 | Wi-Fi環境、映像メディア教室、造形実習室(研心館)、ギャラリー、講堂(清明館)、第一美術室、映像メディアデザイン実習室(黎明館) |
| クラブ活動 | 文化系クラブ … 美術部、合唱部、茶華道部、映像研究部、漫画研究部<br>運動系クラブ … スポーツ研究部 |
| 強化クラブ | 特になし |

## 2024年度 募集要項

- ○募集人数　美術科：男女175名(絵画コース、マンガ・キャラクターコース、立体造形コース、イラスト・ビジュアルデザインコース、アニメーション・映像コース)
- ○願書受付　1/15(月)〜1/31(水)web登録後(12/1〜)書類提出、郵送のみ(消印有効)
- ○選抜日時　2/10(土)
- ○合格発表　2/13(火)15:00掲示、web
- ○入学手続　推薦・美術推薦・専願：2/14(水) 〜2/22(木)16:00<br>併願：2/14(水)〜3/22(金)16:00
- ○選抜方法　推薦・美術推薦：国語(50分)・実技(120分)<br>専願・併願：国・数か英(各50分)・実技(120分)
- ○受験料　20,000円
- ○提出書類　入学志願書・個人報告書(調査書)・推薦書(推薦入試)
- ○追加募集　1.5次：—　2次：—
- ◆転・編入　受け入れあり(要相談)
- ◆帰国生　特別対応なし

## 2024年度 入試結果

| 美術 | 推薦・専願 | 併願 |
|---|---|---|
| 応募者数 | 134 | 85 |
| 受験者数 | 134 | 85 |
| 合格者数 | 134 | 84 |
| 実質倍率 | 1.00 | 1.01 |
| 合格最低点 | — | 124/400 |

## 費用

**《入学手続き時》**

| | |
|---|---|
| ○入学金 | 120,000円 |
| ○施設拡充費 | 100,000円 |
| ○入学用品購入預り金 | 190,000円 |

**《入学後》(年額)**

| | |
|---|---|
| ○授業料 | 552,000円 |
| ○校費 | 132,000円 |
| ○その他諸費用 | 83,600円 |

## 奨学金・特待制度

特待生(成績優秀者)

## 独自の留学制度

特になし

## 合格実績

**2024年の進学状況(卒業者数146名)**
国・公立大学合格5名
京都教育大1、京都市立芸術大1、富山大1、愛知県立芸術大1、広島市立大1。

私立大学合格83名
京都芸術大22、京都精華大20、成安造形大18、大阪芸術大3、嵯峨美術大9、京都美術工芸大1、大阪成蹊大1、神戸芸術工科大1、羽衣国際大1、他。

短期大学合格15名

 共学校

## 学校PR

2024年度募集から、〈絵画〉〈マンガ・キャラクター〉〈立体造形〉〈イラスト・ビジュアルデザイン〉〈アニメーション・映像〉の5コースから1つを、2年生より全員希望のコース選択ができます。
全学年、全クラス美術科です。週14時間の美術の授業があり、『仲間とともに、作品を通じて語り合える』すばらしい環境があります。
絵を描くことが好きな方は、ぜひ、本校にお越しください。

# 京都芸術大学附属高等学校

## 学校インフォメーション

 制服
 自転車通学可 通学
 学内予備校
 ICT教育
 探究授業
 図書館
 エレベーター

 食堂
 カフェテリア
 売店
 スマホ持ち込み可
 カウンセラー
 体験授業
 高大連携

**所在地** 〒606-8252　京都市左京区北白川上終町24　京都芸術大学 創々館2階

| | |
|---|---|
| 電話 | 0120-87-3739 |
| 創立 | 2019年 |
| 校長 | 鈴木 克治 |

生徒数　男 148人 女 369人

併設校　京都芸術大学大学院(通学、通信教育)、京都芸術大学(通学部、通信教育部)、京都芸術デザイン専門学校、京都文化日本語学校、こども芸術大学(附置教育機関)

WEB　https://shs.kyoto-art.ac.jp/

**アクセス**
京都市バス上終町・瓜生山学園京都芸術大学前すぐ
京阪出町柳駅から市バス3系統、叡山電車茶山駅徒歩10分
阪急河原町駅から市バス3系統、6系統

## 教育方針・特色

「藝術立國」を基本理念とし、芸術(表現)教育を通して「学力(学ぶ力)」と人間力「コミュニケーション力、協働力、発想力」を習得し、10年後もいきいきと社会に参画する力を育成する。

## スクールライフ

| | |
|---|---|
| 登校時間 | 9:30 |
| 週登校日 | 3日制　月・水・金:普通科目(対話型授業)　火・木:選択科目(レポート対策講座、大学入試対策講座など) |
| 学期制 | 2学期 |
| 制服 | 指定制服あり　着用は自由 |
| 昼食 | 食堂・カフェあり、弁当等持参可 |
| 学校行事 | 高大連携(キャリア講座)、研修旅行、冬季講座、文化祭、スポーツ大会、校外学習(春秋)、瓜生山ハイキング |
| 環境・施設 | 自習室、実習室、保健室、体育館、カフェ、食堂、京都芸術劇場「春秋座」、芸術文化情報センター(大学図書館) |
| クラブ活動 | 【13同好会】演劇同好会、学校創造同好会、美術創作同好会、映像表現部「MICS」、ダンス同好会「Olive」、生物科学研究同好会、脳トレ同好会、文芸同好会、京都文化研究同好会、音楽同好会、ゲーム同好会 Neo、コスプレ同好会、スポーツ同好会「USC」 |
| 強化クラブ | 特になし |

## 2024年度 募集要項

- ○募集人数　単位制通信制課程　普通科200名
- ○願書受付　1/15(月)～1/31(水)　web登録後(12/1～)書類提出、17:00必着
- ○選抜日時　2/10(土)
- ○合格発表　2/12(月・祝)簡易書留郵便にて発送
- ○入学手続　2/19(月)までに入学金を振り込み
- ○選抜方法　文章表現
- ○受験料　10,440円(郵送諸費用含む)
- ○提出書類　入学志願書・個人報告書(調査書)
- ○追加募集　1.5次: ―　2次: ―
- ◆転・編入　受け入れあり(要相談)
- ◆帰国生　特別対応なし

## 2024年度 入試結果

| | |
|---|---|
| 応募者数 | 非公表 |
| 受験者数 | |
| 合格者数 | |
| 実質倍率 | |
| 合格最低点 | |

## 費用

《入学手続き時》
○入学金　　　　　　　　　　50,000円

《入学後》
○授業料(1単位)　(普通科目)11,000円
　　　　　　(プロフェッショナル科目)12,500円
○教育充実費　　　　　　　 150,000円
○施設費　　　　　　　　　　70,000円

※実習費、研修費、タブレット代等は別途必要
※2023年度実績

## 奨学金・特待制度

特になし

## 独自の留学制度

特になし

## 合格実績

**2024年の進学状況(卒業者数159名)**
私立大学合格
関西学院大、同志社大、立命館大、京都産業大、近畿大、龍谷大、摂南大、神戸学院大、桃山学院大、國學院大、兵庫医科大、東京女子大、京都女子大、平安女学院大、武庫川女子大、京都ノートルダム女子大、佛教大、大谷大、帝塚山大、大阪経済大、大正大、大手前大、花園大、皇學館大、京都芸術大、多摩美術大、京都精華大、大阪芸術大、他。

## 学校PR

「週3～5日の高校生活」を自分でデザインしていくことができ、思考力・表現力に実績があり全教科科目で導入している「対話型授業(普通科目)」と、生徒一人ひとりの進路希望や学習レベル(基礎～発展)に応じて選ぶことができる「選択科目」を組み合わせることで、新しい大学入試やこれからの社会で求められる力(社会人基礎力)を育みます。

京都

共通
学信
校制

# 京都廣学館高等学校

## 学校インフォメーション

 制服
 通学（自転車通学可）
 学内予備校
 ICT教育
 探究授業
 長期休暇講習
 海外研修

 自習スペース／図書館（蔵書数24,000冊）
 食堂
 スマホ持ち込み（条件付）
 カウンセラー
 特待生制度／奨学生制度

**所在地** 〒619-0245 京都府相楽郡精華町下狛中垣内48

| | |
|---|---|
| 電話 | 0774-93-0518 |
| 創立 | 1984年 |
| 校長 | 瀧野 博史 |

| | |
|---|---|
| 生徒数 | 男 430人 女 206人 |
| 併設校 | 京都福祉専門学校、京都動物専門学校 |
| WEB | https://kyoto-kogakkan.mkg.ac.jp/ |

## 教育方針・特色

「人間の能力は生まれつきのものではなく、その人の努力によって開発され無限に伸ばされる」という教育理念に基づき、生徒が持つ無限の可能性を伸ばすための教育を日々実践しています。

≪アドバンスコース≫通常授業に加え、多様な学習プランによって目標とする大学への進学を目指すコース。合格後、ゼミ強化タイプとクラブ選択タイプのどちらかを選択します。

≪ジェネラルコース≫基礎力から応用力までを養成し、自分らしい進路目標の実現を目指すコースです。

≪クエストコース≫単位制通信制課程

## スクールライフ

| | |
|---|---|
| 登校時間 | 8:30（アドバンス8:20） |
| 週登校日 | 5日制 |
| 学期制 | 3学期 |
| 制服 | あり（夏・冬） |
| 昼食 | 食堂あり |
| 学校行事 | 学年DAY（5月）・芸術鑑賞（6月）・廣学館祭（9月）・体育大会（9月） |
| 修学旅行 | 2年生6月 実施予定 |
| 環境・施設 | |
| クラブ活動 | 吹奏楽部・サッカー部・硬式野球部・陸上競技部・男子バスケットボール部・女子バスケットボール部・芦原空手道部・硬式テニス部・男子少林寺拳法部・女子少林寺拳法部・卓球部・ダンス部・男子バレーボール部・女子バレーボール部・ボクシング部・ライフル射撃部・ラグビー部・レスリング部・e-Sports部・写真部・家庭科部・和太鼓部など |

## 2024年度 募集要項

○募集人数：普通科：男女240名（アドバンスコース60名、ジェネラルコース180名）

○願書受付：1次前期・後期：1/15（月）～1/26（金）web登録後（12/1～）書類提出、郵送（消印有効）
1.5次：2/14（水）～2/23（金・祝）web登録後（2/14～）書類提出、窓口または郵送（必着）

○選抜日時：1次前期（推薦・一般）：2/10（土）
1次後期（一般）：2/13（火・祝）
1.5次（一般専願）：2/24（土）

○合格発表：1次：2/14（水）web16:00、郵送
1.5次：2/25（日）web16:00、郵送

○入学手続：専願・推薦：2/22（木）まで
併願：公立高校合格発表日の翌日まで
1.5次：3/6（水）まで

○選抜方法：前期一般（専願）・後期一般（専願）：国・英・数（各50分各100点）・面接
前期一般（併願）：国・英・数・理・社（各50分各100点）
後期一般（併願）：国・英・数（各50分各100点）
クラブ推薦・コース推薦：（アドバンス）国・英・数（各50分各100点）・面接　（ジェネラル）作文（50分）・面接
検定推薦：国・英・数（各50分各100点）・面接
1.5次：国・英・数（各50分各100点）・面接

○受験料：20,520円（合否決定通知書郵送料含む）

○提出書類：入学志願書・個人報告書（調査書）・推薦書（推薦入試）

○追加募集：1.5次：2/24　2次：―

◆転・編入：受け入れあり（要相談）

◆帰国生：特別対応なし

## 2024年度 入試結果

### アドバンスコース

| | 前期（推薦・専願） | 前期（併願） | 後期（専願） | 後期（併願） |
|---|---|---|---|---|
| 応募者数 | 63 | 191 | 4 | 91 |
| 受験者数 | 63 | 168 | 4 | 86 |
| 合格者数 | 63 | 135 | 4 | 72 |
| 実質倍率 | 1.00 | 1.24 | 1.00 | 1.19 |
| 合格最低点 | ― | ― | ― | ― |

※回し合格（前期併32、後期併14）含まない

### ジェネラルコース

| | 前期（推薦・専願） | 前期（併願） | 後期（専願） | 後期（併願） |
|---|---|---|---|---|
| 応募者数 | 101 | 299 | 27 | 124 |
| 受験者数 | 101 | 284 | 27 | 115 |
| 合格者数 | 96 | 278 | 23 | 105 |
| 実質倍率 | 1.05 | 1.02 | 1.17 | 1.10 |
| 合格最低点 | ― | ― | ― | ― |

## 学校PR

豊かな自然に囲まれたキャンパスは広大で、心地よい時間が流れています。アドバンスコースは、学習の質と量が充実した独自の教育システムで目標とする大学への進学を目指します。また、吹奏楽部や少林寺拳法部などの全国で活躍するクラブをはじめ、京都でも数少ないダンス部やe-Sports部などたくさんのクラブ活動があり、仲間と切磋琢磨しながら心身ともに健やかに成長することができます！京都廣学館で自分の可能性を無限に伸ばしましょう！

**アクセス**
JR学研都市線下狛駅下車徒歩3分
近鉄京都線狛田駅下車徒歩5分

## 費用

《入学手続き時》
入学金他
○アドバンスコース　283,500円
○ジェネラルコース　282,500円

《学費》（年額）
授業料他
○アドバンスコース　785,100円
○ジェネラルコース　749,100円

## 奨学金・特待制度

コース推薦　検定推薦　クラブ推薦　アドバンスコース特待生
南京都学園奨学金

## 独自の留学制度

特になし

## 合格実績

2024年の進学状況（卒業者数205名）
国・公立大学合格1名
高知大1。

私立大学合格190名
同志社大1、京都産業大6、近畿大1、龍谷大1、佛教大26、日本大1、摂南大10、追手門学院大11、桃山学院大3、関西外国語大2、京都女子大2、同志社女子大1、武庫川女子大1、国際武道大1、京都看護大1、びわこ成蹊スポーツ大4、畿央大4、奈良学園大6、大阪産業大28、帝塚山大14、他。

京都

共学校

# 京都国際高等学校

## 学校インフォメーション

 制服
 通学（自転車通学可／スクールバス）
 学内予備校
 ICT教育
 長期休暇講習（夏・冬・春）
 習熟度別授業
 海外研修

 自習スペース
 図書館（蔵書数25,000冊）
 食堂
 スマホ持ち込み
 帰国生入試
 ネイティブ教員
 海外姉妹校

**所在地** 〒605-0978 京都府京都市東山区今熊野本多山町1番地

| | | | |
|---|---|---|---|
| 電話 | 075-525-3535 | 生徒数 | 男 68人 女 69人 |
| 創立 | 2004年 | 併設校 | 京都国際中学校 |
| 校長 | 白 承桓 | WEB | https://kyoto-kokusai.ed.jp/jp/ |

## 教育方針・特色

日本と韓国の両国から正式な学校として認可されている多文化環境を生かし、「英語」「日本語」「韓国語」の語学教育を軸に、国際色豊かな空気の中でグローバルに活躍できる真の国際人の育成を行っています。また、徹底した少人数クラス編成で、一人ひとりを大切にした個性が生きる教育を大切にしています。

「京都からアジアへ アジアから世界へ」3年間で培われるグローバルな視点と高い人間力は、世界で活躍するために大いに役立ちます。

## スクールライフ

| | |
|---|---|
| 登校時間 | 8:30 |
| 週登校日 | 5～6日制 土曜日隔週登校 |
| 学期制 | 3学期 |
| 制服 | あり（ブレザー ※女子のスラックス選択可） |
| 昼食 | 食堂（1食400円）、自販機（パン類）あり 持参も可 |
| 学校行事 | 入学式（4月）体育祭（5月）国際交流会、進学合宿（7月）韓国語学研修（8月・12月）文化祭（10月）芸術鑑賞、修学旅行（11月）スキー合宿、卒業式（2月） |
| 修学旅行 | 2年生11月 3泊4日 韓国（コロナウィルスの流行状況により変更有） |
| 環境・施設 | 語学ルーム、アクティブラーニングルーム、ICT環境、硬式野球部練習場、テニスコート、多目的室、音楽室、理科室、家庭科室、カウンセリングルーム、食堂、トレーニングルーム、図書室 |
| クラブ活動 | 硬式野球部、硬式テニス部、バスケットボール部、ダンス部韓国舞踊部、軽音楽部、ECC、KCC（韓国語会話）、社会問題研究会、PCプログラミング同好会、百人一首同好会 |
| 強化クラブ | 硬式野球（男子） |

## 2024年度 募集要項

- ○ 募集人数 普通科：男女50名（進学コース男女15名、総合コース（国際系列）男女20名、（スポーツ系列）男子15名）※内部進学含む
- ○ 願書受付 1/15（月）～2/2（金）16:00 書類提出、窓口または郵送（必着）
- ○ 選抜日時 2/10（土）
- ○ 合格発表 2/13（火）郵送・web16:00
- ○ 入学手続 専願：2/22（木）16:00まで
  併願：3/29（金）16:00まで
- ○ 選抜方法 国・数・英（各50分各100点）・面接（3名グループ/約10分）
- ○ 受験料 20,000円
- ○ 提出書類 入学志願書・個人報告書（調査書）・推薦書（スポーツ専願）
- ○ 追加募集 1.5次： ― 2次：
- ◆ 転・編入 受け入れあり（要相談）
- ◆ 帰国生 英語又は韓国語での受験可

## 2024年度 入試結果

| | 進学コース | | 総合コース | |
|---|---|---|---|---|
| | 専願 | 併願 | 専願 | 併願 |
| 応募者数 | 14 | 7 | 38 | 18 |
| 受験者数 | 14 | 7 | 38 | 18 |
| 合格者数 | 12 | 5 | 37 | 14 |
| 実質倍率 | 1.17 | 1.40 | 1.03 | 1.29 |
| 合格最低点 | 180/300 | 208/300 | 110/300 | 124/300 |

※回し合格（専1・併1）含まない

## 学校PR

本校には様々な国のルーツを持つ生徒や先生がおり、自然と多様な言語と文化に触れ合えると同時に色々な物事の考え方を学ぶことができます。また、少人数（1クラス10～20名程度）なので先輩後輩関係なく仲が良く、生徒と先生の距離も近いのでアットホームな雰囲気があります。本校で目標を持って語学学習に取り組み、韓国の難関大公立大学に現役合格を果たした先輩もいます。この学校には、世界で活躍したい皆さんの夢に向けて全力で取り組める環境が整っています。

◆ 教員指名制の無料の放課後塾（AS塾）も好評開講中！

---

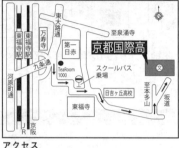

**アクセス**
JR奈良線／京阪電鉄 東福寺駅下車 徒歩18分
（通学登校時、スクールバスあり）
京都市営バス（202・207・208）東福寺バス停下車 徒歩15分

## 費用

**《入学手続き時》**

| | |
|---|---|
| ○入学金 | 100,000円 |
| ○施設拡充費 | 98,000円 |
| ○諸経費 | |
| 進学コース | 180,000円 |
| 総合コース | 150,000円 |

**《入学後》**

| | |
|---|---|
| ○授業料 | 420,000円 |
| ○PTA会費 | 12,000円 |
| ○学生会費 | 6,000円 |
| ○学生会入会金 | 初年度のみ2,000円 など |

## 奨学金・特待制度

特待生制度あり
【学業優秀者】（若干名）
進学コース専願受験者対象。学業・人物ともに優れており、所定の成績基準に該当し、かつ入学試験において優秀な成績を収めた者。
【運動能力優秀者】（5名まで）
本校指定の強化クラブに所属し、学業・人物ともに優れており、その活動における顕著な実績があると本校当該部活動顧問が認めた者で、所属中学校長の推薦が受けられる者。
奨学金制度：PTA奨学金（前・後期）ほか多数あり

## 独自の留学制度

- ○留学先 韓国
- ○学年 全学年
- ○内容 1ヶ月の大学での研修受講
- ○費用 航空運賃等実費（参加費・授業料はかかりません）

## 合格実績

2024年の進学状況（卒業者数39名）
私立大学合格
同志社大1、龍谷大1、京都外国語大2、中京大1、東京農業大1、京都芸術大1、他。

海外大学合格
ソウル市立大1、ソウル科学技術大1、韓国外国語大1、他。

# 京都産業大学附属高等学校

## 学校インフォメーション

 制服
 通学 公共機関
 ICT教育
 長期休暇講習 夏・冬・春
 探究授業 探究授業
 習熟度別授業
 海外研修

 自習スペース
 図書館 蔵書数 30,000冊
 人工芝グラウンド
 バリアフリー
 食堂
 カウンセラー
 特待生制度

**所在地** 〒600-8577 京都市下京区中堂寺命婦町1-10

電話 075-279-0001
創立 2007年
校長 福家 崇明

生徒数 男728人 女432人
併設校 京都産業大学、附属中学校 すみれ幼稚園
WEB https://jsh.kyoto-su.ac.jp/

## 教育方針・特色

《教育目標》豊かな教養と、全人類の平和と幸福のために寄与する精神を持った人間の育成
《校訓》知性・品格・気概 本質を学び、人としての資質を高めることに主眼を置いた6つの重点教育
1. 読解力・表現力を養う国語教育　2. 論理的思考力を養う数学教育
3. 国際感覚を身につけるための英語教育　4. 将来の職業選択に結びつくキャリア教育・進路指導
5. 人間性を育むための課外活動　6. 京都の伝統・文化に親しむ教育

## スクールライフ

| | |
|---|---|
| 登校時間 | 8:35 |
| 週登校日 | 週5日変則実施　第2・4土曜休み |
| 学期制 | 3学期 |
| 制服 | あり |
| 昼食 | 食堂、弁当持参可 |
| 学校行事 | 遠足(5月)・競技大会(6月)・文化祭(9月)・体育祭(10月)・芸術鑑賞会(11月) |
| 修学旅行 | 2年生3月　海外、国内 |
| 環境・施設 | 情報教室、作法室、図書館、食堂、体育施設、進路支援センター、自習室、コミュニケーションスペース、デッキテラス |
| クラブ活動 | ○運動部<br>バレーボール(女子)・柔道・ソフトボール(女子)・ソフトテニス・ワンダーフォーゲル・バドミントン・陸上競技・卓球・硬式野球(男子)・サッカー(男子)・バスケットボール・空手・スキー<br>○文化部<br>家庭科・吹奏楽・美術・軽音楽・演劇・サイエンス・歴史・地理・ボランティア・華道・茶道・写真・ESS・イラスト |
| 強化クラブ | 特になし |

## 2024年度 募集要項

○募集人数 普通科(外部募集):男女280名(特進コース、進学コース)
○願書受付 1/15(月)〜1/23(火)web登録後(12/1〜)書類提出、郵送(消印有効)
○選抜日時 2/10(土)
○合格発表 2/13(火)郵送・16:00web
○入学手続 専願:2/22(水)まで予定<br>併願:3/17(金)まで予定
○選抜方法 国・英・数・理・社(各50分各100点)<br>※英検・漢検取得者は、2級以上 英検30点、漢検15点、準2級 英検20点、漢検10点、3級 英検10点、漢検5点加点あり
○受験料 20,520円(送付料含)
○提出書類 入学志願書・個人報告書(調査書)・英検漢検合格証明書コピー(該当者)
○追加募集 1.5次:—　2次:
◆転・編入 受け入れあり(要相談)
◆帰国生 特別対応なし

## 2024年度 入試結果

| 特進 | 推薦・専願 | 併願 | 進学 | 推薦・専願 | 併願 |
|---|---|---|---|---|---|
| 応募者数 | 44 | 253 | 応募者数 | 261 | 169 |
| 受験者数 | 44 | 243 | 受験者数 | 260 | 162 |
| 合格者数 | 38 | 240 | 合格者数 | 232 | 158 |
| 実質倍率 | 1.16 | 1.01 | 実質倍率 | 1.12 | 1.03 |
| 合格最低点 | 260/500 | 275/500 | 合格最低点 | 235/500 | 250/500 |

※回し合格(専4・併3)含まない

**アクセス**
JR嵯峨野線丹波口駅徒歩約4分
阪急京都線大宮駅徒歩約10分
バス京都リサーチパーク前徒歩約5分

## 費用

《入学手続き時》
○入学金　120,000円

《入学後》(年額)
○授業料　600,000円
○教育充実費　220,000円

## 奨学金・特待制度

特待生制度あり

## 独自の留学制度

特になし

## 合格実績

2024年の進学状況(卒業者数402名)
京都産業大学合格273名(内部進学260名含む)

国・公立大学合格30(27)名
京都大1(1)、大阪大1(1)、神戸大3(1)、北海道大2(2)、大阪公立大2(2)、京都工芸繊維大4(3)、京都府立大2(1)、金沢大1(1)、滋賀大3(3)、滋賀県立大2(2)、島根大(医)1、他。

他の私立大学合格641(625)名
関西学院大3(3)、関西大24(24)、同志社大22(18)、立命館大35(32)、近畿大41(41)(内医1(1)名)、龍谷大89(84)、佛教大9(9)、早稲田大1(1)、明治大2(2)、青山学院大2(2)、中央大4(4)、法政大1(1)、大阪医科薬科大4(4)、京都薬科大4(4)、神戸薬科大1(1)、摂南大36(36)、追手門学院大13(13)、京都外国語大1(1)、関西外国語大4(4)、大阪経済大1(1)、大阪工業大4(4)、京都女子大6(6)、同志社女子大10(10)、武庫川女子大1(1)、他。

※( )内は現役内数

## 学校PR

本校は2007年に開校し、今年で17年目を迎えた"若い"学校です。2021年に現地地に新築・移転した"新しい"学校です。生徒と教職員が一緒になって自分たちで良き伝統を創っていこうと日々努力しています。"大学附属"という学校の特徴を活かした教育活動を展開していきたいと思っています。ぜひ一度、学校見学会や入試説明会などにお越し下さい。

# 京都翔英高等学校

## 学校インフォメーション

 制服
 自転車通学可 スクールバス 通学
 ICT教育
 習熟度別授業
 蔵書数 約20,000冊 図書館
 人工芝グラウンド
 条件付 スマホ持ち込み

 特待生制度
 高大連携
 ネイティブ教員
 英語イマージョン

**所在地** 〒611-0013 京都府宇治市莬道大垣内33-10

| | |
|---|---|
| 電話 | 0774-23-2238 |
| 創立 | 1984年 |
| 校長 | 堤 清彰 |
| 生徒数 | 男 460人 女 218人 |
| 併設校 | なし |
| WEB | http://www.kyoto-shoei.ac.jp/ |

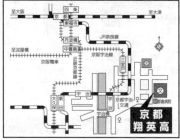

**アクセス**
京阪宇治線宇治駅下車徒歩5分
JR奈良線宇治駅下車徒歩13分

## 教育方針・特色

「新しい時代を切り開く、たくましい若人の育成」
我が国の伝統や文化を正しく理解し、尊重する青年を育むとともに、国際社会の一員としての自覚を培う。
1年「脚下照顧」、2年「自己確立」、3年「自他共楽」を校訓として、学校生活の指針としています。

## スクールライフ

| | |
|---|---|
| 登校時間 | 8:50 |
| 週登校日 | 5日制 |
| 学期制 | 2学期 |
| 制服 | あり(夏・冬) |
| 昼食 | 食堂なし 弁当持参 |
| 学校行事 | 翔英蔡〔体育祭・文化祭〕(9月) |
| 修学旅行 | 2年生2月 5泊6日 長野県 |
| 環境・施設 | 体育館(メインアリーナ・多目的ホール・トレーニングルーム・武道場)は、全室エアコン完備・シャワー室完備・eスポーツ専用PC・音楽ホール(防音) |
| クラブ活動 | 硬式野球部・軟式野球部・バスケットボール部(男女)・サッカー部(男女)・ゴルフ部・バレーボール部(女)・バドミントン部・卓球部・陸上部(駅伝競走)・チアリーダー部・少林寺拳法部・剣道部・吹奏楽部・eスポーツ部・軽音楽部・芸術部・科学部・文芸文化研究会 |
| 強化クラブ | 硬式野球部、軟式野球部、バスケットボール部(男女)、サッカー部(男女)、バレーボール部(女子)、チアリーダー部、駅伝競走部、ゴルフ部、吹奏楽部 |

## 2024年度 募集要項

○募集人数 普通科:男女220名(SSクラス・CBEクラス・ウォラーレクラス・FAクラス(エクシード・ベーシック))
看護科:男女専願40名

○願書受付 1次:1/15(月)〜1/31(水)web登録後(12/1〜)書類提出、窓口または郵送(消印有効)
1.5次:A日程2/14(水)〜2/17(土)B日程2/14(水)〜2/22(木)窓口のみ
※FAクラスの推薦はエクシードのみ 説明会に3回以上参加し、出願前に面談が必要

○選抜日時 1次:2/10(土)、2/11(日・祝)面接
1.5次:A日程2/19(月) B日程2/26(月)

○合格発表 1次:2/13(火) 1.5次:A日程2/20(火) B日程2/27(火) いずれも郵送

○入学手続 1次 推薦・専願:2/27(火)まで
併願:公立高校合格発表日17:00まで
1.5次 推薦・専願:A日程3/6(水)まで B日程3/13(水)まで
併願:公立高校合格発表日17:00まで

○選抜方法 推薦・専願・併願:国・数・英(各50分)
・面接(SS・CBE・ウォラーレ・看護科は個人面接、FAは事前面談によって異なります)

○受験料 20,000円

○提出書類 入学志願書・個人報告書(調査書)・推薦書(推薦受験)

○追加募集 1.5次:(A)2/19、(B)2/26 2次:―

◆転・編入 受け入れあり(要相談)

◆帰国生 特別対応なし

## 2024年度 入試結果

普通科(単位制)

| | 推薦 | 専願 | 併願 | 1.5次AB |
|---|---|---|---|---|
| 応募者数 | 103 | 122 | 421 | 16 |
| 受験者数 | 103 | 120 | 409 | 15 |
| 合格者数 | 103 | 116 | 402 | 12 |
| 実質倍率 | 1.00 | 1.03 | 1.02 | 1.25 |
| 合格最低点 | 非公表 | 非公表 | 非公表 | 非公表 |

看護科

| | 専願 | 1.5次AB |
|---|---|---|
| 応募者数 | 25 | 2 |
| 受験者数 | 25 | 2 |
| 合格者数 | 25 | 2 |
| 実質倍率 | 1.00 | 1.00 |
| 合格最低点 | 非公表 | 非公表 |

## 費用

| | 普通科 | 看護科 |
|---|---|---|
| 《入学手続き時》 | | |
| ○入学金 | 100,000円 | 100,000円 |
| ○施設設備費 | 50,000円 | 80,000円 |
| 《入学後》(年額) | | |
| ○授業料 | 580,000円 | 580,000円 |
| ○諸費 | 60,000円 | 70,000円 |
| ○教育振興会費 (入会金含む) | 27,000円 | 27,000円 |
| ○生徒会費 (入会金含む) | 7,000円 | 7,000円 |
| ○修学旅行積立金 | 60,000円 | 60,000円 |

## 奨学金・特待制度

あり(京都翔英高等学校特別奨学金)
(1)学業成績が優秀な生徒
(2)クラブ活動実績が優秀な生徒

## 独自の留学制度

特になし

## 合格実績

**2024年の進学状況(卒業者数200名)**
私立大学進学107名
関西大2、同志社大1、立命館大1、京都産業大11、近畿大3、龍谷大6、兵庫医科大1、摂南大7、桃山学院大3、京都外国語大3、大阪経済大1、大阪学院大15、京都精華大5、京都先端科学大11、京都橘大7、京都文教大11、花園大11、他。

短期大学進学13名

専門学校進学38名

就職23名

## 学校PR

1年次から4つの特色あるクラスに分かれており、特進SSクラス、国際文化CBEクラス、一般ウォラーレクラス、不登校などを経験した生徒が通うFAクラスがあります。令和6年度より看護科を開設。5年一貫課程で高校3年間と専攻科の2年間で看護を学び、看護師国家試験を最短20歳で受験することができます。

# 京都精華学園高等学校

## 学校インフォメーション

 制服　 自転車通学可 通学　 ICT教育　 長期休暇講習　 学生寮　 自習スペース　 蔵書数 43,000冊 図書館

 人工芝グラウンド　 食堂　 条件付 スマホ持ち込み　カウンセラー　特待生制度

**所在地** 〒606-8305 京都市左京区吉田河原町5-1

| | |
|---|---|
| 電話 | 075-771-4181 |
| 創立 | 1905年 |
| 校長 | 山本 綱義 |

| | |
|---|---|
| 生徒数 | 男 379人 女 662人 |
| 併設校 | 京都精華学園中学校・京都精華大学 |
| WEB | http://www.k-seika.ed.jp/ |

## 教育方針・特色

知・律・礼の教育方針に基づいて、人づくりと豊かな学力の養成をめざす。
基本的な生活習慣の確立を重視し、ホームルームの時間を通して、人としての生活や生き方を追究する。

## スクールライフ

| | |
|---|---|
| 登校時間 | 8:30 |
| 週登校日 | 5日制 |
| 学期制 | 3学期 |
| 制服 | あり(夏・冬) |
| 昼食 | 食堂あり 弁当持参可 |
| 学校行事 | 球技大会(6月)、文化祭(9月)、体育祭(10月) |
| 修学旅行 | 高校2年 3月 国内 |
| 環境・施設 | 図書館、メディアルーム、作法室 |
| クラブ活動 | 【運動部】バスケットボール、ソフトテニス、なぎなた、テニス、卓球、バドミントン、サッカー、陸上、男子硬式野球、剣道、空手道、弓道、自転車競技<br>【文化部】吹奏楽、美術、茶道、写真、自然科学、マンガ研究、放送、演劇、華道、家庭科、軽音楽、書道、琴、ダンス |
| 強化クラブ | バスケットボール(男女)、サッカー(男子)、硬式野球(男子)、空手道(男女)、吹奏楽 |

## 2024年度 募集要項

- 募集人数 普通科:男女約170名(進学Aコース、進学Bコース、遊学コース) 美術科:男女約30名 ※いずれも外部募集
- 願書受付 1/15(月)～1/23(火)web登録後(12/1～)書類提出、郵送のみ(消印有効)
- 選抜日時 A日程(推薦・専願・一般):2/10(土) B日程(一般):2/11(日・祝)
- 合格発表 2/14(水)16:00web、郵送
- 入学手続 A日程:推薦2/21(水)15:00まで A・B日程:一般3/19(火)15:00まで
- 選抜方法 A日程:国・英・選択(数・理・社より1科)(各50分各100点)・面接・実技(美術科のみ、120分) B日程普通科:国・英・数・理・社(各50分各100点)・面接 B日程美術科:国・英・数(各50分 各100点)・面接・実技(120分)
- 受験料 20,000円
- 提出書類 入学志願書・個人報告書(調査書)・推薦書(推薦志願)
- 追加募集 1.5次: ―　2次: ―
- ◆転・編入 受け入れあり(要相談)
- ◆帰国生 特別対応なし

## 2024年度 入試結果

普通科

| | A日程(推薦・専願) | A日程(一般)<br>B日程(一般) |
|---|---|---|
| 応募者数 | 195 | 443 |
| 受験者数 | 195 | 424 |
| 合格者数 | 191 | 408 |
| 実質倍率 | 1.02 | 1.03 |
| 合格最低点 | 114/300(基準点) | 144/300(基準点) |

美術科

| | A日程(推薦・専願) | A日程(一般)<br>B日程(一般) |
|---|---|---|
| 応募者数 | 49 | 89 |
| 受験者数 | 49 | 87 |
| 合格者数 | 47 | 82 |
| 実質倍率 | 1.04 | 1.06 |
| 合格最低点 | 114/300(基準点) | 144/300(基準点) |

## 学校PR

様々な志を持った生徒がそれぞれの目標に向かって力をつけていくことができます。多彩な科・コース・選択のみならず、バスケットボール部(女子)、サッカー部(女子)、吹奏楽部は全国大会の常連クラブとして活躍しています。野球部が始動し、男子のクラブもさらに活発に活動しています。新校舎、人工芝グランドも完成しました。ぜひ一度見に来てください。

**アクセス**
京阪鴨東線出町柳駅下車徒歩5分
市バス荒神口又は出町柳駅前下車徒歩5分

## 費用

《入学手続き時》
| | |
|---|---|
| ○入学金 | 100,000円 |
| ○施設費 | 50,000円 |

《入学後》(年額)
| | |
|---|---|
| ○授業料 | 504,000円 |
| ○校費 | 108,000円 |
| ○維持費 | 72,000円 |

## 奨学金・特待制度

精華育英基金特別奨学生制度
校納金減免制度

## 独自の留学制度

特になし

## 合格実績

2024年の進学状況(卒業者数322名)
京都精華大学合格30名

国・公立大学合格
神戸大1、京都教育大2、滋賀県立大1、京都府立医科大1、他。

他の私立大学合格
関西学院大1、関西大6、同志社大2、立命館大11、京都産業大39、近畿大10、甲南大1、龍谷大29、佛教大93、関西医科大1、摂南大15、神戸学院大4、追手門学院大27、京都外国語大4、関西外国語大15、大阪経済大2、大阪工業大1、京都女子大4、同志社女子大6、他。

# 京都聖カタリナ高等学校

## 学校インフォメーション

 制服
 自転車通学可 通学
 キリスト教 宗教教育
 ICT教育
 探究授業
 習熟度別授業
 自習スペース

 蔵書数 14,000冊 図書館
 条件付 スマホ持ち込み
 カウンセラー
 特待生制度
 高大連携

**所在地** 〒622-0002 京都府南丹市園部町美園町1号78番地

| | |
|---|---|
| 電話 | 0771-62-0163 |
| 創立 | 1951年 |
| 校長 | 後藤 直樹 |

生徒数 男 23人 女 182人
併設校 聖カタリナ大学、聖カタリナ大学短期大学部、聖カタリナ学園高等学校、光ヶ丘女子高等学校
WEB https://www.catalina-kyoto.ed.jp/

**アクセス**
JR・京都交通バス本町口下車
JR嵯峨野線園部駅下車徒歩13分

## 教育方針・特色

カトリックの精神に基づき、誠実に人を愛し、喜びも苦しみも友と分かち合う。そのような理想を求めて、先生と生徒がこの学校で学んでいます。校訓は、「誠実」「高潔」「奉仕」です。

## スクールライフ

| | |
|---|---|
| 登校時間 | 8:45 |
| 週登校日 | 5日制 |
| 学期制 | 3学期 |
| 制服 | あり |
| 昼食 | 弁当持参 |
| 学校行事 | 4月 入学式、開校記念ミサ、芸術鑑賞、戴帽式／5月 体育祭、遠足、聖母を讃える集い、奉仕活動／9月 学園祭／11月 慰霊祭ミサ、人権講演会、研修旅行／12月 クリスマスミサ／3月 卒業式 |
| 修学旅行 | 2年生 11月末 沖縄 |
| 環境・施設 | 看護実習室、医療器機室、チャペル |
| クラブ活動 | バレーボール部（女子）、サッカー部、バスケットボール部、吹奏楽部、茶道部、インターアクト部、放送部、家庭科部、美術工芸部、e-スポーツ部 |
| 強化クラブ | バレーボール部（女子） |

## 2024年度 募集要項

- ○募集人数 普通科：男女35名（アドバンスコース、キャリアコース（子ども保育系、健康スポーツ系、調理・パティシエ系、どうぶつ系、PCクリエイティブ系））
  看護科（5年一貫課程）；男女60名
- ○願書受付 1/15（月）〜1/27（土）16:00 web登録後（12/1〜）書類提出、窓口または郵送（必着）
- ○選抜日時 2/10（土）
- ○合格発表 2/13（火）郵送
- ○入学手続 推薦・専願：2/22（木）15:00まで
  併願：3/19（火）15:00まで
- ○選抜方法 推薦：基礎学力テスト（国・数・英）50分・面接（グループ）
  一般：国・数・英（各50分）・面接（専願のみ、グループ）
- ○受験料 20,000円
- ○提出書類 入学志願書・個人報告書（調査書）・推薦書（推薦のみ）・志望理由書（看護科の推薦・一般（専願のみ））
- ○追加募集 1.5次：ー 2次：ー
- ◆転・編入 受け入れあり（要相談）
- ◆帰国生 特別対応なし

## 2024年度 入試結果

| 看護 | 推薦・専願 | 併願 |
|---|---|---|
| 応募者数 | 12 | 2 |
| 受験者数 | 12 | 2 |
| 合格者数 | 12 | 2 |
| 実質倍率 | 1.00 | 1.00 |
| 合格最低点 | 非公表 | 非公表 |

| 普通 | 推薦・専願 | 併願 |
|---|---|---|
| 応募者数 | 17 | 66 |
| 受験者数 | 17 | 66 |
| 合格者数 | 17 | 66 |
| 実質倍率 | 1.00 | 1.00 |
| 合格最低点 | 非公表 | 非公表 |

## 費用

**《入学手続き時》**

| | | |
|---|---|---|
| ○入学金 | | 60,000円 |
| ○施設拡充費 | 看護科 | 90,000円 |
| | 普通科 | 70,000円 |

**《入学後》**

| | | |
|---|---|---|
| ○授業料 | 看護科 | 384,000円 |
| | 普通科 | 366,000円 |
| ○制服・学校指定用品・教科書等 初年度 | | |
| | 看護科 | 219,000円 |
| | 普通科 | 173,000円 |
| | | 25,300円 |
| ○その他の諸費用（看護科、普通科） | | 79,260円 |

2023年度の費用（変更の可能性あり）

## 奨学金・特待制度

- ・学業特待入学生
- ・部活動推薦（部活動特待入学生）
- ・兄弟姉妹在学者
- ・親権者が卒業生である生徒
- ・災害罹災減免
- ・奨学金・奨励金（学業等奨学生、同窓会学業奨学生、部活動奨励金）

## 独自の留学制度

特になし

## 合格実績

2024年の進学状況（卒業者数43名専攻科21名）
私立大学合格
大阪歯科大1、明治国際医療大1、京都先端科学大1、京都文教大1、花園大1、大阪学院大1、他。

## 学校PR

夢を見る。から目指す、未来へ！
大空のようにどこまでも広がる皆さんの未来。
どこへ行くか、どこまで行くかを決めるのは自分次第。
京都聖カタリナ高校で、"見る夢"から"目指す夢"へ。

# 京都成章高等学校

## 学校インフォメーション

 制服(私服でも可)
 通学 自転車通学可
 ICT教育
 長期休暇講習 夏・冬・春
 自習スペース
 人工芝グラウンド
 バリアフリー

 食堂
 スマホ持ち込み
 カウンセラー
 特待生制度
 高大連携

**所在地** 〒610-1106 京都市西京区大枝沓掛町26

| | |
|---|---|
| 電話 | 075-332-4830 |
| 創立 | 1986年 |
| 校長 | 湯浅 泰正 |
| 生徒数 | 男 738人 女 525人 |
| 併設校 | 京都経済短期大学、京都明徳高等学校 |
| WEB | https://kyoto-seisho.ed.jp/ |

 京都成章高

**アクセス**
阪急京都線桂駅・JR京都線桂川駅より
京阪京都交通バス(18分)京都成章高校前

## 教育方針・特色

本校は「自学・自成・自立」の校訓のもと、生徒の自由と自主性を重んじ、生徒の主体的な行動力と気品ある個性を育むとともに、高い教養をもって人々や社会に貢献できる人間の育成を目指しています。

## スクールライフ

| | |
|---|---|
| 登校時間 | 9:30 |
| 週登校日 | 5日制 |
| 学期制 | 3学期 |
| 制服 | あり(普段は私服でも可) |
| 昼食 | 食堂・購買あり 弁当持参可 パン・カップ麺の自販機あり |
| 学校行事 | 文化祭・体育祭・校外活動・遠足・芸術鑑賞・球技大会 |
| 修学旅行 | 1・2年生2月 3泊4日 信州(スキー) |
| 環境・施設 | 敷地内Wi-Fi完備・多種多様な自習室・人工芝グラウンド(LEDナイター照明)・人工芝テニスコート・ゴルフ練習場・トレーニングルーム・シャワールーム |
| クラブ活動 | ラグビー・野球(男子)・ソフトボール(女子)・バドミントン・ソフトテニス(女子)・バスケットボール・バレーボール・剣道・卓球・硬式テニス・吹奏楽・コーラス・写真・邦楽・茶道・その他同好会あり |
| 強化クラブ | 特になし |

## 2024年度 募集要項

○募集人数 普通科:男女400名
アカデミーコース(TSクラス・ASクラス・アカデミークラス)、メディカルスポーツコース(メディカルスポーツクラス)
○願書受付 1/15(月)～1/24(水)web登録後(12/1～)
出願 郵送のみ(消印有効)
※推薦はメディカルスポーツクラスのみ出願可
○選抜日時 2/10(土)
○合格発表 2/13(火)16:00web、郵送
○入学手続 専願:2/29(木)
併願:公立高校合格発表後
○選抜方法 国・数・英・理・社(各40分各100点)
※英検準2級以上取得者には30点加点
○受験料 21,040円(郵送諸費含む)
○提出書類 入学志願票・報告書(調査書)・推薦書(メディカルスポーツ推薦のみ)
○追加募集 1.5次:— 2次:—
◆転・編入 受け入れあり(要相談)
◆帰国生 特別対応なし

## 2024年度 入試結果

| 全コース | 専願・推薦 | 併願 |
|---|---|---|
| 応募者数 | 315 | 417 |
| 受験者数 | — | — |
| 合格者数 | 305 | 416 |
| 実質倍率 | 1.03 | 1.00 |
| 合格最低点 | | |

※TS合格(専20・併95)
※AS合格(専70・併132)
※アカデミー合格(専130・併164)回し合格含む
※メディカルスポーツ合格(専85・併25)

## 費用

《入学手続き時》
| | |
|---|---|
| ○入学金 | 90,000円 |
| ○学園充実費 | 70,000円 |
| ○第一期分学費 | 225,000円 |

《入学後》(年額)
| | |
|---|---|
| ○授業料 | 540,000円 |
| ○教育充実費 | 96,000円 |
| ○諸経費 | 39,000円 |

※その他、制服・教科書・タブレット購入費等

## 奨学金・特待制度

奨学金、特待生制度あり

## 独自の留学制度

特になし

## 合格実績

**2024年の進学状況(卒業者数238名)**
国・公立大学合格57(47)名
京都大2、大阪大4(4)、神戸大2(1)、大阪公立大2(2)(内医1(1))、京都工芸繊維大6(4)、京都府立大1(1)、金沢大3(3)、広島大1(1)、滋賀大1(1)、兵庫県立大3(2)、京都教育大1(1)、大阪教育大1、奈良教育大1(1)、滋賀県立大5(5)、京都府立医科大1(1)、滋賀医科大1(1)、他。

私立大学合格455(338)名
関西学院大18(13)、関西大33(28)、同志社大39(33)、立命館大68(56)、京都産業大33(26)、近畿大36(18)、龍谷大58(30)、佛教大13(13)、明治大5(5)、青山学院大1(1)、中央大2(2)、法政大3(3)、大阪医科薬科大3(2)(内医1(1))、関西医科大3(1)、兵庫医科大1(1)、大阪歯科大1(1)、京都薬科大1(1)、京都女子大5(5)、同志社女子大13(12)、武庫川女子大1(1)、岩手医科大1(内医1)、川崎医科大1(内医1)、他。

※( )内は現役合格内数

## 学校PR

生徒の自由と自主性を大切にしています。マナーを守り、モラルを持って行動することを基礎と考えるため、校則は少なく、自由な校風が特徴です。制服はありますが、式典など学校が定めた正装が必要な日以外の着用は自由です。校舎内には自主学習に使用できる空間がたくさん用意されています。それらの空間はさまざまにデザインされており、日によって異なる空間を利用して生徒たちは学習を行っています。放課後の校内での一人一人の活動が充実できるような企画や環境が整えられています。

# 京都先端科学大学附属高等学校

## 学校インフォメーション

 制服
 自転車通学可 通学
 学内予備校
 ICT教育
 長期休暇講習
 ワールド・ワイド・ラーニング WWL
 習熟度別授業

 海外研修
 自習スペース
 蔵書数 33,000冊 図書館
 食堂
 高大連携
 海外・姉妹校

**所在地** 〒616-8036　京都市右京区花園寺ノ中町8

| | |
|---|---|
| 電話 | 075-461-5105 |
| 創立 | 1925年 |
| 校長 | 佐々井 宏平 |

| | |
|---|---|
| 生徒数 | 男 833人　女 458人 |
| 併設校 | 京都先端科学大学附属中学校、京都先端科学大学・大学院、都先端科学大学附属みどりの丘幼稚園・保育園 |
| WEB | https://www.js.kuas.ac.jp/ |

## 教育方針・特色

建学の精神は、「世界のどの舞台に立っても堂々と自分の意志で行動する人財の育成」。学校生活の中で授業・部活動・各種行事を通して、「本物との出会い」・「世界・社会とのつながり」・「社会への発信」と本校独自の「3つの学び」に気づくことと思います。『高校で適性を伸ばす』ワクワク・ドキドキする知的探究心にあふれ、学びの喜びを感じる経験を提供できる学校づくりに専念しています。

## スクールライフ

| | |
|---|---|
| 登校時間 | 8:30 |
| 週登校日 | 5日制(隔週土曜日コースにより有) |
| 学期制 | 3学期 |
| 制服 | あり(夏・冬) 弁当持参可 |
| 昼食 | 購買・食堂あり 弁当持参可 |
| 学校行事 | オリエンテーション合宿(1年)(4月)、校外学習(6月)、夏期海外語学研修(8月)、文化祭・体育祭(9月) |
| 修学旅行 | 2年生 カナダ・イギリス:7〜10か月(国際)、イギリス:3週間(特進A)、アメリカ:1週間(特進B・進学) |
| 環境・施設 | 周囲には幾つもの世界的に有名な古刹が点在する緑の多い静かな環境。光楠館(高校校舎)、翠嵐館(中学校校舎)、特進棟(高校特進A専用校舎)、Cafe ファイ(食堂&コンビニ)、多目的ホール(600名収容)、独立型自習室(90席)、体育館3つ(冷暖房完備)、図書館棟(蔵書数約33,000冊以上)、コンピュータ室2教室、理科実験室(化学・生物教室、物理・地学教室)、全館冷暖房完備、Wi-Fi環境など教育環境が充実。 |
| クラブ活動 | 【運動部】柔道部、サッカー部、硬式野球部、バレーボール部、卓球部、バスケットボール部、バドミントン部、陸上競技部、テニス部、ソフトテニス部、剣道部、軟式野球部、山岳部、ボクシング同好会、ラグビー部<br>【文化部】バトン部、美術部、吹奏楽部、理科部、パソコン部、放送部、写真部、図書サークル、GSSサークル、ダンス同好会、家庭科同好会、ギター同好会、茶道同好会、囲碁・将棋同好会 |
| 強化クラブ | 柔道部、サッカー部、硬式野球部、バレーボール部、卓球部 |

## 2024年度 募集要項

○募集人数　普通科(外部募集):男女320名(国際コース、特進ADVANCEDコース、特進BASICコース、進学コース)
○願書受付　web登録後(12/1〜)書類提出
　1次:1/15(月)〜1/22(月)書類郵送出願(消印有効)
　1.5次:2/15(木)・2/16(金)16:00書類窓口出願
○選抜日程　1次:A日程2/10(土)　B日程2/12(月・祝)
　1.5次:2/17(土)
○合格発表　1次:2/14(水)web16:00、郵送
　1.5次:2/18(日)web13:00、郵送
○入学手続　推薦・専願:2/22(木)23:59まで
　併願:3/19(火)13:00まで
○選抜方法　国・数・理・社(各50分各100点)・英(リスニング含む)(60分100点)、面接(10分、一部英語、国際のみ)
　1次Aは5科、1次B・1.5次は国・数・英
　※国際コースの英語は200点満点、一部別問題あり
　※英語検定資格取得者は入試の合計得点に加点
○受験料　20,530円(郵送料金含む)
　※AB日程出願 31,060円
○提出書類　入学志願書・個人報告書(調査書)・英語資格証明書
○追加募集　1.5次:2/17　2次: ─
◆転・編入　受け入れあり(要相談)
◆帰国生　特別対応なし

## 2024年度 入試結果

| | 国際s | | | 特進A | | |
|---|---|---|---|---|---|---|
| | 専願 | 推薦 | 併願 | 専願 | 推薦 | 併願 |
| 応募者数 | ─ | ─ | ─ | ─ | ─ | ─ |
| 受験者数 | 18 | 17 | 48 | 14 | 13 | 177 |
| 合格者数 | 17 | 17 | 47 | 12 | 13 | 171 |
| 実質倍率 | 1.06 | 1.00 | 1.02 | 1.17 | 1.00 | 1.04 |
| 合格最低点 | 286/600 | 276/600 | 296/600 | 267/500 | 265/500 | 269/500 |

| | 特進B | | | 進学 | | |
|---|---|---|---|---|---|---|
| | 専願 | 推薦 | 併願 | 専願 | 推薦 | 併願 |
| 応募者数 | ─ | ─ | ─ | ─ | ─ | ─ |
| 受験者数 | 60 | 31 | 333 | 84 | 124 | 289 |
| 合格者数 | 59(3) | 31 | 326(4) | 77(1) | 124 | 277(5) |
| 実質倍率 | 1.02 | 1.00 | 1.02 | 1.09 | 1.00 | 1.04 |
| 合格最低点 | 212/500 | 205/500 | 231/500 | 189/500 | 169/500 | 202/500 |

※( )内は回し合格外数　　　　　　※( )内は回し合格外数

## 費用

**《入学手続き時》**

| | |
|---|---|
| ○入学金 | 70,000円 |
| ○教育振興費 | 30,000円 |

**《入学後》(年額)**

| | |
|---|---|
| ○授業料 | 520,000円 |
| ○教育充実費 | 270,000円 |
| ○コース費　(国際コースのみ) | 50,000円 |
| ○実験実習費 | 10,000円 |
| ○諸会費 | 27,500円 |
| ○教材費等　(コースによる) | 70,000円〜100,000円 |
| ○制服・体育着等費用　(概算) | 143,000円 |
| ○教科書費用(コースによる) | 20,000円〜28,000円 |

## 奨学金・特待制度

○中学校の成績による特待生制度
○入試成績による特待生制度
○部活動特待生制度

## 独自の留学制度

研修旅行
カナダ・イギリス(国際)　イギリス(特進A)
アメリカ(特進B・進学)　年による(全コース)

## 合格実績

**2024年の進学状況(卒業者数414名)**
京都先端科学大学130名

**国・公立大学合格34名(省庁大学校含む)**
大阪大1、大阪公立大1、北海道大2、東京外国語大1、富山大1、鳥取大1、愛媛大2、京都工芸繊維大2、京都教育大2、京都府立大1、京都府立医科大1、滋賀県立大1、滋賀大1、防衛大6、他。

**他の私立大学合格784名**
関西学院大4、関西大24、同志社大8、立命館大36、京都産業大42、近畿大15、龍谷大95、佛教大105、東京理科大1、国際基督教大2、青山学院大1、立教大2、中央大1、京都薬科大1、大阪医科薬科大1、兵庫医科大1、関西外国語大42、摂南大27、追手門学院大17、同志社女子大5、京都女子大6、他。

## アクセス

JR嵯峨野線花園駅下車徒歩15分
京福北野線妙心寺駅または等持院駅下車徒歩5分
地下鉄東西線西大路御池駅下車市バス5分

## 学校PR

本校は、2021年4月に学校法人永守学園と法人合併し、新たな教育がスタートしました。高大連携により、グローバル教育、STEAM教育(探究型学習)、キャリア教育を推進します。内部進学制度の導入で進路選択の幅も広がりました。本校は、生徒の個性や適性を見極め、伸ばす取り組みや面倒見の良さを高大一貫教育で実践しています。行事や部活動も盛んで、いかなる舞台に立っても生きていくための素地を養うことに力を入れています。

# 京都橘高等学校

## 学校インフォメーション

 制服　 通学（自転車通学可）　 ICT教育　 長期休暇講習（夏・冬・春）　 探究授業　 海外研修　 留学制度

 自習スペース　 図書館（蔵書数 38,000冊）　 食堂　 スマホ持ち込み（条件付）　 特待生制度　 高大連携　 ネイティブ教員

**所在地**　〒612-8026　京都府京都市伏見区桃山町伊賀50

| | |
|---|---|
| 電話 | 075-623-0066 |
| 創立 | 1902年 |
| 校長 | 安田 文彦 |
| 生徒数 | 男 436人　女 612人 |
| 併設校 | 京都橘大学・大学院、京都橘中学校 |
| WEB | https://www.tachibana-hs.jp/ |

## 教育方針・特色

桃山御陵の緑に包まれた落ち着いた環境の中で、「進路保障」「学習と自立活動の両立」「国際理解」をめざし様々な教育活動を行っている。質の高い授業を基本に進学特別授業講座や学習合宿で実力を養成し希望進路を実現している。文武両道の進学校として様々な取り組みを実践。

## スクールライフ

| | |
|---|---|
| 登校時間 | 8:30 |
| 週登校日 | 5日制 |
| 学期制 | 3学期 |
| 制服 | あり（夏・冬） |
| 昼食 | 食堂・購買あり　弁当持参可 |
| 学校行事 | 校外学習(4月)、体育祭(6月)、舞台芸術鑑賞(7月)、学習合宿(8月)、橘祭(9月)、3年生を送る会(2月)、研修旅行(3月)、など |
| 修学旅行 | 1年生3月　研修旅行（沖縄またはカンボジア） |
| 環境・施設 | 1250名収容のフェスティバルホール、職員室前のブラウジングコーナー、図書館、スタディルーム、食堂、テニスコート、第二グラウンド、全教室にプロジェクター、スクリーン設置などICT環境の充実　冷暖房完備　※山科区にKYOTO TACHIBANA スタジアムあり |
| クラブ活動 | 【体育系】女子バレーボール、女子バスケットボール、男子バスケットボール、バドミントン、陸上競技、テニス、女子サッカー、男子サッカー、剣道、卓球、ダブルダッチ、フットサル　【文化系】吹奏楽、演劇、美術、太鼓、茶道、ハンドメーキング、軽音楽、アニメーション、書道、自然探究、琴、サイエンス、英語ディベート、ロボットプログラミング、バトン、ダンス |
| 強化クラブ | バレーボール(女子)、陸上競技(女子)、サッカー(男子)、吹奏楽　など |

## 2024年度 募集要項

- **募集人数**　普通科:男女270名(選抜類型70名、総合類型200名)
  ※帰国生入試は学校にお問い合わせください
- **願書受付**　web登録後(12/11〜)書類提出
  1次:1/15(月)〜1/23(火)書類郵送出願(消印有効)
- **選抜日時**　前期:2/10(土)　後期:2/12(月・祝)　※クラブ推薦は前期のみ
- **合格発表**　前期・後期:2/13(火)17:00web、郵送
- **入学手続**　専願・推薦:2/22(金)14:00まで　併願:3/19(火)14:00まで
- **選抜方法**　前期:国・数・英(リスニング含む)・社・理(各50分50点)　※英検取得者は加点あり
- **受験料**　20,520円　※前後期出願31,040円
- **提出書類**　入学志願書・個人報告書(調査書)・推薦書(クラブ推薦)
- **追加募集**　1.5次: ―　2次: ―
- ◆**転・編入**　特になし
- ◆**帰国生**　帰国生入試実施

## 2024年度 入試結果

| 選抜類型 | 前期(専願) | 前期(クラブ推薦) | 前期(併願) | 後期(専願) | 後期(併願) |
|---|---|---|---|---|---|
| 応募者数 | 46 | 5 | 419 | 38 | 323 |
| 受験者数 | 45 | 5 | 406 | 37 | 311 |
| 合格者数 | 27 | 5 | 307 | 28 | 226 |
| 実質倍率 | 1.67 | 1.00 | 1.32 | 1.32 | 1.38 |
| 合格最低点 | ― | ― | 340/500 | ― | 210/300 |

※回し合格(前期専18・併987、後期専9・併83)含まない

| 総合類型 | 前期(専願) | 前期(クラブ推薦) | 前期(併願) | 後期(専願) | 後期(併願) |
|---|---|---|---|---|---|
| 応募者数 | 94 | 73 | 318 | 64 | 181 |
| 受験者数 | 94 | 73 | 309 | 64 | 174 |
| 合格者数 | 90 | 73 | 299 | 54 | 163 |
| 実質倍率 | 1.04 | 1.00 | 1.03 | 1.19 | 1.07 |
| 合格最低点 | ― | ― | 240/500 | ― | 140/300 |

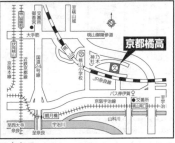

**アクセス**
京阪宇治線桃山南口駅下車徒歩5分
JR奈良線桃山駅下車徒歩10分
近鉄京都線桃山御陵前駅下車徒歩15分

## 費用

**《入学手続き時》**

| | |
|---|---|
| ○入学金 | 100,000円 |
| ○第二次　第1期分学費など | 531,220円 |

**《入学後》(年額)**

| | |
|---|---|
| ○授業料 | 600,000円 |
| ○施設費・校費 | 222,000円 |

＊制服・体操服等制定品一式で約110,000円
＊研修旅行(1年次実施)費用が別途必要
＊2024年度実績

## 奨学金・特待制度

特別奨学生制度あり

## 独自の留学制度

| | |
|---|---|
| 留学先 | ニュージーランド・カナダ |
| 学年 | 1・2年生 |
| 内容 | 中期留学・ターム留学・短期語学研修・一年留学 |

## 合格実績

**2024年の進学状況(卒業者数411名)**
京都橘大学806名

**国・公立大学合格62名**
京都大1、東京工業大2、神戸大2、北海道大1、九州大2、大阪公立大3、京都工芸繊維大1、京都府立大4、金沢大1、岡山大1、広島大2、滋賀大6、兵庫県立大2、京都教育大1、奈良教育大1、滋賀県立大3、奈良県立大1、他。

**他の私立大学合格852名**
関西学院大19、関西大48、同志社大46、立命館大101、京都産業大52、近畿大107、龍谷大150、佛教大11、早稲田大2、慶應義塾大1、上智大1、明治大2、青山学院大2、中央大1、法政大3、関西医科大10、大阪歯科大6、京都薬科大2、摂南大23、追手門学院大28、関西外国語大20、大阪工業大15、京都女子大14、同志社女子大22、武庫川女子大19、他。

## 学校PR

勉強、クラブ活動、行事等に積極的に挑戦し、充実した3年間を送るための仕組みづくりやサポートがある。
1年次は選抜類型、総合類型の2類型。2年次からは進路別カリキュラムで希望進路をめざす。

京都

共学校

# 京都つくば開成高等学校

## 学校インフォメーション

 標準服
 公共機関 通学
 学内予備校
 ICT教育
 長期休暇講習
 習熟度別授業
 留学制度

 自習スペース
 バリアフリー
 スマホ持ち込み
 カウンセラー
特待生制度

**所在地** 〒600-8320 京都府京都市下京区西洞院通七条上る福本町406

| | | | |
|---|---|---|---|
| 電話 | 075-371-0020 | 生徒数 | 男 243人 女 308人 |
| 創立 | 2015年 | 併設校 | なし |
| 校長 | 岡田 裕三 | WEB | https://kyoto.tsukuba-kaisei.ed.jp/ |

**アクセス**
JR・近鉄京都線・地下鉄烏丸線各京都駅より
北西へ徒歩8分
京阪七条駅より西へ徒歩14分

## 教育方針・特色

国際社会で生きるための確かな学力とスキル、そして豊かな感性と教養を身につけられるよう充実した教育を実践することを基本理念としています。この理念のもとに、卒業時点ですべての生徒がそれぞれの進路目標を実現できるよう最善のサポートを行うことが京都府の通信制教育を担う本校の責務です。

## スクールライフ

| | |
|---|---|
| 登校時間 | 9:20 |
| 週登校日 | 6日制 |
| 学期制 | 2学期 |
| 制服 | 標準服 |
| 昼食 | 弁当持参可・外出可 |
| 学校行事 | 文化祭(10月) |
| 修学旅行 | 希望者 2泊3日 例)広島、長崎、東京 |
| 環境・施設 | 美容実習室・和室・PC室・芸術教室・調理実習室・ミュージックレッスンルーム・パフォーマンスルーム |
| クラブ活動 | バスケットボール部・バレーボール部・ダンス部・模型部・写真部・軽音部 |
| 強化クラブ | 特になし |

## 2024年度 募集要項

- **募集人数** 600名(在校生を含む全生徒数)
- **願書受付** 1/29(月)～2/3(土) 窓口出願または郵送(2/1消印有効)
- **選抜日時** 2/13(火)または2/14(水)
- **合格発表** 試験終了後、10日以内に本人宛に郵送
- **入学手続** 合格発表後、指定する期日までに入学金納入
- **選抜方法** 筆記試験(国語・数学)、書類審査、面接試験
- **受験料** 15,000円
- **提出書類** 入学志願書・個人報告書(調査書)・受験の動機
- **追加募集** 1.5次: ― 2次: ―
- ◆ **転・編入** 受け入れあり(要相談)
- ◆ **帰国生** 特別対応なし

## 2024年度 入試結果

| | 専願 | 併願 |
|---|---|---|
| 応募者数 | ― | ― |
| 受験者数 | 159 | 95 |
| 合格者数 | 151 | 94 |
| 実質倍率 | ― | ― |
| 合格最低点 | ― | ― |

## 費用

**《入学手続き時》**
○入学金 50,000円

**《入学後》**
○授業料 8,500円
(年間履修登録単位数) ×単位

○施設設備費(年額) 36,000円
○教育運営費(年額) 50,000円
○教育充実費(年額) 200,000円
○専門コース費 希望者のみ

履修登録単位数により学費は異なる
※学費の変更を予定しております。現行の学費を掲載しております。

## 奨学金・特待制度

就学支援金(国)とあんしん修学支援金(京都府)の対象校

## 独自の留学制度

| 留学先 | カナダ |
|---|---|
| 学年 | 希望者 |
| 内容 | 2週間から1年 |

## 合格実績

2024年の進学状況(卒業者数140名)
国・公立大学合格3名
滋賀大1、奈良県立医科大1、他。

私立大学合格
同志社大1、立命館大4、京都産業大11、近畿大5、龍谷大8、佛教大9、京都外国語大6、関西外国語大1、京都橘大5、大谷大3、京都先端科学大3、他。

## 学校PR

みなさんが自分らしく学べるように登校日数も学ぶ科目も参加する行事も自分に合ったものを選択できます。登校日数は、4つの登校スタイルから選択。時間割がきまっていて、友だちをつくりやすい「クラス制」。自分のペースで学び、卒業に必要な単位修得は最小限の出席でも可能な「フレックス制」。少人数で学ぶ「土曜日選択制」。自分の時間を最大限に活かす「夏冬集中受講制」。また、生徒の「やってみたい」や「夢を叶えたい」という気持ちを受け止め、専門の講師による幅広い分野の特色ある専門コース(進学・ドギー・保育・アート・IT・調理製菓・芸能マルチ・美容)を設定。

京都

共通信制学校制

# 京都西山高等学校

## 学校インフォメーション

 制服　　 自転車通学可／通学　　 仏教／宗教教育　　 ICT教育　　 長期休暇講習　　 留学制度　　 蔵書数25,000冊／図書館

 食堂　　 条件付／スマホ持ち込み　　 カウンセラー　　 特待生制度　　高大連携

| | |
|---|---|
| 所在地 | 〒617-0002　向日市寺戸町西野辺25 |
| 電話 | 075-934-2480 |
| 創立 | 1927年 |
| 校長 | 森川 弘仁 |
| 生徒数 | 男 203人　女 456人 |
| 併設校 | 京都西山短期大学　向陽幼稚園 |
| WEB | https://kyotonishiyama.ed.jp/ |

## 教育方針・特色

1927年に「西山高等女学校」として開校され、1948年の学制改革により「西山高等学校」となり、2004年に校名を「京都西山高等学校」と改称し2022年より共学となり現在に至っている。
〈建学の精神〉仏教の報恩感謝を基盤として、高い知性と広い教養を身につけ、礼儀正しく、責任を重んじ、勤労を尊び、心から喜んで働く心身ともに健全な人間の育成を目指している。

## スクールライフ

| | |
|---|---|
| 登校時間 | 8:50 |
| 週登校日 | 5日制 |
| 学期制 | 3学期 |
| 制服 | あり（夏・冬） |
| 昼食 | 食堂あり　弁当持参可 |
| 学校行事 | 本山参拝（1年4月）、花まつり・球技大会（5月）、修学旅行（2年6月）、西山フェスタ〈文化祭・体育祭〉（9月）、追悼会（10月）、成道会・授戒会（3年11月）、本山参拝（3年2月）・涅槃会（2月） |
| 修学旅行 | 2年生6月　北海道 |
| 環境・施設 | グラウンド（完全照明設備）、多目的ホール、ピアノレッスン室（電子ピアノ60台）、トレーニングルーム（最新機器）、全館冷暖房完備 |
| クラブ活動 | 【体育系】女子ソフトボール部・少林寺拳法部・女子陸上競技部・女子バスケットボール部・男子バスケットボール部・女子バレーボール部・女子サッカー部・男子サッカー部・女子ハンドボール部・バドミントン部・テニス部・ダンス部<br>【文化系】吹奏楽部・美術部・クッキング部・イラストレーション部・eスポーツ部 |
| 強化クラブ | 女子ソフトボール部・少林寺拳法部（男女）・女子陸上競技部・バスケットボール部（男女）・女子バレーボール部・サッカー部（男女） |

## 2024年度 募集要項

- 募集人数　普通科：男女250名（特進コース、総合進学コース）
- 願書受付　1/15（月）～1/22（月）web登録後（12/1～）書類郵送（消印有効）
- 選抜日時　A日程（推薦・専願・併願）：2/10（土）<br>　　　　　　B日程（併願）：2/11（日・祝）
- 合格発表　2/13（月）郵送
- 入学手続　推薦・専願：2/22（木）まで<br>　　　　　　併願：3/22（金）まで
- 選抜方法　A日程特進コース：国・数・英・社・理（各50分各100点）・面接（グループ）<br>　　　　　　A日程総合進学コース：国・数・英（各50分各100点）・面接（グループ）<br>　　　　　　B日程：国・数・英・社・理（各50分 各100点）・面接（グループ）
- 受験料　20,520円（合否通知書郵送料含む）
- 提出書類　入学志願書・個人報告書（調査書）・推薦書（推薦出願）
- 追加募集　1.5次：2/21　2次：—
- ◆転・編入　受け入れあり（要相談）
- ◆帰国生　特別対応なし

## 2024年度 入試結果

| 特進 | 専願 | 推薦 | 併願 |
|---|---|---|---|
| 応募者数 | — | — | — |
| 受験者数 | 2 | 10 | 48 |
| 合格者数 | 2 | 10 | 43 |
| 実質倍率 | 1.00 | 1.00 | 1.12 |
| 合格最低点 | 非公表 | 非公表 | 非公表 |

| 総合進学 | 専願 | 推薦 | 併願 |
|---|---|---|---|
| 応募者数 | — | — | — |
| 受験者数 | 51 | 126 | 233 |
| 合格者数 | 51 | 126 | 218 |
| 実質倍率 | 1.00 | 1.00 | 1.07 |
| 合格最低点 | 非公表 | 非公表 | 非公表 |

※回し合格(2)含まない

## 学校PR

2022年から男女共学になりました。将来なりたい職業や、進みたい方向が決まっている人も、じっくり考えようと思っている人も、みんなキラキラした可能性のカタマリ。京都西山高校は、生徒の皆さんが本来持っているしなやかな力を引き出して、大切に育みます。私たちと一緒に「ほんとの人間力」を伸ばしましょう。そして3年間かけて見つけましょう、あなたの色の夢を。

## アクセス
阪急京都線東向日駅下車徒歩5分
JR京都線向日町駅下車徒歩12分

## 費用

《入学手続き時》
| | |
|---|---|
| ○入学金 | 80,000円 |
| ○施設設備費 | 90,000円 |
| ○諸検査料 | 28,000円 |
| ○クラブ後援会費 | 10,000円 |
| ○行事費 | 11,000円 |
| ○生徒活動費 | 6,000円 |

《入学後》（年額）
| | |
|---|---|
| ○授業料 | 516,000円 |
| ○教育充実費 | 144,000円 |
| ○行事費、諸会費 | 42,800円 |
| ○ICT教育費 | 約45,000円 |
| ○放課後学習支援費 | 18,000円 |

## 奨学金・特待制度

学力・スポーツ優秀生の奨学生制度
母・姉卒業生の奨学金制度（ファミリー給付制度）
宗門子弟特別奨学金制度

## 独自の留学制度

オーストラリア　メルボルン　交換留学制度
（短期2週間・中期2か月）

## 合格実績

2024年の進学状況（卒業者数132名）
京都西山短期大学3名

国・公立大学合格3名
京都府立大1、滋賀大1、滋賀医科大1。

私立大学合格116名
立命館大6、京都産業大3、近畿大2、龍谷大7、佛教大11、摂南大22、神戸学院大1、追手門学院大8、京都外国語大1、関西学院大2、京都女子大1、同志社女子大1、武庫川女子大1、京都先端科学大8、京都光華女子大5、梅花女子大3、大阪学院大3、京都橘大2、平安女学院大2、大阪成蹊大2、大和大2、明治国際医療大2、藍野大2、大阪国際大2、園田学園女子大2、他。

他の短期大学合格20名

専門学校合格38名

就職6名

京都

共学校

# 京都文教高等学校

## 学校インフォメーション

 制服
 通学 自転車通学可
 宗教教育 仏教
 ICT教育
 長期休暇講習 夏・冬
 留学制度
 プール 屋内

 自習スペース
 図書館 蔵書数 66,000冊
 食堂
 スマホ持ち込み 条件付
 カウンセラー
 高大連携 高・大
 ネイティブ教員 ABC

**所在地** 〒606-8344 京都市左京区岡崎円勝寺町5

| | |
|---|---|
| 電話 | 075-771-6155 |
| 創立 | 1904年 |
| 校長 | 石橋 克彦 |
| 生徒数 | 男484人 女441人 |
| 併設校 | 幼稚園・小学校・中学校・短大・大学・大学院 |
| WEB | https://www.kbu.ac.jp/kbghs/ |

## 教育方針・特色

「三宝帰依」(謙虚・誠実・親切)の校訓のもと、すべてのもののいのちを大切にして、「逞しさ・明るさ・優しさ・楽しさ」が実現できる教育を推進します。社会で活躍できる、知・徳・体の調和のとれた人間の育成をめざします。具体的には、①生徒一人ひとりを支え輝かせる指導をします。②放課後の有効活動を最大限に支援します。③進路の実現に向けて全力でサポートします。④社会で必要とされるマナー・躾を行います。

## スクールライフ

| | |
|---|---|
| 登校時間 | 8:30 |
| 週登校日 | 6日制 |
| 学期制 | 3学期 |
| 制服 | あり(夏・冬) |
| 昼食 | 食堂・テイクアウト・焼き立てパン販売・弁当持参 |
| 学校行事 | 知恩院参拝(4月) キャリアプログラム(6月) 特進学習合宿(7月) 合唱コンクール・文化祭・体育祭(9月) 授戒会(12月) 修学旅行(3月) 海外語学研修(3月) など多数 |
| 修学旅行 | 2年生3月 7泊8日 オーストラリアホームステイ 又は 北海道スキー研修旅行(予定) |
| 環境・施設 | 屋内温水プール トレーニングルーム 硬式野球グラウンド・全天候テニスコート(宇治キャンパス) 茶室 礼拝堂 自習室(100席) プレゼンルーム 心理臨床センター |
| クラブ活動 | 硬式野球・水泳・陸上・ソフトテニス・柔道・バトン・ダンス・吹奏楽・漫画研究・卓球・剣道・女子バレーボール・サッカー(男・女)・バドミントン・バスケットボール(男・女) 美術・池坊・茶道・書道・洋舞・軽音楽・英語研究・演劇・将棋・写真・園芸・理化・放送・ボランティア・煎茶・ポップスボーカル・伝統芸能・MAGIC・鉄道研究 |
| 強化クラブ | 硬式野球(男子)・水泳(男女)・陸上(男女)・ソフトテニス(男女)・柔道(男女) |

## 2024年度 募集要項

- 募集人数 普通科(外部募集):男女200名
  特進コース(クラスA:文系・理系、クラスB:文理専攻・国際英語専攻)40名、進学コース130名、体育コース30名
- 願書受付 1次:1/15(月) ～1/22(月)web登録 後(12/1~)書類郵送(消印有効)
  1.5次:2/14(水)～2/20(火)12:00 web登録後書類提出 窓口のみ
- 選抜日時 1次前期(推薦・専願・併願):2/10(土)
  1次後期(併願):2/11(日・祝)
  1.5次(専願・併願):2/21(水)
- 合格発表 1次:2/14(水)16:00web、郵送
  1.5次:2/21(水)19:00web、郵送
- 入学手続 1次:推薦・専願2/20(火)まで
  1.5次:専願3/1(金)まで
  ※併願は公立高校合格発表日を含む2日以内
- 選抜方法 1次前期(各科マークシート7割、記述3割程度)
  特進コース:国・数・英・社・理(各50分各100点)・面接(専願)
  進学・体育コース:推薦2科(国英)、併願3科(国数英)、併願5科(各50分各100点)
  1次後期:国・数・英(各50分各100点)・面接(専願)
  1.5次:国・数・英(各50分各100点)・面接(専願)
  ※いずれの入試においても英語はリスニングあり
  ※国際英語専攻は英語面接含む(英検3級程度)
  ※英検取得者は100点を超えない範囲で加点。準2級20点、3級10点。2級以上は試験結果にかかわらず100点とする。
- 受験料 20,520円
- 提出書類 入学志願書・個人報告書(調査書)
- 追加募集 1.5次:2/21 2次:―
- ◆転・編入 受け入れあり(要相談)
- ◆帰国生 特別対応(要相談)

## 2024年度 入試結果

| 特進クラスA | 専願 | 併願 | 特進クラスB | 専願 | 併願 |
|---|---|---|---|---|---|
| 受験者数 | 16 | 116 | 受験者数 | 59 | 170 |
| 合格者数 | 14 | 96 | 合格者数 | 48 | 150 |
| 競争率 | 1.14 | 1.21 | 競争率 | 1.23 | 1.13 |
| 合格最低点 | 308/500 | 308/500 | 合格最低点 | 272/500 | 272/500 |

| 進学 | 専願 | 併願 | 体育 | 専願 | 併願 |
|---|---|---|---|---|---|
| 受験者数 | 129 | 574 | 受験者数 | 64 | 19 |
| 合格者数 | 116 | 565 | 合格者数 | 59 | 19 |
| 競争率 | 1.11 | 1.02 | 競争率 | 1.08 | 1.00 |
| 合格最低点 | 102/300 | 222/500 | 合格最低点 | 102/300 | 222/500 |

**アクセス**
地下鉄東西線東山駅下車徒歩3分
京阪本線三条駅下車徒歩10分
市バス東山仁王門下車徒歩2分

## 費用

**《入学手続き時》**

| | |
|---|---|
| ○入学金 | 100,000円 |
| ○1学期分授業料・教育充実費 | 320,000円 |

**《入学後》(年額)**

| | |
|---|---|
| ○授業料 | 558,000円 |
| ○教育充実費 | 210,000円 |
| ○保護者会費 | 12,000円 |
| ○生徒会費 | 4,800円 |
| ○同窓会費 | 2,000円 |
| ○修学旅行積立金(海外) | 約270,000円 |
| ○Chromebook購入費 | 約70,000円 |
| ○制服・制定品一式 | 約120,000円 |

※その他、教科書代、学習補助費等必要

## 奨学金・特待制度

特進コース奨学生、部活奨学生等 各種奨学金あり

## 独自の留学制度

あり

## 合格実績

2024年の進学状況(卒業者数299名)
京都文教大学合格39名
京都文教大学短期大学合格6名

国・公立大学合格10名
筑波大、神戸市外国語大、京都府立大、兵庫県立大、京都教育大、滋賀県立大、奈良県立大、山形大、岐阜大

他の私立大学合格
関西学院大1、関西大12、同志社大5、立命館大18、京都産業大30、近畿大10、甲南大2、龍谷大30、佛教大53、中央大1、関西医科大1、北里大1、他。

## 学校PR

私たち京都文教高校の先生の仕事は『夢を語り、希望を広げ、良きアドバイスを送り、生徒たちの喜ぶことをする』です。京都有数の文化ゾーンに立地する穏やかな環境の元、心静かに穏やかな学校生活を送ってほしいと願っています。伝統的に落ち着いた校風のもと、勉強に部活動に社会活動に打ち込める環境があなたをお待ちしています。私たちと共にかけがえのない高校生活を送りましょう。

京都

共学校

# 京都美山高等学校 〈インターネット通信制〉

右上：京都

右下：共通 通信制 学校

## 学校インフォメーション

 なし（制服）
 公共機関（通学）
 ICT教育
 習熟度別授業
 条件付（スマホ持ち込み）

| | |
|---|---|
| 所在地 | 〒602-0926 京都市上京区元真如堂町358番地 |
| 電話 | 075-441-3401 |
| 創立 | 2003年 |
| 校長 | 岡西 啓三 |
| 生徒数 | 男 364人 女 279人 |
| 併設校 | なし |
| WEB | http://www.miyama.ed.jp/ |

## 教育方針・特色

一人ひとりの個性を重視した人間教育を実践し、「高校卒業」の確かな自信を持ち、信頼を得る人材を育成いたします。「子どもに自信を、親に安心を。」をスローガンに、昨日よりも今日がより良い学校であることを目指し、日々の努力を続けています。

京都美山高等学校は、2003年日本で初めて本格的にオンライン教育システムを導入した、普通科の単位制・通信制高校です。パソコン・スマホ・タブレットでのオンライン学習が中心で、リアルタイムの生配信の「ライブ授業」、いつでも自分の好きな時間に学習できる「ビデオ学習」、ネット上で提出する「レポート」を自宅で行い、学校で「年5日程度のスクーリング」と年2回の「定期考査」を受験することによって単位が認定されます。

月5日まで通学可能な「通学コース」もあり、通わなくてよい「在宅コース」と無理なく通える「通学コース」を選べます。2014年、最新設備の新校舎が竣工し、パワーポイントや映像を駆使した楽しい授業が受講できます。「在宅コース」は、スクーリングと定期考査以外に登校の必要はありません。「通学コース」は、それに加えて、「学習サポート」・「進学サポート」・「ホームルーム活動」の3つの授業から選択し、最大月5日まで登校できます。（実施されない週や月もあります）。ただし、「通学コース」の授業は卒業要件ではないため、プレッシャーを感じることなく無理なく登校できます。ほかに、絵を描くことが好きな方のための「美術コース」、マンガを描く勉強をしたい方のための「マンガコース」、ゲームの楽しさ、プログラミングの基礎を学べるコース「eスポーツ・プログラミングコース」など、全5つのコースで、生徒の皆さんを支援しています。

『通わない、でもこころの通う学校』をめざし、担任・副担任制によるきめ細かなフォローをしています。毎日通わなくてもよい学校ですが、本校LMSでのメッセージ交換やオンライン面談、全担任が所持している学校携帯による電話連絡や家庭訪問により生徒と先生と、保護者と先生のこころの通い合いをはかっています。その結果、卒業率92%以上（単年度ではなく創立以来の平均値）の実績があります。

## アクセス
京都市営地下鉄烏丸線「今出川駅」から西南へ約700メートル

## 費用

《入学手続き時》
| | |
|---|---|
| ○入学金 | 50,000円 |
| ○授業料 | 12,000円（1単位当り） |
| ○教材費 | 50,000円（年額） |
| ○施設設備費 | 68,000円（年額） |

※別途教科書代（実費）が必要

## 奨学金・特待制度

※「就学支援金制度（国）」「京都府あんしん修学支援制度」の対象校です。
⇒詳しくはお問い合わせください。

## 独自の留学制度

特になし

## 合格実績

2024年の進学状況（卒業者数259名）
私立大学合格
関西大、京都芸術大、京都光華女子大、京都産業大、京都女子大、京都精華大、京都先端科学大、京都橘大、京都ノートルダム女子大、京都文教大、同志社女子大、同志社大、長浜バイオ大、花園大、佛教大、立命館大、龍谷大、他。

短期大学合格
京都経済短期大、京都光華女子大学短期大、滋賀短期大、龍谷大学短期大、他。

専門学校合格
ECCコンピュータ専門学校、大阪アミューズメントメディア専門学校、京都医健専門学校、京都医療福祉専門学校、京都栄養医療専門学校、京都芸術デザイン専門学校、京都公務員&IT会計専門学校、京都コンピュータ学院、京都第二赤十字看護専門学校、京都デザイン&テクノロジーセンター専門学校、京都美容学園　京都美容専門学校、京都保育福祉専門学院、近畿コンピュータ専門学校、辻学園栄養専門学校、HAL大阪、他。

## スクールライフ

| | |
|---|---|
| 登校時間 | 9:20（通学コース） |
| 週登校日 | 年間5日程度の日帰りのスクーリング、及び定期考査（在宅コース）それに加えて、月最大5日（通学コース） |
| 学期制 | 2学期 |
| 制服 | なし |
| 昼食 | — |
| 学校行事 | 清掃活動、募金活動など（希望者のみ） |
| 修学旅行 | 生徒指導部が毎年決定（希望者のみ） |
| 環境・施設 | 図書室・保健室・スタジオ・調理実習室 |
| クラブ活動 | クラブは設けておりません。 |

## 2024年度 募集要項

○募集人数　通信制課程（単位制）普通科
　　　　　　男女共学：150名程度
○願書受付　第1回：1月10日（水）〜1月16日（火）
　　　　　　第2回：1月17日（水）〜1月25日（木）
　　　　　　第3回：1月26日（金）〜2月16日（金）
　　　　　　第4回：2月19日（月）〜3月7日（木）
　　　　　　第5回：3月8日（金）〜3月25日（月）
　　　　　　第6回：3月26日（火）〜4月5日（金）
○選抜日時　第1回：2月15日（木）
　　　　　　第2回：2月26日（月）
　　　　　　第3回：3月6日（水）
　　　　　　第4回：3月15日（金）
　　　　　　第5回：3月26日（火）
　　　　　　第6回：4月11日（木）
○合格発表　郵送による合否通知
○入学手続　合格者には入学オリエンテーションの日時をお知らせいたします
○選抜方法　書類審査および面接（保護者同伴）学科試験なし
○受験料　　15,000円
○提出書類　入学志願書・個人報告書（調査書）
○追加募集　1.5次：—　　2次：—
◆転・編入　受け入れあり（要相談）
◆帰国生　　特別対応なし

## 学校PR

「通わない、でもこころの通う学校」をめざし、担任・副担任制によるきめ細かなフォローをしています。毎日通わなくてもよい学校ですが、本校LMSでのメッセージ交換やオンライン面談、全担任が所持している学校携帯による電話連絡や家庭訪問により、生徒と先生、保護者と先生のこころの通い合いをはかっています。

# 京都明徳高等学校

## 学校インフォメーション

 制服
 通学
 ICT教育
 長期休暇講習
 習熟度別授業
 自習スペース
 人工芝グラウンド
 食堂
 スマホ持ち込み
 カウンセラー
 特待生制度
 高大連携

| 所在地 | 〒610-1111 京都市西京区大枝東長町3-8 | | |
|---|---|---|---|
| 電話 | 075-331-3361 | 生徒数 | 男 476人 女 483人 |
| 創立 | 大正10年 | 併設校 | 京都経済短期大学 |
| 校長 | 二宮 庸介 | WEB | http://www.meitoku.ac.jp/ |

## 教育方針・特色

「傍(はた)を楽(らく)にする人づくり」学校生活を通して、他者を考え、周囲と協力し、社会に対して視野の広い生徒の育成に努める。また、グローバル化やAIによる急激な社会変化が予想される未来において、未来を創造することのできる力を養成。

◆みらい社会SL(スポーツマネジメントコース):「専門的で高度な技術や知識」が学べる専門科目を数多く設定。大学教員による出張授業や高大連携、地域スポーツや企業スポーツのコラボ等、産学官連携を活発に実践。学びのフィールドワークを広げ、主体性を育み、課題解決能力を育成。

◆みらい社会CL(マネジメント系大学進学コース):大学では人気の「経済」「経営」の学びが中心。大学で他の人よりも優位に立てる。大学・短大への進学割合は67.6%でほとんどの生徒が卒業後に進学。資格取得は、会計・情報を中心に幅広く展開。

◆みらい社会PL(総合/文理コース):2年次からは進路希望や学力に合わせ文理と総合の完全別カリキュラムで学習。文理クラスでは産近佛龍・看護系合格を目標に、放課後や休日の講座が特進同様に展開。総合クラスではビジネス資格も含め幅広く学習し、大学・短大・専門学校など多様な進路に対応。

◆みらい社会EL(特進コース):国公立・関同立への現役合格を目指す。25名程度の少人数で志望大学ごとの個別対策も充実。7限授業で基礎力の向上を図り、放課後や長期休暇中の進学講座により応用力を鍛え、受験に必要な学力を確実に定着。

## スクールライフ

| | |
|---|---|
| 登校時間 | 9:00 |
| 週登校日 | 5日制 |
| 学期制 | 3学期 |
| 制服 | あり(夏・冬) |
| 昼食 | 食堂あり 弁当持参可 |
| 学校行事 | 4月・9月 遠足・5月 球技大会・9月 秋楓祭・10月 体育祭 |
| 修学旅行 | 2年12月 国内 |
| 環境・施設 | 学園ホール・人工芝グラウンド・和室 |
| クラブ活動 | 【運動部】ダンス・バドミントン・バスケットボール女子・バスケットボール男子・硬式野球女子・硬式野球男子・ソフトボール女子・剣道・サッカー男子・テニス・バレーボール・卓球・陸上・バトントワリング女子<br>【文化部】吹奏楽・パソコン・簿記・珠算・料理・日本伝統文化・軽音楽 |
| 強化クラブ | ダンス・バスケットボール(男・女)・サッカー・剣道・硬式野球(男・女)・ソフトボール(女子)・バドミントン(女子)・吹奏楽 |

## 2024年度 募集要項

○募集人数 普通科:みらい社会EL(特進)、みらい社会PL(総合/文理)
専門学科:みらい社会CL(商業資格)、みらい社会SL(スポーツマネジメント)
全コース合計男女350名

○願書受付 1次:1/15(水)～1/24(火)WEB登録後(12/1～)郵送出願 消印有効
1.5次:窓口出願

○選抜日時 A日程:2/10(土) B日程:2/12(月・祝)
1.5次:実施予定

○合格発表 1次:2/13(火)16:00WEB、郵送
1.5次:試験当日郵送

○入学手続 1次:推薦・専願2/16(金)まで
併願3/21(木)まで

○選抜方法 国・数・英・社・理(各40分 各100点)・面接
(CL推薦・部活動推薦は面接免除)
みらい社会ELは5科、他は3科(国数英)

○受験料 20,520円 ※AB日程出願30,520円

○提出書類 入学志願書・個人報告書(調査書)

○追加募集 1.5次:2/17 2次:

◆転・編入 受け入れあり(要相談)

◆帰国生 特別対応なし

## 2024年度 入試結果

### みらい社会EL(特進コース)

| | A日程(推薦) | A日程(専願) B日程(専願) | A日程(併願) B日程(併願) |
|---|---|---|---|
| 応募者数 | 21 | 9 | 76 |
| 受験者数 | 21 | 8 | 75 |
| 合格者数 | 21 | 7 | 54 |
| 実質倍率 | 1.00 | 1.14 | 1.39 |
| 合格最低点 | 非公表 | 非公表 | 非公表 |

### みらい社会PL(総合/文理コース)

| | A日程(推薦) | A日程(専願) B日程(専願) | A日程(併願) B日程(併願) |
|---|---|---|---|
| 応募者数 | 73 | 26 | 418 |
| 受験者数 | 73 | 26 | 413 |
| 合格者数 | 73 | 23 | 419 |
| 実質倍率 | 1.00 | | 1.13 |
| 合格最低点 | 非公表 | 非公表 | 非公表 |

※ELより回し合格20名

### みらい社会CL(マネジメント系大学進学コース)

| | A日程(推薦) | A日程(専願) B日程(専願) | A日程(併願) B日程(併願) |
|---|---|---|---|
| 応募者数 | 66 | 27 | 105 |
| 受験者数 | 66 | 27 | 105 |
| 合格者数 | 66 | 28 | 102 |
| 実質倍率 | 1.00 | — | — |
| 合格最低点 | 非公表 | 非公表 | 非公表 |

※ELより回し合格2名

### みらい社会SL(スポーツマネジメントコース)

| | A日程(推薦) | A日程(専願) B日程(専願) | A日程(併願) B日程(併願) |
|---|---|---|---|
| 応募者数 | 76 | 11 | 33 |
| 受験者数 | 76 | 11 | 31 |
| 合格者数 | 76 | 10 | 28 |
| 実質倍率 | 1.00 | 1.10 | 1.11 |
| 合格最低点 | 非公表 | 非公表 | 非公表 |

## 学校PR

人は好きなことには時間を忘れて取り組むことができるし、覚えようとしなくても頭に入ってきます。つまり、好きになれば自分をもっと成長させることができるのです。専門学科と普通科を有する本校は、特色あるカリキュラムを設け、この「好き」になる取り組みをたくさん用意しています。それは、クラブ活動でも同様です。さあ、あなたも本校に来て、一緒に"好き"を見つけませんか!

### アクセス

阪急京都線桂駅より市バス10分京都明徳高校前下車。JR桂川駅より直行バス10分。
修学院・北大路・円町・中書島・竹田・久世・神川・西山天王山・長岡京エリアからスクールバス。

## 費用

《入学手続き時》
| | |
|---|---|
| ○入学金及び学園充実費 | 160,000円 |
| ○授業料等(第1期分) | 230,200円 |

《入学後》(年額)
| | |
|---|---|
| ○授業料 | 531,000円 |
| ○教育充実費 | 96,000円 |
| ○その他の諸費用 | 63,600円 |
| ○制服制定品等 | 約94,000円 |
| ○教科書代(コースにより異なる) | 約14,000～26,000円 |
| ○修学旅行代 | 約100,000円 |

## 奨学金・特待制度

学業特別奨学生制度【全免・半免】みらい社会EL
学業特別奨学生制度【半免】みらい社会CL
部活動特別奨学生制度【全免・半免】
明徳学園創立記念奨学金／立正育英会(奨学金)
島正博奨学金／川口博奨学金

## 独自の留学制度

特になし

## 合格実績

2024年の進学状況(卒業者数312名)
国・公立大学合格7名
大阪大1、京都教育大1、京都府立医科大1、徳島大1、愛媛大1、公立鳥取環境大2。

私立大学合格
関西大27、同志社大8、立命館大4、京都産業大73、龍谷大45、佛教大67、大阪歯科大1、摂南大7、追手門学院大3、桃山学院大1、京都外国語大2、関西外国語大1、大阪経済大4、京都女子大2、同志社女子大2、武庫川女子大3、京都橘大10、京都先端科学大23、花園大12、大阪学院大20、他。

短期大学合格62名
専門学校合格72名

# 京都両洋高等学校

## 学校インフォメーション

 制服　 通学（自転車通学可）　 ICT教育　 長期休暇講習（夏・冬・春）　 探究授業　 プール（屋内）　 自習スペース

 図書館　 人工芝グラウンド　 食堂　 スマホ持ち込み（条件付）　 カウンセラー　 奨学生制度　 ネイティブ教員

| 所在地 | 〒604-8851 | 京都市中京区壬生上大竹町13 |
|---|---|---|

| 電話 | 075-841-2025 | 生徒数 | 男 760人 女 529人 |
|---|---|---|---|
| 創立 | 1915年 | 併設校 | なし |
| 校長 | 角田 良平 | WEB | http://www.kyoto-ryoyo.ed.jp/ |

## 教育方針・特色

【建学の精神】校名「両洋」の由来である「東洋と西洋の架け橋となる国際人の育成」という理念のもと、日本の外国の文化を広く理解し、自主的・創造的な能力を養い、個性を生かして国際社会で活躍できる人間を育成する。

【教育目標】高校生活3年間という期間の中で「いかに社会に出て役立つ青年として育て、次のステージに送り出せるか」という視点を常にもった教育を目指し次の4つのキーワードにこだわり継続する。

《自律》自ら考え、判断し、行動する　　《尊重》違いを理解し、他者を尊重する

《対話》対話により、解決策を見出す　　《創造》豊かな発想で、新たな価値を生み出す

## スクールライフ

| 登校時間 | 8:40 |
|---|---|
| 週登校日 | 5日制 |
| 学期制 | 2学期 |
| 制服 | あり（夏・冬） |
| 昼食 | 食堂あり　弁当持参可 |
| 学校行事 | 校外学習(7月)・文化祭(9月)・体育祭(10月) |
| 修学旅行 | 2年12月　コースにより異なる |
| 環境・施設 | 吹奏楽部合奏場(HERZ Saal)、合宿所・書道教室、全天候型人工芝グラウンド、グランドその他に2ヶ所、雨天練習場など |
| クラブ活動 | 吹奏楽部、男子硬式野球部、女子硬式野球部、サッカー部、アメリカンフットボール部、男子バスケットボール部、女子バスケットボール部、女子バレー部、バドミントン部、水泳部、陸上競技部、硬式テニス部、柔道部、チアリーディング部、女子相撲部、ダンス部、ハンドボール部、空手道部、弓道部、ITS部、放送映像部、写真部、書道部、レオクラブ、家庭科部、華道部、アニメーション部、中国語クラブ、地歴部、合唱部、クイズ研究会 |
| 強化クラブ | すべての体育系クラブと吹奏楽部 |

## 2024年度 募集要項

| ○募集人数 | 普通科：男女435名(K特進コース15名、J進学コース(進学系・英語留学系・選抜進学系)・Jキャリアコース・S探究コース計420名) |
|---|---|
| ○願書受付 | 1/15(月)〜1/24(水)web登録後(12/1〜)書類提出、窓口または郵送(消印有効)専願・併願の他、推薦・クラブ推薦あり |
| ○選抜日時 | A日程:2/10(土)、2/11(日・祝)面接　B日程:2/12(月・祝) |
| ○合格発表 | 2/14(水)17:00web、郵送 |
| ○入学手続 | 推薦・クラブ推薦・専願:2/15(木)〜2/21(水)まで　併願:2/15(木)〜公立高校合格発表日の翌日まで |
| ○選抜方法 | 国・数・英・社・理(各40分)・面接　K特進コースは5科、他は3科(国数英) |
| ○受験料 | 20,000円 |
| ○提出書類 | 入学志願書・個人報告書(調査書)・推薦書(推薦受験者) |
| ○追加募集 | 1.5次:2/26　2次:— |
| ◆転・編入 | 受け入れありあり(要相談) |
| ◆帰国生 | 特別対応あり |

## 2024年度 入試結果

| | K特進 | | | | J進学 | | | |
|---|---|---|---|---|---|---|---|---|
| | 推薦 | クラブ推薦 | 専願 | 併願 | 推薦 | クラブ推薦 | 専願 | 併願 |
| 応募者数 | — | — | — | — | — | — | — | — |
| 受験者数 | 2 | 1 | 1 | 18 | 18 | 78 | 16 | 188 |
| 合格者数 | 2 | 1 | 1 | 10 | 18 | 78 | 7 | 153 |
| 実質倍率 | 1.00 | 1.00 | 1.00 | 1.80 | 1.00 | 1.00 | 2.29 | 1.37 |
| 合格最低点 | 301/500 | | | | 進学115・英語122・選抜174/300 | | | |

| | Jキャリア | | | | S探究 | | | |
|---|---|---|---|---|---|---|---|---|
| | 推薦 | クラブ推薦 | 専願 | 併願 | 推薦 | クラブ推薦 | 専願 | 併願 |
| 応募者数 | — | — | — | — | — | — | — | — |
| 受験者数 | 7 | 59 | 9 | 152 | 36 | 69 | 58 | 327 |
| 合格者数 | 7 | 59 | 2 | 135 | 36 | 69 | 65 | 350 |
| 実質倍率 | 1.00 | 1.00 | 4.50 | 1.13 | 1.00 | 1.00 | — | — |
| 合格最低点 | 101/300 | | | | 71/300 | | | |

※回し合格含む

## 学校PR

本校は2024年度、創立109年目となります。建学の精神である「東洋と西洋の掛け橋となる国際人の育成」に向けてますます加速しています。『「人」として、輝く。』というコミュニケーションテーマのもと、それぞれの夢実現に全力で取り組んでもらえるよう、4つのコース、多彩なクラブを用意しています。

京都両洋高

### アクセス
地下鉄東西線西大路御池駅下車徒歩3分
阪急京都線西院駅下車徒歩8分
JR嵯峨野線二条駅下車徒歩13分

## 費用

《入学手続き時》
| ○入学金 | 150,000円 |
|---|---|
| ○前期1回分学費 | 176,900円 |
| ○予納金 | 5,000円 |

《入学後》(年額)
| ○授業料 | 480,000円 |
|---|---|
| ○施設設備費 | 48,000円 |
| ○教育充実費 | 120,000円 |
| ○予納金 | 25,000円 |
| ○諸会費 | 44,600円 |
| ○修学旅行積立金 | 160,000円 |

## 奨学金・特待制度

学業奨学生、クラブ活動奨学生、特別奨学生、兄弟姉妹在籍者奨学生、公的機関連動型授業料等就学支援奨学生

## 独自の留学制度

ニュージーランド、オーストラリアなど、3か月・10か月

## 合格実績

2024年の進学状況(卒業者数397名)
国・公立大学合格16名
東京工業大1(1)、京都府立大1、滋賀大2、京都教育大2、滋賀県立大1、福知山公立大1、他。

私立大学合格692(674)名
関西学院大6、関西大8、立命館大24、京都産業大39、近畿大39、甲南第4、龍谷大58(4)、佛教大43、早稲田大4(4)、慶應義塾大2(1)、立教大1、日本大4、東洋大1、摂南大13、追手門学院大21、京都外国語大17、関西外国語大11、京都女子大4、他。

※( )内は既卒内数

# 同志社高等学校

## 学校インフォメーション

 制服 なし
 通学 自転車通学可
 宗教教育 キリスト教
 ICT教育
 留学制度
 自習スペース
 図書館 蔵書数 約70,000冊

 人工芝グラウンド
 バリアフリー
 カフェテリア
 カウンセラー
 高大連携

**所在地** 〒606-8558 京都府京都市左京区岩倉大鷺町89

| | |
|---|---|
| 電話 | 075-781-7121 |
| 創立 | 1948年 |
| 校長 | 中澤 圭 |

| | |
|---|---|
| 生徒数 | 男 553人 女 535人 |
| 併設校 | 同志社中学校 同志社大学 同志社女子大学 |
| WEB | https://js.doshisha.ac.jp/high/ |

**アクセス**
地下鉄烏丸線国際会館駅下車徒歩すぐ
叡山電鉄八幡前駅下車徒歩7分
市バス岩倉大鷺町下車

## 教育方針・特色

自分で答えを考え、導き出す将来を見据えた自分だけの学びを設計する、生徒が試行錯誤しながら自ら「考える」こととそのプロセスを大切にしています。社会の常識や既成概念にとらわれず、自由な発想の中から誰も答えを知らない世界を切り開いていく力を育てます。礼拝で語られるメッセージ、さまざまな工夫を凝らした幅広い学び、グローバル時代にますます重要視されるリベラルアーツ教育の理念を具現化し、自由・自治・自立の精神を体得した、生き方がハンサムな「同志社人」の育成を目指します。

## スクールライフ

| | |
|---|---|
| 登校時間 | 8:25 |
| 週登校日 | 5日制 |
| 学期制 | 3学期 |
| 制服 | なし |
| 昼食 | 食堂あり |
| 学校行事 | 球技大会、2・3年団体鑑賞(6月)、1年クラス合宿(7月)、体育祭(9月)、岩倉祭(文化祭)(10月)、岩倉キャンパスクリスマス(12月)、学校スキー(3月) |
| 修学旅行 | なし |
| 環境・施設 | 桑志館(高校HR教室)、メディアセンター知創館、宿志館(グレイスチャペル)、万象館(理科実験室、天体観測ドーム、保健室)、想遠館(美術室、調理実習室、被服実習室)、翼翔館(体育館)、グラウンド2面、テニスコート4面、ハンドボールコート、アーチェリー場 |
| クラブ活動 | 【運動部】アーチェリー部、バドミントン部、男子バスケットボール部、女子バスケットボール部、ラクロス部、ハンドボール部、剣道部、体操競技部、硬式テニス部、硬式野球部、ソフトテニス部、ラグビー部、陸上競技部、サッカー部、山岳部、スキー部、卓球部、男子バレーボール部、女子バレーボール部<br>【学芸部】美術部、地学部、地歴部、英語部、演劇部、ホザナ・コーラス部、化学部、茶道部、写真部、管弦楽部、生物部、将棋囲碁部、宗教部、放送部、軽音楽部 |
| 強化クラブ | 特になし |

## 2024年度 募集要項

○募集人数　普通科(外部募集):男女80名(推薦30名、一般50名)
○願書受付　1/15(月)～1/23(火)郵送のみ(消印有効)
○選抜日時　2/10(土)
○合格発表　2/13(火)郵送
○入学手続　推薦:2/29(木)まで　一般:3/21(木)まで
○選抜方法　国・数・英・社・理(各50分)
○受験料　20,000円
○提出書類　入学志願書・個人報告書(調査書)・推薦書(推薦入試)
◆追加募集　1.5次: —　2次: —
◆転・編入　受け入れあり(要相談)
◆帰国生　特別対応なし

## 2024年度 入試結果

普通

| | 推薦 | 一般 |
|---|---|---|
| 応募者数 | 30 | 277 |
| 受験者数 | 30 | 272 |
| 合格者数 | 30 | 138 |
| 実質倍率 | 1.00 | 2.01 |
| 合格最低点 | — | 286/500 |

## 費用

《入学手続き時》
○入学金　130,000円
○1学期分の授業料等　388,800円

## 奨学金・特待制度

(A)同志社中学校・高等学校学資貸与金:その年の授業料の3/4～1/2(就学支援金および同志社高等学校独自の奨学金を控除した額)家計を考慮して貸与します。
(B)四方秀和奨学金:経済的理由のため就学が困難な1年生1名に対し、授業料の1/2相当額を3年間給付します。
(C)同志社中学校・高等学校特別奨学金:不慮の経済的理由のため就学を続行できなくなった生徒に対して学費の限度内で給付します。

## 独自の留学制度

| 留学先 | アメリカ<br>ヌエバアッパースクール | オーストラリア<br>ウェズリーカレッジ |
|---|---|---|
| 学年 | 1年、2年 | 1年 |
| 内容 | 春休みに短期留学 | 夏休みに短期留学 |

## 合格実績

2024年の進学状況(卒業者数348名)
同志社大学306名、同志社女子大学5名

国・公立大学合格5(2)名
京都大2(1)、大阪大1、金沢大1、岐阜大1(1)。

他の私立大学合格58(42)名
早稲田大1(1)、慶應義塾大5(5)、上智大1(1)、青山学院大1(1)、大阪医科薬科大3(1)、関西医科大1、大阪歯科大2(2)、京都薬科大2(2)、国際基督教大2(2)、東京医科大1、東京女子医大1、金沢医科大1、順天堂大1、他。

※( )内は現役合格内数

## 学校PR

緑豊かな広大なキャンパスで、自由でのびやかな学校生活が待っています。意欲と主体性を育むカリキュラム、自ら考え行動する自立した人間を尊ぶ気風、歴史と伝統に培われた同志社の教育は脈々と受け継がれ、さらに発展しています。コース制がなく幅広く学ぶカリキュラム、興味、関心を生かして探究していく多様な選択科目、伸び伸びと個性を発揮する生徒会やクラブ活動、数多くの魅力があります。

京都

共学校

# 同志社国際高等学校

## 学校インフォメーション

 なし　制服
 自転車通学可　通学
 キリスト教　宗教教育
 WWL　ワールド・ワイド・ラーニング
 習熟度別授業
 海外研修
 留学制度
 寮　学生寮
 蔵書数 58,000冊　図書館
 人工芝グラウンド
 食堂
 帰国生入試
 高大　高大連携

**所在地** 〒610-0321　京都府京田辺市多々羅都谷60-1

| | |
|---|---|
| 電話 | 0774-65-8911 |
| 創立 | 1980年 |
| 校長 | 西田 喜久夫 |

生徒数　男 316人　女 501人
併設校　同志社国際中学校　同志社大学・大学院
　　　　同志社女子大学・大学院
WEB　https://www.intnl.doshisha.ac.jp/

**アクセス**
JR学研都市線同志社前駅下車徒歩10分
近鉄京都線興戸駅下車徒歩15分

## 教育方針・特色

全校生徒の3分の2が海外での生活経験がある「帰国生徒」、3分の1が国内での学習経験を中心とする「国内一般生徒」。さまざまな文化的背景を擁している帰国生徒と国内一般生徒が、同じクラスで学ぶ「共習」を実施しています。それぞれの生徒たちが、刺激しあい、相互に日本と世界を理解・認識し、グローバルな感覚を自然と身につけることができる環境です。ホームルームは国内一般生徒と帰国生徒の混合クラスですが、授業ではそれぞれが伸長していけるように習熟度クラスを設けていて、自分に合った授業を受けることができます。

## スクールライフ

| | |
|---|---|
| 登校時間 | 8:20 |
| 週登校日 | 5日制 |
| 学期制 | 3学期 |
| 制服 | なし |
| 昼食 | コミュニケーションカフェ利用可能 |
| 学校行事 | 宿泊研修(5月)、球技大会(6月)、リトリートキャンプ(7月)、文化祭(9月)、体育祭(10月)、校内英語試験(10月)、沖縄研修旅行(3月) |
| 修学旅行 | 2年生3月　3泊4日　沖縄〔平和学習〕 |
| 環境・施設 | 学寮、コミュニケーションセンター、人工芝グラウンド、新島記念講堂【チャペル】、各クラスホワイトボード、プロジェクター完備、全館無線LAN |
| クラブ活動 | アメリカンフットボール部(チアリーダー併設)、硬式野球部、バスケットボール部、ゴルフ部、剣道部、ラグビー部、サッカー部、卓球部、テニス部、陸上競技部、女子バレーボール部、美術部、吹奏楽部、放送部、文芸部、クッキング部、ダンス部、演劇部、ESS部、コーラス部、MCI部、MUN(模擬国連)部、写真部、サイエンス部、書道部、ボランティアサービス部 |
| 強化クラブ | 特になし |

## 2024年度 募集要項

- ○募集人数　帰国生:男女約90名(編入生若干名含む)
　　　　　　一般生:男女約45名　※いずれも外部募集
- ○願書受付　帰国生12月入試(特別推薦 専願、A・B選考 併願):10/9(月)～10/20(金)　※10/20のみ持参可
　帰国生2月入試(A・B選考 併願):1/5(金)～1/12(金)　※1/12のみ持参可
　一般生(推薦 専願、G選考 専願・併願):1/15(月)～1/23(火)　※1/23のみ持参可
　いずれもweb登録後、書類を郵送(海外からは国際ビジネス便)　最終日必着
　※特別推薦は出願条件あり。推薦は事前に推薦入試希望用紙を提出。
- ○選抜日時　帰国生12月入試:(特別推薦)12/7(木)(A選考)12/8(金)(B選考)12/9(土)
　帰国生2月入試:(A選考)2/9(金)(B選考)2/10(土)
　一般生:2/10(土)
- ○合格発表　帰国生12月入試:12/13(水)16:00web
　一般生・帰国生2月入試:2/11(日・祝)16:00web
- ○入学手続　帰国生 12月入試:入学金1/10(水)まで　2月入試:入学金2/26(月)まで
　　　　　　※一般生:入学・授業料等3月中旬予定
- ○選抜方法　帰国生(特別推薦)語学力・面接(保護者同伴)・書類審査
　帰国生(A選考)小論文(海外生活で習得した外国語60分B4用紙2枚)・面接(保護者同伴)・書類審査
　帰国生(B選考)国・数・英(各50分100点)
　一般生(推薦):国・数・英・理・社(各50分100点)・成績資格・書類審査・面接
　一般生(専願):国・数・英・理・社(各50分100点)・調査書(360点)
　一般生(併願):国・数・英・理・社(各50分100点)
- ○受験料　20,000円(B選考とG選考の両方受験の場合は30,000円)
- ○提出書類　入学志願書・個人報告書(調査書)
- ○追加募集　1.5次: ―　2次: ―
- ◆転・編入　受け入れあり(要相談)
- ◆帰国生　帰国生入試(特別推薦)実施

## 2024年度 入試結果

| 帰国生 | 特別推薦 | 12月A選考 | 12月B選考 | 2月A選考 | 2月B選考 |
|---|---|---|---|---|---|
| 応募者数 | 70 | 43 | 57 | 18 | 14 |
| 受験者数 | 1次書類:2次61 | 38 | 42 | 18 | 12 |
| 合格者数 | 1次62・2次60 | 26 | 27 | 10 | 3 |
| 実質倍率 | 1.02 | 1.46 | 1.56 | 1.80 | 4.00 |
| 合格最低点 | ― | 25/40 | 167/300 | 25/40 | 169/300 |

| 国内一般生 | 推薦 | G選考(専願) | G選考(併願) |
|---|---|---|---|
| 応募者数 | 35 | 26 | 1 |
| 受験者数 | 35 | 26 | 1 |
| 合格者数 | 35 | 11 | 0 |
| 実質倍率 | 1.00 | 2.36 | ― |
| 合格最低点 | ― | 616/860(総合点) | ― |

## 費用

**《入学手続き時》**

| | |
|---|---|
| ○入学金 | 100,000円 |

**《入学後》**

| | |
|---|---|
| ○入学後費用 | 850,000円 |
| ○教育充実費 | 130,000円 |

## 奨学金・特待制度

特待生制度はありません。
奨学金制度には以下のものがあります。
海外長期留学奨学金(留学した生徒に支給)
新島奨学金・校友会奨学金(いずれも、家計急変時のみ)

## 独自の留学制度

一人ひとりのバックグラウンドや学力、語学レベルに応じて参加できる独自のプログラムを設定しています。詳細は、学校ホームページを参照ください。

## 合格実績

2024年の進学状況(卒業者数261名)
同志社大学合格228名
同志社女子大学合格1名

国・公立大学合格1名

他の私立大学合格
関西学院大1、同志社大1、早稲田大9、慶應義塾大3、上智大5、青山学院大1、立教大2、中央大1、大阪医科薬科大1、国際基督教大4、他。

## 学校PR

本校の入学試験では、帰国生徒、国内一般生徒ともに自分に合った入試制度を実施しています。自由で明るい学校生活の中、個性をのばし、興味を見つけ、それらをじっくりと追求することができます。多くの授業では、自ら課題を設定し、問題を解決する力を重視した学習形態を多く取り入れています。他校では経験できない「同志社国際高等学校」の雰囲気を体験してみませんか。

# 日星高等学校

## 学校インフォメーション

 制服  通学（自転車通学可／スクールバス）  宗教教育（キリスト教）  ICT教育  探究授業  習熟度別授業  留学制度

 学生寮女子  自習スペース  スマホ持ち込み（条件付）  カウンセラー 特待生制度

### 所在地　〒624-0913　舞鶴市上安久381

| | | | |
|---|---|---|---|
| 電話 | 0773-75-0452 | 生徒数 | 男 131人　女 149人 |
| 創立 | 1929年 | 併設校 | なし |
| 校長 | 滋野 哲秀 | WEB | https://www.nisseihs.ed.jp/ |

## 教育方針・特色

自尊、自知、自制を校訓とする。

キリストの生き方と、その教えを根本的価値観とする。すなわち、神のもとに兄弟姉妹である地球上の人々が、小さく弱い立場の人々と共に、真の幸福を求めていく生き方を大切にする。

## スクールライフ

| | |
|---|---|
| 登校時間 | 8:30 |
| 週登校日 | 5日制　普通科特進コースは土曜講座あり |
| 学期制 | 3学期 |
| 制服 | あり（夏・冬） |
| 昼食 | 購買あり　弁当持参可 |
| 学校行事 | 体育祭（6月）・文化祭（9月）・クリスマス行事とミサ（12月） |
| 修学旅行 | 2年生3月頃　沖縄 |
| 環境・施設 | 学生寮、体育館、トレーニングルーム |
| クラブ活動 | 【運動部】チアリーディング部・バレーボール部・レスリング部・なぎなた部・バスケットボール部・硬式野球部・バドミントン部<br>【文化部】放送・クリエイティブ部・パソコン部・イラスト美術部・ボランティア部・手話部・吹奏楽部・合唱部・書道部・調理部・SDGs（インターアクト）部 |
| 強化クラブ | 硬式野球部（男子）・レスリング部（男女） |

## 2024年度 募集要項

- ○募集人数　普通科：男女120名（総合コース100名、特進コース20名）
  　看護科5年課程：男女40名
- ○願書受付　1/26（金）～1/31（水）web登録後（1/20～）
  　書類提出、中学校から郵送もしくは持参
- ○選抜日時　2/10（土）
- ○合格発表　2/16（金）10:00web
- ○入学手続　推薦・一般専願：2/21（水）・2/23（金・祝）・2/24（土）
  　一般併願：3/18（月）・3/19（火）
- ○選抜方法　推薦：小論文（30分600字）・面接（10分）
  　一般：国・数・英（リスニング含む）（各40分）・面接（グループ）
- ○受験料　15,000円
- ○提出書類　入学志願書・個人報告書（調査書）
- ○追加募集　1.5次：—　　2次：—
- ◆転・編入　受け入れあり（要相談）一家転住に限る
- ◆帰国生　特別対応なし

## 2024年度 入試結果

| 総合コース | 推薦・専願 | 併願 |
|---|---|---|
| 応募者数 | 81 | 272 |
| 受験者数 | 81 | 272 |
| 合格者数 | 80 | 267 |
| 実質倍率 | 1.01 | 1.01 |
| 合格最低点 | — | — |

| 特進コース | 推薦・専願 | 併願 |
|---|---|---|
| 応募者数 | 7 | 26 |
| 受験者数 | 7 | 26 |
| 合格者数 | 7 | 26 |
| 実質倍率 | 1.00 | 1.00 |
| 合格最低点 | — | — |

※総合への回し合格（併1）含まない

| 看護 | 推薦・専願 | 併願 |
|---|---|---|
| 応募者数 | 25 | 3 |
| 受験者数 | 25 | 3 |
| 合格者数 | 24 | 3 |
| 実質倍率 | 1.04 | 1.00 |
| 合格最低点 | — | — |

### アクセス
JR舞鶴線西舞鶴駅よりスクールバス（徒歩25分）

## 費用

《入学手続き時》
| | |
|---|---|
| ○入学金 | 50,000円 |
| ○施設拡充費（総合コース） | 70,000円 |
| 　　　　　（特進コース） | 80,000円 |
| 　　　　　（看護科） | 100,000円 |

《入学後》（年額）
| | |
|---|---|
| ○授業料・教育費 | |
| 　（総合コース） | 492,000円 |
| 　（特進コース） | 504,000円 |
| 　（看護科1～3年） | 516,000円 |
| 　（看護科4～5年） | 588,000円 |
| ○諸費 | 21,000円 |

## 奨学金・特待制度

日星高等学校奨学生
日星高等学校スポーツ奨学生（硬式野球部・レスリング部・バドミントン部のみ）
学力特待生制度

## 独自の留学制度

語学留学（カナダ研修）全科コース

## 合格実績

2024年の進学状況（卒業者数107名）
国・公立大学合格
金沢大、京都教育大、島根大。

私立大学合格
近畿大、佛教大、関西外国語大、南山大、ノートルダム清心女子大、岡山理科大、明星大、他。

## 学校PR

全館ICT環境を整備、iPadを使用した授業を展開しています。コロナ休校時もZoom授業で対応できました。特進コースでは国公立大学の合格者を出し入学時からの伸びはめざましいものがあります。総合コースでは丁ねいな関わりで、学力を的確に伸ばします。看護科は京都府北部の医療を支えつづける50余年の歴史があります。全科コースで語学留学（カナダ研修）に参加できます。

# 花園高等学校

## 学校インフォメーション

 制服
 通学 スクールバス
 自転車通学可
 宗教教育 仏教
 長期休暇講習 夏・冬・春
 習熟度別授業
 海外研修
留学制度

 自習スペース
 図書館 蔵書数 5,000冊
 食堂
 スマホ持ち込み 条件付
カウンセラー

**所在地** 〒616-8034 京都市右京区花園木辻北町1番地

電話 075-463-5221
創立 1872年
校長 溜 剛

生徒数 男 691人 女 606人
併設校 花園中学校 花園大学 洛西花園幼稚園
WEB https://www.kyoto-hanazono-h.ed.jp

## 教育方針・特色

本校の建学の精神は「禅のこころ」にあります。純粋である自分、本当の自分を呼び起こし、本心、本性に基づいて惑わされることなく自主的判断をし、その判断に従って行動できる力を養い、独自に発想できる力を育み、社会を支え、自分と周りの人々を幸福にする人材の育成を目指しています。

## スクールライフ

| | |
|---|---|
| 登校時間 | 8:30 |
| 週登校日 | 5日制 |
| 学期制 | 3学期 |
| 制服 | あり(夏・冬) |
| 昼食 | 食堂あり 弁当持参可 |
| 学校行事 | スポーツ大会(6月)・体育祭(11月)・花園祭(9月) |
| 修学旅行 | 2年生10月 4泊5日 ・特進Aコース ハワイ ・特進Bコース グアム ・進学カルティベートコース ハワイまたは沖縄 |
| 環境・施設 | 図書室・第1グランド・第2グランド・第1体育館・第2体育館・自習室・メディアフロア・情報教室A、B・マルチラーニングスペース・講堂 |
| クラブ活動 | 【運動部】硬式野球・バレーボール(男女)・剣道・ラグビー・陸上競技・自転車競技・硬式テニス・卓球・バスケットボール(男女)・サッカー・柔道・山岳・バドミントン・ダンス・空手道 【文化部】吹奏楽・図書・美術・パソコン・茶道・書道・科学・仏教青年・写真・軽音楽・放送・合唱・演劇・囲碁将棋 |
| 強化クラブ | 硬式野球(男子)・バレーボール(男子)・剣道(男女)・ラグビー(男子)・陸上競技(男女)・吹奏楽 |

## 2024年度 募集要項

○募集人数 普通科(外部募集):男女260名(特進Aコース70名、特進Bコース110名、進学カルティベートコース80名)
○願書受付 1/15(月)〜1/24(水) web登録後(12/1〜)書類郵送(必着)
○選抜日時 第1回:2/10(土) 第2回:2/12(月・祝)
○合格発表 第1回:2/11(日・祝) 第2回:2/13(火)いずれも16:00〜18:00web、郵送
○入学手続 専願:2/16(木)まで 併願:公立高校合格発表日の翌日まで
○選抜方法 第1回(特進A特別選抜):作文(80分)・面接 第1回(特進A・B):国・数・英・理・社(各50分)・面接(3名グループ) ※理・社はマークシート方式 第1回(進学カルティベート:)国・数・英(各50分)・面接(3名グループ) ※すべてマークシート方式 第2回(特進A・B):国・数・英(各50分)・面接(3名グループ) ※進学カルティベートの数・英はマークシート方式
○受験料 20,370円 ※連続受験の場合は25,370円
○提出書類 入学志願書・個人報告書(調査書)・推薦書(推薦受験)
○追加募集 1.5次:— 2次:—
◆転・編入 受け入れあり(要相談)
◆帰国生 特別対応なし

## 2024年度 入試結果

### 特進Aコース

| | 1回(特別選抜) | 1回(専願) | 1回(併願) | 2回(専願) | 2回(併願) |
|---|---|---|---|---|---|
| 応募者数 | 16 | 13 | 164 | 13 | 162 |
| 受験者数 | 16 | 13 | 159 | 2 | 119 |
| 合格者数 | 16 | 11 | 129 | 2 | 107 |
| 実質倍率 | 1.00 | 1.18 | 1.23 | 1.00 | 1.11 |
| 合格最低点 | — | 310/500(ボーダー) | 330/500(ボーダー) | 180/300(ボーダー) | 190/300(ボーダー) |

### 特進Bコース

| | 1回(専願) | 1回(併願) | 2回(専願) | 2回(併願) |
|---|---|---|---|---|
| 応募者数 | 105 | 299 | 59 | 235 |
| 受験者数 | 104 | 296 | 17 | 145 |
| 合格者数 | 87 | 276 | 8 | 136 |
| 実質倍率 | — | — | — | — |
| 合格最低点 | 230/500(ボーダー) | 250/500(ボーダー) | 150/300(ボーダー) | 160/300(ボーダー) |

※第2・3志望コース合格含む

### 進学カルティベートコース

| | 1回(専願) | 1回(併願) | 2回(専願) | 2回(併願) |
|---|---|---|---|---|
| 応募者数 | 166 | 311 | 74 | 145 |
| 受験者数 | 163 | 305 | 12 | 88 |
| 合格者数 | 165 | 339 | 12 | 103 |
| 実質倍率 | — | — | — | — |
| 合格最低点 | 150/300(ボーダー) | 160/300(ボーダー) | 150/300(ボーダー) | 160/300(ボーダー) |

※第2・3志望コース合格含む

## 学校PR

グローバルな時代に社会で活躍していくために、「禅のこころ」を日常的に様々な活動の中に取り入れ、【国公立大学への合格を目指す特進Aコース】・【関関同立等の難関私立大学への合格を目指す特進Bコース】・【4年制私立大学への合格を目指す進学カルティベートコース】と目的に合わせて3つのコースを選ぶことができます。

### アクセス

JR嵯峨野線花園駅下車徒歩7分
市バス・京都バス木辻南町下車徒歩5分
阪急西院駅よりスクールバス10分

## 費用

《入学手続き時》
| | |
|---|---|
| ○入学金 | 120,000円 |
| ○教科書代 | 約30,000円 |
| ○制服・制定品 | 約100,000円 |

《入学後》
| | |
|---|---|
| ○授業料 | (年額)500,000円 |
| ○教育費 | 200,000円 |
| ○施設費 | 140,000円 |
| ○生徒会費 | 8,400円 |
| ○はなぞの会会費 | (保護者会)10,000円 |
| ○クロームブック代 | 70,000円 |
| ○教材・模擬試験等 | 50,000円〜90,000円(コースによって違う) |
| ○研修旅行積立金 | 約200,000円 |

## 奨学金・特待制度

奨学生制度あり

## 独自の留学制度

| | |
|---|---|
| 留学先 | オーストラリア |
| 学年 | 全学年 |
| 内容 | 短期留学1週間 |
| 費用 | 約20万円 |

## 合格実績

2024年の進学状況(卒業者数339名)
花園大学合格8(6)名

国・公立大学合格29(28)名
大阪大3(3)、神戸大2(2)、九州大1(1)、大阪公立大1(1)、京都工芸繊維大2(2)、京都府立大1(1)、金沢大2(2)、滋賀大2(1)、京都教育大1(1)、滋賀県立大3(3)、奈良女子大2(2)、京都府立医科大2(2)、他。

他の私立大学合格495(482)名
関西学院大10(10)、関西大16(16)、同志社大24(24)、立命館大65(65)、京都産業大37(35)、近畿大13(11)、龍谷大54(51)、仏教大52(51)、明治大1(1)、法政大1(1)、大阪医科薬科大1(1)、大阪歯科大1(1)、京都薬科大1(1)、摂南大8(8)、神戸学院大2(2)、追手門学院大8(8)、桃山学院大1(1)、京都外国語大5(5)、関西外国語大7(7)、大阪経済大4(4)、大阪工業大3(3)、京都女子大11(11)、同志社女子大9(9)、武庫川女子大4(4)、他。
※( )内は現役合格内数

# 福知山淑徳高等学校

## 学校インフォメーション

 制服
 通学 自転車通学可 スクールバス
 学生寮 女子
 図書館
 食堂
 スマホ持ち込み 条件付
 カウンセラー
 特待生制度

京都

共学校

**所在地** 〒620-0936　京都府福知山市正明寺36-10

| | |
|---|---|
| 電話 | 0773-22-3763 |
| 創立 | 1924年 |
| 校長 | 山口 剛 |

| | |
|---|---|
| 生徒数 | 男 105人 女 292人 |
| 併設校 | なし |
| WEB | https://www.kan-on-sen-ku.ed.jp/ |

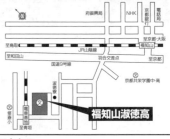

**アクセス**
JR福知山線福知山駅よりスクールバスで10分

## 教育方針・特色

校訓『感恩先苦』：自然と人、さらにモノにいたるまでその恩に深く感謝し、苦しいこと避けて通りたいことも率先して行い、真の生きる力を身につける。専門的な技術と資格を取得し、人との関わりも大切にひとり立ちできるウデとチエを身につける。

## スクールライフ

| | |
|---|---|
| 登校時間 | 8:55 |
| 週登校日 | 5日制 |
| 学期制 | 3学期 |
| 制服 | あり(夏・冬) |
| 昼食 | 食堂あり 弁当持参可 |
| 学校行事 | 体育祭(6月)・淑徳祭(文化祭)(11月)・花菱会(送別会・進級式)(2月) |
| 修学旅行 | 2年生3月 3泊4日 海外・国内(選択制)台湾・サイパン・北海道・沖縄など |
| 環境・施設 | 調理実習室・茶室・ピアノ室・リズム室・福祉実習室・洋裁室・和裁室・CG室・eスポーツ対応PC・図書室・多目的ホール(200名収容)・女子寮 |
| クラブ活動 | 女子バレーボール部・卓球部・バスケットボール部・ソフトテニス部・硬式野球部・インターアクトクラブ・華道部・合唱部・写真部・管弦楽部・和太鼓部・放送部・かるた部・eスポーツ部 |
| 強化クラブ | バレーボール部(女子) |

## 2024年度 募集要項

- ○募集人数　総合学科:男女195名(アパレルファッション系列、幼児教育系列、調理系列、アートデザイン系列、福祉系列、アクティヴ系列)
- ○願書受付　一般・一般推薦:1/22(月) ～1/26(金)web登録後(1/10～)書類提出、窓口または郵送(必着)
  特別推薦:1/5(金) ～1/10(水)窓口または郵送(必着)
  ※特別推薦(授業料免除候補者選考)は事前に「特別推薦連絡会1/13(土)」を実施し該当者を決定する。
- ○選抜日時　2/10(土)9:15
- ○合格発表　2/15(木)13:00web
- ○入学手続　専願・推薦:2/23(金)まで
  併願:3/15(金)まで
- ○選抜方法　一般:国・数・英(各30分各100点)・面接(なし)
  一般推薦:作文(800字50分)・面接(約5～6名グループ約15分)
  特別推薦連絡会:国・数・英(各30分各100点)・面接(約5名グループ)
- ○受験料　15,000円
- ○提出書類　報告書(調査書)・志望理由書・推薦書
- ○追加募集　1.5次:ー　2次:ー
- ◆転・編入　受け入れあり(要相談)
- ◆帰国生　特別対応なし

## 2024年度 入試結果

| 総合 | 推薦・専願 | 併願 |
|---|---|---|
| 応募者数 | 128 | 204 |
| 受験者数 | 128 | 204 |
| 合格者数 | 127 | 203 |
| 実質倍率 | 1.01 | 1.00 |
| 合格最低点 | 非公表 | 非公表 |

## 費用

**《入学手続き時》**

| | |
|---|---|
| ○入学金 | 70,000円 |
| ○施設金 | 70,000円 |
| ○入寮費(寮生のみ) | 30,000円 |

**《入学後》**

| | |
|---|---|
| ○授業料 | 480,000円 |
| ○生徒会費 | 3,000円 |
| ○育友会費 | 10,000円 |
| ○冷暖房費 | 7,000円 |
| ○修学旅行積立 | 140,000円 |
| | (月額約7,500円) |
| ○各系列諸費用<br>(所属系列による) | 12,000円～100,000円 |

## 奨学金・特待制度

学力特待制度
(3.0で受験可・施設金免除・授業料免除など)
女子バレーボール部特待制度
(入学金免除・授業料免除・寮費免除など)

## 独自の留学制度

特になし

## 合格実績

**2024年の進学状況(卒業者数127名)**
**4年制大学合格**
神戸学院大、京都女子大、神戸女学院大、京都ノートルダム女子大、嵯峨美術大、関西福祉科学大、京都華頂大、美作大、高松大、成安造形大、他。

**短期大学合格**
関西学院短期大学、京都文教短期大学、華頂短期大学、嵯峨美術短期大学、関西女子短期大学、大阪成蹊短期大学、湊川短期大学、他。

**専門学校合格**
辻調理師専門学校、京都製菓製パン技術専門学校、丹波市立看護専門学校、丹波市立看護専門学校、大阪総合デザイン専門学校、上田安子服飾専門学校、大阪動物専門学校、福知山高等技術専門学校、他。

## 学校PR

体育祭・文化祭は生徒主体の全校行事。特に文化祭は淑徳祭と称し、学習成果を展示・ステージ発表・模擬店などにて披露。例年1000名を超える来校者様を迎え、スイーツ販売やファッションショーには長蛇の列ができる。調理関係のコンテスト優勝・アート関連の展覧会などの入賞多数。6系列の学びが人生のあり方に直結して行く。

# 福知山成美高等学校

## 学校インフォメーション

 制服　 自転車通学可 通学　 夏・冬・春 長期休暇講習　 海外研修　 留学制度　 学生寮　 食堂

 カウンセラー　 特待生制度　ネイティブ教員

**所在地**　〒620-0876　福知山市字堀3471-1

| | |
|---|---|
| 電話 | 0773-22-6224 |
| 創立 | 明治4年 |
| 校長 | 兒島 裕之 |

| | |
|---|---|
| 生徒数 | 男 524人　女 526人 |
| 併設校 | なし |
| WEB | http://www.seibi-hs.jp/ |

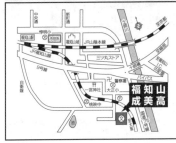

**アクセス**
JR福知山線福知山駅下車徒歩25分

## 教育方針・特色

「真・善・美」すなわち真理の探究、善の実践、美の実現をめざす。
真…倫理を究めるために一生懸命勉強しよう。
善…正義と平和を推し進める力を養おう。
美…心身、環境、生活の美化と整頓に努めよう。

## スクールライフ

| | |
|---|---|
| 登校時間 | 8:30、8:50（コースによる） |
| 週登校日 | 5日制 |
| 学期制 | 3学期 |
| 制服 | あり（夏・冬）金曜日は私服も可 |
| 昼食 | 弁当持参可（食堂・購買あり） |
| 学校行事 | バス遠足（4月）・学園祭（9月）・修学旅行（12月） |
| 修学旅行 | 2年生12月　グアム・オーストラリア |
| 環境・施設 | 体育館・室内練習場・ビーチバレーコート |
| クラブ活動 | 【スポーツ部門】男子硬式野球部・チアダンス部・女子硬式野球部・サッカー部（男子）・バレーボール部・女子ビーチバレーボール部・男子ソフトテニス部・女子ソフトテニス部・男子バスケットボール部・女子バスケットボール部・卓球部・剣道部・柔道部・陸上競技部・スキー部・水泳部・バドミントン部・ソフトボール部（女子）【文化部門】吹奏楽部・茶道部・華道部・演劇部・ボランティア部・コンピュータ部・園芸部・ESS部・書道部 |
| 強化クラブ | 特になし |

## 2024年度 募集要項

| | |
|---|---|
| ○募集人数 | 普通科：男女315名（アカデミーコース35名、国際コース35名、進学コース・文理進学クラス60名、進学コース・進学クラス60名、普通コース125名）商業科：男女35名（情報コース） |
| ○願書受付 | 1/15（月）～1/26（金）web登録後（12/1～）書類提出、窓口または郵送 |
| ○選抜日時 | 2/10（土） |
| ○合格発表 | 2/15（木）web |
| ○入学手続 | 専願：2/16（金）～2/29（木）　併願：2/16（金）～3/21（木） |
| ○選抜方法 | 推薦：小論文Ⅰ・Ⅱ（各600字程度）、面接　一般：国・数・英 |
| ○受験料 | 15,000円 |
| ○提出書類 | 入学志願書・個人報告書（調査書） |
| ○追加募集 | 1.5次：―　2次：― |
| ◆転・編入 | 受け入れあり（要相談） |
| ◆帰国生 | 特別対応なし |

## 2024年度 入試結果

| アカデミーコース | 3科型 | 小論文型 |
|---|---|---|
| 応募者数 | 非公表 | 非公表 |
| 受験者数 | 64 | 0 |
| 合格者数 | 非公表 | |
| 実質倍率 | | |
| 合格最低点 | 非公表 | 非公表 |

| 国際コース | 3科型 | 小論文型 |
|---|---|---|
| 応募者数 | 非公表 | 非公表 |
| 受験者数 | 45 | 5 |
| 合格者数 | 非公表 | |
| 実質倍率 | | |
| 合格最低点 | 非公表 | 非公表 |

| 進学コース | 3科型 | 小論文型 |
|---|---|---|
| 応募者数 | 非公表 | 非公表 |
| 受験者数 | 422 | 15 |
| 合格者数 | 非公表 | 非公表 |
| 実質倍率 | ― | ― |
| 合格最低点 | 非公表 | 非公表 |

| 普通コース | 3科型 | 小論文型 |
|---|---|---|
| 応募者数 | 非公表 | 非公表 |
| 受験者数 | 447 | 22 |
| 合格者数 | 非公表 | 非公表 |
| 実質倍率 | ― | ― |
| 合格最低点 | 非公表 | 非公表 |

| 商業（情報コース） | 3科型 | 小論文型 |
|---|---|---|
| 応募者数 | 非公表 | 非公表 |
| 受験者数 | 56 | 2 |
| 合格者数 | 非公表 | 非公表 |
| 実質倍率 | | |
| 合格最低点 | 非公表 | 非公表 |

## 費用

**《入学手続き時》**

| | |
|---|---|
| ○入学金 | 50,000円 |
| ○教育施設費 | 50,000円 |

**《入学後》**

| | |
|---|---|
| ○授業料 | 440,000円 |
| ○維持・教育振興費 | 100,000円 |
| ○諸会費 | 16,500円 |
| ●入寮費（入寮時のみ） | 30,000円 |
| 寮費（月額・食費含む） | （男）67,400円 |
| | （女）66,750円 |

## 奨学金・特待制度

学力奨学生
クラブ奨学生

## 独自の留学制度

留学制度あり（国際コース）

## 合格実績

**2024年の進学状況（卒業者数324名）**
**国・公立大学合格23名**
大阪大1、神戸大5、大阪公立大3、筑波大1、横浜国立大1、広島大1、山口大1、兵庫県立大2、京都教育大2、大阪教育大1、京都府立医科大1、徳島大（医・医）1、他。

**私立大学合格176名**
関西学院大28、関西大6、同志社大6、立命館大11、京都産業大22、近畿大11、甲南大1、龍谷大15、佛教大15、早稲田大1、東京理科大2、京都薬科大2、摂南大3、神戸学院大1、追手門学院大4、京都外国語大2、関西外国語大11、京都女子大4、同志社女子大1、武庫川女子大2、他。

**省庁大学校合格1名**
防衛医科大（医・医）1。

**短期大学進学13名**
**専門学校進学52名**
**就職66名**

## 学校PR

2021年に創立150周年を迎えた歴史ある学園です。
クラブと勉強の両立を目指して入学してくれる生徒が多くいます。そして、それらの両立を成し遂げて卒業をして、その後活躍しています。
2019年度入学生より新制服になりました。
世界各地から多くの留学生を受け入れ、多文化交流にも力を入れています。

# 洛南高等学校

## 学校インフォメーション

 制服
 自転車通学可 通学
 仏教 宗教教育
 夏 長期休暇講習
 習熟度別授業
 屋内 プール
 蔵書数 55,000冊 図書館

 食堂
 条件付 スマホ持ち込み
 カウンセラー
ABC ネイティブ教員

**所在地** 〒601-8478 京都市南区壬生通八条下る東寺町559

| | |
|---|---|
| 電話 | 075-681-6511 |
| 創立 | (洛南高等学校に改称)1962年 |
| 校長 | 北川 辰雄 |
| 生徒数 | 男 899人 女 348人 |
| 併設校 | 附属中学校・附属小学校 |
| WEB | https://www.rakunan-h.ed.jp/ |

**アクセス**
近鉄京都線東寺駅下車徒歩10分
JR京都線京都駅下車八条口より徒歩13分

## 教育方針・特色

「三帰依」を現代の言葉に直した「自己を尊重せよ」「真理を探求せよ」「社会に献身せよ」を校訓とし、「規律正しく、清潔に努め、情操豊かに、勉学に励む」を実践項目に掲げて、バランスのとれた人間形成、育成につとめている。

## スクールライフ

| | |
|---|---|
| 登校時間 | 8:40 |
| 週登校日 | 6日制(月1回土曜日に休業日あり) |
| 学期制 | 3学期 |
| 制服 | あり |
| 昼食 | 基本的に弁当持参(購買・食堂あり) |
| 学校行事 | 御影供(毎月21日)・体育祭(9月)・文化祭(10月)その他学校行事多数 |
| 修学旅行 | 2年生7月 4泊5日 北海道 |
| 環境・施設 | 図書館・25m温水プール・柔道場・体操場 |
| クラブ活動 | 体育系12、文化系18の部がある。体育系は全国レベルの陸上、体操、バレーボール、バスケットボール、水泳、サッカーの他、柔道、テニス、野球、剣道、卓球など多数。文化系は全国レベルの吹奏楽、競技かるたをはじめ、囲碁、将棋、書道、クイズ研究、放送、茶道、華道、理科、写真など多数活躍。 |
| 強化クラブ | 陸上部(男子)、体操部(男子)、バレーボール部(男子)、バスケットボール部(男子)、水泳部(男女)、サッカー部(男子)、吹奏楽部(男女) |

## 2024年度 募集要項

| | |
|---|---|
| ○募集人数 | 普通科(外部募集):男女約144名(空パラダイム48名、海パラダイム(αプログラム・βプログラム)96名)<br>※βプログラムは指定部活動(体操・陸上・バスケット・バレー・サッカー・水泳・吹奏楽)あり 水泳・吹奏楽を除く男子のみの募集<br>※空パラダイムは主に専願から選抜(併願は入学手続者のうち成績上位約15名が入学) |
| ○願書受付 | 1/19(金)～1/23(火) web登録後(12/1～)書類提出、郵送(消印有効) |
| ○選抜日時 | 2/10(土)、2/11(日・祝)面接 |
| ○合格発表 | 2/14(水)15:30web |
| ○入学手続 | 専願:2/15(木)まで 併願:3/20(水)まで |
| ○選抜方法 | 国・数・英(リスニング含む)(各60分各100点)・社・理(各50分各100点)・面接 |
| ○受験料 | 20,000円 |
| ○提出書類 | 入学志願書・個人報告書(調査書) |
| ○追加募集 | 1.5次:ー 2次:ー |
| ◆転・編入 | 受け入れあり(要相談) |
| ◆帰国生 | 特別対応なし |

## 2024年度 入試結果

| 全コース | 専願(男子) | 専願(女子) | 併願(男子) | 併願(女子) |
|---|---|---|---|---|
| 応募者数 | 105 | 31 | 345 | 150 |
| 受験者数 | 104 | 30 | 340 | 147 |
| 合格者数 | 95 | 24 | 298 | 121 |
| 実質倍率 | 1.09 | 1.25 | 1.14 | 1.21 |

| 空パラダイム | 専願(男子) | 専願(女子) | 併願(男女計) |
|---|---|---|---|
| 合格者数 | 20 | 10 | 267 |
| 合格最低点 | 281/500(合格点) | 299/500(合格点) | 346/500(合格点) |

| 海パラダイム | 専願(男子) | 専願(女子) | 併願(男女計) |
|---|---|---|---|
| 合格者数 | 75 | 14 | 152 |
| 合格最低点 | 238/500(合格点) | 246/500(合格点) | 303/500(合格点) |

## 費用

**《入学手続き時》**

| | |
|---|---|
| ○入学金 | 100,000円 |
| ○学用品代(男) | 94,130円 |
| (女) | 98,910円 |
| ○iPad諸費(3年間) | 約110,000円 |

**《入学後》**

| | |
|---|---|
| ○授業料(教育費含む) | (年額)763,200円 |
| ○1学期分学費 | 318,000円 |
| ○年間諸費 | 64,200円 |

## 奨学金・特待制度

洛南高等学校授業料減免奨学金(入学後、経済状況の急変により学業継続が困難な家庭に給付)
洛南高等学校奨学金(学業優秀で特技等所有者に給付)

## 独自の留学制度

特になし

## 合格実績

**2024年の進学状況(卒業者数420名)**
国・公立大学合格225名
東京大12(9)、京都83(72)、一橋大2(1)、東京工業大2(1)、大阪大22(16)、神戸大27(18)、北海道大5(2)、東北大1、大阪公立大35(19)、筑波大1、横浜国立大1、国際教養大1(1)、京都工芸繊維大10(7)、奈良女子大2(1)、京都府立大1(1)、金沢大1(1)、広島大2(2)、滋賀大8(8)、三重大2(1)、山口大2(2)、兵庫県立大4(2)、大阪教育大3(2)、滋賀県立大1(1)、京都市立芸術大1(1)、京都府立医科大11(7)、奈良県立医科大1(5)、和歌山県立医科大2(1)、他。

私立大学合格848名
関西学院大43(28)、関西大79(52)、同志社大114(68)、立命館大163(99)、京都産業大13(11)、近畿大93(27)、甲南大4(4)、龍谷大59(19)、佛教大5(5)、早稲田大28(21)、慶應義塾大30(19)、上智大4(3)、東京理科大11(7)、明治大9(2)、青山学院大3(1)、中央大4(4)、法政大6(6)、日本大5(4)、東洋大2(2)、駒澤大1(1)、専修大3(2)、大阪医科薬科大15(10)、関西医科大20(10)、兵庫医科大5(2)、京都薬科大11(7)、神戸薬科大2(1)、摂南大2(1)、神戸学院大5(1)、関西外国語大5(5)、大阪工業大1、京都女子大2(2)、同志社女子大3(3)、他。

省庁大学校合格20名
防衛大1(1)、防衛医科大18(15)、気象大1(1)。
※( )内は現役内数

## 学校PR

生活指導や勉強が厳しいと聞いているかもしれませんが、実際に入学してみると、生活指導は当たり前のルールばかりで、生活面も勉強も学校で与えられることをしっかりこなしていけば大学入試突破の力、社会に出てから必要となるマナーが身につきます。洛南はクラブ活動、学校行事に積極的に参加して充実した生活を謳歌している生徒で溢れています。

# 洛陽総合高等学校

## 学校インフォメーション

 制服
 通学
 ICT教育
 長期休暇講習
 習熟度別授業
 自習スペース
 人工芝グラウンド

 バリアフリー
 食堂
 スマホ持ち込み
 カウンセラー
 高大連携

| 所在地 | 〒604-8453 京都市中京区西ノ京春日町8 |
|---|---|
| 電話 | 075-802-0394 |
| 創立 | 1924年 |
| 校長 | 土屋 智裕 |
| 生徒数 | 男 427人 女 215人 |
| 併設校 | 洛陽幼稚園・洛陽第二幼稚園 |
| WEB | http://www.rakuyo.ed.jp/ |

## 教育方針・特色

「人生のきっかけになる学びの場」を目指して
洛陽総合高校は、生徒が自分なりの価値観を見出し、自らのあり方を選択する機会を提供するということを大切にしてきました。人は、自分にとって必要なこと、つまり学ぶ動機が見つかれば、自ら学び始めます。総合学科の特性を活かしながら、生徒たち一人一人が自分自身の中に学びの動機を見つけられる教育活動を実現したいと考えています。

## スクールライフ

| | |
|---|---|
| 登校時間 | 8:55 |
| 週登校日 | 5日制 |
| 学期制 | 前後期制 |
| 制服 | あり |
| 昼食 | パン販売・弁当販売・自動販売機 弁当持参可 ※現在食堂は閉鎖中 |
| 学校行事 | 宿泊研修、体育祭(京セラドーム)、球技大会、修学旅行、学校祭、校外研修(学年ごと) |
| 修学旅行 | 2年生10月 3泊4日 北海道・関東・台湾(選択制) (※本来はイタリア、台湾、シンガポール・インドネシア) |
| 環境・施設 | 図書室・音楽室・EML(ピアノ室…電子ピアノ33台)・美術室・デザイン室・武道場・保育技術室・調理室(電気調理器導入)・PC室(3教室)・人工芝グラウンド・多目的ホール・茶室(和室・作法室) |
| クラブ活動 | 【運動部】空手道部、サッカー部、ソフトテニス部、卓球部、男子バスケットボール部、バドミントン部、男子バレーボール部、女子バレーボール部、ボウリング部、陸上競技部、ダンス部、アームレスリング同好会 【文化部】軽音楽部、美術文芸部、パソコン部、茶道部、料理部、競技かるた部、e-Sports部、写真同好会 |
| 強化クラブ | 特になし |

## 2024年度 募集要項

| | |
|---|---|
| ○募集人数 | 総合学科:男女1次280名、1.5次・2次未定 |
| ○願書受付 | 1次:1/15(月)～1/22(月)web登録後(12/1～)書類提出、郵送(消印有効) |
| ○選抜日時 | 1次:2/10(土) |
| ○合格発表 | 1次:2/13(火)16:00web、郵送 |
| ○入学手続 | 推薦・専願:2/21(水)まで 併願:公立高校中期合格発表日の翌日までいずれも前期分Ⅰの授業料等は3/19(土)まで |
| ○選抜方法 | 推薦・専願:国・英・数・面接(専願はグループ) 併願:国・英・数 |
| ○受験料 | 20,630円(合否通知送料等630円含む) |
| ○提出書類 | 入学志願書・個人報告書(調査書)・自己PR書・推薦書(推薦志願者) |
| ◆転・編入 | 受け入れあり(要相談) |
| ◆帰国生 | 特別対応なし |

○追加募集 1.5次:2/17 2次: ―

## 2024年度 入試結果

| 総合 | 推薦 | 専願 | 併願 | 1.5次 |
|---|---|---|---|---|
| 応募者数 | 36 | 118 | 309 | 16 |
| 受験者数 | 36 | 117 | 290 | 16 |
| 合格者数 | 36 | 115 | 290 | 15 |
| 実質倍率 | 1.00 | 1.02 | 1.00 | 1.07 |
| 合格最低点 | ― | ― | ― | ― |

### アクセス
市バス円町下車徒歩5分
JR嵯峨野線円町駅下車西へ徒歩5分

## 費用

《入学手続き時》
| | |
|---|---|
| ○入学金 | 170,000円 |
| ※内訳:入学金100,000円 施設設備費70,000円 | |

| | |
|---|---|
| ○授業料 | 142,500円 |
| ○教育充実費 | 37,500円 |
| ○その他諸費用 | 69,200円 |
| ※新入生は3期分納制(2年次・3年次は2期分納) | |

《入学後》
入学後に残りの2期分をご案内
| | |
|---|---|
| ○前期分の2回目(6月) | 180,000円 |
| ○後期分(9月) | 360,000円 |

・修学旅行費用は別途費用を徴収

## 奨学金・特待制度
受験時の成績によるもの

## 独自の留学制度
特になし

## 合格実績

**2024年の進学状況(卒業者数215名)**
私立大学合格163名
関西大3、同志社大1、立命館大8、京都産業大11、近畿大2、龍谷大8、佛教大55、明治大2、法政大2、専修大2、追手門学院大1、京都橘大1、京都文教大1、大谷大11、花園大24、京都精華大5、京都先端科学大3、京都芸術大1、立命館アジア太平洋大1、大阪学院大5、大阪電気通信大4、大阪商業大1、国士舘大1、福井工業大1、他。

短期大学合格10名
池坊短期大学5、京都光華女子大学短期大学部1、京都西山短期大学1、他。

## 学校PR

高校で自分を変えてみたいという思いが少しでもあれば、

洛陽総合高校でそのきっかけをつかんでいけるよう、みなさんをサポートしていきます。

洛陽総合高校では、みなさんの「ちょっと変化していくためのきっかけ」をたくさん提供していきます。

# 立命館高等学校

## 学校インフォメーション

 制服 なし
 通学 公共機関
 ICT教育
 スーパースクール SSH スーパーサイエンス
 海外研修
 プール 屋内
 図書館 蔵書数 58,000冊

 人工芝グラウンド
 食堂
 カウンセラー
 高大連携
 ネイティブ教員

**所在地** 〒617-8577　長岡京市調子1-1-1

| | |
|---|---|
| 電話 | 075-323-7111 |
| 創立 | 1905年 |
| 校長 | 東谷 保裕 |

| | |
|---|---|
| 生徒数 | 男 498人 女 580人 |
| 併設校 | 立命館中学校 立命館大学・大学院 立命館アジア太平洋大学 |
| WEB | https://www.ritsumei.ac.jp/nkc/ |

## 教育方針・特色

【教育の三つの柱】
①自主自立を促す教育：自ら考え、自らすすんで行動できる人(主体性/社会貢献意識)
②グローバル教育：世界を視野に、領域を超えて困難に立ち向かえる人(多様性重視/人権意識)
③STEAM教育：学びを楽しみ、新しいものを生み出せる人(創造性/科学的探求)

## スクールライフ

| | |
|---|---|
| 登校時間 | 8:50 |
| 週登校日 | 5日制 |
| 学期制 | 3学期 |
| 制服 | なし |
| 昼食 | 購買・カフェテリアあり 弁当持参可 |
| 学校行事 | 文化祭(9月)・体育祭(10月) |
| 修学旅行 | 2年生3月 コースによって異なる |
| 環境・施設 | 図書館・ICT環境・クラブ用練習場・人工芝グラウンド |
| クラブ活動 | 陸上競技部、卓球部、硬式野球部、軟式野球部、ソフトテニス部、ヨット部、スキー部、バレーボール部、陸上ホッケー部、バスケットボール部、サッカー部、放送部、吹奏楽部、美術部、ダンス部、剣道部、フェンシング部、ラグビー部、水泳部、演劇部、書道部・・・ |
| 強化クラブ | 特になし |

## 2024年度 募集要項

○募集人数 普通科：男女約344名 MSコース(文理特進)約70名、コアコースGJクラス(国際)約80名、コアコース(文理総合)約200名
※内部進学約220名含む
○願書受付 1/16(火)～1/25(木)web登録後(12/1～)書類提出、郵送(消印有効)
※推薦は前期のみ、事前に出願資格の確認が必要
○選抜日時 前期(推薦・専願・併願)：2/10(土)
後期(専願・併願)：2/12(月・祝)
○合格発表 2/14(水)15:00web
○入学手続 推薦・専願：2/16(金)17:00まで
併願：3/21(木)17:00まで
○選抜方法 推薦(MS)：国・数・英(各50分100点)・面接
推薦(コアGJ)：英語エッセイ(60分)・面接
推薦(コア)：小論文(60分)・面接
前期：国・数・英・理・社(各50分100点)・面接(MS第1志望の専願)
後期：国・数・英(各60分100点)・面接(MS第1志望の専願)
※専願は活動実績の加算あり
○受験料 20,000円
○提出書類 入学志願書・個人報告書(調査書)・推薦書(推薦入試)・活動歴申告書(専願入試)
○追加募集 1.5次：― 2次：―
◆転・編入 受け入れあり(要相談)
◆帰国生 特別対応なし

## 2024年度 入試結果

**MSコース(文理特進)**

| | 前期(推薦) | 前期(専願) | 前期(併願) | 後期(専願) | 後期(併願) |
|---|---|---|---|---|---|
| 応募者数 | 3 | 1 | 43 | 1 | 134 |
| 受験者数 | 3 | 1 | 43 | 1 | 132 |
| 合格者数 | 3 | 1 | 32 | 1 | 96 |
| 実質倍率 | 1.00 | 1.00 | 1.34 | 1.00 | 1.38 |
| 合格最低点 | ― | 187/250 | 317/500 | 186/250 | 194/300 |

**コアコースGJクラス(国際)**

| | 前期(推薦) | 前期(専願) | 前期(併願) | 後期(専願) | 後期(併願) |
|---|---|---|---|---|---|
| 応募者数 | 21 | 9 | 8 | 10 | 27 |
| 受験者数 | 21 | 9 | 8 | 10 | 27 |
| 合格者数 | 21 | 4(1) | 3 | 7 | 21(2) |
| 実質倍率 | 1.00 | 2.25 | 2.67 | 1.43 | 1.29 |
| 合格最低点 | ― | 190/250 | 315/500 | 182/250 | 193/300 |

※( )回し合格外数

**コアコース(文理総合)**

| | 前期(推薦) | 前期(専願) | 前期(併願) | 後期(専願) | 後期(併願) |
|---|---|---|---|---|---|
| 応募者数 | 76 | 17 | 15 | 14 | 37 |
| 受験者数 | 76 | 17 | 15 | 14 | 36 |
| 合格者数 | 76 | 10 | 5 | 8 | 10 |
| 実質倍率 | 1.00 | 1.70 | 3.00 | 1.75 | 3.60 |
| 合格最低点 | ― | 180/250 | 314/500 | 182/250 | 191/300 |

**アクセス**
阪急京都線西山天王山駅下車徒歩約8分
JR東海道本線長岡京駅下車徒歩約15分
京阪淀駅よりバス約12分調子バス停下車

## 費用

《入学手続き時》
| | |
|---|---|
| ○入学金 | 120,000円 |

《入学後》
| | |
|---|---|
| ○授業料 | 672,000円 |
| ○教育充実費 | 264,000円 |
| ○諸会費 | 24,500円 |
| ○教材学級諸費・検定料 | 152,000円 |
| ※コースによって異なります。 | |
| ○学年宿泊行事費 | 10,500円 |
| ○MSコース費 | 100,000円 |

## 奨学金・特待制度

奨学金制度あり

## 独自の留学制度

特になし

## 合格実績

2024年の進学状況(卒業者数347名)
立命館大学内部進学者265名、
立命館アジア太平洋大学内部進学者6名。

国・公立大学合格40名
京都大8、東京工業大1、大阪大3、神戸大3、北海道大1、九州大3、大阪公立大5、京都工芸繊維大2、金沢大1、岡山大1、滋賀大1、滋賀県立大1、他。(医・薬・歯6)。

他の私立大学合格93名
関西学院大6、関西大13、同志社大24、立命館大20(学内推薦除く)、近畿大3、早稲田大1、慶應義塾大1、東京理科大4、明治大3、他。(医・歯・薬・歯18)。

## 学校PR

本校は、サイエンス、グローバル、探究力の育成を教育の3本柱に掲げるなかで、多様な進路を保障する学校です。「自由と清新」のスピリットのもと、多くの先輩方が卒業し、世界で活躍しています。生徒の個性を大切にし、その可能性を広げてくれるのが立命館です。私たちと一緒に学び、太い「絆」を築いてみませんか。

# 立命館宇治高等学校

## 学校インフォメーション

制服／自転車通学可 通学／ICT教育／探究授業／習熟度別授業／海外研修／留学制度

学生寮／蔵書数 60,000冊 図書館／人工芝グラウンド／食堂／帰国生入試／高大連携／英語イマージョン

**所在地** 〒611-0031 京都府宇治市広野町八軒屋谷33番1

| | |
|---|---|
| 電話 | 0774-41-3000 |
| 創立 | 1994年 |
| 校長 | 越智 規子 |

| | |
|---|---|
| 生徒数 | 男 614人 女 593人 |
| 併設校 | 立命館宇治中学校・立命館大学・立命館アジア太平洋大学 |
| WEB | https://www.ritsumei.ac.jp/uji/ |

## 教育方針・特色

建学の精神「自由と清新」と教学理念「平和と民主主義」を掲げる立命館附属校として、中高大一貫教育により、受験に捉われない自由度の高い教育を行っている。特に国際化を積極的に進めており、高校から特色のあるコース制をとり、グローバル社会に活躍する力をつけられるよう工夫されている。
【IBコース】国際バカロレア・ディプロマ資格が得られ、主に海外大学への進学対応が可能となるカリキュラムになっている。
【IMコース】1年間の海外留学を行い、帰国後は英語イマージョン教育により語学力を飛躍的に高め、国際社会で活躍できる力を培う。
【IGコース】文系理系の枠を超えた科目選択ができ、コア科目を通して自ら学び行動するアクティブラーナーを目指す。

## スクールライフ

| | |
|---|---|
| 登校時間 | 8:40 |
| 週登校日 | 5日制 土曜日は隔週で特別講座 |
| 学期制 | 3学期 |
| 制服 | あり（夏・冬） |
| 昼食 | 購買・食堂あり 弁当持参可 |
| 学校行事 | 体育祭（5月）・興風祭（文化祭）（9月）・学術祭（2月） |
| 修学旅行 | 調整中 |
| 環境・施設 | ICT環境・人工芝グラウンド・図書館・剣道場・柔道場・トレーニングルーム・体育館・テニスコート・食堂・購買・生徒寮 |
| クラブ活動 | 【運動部】陸上競技部、硬式野球部、アメリカンフットボール部、サッカー部、ラグビー部、柔道部、剣道部、硬式テニス部（男女）、バスケットボール部（男女）、バレーボール部（男女）、バドミントン部（男女）、男子ハンドボール部、スキー部、水泳部、ラクロス部、バトントワリング部、チアリーダー部 |
| | 【文化部】吹奏楽部、茶道部、華道部、書道部、演劇部、美術部、写真部、文芸部、放送部、自然科学部 |
| 強化クラブ | 特になし |

## 2024年度 募集要項

- ○募集人数 普通科（外部募集）：男女185名（IGコース、IMコース、IBコース）
  ※帰国生・外国籍生徒40名（詳細は学校にお問い合わせください）
- ○願書受付 1/15（月）～1/23（火） web登録後（12/1～）書類提出、郵送（消印有効）
  推薦A・専願A日程は全コース対象、推薦B・併願BはIGコース対象、専願B日程はIG・IMコース対象
  ※推薦は事前に出願資格の確認が必要
- ○選抜日時 A日程（推薦・専願）：2/10（土）
  B日程（推薦・専願）：2/11（日・祝）
- ○合格発表 2/13（火）15:00web
- ○入学手続 推薦・専願：2/16（金）まで 併願：3/18（月）まで
- ○選抜方法 国・数・英・社（各50分各100点）
  推薦A・B（IGコース）：国・数・英・面接（個人）
  推薦A・専願A（IMコース）：国・数・英・面接（個人）
  推薦A・専願A（IBコース）：国・数・英（45分）・小論文（70分550～800words）・面接（保護者同伴）
  専願A（IGコース）：国・数・理・社・面接（個人）
  専願B（IGコース）：国・数・英・面接（個人）
  専願B（IMコース）：国・数・英・面接（個人）
  併願B（IGコース）：国・数・英
  ※IBコースは数学、小論文いずれも英語で出題、解答
  ※IMコースは英語を含む面接、IBコースは英語による面接（保護者面接は日本語可）
- ○受験料 20,000円（国際の海外入試会場は50,000円）
- ○提出書類 入学志願書・個人報告書（調査書）・自己推薦書（推薦志願者）
- ◆追加募集 1.5次：－ 2次：－
- ◆転・編入 受け入れあり（要相談）
- ◆帰国生 国際入試実施

## 2024年度 入試結果

| IG | A日程（推薦） | A日程（専願） | B日程（専願） | B日程（併願） | 国際11月 | 国際2月 |
|---|---|---|---|---|---|---|
| 応募者数 | 135 | 46 | 54 | 46 | 88 | 3 |
| 受験者数 | 134 | 45 | 54 | 40 | 87 | 2 |
| 合格者数 | 134 | 19 | 15 | 12 | 37 | 0 |
| 実質倍率 | 1.00 | 2.37 | 3.60 | 3.33 | 2.35 | － |
| 合格最低点 | － | 307/500 | 265/500 | 315/500 | － | － |

| IM | A日程（推薦） | A日程（専願） | B日程（専願） | 国際11月 | 国際2月 |
|---|---|---|---|---|---|
| 応募者数 | 16 | 27 | 24 | 11 | 0 |
| 受験者数 | 16 | 27 | 24 | 10 | 0 |
| 合格者数 | 16 | 15 | 13 | 5 | － |
| 実質倍率 | 1.00 | 1.80 | 1.85 | 2.00 | － |
| 合格最低点 | － | 313/500 | 257/500 | － | － |

| IB | A日程（推薦） | A日程（専願） | 国際11月 | 国際2月 |
|---|---|---|---|---|
| 応募者数 | 1 | 1 | 26 | 9 |
| 受験者数 | 1 | 1 | 26 | 9 |
| 合格者数 | 1 | 1 | 19 | 1 |
| 実質倍率 | 1.00 | 1.00 | 1.37 | 9.00 |
| 合格最低点 | － | － | － | － |

## 学校PR

立命館の附属高校として設置され、京都府宇治市の広大なキャンパスに中高一貫教育を展開。
卓越した言語能力に基づく知性と探究心、正義と倫理に貫かれた寛容の精神を身につけた未来のグローバルリーダーの育成を目指し、多数の外国人教員を擁した国際キャンパスとして成長してきました。
一人ひとりの興味関心を伸ばす探究型学力の育成、社会・世界につながるキャリア教育プログラムに加え、自主活動やクラブ活動を通じてバランスのとれた豊かな人格形成を目指します。

**アクセス**
近鉄京都線大久保駅・JR奈良線新田駅下車
バス約10分（徒歩約25分）
JR奈良線宇治駅下車バス約10分
京阪宇治線宇治駅下車バス約20分

## 費用

《入学手続時》
○入学金　120,000円

《入学後》
○授業料　638,000円
○教育充実費　291,000円

○IMコース費　70,000円
○IBコース費　750,000円
○IB諸費　55,000円

## 奨学金・特待制度

奨学金制度あり

## 独自の留学制度

あり

## 進学・合格実績

2024年の進学状況（卒業者数418名）
立命館大学合格363名
立命館アジア太平洋大学合格5名

国・公立大学合格2名
岡山大1、神戸市外国語大1。

他の私立大学合格
関西大1、同志社大2、早稲田大4、慶應義塾大1、上智大4、明治大1、青山学院大1、関西医科大1、兵庫医科大1、大阪歯科大1、京都外国語大1、関西外国語大1、他。

京都

共学校

201

# 龍谷大学付属平安高等学校

## 学校インフォメーション

 制服
 自転車通学可 通学
 仏教 宗教教育
 ICT教育
 夏・冬・春 長期休暇講習
 習熟度別授業
 自習スペース
 蔵書数 60,000冊 図書館
 人工芝グラウンド
 バリアフリー
 条件付 スマホ持ち込み
 カウンセラー
 特待生制度
 高大 高大連携

**所在地** 〒600-8267　京都市下京区大宮通七条上ル御器屋町30

電話　075-361-4231
創立　1876年
校長　山脇 護

生徒数　1,239(男女共学)
併設校　龍谷大学、龍谷大学付属平安中学校
WEB　https://www.heian.ed.jp/

**アクセス**
JR嵯峨野線丹波口駅下車徒歩10分、
梅小路京都西駅下車徒歩10分
JR京都線・近鉄京都線京都駅から
**市バス七条大宮下車徒歩1分**

## 教育方針・特色

本校の「建学の精神」は「浄土真宗の精神」です。阿弥陀仏の願いに生かされ、真実の道を歩まれた親鸞聖人の生き方に学び、「真実を求め、真実に生き、真実を顕かにする」ことのできる人間を育てることにあります。このことを実現するための日常の心得として、「ことばを大切に」・「じかんを大切に」・「いのちを大切に」という3つの「大切」を掲げています。これらはみな、建学の精神があってこその心であり、生き方です。
宗教教育を通して、「ことば・じかん・いのち」という三つの大切を糸口として、自ら深く見つめることのできる目を養い、あらゆる存在により支えられている私のいのちの尊厳に気づくことができる生徒を育てます。

## スクールライフ

| | |
|---|---|
| 登校時間 | 8:25 |
| 週登校日 | 6日制 |
| 学期制 | 3学期 |
| 制服 | あり |
| 昼食 | 食堂、購買あり、弁当など |
| 学校行事 | 体育祭、文化祭、研修旅行(修学旅行)、校外学習(遠足・年2回)、芸術鑑賞、宗教行事 |
| 修学旅行 | 2年生2月　ハワイ・沖縄(個人で選択) |
| 環境・施設 | 礼拝堂・図書館・ICT環境・体育館・トレーニングルーム・雨天練習場・人工芝グラウンド |
| クラブ活動 | 体育系:硬式野球・軟式野球・卓球・陸上競技・柔道・剣道・ワンダーフォーゲル・ソフトテニス・バスケットボール・サッカー・バレーボール・アメリカンフットボール・バドミントン・フェンシング・ハンドボール・チアダンス<br>文化系:考古学・写真・吹奏楽・鉄道研究・美術・将棋・ネイチャー・ESS・茶道・GCC・競技かるた・書道・合唱部・放送・出版局・図書局・インターアクト・宗教研究・生徒会 |
| 強化クラブ | 硬式野球(男子・校技)、サッカー(男子)、軟式野球(男子)、柔道(男女)、剣道(男女)、卓球(男女)、陸上競技(男女)、バドミントン(男女)、フェンシング(男女)、吹奏楽(男女) |

## 2024年度 募集要項

○募集人数　普通科(外部募集):男女330名　特進(国公立・難関私立大学進学)40名、プログレス(龍谷大連携)260名、アスリート(硬式野球)男子のみ30名
○願書受付　1/15(月)9:00〜1/26(金)23:59 web登録受付(12/1〜)書類提出、窓口または郵送
　※特進、プログレスは推薦・専願・併願、アスリートは推薦入試のみ
○選抜日時　2/10(土)
○合格発表　2/12(月・祝)10:00web、郵送
○入学手続　推薦・専願:2/15(木)12:00まで
　併願:3/19(火)12:00まで　※公立高校合格発表日の翌日まで延期可(連絡必要)
○選抜方法　国・社・数・理・英(各50分各100点)
　※英語はリスニングあり(15分30点、英検3級レベル)
　※各科マークシート方式(一部記述あり)
　※英検・漢検・数検資格取得者、準2級以上30点、3級10点(最大30点)の加点あり
○受験料　20,000円
○提出書類　入学志願書・個人報告書(調査書)・検定合格証明書(検定による加点希望者)
○追加募集　1.5次:　— 2次:　—
◆転・編入　特になし
◆帰国生　特別対応なし

## 2024年度 入試結果

| 選抜特進 | 特技推薦 | 学力推薦 | 専願 | 併願 |
|---|---|---|---|---|
| 応募者数 | 2 | 12 | 16 | 185 |
| 受験者数 | 2 | 12 | 16 | 181 |
| 合格者数 | 2 | 12 | 11 | 151 |
| 実質倍率 | 1.00 | 1.00 | 1.45 | 1.20 |
| 合格最低点 | — | 340/500 | 340/500 | 340/500 |

| プログレス | 特技推薦 | 学力推薦 | 専願 | 併願 |
|---|---|---|---|---|
| 応募者数 | 53 | 67 | 236 | 281 |
| 受験者数 | 53 | 67 | 236 | 267 |
| 合格者数 | 53 | 67 | 235 | 235 |
| 実質倍率 | 1.00 | 1.00 | 1.00 | 1.14 |
| 合格最低点 | — | 300/500 | 300/500 | 300/500 |
| ※回し合格(専1.併10)含まない | | | | |

| アスリート | 推薦 |
|---|---|
| 応募者数 | 32 |
| 受験者数 | 32 |
| 合格者数 | 32 |
| 実質倍率 | 1.00 |
| 合格最低点 | — |

## 費用

《入学手続き時》
○入学金　　　　　　　　　　　　　　120,000円

《入学後》
○授業料　　　　　　　　　　　　　　620,000円
○施設設備費　　　　　　　　　　　　240,000円
○その他の納入金　　　　　　　　　　 91,600円
○諸経費　　　　　　　　 41,800円〜62,200円
　　　　　　　　　　　　　　　(コースによって異なる)
○ICT端末購入費　　　　　　　　　　約100,000円
○制服・体操服代　　　　　　　　　　約108,000円

## 奨学金・特待制度

授業料全額免除奨学生
授業料半額免除奨学生
本派本願寺派奨学金
龍谷大学付属平安高等学校学業奨励奨学金
龍谷大学付属平安高等学校授業料減免制度

## 独自の留学制度

留学先　オーストラリア

## 合格実績

2024年の進学状況(卒業者数484名)
龍谷大学(含短期大学部)合格364名

国・公立大学合格26(4)名
東京大1(1)、神戸大2、京都工芸繊維大1、京都教育大2、滋賀大1、和歌山大、高知大2(2)、京都府立医科大1、滋賀県立大2、釧路公立大2、滋賀県立大2、奈良県立大1、他。

他の私立大学合格
関西学院大4、関西大24、同志社大8(1)、立命館大21(6)、京都産業大19、近畿大33、佛教大31、早稲田大1、慶應義塾大2、東京理科大1、明治大2(1)、青山学院大1、他。

省庁大学校合格
防衛大学校1。

※( )既卒生内数

## 学校PR

2026年に龍谷大平安は創立150周年を迎えます。そのことを機に龍谷大学と龍谷大平安は、施設設備整備整備事業を一体的に実施しています。同一校舎を大学と中高でシェアしながら、新たな「中高大連携」の教育活動を展開していきます。

# 東山高等学校

## 学校インフォメーション

 制服  通学 自転車通学可  宗教教育 仏教  ICT教育  長期休暇講習 夏・冬・春  海外研修  自習スペース

 図書館 蔵書数 40,000冊  人工芝グラウンド  食堂  カフェテリア  カウンセラー  特待生制度

**所在地** 〒606-8445 京都府京都市左京区永観堂町51

| | | | |
|---|---|---|---|
| 電話 | 075-771-9121(代) | 生徒数 | 男 1153人 |
| 創立 | 1868年 | 併設校 | 東山中学校 |
| 校長 | 塩貝 省吾 | WEB | https://www.higashiyama.ed.jp/ |

**アクセス**
地下鉄東西線・京阪京津線蹴上駅下車徒歩10分
市バス東天王町下車徒歩6分、
南禅寺永観堂道下車徒歩5分

## 教育方針・特色

■「セルフ・リーダーシップ」を育む東山
男子校である本校は、"スポーツの盛んな進学校"として、目標をもって大学そして社会へと飛躍する青年を育てるため、その土台となる力を養成します。浄土宗祖法然上人の教えを基に、幸せな人生を送るために必要な「人を思いやれる心」や「礼儀礼節」を育てる教育にも力をいれ、教育目標である"セルフ・リーダーシップ(自ら情熱と主体性をもって行動し、目標を達成し、夢を実現させる力)"の育成をはかります。

## スクールライフ

| | |
|---|---|
| 登校時間 | 8:20 |
| 週登校日 | 5日制 |
| 学期制 | 2学期 |
| 制服 | あり(夏・冬) |
| 昼食 | 弁当 購買・食堂あり |
| 学校行事 | 文化祭9月 体育祭10月 |
| 修学旅行 | 2年生3月 沖縄・北海道・海外 |
| 環境・施設 | 図書館・進路指導室・視聴覚教室・理系教室(物理・化学・生物)・コンピュータ教室・総合グラウンド(醍醐)・体育館 |
| クラブ活動 | 【運動部】バレーボール部、軟式野球部、硬式野球部、卓球部、水泳部、剣道部、バスケットボール部、サッカー部、テニス部、柔道部、陸上競技部、ハンドボール部、バドミントン部、ラグビー部、登山部、空手部<br>【文化部】放送部、美術部、写真部、サイエンス部、書道部、コンピューター部、将棋部、ロボット研究会、吹奏楽部、社会科学研究会、地学部、鉄道研究会、数学研究同好会、クイズ研究会 |
| 強化クラブ | 非公表 |

## 2024年度 募集要項

- 募集人数 普通科(外部募集):男子230名(パスカルコース(Super進学系)30名、クレセントコース(Neo-進学系)160名、トップアスリートコース(Neo-進学系)40名)
- 願書受付 1/15(月)~1/23(火)web登録後(12/1~)書類提出、郵送(消印有効)
  ※パスカルコースは一般、クレセントコースは一般・スポーツ推薦Ⅰ・Ⅱ、トップアスリートコースはスポーツ推薦Ⅰ
- 選抜日時 A日程(推薦・専願・スポーツ推薦):2/10(土)
  B日程(専願・併願):2/12(月・祝)
- 合格発表 2/14(水)郵送、17:00web
- 入学手続 推薦・専願:2/19(月)まで
  併願:3/19(火)まで
- 選抜方法 一般・スポーツ推薦Ⅱ:国・数・英・社・理(各50分各100点)
  パスカルコースは4科(国数英理)合計を500点満点に換算した点と5科合計を比較し高い方の点数を採用
  スポーツ推薦Ⅰ:国・数・英(各50分各100点)・作文(50分)・面接(グループ)
- 受験料 20,000円 ※2回同時出願30,000円
- 提出書類 入学志願書・個人報告書(調査書)
- 追加募集 1.5次:2/27 2次:—
- ◆転・編入 特になし
- ◆帰国生 特別対応なし

## 2024年度 入試結果

**パスカルコース**

| | A日程(専願) | A日程(併願) | B日程(専願) | B日程(併願) |
|---|---|---|---|---|
| 応募者数 | 15 | 56 | 12 | 76 |
| 受験者数 | 15 | 52 | 12 | 69 |
| 合格者数 | 12 | 42 | 7 | 59 |
| 実質倍率 | 1.25 | 1.24 | 1.71 | 1.17 |
| 合格最低点 | 325/500(換算点) | 341/500(換算点) | 331/500(換算点) | 349/500(換算点) |

**クレセントコース**

| | A日程(スポーツ推薦・専願) | A日程(併願) | B日程(専願) | B日程(併願) |
|---|---|---|---|---|
| 応募者数 | 115 | 76 | 33 | 55 |
| 受験者数 | 114 | 71 | 33 | 50 |
| 合格者数 | 111 | 70 | 31 | 50 |
| 実質倍率 | 1.03 | 1.01 | 1.06 | 1.00 |
| 合格最低点 | 188/500 | 205/500 | 207/500 | 221/500 |

※回し合格(A専2・併11、B専3・併12)含まない

**トップアスリートコース**

| | A日程(スポーツ推薦) |
|---|---|
| 応募者数 | 41 |
| 受験者数 | 41 |
| 合格者数 | 41 |
| 実質倍率 | 1.00 |
| 合格最低点 | — |

## 費用

**《入学手続き時》**

| | |
|---|---|
| ○入学金 | 120,000円 |
| ○納入金(第1回) | 405,300円 |

**《入学後》(年額)**

| | |
|---|---|
| ○授業料 | 550,000円 |
| ○その他 | 235,000円 |
| ○諸会費 | 38,000円 |
| ○諸費用 | 約30,000円 |
| ※制服・制定品・教科書 | 約116,000円 |
| ※修学旅行費(国内) | 約160,000円 |
| (海外) | 約225,000円 |

## 奨学金・特待制度

富田保治育英会奨学生、パスカルコース遠方特待生、宗立宗門校奨学金(浄土宗)、寺院子弟奨学金(浄土宗)、運動能力優秀性

## 独自の留学制度

特になし

## 合格実績

2024年の進学状況(卒業者数421名)
国・公立大学合格125名
京都大3(医1)、東京工業大1、大阪大9、神戸大6、北海道大3、東北大3、名古屋大1、九州大3、大阪公立大13、京都府立大5、滋賀大7、京都府立医科大1(医1)、滋賀医科大(医2)、他。

私立大学合格931名
関西学院大39、関西大36、同志社大64、立命館大124、近畿大2(医2)、早稲田大6、慶應義塾大3、上智大3、東京理科大9、関西医科大1(医1)、兵庫医科大2(医2)、他。

## 学校PR

飛騨の匠の伝統技術を取り入れ、木のぬくもりに包まれた居心地のよい空間となった図書館では、生徒たちが本を読み自習をし、思い思いの時間を過ごしています。東山高等学校は「セルフ・リーダーシップ」を育むスポーツの盛んな進学校として、「強く、たくましく、幸せに生きる」ことができるように土台力を培います。

# 華頂女子高等学校

## 学校インフォメーション

 制服  自転車通学可 通学  仏教 宗教教育  ICT教育  夏・冬・春 長期休暇講習  探究授業 探究授業  学生寮

 自習スペース  図書館  食堂  スマホ持ち込み  カウンセラー  特待生制度  高大連携

**所在地** 〒605-0062 京都市東山区林下町3-456

| | |
|---|---|
| 電話 | 075-541-0391 |
| 創立 | 1911年 |
| 校長 | 前田 千秋 |
| 生徒数 | 女 265人 |
| 併設校 | 佛教大学、京都華頂大学・華頂短期大学、東山高等学校・東山中学校・佛教大学附属幼稚園、華頂短期大学附属幼稚園・東山幼稚園 |
| WEB | https://www.kacho.ed.jp/ |

**アクセス**
京阪本線三条駅下車徒歩8分
阪急京都線河原町駅下車徒歩13分
地下鉄東西線東山駅下車4分

## 教育方針・特色

「宗祖法然上人の立教開宗の精神に基づき生命の尊さを深く理解し素直に感謝できる社会人の育成」を教育方針としています。
国語、地歴・公民、数学、理科、英語の基礎学力、保健体育、芸術、家庭、情報の知識・技能を総合的に学修します。また2年生からは大学・短大進学を想定した分野別の履修モデルコースを選択履修することにより、多様性に富み各分野の適応力に優れた資質を育てます。また情報科は3年間必修教科とし実務力の向上を図ります。総合学習として総合華頂探究を設け、伝統や文化に視野を持つ感性豊かな資質を育成します。

## スクールライフ

| | |
|---|---|
| 登校時間 | 8:50 |
| 週登校日 | 6日制 |
| 学期制 | 3学期 |
| 制服 | あり(夏・冬) |
| 昼食 | 食堂あり 弁当持参可 |
| 学校行事 | 球技大会・花まつり・文化祭・スポーツ大会(体育祭)・華頂祭(大学)参加・かるた大会・予餞会(3年生を送る会) |
| 修学旅行 | 2年7月 北海道 |
| 環境・施設 | 体育館・ラーニングコモンズ・コンビニ |
| クラブ活動 | 【運動系】空手道・ダンス・卓球・バドミントン・硬式テニス・バレーボール<br>【文化系】吹奏楽・家庭科・美術・写真・JRC・競技かるた・茶道・華道・イラスト研究・理科・軽音楽・書道 |
| 強化クラブ | 特になし |

## 2024年度 募集要項

| | |
|---|---|
| ○募集人数 | 普通科:女子120名 |
| ○願書受付 | 1/15(月)〜1/23(火)web登録後(12/1〜)出願 郵送のみ(消印有効) |
| ○選抜日時 | 2/10(土) |
| ○合格発表 | 2/13(火)郵送 |
| ○入学手続 | 推薦・専願:2/15(木)〜2/20(火)<br>併願:公立高校合格発表の翌日まで |
| ○選抜方法 | 推薦:国・数・英(各50分)・面接<br>併願:国・数・英・理・社(各50分) |
| ○受験料 | 20,000円 |
| ○提出書類 | 入学志願書・個人報告書(調査書)・推薦書(推薦志願) |
| ○追加募集 | 1.5次:2/17 2次:なし |
| ◆転・編入 | 相談可 |
| ◆帰国生 | 相談可 |

## 2024年度 入試結果

| 普通 | 推薦・専願 | 併願 |
|---|---|---|
| 応募者数 | 74 | 56 |
| 受験者数 | 74 | 56 |
| 合格者数 | 74 | 47 |
| 実質倍率 | 1.00 | 1.19 |
| 合格最低点 | 非公表 | 非公表 |

※1.5次入試(専願応募4・受験4・合格4)

## 費用

《入手手続き時》
| | |
|---|---|
| ○入学金等 | 120,000円 |

《入学後》
| | |
|---|---|
| ○授業料 | 540,000円 |
| ○施設設備費 | 150,000円 |
| ○教育維持費 | 18,000円 |

## 奨学金・特待制度

入学時成績優秀者特別奨学制度

## 独自の留学制度

特になし

## 合格実績

2024年の進学状況(卒業者数81名)
京都華頂大学進学5名
華頂短期大学進学7名
佛教大学進学22名

他の私立大学進学24名
立命館大1、京都産業大1、龍谷大1、東洋大1、同志社女子大2、京都光華女子大2、京都ノートルダム女子大5、大谷大1、大阪樟蔭女子大1、九州産業大1、京都精華大1、甲南女子大1、国士舘大1、人間環境大1、びわこ成蹊スポーツ大1、びわこリハビリテーション専門職大1、平安女学院大1、他。

他の短期大学進学2名

専門学校進学21名

## 学校PR

将来の進路イメージにより、①教育・保育系②教養系③メディア・情報系④理系の履修モデルコースを2年生から選択します。高・大連携授業により、高校・大学(短大)との継続した学びができます。京都華頂大学、華頂短期大学に進学した場合、大学での履修単位に充当できます。併設の京都華頂大学、華頂短期大学、同一法人の佛教大学のいずれかに進学が保障されているので進路も安心です。京都華頂大学・華頂短期大学に進学した場合、入学金(20万円)が免除されます。

# 京都光華高等学校

## 学校インフォメーション

 制服　 通学（自転車通学可／直通バス）　 学内予備校　 宗教教育（仏教）　 長期休暇講習（夏・冬・春）　 探究授業　 留学制度

 学生寮　 自習スペース　 人工芝グラウンド　 スマホ持ち込み（条件付）　 特待生制度　 高大連携　ネイティブ教員

| 所在地 | 〒615-0861　京都府京都市右京区西京極野田町39 | |
|---|---|---|
| 電話 | 075-325-5234 | 生徒数　女 327人 |
| 創立 | 1939年 | 併設校　京都光華女子大学/同大学院/同短期大学部/京都光華中学校/光華小学校/光華幼稚園 |
| 校長 | 澤田　清人 | WEB　https://hs.koka.ac.jp/ |

## 教育方針・特色

校訓「真実心」(＝おもいやりの心＝慈悲の心＝摂取不捨の心)のもと、「美しいひととなろう」をスクールコンセプトに、女子の能力を最大限に伸ばし、自身の可能性を信じて、社会に向かっていこうとする姿勢を持つ「自己を確立し、未来を創造する女性」を育成します。「仏教教育」「礼儀マナー教育」「伝統文化教育」「異文化理解教育」「言語教育」といった光華リベラルアーツに加え、京都をテーマにした光華独自探究学習「京都＋(アド)ベンチャー」、留学生と交流するマルチカルチャーな空間「English Commons」、多種多様な講座から興味に応じて受講講座を自由に選べる「放課後ビュッフェ講座」、放課後の勉強をサポートする「Study Hall」、充実したICT環境を活用した「光華EdTech」など、限界を作らない教育を実践していきます。

## スクールライフ

| | |
|---|---|
| 登校時間 | 8:30 |
| 週登校日数 | 6日制(原則第2第4土曜日休校) |
| 学期制 | 3学期 |
| 制服 | あり(夏・冬) |
| 昼食 | 食堂・自販機・給食弁当制度・弁当持参可 |
| 学校行事 | 4月・学園花祭まつり・ハイキングウォーキング、5月・新入生本山研修・チームワーク大会、7月・学習合宿、8月・2年生宝塚観劇、9月・おおきに祭(文化祭)、10月・Move！、11月・学園報恩議・成道会、12月・2年生研修旅行、1月・初音会、2月・学園太子忌 |
| 修学旅行 | 3年1月　4泊6日　海外 |
| 環境・施設 | 新校舎「和順館」はWi-Fi完備に電子黒板。2教室に1つ設置されたコモンズスペースなど、主体的な学びを支える多様な設備が整った空間です。新グラウンドは水はけのよい人工芝グラウンドで雨上がり後すぐに使用可能。トラックはオールウェザーのブルータータンです。その他、図書館や食堂など各施設も新教育に合わせてリニューアルしました。 |
| クラブ活動 | 全国大会で活躍する陸上部、全国常連のソフトテニス部・スキー部など6つの運動系クラブと吹奏楽部・軽音楽部・箏曲・ダンス部・バトントワリング部・茶道部など14の文化系クラブ、4同好会があり、多くのクラブで中高生一緒に楽しく活動しています。 |
| 強化クラブ | 特になし |

## 2024年度 募集要項

- ○募集人数　女子150名:普通科(医療貢献コース/オリジナルプログラム、医療貢献コース/アドバンストプログラム、未来創造コース/オリジナルプログラム、未来創造コース/アドバンストプログラム)専門学科(国際挑戦科)　※内部進学含む
- ○願書受付　1次:1/15(月)～1/26(金)web登録後(12/1～)書類提出、窓口または郵送(消印有効)
  1.5次:2/13(火)～2/16(金)　窓口のみ
- ○選抜日時　A日程:2/10(土)
  B日程:2/11(日・祝)併願のみ　1.5次:2/17(土)
- ○合格発表　1次:2/13(火)16:00
  1.5次:2/17(土)　いずれもweb、郵送
- ○入学手続　推薦・専願:2/22(木)17:00まで
  併願:3/21(木)17:00まで
- ○選抜方法　A日程・B日程医療貢献/オリジナル・未来創造/オリジナル/国際挑戦:国・数・英(リスニング含む)(各45分各100点)・面接
  B日程医療貢献/アドバンスト・未来創造/アドバンスト:国・数・英(リスニング含む)・理・社(各45分各100点)・面接
  1.5次:作文・面接
- ○受験料　20,000円
- ○提出書類　入学志願書・個人報告書(調査書)
- ○追加募集　1.5次:2/17　2次:
- ◆転・編入　受け入れあり(要相談)
- ◆帰国生　特別対応なし

## 2024年度 入試結果

### 医療貢献コース オリジナルプログラム

| | A日程(推薦・専願) | A日程(併願)B日程(併願) |
|---|---|---|
| 応募者数 | 14 | 19 |
| 受験者数 | 14 | 16 |
| 合格者数 | 13 | 16 |
| 実質倍率 | 1.08 | 1.00 |
| 合格最低点 | 非公表　53.6%(得点率) | |

### 医療貢献コース アドバンストプログラム

| | A日程(推薦・専願) | A日程(併願)B日程(併願) |
|---|---|---|
| 応募者数 | 3 | 9 |
| 受験者数 | 3 | 8 |
| 合格者数 | 3 | 7 |
| 実質倍率 | 1.00 | 1.14 |
| 合格最低点 | 非公表　62.3%(得点率) | |

### 未来創造コース オリジナルプログラム

| | A日程(推薦・専願) | A日程(併願)B日程(併願) |
|---|---|---|
| 応募者数 | 31 | 55 |
| 受験者数 | 30 | 55 |
| 合格者数 | 29 | 55 |
| 実質倍率 | 1.03 | 1.00 |
| 合格最低点 | 非公表　36.3%(得点率) | |

※スライド合格(推薦1・併2)含まない

### 未来創造コース アドバンストプログラム

| | A日程(推薦・専願) | A日程(併願)B日程(併願) |
|---|---|---|
| 応募者数 | 3 | 6 |
| 受験者数 | 3 | 6 |
| 合格者数 | 3 | 6 |
| 実質倍率 | 1.00 | 1.00 |
| 合格最低点 | 非公表　65.0%(得点率) | |

### 国際挑戦

| | A日程(推薦・専願) | A日程(併願)B日程(併願) |
|---|---|---|
| 応募者数 | 3 | 9 |
| 受験者数 | 3 | 8 |
| 合格者数 | 3 | 7 |
| 実質倍率 | 1.00 | 1.14 |
| 合格最低点 | 非公表　50.7%(得点率) | |

## 学校PR

京都光華高等学校はどのようにみられ方をしているのでしょうか。部活動や伝統文化教育、礼儀マナーの指導に力を入れていることもあって、「生活指導の厳しいお堅い女子校」というイメージがあるのかもしれませんね。しかし、決してそんなことはありません。それは本校生徒の中に"底抜けの明るさ"と"積極性""創造性"があるからです。生徒たちは、普段から所轄「NO」と「OFF」の切り替えをホントに上手にしています。"おおきに祭"(文化祭)"Move!"(体育祭)"は自由で開放的で活気があって、すごい盛り上がりです。是非これを体験してほしいと思います。生徒たちの中には、大学に向けて受験勉強に精を出す人、部活動で全国大会を目指す人、行事等で頑張り学校生活を思いきり楽しむ人など様々ですが、彼女らは常に仲間のことをリスペクトしながら生活しています。このことは、社会に出ていく上でも、たいへん大事なことだと思って嬉しく見ています。人生を大きく左右する高等学校の3年間を京都光華で思いきり楽しく力を発揮してみませんか。私たちはそんな皆さんの成長を全力で応援します。

### アクセス

【阪急京都線】「西京極駅」、徒歩5分
【京都市バス】【京阪京都交通バス】【京都バス】「光華女子学園」下車すぐ

## 費用

《入学手続き時》
| | |
|---|---|
| ○入学金 | 140,000円 |

《入学後》
| | |
|---|---|
| ○授業料(年額) | 702,000円 |
| ○諸会費 | 119,100円 |
| ○制服代 | 約79,000円 |
| ○その他制定品費 | 約82,000円 |
| ○その他(タブレット他) | 約98,000円 |

## 奨学金・特待制度

奨学金制度あり(学業・クラブ)

## 独自の留学制度

カナダ留学　5カ月・1年
ニュージーランド　3カ月・6カ月・1年

## 合格実績

2024年の進学状況(卒業者数114名)
京都光華女子大学33名
国・公立大学合格2名
京都府立大1、滋賀県立大1。

他の私立大学合格128名
関西学院大1、関西大11、同志社大6、立命館大11、京都産業大4、龍谷大27、佛教大5、摂南大5、京都外国語大4、関西外国語大5、京都女子大4、同志社女子大4、神戸女学院大1、他。

## K.G.S. 京都女子高等学校

### 学校インフォメーション

| 制服 | 公共機関 通学 | 学内予備校 | 仏教 宗教教育 | ICT教育 | 夏・冬・春 長期休暇講習 | 海外研修 |

| 自習スペース | 蔵書数 117,000冊 図書館 | 食堂 | 条件付 スマホ持ち込み | ネイティブ教員 |

**所在地** 〒605-8501 京都市東山区今熊野北日吉町17

| 電話 | 075-531-7358 | 生徒数 | 女 982人 |
| 創立 | 1910年 | 併設校 | 京都女子中学校、京都女子大学・大学院 |
| 校長 | 林 信康 | WEB | https://kgs.ed.jp/ |

### 教育方針・特色

豊かな心と高い教養を身につけ、さまざまな課題に意欲的に取り組み、自ら解決できる自立した生徒の育成を目標にしています。その上で、自他のいのちを尊重し、他者と協働しながら社会に貢献していく意識を育んでいきます。女性の社会進出を願った本校創始者の精神は、百余年を経た現在も本校に脈々と息づいています。

### スクールライフ

| | |
|---|---|
| 登校時間 | 8:30 |
| 週登校日 | 6日制 |
| 学期制 | 3学期 |
| 制服 | あり(夏・冬) ブレザー・スカート・スラックス |
| 昼食 | 購買・食堂あり 弁当持参可 |
| 学校行事 | 体育祭(9月)・文化祭(10月) |
| 修学旅行 | 2年生11月 沖縄方面(普通科・変更の可能性あり) |
| | 3年生2月 アメリカ方面(ウィステリア科) |
| 環境・施設 | ICT環境・生徒一人一台のタブレット端末・多目的学習室「まなびのま」・花香舎(茶室) |
| クラブ活動 | [体育系] 陸上競技部・ソフトボール部・卓球部・ハンドボール部・ダンス部・バトントワリング部・少林寺拳法部・バドミントン部・バスケットボール部・剣道部・弓道部・硬式テニス部・バレーボール部 [文化系] 新聞部・フォークソング部・地学部・生物部・煎茶部・抹茶部・軽音楽部・カメラ部・美術部・演劇部・ESS部・オーケストラ部・箏曲部・華道部・コーラス部・アフレコ部・文芸部・漫画部・競技かるた部 |
| 強化クラブ | 特になし |

### 2024年度 募集要項

○募集人数 ウィステリア科:女子約40名
普通科CSコース:女子約40名
普通科Ⅱ類型:女子約70名
※いずれも外部募集

○願書受付 1/15(月) 〜1/27(土)web登録後(12/1〜)書類提出、郵送(消印有効)
※推薦は事前に出願資格の確認が必要

○選抜日時 A日程:2/10(土) B日程:2/12(月・祝)

○合格発表 2/14(水)郵送

○入学手続 推薦・専願:2/15(木)〜2/17(土)15:00
併願:2/15(木)〜2/17(土)15:00・3/20(水・祝)〜3/22(金)15:00

○選抜方法 A日程ウィステリア科推薦・Ⅱ類型推薦:国・数・英(各60分各150点)・面接(グループ約20分)
A日程ウィステリア科専願・CS・Ⅱ類型:国・数・英(各60分各150点)・理・社(各40分各100点)
B日程ウィステリア科専願・CS・Ⅱ類型:国・数・英(各60分各150点)
英検資格取得者英語得点換算あり

○受験料 15,000円

○提出書類 入学志願書・個人報告書(調査書)・英検資格提出用紙・推薦書(推薦受験者)

○追加募集 1.5次:— 2次:—

◆転・編入 受け入れあり(要相談)

◆帰国生 特別対応なし

### 2024年度 入試結果

**ウィステリア**

| | 推薦 | A日程(専願) | B日程(専願) |
|---|---|---|---|
| 応募者数 | 17 | 5 | 5 |
| 受験者数 | 17 | 5 | 5 |
| 合格者数 | 17 | 3 | 5 |
| 実質倍率 | 1.00 | 1.67 | 1.00 |
| 合格最低点 | — | 230/650 | 180/450 |

**CSコース**

| | A日程(専願) | A日程(併願) | B日程(専願) | B日程(併願) |
|---|---|---|---|---|
| 応募者数 | 10 | 64 | 12 | 126 |
| 受験者数 | 10 | 60 | 12 | 118 |
| 合格者数 | 4 | 37 | 8 | 97 |
| 実質倍率 | 2.80 | 1.6 | 1.50 | 1.22 |
| 合格最低点 | 360/650 | 370/650 | 255/450 | 270/450 |

※Ⅱ類型合格(A専5・併20、B専3・併19)含まない

**Ⅱ類型**

| | 推薦 | A日程(専願) | A日程(併願) | B日程(専願) | B日程(併願) |
|---|---|---|---|---|---|
| 応募者数 | 37 | 6 | 16 | 8 | 37 |
| 受験者数 | 37 | 6 | 16 | 8 | 36 |
| 合格者数 | 37 | 5 | 13 | 7 | 32 |
| 実質倍率 | 1.00 | 1.20 | 1.23 | 1.14 | 1.13 |
| 合格最低点 | — | 295/650 | 340/650 | 205/450 | 230/450 |

**アクセス**
京阪本線七条駅下車徒歩15分
市バス東山七条下車徒歩5分
プリンセスラインバス京都女子中高前

### 費用

《入学手続き時》
○入学金 150,000円

《入学後》(年額)
○授業料 552,000円
○施設費 100,000円
○諸会費 16,700円

※その他、学年費・旅行積立費等の費用が必要です。

### 奨学金・特待制度

・名誉校長奨学金
・保護者会奨学金
・姉妹同時在籍者の学費軽減措置

### 独自の留学制度

特になし

### 合格実績

2024年の進学状況(卒業者数326名)
京都女子大学合格123名

国・公立大学合格
京都大3、大阪大7(2)、神戸大6、大阪公立大4(2)、京都工芸繊維大5、奈良女子大4、京都府立大3、岡山大x1、滋賀大3(1)、和歌山大1、兵庫県立大1、京都教育大1、大阪教育大1、滋賀県立大2、奈良県立大1、他。

他の私立大学合格
関西学院大32(1)、関西大34(1)、同志社大39(4)、立命館大77(12)、京都産業大20(4)、近畿大45(3)、龍谷大34(9)、佛教大11、早稲田大1、慶應義塾大1、上智大1、東京理科大2、明治大2、中央大3、日本大1(1)、専修大1、大阪医科薬科大15(2)、関西医科大4(1)、兵庫医科大5(3)、大阪歯科大13(2)、京都薬科大7(1)、神戸薬科大4(1)、摂南大16(1)、神戸学院大4、京都外国語大6、関西外国語大5、大阪工業大2、京都女子大13、同志社女子大30(11)、神戸女学院大9、武庫川女子大2、他。

※( )内は既卒生内数

### 学校PR

本校は、行事の運営、クラブ活動の支援など、様々な活動が生徒たちの自治によって実施されています。特に文化祭、体育祭などは、毎年様々な趣向を凝らして本番に臨みます。一つの目標に向かい、仲間と共により良いものを作り上げ、自分一人ではできないことも協働して成し遂げていく、このような経験は今後の大きな財産になります。

# 京都聖母学院高等学校

## 学校インフォメーション

 制服
 公共機関 通学
 キリスト教 宗教教育
 ICT教育
 夏・冬・春 長期休暇講習
 習熟度別授業
 海外研修

 留学制度
 蔵書数 80,000冊 図書館
 カウンセラー
 帰国生入試
 特待生制度
 ネイティブ教員
 海外姉妹校

**所在地** 〒612-0878　京都市伏見区深草田谷町1

電話　075-645-8103
創立　1952年
校長　川口 恒久

生徒数　女 593人
併設校　聖母インターナショナルプリスクール・京都聖母学院保育園・京都聖母学院幼稚園・京都聖母学院小学校・京都聖母学院中学校
WEB　https://www.seibo.ed.jp/kyoto-hs/

## 教育方針・特色

カトリックの倫理観に基づく教育。キリスト教の理念に基づき、次世代を逞しく歩んでいける女性の育成を目指している。一人一人が神から与えられた可能性を開花させ、「愛・奉仕・正義」の建学の精神のもと、地域や国際社会に深くかかわることができる輝く女性に成長することを願っている。

## スクールライフ

| | |
|---|---|
| 登校時間 | 8:30 |
| 週登校日 | 6日制 |
| 学期制 | 3学期 |
| 制服 | あり(夏・冬) |
| 昼食 | 弁当持参、業者による弁当販売、セブンイレブン自販機、キッチンカー(不定期)あり |
| 学校行事 | 体育祭(5月)、創立記念ミサ(6月)、合唱コンクール(6月)、夏季短期語学研修(8月)、学院祭(9月)、福祉体験の日(11月)、クリスマスミーティング(12月) |
| 修学旅行 | 2年生11月 4泊5日 シンガポール (2023年度はオーストラリア) |
| 環境・施設 | 駅から極めて近く60,000㎡の広さを誇る緑豊かなキャンパス。保育園・プリスクール・幼稚園・小学校・中学校・高等学校と同じ敷地内にある総合学園で学習環境は抜群。中央に位置する赤煉瓦の建物は学園のシンボルで登録有形文化財に指定され京都でも屈指の歴史ある建造物である。また敷地内奥には、海外の様々なシチュエーションでの英会話に自然と入り込めるような実践型英語学習施設(ELC)があり、生きた英語学習が可能。 |
| クラブ活動 | 運動系:新体操、ダンス、バトントワリング、サッカー、バレーボール、バスケットボール、バドミントン、水泳、ソフトテニス 文化系:吹奏楽、コーラス、ハンドベル、写真、演劇、軽音楽、美術、茶道、文芸、放送、ESS、サイエンス、社会事業、調理同好会 |
| 強化クラブ | 吹奏楽部、新体操部 クラブ特待生制度あり |

## 2024年度 募集要項

- **募集人数**　普通科:女子180名　III類(最難関特進コース)、II類(特進コース)、看護系大学進学コース、I類GSC(グローバルスタディーズコース)、I類(大学連携コース) ※内部進学含む ※帰国生入試は学校にお問い合わせください
- **願書受付**　1次A・B:1/15(月)〜1/31(水)WEB登録後(12/1〜)出願 消印有効
　1.5次:郵送 1/15(月)〜2/10(土)消印有効
　窓口 2/13(火)〜2/22(木)2/24(土)7:30〜8:10
　※1.5次を除く(全コース対象(出願条件あり)
- **選抜日時**　1次(推薦・専願・併願):2/10(土)
　1次B(専願・併願):2/11(日・祝)
　1.5次(専願・併願):2/24(土)
- **合格発表**　1次A・B:2/12(月)郵送、18:00web
　1.5次:2/24(土)郵送、18:00web
- **入学手続**　1次A・推薦・専願:2/19(月)23:00
　1次A・B併願・1.5次:公立高校合格発表後
- **選抜方法**　推薦(II類・看護系大学進学・I類):作文(50分)・面接
　推薦(I類GSC):作文(50分)・英語力面接
　専願・併願:国・数・英(英検3級レベルのリスニング含む)・理・社(各50分100点)
　1次A・BのIII類は5科、他3科(国数英)
- **受験料**　20,000円 ※同時出願の場合、複数日程を受験しても20,000円
- **提出書類**　入学願書・個人報告書(調査書)・推薦書(推薦出願者のみ)
- **追加募集**　1.5次:2/24
- ◆転・編入　受け入れあり(要相談)
- ◆帰国生　特別対応なし

## 学校PR

目標進路に即した学習内容で、特長のあるコース体制、コースごとの豊富な指定校推薦枠、細やかな受験指導により、現役合格率97%。また運動系9、文化系13とクラブ数も多く全体の85%以上の生徒が積極的に参加し、勉強とクラブを両立している。3年次には同志社女子大学クラスが編成され、35名まで文系学部へ進学を保証。テンプル大学ジャパンが本校キャンパス内に開設(2025年1月)

## 2024年度 入試結果

| III類 | 1次A | 1次B | 1.5次 |
|---|---|---|---|
| 応募者数 | 7 | 10 | 6 |
| 受験者数 | 7 | 9 | 1 |
| 合格者数 | 6 | 4 | 0 |
| 競争率 | 1.17 | 2.25 | ー |

合格最低点 合格ライン500点満点の70%

| II類 | 1次A | 1次B | 1.5次 |
|---|---|---|---|
| 応募者数 | 28 | 24 | 20 |
| 受験者数 | 26 | 22 | 1 |
| 合格者数 | 27 | 22 | 0 |
| 競争率 | ー | 1.00 | ー |

合格最低点 合格ライン300点満点の60%
※合格者には回し合格含む

| 看護進学 | 1次A | 1次B | 1.5次 |
|---|---|---|---|
| 応募者数 | 22 | 11 | 17 |
| 受験者数 | 22 | 11 | 1 |
| 合格者数 | 22 | 12 | 1 |
| 競争率 | ー | 1.00 | 1.00 |

合格最低点 合格ライン300点満点の55%

| I類GSC | 1次A | 1次B | 1.5次 |
|---|---|---|---|
| 応募者数 | 18 | 14 | 21 |
| 受験者数 | 18 | 10 | 2 |
| 合格者数 | 18 | 9 | 2 |
| 競争率 | 1.00 | 1.11 | 1.00 |

合格最低点 300点満点の55%＋英検3級

| I類 | 1次A | 1次B | 1.5次 |
|---|---|---|---|
| 応募者数 | 53 | 31 | 68 |
| 受験者数 | 52 | 28 | 6 |
| 合格者数 | 52 | 33 | 3 |
| 競争率 | 1.00 | ー | 2.00 |

合格最低点 合格ライン300点満点の40%
※合格者には回し合格含む

**京都**

**アクセス**
京阪本線藤森駅下車徒歩90秒
JR奈良線稲荷駅下車徒歩12分

## 費用

《入学手続き時》
| | |
|---|---|
| ○入学金 | 150,000円 |

《入学後》
| | |
|---|---|
| ○授業料 | 504,000円 |
| ○教育充実費 | 144,000円 |
| ○施設設備費 | 60,000円 |
| ○保護者会費 | 18,000円 |
| ○補助教材費(III・II・看・I) | 90,000円 |
| ○教材費(IG) | 108,000円 |
| ○制定品 | 約140,000円 |
| ○個人PC(クロームブック) | 約70,000円 |
| ○旅行積立金 | 165,000円 |

## 奨学金・特待制度

- ●特待制度(III類・II類・看護系大学進学コース合格者のみ):
　・スーパー特待生《III類のみ》(入学金・授業料・教育充実費・施設設備費全額免除)
　・授業料全額免除特待生(授業料・教育充実費全額免除)
　・授業料半額免除特待生(授業料・教育充実費半額免除)
- ●クラブ特待生制度(新体操部)(吹奏楽部)
　・入学金半額免除、実績に応じて入学金全額免除、授業料半額または全額免除

## 独自の留学制度

「夏季短期海外語学研修(2週間)」…高1・2、夏季休暇中、費用40万円(2022年度中止)
「1年間交換留学プログラム」…高1、世界各国、7月〜8月/12月〜1月、費用170万円
任意の私費留学(ターム留学・1年留学)も可能
※情勢により費用に変更あり

**女子校**

## 合格実績

**2024年の進学状況(卒業者数183名)**
**国・公立大学合格**
北海道大1、奈良女子大2、京都府立大3、広島大1、和歌山大1、他。
**私立大学合格**
関西学院大8、関西大4、同志社大12、立命館大20、京都産業大4、近畿大15、龍谷大21、佛教大15、上智大1、東京理科大1、関西外国語大5、京都女子大6、同志社女子大59、神戸女学院大4、他。
医療系(医学部・歯学部・薬学部・看護学部・獣医学部)
大阪医科薬科大2、兵庫医科大2、大阪歯科大3、京都薬科大5、神戸薬科大1、摂南大38、神戸学院大2、同志社女子大10、他。

# 同志社女子高等学校

## 学校インフォメーション

| | | | | | | |
|---|---|---|---|---|---|---|
|  なし 制服 |  自転車通学可 通学 |  キリスト教 宗教教育 |  ICT教育 |  海外研修 |  自習スペース |  90,000冊 図書館 蔵書数 |
|  人工芝グラウンド |  バリアフリー |  食堂 |  スマホ持ち込み |  カウンセラー |  高大連携 |  ネイティブ教員 |

**所在地** 〒602-0893 京都市上京区今出川通寺町西入

| | | | |
|---|---|---|---|
| 電話 | 075-251-4305 | 生徒数 | 女 803人 |
| 創立 | 1876年 | 併設校 | 同志社女子中学校・同志社大学・同志社女子大学 |
| 校長 | 中村 久美子 | WEB | https://www.girls.doshisha.ac.jp/ |

## 教育方針・特色

1876年の創立以来、同志社系列唯一の女子校として歩んできました。本校教育の根底にはキリスト教主義教育があり、毎朝の礼拝を通して自分自身を省み、他者を思う心を身に付け、聖書に言う「地の塩」・「世の光」として、社会のために自らの持つ能力を最大限に用いることのできる女性の育成に努めています。また、多くの生徒が内部推薦で同志社大学・同志社女子大学へ進学しており、受験という枠にとらわれない、自らの興味関心に応じた探究的な学びが盛んです。

## スクールライフ

| | |
|---|---|
| 登校時間 | 8:25 |
| 週登校日 | 5日制（WRコース6日制） |
| 学期制 | 3学期 |
| 制服 | なし |
| 昼食 | 弁当・食堂あり |
| 学校行事 | 6月球技大会・芸術鑑賞 10月体育祭・文化祭 12月クリスマス・ページェント |
| 修学旅行 | 2年生3月 3泊4日 沖縄 |
| 環境・施設 | 図書・情報センター（蔵書9万冊）<br>理科教室5・Creative Lab・Media Lab・和室・音楽教室2・被服教室2・調理教室・音楽練習室8・美術教室2・書道教室・体育館・トレーニング室・人工芝グラウンド |
| クラブ活動 | アーチェリー・フェンシング・スキー・バレーボール・テニス・バドミントン・バスケットボール・ワンダーフォーゲル・ソフトボール・陸上・体操<br>マンドリン・管弦楽・ハンドベル・箏曲・放送・華道・茶道・軽音楽・文芸・コミック・美術・書道・サイエンス・家庭科・聖歌隊・フレンドリーコーラス・演劇・写真・YWCA・ESS・地歴 |
| 強化クラブ | 特になし |

## 2024年度 募集要項

○ 募集人数 普通科（外部募集）：LAコース女子 専願約20名（推薦入試）
○ 願書受付 1/16(火)～1/19(金)郵送のみ（消印有効）
　　　　　　 ※出願前に受験資格の確認が必要。
　　　　　　 12/15(金)までに申請書類必着。詳細は入試センターにお問い合わせください。
○ 選抜日時 2/10(土)
○ 合格発表 2/10(土)郵送
○ 入学手続 2/16(金)16:00まで
○ 選抜方法 作文（50分400字原稿用紙3枚程度）・面接
○ 受験料 20,000円
○ 提出書類 入学志願書・個人報告書（調査書）・推薦書・活動歴報告書
○ 追加募集 1.5次： 2次：
◆ 転・編入 受け入れあり（要相談）
◆ 帰国生 特別対応なし

## 2024年度 入試結果

| 普通（LAコース） | 推薦 |
|---|---|
| 応募者数 | 27 |
| 受験者数 | 27 |
| 合格者数 | 27 |
| 実質倍率 | 1.00 |
| 合格最低点 | ― |

## 学校PR

京都市営地下鉄今出川駅から徒歩7分、京阪電鉄出町柳駅から徒歩12分と交通アクセス良好な同志社今出川キャンパスにある本校には京都だけでなく近畿各府県から通学が可能。京都御苑や同志社大学に囲まれた落ち着いた雰囲気のキャンパスで、京都の四季の移ろいを感じながら充実した高校生活を送りましょう。

## アクセス

地下鉄今出川駅から 徒歩7分
京阪出町柳駅から 徒歩12分
京都市バス同志社前下車 徒歩1分
京都市バス河原町今出川下車 徒歩5分

## 費用

| | |
|---|---|
| ○ 入学金 | 130,000円 |
| ○ 入学時納入金 | 478,500円 |
| ○ 授業料 | 670,000円 |
| ○ 教育充実費 | 130,000円 |
| ○ 諸会費 | 31,500円 |

## 奨学金・特待制度

あり

## 独自の留学制度

○ 留学先 イギリス
○ 学年 高2・3年
○ 内容 希望者対象。
　　　　 夏休みの約2週間を利用してイギリスでホームステイをしながら現地校の語学研修プログラムに参加。
○ 費用 約75万円

## 合格実績

2024年の進学状況（卒業者数259名）
同志社大学合格216名
同志社女子大学合格14名

**国・公立大学合格**
京都大（工）1、大阪大（工）1、大阪公立大（工）1、京都工芸繊維大（工芸科）2、滋賀県立大（環境科）1、京都府立医科大（医・看護）1、琉球大（医・医）1、滋賀医科大（医・医）。

**他の私立大学合格**
関西学院大（建築）2、同志社大（生命医）2、立命館大（生命科/映像/情報理工）6、近畿大（工）1、龍谷大（先端理工）1、佛教大（保健医療技術）1、早稲田大（基幹理工/先進理工）3、大阪医科薬科大（医）3、関西医科大（医・医/看護）2、兵庫医科大（医・医）1、大阪歯科大（歯）2、京都薬科大（薬）3、摂南大（看護）1、追手門学院大（法）1、大阪工業大（知的財産）1、他。

※過年度生含む

# ノートルダム女学院高等学校

右端縦:京都

右端縦:女子校

## 学校インフォメーション

制服　通学　キリスト教　宗教教育　ICT教育　長期休暇講習　海外研修　留学制度

帰国生入試　カウンセラー　特待生制度　中高大連携　ネイティブ教員　海外姉妹校

| 所在地 | 〒606-8423 | 京都市左京区鹿ヶ谷桜谷町110 |
| --- | --- | --- |

| 電話 | 075-771-0570 | 生徒数 | 女 310人 |
| 創立 | 1952年 | 併設校 | 京都ノートルダム女子大学、ノートルダム女学院中学校、 |
| 校長 | 栗本 嘉子 | | ノートルダム学院小学校 |
| | | WEB | https://www.notredame-jogakuin.ed.jp/ |

## 教育方針・特色

「徳と知」のスクールモットーのもとに、調和のとれた人間形成を目的とし、世界と人々に愛と平和をもたらし得る人材となることを目指す。良心に従った行動のできる自主性、人間の尊重に基づいた正しい礼儀と女性らしい豊かな感性、社会的責任、協力や自己犠牲のできる開かれた心と勇気を養うことを目標とする。具体的行動の実践として、4つの動詞「尊ぶ」「対話する」「共感する」「行動する」をミッション・コミットメント（私たちの決意）として学園全体で共有していく。

## スクールライフ

| 登校時間 | 8:25 |
| --- | --- |
| 週登校日 | 6日制 土曜午前授業 |
| 学期制 | 3学期 |
| 制服 | あり（夏・冬） |
| 昼食 | 弁当持参可 弁当販売 |
| 学校行事 | 黙想会（4月）・遠足（4月）・スポーツデー（6月）・合唱祭（7月）・文化祭（9月）・体育祭（10月）・高3指輪贈呈式（10月）・キャンドルサービス（12月）・高1研修旅行（3月） |
| 修学旅行 | 1年生3月（プレップ・STE@Mは、沖縄・アメリカの選択制／グローバル英語コースは、3ヶ月留学プログラム） |
| 環境・施設 | 普通教室（電子黒板）・体育館・講堂・CALL教室・PBL教室・図書館・ユージニア館（合宿・研修施設）・茶室・生徒食堂など。全館Wi-Fi環境完備。 |
| クラブ活動 | 【体育系】バスケットボール・バドミントン・バレーボール・剣道・硬式テニス・卓球・陸上競技 |
| | 【文化系】オーケストラ・コーラス・ボランティア・軽音楽・演劇・E.S.S.・カメラ・美術・科学・ハンドクラフト・囲碁・放送局 |
| 強化クラブ | 剣道・バスケットボール・バドミントン・オーケストラ・放送局 |

## 2024年度 募集要項

- ○募集人数 普通科（外部募集）：女子約75名（STE@M探究コース、グローバル英語コース、プレップ総合コース）
  ※帰国生入試の詳細は学校にお問い合わせください
- ○願書受付 web登録後（12/1〜）書類提出
  1次（推薦・専願・併願A）：1/15（月）〜1/26（金）郵送は消印有効
  1.5次（専願・併願）：2/13（火）〜2/20（火）窓口のみ
- ○選抜日時 1次：推薦・専願・併願A日程 2/10（土）
  併願B日程 2/11（日・祝）
  1.5次：2/21（水）
- ○合格発表 1次：2/13（火）　1.5次：2/22（木）
  いずれも17:00web、午後郵送
- ○入学手続 1次：推薦・専願2/19（月）23:00まで
  併願3/19（火）23:00まで
  1.5次：専願2/28（水）23:00まで
  併願3/19（火）23:00まで
- ○選抜方法 1次（推薦）：国・英・数（各50分各100点）・面接（10分）
  1次（専願）：国・英・数・社・理（各50分各100点）・面接（10分）
  ※グローバル英語コースの面接は英語面接含む
  1次（併願A）：国・英・数・社・理（各50分各100点）
  （併願B）：国・英・数（各50分各100点）
  1.5次：国・英・数（各50分各100点）・面接（専願のみ）
- ○受験料 20,570円（合否結果通知郵送料含む）
  ※AB日程同時出願も20,570円
- ○提出書類 入学志願書・個人報告書（調査書）・推薦書
- ○追加募集 1.5次：2/21　2次：未定
- ◆転・編入 受け入れあり（要相談）
- ◆帰国生 あり（要相談）

## 2024年度 入試結果

STE@M探究コース

| | 1次（推薦・専願） | 1次（併願A）・（併願B） |
| --- | --- | --- |
| 応募者数 | 8 | 17 |
| 受験者数 | 8 | 17 |
| 合格者数 | 8 | 14 |
| 実româi倍率 | 1.00 | 1.21 |
| 合格最低点 | — | 337/500 |

グローバル英語コース

| | 1次（推薦・専願） | 1次（併願A）・（併願B） |
| --- | --- | --- |
| 応募者数 | 11 | 10 |
| 受験者数 | 11 | 10 |
| 合格者数 | 11 | 9 |
| 実質倍率 | 1.00 | 1.11 |
| 合格最低点 | — | 282/500 |

プレップ総合コース

| | 1次（推薦・専願） | 1次（併願A）・（併願B） |
| --- | --- | --- |
| 応募者数 | 29 | 18 |
| 受験者数 | 29 | 17 |
| 合格者数 | 29 | 17 |
| 実質倍率 | 1.00 | 1.00 |
| 合格最低点 | — | 220/500 |

## アクセス

京阪祇園四条駅よりスクールバス利用で学校まで約18分
地下鉄東西線蹴上駅よりスクールバス利用で学校まで約12分
京都市バス錦林車庫前より徒歩8分、上宮ノ前町より徒歩5分

## 費用

《入学手続き時》
| ○入学金 | 150,000円 |
| --- | --- |

《入学後》
| ○授業料 | 580,000円 |
| --- | --- |
| ○校費・施設設備費 | 200,000円 |
| ○父母の会・生徒会費 | 18,000円 |
| ○教育補助活動費 | 180,000円 |
| ○預金口座引落料 | 990円 |
| ○制定品 | |
| （制服・制かばん・体操用品等） | 約100,000円 |
| ○コース料 | |
| STE@M探究コース | 50,000円 |
| グローバル英語コース | 50,000円 |
| タブレット代 STE@M探究コースのみ | 約85,000円 |

## 奨学金・特待制度

奨学生制度
ファミリー特典制度
姉妹同時入学特典制度
カトリック信者特典制度

## 独自の留学制度

卒業年度を遅らせることなく卒業できる1年留学制度や、アメリカにある姉妹校への派遣留学制度あり

## 合格実績

2024年の進学状況（卒業者数107名）
京都ノートルダム女子大学合格22名

他の私立大学合格
関西学院大6、関西大6、同志社大5、立命館大10、京都産業大8、甲南大1、龍谷大3、上智大6、明治大1、立教大1、大阪医科薬科大2、京都薬科大1、摂南大（看護医療系）1、京都外国語大2、京都女子大3、同志社女子大2、神戸女学院大6、他。

## 学校PR

英語教育のノートルダムだから生まれた3つのグローバルコースを展開しています。これまでノートルダム女学院が培ってきたグローバル教育を全コースに生かし、どちらのコースでも高い英語運用能力を身につけることを目指します。また英語力だけでなく、自分自身の周りや社会で起きているさまざまなことに興味・関心を持ち、主体的に行動できるグローバルマインドを育てます。

# 平安女学院高等学校

## 学校インフォメーション

 制服
 自転車通学可 通学
 学内予備校
 キリスト教 宗教教育
 夏・冬 長期休暇講習
 留学制度
 蔵書数 40,000冊 図書館

 人工芝グラウンド
 食堂
 スマホ持ち込み
 カウンセラー
 奨学生制度

高・大 高大連携

海外・姉妹校

**所在地** 〒602-8013 京都市上京区下立売通烏丸西入五町目町172-2

| | |
|---|---|
| 電話 | 075-414-8101 |
| 創立 | 1875年 |
| 校長 | 今井 千和世 |

| | |
|---|---|
| 生徒数 | 女 442人 |
| 併設校 | 平安女学院大学・平安女学院中学校・大学付属こども園 |
| WEB | https://jh.heian.ac.jp/ |

## 教育方針・特色

キリスト教精神と「なりたい自分」になるプログラムに基づき、
- ●グローバル社会で活躍できる知性を身につけた女性
- ●人の喜びをわが喜びにできる豊かな感受性を備えた女性
- ●希望に向かって諦めず励む凛とした女性
- ●自分の意思で自分の道を歩んでいける自立した女性

を育てます。

## スクールライフ

| | |
|---|---|
| 登校時間 | 8:15 |
| 週登校日 | 5日制 |
| 学期制 | 3学期 |
| 制服 | あり(夏・冬) |
| 昼食 | 食堂・お弁当 |
| 学校行事 | 体育祭(5月)・文化祭(9月)・イースター礼拝(4月)、団体鑑賞(5月)、体育祭(6月)、文化祭(9月)、収穫記念礼拝(11月)、クリスマス・カンタータ(12月)、姉妹校交流(過年度実績) |
| 修学旅行 | 長野、神奈川(昨年度) |
| 環境・施設 | 最寄り駅は地下鉄「丸太町駅」。JRや私鉄各線とのアクセスが良好。京都御苑に隣接した御所西エリア。京都府庁・京都府警本部などにも近く安心・安全な環境。聖アグネス協会・明治館といった文化財指定の歴史的建造物もあります。校舎には体育館・人工芝グラウンド・テニスコート・コンピュータ室・音楽室・食堂などがあります。 |
| クラブ活動 | 【運動系】体操(新体操・器械体操)、テニス、バトミントン、卓球、バレーボール、バスケットボール<br>【文科系】吹奏楽、コーラス、ハンドベル、箏曲、美術、UNESCO・YWCA、理科、ダンス、軽音楽、バトン<br>【課外活動】いけばな、茶道、韓国語、書道、クッキング |
| 強化クラブ | 体操、吹奏楽、コーラス、ハンドベル |

## 2024年度 募集要項

| | |
|---|---|
| ○募集人数 | 普通科(外部募集):女子90名(アグネス進学(AS)コース約30名、幼児教育進学(CS)コース約30名、立命館進学(RS)コース専願約10名、ミルトスコース(単位制)専願約20名) |
| ○願書受付 | 1/15(月)～1/31(水)<br>web登録後(12/1～)書類提出、郵送 |
| ○選抜日時 | AS・CS・RSコース:2/10(土)<br>ミルトスコース:2/11(日・祝) |
| ○合格発表 | 2/13(火)web16:00、郵送 |
| ○入学手続 | 推薦・専願2/19(月)24:00まで<br>併願3/21(木)24:00まで |
| ○選抜方法 | AS・CS・RSコース:国・数・英(リスニング約10分含む)(各60分各100点)・理・社(各50分各100点)・面接(推薦・専願)<br>推薦は3科(国数英)、専願・併願は5科<br>ミルトスコース:国・数・英(各40分各100点)<br>基礎確認テスト・面接 |
| ○受験料 | 20,000円 |
| ○提出書類 | 入学志願書・個人報告書(調査書)・推薦書(推薦受験者) |
| ○追加募集 | 1.5次:— 2次:— |
| ◆転・編入 | 受け入れあり(要相談) |
| ◆帰国生 | 特別対応なし |

## 2024年度 入試結果

アグネス進学(AS)コース

| | 推薦 | 専願 | 併願 |
|---|---|---|---|
| 応募者数 | 29 | 5 | 19 |
| 受験者数 | 29 | 5 | 17 |
| 合格者数 | 29 | 5 | 16 |
| 実質倍率 | 1.00 | 1.00 | 1.06 |
| 合格最低点 | 非公表 | 230/500<br>(合格判定ライン) | 240/500<br>(合格判定ライン) |

※転コース合格(専3・併2)含まない

幼児教育進学(CS)コース

| | 推薦 | 専願 | 併願 |
|---|---|---|---|
| 応募者数 | 7 | 0 | 0 |
| 受験者数 | 7 | 0 | 0 |
| 合格者数 | 7 | 0 | 0 |
| 実質倍率 | 1.00 | — | — |
| 合格最低点 | 非公表 | 200/500<br>(合格判定ライン) | 210/500<br>(合格判定ライン) |

※転コース合格(併1)含まない

立命館進学(RS)コース

| | 推薦 | 専願 |
|---|---|---|
| 応募者数 | 36 | 9 |
| 受験者数 | 36 | 9 |
| 合格者数 | 36 | 4 |
| 実質倍率 | 1.00 | 2.25 |
| 合格最低点 | 非公表 | 325/500<br>(合格判定ライン) |

## アクセス

京都市営地下鉄・烏丸線丸太町駅から徒歩3分
京阪電鉄神宮丸太町駅から徒歩15分、バス約7分

## 費用

**《入学手続き時》**

| | |
|---|---|
| ○入学金 | 100,000円 |
| ○施設費 | 20,000円 |

**《入学後》**

| | |
|---|---|
| ○授業料 | 580,000円 |
| ○教育充実費 | 175,000円 |
| ○保護者会費 | 15,000円 |

## 奨学金・特待制度

(1)高大連携奨学生〈アグネス進学コース・幼児教育進学コース〉(半額・全額給付)
(2)特別奨学生〈アグネス進学コース対象〉(半額・全額給付)

## 独自の留学制度

- ・単位認定留学制度あり
- ・姉妹校、交流校あり

## 合格実績

2024年の進学状況(卒業者数140名)
平安女学院大学11名(国際観光2、子ども教育9)

他の私立大学進学115名
関西学院大4、関西大2、同志社大1、立命館大68、近畿大3、龍谷大3、佛教大1、立教大1、大阪歯科大1、摂南大2、京都外国語大1、京都女子大1、同志社女子大3、神戸女学院大2、国際基督教大1、立命館アジア太平洋大1、大谷大2、京都ノートルダム女子大4、京都光華女子大3、京都精華大1、京都看護大1、京都先端科学大1、京都文教大1、京都芸術大2、京都橘大1、大阪樟蔭女子大1、大阪体育大1、朝日大1。

短期大学進学2名

専門学校進学10名

## 学校PR

平安女学院は英国国教会の流れをくむ米国聖公会の女性宣教師によって1875年に創設され、以来約150年間、キリスト教教育を教育の柱として据えて来ました。3コース制で一人ひとりの進路実現に向けて確かな学力を養います。多様な進路を実現する「アグネス進学(AS)コース」。保育士・幼稚園教諭・小学校教諭を目指す「幼児教育進学(CS)コース」、資格を満たした希望者全員を立命館大学・立命館アジア太平洋大学へ推薦する「立命館進学(RS)コース」です。

# 京都近畿情報高等専修学校

IKC

## 学校インフォメーション

 制服
 自転車通学可 / 通学
 ICT教育
 長期休暇講習
 探究授業
 習熟度別授業
 自習スペース

 図書館
 人工芝グラウンド
 バリアフリー
 スマホ持ち込み 条件付
 特待生制度
 奨学生制度
 カウンセラー

**所在地** 〒601-1366 京都市伏見区醍醐大構町27-2

| | | | |
|---|---|---|---|
| 電話 | 075-634-5635 | 生徒数 | 男 48人 女 6人 |
| 創立 | 2020年 | 併設校 | ― |
| 校長 | 寶田 敏清 | WEB | https://www.kytkinki.ed.jp/ |

**アクセス**
京都市営地下鉄東西線「醍醐」駅より南へ約400m

## 教育方針・特色

「品位」「誠意」「術」を校訓として、豊かな教養と調和のとれた人格を持ち、未来の社会を担う職業人の育成を目指しています。卒業後の進路を見据え、基礎基本を重視した学習指導を行い、生徒の学力向上を図っていきます。

## スクールライフ

| | |
|---|---|
| 登校時間 | 8:50 |
| 週登校日 | 6日制(土曜日は隔週) |
| 学期制 | 3学期 |
| 制服 | 有り |
| 昼食 | 弁当持参 |
| 学校行事 | 校外学習(4月・5月)文化祭(11月) |
| 修学旅行 | 北海道・東京ディズニーランド(実施時期は未定) |
| 環境・施設 | 2020年4月創立の京都府で唯一の新しい高等専修学校です。豊臣秀吉が花見を催した醍醐寺の近くにあり、緑豊かな環境で学習することが出来ます。学内のLAN環境はコンピューター室や職員室などが一つのネットワークとして連結されています。 |
| クラブ活動 | 同好会……eスポーツ、卓球 |
| 強化クラブ | 特になし |

## 2024年度 募集要項

- ○募集人数 70名
- ○願書受付 特別推薦受付:1/19(金)〜2/7(水)
  1次受付:1/19(金)〜2/7(水)
  1.5次受付:2/13(火)〜2/22(木)
- ○選抜日時 特別推薦入試:2/10(土)面接(保護者同伴)
  1次:2/10(土)国語、数学・11(日・祝)面接(生徒のみ)
  1.5次:2/24(土)国語、数学、面接(生徒のみ)
- ○合格発表 試験終了後3日以内に郵送通知
- ○入学手続 専願者(1次)は、合格通知後2/16(金)までに入学金を納付
  専願者(1.5次)は、合格通知後3/5(火)までに入学金を納付
  併願合格者(1次、1.5次)は、公立高校合格発表後、本校指定日までに入学金を納付
- ○選抜方法 国語・数学(各100点/50分)・面接
- ○受験料 13,000円
- ○提出書類 入学志願書・個人報告書(調査書)
- ○追加募集 1.5次:― 2次:―
- ◆転・編入 受け入れあり(要相談)
- ◆帰国生 特別対応なし

## 2024年度 入試結果

| 情報ビジネス | 専願 | 併願 |
|---|---|---|
| 1次受験者数 | 15 | 2 |
| 2次受験者数 | 0 | 0 |

## 費用

《入学手続き時》
| | |
|---|---|
| ○入学金 | 160,000円 |

《入学後》
| | |
|---|---|
| ○授業料 | 480,000円 |
| ○教育実習費 | 96,000円 |
| ○修学旅行等積立金 | 91,200円 |
| ○長尾谷高等学校授業料 | 60,000円 |
| ○教科書・学用品 | 約34,000円 |
| ○制服・通学用鞄・靴等 | 約140,000円 |
| ○施設・維持費 | 60,000円 |
| ○生徒会費 | 5,600円 |
| ○諸活動費 | 600円 |

## 奨学金・特待制度

特別推薦入学制度
特別入学制度

## 独自の留学制度

特になし

## 合格実績

2024年の進学状況(卒業者数7名)
大学合格 1名

専門学校合格 6名

## 学校PR

①2020年4月開校した新しい学校で教室の壁、天井が木材が多く使用され、ぬくもりを感じる環境で学習が出来ます。②生徒に寄り添い、一人ひとりを大切にした教育を行います。それぞれの学力や習熟度に合わせてゆっくり丁寧に指導します。③長尾谷高等学校と技能連携し、高等学校の卒業資格が取得できます。

# 綾羽高等学校

## 学校インフォメーション

 制服
 公共機関 通学
 学内予備校
 ICT教育
 長期休暇講習
 探究授業
 人工芝グラウンド

 スマホ持ち込み 条件付
 カウンセラー
 奨学生制度
 ネイティブ教員

**所在地　〒525-0025　滋賀県草津市西渋川1-18-1**

| | |
|---|---|
| 電話 | 077-563-3435 |
| 創立 | 1965年 |
| 校長 | 高萩 康全 |

| | |
|---|---|
| 生徒数 | 男 404人　女 397人 |
| 併設校 | なし |
| WEB | https://www.ayaha.ed.jp/ |

**アクセス**
JR琵琶湖線草津駅下車徒歩7分

## 教育方針・特色

学習を通して社会への適応に必要な知識を習得するとともに、社会実習を通して社会性や正しい職業観・勤労観を養っていく「行学一致」を建学の精神とし、社会で活躍する人材の育成を目的とする。

## スクールライフ

| | |
|---|---|
| 登校時間 | 8:40 |
| 週登校日 | (全日・定時)5日制／(通信)1日制 |
| 学期制 | 3学期(通信制は2学期) |
| 制服 | あり(夏・冬) |
| 昼食 | 弁当持参 |
| 学校行事 | バス旅行(4月)、体育祭(9月)、修学旅行(2年生・9月)、文化祭(11月) |
| 修学旅行 | 2年生9月 3泊4日 国内 |
| 環境・施設 | 教室、コモンスペース、コンピュータ室、美容実習室、製菓実習室、調理実習室、介護実習室、入浴実習室、図書館、野球グラウンド、サッカーグラウンド、進路指導室、柔剣道場、体育館 |
| クラブ活動 | サッカー部、硬式野球部、柔道部、女子バレーボール部、ソフトテニス部、バドミントン部、男子バスケットボール部、女子バスケットボール部、剣道部、陸上競技部、卓球部、吹奏楽部、芸術部、軽音楽部、情報処理部、家庭部、ボランティア部、科学部、特別講座部 |
| 強化クラブ | サッカー部、硬式野球部、柔道部、女子バレーボール部、ソフトテニス部 |

## 2024年度 募集要項

○募集人数　全日制(月～金8:40～15:10):普通科185名(普通コース、情報コース、製菓コース)
昼間定時制(月～金8:40～13:00):食物調理科40名、普通科40名(美容コース、普通コース)
通信制課程(土9:00～16:00):普通科週末コース105名
○願書受付　全日制・定時制:1/12(金)～1/19(金)12:00 web登録後(12/1～)書類提出、窓口または郵送(必着)
週末コース(専願):①1/12(金)～1/26(金) ②2/16(金)～2/29(木) ③3/12(火)～3/22(金)持参または郵送(必着)
※出願前に中学校を通して学校見学が必要
○選抜日時　全日制・定時制:併願2/1(木) スポーツ推薦・専願2/2(金)
週末コース:①2/9(金) ②3/13(木) ③3/25(月)
○合格発表　全日制・定時制:2/6(火)中学校宛に郵送
週末コース:①2/15(木) ②3/13(水) ③3/26(火) いずれも郵送
○入学手続　全日制:スポーツ推薦・専願2/9(金)まで
併願:前納金2/9(金)まで、後納金3/13(水)15:00まで
※他府県の公立高校受験者は合格発表当日15:00まで
週末コース:合格通知の指定日
○選抜方法　全日制(スポーツ推薦):作文30分400字・面接(グループ) 事前審査あり
全日制・定時制(専願):国・選択(社・数・理・英より1科) 各30分・面接(グループ)
全日制・定時制(併願):国・社・数・理・英 各30分
週末コース:基礎学力検査(国)・面接
○受験料　20,000円
○前納金　20,000円
○後納金　130,000円
○提出書類　入学志願書・個人報告書(調査書)
○追加募集　1.5次:― 2次:
◆転・編入　受け入れあり(要相談)
◆帰国生　特別対応なし

## 2024年度 入試結果

**全日制普通科**

| | 専願 | 併願 |
|---|---|---|
| 応募者数 | 107 | 684 |
| 受験者数 | 107 | 682 |
| 合格者数 | 105 | 678 |
| 実質倍率 | 1.02 | 1.01 |
| 合格最低点 | ― | ― |

**昼間定時制食物調理**

| | 専願 | 併願 |
|---|---|---|
| 応募者数 | 29 | 21 |
| 受験者数 | 29 | 21 |
| 合格者数 | 27 | 18 |
| 実質倍率 | 1.07 | 1.17 |
| 合格最低点 | ― | ― |

**昼間定時制普通科**

| | 専願 | 併願 |
|---|---|---|
| 応募者数 | 46 | 60 |
| 受験者数 | 46 | 60 |
| 合格者数 | 33 | 40 |
| 実質倍率 | 1.39 | 1.50 |
| 合格最低点 | ― | ― |

**通信制普通科**

| | 専願 |
|---|---|
| 応募者数 | 50 |
| 受験者数 | 50 |
| 合格者数 | 50 |
| 実質倍率 | 1.00 |
| 合格最低点 | ― |

## 費用

○入学金
(全日制課程・昼間定時制課程)　150,000円
(通信制課程)　80,000円

○授業料等
(全日普通、情報)　550,000円
(製菓)　586,000円
(食物)　496,000円
(美容・定時普通)　425,000円
(週末)　398,500円
○その他
(諸会費)　学科コースごとに異なる
(生徒PC端末代)　72,600円
情報のみ156,200円
(製菓コース、美容コース) 別途専門学校の納入金が必要

## 奨学金・特待制度

あり

## 独自の留学制度

特になし

## 合格実績

2024年の進学状況(卒業者数254名)
私立大学合格
立命館大、京都産業大、佛教大、龍谷大、追手門学院大、びわこ学院大、びわこ成蹊スポーツ大、長浜バイオ大、大谷大、京都光華女子大、京都精華大、京都先端科学大、京都橘大、京都文教大、明治国際医療大、大阪青山大、大阪学院大、大阪産業大、大阪商業大、亜細亜大、桜美林大、摂南大、天理大、北陸大、他。

## 学校PR

将来の職業を見据え、それに必要となる資格取得を目指す学科コースの設置。
各学科コースで「探究型学習」を取り入れ、主体的・対話的で深い学びを実践し、生活力を高めることができる。強化指定クラブでは、種目ごとの技能を伸ばすとともに、礼儀や精神力、忍耐力の向上を育む。

# 近江高等学校

## 学校インフォメーション

 制服
 公共機関 通学
 ICT教育
 夏・冬・春 長期休暇講習
 探究授業
 習熟度別授業
 海外研修

 学生寮
 自習スペース
 人工芝グラウンド
 食堂
 スマホ持ち込み 条件付
 カウンセラー
 奨学金制度

**所在地** 〒522-0002 滋賀県彦根市松原町3511-1

| | |
|---|---|
| 電話 | 0749-22-2323 |
| 創立 | 1938年 |
| 校長 | 伊東 洋 |

| | |
|---|---|
| 生徒数 | 男 432人 女 335人 |
| 併設校 | なし |
| WEB | https://www.ohmi-h.ed.jp/ |

**アクセス**
JR琵琶湖線彦根駅下車徒歩18分

## 教育方針・特色

スクールモットー
夢を語ろう 誠を尽くそう 高みを目指そう
スクール・ミッション
私学としての独自性をもち、生徒の進路希望・能力・適性に応じ、豊かな個性と明朗闊達で誠実・勤勉な人物を育て、もって将来社会の発展に貢献できる人材を育成する。

## スクールライフ

| | |
|---|---|
| 登校時間 | 8:50 |
| 週登校日 | 5日制 |
| 学期制 | 3学期 |
| 制服 | あり(夏・冬) |
| 昼食 | 購買・食堂あり 弁当持参可 |
| 学校行事 | 体育祭(6月)・文化祭(9月) |
| 修学旅行 | 2年生12月 3泊5日 ハワイ |
| 環境・施設 | 青和寮・硬式野球場・教育研究棟・多目的大ホール・トレーニングルーム・サブスポーツルーム・体育館・テニスコート・コモンスペース・図書室・セミナーハウス・カフェテリア・夏川記念会館・第2グランド・第3グランド |
| クラブ活動 | 【体育クラブ】硬式野球、男子柔道、男子バレーボール、女子バレーボール、男子卓球、陸上競技、女子ハンドボール、男子サッカー、男子テニス、女子テニス、バドミントン、弓道<br>【文化クラブ】吹奏楽、華道、軽音楽、書芸、ダンス、ESS、新聞、放送、生徒会 |
| 強化クラブ | 硬式野球(男子)・柔道(男子)・バレーボール(男女)・卓球(男子)・陸上競技(男女)・サッカー(男子)・吹奏楽(男女) |

## 2024年度 募集要項

○募集人数 普通科:男女280名(アカデミーコース、アドバンスコース、プロスペクトコース)
グローバル探究科:男女80名(グローバル探究コース)
○願書受付 1/12(金)〜1/19(金)12:00 web登録後(12/1〜)書類提出、中学校経由で窓口または郵送(必着)
○選抜日時 アカデミー・グローバル探究・アドバンスコース(専願)、全コース(併願):2/1(木)
プロスペクト(専願):2/2(金)
○合格発表 2/6(火)中学校へ郵送
○入学手続 専願:2/9(月)まで
併願:前納金2/9(月)まで、後納金3/13(水)15:00まで
○選抜方法 アカデミー・グローバル探究・アドバンスコース(専願)、全コース(併願):国・英・数・社・理 各40分・面接
プロスペクト(専願):国・数・理(計40分)・英・社・作文(計40分)・面接
英検・漢検・数検3級以上優遇あり
○受験料 20,000円
○提出書類 入学志願書・個人報告書(調査書)・推薦書(専願・奨学生制度または特待生制度利用の者)
○追加募集 1.5次:— 2次:—
◆転・編入 受け入れあり(要相談)
◆帰国生 特別対応なし

## 2024年度 入試結果

### アカデミーコース

| | 専願 | 併願 |
|---|---|---|
| 応募者数 | 29 | 459 |
| 受験者数 | 29 | 454 |
| 合格者数 | 28 | 387 |
| 実質倍率 | 1.04 | 1.17 |
| 合格最低点 | — | — |

### アドバンスコース

| | 専願 | 併願 |
|---|---|---|
| 応募者数 | 125 | 531 |
| 受験者数 | 125 | 529 |
| 合格者数 | 101 | 501 |
| 実質倍率 | 1.24 | 1.06 |
| 合格最低点 | — | — |

### プロスペクトコース

| | 専願 | 併願 |
|---|---|---|
| 応募者数 | 105 | 224 |
| 受験者数 | 105 | 224 |
| 合格者数 | 126 | 326 |
| 実質倍率 | — | — |
| 合格最低点 | — | — |

### グローバル探究

| | 専願 | 併願 |
|---|---|---|
| 応募者数 | 24 | 77 |
| 受験者数 | 24 | 77 |
| 合格者数 | 21 | 67 |
| 実質倍率 | 1.14 | 1.15 |
| 合格最低点 | — | — |

※第2・3志望合格含む

## 費用

### 《入学手続き時》
| | |
|---|---|
| ○入学金 | 150,000円 |

### 《入学後》(年額)
| | |
|---|---|
| ○授業料 | 396,000円 |
| ○施設設備費 | 162,000円 |
| ○その他の納入金 | 72,000円 |
| ○諸経費 | 20,000円 |
| ○ICT端末購入費(保険料含む) | 約80,000円 |
| ○制服・体操服代 | 男子:73,500円<br>女子:70,300円 |
| ○研修旅行費 | 約260,000円 |

## 奨学金・特待制度

成績優秀奨学生・強化指定クラブ奨学生・併願奨学生あり。

## 独自の留学制度

特になし

## 合格実績

**2024年の進学状況(卒業者数262名)**
**国・公立大学合格16名**
金沢大1、滋賀大2、兵庫県立大1、滋賀県立大4、岐阜大1、長崎大1、鹿児島大1、長野大1、公立はこだて未来大1、高知県立大1、三重県立看護大1、山口東京理科大1。

**私立大学合格262名**
関西学院大4、関西大3、同志社大3、立命館大14、京都産業大14、近畿大23、甲南大1、龍谷大35、佛教大6、明治大1、大阪医科大1、京都薬科大1、摂南大1、神戸学院大1、追手門学院大5、桃山学院大1、関西外国語大4、武庫川女子大1、他。

## 学校PR

「学ぶことの楽しさ 喜びを感じ得る教育を」
本校は国宝彦根城を臨み、西に琵琶湖、北に伊吹の秀峰を眺め、四季折々に変化する豊かな自然に恵まれた歴史と文化に彩られています。硬式野球・男女バレーボール・サッカーなどスポーツの強豪校として知られていますが、京大・阪大などの国公立大学や、関関同立・産近佛龍などの難関私立大学へ現役合格実績を伸ばす文武兼備の学校です。

滋賀

共学校

# 近江兄弟社高等学校

滋賀 / 共学校

## 学校インフォメーション

 制服
 通学 自転車通学可 スクールバス
 学内予備校
 宗教教育 キリスト教
 ICT教育
 海外研修
 留学制度

 自習スペース
 人工芝グラウンド
 バリアフリー
 帰国生入試
 高大連携
 ネイティブ教員 ABC
 海外姉妹校

| 所在地 | 〒523-0851 | 近江八幡市市井町177 |
|---|---|---|
| 電話 | 0748-32-3444 | |
| 創立 | 1947年 | |
| 校長 | 春日井 敏之 | |
| 生徒数 | 男 499人 女 629人 | |
| 併設校 | こども園、保育園、近江兄弟社中学校 | |
| WEB | https://www.vories.ac.jp/omibh-shs | |

## 教育方針・特色

「イエス・キリストを模範とする人間教育」を教育理念、「地の塩・世の光」を学園訓とし、自己統制力のある自由人、自主独立、創造力に富む、愛と信仰を持った知性豊かな国際人を育成することを教育方針としている。創立者の理想は「生徒たちが、若い日に人類が平和に生きることを願って一身を捧げられたイエス・キリストの生き方にふれることによって、豊かな人間性を身につけ、世の中の平和を願い、友達同士が互いに助け合い、学び合うこと」であり、いまもその精神は受け継がれている。

## スクールライフ

| | |
|---|---|
| 登校時間 | 8:20 |
| 週登校日 | 5日制 |
| 学期制 | 2学期 |
| 制服 | あり(夏・冬) |
| 昼食 | 食堂あり |
| 学校行事 | 花の日礼拝(6月)、虹隣祭体育の部、文化の部(6月)、平和礼拝(7月)、学園創立記念式(9月)、ヴォーリズデー、創立者記念礼拝、研修旅行(2年)(11月)、クリスマス礼拝(12月)、単位制フェアウェルセレモニー(2月)、春季短期留学(3月) |
| 修学旅行 | 2年生11月 アジア各地の姉妹校(国際コミュニケーションはオーストラリア) |
| 環境・施設 | 本館、高校北館・東館・西館、恵愛館、希望館、捜信館、アリーナ、サブアリーナ、弓道場、武道館、野球場、人工芝グラウンド、テニスコート、体育館、グラウンド、合宿所 |
| クラブ活動 | 運動部:硬式野球(男子)、バレーボール(女子)、ハンドボール(男子)、バスケットボール(男女)、卓球(男女)、陸上競技(男女)、バドミントン(男女)、柔道(男女)、新体操(女子)、サッカー(男女)、ダンス(男女)、ハンドボール同好会(女子)、弓道(男女)、硬式テニス(男女)、剣道(男女)<br>文化部:吹奏楽、英語ディベート、合唱、美術、演劇、写真、書道、聖書研究会、茶道、華道、調理、箏曲、国際交流、インターアクト、コンピューター同好会、文芸同好会、ハンドベル同好会 |
| 強化クラブ | 運動部:硬式野球(男子)、バレーボール(女子)、ハンドボール(男子)、バスケットボール(女子)、卓球(男女)、陸上競技(男女)、バドミントン(男女)、柔道(男女)、サッカー(男女)、新体操(女子)　文化部:吹奏楽 |

## 2024年度 募集要項

| | |
|---|---|
| ○募集人数 | 国際コミュニケーション科:男女専願70名(国際コミュニケーションクラス※推薦入試含む)<br>普通科学年制課程:男女240名(アーツサイエンスクラス、グローバルクラス)<br>普通科単位制課程:男女専願80名(ヒューマンネイチャークラス)<br>帰国生は学校にお問い合わせください |
| ○願書受付 | 1/12(金)～1/19(金)12:00 web登録後(12/1～)書類提出、中学校や窓口または郵送(12:00必着) |
| ○選抜日時 | 2/1(木)、2/2(金)面接 |
| ○合格発表 | 2/6(火)16:00web、中学校へ郵送 |
| ○入学手続 | 専願:2/9(金)まで、併願:前納金30,000円2/9(金)17:00まで納入、後納金3/13(水)23:59まで |
| ○選抜方法 | 国際コミュニケーション科:国(50分200点)・数(50分100点)・英(リスニング含む)(50分300点)・社・理(各40分各100点)・面接(専願のみ)<br>普通科:国・数・英(リスニング含む)(各50分各100点)・理・社(各40分各100点)・面接(専願のみ)<br>※面接は一般専願5名グループ15分、推薦、帰国生、国際コミュニケーションクラス、ヒューマンネイチャークラス個別5分、国際コミュニケーションクラスは一部英語面接 |
| ○受験料 | 20,000円 |
| ○提出書類 | 入学志願書・個人報告書(調査書) |
| ○追加募集 | 1.5次:— 2次:— |
| ◆転・編入 | 受け入れあり(要相談) |
| ◆帰国生 | あり(事前相談) |

## 2024年度 入試結果

国際コミュニケーション

| | 専願 |
|---|---|
| 応募者数 | 47 |
| 受験者数 | 47 |
| 合格者数 | 42 |
| 実質倍率 | 1.12 |
| 合格最低点 | 270/500(換算点) |

アーツサイエンスクラス

| | 専願 | 併願 |
|---|---|---|
| 応募者数 | 108 | 665 |
| 受験者数 | 108 | 662 |
| 合格者数 | 103 | 648 |
| 実質倍率 | 1.05 | 1.02 |
| 合格最低点 | 283/500 | 295/500 |

グローバルクラス

| | 専願 | 併願 |
|---|---|---|
| 応募者数 | 101 | 296 |
| 受験者数 | 101 | 296 |
| 合格者数 | 94 | 292 |
| 実質倍率 | 1.07 | 1.01 |
| 合格最低点 | 250/500 | 250/500 |

ヒューマンネイチャークラス

| | 専願 |
|---|---|
| 応募者数 | 79 |
| 受験者数 | 79 |
| 合格者数 | 79 |
| 実質倍率 | 1.00 |
| 合格最低点 | — |

※回し合格(専10・併14)含まない
※内部進学含む

## アクセス
JR琵琶湖線近江八幡駅下車、近江バス10分ヴォーリズ学園前
県内15コーススクールバス運行

## 費用

《入学手続き時》
| ○入学金 | 150,000円 |
|---|---|

《入学後》
| ○授業料 | 420,000円 |
|---|---|
| ○学習費 | 80,000円 |
| ○施設設備費 | 158,000円 |

## 奨学金・特待制度

入試成績上位者に対する奨学金
学業優秀者に対する奨学金
スポーツ・文化活動奨学金
複数在籍者の奨学金
ファミリー奨学金

## 独自の留学制度

オーストラリア、アメリカ、韓国、ニュージーランド、タイ、マレーシア
1週間の短期から1年間の長期まで幅広く実施

## 合格実績

2024年の進学状況(卒業者数387名)
国・公立大学合格5(5)名
京都府立大1(1)、滋賀大1(1)、大阪教育大1(1)、島根大1(1)、香川大1(1)。

私立大学合格535(510)名
関西学院大10(10)、関西大6(6)、同志社大20(20)、立命館大11(11)、京都産業大14(14)、近畿大3(3)、龍谷大34(34)、佛教大12(12)、東京理科大1(1)、青山学院大2(2)、立教大2(2)、摂南大13(13)、神戸学院大2(2)、追手門学院大21(21)、桃山学院大3(3)、京都外国語大5(5)、関西外国語大18(18)、大阪経済大1(1)、大阪工業大6(2)、京都女子大3(3)、同志社女子大18(18)、神戸女学院大6(6)、他。

※( )内現役生内数

## 学校PR

創立者ヴォーリズの生き方に学び、「人間教育」を最も大切にしている。全ての教育が、実社会で活躍する幅広い知識と教養、文化的素養を身につけた人物を育成するための教育「リベラルアーツ教育」を志向している。「高大連携教育」では、大学の講師を招いての公開講座や、大学での特別講座を受講。またICTを活用したグループ・個別など様々な学習スタイルを体験できる。特にグループ討論などのアクティブラーニングに力を入れている。

# 光泉カトリック高等学校

## 学校インフォメーション

 制服  通学 自転車通学可  宗教教育 キリスト教  ICT教育  長期休暇講習 夏·冬·春  海外研修  留学制度

 自習スペース  図書館  人工芝グラウンド  食堂  特待生制度  ネイティブ教員  海外姉妹校

**所在地** 〒525-8566　滋賀県草津市野路町178

電話　077-564-7771
創立　1988年
校長　桂 幸生

生徒数　男 606人　女 363人
併設校　光泉カトリック中学校·幼稚園
WEB　https://www.kousen.ed.jp/

**アクセス**
JR琵琶湖線南草津駅下車徒歩7分

滋賀　共学校

## 教育方針·特色

キリスト教的人生観·世界観を養うため、週1時間のスクールアワーと年2回のミサを行っている。
光泉カトリック高校の理念にもとづく3つの教育目標
・カトリックの教えにもとづく人格形成
・学力の伸長による進路の保障
・創造性豊かな国際人の育成
を実現するため、日々の教育実践に取り組んでいる。

## スクールライフ

| | |
|---|---|
| 登校時間 | 8:20 |
| 週登校日 | 5日制 |
| 学期制 | 3学期 |
| 制服 | あり(夏·冬) |
| 昼食 | 購買·食堂あり 弁当持参可 |
| 学校行事 | 文化祭(9月)、体育大会(6月) |
| 修学旅行 | 2年生 2泊3日 東京方面(ディズニーランド、ディズニーシーなど) |
| 環境·施設 | 全教室冷暖房完備。全教室に電子黒板を導入。全館Wi-Fi完備·図書館·PCルーム·新グラウンド(人工芝)·食堂、他 |
| クラブ活動 | 硬式野球、陸上競技、男子バレーボール、バスケットボール、テニス、ラグビーフットボール、アイスホッケー、サッカー、剣道、バトミントン、卓球、吹奏楽、英会話、文芸漫画、自然探究·農芸、将棋、放送、華道、コーラス、聖歌隊、茶道、コンピュータ、クイズ、書道、ボランティア(インターアクトクラブ)、スペースロボットプロジェクト |
| 強化クラブ | 特になし |

## 2024年度 募集要項

| | |
|---|---|
| ○募集人数 | 普通科:男女350名(Sコース35名、Aコース70名、Lコース35名、Pコース105名、FRコース105名)※内部進学含む |
| ○願書受付 | 1/12(金)〜1/19(金)12:00 web登録後(12/1〜)書類提出、窓口または郵送(12:00必着)※スポーツ推薦·活動実績推薦は事前に出願資格審査あり |
| ○選抜日時 | 2/1(木) |
| ○合格発表 | 2/6(火)web15:00、県内中学校は中学校へ郵送、それ以外は受験者へ郵送 |
| ○入学手続 | 専願·推薦:2/9(金)17:00まで 併願:前納金2/9(金)17:00まで 後納金3/14(木)17:00まで |
| ○選抜方法 | 国·数·英·社·理 各40分各100点·面接(専願のみ、5名グループ10分)専願·併願は5科、推薦は3科(国数英) |
| ○受験料 | 20,000円 |
| ○提出書類 | 入学志願書·個人報告書(調査書) |
| ○追加募集 | 1.5次:— 2次:— |
| ◆転·編入 | 受け入れあり(要相談) |
| ◆帰国生 | 特別対応(要相談) |

## 2024年度 入試結果

| Sコース | 専願 | 併願 | Aコース | 専願 | 併願 |
|---|---|---|---|---|---|
| 応募者数 | 13 | 690 | 応募者数 | 41 | 564 |
| 受験者数 | 13 | 686 | 受験者数 | 41 | 563 |
| 合格者数 | 4 | 231 | 合格者数 | 11(15) | 188(300) |
| 実質倍率 | 3.25 | 2.97 | 実質倍率 | 3.73 | 2.99 |
| 合格最低点 | — | 410/500(合格の目安) | 合格最低点 | — | 350/500(合格の目安) |

※( )回し合格外数

| Lコース | 専願 | 併願 | Pコース | 専願 | 併願 |
|---|---|---|---|---|---|
| 応募者数 | 18 | 429 | 応募者数 | 41 | 178 |
| 受験者数 | 18 | 429 | 受験者数 | 41 | 178 |
| 合格者数 | 3(8) | 144(276) | 合格者数 | 28(27) | 104(431) |
| 実質倍率 | 6.00 | 2.98 | 実質倍率 | 1.46 | 1.71 |
| 合格最低点 | — | 315/500(合格の目安) | 合格最低点 | — | 260/500(合格の目安) |

※( )回し合格外数

| FRコース | 専願 | 併願 |
|---|---|---|
| 応募者数 | 33 | 40 |
| 受験者数 | 32 | 39 |
| 合格者数 | 32(25) | 39(183) |
| 実質倍率 | 1.00 | 1.00 |
| 合格最低点 | — | 205/500(合格の目安) |

※( )回し合格外数

## 費用

**《入学手続き時》**
○入学金　150,000円

**《入学後》**
○授業料　504,000円
○教育充実費　144,000円
○施設整備費　84,000円
○諸会費　58,200円

## 奨学金·特待制度

聖パウロ学園奨学金制度
兄弟姉妹授業料支援金制度

## 独自の留学制度

留学先　ニュージーランド·イギリスなど
内容　語学研修·海外姉妹校との交流

## 合格実績

**2024年の進学状況(卒業者数382名)**
国·公立大学合格
大阪大5、神戸大3、大阪公立大1、筑波大2、京都工芸繊維大3、京都府立大2、金沢大2、岡山大2、広島大1、滋賀大8、山口大1、兵庫県立大1、滋賀県立大16、他。

私立大学合格
関西学院大13、関西大29、同志社大39、立命館大104、京都産業大83、近畿大79、甲南大1、龍谷大249、佛教大118、早稲田大1、明治大2、青山学院大1、専修大2、京都薬科大1、摂南大15、追手門学院大19、桃山学院大2、大阪経済大8、大阪工業大16、京都女子大7、同志社女子大5、武庫川女子大6、他。医·歯·薬·看護計45名。

省庁大学校合格
防衛大1。

短期大学合格4名

専門学校合格29名

専門職大学合格4名

## 学校PR

「7時間授業で授業時間を大幅に確保」「特色あるカリキュラムで進路実現」「学力に応じた講座授業」「充実した進路指導」これらの取り組みを通じて生徒一人ひとりの個性を輝かせ、能力を最大限に引き出します。

# 幸福の科学学園関西高等学校

## 学校インフォメーション

制服 / スクールバス 通学 / 幸福の科学 宗教教育 / ICT教育 / 夏・冬・春 長期休暇講習 / 習熟度別授業 / 海外研修

学生寮 / 自習スペース / 蔵書数 20,000冊 図書館 / バリアフリー / カフェテリア / カウンセラー / ネイティブ教員 ABC

**所在地** 〒520-0248　滋賀県大津市仰木の里東2丁目16番1号

| | |
|---|---|
| 電話 | 077-573-7774 |
| 創立 | 2013年 |
| 校長 | 冨岡 無空 |
| 生徒数 | 男 118人 女 100人 |
| 併設校 | Happy Science University |
| WEB | https://kansai.happy-science.ac.jp/ |

**アクセス**
JR湖西線おごと温泉駅から徒歩15分
または路線バスのぞみ公園前下車

## 教育方針・特色

幸福の科学の教育理念をもとに創られた高等学校。人間にとって最も大切な宗教教育によって、精神性を高めながら、実学も十分に重視し、「徳力・学力・創造力」を兼ね備えた人材の輩出を目指している。また、自らを律し、自由闊達に、限りない繁栄を求める精神を校風とする。教育の特色としては、【1】学力向上のためのきめ細やかな学習指導。(①英数先行型授業、②習熟度別授業、③生徒一人ひとりに合った学習サポート、④充実した補講・特別講座)【2】世界に通用する国際性。【3】創造性あふれる企業家精神の養成。

## スクールライフ

| | |
|---|---|
| 登校時間 | 8:30 |
| 週登校日 | 6日制 |
| 学期制 | 3学期 |
| 制服 | あり(夏・冬) |
| 昼食 | カフェテリア・コンビニエンスストアあり　弁当持参可 |
| 学校行事 | 体育祭(5月)・翔龍祭(文化祭)(9月) |
| 海外語学研修 | 1年次3月　6泊7日　オーストラリア |
| 環境・施設 | 図書館・ICT教室・グラウンド・寮併設・無料スクールバス(JRおごと温泉駅-学校) |
| クラブ活動 | 剣道部・女子ダンス部・女子ソフトボール部・男子サッカー部・バスケットボール部・バトミントン部・陸上競技部・男子軟式野球部・演劇部・かるた部・合唱部・室内楽部・吹奏楽部・美術部・未来科学部 |
| 強化クラブ | ダンス部(女子)・吹奏楽部(男女)・ソフトボール部(女子) |

## 2024年度 募集要項

- ○募集人数　男女計100名(うち外部募集 約30名)
- ○願書受付　1/12(金)～1/19(金)郵送出願12:00必着
- ○選抜日時　2/1(木)
- ○合格発表　2/6(火)午後発送 同日14:00web
- ○入学手続　合格発表後～2/13(火)までに入学手続金振り込み
- ○選抜方法　●筆記試験
国語(50分:100点満点)
数学(50分:100点満点)
英語(50分:100点満点)
●面接(保護者同伴)
- ○受験料　20,000円
- ○提出書類　入学志願書・個人報告書(調査書)・自己PR書
- ○追加募集　1.5次: ―　　2次: ―
- ◆転・編入　受け入れあり(要相談)
- ◆帰国生　帰国生受験・外国人受験等を希望する者は12月末までに問合せ

## 2024年度 入試結果

| 普通 | 一般 |
|---|---|
| 応募者数 | ― |
| 受験者数 | 68 |
| 合格者数 | 67 |
| 実質倍率 | 1.01 |
| 合格最低点 | ― |

## 費用

**《入学手続き時》**

| ○入学金 | 200,000円 |
|---|---|

**《入学後》**

| ○授業料 | 420,000円 |
|---|---|
| ○施設設備資金・教材費 | 180,000円 |
| ○諸費用等 | 75,600円 |

※寮生は、別途寮費が必要。

## 奨学金・特待制度

幸福の科学学園生徒を対象とする「幸福の科学学園奨学金制度」があります。詳細は学校にお問い合わせください。

## 独自の留学制度

特になし

## 合格実績

**2024年の進学状況(卒業者数64名)**
**国・公立大学合格**
東京大、京都大、一橋大、大阪大、神戸大、名古屋大、滋賀大、広島大、島根大(医・医)、富山大、鳥取大、香川大、鹿児島大

**私立大学合格**
関西学院大、関西大、同志社大、立命館大、京都産業大、近畿大、龍谷大、早稲田大、上智大、青山学院大、摂南大、神戸女学院大、東京理科大、南山大、愛知大、愛知学院大、京都橘大、熊本学園大、北海道医療大、松山大

**高等宗教研究機関・専門学校等合格**
Happy Science University、相生市看護専門学校、大阪情報ITクリエーター専門学校、大阪バイオメディカル専門学校、京都コンピュータ学院、神戸・甲陽デザイン＆テクノロジー専門学校、国際調理専門学校、セントラルトリミングアカデミー、東京ビューティアート専門学校

## 学校PR

滋賀県大津市、美しい琵琶湖を一望できる風光明媚な場所にある本校は男女共学で通学も入寮も可能な学校です。京都駅からもJR湖西線で約20分と立地にも恵まれています。発展・繁栄を校風とし、宗教教育や企業家教育を通して、未来の世界に責任を持つ「世界のリーダー」となる人材を輩出することを目指しています。熱意溢れる職員団があなたの夢を全力でサポートします！

滋賀

共学校

# 滋賀学園高等学校

## 学校インフォメーション

 制服　 ICT教育　 習熟度別授業　 留学制度　 自習スペース　 人工芝グラウンド　 バリアフリー

 カフェテリア　 スマホ持ち込み　 カウンセラー　 プレテスト　 高大連携　 ネイティブ教員　海外姉妹校

### 所在地　〒527-0003　東近江市建部北町520-1

電話　0748-23-0858
創立　1984年
校長　近藤　芳治

生徒数　528人
併設校　滋賀学園中学校・びわこ学院大学・びわこ学院大学短期大学部
WEB　https://www.shigagakuen.ed.jp/hs/

## 教育方針・特色

1. 社会に貢献できる人間の育成
2. 進取(しんしゅ)の精神と剛健な身体の育成
3. 豊かな人間性の育成
4. 学力の充実と向上
5. 充実した学習指導ときめ細やかな進路指導

滋賀学園の教育は、徹底した「ホンモノの学び」の追求です。それぞれの教師がさまざまな工夫を凝らし、飽きることのない充実した授業を展開しています。
知的好奇心を刺激する学び、深い考察に過ぎゆく時を忘れる学び、新しい世界と新たなものの見方に覚醒する学びが、あなたを大きく育てます。

## スクールライフ

| | |
|---|---|
| 登校時間 | 8:45 |
| 週登校日 | 5日制 |
| 学期制 | 3学期 |
| 制服 | あり(夏・冬) |
| 昼食 | カフェテリアあり　弁当持参可 |
| 学校行事 | 体育祭(6月)・文化祭(9月)・球技大会(3月) |
| 修学旅行 | 2年生2月 |
| 環境・施設 | 全教室冷暖房完備。従来のコンピュータ室に加えて、ゲーミングPCベンダーのMSIがトータルプロデュースしたe-sports対応のコンピュータ室を新設。全館Wi-Fi完備。各学年プロジェクター付きホワイトボードを設置。人工芝グラウンド、体育館、休憩室、福祉実習室、カフェテリア、図書室、慎の間、個別学習室、技術・美術室、トレーニング室 |
| クラブ活動 | 【運動部】硬式野球部、陸上競技部、ソフトボール部、卓球部、バレーボール部、サッカー部、ラグビー部、空手道部、弓道部、射撃部、硬式テニス部、バドミントン部、チアリーディング部、バスケットボール部<br>【文化部】書道部、吹奏楽部／ジャズオーケストラ部、美術部、コンピュータ部、ボランティア部、ESS部、生徒会、メディア研究部 |
| 強化クラブ | 特になし |

## 2024年度 募集要項

○募集人数　普通科:男女200名(グローバル特進コース、未来開進コース、アスリート躍進コース)アスリート躍進コース対象競技は硬式野球(男子)、サッカー(男子)、陸上競技(男女)、ソフトボール(女子)、卓球(女子)、バレーボール(女子)
看護科:男女専願40名(5年一貫教育)
○願書受付　1/12(金)～1/19(金)16:00　web登録後(12/1～)書類提出。窓口または郵送(12:00必着)
※アスリート躍進コース類は志願者は活動実績証明書を提出
○選抜日時　2/1(木)学科、2/2(金)面接(専願・看護科)
○合格発表　2/6(火)中学校へ郵送
○入学手続　専願:2/9(金)まで　併願:前納金2/9(金)まで後納金3/13(水)まで
○選抜方法　専願:教科学力測定入試(国数英/数英理/国英社 各50分)・面接)か自己推薦入試(面接)のいずれかを選択　併願:教科学力測定入試(国数英/数英理/国英社 各50分)
※グローバル特進コースは自己推薦入試なし
看護科:教科学力測定入試(国数英/数英理 各50分)・面接)
○受験料　20,000円
○提出書類　入学志願書・個人報告書(調査書)・自己推薦書(自己推薦入試志願)
○追加募集　1.5次: ―　2次: ―
◆転・編入　受け入れあり(要相談)
◆帰国生　特別対応なし

## 2024年度 入試結果

### グローバル特進 / 未来開進

| | グローバル特進 | | 未来開進 | |
|---|---|---|---|---|
| | 専願 | 併願 | 専願 | 併願 |
| 応募者数 | 7 | 120 | 93 | 586 |
| 受験者数 | 7 | 120 | 93 | 586 |
| 合格者数 | 7 | 118 | 93 | 582 |
| 競争率 | 1.00 | 1.02 | 1.00 | ― |
| 合格最低点 | | | | |

※自己推薦22名

### アスリート躍進 / 看護・看護専攻科

| | アスリート躍進 | | 看護・看護専攻科 | |
|---|---|---|---|---|
| | 専願 | 併願 | 専願 | 併願 |
| 応募者数 | 65 | 19 | 32 | 0 |
| 受験者数 | 65 | 19 | 32 | 0 |
| 合格者数 | 65 | 19 | 32 | 0 |
| 競争率 | 1.00 | 1.00 | 1.00 | ― |
| 合格最低点 | | | | |

※自己推薦42名

## 学校PR

2024年4月に看護科を開設。詳しくは学校ホームページでご確認ください。

---

### アクセス
JR琵琶湖線能登川駅よりスクールバス25分
近江鉄道八日市駅より徒歩20分、自転車8分
甲賀市・守山市・竜王町・彦根市・多賀町よりスクールバス運行

## 費用

《入学手続き時》
○入学金　　　　　　　　　　150,000円

《入学後》(年額)
○授業料　　　　　　　　　　414,000円
○施設設備費　　　　　　　　132,000円
○教育充実費　　　　　　　　　90,000円
○生徒会費　　　　　　　　　　12,000円
○父母と教師の会会費　　　　　12,000円
※別途、学年費、修学旅行費等が必要。

## 奨学金・特待制度

滋賀学園高等学校奨学金制度あり
滋賀学園ファミリー制度あり
※詳しくは学校ホームページでご確認ください。

## 独自の留学制度

ニュージーランド　3ヶ月留学と1年留学あり

## 合格実績

2024年の進学状況(卒業者数139名)
びわこ学院大学合格9名
びわこ学院大学短期大学部合格11名

他の私立大学合格
関西大1、同志社大2、立命館大1、京都産業大2、近畿大2、龍谷大3、佛教大1、摂南大6、追手門学院大2、大谷大1、大阪学院大2、京都文教大1、京都光華女子大2、京都先端科学大1、鈴鹿大1、他。

滋賀

共学校

# 滋賀短期大学附属高等学校

## 学校インフォメーション

 制服
 自転車通学可 通学
 学内予備校
 ICT教育
 夏・冬・春 長期休暇講習
 習熟度別授業
 海外研修

 留学制度
 自習スペース
 蔵書数 85,000冊 図書館
 食堂
 条件付 スマホ持ち込み

**アクセス**
JR琵琶湖線大津駅下車徒歩12分
京阪石山坂本線石場駅下車徒歩15分

| 所在地 | 〒520-0052 大津市朝日が丘1-18-1 |
|---|---|
| 電話 | 077-522-3465 |
| 創立 | 1918年 |
| 校長 | 小林 昌彦 |
| 生徒数 | 男267人 女426人 |
| 併設校 | 滋賀短期大学・滋賀短期大学附属幼稚園 滋賀短期大学附属すみれ保育園 |
| WEB | https://www.sumire.ac.jp/highschool/ |

## 教育方針・特色

本校の建学の精神「心技一如」は、相手のこと、周りのことを思いやりながら物事に誠実に向かおうとする品性である「心」をもって、習得したい様々な能力、つまり「技」を身につけるという意味です。心と技とは絶えず目標に向かう両輪であることを念頭において教育活動を行っています。

設置学科は普通科のみです。国公立大・難関私大を目指すⅡ類、2年次から総合進学コース、スポーツ健康コース、生活デザインコースのコース選択となるⅠ類の2つの類型があります。

## スクールライフ

| | |
|---|---|
| 登校時間 | 8:35 |
| 週登校日 | 5日制 |
| 学期制 | 3学期 |
| 制服 | あり |
| 昼食 | 食堂あり 弁当持参可 |
| 学校行事 | 体育祭（6月）、文化祭（9月）、すみれピック（3月） |
| 修学旅行 | 2年生 3泊4日（5日）マレーシア・オーストラリア選択制 |
| 環境・施設 | 図書館・アクティブラーニング教室・スタディラボ（自習スペース）・マルチホール・食堂・体育スタジオ・保育実習室・各教室Wi-Fi環境整備 |
| クラブ活動 | バスケットボール（男女）、バレーボール（女子）、硬式野球（男女）、バドミントン、ソフトボール（女子）、剣道、陸上競技、吹奏楽、ソフトテニス（男女）、卓球、サッカー、体操・新体操、軽音楽、家庭、茶道、華道、書道、イラスト、ESS、フィギュアスケート、ダンス、e-スポーツ |
| 強化クラブ | バスケットボール部（女子）、バレーボール部（女子）、硬式野球部（男子）、バドミントン部（女子）、ソフトボール部（女子）、剣道部（男女）、陸上競技部（男子）、吹奏楽部（男女） |

## 2024年度 募集要項

- ○募集人数 普通科:男女250名（Ⅱ類90名、Ⅰ類160名）
- ○願書受付 1/12（金）～1/19（金）12:00 web登録後（12/1～）書類提出、窓口または郵送（必着）
- ○選抜日時 2/1（木）、2/2（金）専願面接
- ○合格発表 2/6（火）中学校へ郵送
- ○入学手続 専願:2/13（火）まで 併願:前納金2/9（金）まで、後納金3/13（水）まで
- ○選抜方法 国・英・数・理・社（各50分各100点）・面接（専願のみ）
- ○受験料 20,000円
- ○提出書類 入学志願書・個人報告書（調査書）
- ○追加募集 1.5次： — 2次： —
- ◆転・編入 受け入れあり（要相談）
- ◆帰国生 特別対応なし

## 2024年度 入試結果

| Ⅱ類 | 専願 | 併願 | Ⅰ類 | 専願 | 併願 |
|---|---|---|---|---|---|
| 応募者数 | 50 | 375 | 応募者数 | 154 | 487 |
| 受験者数 | 50 | 374 | 受験者数 | 154 | 483 |
| 合格者数 | 42 | 314 | 合格者数 | 148 | 463 |
| 実質倍率 | 1.19 | 1.19 | 実質倍率 | 1.04 | 1.04 |
| 合格最低点 | 非公表 | 非公表 | 合格最低点 | 非公表 | 非公表 |

※回し合格（専7・併58）含まない

## 費用

《入学手続時》
専願合格者は一括150,000円納入
併願合格者は合格時、入学手続として30,000円納入
本校入学確定後、120,000円納入

《入学後》
| | |
|---|---|
| ○授業料 | 396,000円 |
| ○校費 | 78,000円 |
| ○施設設備費 | 90,000円 |
| ○生徒会費（入会費含む） | 8,500円 |
| ○保護者と教師の会費（入会費含む） | 9,000円 |
| ○後援会費（入会費含む） | 9,000円 |

※その他、教科書、教材、修学旅行についての費用あり

## 奨学金・特待制度

各種奨学生制度有り

## 独自の留学制度

ニュージーランド（3週間or3ヶ月）、カナダ（3ヶ月）の留学

## 合格実績

2024年の進学状況（卒業者数221名）
国・公立大学合格
滋賀大1。

私立大学合格
関西学院大3、関西大10、立命館大2、京都産業大22、龍谷大26、佛教大46、関西医科大1、摂南大5、追手門学院大4、京都外国語大4、関西外国語大17、京都女子大3、同志社女子大1、京都橘大75、大谷大44、他。

## 学校PR

本校は大津駅から徒歩12分の小高い丘に位置する風光明媚な場所にあり、穏やかで落ち着いた高校生活を送ることができます。定員250名の中規模校ですので一人一人に目が行き届き卒業後には自分の成長を感じることができるでしょう。国公立大・難関私学大を目指すⅡ類の特徴は少人数・到達別授業と部活との両立。非常に多くの生徒が部活動に励んでいます。多種多様な進路選択を可能にするⅠ類は3つのコースから選択できます。ゆっくりと自分と向き合い進路選択をする総合進学コース。スポーツをする支える両方からとらえ健康について学びを深めるスポーツ健康コース。保育と食についての学びを深める生活デザインコースです。是非一度オープンスクールで本校に触れてみてください。

# 比叡山高等学校

## 学校インフォメーション

 制服
 通学 公共機関
 宗教教育 仏教
 ICT教育
 長期休暇講習 夏・冬・春
 海外研修
 プール 屋外
 学生寮
自習スペース
図書館 蔵書数 30,000冊
エレベーター
食堂
スマホ持ち込み 条件付
奨学生制度

**所在地** 〒520-0113 大津市坂本4-3-1

電話 077-578-0091
創立 1873年
校長 竹林 幸祥

生徒数 男826人 女474人
併設校 比叡山幼稚園・比叡山中学校
WEB https://hieizan.ed.jp/hieizan-jh-hs/high_school/

**アクセス**
京阪石山坂本線坂本比叡山口駅下車徒歩10分
JR湖西線比叡山坂本駅下車徒歩20分

## 教育方針・特色

伝教大師が目標とされた「豊かな社会性と謙虚な奉仕の精神に燃える人材の育成」を根本とする。この宗教的人格教育の上に立って、生徒の個性・希望進路に応じた指導に最善を尽くす。

《校訓》
一隅を照らす。能く行い能く言う。己を忘れて他を利す。

日常の活動の具体的目標として、僧侶の実践目標である「掃除」「看経」「学問」をとり入れ、「掃除」「挨拶」「学問」を重視している。

## スクールライフ

| | |
|---|---|
| 登校時間 | 8:40 |
| 週登校日 | 5日制 |
| 学期制 | 3学期 |
| 制服 | あり(夏・冬) |
| 昼食 | 食堂あり、弁当持参可 |
| 学校行事 | 三塔巡拝(4月)、叡友祭(体育祭・文化祭)(9月)、体験研修(2年)(2月) |
| 修学旅行 | 2年生2月 北海道/東京・福島/鹿児島/沖縄より選択 |
| 環境・施設 | テニスコート・第1(山上)グラウンド・第2(穴太)グラウンド・第3(旧中学)グラウンド・格技場・ランチルーム・図書館など |
| クラブ活動 | 【運動部】硬式野球(男)、柔道、ソフトテニス、バスケットボール、バドミントン、水泳、軟式野球(男)、剣道、バレーボール、サッカー(男)、陸上競技、ラグビー(男)、ソフトボール(女) 【文化部】科学、写真、美術、茶道、社会問題研究、華道、文芸、家庭、軽音楽、書道、ELC、コーラス、演劇、ダンス、競技かるた 【委員会】新聞、吹奏楽、放送、ボランティア |
| 強化クラブ | 特になし |

## 2024年度 募集要項

○募集人数 普通科:男女400名(Actコース(文系・理系科目選択可)140名、Brightコース(文系・理系)140名、Crestコース(文系・理系)140名)
※内部進学含む
特色・スポーツ推薦制度80名程度募集あり。詳細は学校にお問い合わせください。

○願書受付 1/12(金)～1/19(金)12:00 web登録後(12/1～)書類提出、郵送(必着)
○選抜日時 2/1(木)、2/2(金)面接(大津市・草津市・守山市・高島市内中学校の受験生)
○合格発表 2/6(火)15:00web、中学校へ郵送
○入学手続 専願:2/9(金)16:00まで
併願:2/9(金)16:00までに入学金のうち30,000円納入、残金は3/13(水)23:59まで
○選抜方法 国・数・社・理・英(各50分各100点)・調査書(90点)・面接(専願と宗内生希望者のみ)
○受験料 20,000円
○提出書類 入学志願書・個人報告書(調査書)・宗内生認定書(宗内生希望者のみ)
○追加募集 1.5次:— 2次:—
◆転・編入 受け入れあり(要相談)
◆帰国生 特別対応なし

## 2024年度 入試結果

| Actコース | 専願 | 併願 |
|---|---|---|
| 応募者数 | — | — |
| 受験者数 | 112 | 86 |
| 合格者数 | 95 | 74 |
| 実質倍率 | 1.18 | 1.16 |
| 合格最低点 | 260/590<br>(合格基準点、調査書点含む) | 270/590<br>(合格基準点、調査書点含む) |

| Brightコース | 専願 | 併願 |
|---|---|---|
| 応募者数 | — | — |
| 受験者数 | 149 | 417 |
| 合格者数 | 130 | 388 |
| 実質倍率 | 1.15 | 1.07 |
| 合格最低点 | 290/590<br>(合格基準点、調査書点含む) | 310/590<br>(合格基準点、調査書点含む) |

※第2・3志望合格(専12・併30)含まない

※第2・3志望合格(専5・併19)含まない

| Crestコース | 専願 | 併願 |
|---|---|---|
| 応募者数 | — | — |
| 受験者数 | 32 | 445 |
| 合格者数 | 26 | 426 |
| 実質倍率 | 1.23 | 1.04 |
| 合格最低点 | 380/590<br>(合格基準点、調査書点含む) | 400/590<br>(合格基準点、調査書点含む) |

## 費用

《入学手続き時》
○入学金 150,000円

《入学後》
○授業料 396,000円
○施設設備費 166,000円
○教育充実費 75,000円
○諸費 19,800円
○ICT教育関連費用 約45,000円

## 奨学金・特待制度

延暦寺特別奨学生、延暦寺奨学生、延暦寺体育特待生、延暦寺特別給費生。

## 独自の留学制度

ニュージーランド(7・8月、3月 いずれも希望者)

## 合格実績

2024年の進学状況(卒業者数384名)
国・公立大学合格31名
京阪大1、大阪大1、大阪公立大2、北海道大2、滋賀大3、滋賀医科大1、滋賀県立大9、京都工芸繊維大2、京都教育大1、京都府立大1、京都市立芸術大1、福井大2、奈良女子大1、愛媛大2、他。

私立大学合格706名
関西学院大6、関西大12、同志社大21、立命館大35、京都産業大51、近畿大29、甲南大3、龍谷大114、佛教大36、法政大4、大阪歯科大2、摂南大16、神戸学院大15、追手門学院大24、京都外国語大1、関西外国語大11、大阪経済大4、大阪工業大11、京都女子大14、同志社女子大3、武庫川女子大10、京都先端科学大19、京都橘大67、他。

短期大学合格6名

## 学校PR

新校舎、新体育館、ランチルームなど、美しく快適な環境の中で高校生活が過ごせます。「1.伝教大師の御教えで育てる人間力、2.未来の夢実現3つのコース、3.県下トップクラスの大学進学実績、4.強豪ぞろいのクラブ活動、5.多数の私大指定校推薦枠、6.教員・生徒全員がタブレットを持ってのICT教育の推進」が自慢です。

滋賀 共学校

# 彦根総合高等学校

## 学校インフォメーション

 制服  通学 公共機関  ICT教育  海外研修  留学制度  学生寮  図書館

 人工芝グラウンド  食堂  スマホ持ち込み 可  カウンセラー  奨学生制度  高大連携

| 所在地 | 〒522-0033 滋賀県彦根市芹川町328 | |
|---|---|---|
| 電話 | 0749-26-0016 | 生徒数 男 486人 女 272人 |
| 創立 | 1946年 | 併設校 ひこねさくら保育園 |
| 校長 | 坂井 宏安 | WEB https://www.hikosou.jp/ |

**アクセス**
JR琵琶湖線彦根駅より徒歩12分
近江鉄道ひこね芹川駅より徒歩4分

## 教育方針・特色

校訓「明朗（明るく素直にふるまう）・英知（知恵を磨き善悪を知る）・親和（他者を認め仲良くする）」将来、国家・社会に寄与、貢献しうる、調和のとれた人間性豊かな人材育成に努める。
県下唯一の私学の総合学科高校として生徒一人一人の個性の成長を図り、生徒の実態に即した教育課程によって、基礎学力の充実と伸長を図る「学習指導」に努めます。

## スクールライフ

| | |
|---|---|
| 登校時間 | 8:35 |
| 週登校日 | 5日制 |
| 学期制 | 3学期 |
| 制服 | あり（夏・冬） |
| 昼食 | 食堂あり 弁当持参 |
| 学校行事 | 体育祭（6月）文化祭（9月） |
| 修学旅行 | 2年生2月 海外（変更有） |
| 環境・施設 | 学生寮、学食、コンピュータ室、トレーニングルーム、PC室、福祉実習室、調理師養成用調理実習室、野球専用グラウンド、サッカー専用グラウンド、体育館、武道館、HR教室に冷暖房・電子黒板完備 |
| クラブ活動 | サッカー部・ハンドボール部・バドミントン部・硬式野球部・バレーボール部・ソフトテニス部・卓球部・陸上競技部<br>学習部・クッキング部・美術部・着付け・クラフト部・コンピュータ部・吹奏楽部・書道部・科学部・ボランティア部 |
| 強化クラブ | 硬式野球部、サッカー部、ハンドボール部、バドミントン部 |

## 2024年度 募集要項

- ○募集人数 総合学科：男女210名 フードクリエイト科：男女専願35名
- ○願書受付 1/12（金）～1/19（金）12:00 web登録後（12/1～）書類提出、窓口または郵送（必着）
- ○選抜日時 2/1（木）、2/2（金）推薦・L型・S型
- ○合格発表 2/6（火）中学校へ郵送
- ○入学手続 専願：2/9（金）17:00まで 併願：2/9（金）17:00までに前納金20,000円納入、後納金3/13（水）16:00まで
- ○選抜方法 総合学科・フードクリエイト科（専願）：総合問題（国数英）（50分100点）総合学科（併願）：国・数・英（各40分各100点）推薦・L型・S型：作文（40分）・面接
- ○受験料 20,000円
- ○提出書類 入学志願書・個人報告書（調査書）・推薦書および推薦調査書（推薦制度の対象受験生）
- ○追加募集 1.5次：― 2次：―
- ◆転・編入 受け入れあり（要相談）
- ◆帰国生 特別対応なし

## 2024年度 入試結果

| 総合 | 専願 | 推薦 | 併願 |
|---|---|---|---|
| 応募者数 | 103 | 72 | 454 |
| 受験者数 | 103 | 72 | 453 |
| 合格者数 | 101(1) | 72 | 434 |
| 実質倍率 | 1.02 | 1.00 | 1.04 |
| 合格最低点 | 非公表 | 非公表 | 非公表 |

※（ ）回し合格外数

| フードクリエイト | 専願 | 推薦 |
|---|---|---|
| 応募者数 | 26 | 6 |
| 受験者数 | 26 | 6 |
| 合格者数 | 24 | 6 |
| 実質倍率 | 1.08 | 1.00 |
| 合格最低点 | 非公表 | 非公表 |

## 費用

《入学手続き時》
○入学金 150,000円

《入学後》
〈総合学科〉
○学費 408,000円
○施設設備・教育充実費 240,000円
〈フードクリエイト科〉
○学費 420,000円
○施設設備・教育充実費 320,000円

## 奨学金・特待制度

松風奨学生制度（学業・課外授業）
複数在籍者・卒業生ファミリー奨学金制度
特別奨学資金貸与制度

## 独自の留学制度

特になし

## 合格実績

2024年の進学状況（卒業者数219名）
四年制大学34名
短期大学10名
専門学校82名
就職77名
その他16名

## 学校PR

本校は彦根駅に近い場所にあり、遠方からでも登校しやすい学校です。
総合学科は①人文・自然、②情報ビジネス、③福祉・保育、④アート・デザイン、⑤製菓コーディネート、⑥スポーツエキスパートの6系列から自分に見合った系列を選択できます。
フードクリエイト科は、卒業と同時に調理師免許を取得できます。

滋賀

共学校

# 立命館守山高等学校

## 学校インフォメーション

 制服
 自転車通学可 通学
 ICT教育
 SSH スーパーサイエンス スーパースクール
 海外研修
 自習スペース
 蔵書数 40,000冊 図書館

 人工芝グラウンド
 バリアフリー
 食堂
 スマホ持ち込み
 カウンセラー
高・大 高大連携
ABC ネイティブ教員

**所在地** 〒524-8577　滋賀県守山市三宅町250

| | |
|---|---|
| 電話 | 077-582-8000 |
| 創立 | 2006年 |
| 校長 | 岩崎 成寿 |

生徒数　男 547人　女 496人
併設校　立命館守山中学校　立命館大学・大学院
　　　　立命館アジア太平洋大学
WEB　　https://www.mrc.ritsumei.ac.jp

## 教育方針・特色

建学の精神「自由と清新」、教学理念「平和と民主主義」のもと、新たな価値や希望を生み出す「Game Changer」を育成。立命館大学・立命館アジア太平洋大学への内部推薦制度がある本学の特色を生かした受験勉強にとらわれない時間を活用し、じっくりと探究学習を深めることが可能です。

## スクールライフ

| | |
|---|---|
| 登校時間 | 9:20(FTコースは8:25) |
| 週登校日 | 5日制 |
| 学期制 | 3学期 |
| 制服 | あり(夏・冬) |
| 昼食 | 購買・食堂あり　弁当持参可 |
| 学校行事 | 体育祭(6月)　芸術鑑賞(7月)　文化祭(9月) |
| 修学旅行 | 2年生8か所から選択(約2週間) |
| 環境・施設 | 6つの理科室、吹き抜けの図書館、ホールを備えたメディアセンター、8面のテニスコート、2万2000㎡の広さを誇る人工芝のアイリスグラウンド、冷暖房完備、トレーニングルームも充実のアリーナ、第2体育館のサブアリーナ、中庭バスケットコート、メニューも豊富なカフェテリア |
| クラブ活動 | アメリカンフットボール、ハンドボール、バスケットボール、硬式野球をはじめ、サッカー、テニス(硬式・軟式)、陸上競技、剣道など体系系16部。文化系はサイテック(科学探究)、吹奏楽、バトントワリング、将棋、書道、ESSなど全10部・同好会。 |
| 強化クラブ | アメリカンフットボール(男子)、バスケットボール(男子)、硬式野球(男子)、サッカー(男子)、ソフトテニス(男子)、ハンドボール(女子)、陸上競技(男女)、吹奏楽(男女) |

## 2024年度 募集要項

- ○募集人数　普通科(外部募集):男女約160名(アカデメイア(AM)コース、グローバル(GL)コース、フロンティア(FT)コース)
　帰国生入試の詳細は学校にお問い合わせください
- ○願書受付　1/12(金)〜1/19(金)12:00 web登録後(12/1〜)書類提出、郵送(最終日12:00必着)
　※アカデメイア、グローバルコースは推薦入試あり。事前に出願資格の確認が必要。
- ○選抜日時　2/1(木)
- ○合格発表　2/5(月)15:00web
- ○入学手続　専願・推薦:2/12(月)まで
　併願:3/20(水・祝)まで
- ○選抜方法　推薦:小論文(60分)・面接
　専願・併願:国・数・英(リスニング含む)・理・社 各50分各100点
　4科(国・数・英・理)合計×1.25と5科合計を比較し高い方の点数で判定
- ○受験料　20,000円
- ○提出書類　入学志願書・個人報告書(調査書)
- ○追加募集　1.5次:―　2次:―
- ◆転・編入　受け入れあり(要相談)
- ◆帰国生　特別対応なし

## 2024年度 入試結果

**アカデメイアコース**

| | 推薦 | 専願 | 併願 |
|---|---|---|---|
| 応募者数 | 86 | 62 | 31 |
| 受験者数 | 86 | 62 | 31 |
| 合格者数 | 86 | 29 | 10 |
| 実質倍率 | 1.00 | 2.14 | 3.10 |
| 合格最低点 | | 331/500 | 349/500 |

※スライド合格(専9)含まない

**グローバルコース**

| | 推薦 | 専願 | 併願 |
|---|---|---|---|
| 応募者数 | 30 | 17 | 17 |
| 受験者数 | 30 | 17 | 17 |
| 合格者数 | 30 | 4 | 11 |
| 実質倍率 | 1.00 | 4.25 | 1.55 |
| 合格最低点 | ― | 331/500 | 349/500 |

**フロンティアコース**

| | 推薦 | 専願 | 併願 |
|---|---|---|---|
| 応募者数 | 2 | 13 | 115 |
| 受験者数 | 2 | 13 | 115 |
| 合格者数 | 2 | 6 | 78 |
| 実質倍率 | 1.00 | 2.17 | 1.47 |
| 合格最低点 | ― | 331/500 | 349/500 |

## 学校PR

立命館大学・立命館アジア太平洋大学への内部進学を基本としたアカデメイアコースに加え、2019年度よりグローバルコースが新設されました。また、医歯薬系・難関国公立大学進学を目指すフロンティアコースもあり、多様な進路選択に対応します。ICT教育で全国モデルとなる実践を展開するなど、新しい学びのスタイルを発信しています。

**アクセス**
JR京都駅〜守山駅は新快速で26分
JR彦根駅〜守山駅は新快速で26分
JR東海道線守山駅より近江鉄道バス10分

## 費用

**《入学手続き時》**

| | |
|---|---|
| ○入学金 | 120,000円 |

**《入学後》**

| | |
|---|---|
| ○授業料 | 630,000円 |
| ○教育充実費 | 240,000円 |
| ○入会金・諸会費 | 32,400円 |

※入学後諸費は

| | |
|---|---|
| ＡＭコース | 104,000円 |
| ＧＬコース | 133,000円 |
| ＦＴコース(コース費含む) | 193,000円 |

## 奨学金・特待制度

フロンティアコース奨励奨学金
守山市在住子女対象奨励奨学金　など

## 独自の留学制度

アメリカ・カナダ・ニュージーランドなど
全学年対象
長期留学、交換留学など　様々な形態

## 合格実績

2024年の進学状況(卒業者数347名)
立命館大学内部進学(内訳)
法36、産業社会28、国際関係15、文20、経営40、政策科19、総合心理13、映像5、情報理工34、経済22、スポーツ健康科8、食マネジメント9、理工17、生命科15、薬10。

立命館アジア太平洋大学内部進学(内訳)
国際経営3。

国・公立大学合格
京都大1、大阪大1、神戸大5、大阪公立大2、筑波大1、奈良女子大1、金沢大1、滋賀大3、滋賀県立大1、他。

他の私立大学合格
関西学院大7、関西大5、同志社大10、立命館大22、早稲田大2、慶應義塾大1、東京理科大2、明治大1、法政大2、大阪医科薬科大2、関西医科大1、兵庫医科大3、京都薬科大5、他。

# 飛鳥未来高等学校（奈良本校）

## 学校インフォメーション

 制服
 公共機関 通学
 ICT教育
 探究授業
 自習スペース
 図書館
 人工芝グラウンド
 可 スマホ持ち込み
 カウンセラー

**所在地** 〒632-0004 奈良県天理市櫟本町1514-3

| | |
|---|---|
| 電話 | 0743-61-0031 |
| 創立 | 2009年 |
| 校長 | 植村 育代 |
| 生徒数 | ― |
| 併設校 | 姉妹校：飛鳥未来きずな高校、飛鳥未来きぼう高校 |
| WEB | https://www.sanko.ac.jp/asuka-mirai/nara/ |

**アクセス**
JR万葉まほろば線櫟本駅下車徒歩すぐ

## 教育方針・特色

「その夢も自分らしさも、きっとうまく行く」を合言葉に、一人ひとりの可能性を信じ、社会に通用する人材育成をする。個々に合った通学スタイルで、自分らしく通えることや、高校生のうちから美容・保育・調理・福祉・スポーツなど専門的な学習ができ、様々な事に挑戦できる環境を提供している。

## スクールライフ

| | |
|---|---|
| 登校時間 | 9:40 |
| 週登校日 | 5日制（週1日〜週5日） |
| 学期制 | 2学期 |
| 制服 | なし |
| 昼食 | 持参 |
| 学校行事 | 入学式、始業式、スポーツ大会、文化祭、遠足、球技大会、いちご狩り、吉本新喜劇、ホームルームなど |
| 修学旅行 | なし |
| 環境・施設 | 施設に関しては、家庭科室、理科室、体育実習室、図書室、保健室、グラウンドなどがあり学習環境が充実している。また、校舎の中は黄色い壁で明るい雰囲気である他、職員室がオープンカウンターで生徒と教員が気軽にコミュニケーションが取れるなど、安心して学校生活が送れるように工夫している。 |
| クラブ活動 | バスケットボール同好会、軽音同好会、ゲーム同好会など<br>過去に、ダンス、バレーなどの同好会もあり、新しく立ち上げることも可能です。また、学内での行事サポートや、オープンキャンパススタッフなどに取り組む生徒会活動などもあります。 |
| 強化クラブ | 特になし |

## 2024年度 募集要項

| | |
|---|---|
| ○募集人数 | 各定員になり次第終了 |
| ○願書受付 | 自己PR入試：11/13(月)〜11/25(土)<br>一般入試：1/5(金)〜1/26(金) |
| ○選抜日時 | 自己PR入試：12/9(土)<br>一般入試：2/10(土) |
| ○合格発表 | 面接試験後7日以内に郵送 |
| ○入学手続 | 専願：約10日以内<br>併願：約10日以内 ※入学金1万円のみ |
| ○選抜方法 | 面接・書類 |
| ○受験料 | 10,000円 |
| ○提出書類 | 入学志願書・個人報告書（調査書） |
| ○追加募集 | 1.5次：―　2次：― |
| ◆転・編入 | 可能。定員になり次第終了 |
| ◆帰国生 | 特別対応なし |

## キャンパスネットワーク

札幌キャンパス　TEL:011-640-8755
〒060-0042 北海道札幌市中央区大通西17丁目1-15
仙台キャンパス　TEL:022-292-0058
〒983-0852 宮城県仙台市宮城野区榴岡4-9-10
千葉キャンパス　TEL:043-308-0877
〒260-0014 千葉県千葉市中央区本千葉町8-9-7F
池袋キャンパス　TEL:03-5979-8388
〒171-0022 東京都豊島区南池袋2-31-2
足立キャンパス　TEL:03-5615-8473
〒120-0015 東京都足立区足立1-13-26-5F
横浜キャンパス　TEL:045-439-0231
〒221-0821 神奈川県横浜市神奈川区富家町6-7
横浜関内キャンパス　TEL:045-718-6871
〒231-0033 神奈川県横浜市中区長者町4-9-10-8F
名古屋キャンパス　TEL:052-569-5250
〒451-0045 愛知県名古屋市西区名駅2-20-18
大阪キャンパス　TEL:06-6300-5650
〒532-0011 大阪府大阪市淀川区西中島6丁目11-23
広島キャンパス　TEL:082-568-7681
〒732-0827 広島県広島市南区稲荷町1-27
福岡博多キャンパス　TEL:092-434-7181
〒812-0013 福岡県福岡市博多区博多駅東3-6-21

## 費用

《入学手続き時》
○入学金など　70,000円

《入学後》
○授業料など　250,000〜260,000円
（就学支援金対象の場合）

## 奨学金・特待制度

奨学金制度あり
特待生制度なし

## 独自の留学制度

特になし

## 合格実績

2024年の進路状況（卒業者数61名）
大学13名、専門学校18名、就職7名。

## 学校PR

一人ひとりの個性を大切にし、通学スタイル、行事参加、服装などは自由に選択できる。また、面倒見がよく、卒業まで勉強面、進路面など、サポート面も充実している。母体である、三幸学園には美容・保育・調理・福祉・スポーツなど専門学校があり、将来につながる学習もできることから、様々な可能性や機会を提供できる環境が整っている。

# 橿原学院高等学校

## 学校インフォメーション

制服　自転車通学可/通学　長期休暇講習　習熟度別授業　海外研修　留学制度　自習スペース

図書館　食堂　スマホ持ち込み/条件付　特待生制度

**所在地　〒634-0063　奈良県橿原市久米町222番地**

| | |
|---|---|
| 電話 | 0744-27-3242 |
| 創立 | 1964年 |
| 校長 | 松本　邦夫 |

| | |
|---|---|
| 生徒数 | 男 194人　女 102人 |
| 併設校 | 聖心学園中等教育学校(6年一貫校)<br>奈良芸術短期大学、聖心幼稚園 |
| WEB | http://www.kashigaku.ed.jp/ |

## 教育方針・特色

1. 教職員が生徒の目線に立ち、共に愛校心を育むことのできる明るく楽しい活気に溢れた学校生活を実現する。
2. 挨拶の励行と礼儀作法の体得、更には社会的常識を生徒個々の言動に反映させることのできる教育活動を実践し、他人を思いやる心や行動力を育成する。
3. 生徒の実態に応じたきめ細かい学習活動を展開し、基礎学力の徹底指導から応用力の習得を目指し、各自の進路目標を達成させる。

## スクールライフ

| | |
|---|---|
| 登校時間 | 8:40 |
| 週登校日 | 6日制 |
| 学期制 | 3学期(3年生は2学期) |
| 制服 | あり(夏・冬) |
| 昼食 | 食堂あり　弁当持参可 |
| 学校行事 | 春季校外学習(5月)、球技大会(5月)・体育大会(10月)、三橿祭(文化祭)(10月)、秋季校外学習(1、3年・11月)、スキー学習(1年・3月) |
| 修学旅行 | 2年生11月　4泊5日　オーストラリア(昨年度実施) |
| 環境・施設 | 図書室・食堂・パソコン教室 |
| クラブ活動 | 運動部)弓道部・ダンス部・硬式テニス部・陸上競技部・野球部・レスリング部・バスケットボール部<br>文化部)吹奏楽部・漫画研究部・放送部・インターアクト部 |
| 強化クラブ | 特になし |

## 2024年度 募集要項

- ○募集人数　普通科:男女120名(特進コース40名、標準コース80名)<br>美術科:男女70名(推薦30名、一般40名)
- ○願書受付　1/10(水)～1/20(土) web登録後書類提出 郵送(必着)<br>※美術科推薦は要出願資格(美術実技講習会2回以上参加等)
- ○選抜日時　2/6(火)
- ○合格発表　2/8(木)15:00web
- ○入学手続　専願:2/10(金)まで　併願:3/22(水)
- ○選抜方法　普通科:国・数・英・理・社(各50分 各100点)・面接(専願のみ)<br>※特進コースは5科、標準コースは3科(国数英)<br>※スポーツ特待生は標準コース・専願のみ<br>美術科:国・英(各50分 各100点)・実技(120分200点)・面接<br>※一般は2科、推薦は1科(国)
- ○受験料　18,000円
- ○提出書類　入学志願書・個人報告書(調査書)
- ○追加募集　1.5次:―　2次:―
- ◆転・編入　受け入れあり(要相談)
- ◆帰国生　特別対応なし

## 2024年度 入試結果

| 特進コース | 専願 | 併願 |
|---|---|---|
| 応募者数 | 15 | 541 |
| 受験者数 | 15 | 535 |
| 合格者数 | 13 | 401 |
| 実質倍率 | 1.15 | 1.33 |
| 合格最低点 | ― | ― |

※回し合格(専1・併132)含まない

| 標準コース | 専願 | 併願 |
|---|---|---|
| 応募者数 | 50 | 577 |
| 受験者数 | 50 | 574 |
| 合格者数 | 50(1) | 541(132) |
| 実質倍率 | 1.00 | 1.06 |
| 合格最低点 | ― | ― |

| 美術 | 推薦 | 専願 | 併願 |
|---|---|---|---|
| 応募者数 | 15 | 6 | 25 |
| 受験者数 | 15 | 6 | 24 |
| 合格者数 | 15 | 5 | 18 |
| 実質倍率 | 1.00 | 1.20 | 1.33 |
| 合格最低点 | ― | ― | ― |

## 学校PR

小規模校の特性を活かす徹底したきめ細かい指導を実践する。できる限り生徒1人ひとりの状況を把握し、教員一丸となって生徒対応に取り組んでいる。標準コースは文武両道を目指し、希望する進路先への合格を目指している。特進コースはより高いレベルの大学を目標としているため入学後の偏差値はぐんぐん上がっている生徒が多い。

### アクセス
近鉄橿原神宮前駅・近鉄橿原神宮西口駅<br>橿原神宮前駅から　徒歩約10分<br>橿原神宮西口駅から　徒歩約7分

### 費用
《入学手続き時》
| | |
|---|---|
| ○入学金 | 100,000円 |
| ○施設設備費 | 120,000円 |

※美術科は別途　実習料30,000円必要

《入学後》
| | | |
|---|---|---|
| ○授業料 | 普通科 | 564,000円 |
| | 美術科 | 582,000円 |

※修学旅行費・スキー実習費・教科書代・制服代(カバン・靴・体育用シューズ等)別途必要

### 奨学金・特待制度
あり

### 独自の留学制度
| | |
|---|---|
| 留学先 | オーストラリア・シンガポール等 |
| 学年 | 1・2年生の希望者 |
| 内容 | 語学研修(2～3週間) |
| 費用 | 約40万円 |

### 合格実績
2024年の進学状況(卒業者数93名)
奈良芸術短期大学7名

国・公立大学合格
奈良県立大1。

私立大学合格
関西大8、同志社大7、立命館大21、京都産業大4、近畿大25、龍谷大41、摂南大14、桃山学院大5、京都外国語大2、大阪経済大1、大阪芸術大6、京都精華大1、京都芸術大5、大阪成蹊大1。

# 関西文化芸術高等学校

## 学校インフォメーション

 制服
 自転車通学可 通学
 ICT教育
 長期休暇講習
 スマホ持ち込み可
 カウンセラー
 特待生制度

 高大連携

**アクセス**
近鉄京都線「高の原駅」下車、徒歩18分

| 所在地 | 〒631-0803　奈良県奈良市山陵町1179 | |
|---|---|---|
| 電話 | 0742-45-2156 | 生徒数　男58人 女178人 |
| 創立 | 2018年（前身校は1980年） | 併設校　なし |
| | | WEB　https://www.kansaiarts.ac.jp/ |
| 校長 | 大橋 智 | |

## 教育方針・特色

デザイン・美術・クラフト陶芸・音楽・パフォーマンスの5つの専攻芸術分野において、それぞれの専門知識と技術を習得させ、自ら考えて表現する「クリエイティブな力」を培う。また、学校生活や芸術で社会とつながる活動を通して「社会性」を身に付け、社会に貢献できる有能な人材を育成する。

## スクールライフ

| | |
|---|---|
| 登校時間 | 9:15 |
| 週登校日 | 5日制（週1、週2もあり） |
| 学期制 | 通年 |
| 制服 | あり（夏・冬） |
| 昼食 | 弁当持参（パン販売あり・仕出し弁当注文可能） |
| 学校行事 | 文化祭（7月/12月の2回）、体育大会（9月）、球技大会（10月）、音楽専攻定期演奏会（1月）、パフォーマンス専攻定期講演（2月）等 |
| 修学旅行 | 2年生3月　3泊4日　関東方面、北海道方面　等 |
| 環境・施設 | PC室（iMac、液タブ完備）、ギャラリー、美術室、デザイン室、陶芸室、窯場、音楽室、合奏室、個人レッスン室、アレコルーム等 |
| クラブ活動 | 美術部・演劇部・吹奏楽部 |
| 強化クラブ | 特になし |

## 2024年度 募集要項

- ○募集人数　週5日コース（定員90名）週2日コース（定員10名）週1日コース（定員10名）
- ○願書受付　12/1（金）〜入試形態延べ12回
- ○選抜日時　12/19（火）〜入試形態延べ12回
- ○合格発表　12/20（水）〜入試形態延べ12回
- ○入学手続　〈自己推薦・登校応援入試〉
  A日程:12/22（金）〜1/5（金）
  B日程:2/2（金）〜2/16（金）
  〈特待生入試〉
  2/1（木）〜2/15（木）
  〈一般・週1日・週2日コース〉
  A日程:2/2（金）〜2/16（金）
  B日程:2/16（金）〜3/1（金）
  C日程:3/1（金）〜3/15（金）
  D日程:3/22（金）〜3/28（水）
  ※併願は併願校の合格発表の翌日
  ※D日程は週1日・週2日コース
- ○選抜方法　各専攻実技・面接
  ※特待生入試は英・国もあり
  ※一般入試は作文もあり
- ○受験料　20,000円
- ○提出書類　入学志願書・個人報告書（調査書）他
- ○追加募集　1.5次：―　2次：―
- ◆転・編入　受け入れあり（要相談）
- ◆帰国生　特別対応なし

## 2024年度 入試結果

**週5日コース**

| | 専願 | 併願 |
|---|---|---|
| 応募者数 | 78 | 16 |
| 受験者数 | 78 | 15 |
| 合格者数 | 76 | 15 |
| 実質倍率 | 1.03 | 1.00 |
| 合格最低点 | 実技試験評価が100点法ではないため記載不可 | |

**週2日コース**

| | 専願 |
|---|---|
| 応募者数 | 22 |
| 受験者数 | 21 |
| 合格者数 | 21 |
| 実質倍率 | 1.00 |
| 合格最低点 | 実技試験評価が100点法ではないため記載不可 |

## 費用

《入学手続き時》
○入学金 等　　（合計）455,000円

《入学後》
○授業料 等　　（合計）535,000円

※上記は週5日コース

## 奨学金・特待制度

特待生入試有り
保護者・兄姉が本校卒業生又は在籍生、及び同時入学の場合は、学納金一部免除

## 独自の留学制度

特になし

## 合格実績

2024年の進学状況（卒業者数58名）
私立大学合格
京都精華大、大阪芸術大、大阪音楽大、相愛大、京都芸術大、帝塚山大、奈良芸術短期大、京都芸術デザイン専門学校、大阪アミューズメントメディア専門学校、他。

| | |
|---|---|
| 大学・短大進学 | 37% |
| 専門学校・各種学校等進学 | 33% |
| 就職 | 7% |
| その他 | 23% |

## 学校PR

現役で活躍するそれぞれの分野のプロから学び、芸術に夢中になれる環境の中でのびのびと芸術活動に取り組んだ生徒達は、様々な分野で成果を上げてきました。コンクール出品やイベント出演だけでなく、地域の団体や企業から依頼を頂き、ポスターや商品パッケージ、またロゴマークやユニフォームのデザインなども行っています。

奈良

共学校

# 智辯学園高等学校

## 学校インフォメーション

 制服　 通学（自転車通学可・スクールバス）　 宗教教育（仏教）　 ICT教育　 長期休暇講習（夏・冬・春）　 探究授業　 海外研修

 学生寮（野球部）　 自習スペース　 図書館（蔵書数 38,000冊）　 バリアフリー　 スマホ持ち込み（届出）　 カウンセラー　 海外姉妹校

**所在地** 〒637-0037 奈良県五條市野原中4丁目1番51号

| | |
|---|---|
| 電話 | 0747-22-3191 |
| 創立 | 1965年 |
| 校長 | 手塚 彰 |
| 生徒数 | 男 201人 女 143人 |
| 併設校 | 智辯学園中学校 |
| WEB | https://www.chiben.ac.jp/gojo/ |

## 教育方針・特色

「誠実明朗」を目標として生徒のもてる能力を最大限に開発し、大学進学を可能にするとともに宗教的情操に基づく感性を養い、健康な身体を育成しつつ、国際人たる資質を培うことをめざしている。
《知力の徹底的訓練》週単位時間数、1校時当たりの時間数を多くかけて授業をすすめる。さらに長期休暇を活用して、特別授業を編成し内容の定着をはかっている。
《情感を育む教育》宗教を必修とし毎月1回感謝祭を行い、四恩（父母の恩・衆生の恩・天地の恩・三宝の恩）に感謝を捧げる。

## スクールライフ

| | |
|---|---|
| 登校時間 | 8:20 |
| 週登校日 | 6日制 |
| 学期制 | 3学期 |
| 制服 | あり（夏・冬） |
| 昼食 | 弁当持参　弁当購入可・週2回パン販売 |
| 学校行事 | 球技大会（6月）・音楽鑑賞会（6月）・野球応援（7月）・校内文化発表会（9月）・陸上競技大会（10月）・文化講演会（11月）・ウォーキング（3月） |
| 修学旅行 | 2年生10月　4泊5日　シンガポール・マレーシア |
| 環境・施設 | 講堂・図書館・ICT環境 |
| クラブ活動 | 硬式野球部（普通コースのみ）、軟式野球部、サッカー部、バレーボール部（女子）、剣道部、卓球部、ソフトテニス部、バスケットボール部（男子）、陸上部、チアリーディング部（女子）、吹奏楽部、郷土史研究部、放送部、文芸部、和太鼓部、コーラス部、理科部、写真新聞部、かるた部、技術家庭部、囲碁・将棋部、ESS部 |
| 強化クラブ | 特になし |

## 2024年度 募集要項

○募集人数　普通科:男女80名（国公立大学進学コース約30名、未来探究コース約30名、普通コース専願男子約20名）
○願書受付　1/10(水)～1/21(日)23:59 web出願後(12/20～)個人報告書は中学校より郵送　1/31(水)必着
　※推薦は事前エントリーが必要(12/1(金)～12/20(水))
　※推薦は硬式野球部所属、事前相談が必要
○選抜日時　2/6(火)
○合格発表　2/7(水)17:00web
○入学手続　専願:2/10(土)まで　併願:3/22(金)まで
○選抜方法　国公立大学進・未来探究コース（一般）：国・数・英（リスニング含む）・理・社（各50分各100点）※専願3科（国数英）、併願5科
　未来探究コース（自己推薦）：作文（60分100点）・面接
　普通コース：国・英（リスニング含む）・数（各50分各100点）・面接
○受験料　20,000円
○提出書類　入学志願書・個人報告書（調査書）
○追加募集　1.5次:ー　2次:ー
◆転・編入　受け入れあり（要相談）
◆帰国生　特別対応なし

## 2024年度 入試結果

| 国公立大進学コース | 専願 | 併願 |
|---|---|---|
| 応募者数 | ー | ー |
| 受験者数 | 11 | 127 |
| 合格者数 | 9 | 126 |
| 実質倍率 | 1.22 | 1.01 |
| 合格最低点 | 156/300 | 285/500 |

| 未来探究コース | 自己推薦・専願 | 併願 |
|---|---|---|
| 応募者数 | ー | ー |
| 受験者数 | 9 | 15 |
| 合格者数 | 11 | 16 |
| 実質倍率 | 0.82 | 0.94 |
| 合格最低点 | 専願131/300 | 250/500 |

※未来探究コースの合格者数には、回し合格者も含んでいます。

| 普通コース | 専願 | |
|---|---|---|
| 応募者数 | ー | |
| 受験者数 | 20 | |
| 合格者数 | 20 | |
| 実質倍率 | 1.00 | |
| 合格最低点 | | |

## アクセス

JR和歌山線五条駅下車奈良交通直行バス約10分
南海高野線林間田園都市御幸辻駅・
近鉄南大阪線福神駅・橿原神宮前駅・大和八木駅・
近鉄御所線御所駅・忍海駅・新庄駅より
スクールバス約20～60分
JR和歌山線岩出駅粉河駅笠田駅よりスクールバスで50分

## 費用

**《入学手続き時》**

| | |
|---|---|
| ○入学金 | 200,000円 |
| ○制服・制定品代、問題集辞書代等 | 約170,000円 |

**《入学後》**

| | |
|---|---|
| ○授業料 | 450,000円 |
| ○教育補助費・育友会費等 | 44,000円 |

※その他修学旅行費・学級費・行事参加費等が必要

## 奨学金・特待制度

特になし

## 独自の留学制度

新型コロナ禍のため実施できず

## 合格実績

**2024年の進学状況（卒業者数117名）**
国・公立大学合格32(4)名
神戸大2、九州大1(1)、大阪公立大5、国際教養大1(1)、京都工芸繊維大1、奈良女子大2、広島大1、和歌山大1、奈良教育大2、他。

私立大学合格321(28)名
関西学院大10、関西大18、同志社大8(1)、立命館大9、京都産業大1、近畿大77(6)、龍谷大9(2)、早稲田大1、東京理科大1、大阪医科薬科大1、京都薬科大1、神戸薬科大1、摂南大14(2)、同志社女子大2、神戸女学院大3(2)、他。
※（ ）内は既卒生内数

## 学校PR

本学園では、1校時を60分とし、週単位時間数、年間授業日数を可能な限り確保して授業を進めています。なぜなら、時間を充分にかけて、総合的な思考力と周到な応用力を養うことによって、学力の徹底的な充実を図ることを目的としているからです。さらに、春・夏・冬期の各期末を活用して特別授業を編成し、教科によっては2年次、遅くとも3年次の前半でほとんどの授業内容を習得し、以後は大学入試に向けてより精選された授業・演習を行います。医学部進学を目指す生徒のために、「医学部進学支援プロジェクト」が発足しました。本学園卒業の医師と生徒がチームを組み、講演会や情報交換、病院見学など学校内外で様々な活動を行っています。また、多くのクラブがあり、活発に活動しています。

奈良

共学校

# 智辯学園奈良カレッジ高等部

## 学校インフォメーション

 制服
 スクールバス／通学
 仏教／宗教教育
 ICT教育
 長期休暇講習
 探究授業
 習熟度別授業

 留学制度
 蔵書数 45,000冊／図書館
 スマホ持ち込み
 カウンセラー
 ネイティブ教員
 海外姉妹校

**所在地** 〒639-0253　奈良県香芝市田尻265番地

| | |
|---|---|
| 電話 | 0745-79-1111 |
| 創立 | 2004年 |
| 校長 | 藤田 清一朗 |
| 生徒数 | 男 148人　女 133人 |
| 併設校 | 智辯学園奈良カレッジ小学部、智辯学園奈良カレッジ中学部 |
| WEB | https://www.chiben.ac.jp/naracollege |

**アクセス**
近鉄大阪線関屋駅より徒歩15分
(高等部は関屋駅から徒歩)近鉄南大阪線上ノ太子駅とJR大和路線高井田駅よりスクールバス

## 教育方針・特色

智辯学園は、開校以来"愛のある教育"という教育の原点を見つめ、"誠実・明朗"-「真心のある明るい元気な子」-に育って欲しいとする親の願いを叶える教育を進めてきました。この建学の精神のもと、「それぞれの子どもが持つ能力の最大開発」と、「宗教的情操に基づく心の涵養」という二つの重点目標を掲げ、勉学・スポーツ・芸術活動を通して、「感謝」の心と、「相互礼拝・相互扶助」の精神を養い、社会に貢献できる人間を育成してきました。

## スクールライフ

| | |
|---|---|
| 登校時間 | 8:40 |
| 週登校日 | 6日制(第2土曜のみ休み) |
| 学期制 | 3学期 |
| 制服 | あり(夏・冬) |
| 昼食 | パン販売あり・弁当持参 |
| 学校行事 | 球技大会(5月)・校内文化発表会(9月)・陸上競技大会(10月) |
| 修学旅行 | 2年生10月　シンガポール |
| 環境・施設 | 10万平方メートルの森の中の静かな校舎。グラウンド2面、ホール、2つの体育館、大講義室、図書室、メディア工房、4つの理科室、3つの音楽室、約1200人収容可能な講堂ほか。 |
| クラブ活動 | 【運動部】剣道、テニス、サッカー、卓球、軟式野球、陸上競技、バスケットボール<br>【文化部】理科、美術、音楽、ブラスバンド、演劇、ESS、社会研究、PCロボット、囲碁将棋、園芸、クイズ研究 |
| 強化クラブ | 陸上競技部(男女) |

## 2024年度 募集要項

| | |
|---|---|
| ○募集人数 | 普通科(外部募集):男女約50名(文理選抜コース約35名、特進選抜コース約15名) |
| ○願書受付 | 1/10(水)～1/21(火)23:59<br>web登録は(12/18～) |
| ○選抜日時 | 2/6(火) |
| ○合格発表 | 2/7(水)14:00web |
| ○入学手続 | 専願:2/14(水)18:00まで<br>併願:3/22(金)18:00まで |
| ○選抜方法 | 国・数・英・理・社(各50分各100点)<br>文理選抜コース5科、特進選抜コース3科(国数英)<br>※英検取得者は加点あり |
| ○受験料 | 20,000円 |
| ○提出書類 | 入学志願書(インターネット)・個人報告書(調査書) |
| ○追加募集 | 1.5次:　　2次: |
| ◆転・編入 | 特になし |
| ◆帰国生 | 特別対応なし |

## 2024年度 入試結果

| 文理選抜コース | 専願 | 併願 |
|---|---|---|
| 応募者数 | 1 | 28 |
| 受験者数 | 1 | 26 |
| 合格者数 | 1 | 25 |
| 実質倍率 | 1.00 | 1.04 |
| 合格最低点 | ー | 得点率60.5% |

特進選抜コースは非公表

## 費用

**《入学手続き時》**

| | |
|---|---|
| ○入学金 | 200,000円 |
| ○制服制定品 | 約160,000円 |
| ○書籍代 | 約22,000円 |

**《入学後》**

| | |
|---|---|
| ○授業料 | 468,000円 |
| ○修学旅行費 | 180,000円 |
| ○学級費 | 70,000円 |
| ○宿泊行事費 | 20,000円 |
| ○タブレット端末費 | 120,000円 |
| ○その他(諸会費など) | 115,400円 |

## 奨学金・特待制度

特になし

## 独自の留学制度

| | |
|---|---|
| 留学先 | アメリカ |
| 学年 | 1年 |
| 内容 | ワシントンD.C.観光とバージニア州での短期留学(約2週間) |
| 費用 | 約50万円 |

## 合格実績

**2024年の進学状況(卒業者数92名)**
**国・公立大学合格41(29)名**
京都大1(1)、大阪大4(3)、神戸大6(4)、大阪公立大6(5)、国際教養大1(1)、京都工芸繊維大1、奈良女子大2(2)、三重大2(1)、和歌山大2(2)、兵庫県立大1(1)、奈良県立医科大3(3)、滋賀医科大1、東京学芸大1、静岡大1、鳥取大1、島根大1、宮崎大1(1)、琉球大1(1)、他。内医学部医学科2(1)名。

**私立大学合格242(207)名**
関西学院大15(14)、関西大20(16)、同志社大21(19)、立命館大17(13)、近畿大32(25)、甲南大2(2)、早稲田大4(4)、東京理科大1、明治大1(1)、青山学院大2(2)、中央大1(1)、大阪医科薬科大5(5)、関西医科大1(1)、兵庫医科大2、大阪歯科大3(2)、京都薬科大2(2)、神戸薬科大1、他。内医学部医学科5(2)名。

**省庁大学校合格2(2)名**
防衛大2(2)。
※( )内は現役合格内数

## 学校PR

本校は、国定公園の中に立地し、緑豊かな恵まれた環境にあります。学舎にはたえず小鳥のさえずりが聞こえ、落ち着いた学習環境が整っています。また、1学年の生徒数が少ない、規模の小さい学校ですので、先生や生徒同士がとてもフレンドリーで、職員室で質問がしやすいことも自慢です。
2024年には創立20周年を記念して新図書館が完成します。

# 帝塚山高等学校

## 学校インフォメーション

 制服　 公共機関 通学　 ICT教育　 夏・冬・春 長期休暇講習　 習熟度別授業　 海外研修　 屋内 プール

 自習スペース　 蔵書数 50,000冊 図書館　 食堂　 届出 スマホ持ち込み　 カウンセラー　 ネイティブ教員

**所在地** 〒631-0034　**奈良県奈良市学園南3-1-3**

電話　0742-41-4685
創立　1941年
校長　小林 健

生徒数　男 380人　女 639人
併設校　帝塚山幼稚園、帝塚山小学校、帝塚山中学校、帝塚山大学・大学院
WEB　https://www.tezukayama-h.ed.jp/

## 教育方針・特色

別学と共学の良さを取り入れた「男女併学」　バランスのとれた人間を育てる「力の教育」(知の力・意志の力・情の力・躯幹の力)　一人ひとりの目標をコース制でサポート(男子英数コース・女子英数コース・女子特進コース)　グローバルキャリア教育で次世代のリーダーを育成　平生の授業と長期休暇中の補習で大学受験に必要な力は学校で養成　多くの行事・クラブ活動を通して人間力を鍛錬(中学ではクラブ全入制)

## スクールライフ

| | |
|---|---|
| 登校時間 | 8:40 |
| 週登校日 | 6日制 |
| 学期制 | 3学期 |
| 制服 | あり(夏・冬) |
| 昼食 | 購買部・食堂あり 弁当持参 |
| 学校行事 | 4月 新入生クラブ紹介・保護者進路説明会(3年)・学園祭、5月 保護者オリエンテーション(1年)・体育祭、6月 コースコンクール、7月 林間学舎(1年)男女別※グローバルアカデミックプログラム(2年)※希望者、8月 ※エンパワーメントプログラム※希望者、9月 球技大会、10月 学年旅行(2年)男女別・遠足(1年)、11月 芸術鑑賞(1・2年)、2月 討論大会(1・2年)・英語スピーチコンテスト(1・2年)・卒業式 |
| 修学旅行 | 2年生10月 4泊5日 北海道方面 |
| 環境・施設 | 図書館・ICT環境・第1グラウンド・第2グラウンド・自習室など |
| クラブ活動 | 体育部15 陸上競技 卓球 剣道 野外活動・山岳 バスケットボール 野球(男子) サッカー(男子) テニス(男女) 水泳(男女) ダンス(女子) バレーボール(女子) ソフトボール(女子) ソフトテニス(女子) バドミントン(女子) ワンダーフォーゲル(女子)<br>文化部23 美術 英語 書道 華道 茶道 琴 吹奏楽 コーラス 弦楽 演劇 放送 家庭 地歴 園芸 写真 図書 ボランティア 社会問題研究 数研(男女) 文芸(男女) 日本舞踊 ギターマンドリン 理科(ロボット班・天文班・実験班) |
| 強化クラブ | 特になし |

## 2024年度 募集要項

- ○募集人数　普通科(外部募集):男女約60名(男子英数コース・スーパー理系選抜クラス若干名、英数クラス約15名、女子英数コース・スーパー選抜クラス若干名、英数クラス約15名、女子特進コース約30名)
- ○願書受付　1/10(水)〜1/22(月)23:59 web登録後(1/10〜)中学校経由で1/24(水)までに書類郵送
- ○選抜日時　2/6(火)
- ○合格発表　2/8(木)web14:00〜
- ○入学手続　専願:2/11(日・祝)23:59まで　併願:3/19(火)23:59まで
- ○選抜方法　国・数・英(リスニング含む)(各60分各150点)・社・理(各50分各100点)
- ○受験料　20,000円
- ○提出書類　入学志願書(インターネット)・個人報告書(調査書)
- ○追加募集　1.5次:―　2次:―
- ◆転・編入　特になし
- ◆帰国生　特別対応なし

## 2024年度 入試結果

**男子英数コース スーパー理系選抜**

| | 専願 | 併願 |
|---|---|---|
| 応募者数 | 2 | 407 |
| 受験者数 | 2 | 403 |
| 合格者数 | 0 | 221 |
| 実質倍率 | ― | 1.82 |
| 合格最低点 | 417/650<br>(合格基準点) | 437/650<br>(合格基準点) |

**男子英数コース**

| | 専願 | 併願 |
|---|---|---|
| 応募者数 | 5 | 182 |
| 受験者数 | 5 | 182 |
| 合格者数 | 1 | 136 |
| 実質倍率 | 5.00 | 1.34 |
| 合格最低点 | 370/650<br>(合格基準点) | 387/650<br>(合格基準点) |

※第二・三希望を含む

**女子英数コース スーパー選抜**

| | 専願 | 併願 |
|---|---|---|
| 応募者数 | 5 | 538 |
| 受験者数 | 5 | 535 |
| 合格者数 | 1 | 235 |
| 実質倍率 | 5.00 | 2.28 |
| 合格最低点 | 417/650<br>(合格基準点) | 437/650<br>(合格基準点) |

**女子英数コース**

| | 専願 | 併願 |
|---|---|---|
| 応募者数 | 8 | 300 |
| 受験者数 | 8 | 300 |
| 合格者数 | 2 | 185 |
| 実質倍率 | 4.00 | 1.62 |
| 合格最低点 | 370/650<br>(合格基準点) | 387/650<br>(合格基準点) |

※第二・三希望を含む

**女子特進コース**

| | 専願 | 併願 |
|---|---|---|
| 応募者数 | 7 | 115 |
| 受験者数 | 7 | 115 |
| 合格者数 | 4 | 100 |
| 実質倍率 | 1.75 | 1.15 |
| 合格最低点 | 335/650<br>(合格基準点) | 359/650<br>(合格基準点) |

※第二・三希望を含む

## アクセス
近鉄奈良線学園前駅下車南口徒歩1分

## 費用

《入学手続き時》
○入学金　180,000円

《入学後》
○授業料　(年額)655,000円
○施設設備充実費　(年額)117,000円
○諸費用　40,700円

## 奨学金・特待制度

奨学金制度　1学年10名以内、年間20万円支給
特待生制度　なし

## 独自の留学制度

特になし

## 合格実績

2024年の進学状況(卒業者数333名)
帝塚山大学合格3(2)名

国・公立大学合格195(136)名
東京大3(2)、京都大13(7)、大阪大15(13)、神戸大12(10)(医1)、北海道大10(6)(医1)、東北大2(2)、名古屋大1(1)、大阪公立大28(25)、筑波大3(2)、お茶の水女子大1(1)、京都工芸繊維大2(2)、奈良女子大9(8)、京都府立大1(1)、岡山大3(1)、広島大2(1)、滋賀大1(1)、和歌山大3(3)、山口大1、大阪教育大4(3)、滋賀医科大2(1)、京都府立医科大1、奈良県立医科大6(3)、和歌山県立医科大2(2)、他。

他の私立大学合格868(630)名
関西学院大71(62)、関西大77(64)、同志社大94(65)、立命館大109(85)、近畿大192(130)、早稲田大12(7)、慶應義塾大4(3)、上智大3(3)、東京理科大4(3)、明治大13(10)、青山学院大3(3)、中央大5(3)、法政大2(1)、大阪医科薬科大16(6)、関西医科大7(5)、兵庫医科大8(5)、京都薬科大7(5)、神戸薬科大5(3)、京都女子大1(1)、同志社女子大19(16)、武庫川女子大6(4)、他。

※( )内は現役合格内数

## 学校PR

近鉄奈良線学園前駅下車徒歩1分の駅前にある学校。すべての出入口に警備員を配置しセキュリティーは万全、生徒は近畿2府4県及び三重県から通学。勉強を中心にクラブ活動や行事に取り組みつつ難関大学を目指すのが「帝塚山スタイル」。平常の授業と長期休暇中に行われる大学受験セミナー等で志望大学合格の学力を養成。

# 天理高等学校

## 学校インフォメーション

 制服  通学 自転車通学可  学内予備校  宗教教育 天理教  ICT教育  長期休暇講習 夏・冬  海外研修

 屋内プール  学生寮  図書館 蔵書数 70,000冊  昼食 給食あり  スマホ持ち込み  特待生制度  ネイティブ教員

| | |
|---|---|
| 所在地 | 〒632-8585　奈良県天理市杣之内町1260 |
| 電話 | 0743-63-7691 |
| 創立 | 1908年 |
| 校長 | 西田 伊作 |
| 生徒数 | 男 696人　女 491人 |
| 併設校 | 天理大学、天理中学校 |
| WEB | https://www.tenri-h.ed.jp/ |

## 教育方針・特色

天理高校は、天理教教義に基づく信条教育を校是とした、「心の教育」を展開しています。前向きに生きる力と一人ひとりの個性や可能性を養う教育で、勉学やスポーツに生き生きと打ち込む生徒を、数多く輩出。社会に広く発信し、貢献できる人材育成を目指しています。

## スクールライフ

| | |
|---|---|
| 登校時間 | 7:50(4月～10月)、8:20(11月～3月) |
| 週登校日 | 5日制(第2・4土曜休) |
| 学期制 | 3学期 |
| 制服 | あり |
| 昼食 | 給食有(申込制、1食240円) |
| 学校行事 | 新入生歓迎クラブ発表会(4月)・天高祭(9月)・校外学習(11月)・芸術鑑賞(11月) |
| 修学旅行 | 2年生3月　4泊5日　(3類は1年1月)　新潟県(スキー) |
| 環境・施設 | グラウンド2面・人工芝ラグビーグラウンド1面・体育館2棟・全天候型温水プール・テニスコート3面・野球練習場2カ所・柔道場・剣道場・卓球場・ダンス練習場・音楽室・吹奏楽合奏場・弦楽合奏場・図書館・コンピュータ教室2・視聴覚教室3・茶室・作法室・調理室・被服室・全教室電子黒板設置　等 |
| クラブ活動 | 柔道・野球・軟式野球・ラグビー・ホッケー・水泳・卓球・剣道・陸上・バレーボール・バスケットボール・サッカー・バドミントン・ソフトテニス・硬式テニス・ソフトボール・吹奏楽・弦楽・ダンス・バトントワリング・囲碁将棋・英語研究会・茶道・ハンドメイキング・合唱・ヒューマンライツ研究会　等 |
| 強化クラブ | 硬式野球(男子)・ラグビー(男子)・ソフトボール(女子)・柔道(男女)・ホッケー(男女)・競泳(男女)・剣道(男女)・バレーボール(男女)・バスケットボール(男女)・吹奏楽(男女)・弦楽(男女) |

## 2024年度 募集要項

- ○募集人数　普通科:男女480名(進学コース(1類)320名、特別進学コース(2類)80名、天理スポーツ・文化コース(3類)専願80名)
  ※内部進学含む、天理教信者の子女であること
- ○願書受付　1/10(水)～1/26(金)/郵送は必着
  ※3類は活動成績証明書・健康診断書の提出が必要
- ○選抜日時　2/6(火)、2/7(水)
- ○合格発表　2/9(金)14:00掲示、web、郵送
- ○入学手続　専願:2/22(木)まで
  併願:3/23(金)まで
- ○選抜方法　第1・第2志望のいずれかで1類・2類を志願:国・数・英(各150点)・社(各100点)・理(各100点)・作文・面接(専願)
  第1志望で3類のみを志願:国・英(各150点)・社(100点)・作文・面接・実技検査(基礎体力検査、クラブ別実技検査)
- ○受験料　15,000円
- ○提出書類　入学志願書・個人報告書(調査書)・3類:活動成績証明書・健康診断書
- ○追加募集　1.5次:なし　2次:なし
- ◆転・編入　特になし
- ◆帰国生　特別対応なし

## 2024年度 入試結果

### 進学コース(1類)

| | 専願 | 併願 |
|---|---|---|
| 応募者数 | 354 | 135 |
| 受験者数 | 354 | 135 |
| 合格者数 | 268 | 58 |
| 実質倍率 | － | － |
| 合格最低点 | 209/650 (合格基準点) | 271/650 (合格基準点) |

### 特別進学コース(2類)

| | 専願 | 併願 |
|---|---|---|
| 応募者数 | 43 | 67 |
| 受験者数 | 43 | 67 |
| 合格者数 | 40 | 63 |
| 実質倍率 | 1.08 | 1.06 |
| 合格最低点 | 295/650 (合格基準点) | 327/650 (合格基準点) |

※第2希望合格含む

### 天理スポーツ・文化コース(3類)

| | 専願 |
|---|---|
| 応募者数 | 123 |
| 受験者数 | 123 |
| 合格者数 | 73 |
| 実質倍率 | － |
| 合格最低点 | 非公表 |

※第2希望合格含む

## 学校PR

自分の個性に向き合い、長所を伸ばすことで、未来の選択は大きく広がります。天理高校では、一人ひとりの可能性を伸ばすコース別指導に力を入れています。GIGAスクール構想に基づき、1人1台の端末を活用してICT教育を推進します。進学コース(1類)では、勉学やクラブ活動を通して個性と可能性を伸ばします。特別進学コース(2類)では、少人数教育で学力の向上を図り、難関大学を目指します。天理スポーツ・文化コース(3類)では、体育・芸術の分野で優れた能力を養います。2023年1月に創立115年を迎えた、活気のある伝統校です。

**アクセス**
近鉄天理線・JR桜井線天理駅下車徒歩18分

## 費用

**《入学手続き時》**
| | |
|---|---|
| ○入学金 | 50,000円 |

**《入学後》**
| | |
|---|---|
| ○授業料 | 530,000円 |
| ○その他校納金 | 43,770円 |
| ○制服等 | 約60,000円 |
| ○Chromebook | 約60,000円 |
| ○学級費(年間)1類・3類 | 60,000円 |
| 　　　　　　　2類 | 70,000円 |

## 奨学金・特待制度

入試の学業成績優秀者若干名、クラブ活動技能優秀者若干名を選抜、年額30万円を奨学金として支給。

## 独自の留学制度

| | |
|---|---|
| 留学先 | タイ |
| 学年 | 1 |
| 内容 | 海外研修として4泊5日 |
| 費用 | 200,000円 |

## 合格実績

**2024年の進学状況(卒業者数421名)**
天理大学合格166名

**国・公立大学合格36名**
京都大1、神戸大1、北海道大2、名古屋大2、大阪公立大1、京都工芸繊維大1、奈良女子大1、京都府立大1、広島大1、三重大2、山口大1、兵庫県立大2、大阪教育大1、奈良教育大2、滋賀県立大1、他。

**他の私立大学合格458名**
関西学院大1、関西大13、同志社大10、立命館大1、京都産業大5、近畿大20、龍谷大15、佛教大2、東京理科大1、青山学院大1、中央大1、日本大2、専修大1、摂南大6、追手門学院大7、桃山学院大2、京都外国語大7、関西外国語大4、大阪経済大2、大阪工業大6、京都女子大2、同志社女子大4、武庫川女子大6、他。

奈良

共学校

# 奈良育英高等学校

## 学校インフォメーション

 制服
 通学 自転車通学可
 長期休暇講習 夏・春
 留学制度
 自習スペース
 図書館 蔵書数 33,000冊
 人工芝グラウンド

 バリアフリー
 食堂
 スマホ持ち込み 条件付
 カウンセラー
 特待生制度
 高大連携 高-大
ネイティブ教員

**所在地** 〒630-8558 奈良市法蓮町1000

| | |
|---|---|
| 電話 | 0742-26-2845 |
| 創立 | 1916年 |
| 校長 | 米田 安男 |
| 生徒数 | 男 690人 女 506人 |
| 併設校 | 奈良育英中学校 |
| WEB | https://www.ikuei.ed.jp/ikuei-jh/ |

**奈良育英高**

**アクセス**
近鉄奈良線奈良駅下車北へ800mまたはバス5分
JR大和路線奈良駅下車北へ1.4kmまたはバス10分
奈良交通バス育英学園口下車

奈良

共学校

## 教育方針・特色

奈良育英学園は、100余年もの歴史を誇る、奈良県屈指の伝統ある私学である。創立者の一人である藤井ショウ先生の、「教育は口先の問題ではなく、人格が人格を導くのである」という言葉に、本学園の教育理念が端的に語られている。この独自の理念は、「育英誓願」で一層具体的にうたわれている。それは、「他者への誠実な敬愛の念」と「完全を目指すひたむきな向上心」を大切にして、常に勉学に励み不断に人格を高めよう、というもの。誠実に一人一人が向き合い、共に人格を高めあう。こういった「人格教育の場」としての伝統は、学習やクラブ活動にしっかりと引き継がれている。

## スクールライフ

| | |
|---|---|
| 登校時間 | 8:30 |
| 週登校日 | 5日＋土曜プログラム（月1回程度） |
| 学期制 | 3学期 |
| 制服 | あり（夏・冬） |
| 昼食 | 食堂あり |
| 学校行事 | 体育祭・菫咲祭（文化祭）（9月）など |
| 修学旅行 | 2年生 海外 |
| 環境・施設 | 普通教室、体育館、プール棟、AL教室、図書館、特別教室棟、コンピュータ室、生徒食堂、人工芝グラウンドなど |
| クラブ活動 | 【運動部】陸上競技部、水泳部、男子バスケットボール部、女子バスケットボール部、男子バレーボール部、女子バレーボール部、卓球部、女子ソフトテニス部、男子サッカー部、女子サッカー部、バドミントン部、柔道部、剣道部、なぎなた部、軟式野球部、ゴルフ部、テニス部、チアダンス部<br>【文化部】吹奏楽部、書道部、美術部、写真部、囲碁・将棋部、英会話部、情報技術部、サイエンス研究部、調理部、茶道部、邦楽部、軽音楽部、鉄道研究部、文芸部、HRSC部 |
| 強化クラブ | 陸上競技部（男女）、バスケットボール部（男子）、ソフトテニス部（女子）、サッカー部（男女）、柔道部（男女）、剣道部（男女）、ゴルフ部（男女）、テニス部（男女）、吹奏楽部（男女）、軽音楽部（男女） |

## 2024年度 募集要項

- **募集人数** 普通科：男女約280名（選抜コース60名、国際理解Gコース20名、高大連携Sコース80名、総合進学コース120名）
- **願書受付** 1/10（水）～1/19（金）web登録後（12/16～）書類提出、郵送
- **選抜日時** 2/6（火）
- **合格発表** 2/9（金）web
- **入学手続** 専願：2/14（水）まで<br>併願：3/19（火）まで
- **選抜方法** 国・数・英・社・理（各45分各100点）
- **受験料** 20,000円
- **提出書類** 入学志願書・個人報告書（調査書）
- **追加募集** 1次： 2次：
- ◆**転・編入** 受け入れあり（要相談）
- ◆**帰国生** 特別対応なし

## 2024年度 入試結果

**選抜コース**

| | 専願 | 併願 |
|---|---|---|
| 応募者数 | 14 | 1201 |
| 受験者数 | 14 | 1175 |
| 合格者数 | 4 | 934 |
| 実質倍率 | 3.50 | 1.26 |
| 合格最点 | 290/500<br>（合格基準点） | 320/500<br>（合格基準点） |

**国際理解Gコース**

| | 専願 | 併願 |
|---|---|---|
| 応募者数 | 14 | 67 |
| 受験者数 | 14 | 65 |
| 合格者数 | 14 | 54 |
| 実質倍率 | 1.00 | 1.20 |
| 合格最点 | 320/500<br>（合格基準点） | 290/500<br>（合格基準点） |

※転コース合格（専9・併219）含まない ※転コース合格（併5）含まない

**高大連携Sコース**

| | 専願 | 併願 |
|---|---|---|
| 応募者数 | 209 | 784 |
| 受験者数 | 208 | 769 |
| 合格者数 | 117 | 449 |
| 実質倍率 | 1.78 | 1.71 |
| 合格最点 | 250/500<br>（合格基準点） | 305/500<br>（合格基準点） |

**総合進学コース**

| | 専願 | 併願 |
|---|---|---|
| 応募者数 | 103 | 114 |
| 受験者数 | 103 | 114 |
| 合格者数 | 89 | 73 |
| 実質倍率 | 1.16 | 1.56 |
| 合格最点 | 200/500<br>（合格基準点） | 285/500<br>（合格基準点） |

※転コース合格（専85・併250）含まない

## 費用

**《入学手続き時》**

| | |
|---|---|
| ○入学金 | 200,000円 |

**《入学後》**

| | |
|---|---|
| ○授業料等 | 686,000円 |
| ○諸経費 | 45,900円 |
| ○制服・学用品等（男子） | 約120,000円 |
| ○制服・学用品等（女子） | 約120,000円 |
| ○教科書（コース別） | 約29,000円～約33,000円 |
| ○タブレット代 | 約70,000円 |
| ○学級費（選抜・国際理解G） | 約90,000円 |
| ○学級費（高大連携S・総合進学） | 約80,000円 |
| ○修学旅行費用（海外） | 約160,000円 |

※2023年度以降、変更する場合があります。

## 奨学金・特待制度

すみれ奨学生制度
学業奨学生：入試成績上位者（選抜コースのみ）
：英検2級所持（国際理解Gコース専願のみ）
クラブ奨学生：本校所定の基準を満たしている者

## 独自の留学制度

あり

## 合格実績

**2024年の進学状況（卒業者数308名）**
国・公立大学合格18名
大阪公立大2、奈良女子大1、京都府立大1、和歌山大1、山口大1、大阪教育大2、奈良教育大1、奈良県立大2、他。

私立大学合格633名
関西学院大3、関西大30、同志社大6、立命館大9、京都産業大11、近畿大107（薬3）、甲南大2、龍谷大60、佛教大2、早稲田大1、日本大1、大阪医科薬科大1（薬）、大阪歯科大1、摂南大29（薬1看護1）、神戸学院大5、追手門学院大21、桃山学院大18、京都外国語大7、関西外国語大21、大阪経済大3、大阪工業大7、京都女子大11、同志社女子大5、神戸女学院大1、武庫川女子大25（薬1看護1）、他。

## 学校PR

本校では、3年間で「自立し、社会で貢献できる人材となり、希望する進路を実現すること」が目標です。その前段階として、生徒たちは生活習慣や学習習慣を身につけながら、様々な集団活動や職場体験（キャリア形成）を通し、多様な人々との人間関係を構築する経験を積んでいきます。「自分をよく理解すること」を目指し、しっかりとした自覚を持つための基礎づくりを徹底します。

# 奈良学園高等学校

## 学校インフォメーション

 制服　 通学 自転車通学可　 ICT教育　 長期休暇講習　 SSH スーパーサイエンス スーパースクール　 習熟度別授業　 自習スペース

 海外研修　 蔵書数 50,000冊 図書館　 人工芝グラウンド　 食堂　 売店　 カウンセラー　 ネイティブ教員

### 所在地　〒639-1093　奈良県大和郡山市山田町430

| | | |
|---|---|---|
| 電話 | 0743-54-0351 | |
| 創立 | 1979年 | |
| 校長 | 河合　保秀 | |

| 生徒数 | 男 385人　女 183人 |
|---|---|
| 併設校 | 奈良学園中学校　奈良学園登美ヶ丘中学校・高等学校 奈良学園大学 |
| WEB | https://www.naragakuen.ed.jp/ |

奈良学園高

### アクセス
近鉄奈良線学園前駅下車通学バスで約30分
近鉄橿原線郡山駅下車通学バス約25分
JR大和路線大和小泉駅下車通学バス約10分

## 教育方針・特色

自然豊かな矢田丘陵に、1979年開校。建学の精神である「次世代の社会を担い、世界に雄飛し、国際社会に貢献できる有為な人材の育成」を実践すべく、「学力」「自主性」「協調性」「体力」の4つをバランス良く育成し、力強く未来を創造していく豊かな「人間力」を養う。
平成24年度からスーパーサイエンスハイスクール(SSH)指定を受けており、広大なキャンパスでは恵まれた自然環境を活かし、シイタケ栽培や棚田での稲作などの「環境研修」や「環境科学実習」等の「環境教育プログラム」を実施している。また、構内の里山を利用し「カーボンニュートラル社会の実現」のための様々な研究を進めている。

## スクールライフ

| | |
|---|---|
| 登校時間 | 8:40 |
| 週登校日 | 6日制 |
| 学期制 | 3学期 |
| 制服 | あり(夏・冬) |
| 昼食 | 購買・食堂あり　弁当持参可 |
| 学校行事 | 遠足(4月)・球技大会(6月)・文化祭(9月)・矢田山縦走(2月) |
| 修学旅行 | 高校2年生5月　国内(北海道など) |
| 環境・施設 | 森の教室、図書館、人工芝グラウンド、格技場、卓球場、食堂、購買、PC教室 |
| クラブ活動 | 【運動部】陸上部・卓球部・テニス部・剣道部・アーチェリー部・柔道部・サッカー部・バスケットボール部・バドミントン部・野球部・バレーボール部 【文化部】囲碁将棋部・歴史研究部・交通問題研究部・DANCE&VOCAL部・茶華道部・園芸部・室内楽部・科学部・ESS・天文部・文芸部・軽音楽部・美術部 |
| 強化クラブ | 特になし |

## 2024年度 募集要項

- ○募集人数　普通科:男女40名(理数コース)
- ○願書受付　1/10(水)〜1/19(金)17:00 web登録後 (11/27〜)書類提出、中学校より郵送
- ○選抜日時　2/6(火)
- ○合格発表　2/7(水)13:00web
- ○入学手続　専願:2/9(金)16:00まで 併願:振込3/15(金)まで、窓口3/16(土) 12:50まで　奈良県以外の公立高校受験者は振込3/19(火)まで、窓口3/21(木)9:50まで
- ○選抜方法　国・数・英(リスニング含む)・社・理(各50分各100点)
- ○受験料　19,000円
- ○提出書類　入学志願書・個人報告書(調査書)
- ○追加募集　1.5次:　―　　2次:　―
- ◆転・編入　受け入れあり(要相談)
- ◆帰国生　特別対応なし

## 2024年度 入試結果

| 理数コース | 専願 | 併願 |
|---|---|---|
| 応募者数 | 10 | 248 |
| 受験者数 | 10 | 245 |
| 合格者数 | 6 | 233 |
| 実質倍率 | 1.67 | 1.05 |
| 合格最低点 | 266/500 | 276/500 |

## 学校PR

恵まれた教育環境のなかで、物事を深く考える習慣を身につけ、「学力・自主性・協調性・体力」をバランス良く育成し、力強く未来を創造していくための豊かな「人間力」を養います。
奈良学園が育てる「人間力」とは…
- 学　力:難関国公立大学や国公立大学医学部合格に向けた日々の学習をとおして、深く考える習慣を促し、自学自習の力を養います。
- 自主性:生徒主体の多彩な学校行事をとおして、創造性豊かな個性の伸長を図り、自ら考え判断して発信・行動する力を養います。
- 協調性:集団生活や協働活動をとおして、他者と協力し連携することの大切さを考え、人間関係力や自律の精神、互いの違いを認め合い、他者を尊重する心を養います。

## 費用

### 《入学手続き時》
| | |
|---|---|
| ○入学金 | 150,000円 |
| ○施設費 | 100,000円 |

### 《入学後》
| | |
|---|---|
| ○授業料 | 618,000円 |
| ○育友会費、生徒会費 | 16,800円 |
| ○進路指導費、安全環境費 | 6,600円 |
| ○冷暖房施設協力費 | 10,000円 |

## 奨学金・特待制度

特になし

## 独自の留学制度

特になし

## 合格実績

2024年の進学状況(卒業者数192名)
国・公立大学合格127(43)名
東京大1(1)、京都大10(5)、大阪大13(5)、神戸大8(3)、北海道大4(2)、九州大3(1)、東京医科歯科大1(1)、奈良県立医科大3(2)、東京外大1、大阪公立大12(3)、横浜国大3、広島大1、奈良女子大2、他。

私立大学合格464(175)名
関西学院大60(21)、関西大65(21)、同志社大53(28)、立命館大74(33)、早稲田大5、慶應義塾大5(3)、東京理科大5(3)京都薬科大6(3)自治医科大1(1)、他。

国・公立等医学部医学科合格10(6)名
大阪大1、奈良県立医科大3(2)、京都府立医科大1、東京医科歯科大1(1)、福井大1、三重大1(1)、香川大1(1)、防衛医科大1(1)

私立大学医学部医学科合格7(6)名

※( )内既卒生内数

奈良

共学校

# 奈良大学附属高等学校

## 学校インフォメーション

 制服
 自転車通学可　通学
 ICT教育
 長期休暇講習
 習熟度別授業
 海外研修
 自習スペース

 26,000冊　図書館
 食堂
 条件付　スマホ持ち込み
カウンセラー
ABC ネイティブ教員

| 所在地 | 〒631-8555 | 奈良市秋篠町50番地 |
|---|---|---|
| 電話 | 0742-41-8840 | |
| 創立 | 1925年 | |
| 校長 | 堀川 忠道 | |

| 生徒数 | 男 617人 女 376人 |
|---|---|
| 併設校 | 奈良大学・奈良大学附属幼稚園 |
| WEB | https://www.nara-u-h.ed.jp |

## 教育方針・特色

・「正しく強く」「努力が天才なり」を建学の精神として、生徒一人ひとりを大切にし、知・徳・体の調和のとれた人間の育成を目標にして、教育を展開しています。

・特進コース（Ⅰ類、Ⅱ類）、文理コース、標準コースの3つのコースを設置し、生徒個々の主体性の育成と、多様な進路実現に対応するキャリア教育を実践します。

## スクールライフ

| | |
|---|---|
| 登校時間 | 8:35 |
| 週登校日 | 6日制　第2土曜休 |
| 学期制 | 3学期 |
| 制服 | あり（夏・冬） |
| 昼食 | 食堂あり　弁当持参可 |
| 学校行事 | 文化祭（9月）、体育祭（10月）、球技大会（7、12月） |
| 修学旅行 | 2年生10月、11月　オーストラリア |
| 環境・施設 | 図書館、視聴覚教室、食堂、セミナーハウス、トレーニングルーム<br>校内のWi-Fi環境完備。ホームルーム教室に電子黒板機能付きプロジェクターを設置。 |
| クラブ活動 | ●体育系…硬式野球、剣道、バスケットボール、弓道、スキー、ソフトテニス、卓球、陸上競技、バドミントン、バレーボール、空手道、柔道、ハンドボール、なぎなた、サッカー、ワンダーフォーゲル、体操競技<br>●文化系…吹奏楽、美術、放送、書道、茶華道、クッキング、三味線、理科、英語、文芸、写真、軽音楽、情報技術、人権研究、新聞、チアリーダー、ボランティア、自学自習（SLC） |
| 強化クラブ | 硬式野球（男子）、剣道（男女）、バドミントン（男女） |

## 2024年度 募集要項

- ○募集人数　普通科:男女約280名（特進コースⅠ類約30名、特進コースⅡ類約30名、文理コース約105名、標準コース約115名）
- ○願書受付　1/10（水）～1/19（金）web登録（12/4～）後書類提出
　※推薦は推薦書類の提出が必要。12/15（金）～12/23（土）12:00必着（中学校からの出願に限る）
- ○選抜日時　2/6（火）、2/7（水）推薦・専願面接
　※併願の特進コース・標準コースは奈良大学会場
- ○合格発表　2/9（金）web
- ○入学手続　推薦・専願:2/16（金）まで
　併願:3/2（土）～3/22（金）16:00まで
- ○選抜方法　国・数・英（リスニング含む）・理・社（各50分）・面接（推薦個人、専願4名程度のグループ）
- ○受験料　18,000円
- ○提出書類　入学志願書・個人報告書（調査書）・推薦書（推薦試験）
- ○追加募集　1.5次:　　2次:
- ◆転・編入　受け入れあり（要相談）
- ◆帰国生　特別対応なし

## 2024年度 入試結果

| 特進Ⅰ類 | 推薦・専願 | 併願 |
|---|---|---|
| 応募者数 | 6 | 69 |
| 受験者数 | 6 | 68 |
| 合格者数 | 4 | 67 |
| 実質倍率 | 1.50 | 1.01 |
| 合格最低点 | 221/500 | 242/500 |

| 特進Ⅱ類 | 推薦・専願 | 併願 |
|---|---|---|
| 応募者数 | 17 | 201 |
| 受験者数 | 17 | 195 |
| 合格者数 | 15 | 187 |
| 実質倍率 | 1.13 | 1.04 |
| 合格最低点 | 221/500 | 241/500 |

| 文理 | 推薦・専願 | 併願 |
|---|---|---|
| 応募者数 | 144 | 704 |
| 受験者数 | 144 | 700 |
| 合格者数 | 107 | 612 |
| 実質倍率 | 1.35 | 1.14 |
| 合格最低点 | 191/500 | 215/500 |

※回し合格（推薦3・併願7）含まない

| 標準 | 推薦・専願 | 併願 |
|---|---|---|
| 応募者数 | 92 | 288 |
| 受験者数 | 90 | 288 |
| 合格者数 | 83 | 216 |
| 実質倍率 | 1.08 | 1.33 |
| 合格最低点 | 131/500 | 175/500 |

※回し合格（推薦36・併願64）含まない

**アクセス**
近鉄京都線平城駅下車北へ徒歩約10分

## 費用

《入学手続き時》
| | |
|---|---|
| ○入学金 | 150,000円 |
| ○施設設備費 | 50,000円 |

《入学後》
| | |
|---|---|
| ○授業料 | 579,000円 |
| ○育友会費 | 14,400円 |
| ○体育文化後援会費 | 10,000円 |
| ○生徒会費 | 6,000円 |
| ○秋篠会費（同窓会入会金） | 2,500円 |

## 奨学金・特待制度

学業成績及び指定の部活動に関する奨学生制度あり
①成績優秀奨学金制度
②体育奨学金制度
③B&S奨学金制度

## 合格実績

2024年の進学状況（卒業者数224名）
奈良大学34名

国・公立大学合格2名
大阪教育大1、東京学芸大1。

他の私立大学合格173名
関西学院大1、関西大4、同志社大4、立命館大3、京都産業大4、近畿大29、甲南大1、龍谷大5、佛教大1、摂南大18、神戸学院大8、追手門学院大21、桃山学院大8、京都外国語大1、関西外国語大3、神戸女学院1、武庫川女子大1、他。

省庁大学校合格1名
防衛大1。

## 学校PR

自然と歴史のゆたかな奈良・秋篠の地で、充実した施設設備を整え、生徒一人ひとりの個性を大切にしながら、確かな教育を実践するのが奈良大学附属高等学校です。生徒個々の主体性を育みながら、変化のはげしいこれからの時代において自ら逞しく生き抜いていく力を磨き、次代を担う人材の育成をはかります。

# 西大和学園高等学校

## 学校インフォメーション

 制服
 自転車通学可 通学
 ICT教育
 長期休暇講習
 SSH スーパーサイエンス スーパースクール
 海外研修
 学生寮（男子のみ）
 自習スペース
 蔵書数 30,000冊 図書館
 食堂
 カウンセラー
 帰国生入試

| 所在地 | 〒636-0082　奈良県北葛城郡河合町薬井295 | | |
|---|---|---|---|
| 電話 | 0745-73-6565 | 生徒数 | 男 808人　女 283人 |
| 創立 | 1986年 | 併設校 | 西大和学園中学校、大和大学、大和大学白鳳短期大学部 |
| 校長 | 飯田 光政 | WEB | https://www.nishiyamato.ed.jp/ |

## 教育方針・特色

「次代を担う高い理想と豊かな人間性をもった生徒」の育成が目標。「探究、誠実、気迫」の校訓のもと、学力の充実、強健な体力と気力の養成、世界的視野の育成などを特色とする教育を実践しています。

## スクールライフ

| | |
|---|---|
| 登校時間 | 8:55 |
| 週登校日 | 6日制 |
| 学期制 | 2学期 |
| 制服 | あり |
| 昼食 | 持参もしくは食堂 |
| 学校行事 | 遠足(4月)、体育祭(5月)、清栄祭(文化祭)・芸術鑑賞会(9月)、球技大会(11月)、マラソン大会(2月)など。 |
| 修学旅行 | 1年生11月／インド、ベトナム・カンボジア、中国の3コースから選択。 |
| 環境・施設 | 緑と史跡に恵まれた素晴らしい環境のもと、天王寺から20分、奈良から15分の王寺駅から近いという、交通の便の良い地にある。また、始業時間が8時55分ということもあり、近畿一円からの通学を可能にしている。 |
| クラブ活動 | 県大会などで活躍する陸上競技、サッカー、卓球、テニスをはじめバスケットボール、柔道、剣道など体育系9部。コンピューター、鉄道研究、書道、写真、科学、吹奏楽、クイズ研究、ESSなど文化系18部。加入率は約80%です。 |
| 強化クラブ | なし |

## 2024年度 募集要項

| | |
|---|---|
| ○募集人数 | 普通科:男女約120名(東大・京大・国公医コース)※帰国生含む 帰国生入試の詳細は学校にお問い合わせください |
| ○願書受付 | 学校:1/13(土)～1/20(土) 18:00 web登録後、1/30(火)までに個人報告書を郵送 仙台・東京・東海・高松会場、福岡・岡山会場:12/4(月)～12/21(木)18:00 web出願後書類を郵送 消印有効 ※外国人のための入学試験についてはホームページをご覧ください |
| ○選抜日時 | 学校:2/6(火) ※京都・滋賀在住の受験生は別会場もあり 福岡・岡山・東海:1/7会場:1/7(日) 福岡・岡山・東海:1・24・高松会場:1/24(水) |
| ○合格発表 | 学校:2/8(水)12:00web 福岡・岡山・東海:1・7会場:1/10(水) 14:00web 仙台・東京・東海:1・24・高松会場:1/27(土) 14:00web |
| ○入学手続 | 学校:専願 2/9(木)18:00まで 仙台・東京・東海・岡山・高松・福岡会場:専願 合格発表翌日18:00まで 併願 公立高校合格発表の翌日まで |
| ○選抜方法 | 5科:国・数・英(各60分各100点)・社・理(各50分各80点) 英語重視型A:国・数(各60分各50点)・英筆記(40分100点)・英エッセイ(20分60点)・英語面接(40点) 英語重視型B:国・数(各60分各100点)・日本語面接 ※英検1級50点、準1級40点加点あり ※英語重視型Aは学校・東京会場のみで実施 ※英語重視型Bは英検準1級以上相当の検定結果証明書等が必要 |
| ○受験料 | 20,000円 |
| ○提出書類 | 入学志願書・個人報告書(調査書) |
| ◆転・編入 | 受け入れあり(要相談) |
| ◆帰国生 | あり |

## 2024年度 入試結果

| 5科 | 本校 | | 福岡他(1/7) | | 仙台他(1/24) | |
|---|---|---|---|---|---|---|
| | 専願 | 併願 | 専願 | 併願 | 専願 | 併願 |
| 受験者数 | 105 | 703 | 26 | 122 | 26 | 78 |
| 合格者数 | 62 | 573 | 7 | 72 | 5 | 48 |
| 実質倍率 | 1.27 | | 1.87 | | 1.96 | |
| 合格最低点 | 259 | 303 | 272 | 277 | 262 | 272 |

| 英語重視B | 本校 | | 福岡他(1/7) | | 仙台他(1/24) | |
|---|---|---|---|---|---|---|
| | 専願 | 併願 | 専願 | 併願 | 専願 | 併願 |
| 受験者数 | 6 | 14 | 2 | 2 | 3 | 4 |
| 合格者数 | 4 | 7 | 0 | 0 | 0 | 3 |
| 実質倍率 | 1.50 | 2.00 | — | — | — | 1.33 |
| 合格最低点 | | | | | | |

英語重視A(受 6・合 3)

## 学校PR

高校から入学してくる生徒に対する計画的な教育課程を編成し、高度な学力養成をめざします。日々の授業で重視しているのは毎日の学習内容をその場その時で確実に身につけさせること。分からないことを後日に残さない学習指導と、万全のフォロー体制を整えています。各種行事や部活動にも力を入れ、大半の生徒がクラブ活動に参加。自主性と積極性、リーダーシップの養成に役立っています。文部科学省による「将来の国際的な科学技術人材を育成するSSH」は、先進的な理数教育や最先端のテクノロジーから刺激を受ける絶好の機会を生み出しています。民間企業の協力により、最新テクノロジーが我々の生活にどのように応用されているかを実感できる機会を獲得しています。また、世界を舞台に活躍するグローバルビジネスリーダー育成を目的とした「AIP」は、『気づいたこと・理解したことの唯一の証は行動することである』というマインドマップを基に、イノベーション創発人材を育成します。AIPセミナーでは様々な業界のトップランナーの生き様や考え方に触れ、強烈な刺激を受けることができます。

## アクセス

JR大和路線・近鉄生駒線王寺駅下車徒歩18分
またはバス5分(星和台1丁目下車)
近鉄田原本線大輪田駅下車徒歩8分

## 費用

《入学手続き時》
| | |
|---|---|
| ○入学金 | 200,000円 |

《入学後》(年額)
| | |
|---|---|
| ○授業料 | 576,000円 |
| ○教育充実費 | 132,000円 |
| ○施設設備費 | 60,000円 |
| ○諸会費(育友会費・生徒会費) | 19,200円 |

※上記以外に、制服等諸物品代・個人預り金・旅行積立金が必要。

## 奨学金・特待制度

特になし

## 独自の留学制度

特になし

## 合格実績

2024年の進学状況(卒業者数341名)
大和大学合格37(27)名
国・公立大学合格257(154)名
東京大71(53)(内医2(1))、京都大29(17)(内医3(3))、一橋大4(1)、東京工業大3(2)、大阪大20(16)(内医2(2))、神戸大24(14)(内医2(1))、北海道大10(4)(内医1)、東北大1(1)、名古屋大1(1)、九州大6(2)(内医1)、大阪公立大24(9)(内医3)、筑波大2(1)、横浜国立大6(6)、京都工芸繊維大2(1)、神戸市外国語大2(1)、岡山大3(1)、広島大4(内医3)、和歌山大3(1)、兵庫県立大3(3)、大阪教育大2(1)、奈良県立大1(1)、滋賀医科大1(1)(内医1(1))、奈良県立医科大6(2)(内医6(2))、和歌山県立医科大4(3)(内医4(3))、他。

他の私立大学合格478(241)名
関西学院大35(23)、関西大25(18)、同志社大85(38)、立命館大39(20)、近畿大21(10)(内医4(3))、甲南大1、龍谷大5(4)、早稲田大60(35)、慶應義塾大49(19)(内医2(1))、上智大6(4)、東京理科大15(6)、明治大20(8)、青山学院大7(4)、立教大1、中央大3(2)、法政大4(3)、学習院大1、東洋大2(1)、大阪医科薬科大9(2)(内医5(2))、関西医科大9(2)(内医9(2))、兵庫医科大2(1)(内医2(1))、大阪歯科大1、京都薬科大5(1)、神戸薬科大1、摂南大4(4)、日本女子大1(1)、他。

省庁大学校1(1)名
防衛医科大1(1)。
※( )内は現役数内数

# 日本教育学院高等学校

## 学校インフォメーション

なし
制服

通学
スクールバス
自転車通学可

自習スペース

図書館

スマホ持ち込み
可

**所在地** 〒633-2141　奈良県宇陀市大宇陀上片岡194番地の6

電話　0745-80-2255　　生徒数　男 187人　女 78人
創立　2015年　　　　　併設校　なし
校長　住本 裕一　　　　WEB　https://www.nkg-h.ed.jp/

**橿原校** 〒634-0804　奈良県橿原市内膳町2丁目5番21号

電話　0744-55-2980

## 教育方針・特色

生徒の多様な特性や、地域・学校等の実情を踏まえ、個別のニーズや特性に応じた柔軟な学びを実現し、生徒一人ひとりの学習や進路等の目標の実現に向け、学力の育成、社会的・職業的自立に必要な力を育成します。

## スクールライフ

| | |
|---|---|
| 登校時間 | 9:40 |
| 週登校日 | 週1〜2日 |
| 学期制 | 2学期 |
| 制服 | なし |
| 昼食 | 弁当持参 |
| 学校行事 | 入学式、校外学習、市内探索、進路ガイダンスなど |
| 修学旅行 | なし |
| 環境・施設 | 奈良本校：美術室、理科室、家庭科室、ＰＣ室、保健室など<br>橿原校：PC室、自習室など |
| クラブ活動 | 写真部（奈良本校） |
| 強化クラブ | 特になし |

## 2025年度 募集要項

○募集人数　定数465人
○願書受付　推薦（専願）:12/9〜12/13
　　　　　　1次（専・併）:1/20〜1/24
　　　　　　2次（専・併）:2/12〜3/26
　　　　　　郵送の場合必着
○選抜日時　推薦:12/21(土)
　　　　　　1次:2/1(土)　　2次:随時
○合格発表　推薦:12/25
　　　　　　1次:2/5
　　　　　　2次:随時
　　　　　　合格発表日に郵送
○選抜方法　推薦・1次：国語・数学・英語から1科目を選択、面接
　　　　　　2次：面接
○受験料　　10,000円（個別相談会参加者は免除）
○提出書類　入学志願書・個人報告書（調査書）・推薦書（推薦）
○追加募集　1.5次:　—　　2次:　—
◆転・編入　受け入れあり（要相談）
◆帰国生　　特別対応なし

## 2024年度 入試結果

入試結果 非公開

## 学校PR

自然に囲まれた環境の中、「自分のペースで勉強したい」「集団生活が苦手」「働きながら勉強と両立したい」「進級や進路について相談したい」など、さまざまな学習スタイルで学べます。面接指導施設として「橿原校」があります。

奈良

**アクセス　奈良本校**
近鉄大阪線榛原駅より車約25分
近鉄吉野線大和上市駅より車約25分
※近鉄大阪線榛原駅、近鉄吉野線大和上市駅より
　無料送迎あり。
**アクセス　橿原校**
近鉄橿原線八木西口駅より徒歩3分
近鉄大阪線大和八木駅より徒歩7分
JR桜井線畝傍駅より徒歩7分

## 費用

《入学手続き時》
○入学金
　推薦・1次専願　　　　　　　　180,000円
　1次併願・2次　　　　　　　　210,000円

《入学後》
○授業料　　　　　　1単位当たり 8,500円
　　　　　　　　　　　　　　　約256,000円

上記金額には、入学金、授業料、施設整備費、教育活動費、教科書代等が含まれています。

## 奨学金・特待制度

入学支援金
きょうだいが本校在籍、卒業生の場合、諸経費の一部免除

## 独自の留学制度

特になし

## 合格実績

国・公立大学合格
東京工業大

私立大学・短期大学・大学校合格
帝京大、畿央大、帝塚山大、大阪大谷大、四天王寺大、阪南大、関西福祉科学大、びわこ成蹊スポーツ大学、芦屋大、神戸松蔭女子学院大、奈良大、太成学院大、追手門学院大、浜松学院大、大和大白鳳短期大、奈良佐保短期大、奈良看護大学校、など。

共通
学信
校制

# 育英西高等学校

## 学校インフォメーション

制服／通学（スクールバス）／ICT教育／長期休暇講習／海外研修／留学制度／自習スペース／食堂／スマホ持ち込み（条件付）／カウンセラー／帰国生入試／特待生制度／高大連携／ネイティブ教員

**所在地** 〒631-0074 奈良市三松4丁目637-1

| | |
|---|---|
| 電話 | 0742-47-0688 |
| 創立 | 1983年 |
| 校長 | 北谷 成人 |
| 生徒数 | 女 533人 |
| 併設校 | 育英西中学校 |
| WEB | https://www.ikuei.ed.jp/ikunishi/ |

**アクセス**
近鉄奈良線富雄駅から直通バス7分

## 教育方針・特色

「豊かな教養と人間愛をもって社会に貢献できる女性の育成」を教育理念に掲げ、生徒一人ひとりの個性に合わせた、きめ細かい教育を行っています。
2019年度より文部科学省「地域との協働による高等学校教育改革事項（SGH後継事業）」のグローバル型に認定されました。グローバルな視野をもち地域に貢献する「自立女子」の育成を目指します。

## スクールライフ

| | |
|---|---|
| 登校時間 | 8:30 |
| 週登校日 | 隔週5日制 |
| 学期制 | 3学期 |
| 制服 | あり（夏・冬・合服） |
| 昼食 | 弁当持参 食堂・購買あり |
| 学校行事 | 体育行事（5月）・文化行事（9月）・球技大会（9月）など |
| 修学旅行 | 2生10月 4泊6日 マレーシア |
| 環境・施設 | 図書室・小講堂・礼法室・エウレカルーム・多目的室・食堂 など |
| クラブ活動 | 【体育系】バスケットボール、バドミントン、バレーボール、ハンドボール、硬式テニス、陸上競技<br>【文化系】演劇、音楽（合唱）、音楽（軽音楽）、華道、茶道、サイエンス、将棋、書道、美術、箏曲、放送、料理、EIC（英語）、百人一首かるた |
| 強化クラブ | 特になし |

## 2024年度 募集要項

- 募集人数 普通科：女子約160名（特設コースⅡ類40名、特設コースⅠ類40名、立命館コース80名）
  ※内部進学含む
- 願書受付 1/10（水）〜1/19（金）web登録後（12/16〜）書類提出、郵送（消印有効）
- 選抜日時 2/6（火）
- 合格発表 2/9（金）16:00
- 入学手続 専願：2/13（火）まで 併願：3/19（火）まで
- 選抜方法 特設コース：国・数・英（各50分150点）理・社（各40分100点）
  立命館コースバランス重視型：国・数・英（各50分150点）理・社（各40分100点）立命館コース理系重視型：国・英（各50分105点）数（50分225点）理（40分150点）社（40分65点）
  ※バランス重視型か理系重視型の得点の高い方で判定
  ※英検取得者は2級以上30点、準2級20点、3級10点加点
- 受験料 20,000円
- 提出書類 入学志願書・個人報告書（調査書）
  ※英検自己推薦利用者は合格証明書のコピー
- 追加募集 1.5次：― 2次：―
- ◆転・編入 受け入れあり（要相談）
- ◆帰国生 帰国生入試を実施

## 2024年度 入試結果

**特設コースⅡ類**

| | 専願 | 併願 |
|---|---|---|
| 応募者数 | 22 | 163 |
| 受験者数 | 22 | 160 |
| 合格者数 | 10 | 158 |
| 実質倍率 | 1.10 | 1.01 |
| 合格最低点 | すみれ461・Ⅱ類300/650 | すみれ484・Ⅱ類316/650 |

**特設コースⅠ類**

| | 専願 | 併願 |
|---|---|---|
| 応募者数 | 45 | 45 |
| 受験者数 | 44 | 43 |
| 合格者数 | 43 | 42 |
| 実質倍率 | 1.02 | 1.02 |
| 合格最低点 | 278/650 | 285/650 |

※Ⅰ類スライド合格（専2・併2）含まない、立命館スライドアップ合格（専2・併37）含む

**立命館コース**

| | 専願 | 併願 |
|---|---|---|
| 応募者数 | 83 | 148 |
| 受験者数 | 82 | 145 |
| 合格者数 | 58 | 115 |
| 実質倍率 | 1.41 | 1.26 |
| 合格最低点 | 421/650 | 450/650 |

※回し合格（専23・併29）含まない

## 費用

《入学手続き時》
| | |
|---|---|
| ○入学金 | 200,000円 |

《入学後》
| | |
|---|---|
| ○授業料 | 686,000円〜776,000円 |
| ○PTA会費等 | 44,000円 |

## 奨学金・特待制度

入試の際に優秀な成績おさめた生徒に対する奨学金制度あり

## 独自の留学制度

| | |
|---|---|
| 留学先 | ニュージーランド・カナダ・アイルランド |
| 学年 | 1・2・3年 |
| 内容 | 1ヶ月・3ヶ月・6ヶ月・1年 |
| 費用 | 約100〜430万円 |

## 合格実績

**2024年の進学状況（卒業者数162名）**
国・公立大学合格5名
大阪公立大1、京都工芸繊維大1、滋賀大1、奈良県立大1、奈良県立医科大1。

私立大学合格268名
関西学院大3、関西大11、同志社大1、立命館大55、京都産業大2、近畿大14、龍谷大16、京都女子大12、同志社女子大16、武庫川女子大21、他。

## 学校PR

豊かな自然環境の中、きめ細やかで丁寧な教育を行っています。
「特設コース」では国公立・難関私立大学への進学をめざし、補習に力を入れ、各自の進路実現に向けた指導を行っています。また、関西大学・近畿大学・京都女子大学・武庫川女子大学との連携を活かした教育や推薦枠も豊富です。
「立命館コース」では、附属校と同様の内部進学基準のみで立命館大学に進学できます。受験勉強にとらわれない独自の教育を行っています。（立命館コースの立命館大学進学率99%以上）

# 奈良女子高等学校

## 学校インフォメーション

 制服
 通学 自転車通学可
 ICT教育
 長期休暇講習 夏・冬・春
 習熟度別授業
 学生寮
 自習スペース

 図書館 蔵書数 23,000冊
 食堂
 スマホ持ち込み 条件付
 カウンセラー
 特待生制度

| 所在地 | 〒630-8121　奈良市三条宮前町3-6 | | |
|---|---|---|---|
| 電話 | 0742-33-3601 | 生徒数 | 女 311人 |
| 創立 | 1890年 | 併設校 | 奈良保育学院　奈良保育学院付属幼稚園 |
| 校長 | 石原 勉 | WEB | https://www.shirafuji.ac.jp/shirafuji_high/ |

## 教育方針・特色

敬身(心身を鍛え、ねばりある人に)、敬学(真理を愛し、善事に励み、美しさを知る感性豊かな人に)、敬事(行いを正し、誠実に生きる喜びを知る人に)の三敬銘が建学の精神です。正しく豊かな社会生活を営む女性の育成に努めています。

## スクールライフ

| | |
|---|---|
| 登校時間 | 9:10 |
| 週登校日 | 6日制 |
| 学期制 | 3学期 |
| 制服 | あり(夏・冬) |
| 昼食 | 食堂あり 弁当持参可 |
| 学校行事 | 体育祭(9月)・文化祭(9月) |
| 修学旅行 | 2年生12月 3泊4日 石垣島 |
| 環境・施設 | ICT環境・電子黒板・エレピアン室・調理室・PC室・図書室・体育館・カウンセリングルーム・ギャラリー・食堂 |
| クラブ活動 | ソフトボール部・卓球部・バレーボール部・バスケットボール部・ハンドボール部・書道部・茶道部・演劇部・軽音楽部・ダンス部・アニメーション部・ボランティア部・ブラスアンサンブル部・コーラス部・英語部・放送部・軟式テニスサークル・料理製菓サークル・園芸サークル・美術サークル |
| 強化クラブ | バスケットボール部・バレーボール部・ソフトボール部・卓球 |

## 2024年度 募集要項

○募集人数　普通科:女子200名(特別進学コース20名、保育進学コース40名、総合進学コース140名)
○願書受付　1/9(火)〜1/19(金)
　web登録後(12/4〜)書類提出
○選抜日時　2/6(火)
○合格発表　2/9(金)web
○入学手続　専願:2/15(木)まで
　　　　　　併願:3/22(金)17:00まで
○選抜方法　推 薦(専願):国・英・数(各45分 各100点)・面接
　　　　　　一般:国・英・数(各45分各100点)・面接(専願、グループ)
○受験料　18,000円
○提出書類　入学志願書・個人報告書(調査書)
○追加募集　1.5次:　　　 2次:―
◆転・編入　受け入れあり(要相談)
◆帰国生　特別対応なし

## 2024年度 入試結果

### 特別進学コース

| | 推薦・専願 | 併願 |
|---|---|---|
| 応募者数 | 7 | 69 |
| 受験者数 | 7 | 69 |
| 合格者数 | 6 | 67 |
| 実質倍率 | 1.16 | 1.02 |
| 合格最低点 | 115/300 | 125/300 |

### 保育進学コース

| | 推薦・専願 | 併願 |
|---|---|---|
| 応募者数 | 15 | 41 |
| 受験者数 | 15 | 40 |
| 合格者数 | 15 | 39 |
| 実質倍率 | 1.00 | 1.02 |
| 合格最低点 | 60/300 | 75/300 |

### 総合進学コース

| | 推薦・専願 | 併願 |
|---|---|---|
| 応募者数 | 59 | 210 |
| 受験者数 | 59 | 209 |
| 合格者数 | 59 | 209 |
| 実質倍率 | 1.00 | 1.00 |
| 合格最低点 | 50/300 | 55/300 |

※スライド合格(推・専1、併3)含まない

### アクセス
近鉄奈良線新大宮駅下車徒歩7分
JR大和路線奈良駅西口下車徒歩5分

## 費用

《入学手続き時》
○入学金　　　　　　　　　　　　100,000円
○施設設備金　　　　　　　　　　100,000円

《入学後》
○授業料　　　　　　　　(年額)528,000円

## 奨学金・特待制度

○推薦入試　奨学生制度(部活動、成績優秀者対象)
○ファミリー奨学生制度

## 独自の留学制度

特になし

## 合格実績

2024年の進学状況(卒業者数104名)
私立大学合格
関西大1、同志社大1、京都産業大1、近畿大14、龍谷大15、佛教大3、神戸学院大1、桃山学院大1、関西外国語大3、大阪工業大3、京都女子大3、同志社女子大1、武庫川女子大1、中京大1、帝塚山大7、奈良大2、大阪芸術大2、大阪樟蔭女子大4、大阪経済法科大4、大阪学院大1、大阪商業大1、天理大1、四天王寺大1、大阪総合保育大1、他。

短期大学合格
大阪城南女子短期大学3、大和大学白鳳短期大学部3、奈良佐保短期大学3、東大阪大学短期大学部2、藍野大学短期大学部2、大阪キリスト教短期大学1、関西女子短期大学1、四天王寺大学短期大学部1、他。

## 学校PR

次世代教育探求プロジェクトが本格始動し、ICT教育による最先端の学習を実現しています。また、探求学習の取り組みの中で、全国高校生マイプロジェクトアワードに参加し、「疑問を持ち、考え抜く力」を磨いています。産学連携の取り組みも強化し、地元企業と連携しながら新たな可能性に挑戦しています。

# 奈良文化高等学校

## 学校インフォメーション

制服 通学 スクールバス 学内予備校 ICT教育 学生寮 自習スペース バリアフリー

エレベーター 食堂 カウンセラー プレテスト 特待生制度 高大連携 ネイティブ教員

**所在地** 〒635-8530 大和高田市東中127

| | |
|---|---|
| 電話 | 0745-22-8315 |
| 創立 | 1965年 |
| 校長 | 中野 善久 |

| | |
|---|---|
| 生徒数 | 女 458人 |
| 併設校 | 奈良学園大学 |
| WEB | https://www.narabunka.ed.jp/ |

## 教育方針・特色

普通科と衛生看護科の2学科を設置。「誠実さと良識を備えた心身ともに健康な女性の育成」を教育目標に掲げ、学科・コースごとに個性を伸ばすきめの細かい教育を指導方針としている。また2学科に加えて准看護師資格を持つ者だけが入学できる衛生看護専攻科も設置、より実践的な社会人の育成も目指している。

## スクールライフ

| | |
|---|---|
| 登校時間 | 8:40 |
| 週登校日 | 6日制（Ⅰ類・Ⅱ類スポーツ特進5日制） |
| 学期制 | 3学期 |
| 制服 | あり（夏・冬） |
| 昼食 | 食堂あり 弁当持参可 |
| 学校行事 | 体育大会・母校訪問（1年・6月）、文化祭・衛生看護科戴帽式（9月） |
| 修学旅行 | 2年生12月 2泊3日 九州方面・北海道（スポーツ特進） |
| 環境・施設 | 学生寮、体育館冷房完備、クラブハウス、学食、コンピュータ室、更衣室、守衛、普通教室の冷房、宿泊施設、テニスコート、トレーニングルーム、自習室、シャワールーム、スクールカウンセラー |
| クラブ活動 | 【運動部】ソフトボール部、新体操部、バスケットボール部、ハンドボール部、ソフトテニス部、硬式テニス部、バレーボール部、剣道部、フットサル部、少林寺拳法部、陸上競技部、バドミントン部<br>【文化部】吹奏楽部、書道部、茶道部、華道部、ダンス部、美術部、演劇部、写真部、理科部、家庭部、園芸部、ハートフルクラブ |
| 強化クラブ | ソフトボール部、新体操部、バスケットボール部、バレーボール部 |

## 2024年度 募集要項

- ○募集人数 普通科：女子110名（Ⅱ類（看護医療特進コース・特進コース）20名、Ⅱ類（スポーツ特進コース）30名、Ⅰ類（子ども教育コース・食文化コース・総合進学コース）60名）<br>衛生看護科：女子専願80名
- ○願書受付 1/13（土）～1/19（金）web登録後（12/22～）中学校より書類提出、消印有効
- ○選抜日時 2/6（火）
- ○合格発表 2/8（木）14:00web、郵送
- ○入学手続 専願：2/17（土）まで<br>併願：3/27（水）まで<br>※奈良県以外の公立高校受験生は合格発表の翌日まで
- ○選抜方法 国・数・英（リスニング含む）（各45分各100点）・面接（専願のみ）
- ○受験料 18,000円
- ○提出書類 入学志願書・個人報告書（調査書）
- ○追加募集 1.5次：― 2次：―
- ◆転・編入 受け入れあり（要相談）
- ◆帰国生 特別対応なし

## 2024年度 入試結果

| Ⅱ類特進 | 専願 | 併願 | Ⅱ類スポーツ特進 | 専願 | 併願 |
|---|---|---|---|---|---|
| 応募者数 | 4 | 53 | 応募者数 | 16 | 0 |
| 受験者数 | 4 | 53 | 受験者数 | 16 | ― |
| 合格者数 | 4 | 51 | 合格者数 | 16 | ― |
| 実質倍率 | 1.00 | 1.04 | 実質倍率 | 1.00 | ― |
| 合格最低点 | 非公表 | 非公表 | 合格最低点 | 非公表 | ― |

| Ⅱ類看護医療 | 専願 | 併願 | Ⅰ類 | 専願 | 併願 |
|---|---|---|---|---|---|
| 応募者数 | 4 | 27 | 応募者数 | 13 | 142 |
| 受験者数 | 4 | 27 | 受験者数 | 13 | 142 |
| 合格者数 | 4 | 27 | 合格者数 | 13 | 140 |
| 実質倍率 | 1.00 | 1.00 | 実質倍率 | 1.00 | 1.00 |
| 合格最低点 | 非公表 | 非公表 | 合格最低点 | 非公表 | 非公表 |

※まわし合格（併1）含まない

| 衛生看護科 | 専願 |
|---|---|
| 応募者数 | 52 |
| 受験者数 | 51 |
| 合格者数 | 49 |
| 実質倍率 | 1.04 |
| 合格最低点 | 非公表 |

### アクセス
近鉄南大阪線高田市駅下車徒歩15分
近鉄大阪線大和高田駅よりバス15分
JR万葉まほろば線高田駅よりバス13分
奈良文化高校前下車

## 費用

**《入学手続き時》**

| | |
|---|---|
| ○入学金 | 120,000円 |

**《入学後》**

| | |
|---|---|
| ○授業料 | |
| （普通科） | 510,000円 |
| （衛生看護科） | 570,000円 |
| ○諸会費 | 30,000円 |

## 奨学金・特待制度

普通科Ⅱ類 看護医療特進コースと特進コースについては本校独自の奨学金あり
衛生看護科については病院奨学金希望者のみ受ける

## 独自の留学制度

特になし

## 合格実績

**2024年の進学状況（卒業者数153名）**
**私立大学合格**
立教大、中京大、龍谷大、関西外国語大、帝塚山大、大阪樟蔭女子大、奈良学園大、中部大、大阪体育大、至学館大、桃山学院教育大、神戸松蔭女子大、天理大、大阪青山大、園田女子大、関西福祉科学大、日本体育大、森ノ宮医療大、他。

**普通科（72名）**
| | |
|---|---|
| 4年制大学 | 34名 |
| 短期大学 | 9名 |
| 専門学校 | 17名 |
| 就職 | 7名 |

**衛生看護科（81名）**
| | |
|---|---|
| 衛生看護専攻科 | 75名 |
| 4年制大学 | 0名 |
| 短期大学 | 1名 |
| 専門学校 | 3名 |
| 就職 | 1名 |

## 学校PR

本校独自の奨学金があり、進路に向けて完全バックアップをします。併設大学の奈良学園大学の医療・看護系学科もしくは教育系の学科に深く連携しています。

# 開智高等学校

## 学校インフォメーション

 制服
 通学 自転車通学可
 宗教教育 仏教
 ICT教育
 海外研修
 自習スペース
 図書館 蔵書数 30,000冊

 食堂
 スマホ持ち込み 条件付
 特待生制度
 ネイティブ教員 ABC
 海外姉妹校

**所在地** 〒640-8481 和歌山市直川113-2

| | |
|---|---|
| 電話 | 073-461-8080 |
| 創立 | 1993年 |
| 校長 | 髙松 雅貴 |
| 生徒数 | 男 452人 女 496人 |
| 併設校 | 開智中学校 |
| WEB | https://www.kaichi.ed.jp/ |

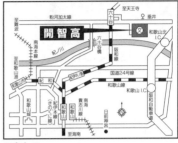

**アクセス**
JR阪和線六十谷駅から東へ徒歩8分
和歌山バス垂井下車すぐ

## 教育方針・特色

校 訓: 四恩報答
教育目標: ・確かな学力と創造的な問題解決力を身につける
・豊かな心と体を育み、積極的に社会とかかわろうとする意欲を高める
・学校生活のあらゆる場面で主体的に取り組み、個性を生かし伸ばす
・多様性を尊重し、協働的に国際社会に貢献しようとする姿勢を持つ
・自己をよく理解し、見通しあるキャリアプランを立て、実現する

## スクールライフ

| | |
|---|---|
| 登校時間 | 8:50 |
| 週登校日 | 6日制 |
| 学期制 | 3学期 |
| 制服 | あり(夏・冬) |
| 昼食 | 食堂あり・弁当持参可 |
| 学校行事 | 新入生宿泊研修・遠足(4月)・花まつり(5月)・芸術鑑賞会(7月)・語学研修(8月、希望者)・文化祭(9月)・体育祭(10月)・成道会(12月)・英語研修(3月、希望者) |
| 修学旅行 | 2年6月 3泊4日 北海道 |
| 環境・施設 | 全教室にホワイトボード、プロジェクターの設置・校内Wi-Fi環境の完備・開智ホール(約1000人収容の大ホール)・ブラセットホール(約200人収容の階段教室)・2つの体育館(アルタジムとフェニックスジム)・生徒ホール(約350人収容の食堂)・セミナーハウス(小体育館・トレーニング機器と宿泊施設完備)・多目的教室(自習室)・コミュニティーサイト(CS)・図書館(約100座席)・理科室棟・アクティブ・ラーニング教室など |
| クラブ活動 | 【運動部】バスケット部・テニス部・卓球部・剣道部・陸上競技部・バレー部・ソフトテニス部・サッカー部【文化部】茶道部・音楽部・箏曲部・放送部・書道部・サイエンス部・農芸部・天文部・演劇部・新聞部・写真部・ECS部・アカペラ部・美術部・囲碁部・将棋部・鉄道研究会・漫画研究会・歴史研究会・ダンス部・図書同好会・かるた愛好会・クイズ愛好会 |
| 強化クラブ | バレーボール(男女) |

## 2024年度 募集要項

○募集人数 普通科(外部募集):男女160名(SI類コース約40名、I類コース約120名※バレーボール専攻含む)
○願書受付 1/6(土)～1/23(火)16:00まで
web登録後(1/6～)書類郵送、必着
※1/23のみ窓口受付
○選抜日時 1/27(土)
○合格発表 1/29(月)13:00web
○入学手続 専願:2/2(金)16:00まで
併願:各府県の公立高校合格発表日16:00まで
○選抜方法 国・英・数(各60分各100点)・社・理(各45分各50点)・面接(専願のみ)
5科か3科(国英数)を出願時に選択
5科は5科合計を300点満点に換算(国英数合計×0.8＋社理合計×0.6)した点と3科合計を比較し高い方の得点で判定
○受験料 20,000円
○提出書類 入学願書・調査書
○追加募集 1.5次: ─ 2次: ─
◆転・編入 特になし
◆帰国生 特別対応なし

## 2024年度 入試結果

**SI類コース**

| SI類コース | 専願 | 併願 |
|---|---|---|
| 応募者数 | 110 | 511 |
| 受験者数 | 108 | 501 |
| 合格者数 | 28 | 206 |
| 実質倍率 | 3.86 | 2.43 |
| 合格最低点 | 201/300 | 210/300 |

※特別奨学生合格(専4・併2)含む

**I類コース**

| I類コース | 専願 | 併願 |
|---|---|---|
| 応募者数 | 74 | 147 |
| 受験者数 | 73 | 142 |
| 合格者数 | 44 | 90 |
| 実質倍率 | 1.66 | 1.58 |
| 合格最低点 | 165/300 | 166/300 |

※SI類移行合格(専56・併231)含まない

## 費用

**《入学手続き時》**
○入学金 200,000円

**《入学後》**
○授業料 420,000円
○教育充実費 90,000円
○育友会費 18,000円
○生徒会費 3,600円
○体育文化活動費 12,000円

## 奨学金・特待制度

特別奨学生(特待生)制度あり

## 独自の留学制度

○イギリス 1・2年 英国研修 3月
約2週間 約400,000円
○オーストラリア・カナダ 1・2年 語学研修 8月
約2週間(隔年で交互に実施) 約500,000円
○韓国 1・2年 姉妹校交流 5月
2泊3日 約80,000円
○アメリカ 1・2年 グローバルリーダー研修 8月
約10日間 約700,000円

## 合格実績

2024年の進学状況(卒業者数283名)
国・公立大学合格146名
京都大2(2)、大阪大7(7)、神戸大1(1)、名古屋大1(1)、九州大2、大阪公立大8(8)、筑波大1(1)、国際教養大1(1)、奈良女子大3(3)、神戸市外国語大3(3)、和歌山大38(35)、大阪教育大4(3)、奈良教育大1(1)、他。

私立大学合格903名
関西学院大31(26)、関西大56(53)、同志社大24(24)、立命館大37(37)、京都産業大54(47)、近畿大223(216)、甲南大3(3)、龍谷大38(38)、早稲田大5(3)、慶應義塾大1、上智大1(1)、東京理科大4(2)、明治大6(4)、青山学院大6(6)、法政大4(4)、他。
※( )内は現役内数

## 学校PR

本校の校訓は「四恩報答」です。生かされていることへの感謝と、その恩に報い答えていく生き方を目指す教育を行っています。今年の進学実績では国公立大学等に146名が合格しました。その内、現役占有率は9割を越えており、国公立大学に強い学校といえます。また、本校は国際交流も盛んです。語学研修やグローバルリーダー研修、オンラインを利用した研修などにより、実践的な英語力・国際感覚を養っています。

# 近畿大学附属新宮高等学校

## 学校インフォメーション

 制服　 通学（自転車通学可）　 長期休暇講習（夏・冬）　 習熟度別授業　 学生寮（寮）　 食堂　 スマホ持ち込み（条件付）

 カウンセラー　 プレテスト（プレ）　 特待生制度　 高大連携（高-大）　 ネイティブ教員（ABC）

**所在地** 〒647-0081　和歌山県新宮市新宮4966番地

| | |
|---|---|
| 電話 | 0735-22-2005 |
| 創立 | 1963年 |
| 校長 | 池上 博基 |
| 生徒数 | 男 222人 女 125人 |
| 併設校 | 近畿大学附属新宮中学校、近畿大学・大学院 |
| WEB | https://www.shingu.kindai.ac.jp/ |

## 教育方針・特色

1963年の創立以来、本校は紀南地方唯一の私立学校として、「実学教育と人格の陶冶」という建学の精神のもと、独自性あふれる教育を実践しています。また、近畿大学と連携し、「各学部の出前授業」「イングリッシュキャンプ」など、自らの進路目標にむけた主体的な考察と、実践的な英会話学習に取り組んでいます。

さらに、"Do It First"(真っ先にやろう)を合い言葉に、「学習する生徒」から「学問する生徒」の育成を目指し、教職員が一致結束して、「生徒自身が自ら主体的に考え、自ら学問しようとする環境を作ること」を目標としています。

## スクールライフ

| | |
|---|---|
| 登校時間 | 8:30 |
| 週登校日 | 6日制 |
| 学期制 | 2学期 |
| 制服 | あり(夏・冬) |
| 昼食 | 食堂あり |
| 学校行事 | 新入生オリエンテーション(1年・4月)、クラスマッチ(7月)、近大新宮祭(文化祭・体育祭)(9月)、プレゼン大会(2年・10月) |
| 修学旅行 | 1年3月　行先未定(長崎or北海道) |
| 環境・施設 | 図書室・グラウンド・ICT環境・中庭(芝)・食堂 |
| クラブ活動 | 硬式野球部、卓球部、サッカー部、ソフトテニス部、なぎなた部、空手道部、男子バスケットボール部、女子バスケットボール部、バレーボール部、茶道部、華道部、吹奏楽部、美術部、書道部、スーパーサイエンス部、メディア部、ダンスサークル |
| 強化クラブ | 硬式野球部 |

## 2024年度 募集要項

- ○募集人数　普通科:男女約110名(アグレッシブコース約35名、フロンティアコース約75名)
- ○願書受付　前期(一般・学校推薦):1/18(木)〜1/23(火)
　　　　　　後期(一般・学校推薦):2/8(木)〜2/15(木)
　　　　　　窓口または郵送　いずれも必着
　　　　　　※学校推薦は専願のみ、出願条件あり
- ○選抜日時　前期:1/27(土)
　　　　　　後期:2/17(土)　学校、田辺会場、大阪会場
- ○合格発表　前期:1/31(水)
　　　　　　後期:2/21(水)　いずれも郵送
- ○入学手続　前期:専願2/7(水)まで、併願3/21(木)まで
　　　　　　後期:専願2/26(月)まで、併願3/21(木)まで
- ○選抜方法　学校推薦:面接・書類審査
　　　　　　一般:国・数・英(各50分各100点)
　　　　　　フロンティアコースは3科のうち得点の高い2科で判定
- ○受験料　15,000円
- ○提出書類　入学志願書・個人報告書(調査書)・志望理由書(学校推薦)
- ○追加募集　1.5次: ―　2次: ―
- ◆転・編入　受け入れあり(要相談)
- ◆帰国生　特別対応なし

## 2024年度 入試結果

全コース

| | 前期 | 後期 |
|---|---|---|
| 応募者数 | 88 | 3 |
| 受験者数 | ― | ― |
| 合格者数 | 84 | 2 |
| 実質倍率 | 1.05 | 1.50 |
| 合格最低点 | 非公表 | 非公表 |

## 学校PR

生徒一人ひとりを大切にすること、専門的知識に秀でていること、教師という職業に誇りを持つことなど、教師として大切なことはたくさんあります。その上で、「生徒自身が自ら主体的に考え、自ら学問しようとする環境作り」の実現のため、情熱あふれる教職員が時間を厭わず取り組んでいます。

**アクセス**
JR紀勢本線新宮駅下車徒歩約20分

## 費用

《入学手続き時》
- ○入学金　　　　　　150000円

《入学後》
- ○授業料　　　　　　360000円
- ○教育充実費　　　　72000円

## 奨学金・特待制度

特待生制度あり
- ○学業特待生
- ○硬式野球部特待生

## 独自の留学制度

特になし

## 合格実績

2024年の進学状況(卒業者数144名)
近畿大学合格81名

国・公立大学合格
大阪大1、大阪公立大1、東京都立大1、広島大2、和歌山大2、三重大2、兵庫県立大1、和歌山県立医大2、他。

他の私立大学合格
関西学院大1、関西大3、同志社大4、立命館大8、早稲田大1、東京理科大2、明治大2、立教大2、中央大1、法政大1、大阪工業大2、他。

和歌山

共学校

# 近畿大学附属和歌山高等学校

## 学校インフォメーション

 制服
 自転車通学可 通学
 ICT教育
 長期休暇講習
 習熟度別授業
 海外研修
 自習スペース

 蔵書数 50,000冊 図書館
 食堂
 スマホ持ち込み
 カウンセラー
 特待生制度
 高大連携
 ネイティブ教員

**所在地** 〒640-8471 和歌山市善明寺516

| | | | |
|---|---|---|---|
| 電話 | 073-452-1161 | 生徒数 | 男 656人 女 399人 |
| 創立 | 1983年 | 併設校 | 近畿大学附属和歌山中学校 近畿大学・大学院 |
| 校長 | 川合 廣征 | WEB | https://www.hwaka.kindai.ac.jp/ |

## 教育方針・特色

校訓「人に愛される人、信頼される人、尊敬される人になろう」を土台として、知育・徳育・体育の3領域に調和のとれた教育を生徒1人ひとりに行う。大学入試や個々の大学に関する豊富な資料に基づいて、職業観や進路意識の高揚を図るとともに、生徒1人ひとりの進路希望に向けて、きめ細かい支援を行う。

## スクールライフ

| | |
|---|---|
| 登校時間 | 8:30 |
| 週登校日 | 6日制 |
| 学期制 | 2学期 |
| 制服 | あり(夏・冬) |
| 昼食 | 購買・食堂あり 弁当持参可 |
| 学校行事 | 光雲祭(文化祭・体育祭を同時期に開催) |
| 修学旅行 | 1年生2月 3泊4日 九州・沖縄方面 |
| 環境・施設 | 全教室にプロジェクター・電子黒板を設置し教育のICT化を進めている。2022年度生からiPadを購入し授業内で活用。図書館をリニューアルし自習スペースを拡充。人工芝グラウンド。トイレの改修。黒板をホワイトボードに変更。English Teachers' Roomを開設しカフェのような空間でALTと英語でコミュニケーションを楽しめます。 |
| クラブ活動 | 陸上競技部、サッカー部(男女)、テニス部、ソフトテニス部、バドミントン部、卓球部、剣道部、柔道部、バスケットボール部、体操競技部、書道部、茶道部、華道部、演劇部、科学部、ESS部、美術部、合唱部、吹奏楽部、パソコン部、将棋部、漫画研究部 |
| 強化クラブ | 特になし |

## 2024年度 募集要項

○募集人数 普通科:男女175名(スーパーADコース専願約60名、ADコース約115名)
○願書受付 1/5(金)〜1/22(月)16:00 web出願、調査書は必着、1/22(月)は窓口でも受付
○選抜日時 1/27(土)
○合格発表 1/28(日)17:00web、郵送
○入学手続 専願:2/4(日)10:00〜16:00
　　　　　　併願:3/19(火)16:00まで
○選抜方法 国・数・英(各60分各200点)・理・社(各40分各120点)
　　　　　　5科か3科(国数英)を出願時に選択
　　　　　　5科は国数英合計×0.6+理社合計と、3科合計を比較し高い方の得点で判定
　　　　　　※専願の英検取得者は2級以上160点、準2級130点、3級100点とみなして、英語得点と比較して高い方を採用
○受験料 20,000円
○提出書類 入学志願書(web)・個人報告書(調査書)
○追加募集 1.5次:— 2次:—
◆転・編入 特になし
◆帰国生 特別対応なし

## 2024年度 入試結果

**スーパーADコース**

| | 専願 | 併願 |
|---|---|---|
| 応募者数 | 68 | 101 |
| 受験者数 | 68 | 101 |
| 合格者数 | 37 | 64 |
| 実質倍率 | 1.84 | 1.58 |
| 合格最低点 | 406.0/600<br>(換算) | 463.0/600<br>(換算) |

**ADコース**

| | 専願 | 併願 |
|---|---|---|
| 応募者数 | 152 | 54 |
| 受験者数 | 152 | 54 |
| 合格者数 | 125 | 45 |
| 実質倍率 | 1.22 | 1.20 |
| 合格最低点 | 324.0/600<br>(換算) | 372.0/600<br>(換算) |

※移行合格(専27・併34)含まない

## 学校PR

「人に愛される人、信頼される人、尊敬される人になろう」という校訓のもと、恵まれた教育環境の中で、豊かな人間性を育める学校です。EnglishTeachers'Roomを開設し、カフェのような空間でALTと英語コミュニケーションを楽しめます。リニューアルした図書館にはプロジェクターを備えたアクティブラーニングスペースがあり、話し合ったり発表しあったりしてより主体的・積極的に学習に取り組むことができます。また、個別に仕切られた自習スペースも在校生には人気です。このような恵まれた教育環境の中で過ごした先輩方が、今年も東大、京大をはじめとする難関大学に合格しました。受験生の皆さん、本校で学び、先輩方のように自分の目標を達成しましょう。

---

**アクセス**
JR和歌山駅・南海和歌山市駅・和歌山大学前から近大附属和歌山校前までバス15分、
JR六十谷駅・南海紀ノ川駅から自転車で15分

## 費用

《入学手続き時》
○入学金 200,000円

《入学後》(年額)
○授業料 529,200円

## 奨学金・特待制度

特別奨学生特待生の制度あり

## 独自の留学制度

特になし

## 合格実績

2024年の進学状況(卒業者数346名)
近畿大学合格311(8)名

国・公立大学合格165(12)名
東京大2、京都大2(1)、大阪大10(1)、神戸大3、北海道大1(1)、名古屋大3、九州大6(1)、大阪公立大11(1)、筑波大2、京都工芸繊維大1、奈良女子大1、神戸市外国語大2、京都府立大1、金沢大2、岡山大8、広島大1、滋賀大2、三重大7、和歌山大22(1)、山口大2、兵庫県立大6、京都教育大1、大阪教育大1、奈良教育大1、滋賀県立大2、兵庫教育大1、他。

他の私立大学合格863(41)名
関西学院大52(7)、関西大72(4)、同志社大57(7)、立命館大37(6)、京都産業大5、甲南大1、龍谷大14(3)、佛教大5、早稲田大7、慶應義塾大3(1)、東京理科大1、明治大4、中央大1、法政大1(1)、日本大2、東洋大3、大阪医科薬科大4、兵庫医科大1、大阪歯科大1、京都薬科大1、神戸薬科大4、摂南大24、神戸学院大5、追手門学院大8、桃山学院大12、京都外国語大1、関西外国語大17、大阪経済大2、大阪工業大6、京都女子大2(1)、同志社女子大8(1)、神戸女学院大、武庫川女子大1、他。

省庁大学校合格10(1)名
防衛医科大1(1)、防衛大3、水産大6。
※( )内は既卒生内数

和歌山
共学校

# 高野山高等学校

## 学校インフォメーション

 制服
 通学（自転車通学可／スクールバス）
 宗教教育（仏教）
 ICT教育
 長期休暇講習（夏・冬・春）
 習熟度別授業
 海外研修
 留学制度
 学生寮（寮）
 自習スペース
 図書館
 食堂
 昼食（給食あり）
 カウンセラー

**所在地** 〒648-0288 和歌山県伊都郡高野町高野山212

| | |
|---|---|
| 電話 | 0736-56-2204 |
| 創立 | 1886年 |
| 校長 | 橋本 真人 |
| 生徒数 | 男 88人 女 32人 |
| 併設校 | 高野山大学 |
| WEB | https://www.koyasan-h.ed.jp/ |

**高野山高**

**アクセス**
南海高野線高野山駅よりバス高校前下車3分

## 教育方針・特色

創立135余年の歴史を有し、宗祖弘法大師空海の教えを世界に実現する。校訓である「身のこなし美しく 口にいつもありがとう 意に思いやりの優しさあり」は弘法大師空海の定められた修行法を現代的に解釈したもので、三密の精神（身・口・意）をあらわし、理想とする人間のあり方を示してる。知性・体力・慈悲の心を兼ね備え、社会貢献できる人材育成を目指す。

## スクールライフ

| | |
|---|---|
| 登校時間 | 8:40 |
| 週登校日 | 6日制 |
| 学期制 | 3学期 |
| 制服 | あり（夏・冬） |
| 昼食 | 給食 |
| 学校行事 | 音楽法会（5月）音葉祭（6月）弘法大師降誕会（宗教科）（6月）僧堂研修（宗教科）（7月）体育大会（9月）結縁灌頂（宗教科）（10月）明神社大祭（10月）四国遍路（宗教科）（11月）南嶺祭（学園祭）（11月） |
| 修学旅行 | 2年2月 海外研修、1年2月 各コース別国内研修 |
| 環境・施設 | 行動・宗教教室・体育館・トレーニングスペース・LL教室・食堂・寮 |
| クラブ活動 | 野球部・女子ハンドボール部・空手部・サッカー部・駅伝部・卓球部・吹奏楽部・インターアクトクラブ・軽音楽部・ダンス部・文芸部・宗教行動部・弁論部 |
| 強化クラブ | 特になし |

## 費用

**《入学手続き時》**

| | |
|---|---|
| ○入学金 | 130,000円 |
| ○施設費 | 160,000円 |
| ○同窓会入会金 | 10,000円 |

**◆寄宿舎希望者（手続時）**

| | |
|---|---|
| ○入舎費 | 30,000円 |
| ○施設維持費 | 100,000円 |

**《入学後》**

| | |
|---|---|
| ○授業料 | 396,000円 |
| ○校費 | 24,000円 |
| ○OIT教育費 | 20,000円 |
| ○クラブ後援会費 | 12,000円 |
| ○建築特別寄付金 | 60,000円 |

※高校就学支援金による授業料軽減措置があります。各都道府県の最初のページを参照してください。

## 2024年度 募集要項

| | |
|---|---|
| ○募集人数 | 普通科：男女60名（特別進学：10名、スポーツ（硬式野球・女子ハンドボール）・自己探求・吹奏楽：50名）<br>宗教科（Ⅰ類・Ⅱ類）：男女20名<br>※推薦入学試験・AO入学試験についての詳細は学校へお問合せください |
| ○願書受付 | 1/9（火）～1/24（水）16:00必着 |
| ○選抜日時 | 1/27（土）試験問題を受験者に送付し、自宅で受験 |
| ○合格発表 | 2/13（火）郵送 |
| ○入学手続 | 専願：2/16（木）～2/28（火）16:00<br>併願：2/16（木）～3/24（金）16:00 |
| ○選抜方法 | 国語・数学・英語（各教科2～3問）・志望理由シート |
| ○受験料 | 20,000円 |
| ○提出書類 | 入学志願書・個人報告書（調査書）・推薦書 |
| ○追加募集 | 1.5次：— 2次：— |
| ◆転・編入 | 受け入れあり（要相談） |
| ◆帰国生 | 特別対応あり |

## 2024年度 入試結果

| 普通 | 一般 |
|---|---|
| 応募者数 | Ⅰ10・Ⅱ25 |
| 受験者数 | 10・25 |
| 合格者数 | 10・25 |
| 実質倍率 | 1.00・1.00 |
| 合格最低点 | 専60・併95/300 |

| 宗教 | 一般 |
|---|---|
| 応募者数 | 3 |
| 受験者数 | 3 |
| 合格者数 | 3 |
| 実質倍率 | 1.00 |
| 合格最低点 | 併129/300 |

## 奨学金・特待制度

成績優秀者・スポーツコース特待生制度
高野山真言宗後継者特待生制度
宗教科特待制度
子弟特待生制度
弟妹特待生制度

## 独自の留学制度

3月アメリカサンタモニカ短期留学（約3週間）

## 合格実績

**2024年の進学状況（卒業者数39名）**
国・公立大学
兵庫教育大

私立大学
大阪大谷大、大阪産業大、大阪商業大、大谷大、大手前大、関西福祉大、関西福祉科学大、環太平洋大、京都精華大、近畿大、神戸医療福祉大、神戸学院大、北里大、京都産業大、高野山大、国際武道大、種智院大、鈴鹿大、大正大、太成学院大、中京学院大、中部学院大、帝塚山学院大、名古屋文理大、奈良大、日本経済大、羽衣国際大、花園大、阪南大、阪南大、東大阪大、桃山学院大、佛教大、明治国際医療大、四日市大、流通科学大、専修大、北海道文教大、他。

## 学校PR

弘法大師が京都に開設した庶民の学校「綜藝種智院」の伝統を引き継いでいます。
開創1,200年という高野山の霊域にあり、世界文化遺産の中にある学校です。「山椒は小粒でピリリと辛い」。小規模校ですが、それを逆手にとり、一人ひとりを尊重した少数精鋭主義をめざしています。

和歌山

共学校

# 智辯学園和歌山高等学校

## 学校インフォメーション

 制服
 通学 自転車通学可
 宗教教育 仏教
 ICT教育
 習熟度別授業
 海外研修
 留学制度

 自習スペース
 図書館 蔵書数 45,000冊
 スマホ持ち込み 届出
 カウンセラー
 ネイティブ教員
 海外姉妹校

**所在地** 〒640-0392　和歌山市冬野2066-1

| | |
|---|---|
| 電話 | 073-479-2811 |
| 創立 | 1978年 |
| 校長 | 宮口 祐司 |

| | |
|---|---|
| 生徒数 | 男 426人 女 335人 |
| 併設校 | 智辯学園和歌山小学校・智辯学園和歌山中学校 |
| WEB | https://www.chiben.ac.jp/wakayama |

**アクセス**
JR紀勢本線　黒江駅下車　徒歩10分

和歌山

共学校

## 教育方針・特色

教育の目標
　誠実明朗で知性あふれ将来各分野で活躍するリーダーの養成
目標達成のための二本の柱
　・知力の徹底訓練を期す
　・豊かな人間性を育む

## スクールライフ

| | |
|---|---|
| 登校時間 | 8:30 |
| 週登校日 | 6日制(第2土曜日は休み) |
| 学期制 | 3学期 |
| 制服 | あり(夏・冬・合服)、女子はスカートかスラックス選択 |
| 昼食 | 弁当持参・宅配弁当購入可能 |
| 学校行事 | 球技大会(5月)・文化祭(10月)・体育大会(10月) |
| 修学旅行 | 2年生10月実施(シンガポール) |
| 環境・施設 | 普通教室、体育館、講堂、図書館、運動場、野球場など。 |
| クラブ活動 | 【運動部】硬式野球　陸上競技<br>【文化部】ブラスバンド　美術　演劇　天文　放送　茶華道　写真　ESS　生物　書道　コンピュータ　箏曲　囲碁将棋　歴史　合唱　科学　競技かるた　文芸　クイズ研究会　数学研究会 |
| 強化クラブ | 硬式野球(男子)、駅伝(男・女) |

## 2024年度 募集要項

- 募集人数　普通科:編入コース(専・併)男女45名、スポーツコース専願男子10名
- 願書受付　12/15(金)〜1/25(木)13:00 web登録後書類提出は、窓口または郵送(1/26(金)必着)
  ※スポーツコースは野球部・陸上競技部所属(出願前に事前相談が必要)
- 選抜日時　1/28(日)
- 合格発表　1/28(日)21:00(予定)web
- 入学手続　専願:1/30(火)17:00まで　併願:3/19(火)14:00まで
- 選抜方法　国・英・数(各60分 各100点)・面接(専願)・面接票(併願)
- 受験料　20,000円
- 提出書類　入学志願書(web)・個人報告書(調査書)
- 追加募集　1.5次:―　2次:―
- ◆転・編入　なし
- ◆帰国生　特別対応なし

## 2024年度 入試結果

| 編入コース | 専願 | 併願 |
|---|---|---|
| 応募者数 | 35 | 78 |
| 受験者数 | 35 | 78 |
| 合格者数 | 31 | 57 |
| 実質倍率 | 1.13 | 1.37 |
| 合格最低点 | 151/300 | 207/300 |

## 費用

《入学手続き時》
| | |
|---|---|
| ○入学金 | 200,000円 |
| ○制服・制定品費 | 約160,000円 |

《入学後》
| | |
|---|---|
| ○年間授業料 | 456,000円 |

※その他　育友会費、修学旅行費、教育補助費等あり

## 奨学金・特待制度

特になし

## 独自の留学制度

短期留学(高1:アメリカ・オーストラリア)

## 合格実績

**2024年の進学状況(卒業者数245名)**
**国・公立大学合格108名(既卒生含む)**
東京大2、京都大9、大阪大3、神戸大8、北海道大2、名古屋大1、九州大3、大阪公立大13、和歌山大7、滋賀県立大1、滋賀医科大1、京都府立医科大2、奈良県立医科大3、和歌山県立医科大15、他。
＊国公立系大医学部医学科40名(防衛医科大含む)

**私立大学合格329名(既卒生含む)**
関西学院大14、関西大17、同志社大29、立命館大15、近畿大43、早稲田大15、慶應義塾大8、大阪医科薬科大9、関西医科大4、兵庫医科大4、埼玉医科大2、産業医科大2、自治医科大1、他。
＊私立医学部医学科29名。

**省庁大学校合格11名**
防衛医科大10、水産大1。

## 学校PR

1978年に開校した本校は和歌山市の南、標高40mの高台に位置し西方には和歌浦を望む恵まれた環境の中にあります。周囲は大変静かで、勉学・部活動等に落ち着いて取り組むことができます。また、毎年東大・京大を始めとする難関大学に数多くの合格者を出してきましたが、今春も東大2名、京大9名、国公立系大医学科40名、私立大医学科29名等が合格し、卒業生は自分の夢に向かって新たな道を歩み始めました。本校には高い学習意欲と大きな夢を抱く多くの生徒がいます。私たち一同、皆さんの御入学を心よりお待ちしております。

# 初芝橋本高等学校

## 学校インフォメーション

制服　通学　ICT教育　長期休暇講習　探究授業　海外研修　留学制度

学生寮　自習スペース　図書館　食堂　カウンセラー　特待生制度　高大連携

**所在地　〒648-0005　和歌山県橋本市小峰台2-6-1**

| | |
|---|---|
| 電話 | 0736-37-5600 |
| 創立 | 1991年 |
| 校長 | 佐本 一晃 |

生徒数　男 303人　女 79人
併設校　初芝橋本中学校
WEB　https://www.hatsushiba.ed.jp/hatsuhashi/

## 教育方針・特色

誠実剛毅を校訓とし、剛健な体力を練り、自治と責任を重んじ、謙譲と礼儀を尊ぶ人格の形成を図り、急速に国際化・多様化する現代社会に即応できる優れた人材を育成。知・徳・体の調和のとれた全人教育を通じ、確かな学力を身につけ、豊かな情操を養い、強健な心身を鍛練し、人間性豊かな人材の育成につとめています。2021年度からは教育システムを一新し、ICTを積極的に活用しながら個別最適な学びが実現できるよう、放課後と土曜日の使い方をそれぞれが考え、決定するセルフデザインを導入。自らが学びを選択し、積極的に学習に向かう姿勢を育成します。

## スクールライフ

| | |
|---|---|
| 登校時間 | 8:40 |
| 週登校日 | 6日制 |
| 学期制 | 3学期 |
| 制服 | あり(夏・冬) |
| 昼食 | 食堂あり　弁当持参可 |
| 学校行事 | 文化祭(9月)、体育祭(9月)　芸術鑑賞(10月)など |
| 修学旅行 | 2年生 |
| 環境・施設 | 図書館・自習室・ICT環境(全教室電子黒板・全館wi-fi整備)・武道場　など |
| クラブ活動 | 【運動部】サッカー部・硬式野球部・バスケットボール部・柔道部・陸上競技部・硬式テニス部・卓球部・ゴルフ部・剣道部・なぎなた部<br>【文化部】吹奏楽部・美術部・パソコン部・書道部・茶華道部・図書部・文化人類学研究部・インターアクトクラブ |
| 強化クラブ | サッカー(男子)、野球(男子)、バスケットボール(男子)、テニス(男女)、柔道(男女)、陸上競技(男子) |

## 2024年度 募集要項

○募集人数　普通科:男女170名
　(A日程　プレミアム進学コースα30名、プレミアム進学コースβ30名、立命館コース30名、スポーツコース80名、B日程　全コース若干名)
　※内部進学、帰国生含む。帰国生入試の詳細は学校にお問い合せください
○願書受付　A日程:1/15(月)~1/22(月)
　B日程:2/5(月)~2/14(水)9:00
　すべてweb登録後(A:12/1~　B:2/1~)書類提出、窓口または郵送(必着)
○選抜日時　A日程:1/27(土)　B日程:2/14(水)
○合格発表　A日程:1/29(月)　B日程:2/14(水)
　いずれも郵送
○入学手続　A日程:専願2/2(金)15:00まで
　　　　　　併願3/19(火)15:00まで
　　　　　　B日程:専願2/19(月)15:00まで
　　　　　　併願3/19(火)15:00まで
○選抜方法　A日程:国・数・英・理・社(各50分各100点)・面接(スポーツコース特別選抜入試のみ)
　　　　　　※3科・5科の選択制
　　　　　　B日程:国・数・英(各50分各100点)
○受験料　20,000円
○提出書類　入学志願書・個人報告書(調査書)
○追加募集　1.5次:(B日程)2/14　2次:─
◆転・編入　受け入れあり(要相談)
◆帰国生　帰国生入試あり

## 2024年度 入試結果

### プレミアム進学αコース / プレミアム進学βコース

| | プレミアム進学αコース | | | プレミアム進学βコース | | |
|---|---|---|---|---|---|---|
| | A日程<br>(専願) | A日程<br>(併願) | B日程<br>(専願・併願) | A日程<br>(専願) | A日程<br>(併願) | B日程<br>(専願・併願) |
| 応募者数 | 7 | 134 | 5 | 2 | 119 | 4 |
| 受験者数 | 7 | 134 | 5 | 2 | 119 | 4 |
| 合格者数 | 6 | 98 | 3 | 5(4) | 116(56) | 7(3) |
| 実質倍率 | 1.00 | 1.36 | 2.50 | 1.20 | 1.05 | 1.25 |
| 合格最低点 | 336/500 | 353/500 | 非公表 | 非公表 | 238/500 | 非公表 |

※( )転コース合格内数

### 立命館コース / スポーツコース

| | 立命館コース | | | スポーツコース | | |
|---|---|---|---|---|---|---|
| | A日程<br>(専願) | A日程<br>(併願) | B日程<br>(専願・併願) | A日程<br>(専願) | A日程<br>(併願) | B日程<br>(専願・併願) |
| 応募者数 | 23 | 52 | 5 | 44 | 3 | 0 |
| 受験者数 | 23 | 52 | 5 | 44 | 3 | 0 |
| 合格者数 | 18 | 30 | 3 | 44 | 2 | 0 |
| 実質倍率 | 1.10 | 1.48 | 1.33 | 1.00 | 1.00 | ─ |
| 合格最低点 | 325/500 | 341/500 | 非公表 | 非公表 | 非公表 | |

### アクセス

南海高野線林間田園都市駅より南海りんかんバスで初芝橋本高校前、JR和歌山線岩出駅、橋本駅、五条駅方面より、近鉄吉野線福神駅、近鉄御所線新庄駅、御所方面より、近鉄南大阪線橿原神宮前駅よりスクールバス運行

## 費用

《入学手続き時》
| | |
|---|---|
| ○入学金 | 200,000円 |
| ○総合補償制度(保険料3年分) | 22,000円 |
| ○教育用情報端末費 | 92,400円 |

《入学後》
| | |
|---|---|
| ○授業料 | 570,000円 |

※学年諸費・生徒会費・保護者会費旅行積立金など計約850,000円

## 奨学金・特待制度

プレミアム進学αコースに特別奨学生制度があります
　A:入学金と授業料
　E:入学金

## 独自の留学制度

| | |
|---|---|
| 留学先 | オーストラリア |
| 学年 | 2年 |
| 内容 | 1・2学期(8ヶ月)留学後3学期はもとの学年に復帰できる |
| 費用 | 約2,300,000円 |

## 合格実績

2024年の進学状況(卒業者数139名)
国・公立大学合格3名
和歌山大2、大阪教育大1。

私立大学合格197名
関西学院大1、関西大9、同志社大1、立命館大24、京都産業大3、近畿大36、龍谷大3、佛教大4、摂南大3、神戸学院大1、追手門学院大12、桃山学院大18、京都外国語大1、関西外国語大4、大阪経済大3、大阪工業大5、同志社女子大1、他。

## 学校PR

初芝橋本で身につけてほしいのは「自分で決める力」。自分で考え、行動するからこそやる気がでる、身につく、力になる。初橋ではそんな教育を大切にし、放課後・土曜はそれぞれの過ごし方を自分で計画し実行するセルフデザインを実施。ていねいな指導と定評のある初橋の先生が、学習計画から受験指導まで、しっかりあなたに寄り添います。

和歌山

共学校

# 和歌山信愛高等学校

## 学校インフォメーション

 制服
 自転車通学可 通学
 キリスト教 宗教教育
 ICT教育
 SGH スーパーグローバル スーパースクール
 習熟度別授業
 自習スペース

 蔵書数 30,000冊 図書館
 食堂
 カウンセラー
 プレ プレテスト
 特待生制度
 高大 高大連携
 ABC ネイティブ教員

**所在地** 〒640-8151　和歌山市屋形町2丁目23番地

電話 073-424-1141
創立 1946年
校長 平良 優美子

生徒数 女 543人
併設校 和歌山信愛中学校・和歌山信愛大学・和歌山信愛女子短期大学
WEB https://www.shin-ai.ac.jp/

和歌山

## 教育方針・特色

◇教育方針
1. キリスト教の教えに根ざした教育。
2. 一人ひとりを大切にする教育。
3. 能力の開発を目指す教育。
4. 社会貢献への態度を形成する教育。

◇教育の特色
《「人間」としてのあり方を考える教育》
　キリスト教の精神をバックボーンに人間とは何か、自分とは何かということを考える機会を常に持つようにしている。一日二回、朝夕のホームルームでのお祈りを通して自分を顧み、反省の機会を持つのは信愛教育の基本である。

## スクールライフ

| | |
|---|---|
| 登校時間 | 8:30 |
| 週登校日 | 6日制 |
| 学期制 | 3学期 |
| 制服 | あり(夏・冬) |
| 昼食 | 購買・食堂あり・弁当持参可 |
| 学校行事 | 文化祭(5月)・球技大会(7月)・体育祭(10月) |
| 修学旅行 | 2年生10月　4泊5日　イタリア、北海道 |
| 環境・施設 | 体育館・チャペル・多目的ホール・セミナーハウス |
| クラブ活動 | 【体育系】ソフトテニス、バスケットボール、バレーボールなど<br>【文科系】英会話、中国語、科学、GAC、ハンドベル、軽音楽、美術、家庭、書道、茶道、華道、社会、写真、放送、アニメ研究、競技かるたなど |
| 強化クラブ | ソフトテニス、バスケットボール、バレーボール |

## 2024年度 募集要項

○募集人数：普通科:女子130名(特進コース60名、学際コース70名※スポーツ特別募集約30名含む)
○願書受付：1/15(月)～1/25(木)
web登録後(12/5～)書類提出、郵送(必着)
※スポーツ特別募集(学際コース対象・指定部活動あり)は事前審査を受け、認定後に学際コース(専願)へ出願
○選抜日時：1/28(日)
○合格発表：1/29(月)21:30web、1/30(火)郵送
○入学手続：専願:2/1(木)19:00まで
併願:公立高校合格発表日17:00まで
○選抜方法：国(60分100点)・数・英(リスニング含む)(各70分各150点)・社・理(各40分各80点)・面接(専願、スポーツ特別募集は除く)
5科か3科(国数英)
5科は国数英合計×0.75+理社合計×0.625と、3科(国数英)合計を比較し、高い方の得点で判定
○受験料：専願の英検取得者は2級以上120点、準2級100点、3級80点、入試の英語得点と比較して高い方を採用
20,000円
○提出書類：入学志願書・個人報告書(調査書)
○追加募集：1.5次:　　　2次:
◆転・編入：受け入れあり(要相談)
◆帰国生：特別対応なし

## 2024年度 入試結果

| 特進コース | 専願 | 併願 |
|---|---|---|
| 応募者数 | 21 | 305 |
| 受験者数 | 21 | 302 |
| 合格者数 | 19 | 259 |
| 実質倍率 | 1.11 | 1.17 |
| 合格最低点 | 211/400 | 218/400 |

※専願変更合格(特進併→専20)、学際移行合格(専2・併21)含まない

| 学際コース | 専願 |
|---|---|
| 応募者数 | 12 |
| 受験者数 | 12 |
| 合格者数 | 12 |
| 実質倍率 | 1.00 |
| 合格最低点 | 151/400 |

※スポーツ特別枠受験21・合格21

## 学校PR

生徒の持つ可能性を引き出す、信愛型「育成型」教育
創立以来、本校では「一つの心　一つの魂」を建学の精神とし、一人ひとりを大切に育てながら個々の持つ可能性を最大限に引き出す、「育成型」の教育を行っています。この「育成型」教育は、小さな階段を少しずつ上がっていくように、生徒たちが先生との二人三脚で着実にステップアップを図る学習スタイルです。
また、ネイティブ教員によるきめ細かい指導や海外の先生と会話をする「オンライン英会話」など、英語学習環境も充実。
一人一台のiPad使用でICT教育にも力を入れています。

## アクセス
JR和歌山駅からバス4分
南海和歌山市駅からバス10分三木町新通、三木町下車すぐ

## 費用

《入学手続き時》
○入学金 200,000円

《入学後》
○授業料 420,000円(年額)
○教育充実費 108,000円(年額)
○教育後援会費 24,000円(年額)
○学用品(タブレット代含む) 約220,000円
○学級預り金 適宜

## 奨学金・特待制度

アンティ特別奨学制度
信愛特別奨学制度

## 独自の留学制度

特になし

## 合格実績

2024年の進学状況(卒業者数216名)
和歌山信愛大学合格12名
和歌山信愛女子短期大学合格5名

国・公立大学合格67名
大阪大1、神戸大1、名古屋大1、大阪公立大3、筑波大1、国際教養大1、京都工芸繊維大1、奈良女子大3、岡山大1、広島大1、和歌山大11、大阪教育大2、奈良県立大1、和歌山県立医科大6、他。

他の私立大学合格324名
関西学院大7、関西大12、同志社大6、立命館大5、京都産業大7、近畿大62、甲南大2、龍谷大10、佛教大1、早稲田大1、上智大2、大阪医科薬科大3、兵庫医科大1、大阪歯科大1、京都薬科大1、神戸薬科大1、神戸学院大4、追手門学院大1、桃山学院大6、京都外国語大3、関西外国語大5、京都女子大25、同志社女子大16、神戸女学院大22、武庫川女子大11、東京女子大1、東京医療保健大12、帝塚山学院大6、宝塚医療大15、他。

省庁大学校合格6名
防衛大5、航空保安大1。

女子校

# 鹿島学園高等学校

## 学校インフォメーション

 標準服  通学 公共機関  習熟度別授業  海外研修  自習スペース  スマホ持ち込み  カウンセラー

**所在地** 〒314-0042 茨城県鹿嶋市田野辺141番地9

| | | | |
|---|---|---|---|
| 電話 | 029-846-3212 | 生徒数 | 約7,000人 |
| 創立 | 1989年 | 併設校 | 鹿島学園高等学校(全日制) |
| 校長 | 常井 安文 | WEB | https://www.kg-school.net/gakuen/ |

**カシマの通信はここが違う!!**
全日制の**学校法人**が運営
**スクーリング**は**年数日**
**自由**に**選べる登校日数**
**卒業証書**は**全日制**と同じ
**J1鹿島アントラーズ提携校**

## 教育方針・特色

全日制普通科高校の鹿島学園が、「通信制高校で学びたい」という生徒の皆さんの要望に応えて開設した自分らしい学び方を選べる通信制高校。全日制の鹿島学園高等学校への転籍も可能。卒業時には、全日制と同じ卒業証書が授与される。

## スクールライフ

**制服** あり(希望者)
**修学旅行** あり(希望者)
**学校の特色** 〔キャンパスを選べる〕
学習センター&学習提携校は日本各地に約300ヵ所!(首都圏・東北・甲信越・東海・近畿・中国・九州エリアのほか、インターネットでも学べる)
授業を受けたり、レポートを作成したり、友達とふれあうことができる。
〔学習スタイルを選べる〕
週2日〜5日制/週1日制/個人指導制/自宅学習制/家庭教師制/ネット指導制/全寮制
〔オプションコースを選べる〕
大学進学・アニメ・マンガ・ゲーム/DANCE・芸能・声優/音楽/スポーツ/ファッション・デザイン・アート/ネイル・メイク・美容/eスポーツ/ペット/製菓・製パン/IT/スキルアップ/保育・福祉/海外留学
〔受験指導も充実〕
大学受験に高い実績を誇る提携予備校の協力を得て、進学希望者のための受験指導も行う。時間の余裕がある通信制高校ならではの受験対策を、きめ細かくサポート。国公立大学や難関私立大学への進学を実現する。
〔自宅のパソコンで学ぶ「ネット指導制」〕
鹿島学園の通信制課程には、自宅のパソコンで学習ができる「ネット指導制」もそろっている。ウェブコンテンツ、ネットテレビ電話、メールなどをトータルに活用した学習環境で、いつでも好きな時間に、スマートに学ぶことができる。

## 2024年度 募集要項

○**募集人数** 通信制課程(単位制):普通科男女2,500名
○**願書受付** 4月入学:12/15(金)〜4/5(金)
10月入学:8/1(木)〜9/25(水)
所定の封筒にて郵送出願
○**選抜日時** 選抜試験なし
○**合格発表** 選考から原則2週間以内
○**入学手続**
○**選抜方法** 書類選考および面接
○**受験料** 10,000円
○**提出書類** 入学志願書・個人報告書(調査書)
○**追加募集** 1.5次:— 2次:—
◆**転・編入** 受け入れあり(転編入学制度)
◆**帰国生** 特別対応(要相談)

## 学習システム

レポートの提出(添削指導)と、スクーリング(面接指導)で学ぶシステム。「自学自習」が基本なので、自分流の学び方でムリなく高卒資格を取得できる。夏期・冬期その他の期間に集中スクーリングがあり、放送視聴や学校行事への参加を、スクーリングの出席時間数に振り替えることもできる。
単位制なので、在学期間や修得単位数は累積加算される。学年の区切りがないので留年がなく、一度取得した科目が無効になることもない。転入学・編入学の場合は、以前の高校で取得した単位も卒業単位として認められる。また、高卒認定試験(旧大検)で合格した科目は、レポート・スクーリング・単位認定試験は免除となる。

## 提携学習センターネットワーク

◎**近畿**
大阪/梅田・天王寺・京橋・堺・東大阪・河内長野・豊中・岸和田・泉佐野・阿倍野・新大阪・なんば・高槻・堺筋・枚方
京都/京都・四条・舞鶴・宇治・福知山
滋賀/大津・彦根・長浜・草津
兵庫/三宮・尼崎・西宮・丹波・加東
奈良/奈良・葛城・橿原・香芝

## 費用

◆**通信部**
| | |
|---|---|
| ○入学金 | 38,000円 |
| ○施設費(1年分) | 24,000円 |
| ○システム管理費・通信費 | 37,000円 |
| ○授業料(1単位) | 8,000円 |

## 奨学金・特待制度

特になし

## 独自の留学制度

特になし

## 合格実績

2024年の進学状況(卒業者数250名)
**国・公立大学合格**
一橋大、東京工業大、筑波大、滋賀大、兵庫県立大、静岡県立大、長野県立大千葉県立保健医療大、愛知県立芸術大、尾道市立大、岩手大、信州大、富山大、県立広島大。

**私立大学合格**
関西学院大、同志社大、立命館大、近畿大、慶應義塾大、東京理科大、明治大、青山学院大、中央大、法政大、学習院大、日本大、東洋大、武庫川女子大、日本女子大、他。

## 学校PR

鹿島学園に入学を決めた理由
1.学校運営で定評あるカシマグループが運営母体で安心だから。
2.進学や就職などの進路実績が良いから(グループ校含む)
3.選べる学習スタイルやオプションコースが多く、進路が広がるから。
4.学校の指導方針がシッカリしていて安心だから。
5.先生や授業の内容が良いとの評判を聞いて。

その他

共通 通信制 学校制

# 松陰高等学校大阪梅田校

## 学校インフォメーション

 標準服　 公共機関 通学　 エレベーター　 スマホ持ち込み 可　 カウンセラー

| 所在地 | 〒530-0012　大阪府大阪市北区芝田2-1-18　西阪急ビル7F | | |
|---|---|---|---|
| 電話 | 06-6372-7220 | 生徒数 | 男 597人　女 756人 |
| 創立 | 2011年 | 併設校 | — |
| 校長 | 湯山 俊樹 | WEB | https://www.sho-in.ed.jp/ |

## 教育方針・特色

少人数での個人教育指導をはじめ、生徒の様々なニーズに対応した体験学習や授業形態を実現。
苦手な科目をイチから学習できる「学びなおし」や、大学受験や将来に活かせる各種検定（漢検・英検・数検など）や資格取得の学習、また学習のみならず、社会性やコミュニケーション能力を身につけるための校外学習や各種イベントなど、通信制高校でありながら、高校生活をエンジョイできるバラエティー豊かなコンテンツを用意しています。

## スクールライフ

| 登校時間 | 9：15〜自由登校 |
|---|---|
| 週登校日 | 自由登校（月〜金） |
| 学期制 | 2学期 |
| 制服 | あり（選択制） |
| 昼食 | 弁当持参可 |
| 学校行事 | 芸術鑑賞会・ボウリング大会・USJ・ボランティア活動など月1〜2回各種行事を実施 |
| 修学旅行 | なし |
| 環境・施設 | 松陰高等学校の各学習センター（滋賀草津・彦根・京都〈桃山・二条・北大路〉・大阪〈梅田・心斎橋・南森町・福島・なかもず・深井〉・兵庫〈尼崎・元町・川西・加古川〉）は山口県にある本校に準ずる面接指導施設として認可されています。そのため、所属の学習センターでスクーリングを完結できます。大阪梅田校は、阪急大阪梅田駅、JR大阪駅から徒歩3分圏内で、抜群のアクセスを誇っています。 |
| クラブ活動 | 松陰高等学校兵庫尼崎校にて、2022年度スポーツコースを開設 |
| 強化クラブ | 特になし |

## 2024年度 募集要項

| ○募集人数 | |
|---|---|
| ○願書受付 | 12/1以降　事前予約後窓口出願 |
| ○選抜日時 | 随時 |
| ○合格発表 | 試験日より10日以内 |
| ○入学手続 | 合否通知にて告知 |
| ○選抜方法 | 基礎学力試験・面接 |
| ○受験料 | 10,000円 |
| ○提出書類 | 入学志願書・個人報告書（調査書） |
| ○追加募集 | 1.5次：—　　2次：— |
| ◆転・編入 | 受け入れあり（要相談） |
| ◆帰国生 | 特別対応なし |

## 2024年度 入試結果

普通科

| 応募者数 | 533 |
|---|---|
| 受験者数 | 533 |
| 合格者数 | 533 |
| 実質倍率 | 1.00 |
| 合格最低点 | — |

## アクセス

阪急大阪梅田駅茶屋町口より徒歩3分
JR大阪駅御堂筋北口より徒歩3分
大阪メトロ御堂筋線梅田駅5番出口より徒歩3分
阪神大阪梅田駅より徒歩5分

## 費用

《入学手続き時》
| ○入学金 | なし |
|---|---|

※その他は合否通知同封書類による

《入学後》
| ○授業料（1単位） | 12,000円 |
|---|---|
| ○施設設備費 | 36,000円 |
| ○教育運営費 | 50,000円 |
| ○教育充実費 | 200,000円 |

※上記備考
　各学習センターによって、教育充実費が異なります

## 奨学金・特待制度

兵庫尼崎校スポーツコースには、特待生制度あり

## 独自の留学制度

特になし

## 合格実績

2024年の進学状況（卒業者数433名）
大学・短期大学合格者132名
京都教育大、関西学院大、関西大、同志社大、立命館大、京都産業大、近畿大、甲南大、龍谷大、佛教大、摂南大、追手門学院大、京都外国語大、関西外国語大、大阪経済大、大阪工業大、同志社女子大、大阪商業大、大阪電気通信大、京都精華大、京都橘大、京都ノートルダム女子大、京都芸術大、大阪芸術大、大和大、大谷大、大手前大、関西国際大、大阪学院大、畿央大、京都先端科学大、京都美術工芸大、京都文教大、甲子園大、神戸常盤大、帝塚山学院大、花園大、びわこ学院大、他。

専門学校合格者91名

就職126名

## 学校PR

松陰高等学校は、広域性通信制高校です。
全日制高校に入学するも、ニーズに合わずに途中退学したり、不登校や学力や体調面の不安などで週5日登校することが難しい生徒の皆さんを随時受け入れ可能で、入学後はそれぞれのニーズに応じた学習スタイルを提案し、高校卒業を実現します

その他

共通校制 通信制

# つげの高等学校

## 学校インフォメーション

制服
なし

探究授業

習熟度別授業

学生寮

自習スペース

図書館

天然芝グラウンド

食堂

売店

寮生給食あり

スマホ持ち込み

カウンセラー

**所在地** 〒441-1623 愛知県新城市黄柳野字池田663-1

| | | | |
|---|---|---|---|
| 電話 | 0536-34-0330 | 生徒数 | 男 123名 女 57名 |
| 創立 | 1995年 | 併設校 | なし |
| 校長 | 田村 尚 | WEB | http://tsugeno.ac.jp/ |

つげの高校

### アクセス
- JR東海道新幹線「豊橋駅」乗り換え、JR飯田線「新城駅」下車、車で約30分
- スクールバスも運行しています。
  ※利用者は学校へお問い合わせ下さい。
- 東名「豊川I.C」より車で約40分
- 新東名「浜松いなさI.C」より車で約15分
- 新東名「新城I.C」より車で約20分

## 教育方針・特色

人は人と人の間でしか生きる目的、生きる喜びは見つけられない、との考えから、全寮制をとっています。仲間との楽しい生活を通じて、自分を発見し、規則正しい生活を身につけ、自らの進路を切り開くことができます。

## スクールライフ

| | |
|---|---|
| 登校時間 | 8:45 |
| 週登校日 | 5日制 |
| 学期制 | 3学期 |
| 制服 | 自由 ※希望者は制服 |
| 昼食 | 全寮制のため朝・昼・夜の食事は食堂 |
| 学校行事 | 田植え、夏祭り、学園祭、稲刈り、寮遠足、全校インターンシップ、クリスマス会、新年会など多数 |
| 修学旅行 | 学年 3年生 行先 学年で話し合って決定 |
| 環境・施設 | 男子寮、女子寮、食堂、生徒相談室、体育館、ダンス教室、キックボクシングジム、養鶏所 |
| クラブ活動 | キックボクシング部、探検クライミング部、和太鼓部、ハンドボール部、卓球部、ダンス部、創作部 |
| 強化クラブ | 和太鼓部 |

## 費用

《入学手続き時》
| | |
|---|---|
| ○入学金 | 240,000円 |
| ○入寮費 | 200,000円 |
| ○施設整備費（3年分） | 100,000円 |

《入学後》(月額)
| | |
|---|---|
| ○授業料 | 34,000円 |
| ○寮費・食費 | 60,500円 |
| ○福利厚生費 | 5,500円 |
| ○空調維持費 | 3,000円 |
| ○寝具リース代 | 2,530円 |

## 2024年度 募集要項

| | |
|---|---|
| ○募集人数 | 60名 |
| ○願書受付 | 専願 1/8(水)～1/10(金)<br>一般(併願) 1/10(金)～1/23(木) |
| ○選抜日時 | 専願 1/15(水)<br>一般(併願) 1/25(土)～26(日) |
| ○合格発表 | 郵送 |
| ○入学手続 | 専願は一括<br>一般は前期、後期に分けて入学金納入 |
| ○選抜方法 | 専願は出願資格を満たした生徒は書類審査<br>一般は一泊二日の寮生活体験 |
| ○受験料 | 専願:検定料 12,000円<br>一般:検定料 12,000円・宿泊費 8,000円 |
| ○提出書類 | 願書、調査書、推薦書(推薦入試のみ) |
| ○追加募集 | 1.5次: — 2次: — |
| ◆転・編入 | 随時受け入れ |
| ◆帰国生 | 対応あり |

## 2024年度 入試結果

| | 専願 | 併願 |
|---|---|---|
| 応募者数 | 49 | 24 |
| 受験者数 | 46 | 23 |
| 合格者数 | 46 | 20 |
| 実質倍率 | 1.07 | 1.15 |
| 合格最低点 | — | — |

## 奨学金・特待制度

黄柳野学園奨学金 授業料実質負担分を無利子で貸与

## 独自の留学制度

特になし

## 合格実績

2024年の進学状況(卒業者数51名)
私立大学合格
東海学院大、東海学園大、名古屋芸術大、大成学院大、名古屋産業大、大阪産業大、新潟医療福祉大、相模女子大、人間環境大、名古屋文理大、Marquette University

※大学進学 1/3、専門学校進学 1/3、就職 1/3

## 学校PR

大自然に囲まれた全寮制つげの高等学校には不登校などを経験した子どもたちがたくさん寮生活をしながら高校生活を送っています。つげの高校の寮生活はセカンドホーム(第二の家庭)なので、家庭的、のびのびと生活しています。仲間との楽しい寮生活なので、不登校や、昼夜逆転の生活、スマホ・ネット依存などを無理なく克服できます。3年間の寮生活を終えた子どもたちはたくましく育っていきます。

# 私立高等学校　連合会・協会 一覧

学校の公式サイトのほか、最新の入試情報や教育関連資料は、こちらで検索・入手ができます

## 私立高等学校　連合会・協会　一覧

**大阪私立中学校高等学校連合会**
〒534−0026
大阪市都島区網島町6−20　大阪私学会館1階
TEL：06（6352）4761
https://www.osaka-shigaku.gr.jp/

**兵庫県私立中学高等学校連合会**
〒650−0004 神戸市中央区中山手通6-1-1
兵庫県生田庁舎3階
TEL：078（335）7697
https://www.hyogo-shigaku.or.jp/chukoren/

**京都府私立中学高等学校連合会**
〒600−8424 京都市下京区室町通高辻上ル
山王町561　京都私学会館内
TEL：075（344）0385
https://www.kyotoshigaku.gr.jp/

**滋賀県私立中学高等学校連合会**
〒520−0043 大津市中央3−1−8
大津第一生命ビルディング2階
TEL：077（527）5366
https://shiga-shigaku.com/

**奈良県私立中学高等学校連合会**
〒630−8253
奈良市内侍原町6　奈良県林業会館内
TEL：0742（26）6309
https://nara-shigaku.net/

**和歌山県私立中学高等学校協会**
〒640−0392
和歌山市冬野2066−1（智辯学園和歌山中学校高等学校）
TEL：073（479）2811

**私立高等学校について**
**（和歌山県 企画部 企画政策局 文化学術課）**
〒640-8585 和歌山市小松原通一丁目1番地
TEL：073-441-2050
https://www.pref.wakayama.lg.jp/prefg/022100/gakkou/shigaku_1koukou.html

**日本私立中学高等学校連合会**
〒102-0073 東京都千代田区九段北4-2-25
私学会館別館5階　TEL：03-3262-2828
https://chukoren.jp/

**全国私立通信制高等学校協会**
〒329-2332 栃木県塩谷郡塩谷町大宮2475-1
（日々輝学園高等学校）
TEL：0287-41-3851
https://shitsukyo.jp/index.html

**大阪私立中学校高等学校連合会 大阪通信制高校グループ**
〒593-8327
堺市西区鳳中町7-225-3（八洲学園高等学校）
TEL：072-262-5849
https://osakatsushin-g.jp/

# 大阪府私立高等学校　所在地MAP

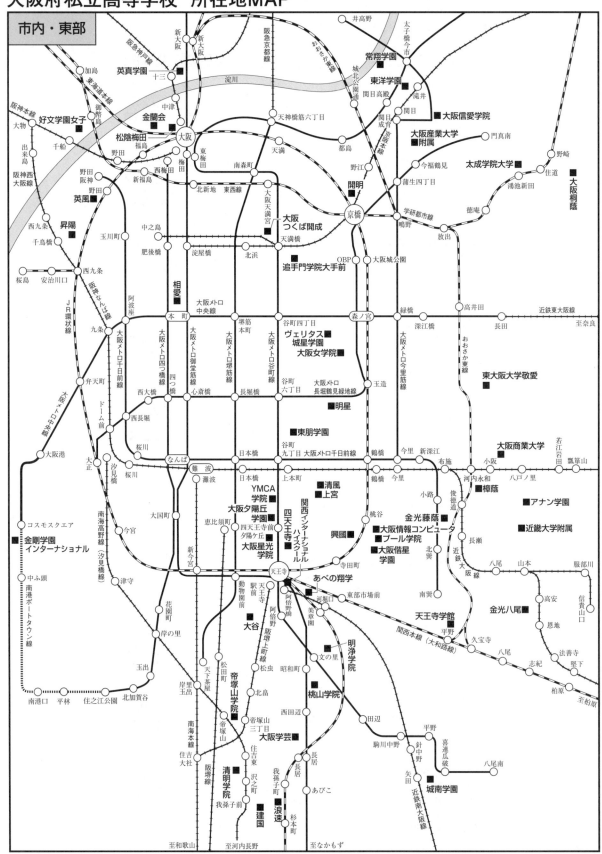

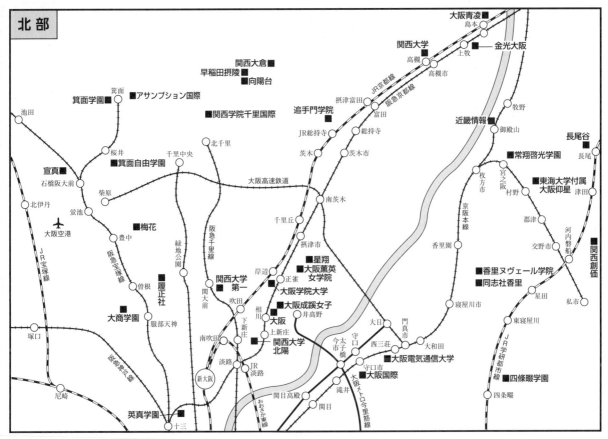

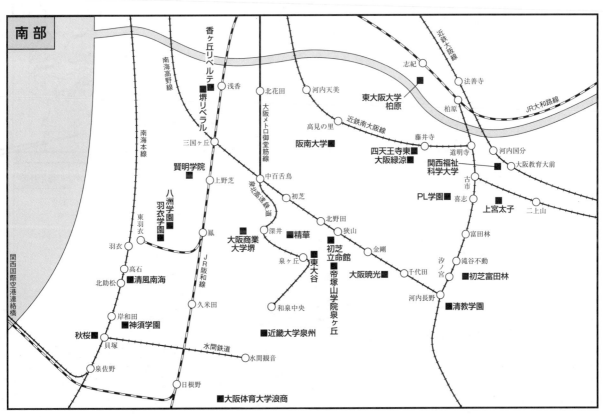

# 兵庫県私立高等学校　所在地MAP

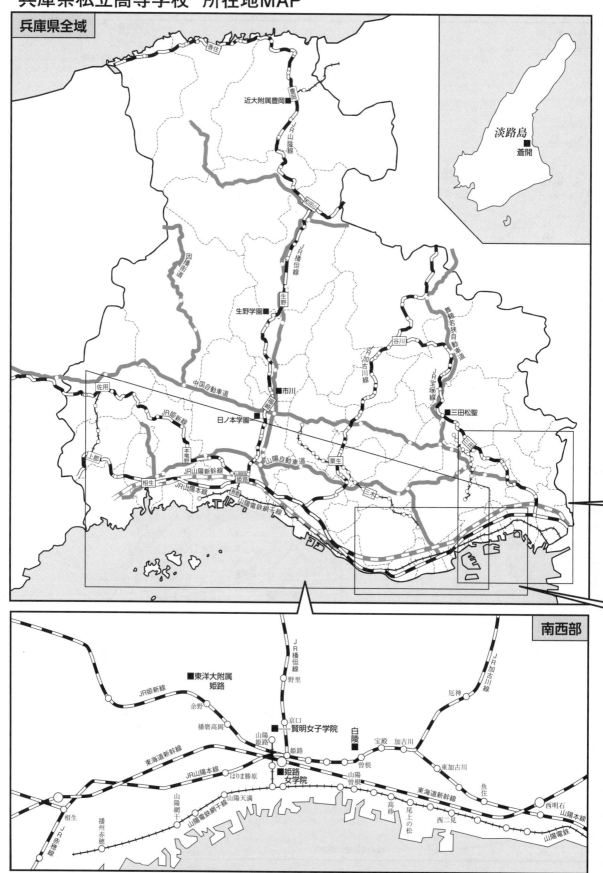

兵庫県全域

淡路島
蒼開

近大附属豊岡

生野学園

日ノ本学園

三田松聖

南西部

■東洋大附属
姫路

賢明女子学院

白陵

姫路
女学院

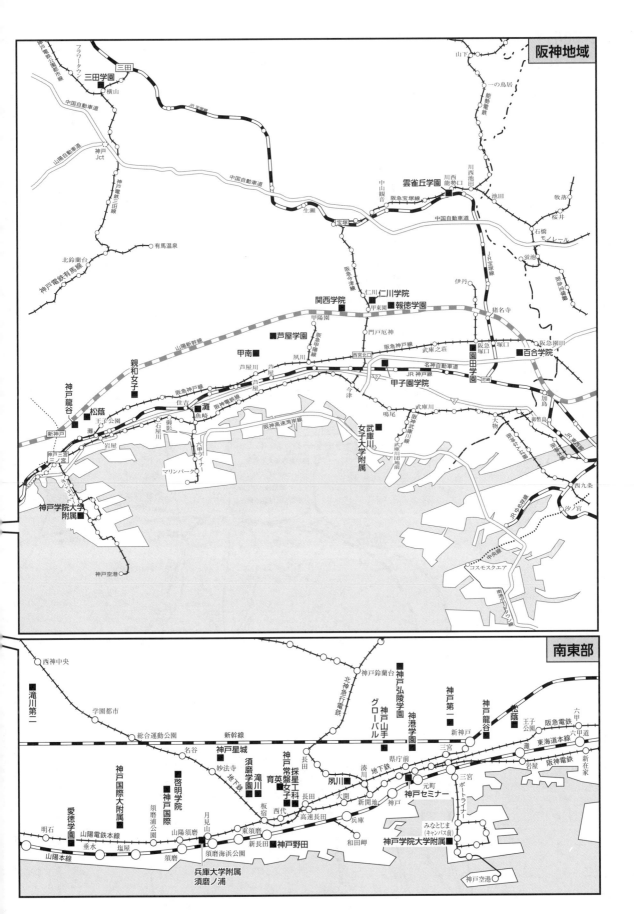

阪神地域

南東部

251

# 京都府私立高等学校　所在地MAP

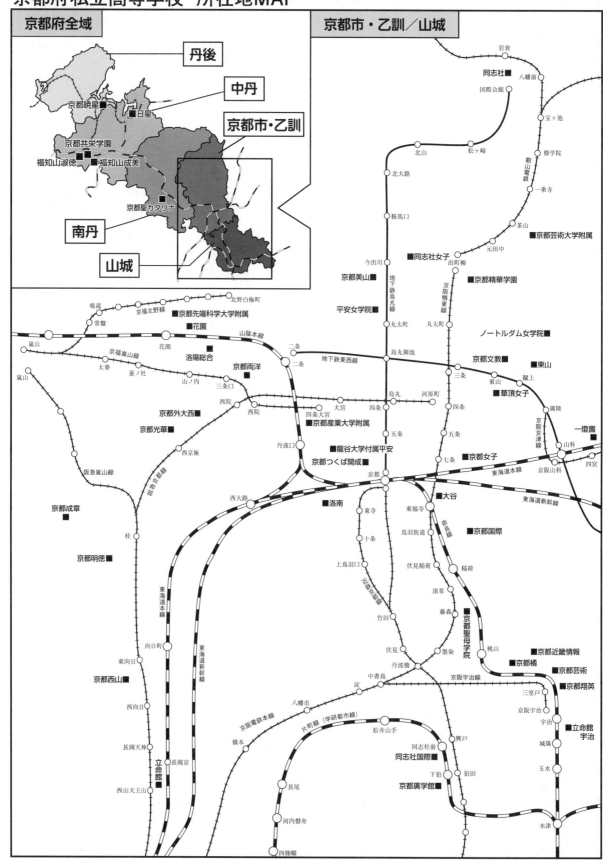

**京都府全域**

丹後
中丹
京都市・乙訓
南丹
山城

京都暁星
日星
京都共栄学園
福知山淑徳　福知山成美
京都聖カタリナ

**京都市・乙訓／山城**

岩倉
同志社　八幡前
国際会館
宝ヶ池
北山　松ヶ崎
叡山電鉄
修学院
一乗寺
北大路
鞍馬口
茶山
京都芸術大学附属
今出川　同志社女子
元田中
地下鉄烏丸線　出町柳
京都美山
京都精華学園
平安女学院
丸太町　丸太町
ノートルダム女学院
二条
地下鉄東西線
烏丸御池
三条
京都文教
二条
東山　東山
華頂女子
西院
大宮　四条　四条
御陵
京都外大西
西院
京都産業大学附属
五条　五条
一燈園
京都光華
丹波口
龍谷大学付属平安
七条
京都女子
京都つくば開成
京都
東海道本線
京阪山科
山陰本線
花園
花園
洛陽総合
京都両洋
京福嵐山線
嵐山
太秦　蚕ノ社　山ノ内
三条口
鳴滝
常盤
北野白梅町
京福北野線
京都先端科学大学附属
四条大宮
河原町
嵐山
西京極
阪急嵐山線
西大路
桂
京都成章
京都明徳
阪急京都線
大谷
東海道新幹線
洛南
東寺　東福寺
京都国際
十条
鳥羽街道
奈良線
上鳥羽口
伏見稲荷
稲荷
近鉄京都線
深草
竹田
藤森
京都聖母学院
伏見
墨染
桃山
京都近畿情報
中書島
丹波橋
京阪宇治線
京都橘
淀
京都芸術
向日町
京都翔英
東向日
三室戸
京阪宇治
京都西山
宇治
西向日
城陽
立命館宇治
長岡天神
玉水
立命館
長岡京
八幡市
京阪電鉄本線
片町線（学研都市線）
松井山手
橋本
興戸
同志社前
同志社国際
下狛　狛田
西山天王山
長尾
京都廣学館
河内磐舟
木津
四條畷

252

# 滋賀県私立高等学校　所在地MAP

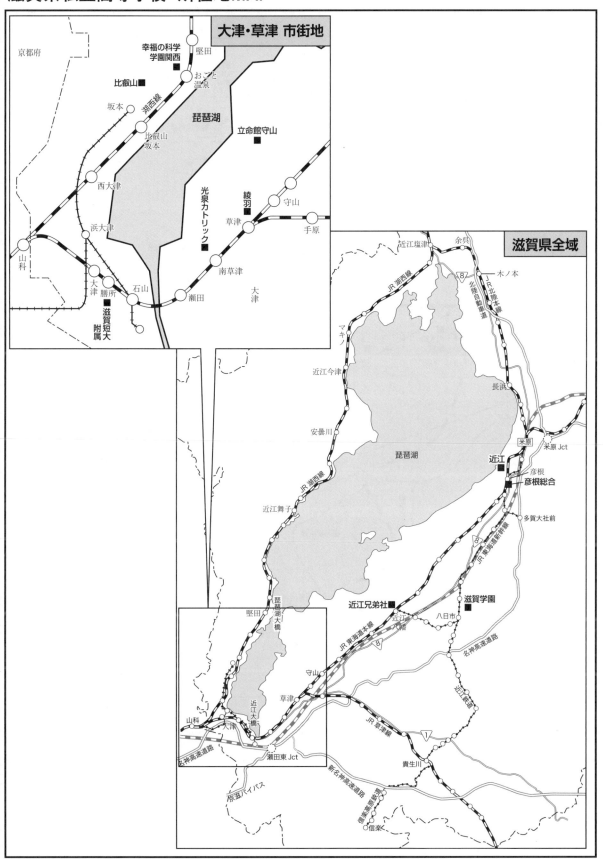

大津・草津 市街地

京都府

幸福の科学
学園関西■

堅田

おごと
温泉

比叡山■

坂本

湖西線

琵琶湖

比叡山
坂本

立命館守山■

西大津

光泉カトリック
■

綾羽
■

草津

守山

手原

浜大津

南草津

大津

山科

大津

膳所

石山

瀬田

滋賀短大
附属■

滋賀県全域

近江塩津

余呉

JR 湖西線

8

木ノ本

JR北陸本線

マキノ

近江今津

長浜

北陸自動車道

安曇川

琵琶湖

米原

米原Jct

近江■

彦根

彦根総合■

JR 湖西線

近江舞子

多賀大社前

JR東海道新幹線

堅田

琵琶湖大橋

近江兄弟社■

滋賀学園■

近江八幡

八日市

JR 東海道本線

8

名神高速道路

近江鉄道

守山

草津

近江大橋

JR 草津線

1

山科

大津

名神高速道路

瀬田東Jct

貴生川

新名神高速道路

京滋バイパス

信楽高原鉄道

信楽

253

# 奈良県私立高等学校　所在地MAP

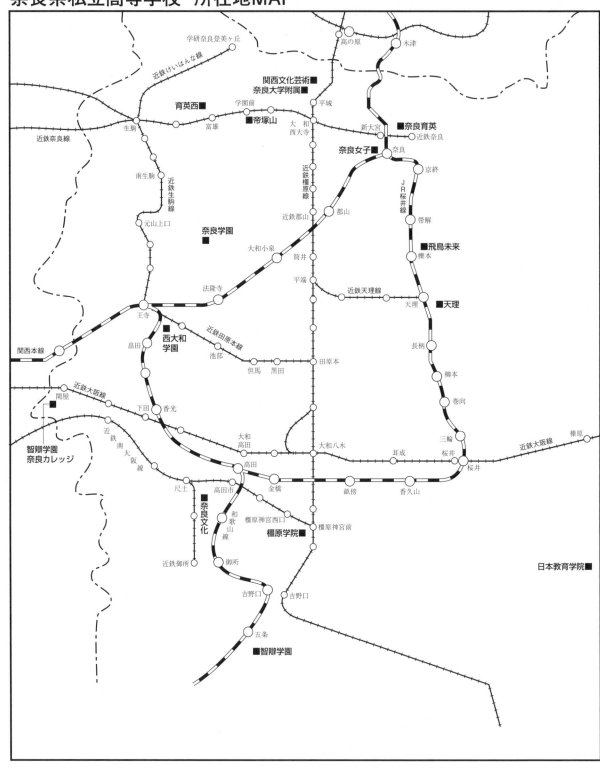

# 和歌山県私立高等学校 所在地MAP

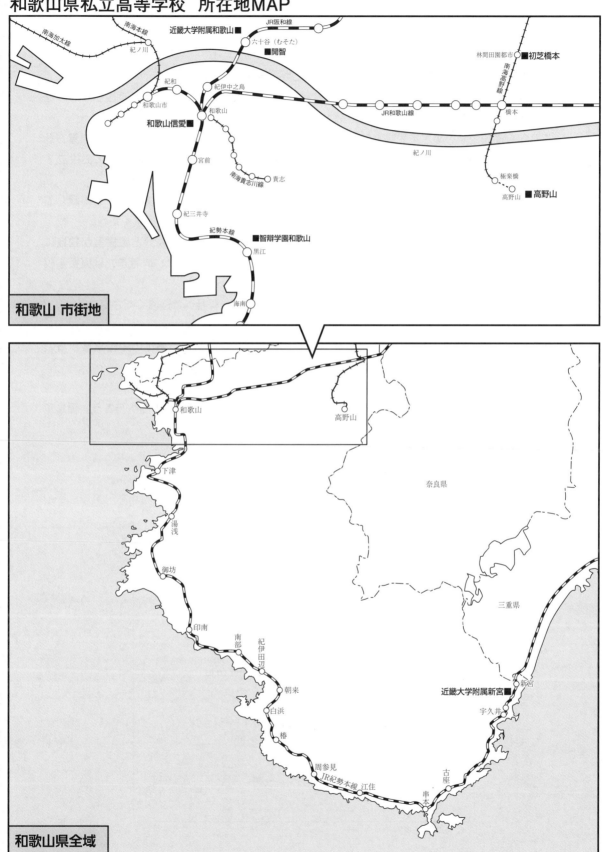

和歌山 市街地

和歌山県全域

## ー編集後記ー

　本年も「私立高校へ行こう」を無事発行することができました。
本書では、近畿圏の私立高等学校と、高校卒業資格の取得できる高等専修学校、近畿圏からの進学者も多い寮のある学校や広域・狭域通信制の高校なども収録しております。

　これから高校受験をめざす受験生の皆さんが知りたい情報とはなにか？を問い続け、編集方針を試行錯誤し、最新データの収集に努めてまいりました。志望校の選択や受験準備にお役立ていただければ幸いです。

　本書の入試データ（募集要項および入試結果）は基本的に2024年度入試実施済分を掲載しております。従いまして、2025年度生徒募集要項は掲載しておりませんのでご注意ください。

　また、本書の学校データは、2024年3月末日時点での学校側からの公表分と編集室が独自に入手した資料から成り立っております。ご不明な点や詳細につきましては、弊社または直接学校へお問い合わせください。

　本書に対するご意見・ご質問・ご要望などがございましたら、弊社へご連絡ください。
今後のよりよい本づくりの参考にさせていただきます。

　最後に、本書の発行にあたりまして、情報や資料の提供をはじめ、ご多忙の中編集室からの問い合わせにお答えいただきました各学校の先生方に心より感謝を申し上げます。

2024年6月　「私立中高へ行こう」編集室

### 私立高校へ行こう2025

発 行 日　2024年6月1日
発　　行　株式会社 大阪朝日広告社
　　　　　（私立中学・高校入試相談会事務局）
　　　　　〒550-0002
　　　　　大阪市西区江戸堀1-10-8
　　　　　パシフィックマークス肥後橋2階
　　　　　電話：06‐6867‐9408
　　　　　E-mail：eigyou1@m.asakonet.co.jp
　　　　　https://www.ksf-site.com

編　　集　株式会社NPCコーポレーション
印刷製本　https://www.naniwa.com

●乱丁・落丁はお取り替えいたします。●許可なしに転載・複製することを禁じます。
Printed in Japan

# NEXT STAGE ⟫⟫
# GLOBALIZATION

## 建国高等学校が変わります！

詳しくはホームページを
ご覧ください（2024年5月頃公開）

韓国系インターナショナルスクール

# 建国高等学校
# 入試イベント

### 学校説明会

# 9.28 土  11.9 土  12.7 土 10:30−12:00

**同日開催** 学校説明会（日本語指導を必要とする生徒）13:30−14:30

### オープンスクール

# 8.24 土  10.20 日 10:30−14:00

### 個別相談会

# 11月〜12月 ※要予約。詳細はホームページにて公開致します。

# 建国高等学校
## https://www.keonguk.ac.jp

お申し込み、
詳細は
コチラから

〒558-0032 大阪市住吉区遠里小野 2-3-13  TEL. 06-6691-1231  FAX. 06-6606-4808 info@keonguk.ac.jp

● JR阪和線［杉本町駅］下車 徒歩7分 ● 南海高野線［我孫子前駅］下車 徒歩7分 ● 大阪シティバス 64・65系統［山之内1丁目］停留所 下車すぐ